Der Prozess gegen die Leipziger Burschenschaft 1835-38

Sebastian Schermaul

Der Prozess gegen die Leipziger Burschenschaft 1835-38

Adolf Ernst Hensel, Hermann Joseph, Wilhelm Michael Schaffrath und ihr politisches Wirken

PETER LANG
EDITION

Bibliografische Information der Deutschen Nationalbibliothek
Die Deutsche Nationalbibliothek verzeichnet diese Publikation in der Deutschen Nationalbibliografie; detaillierte bibliografische Daten sind im Internet über http://dnb.d-nb.de abrufbar.

Zugl.: Leipzig, Univ., 2014

15
ISBN 978-3-631-66259-5 (Print)
E-ISBN 978-3-653-05553-5 (E-Book)
DOI 10.3726/ 978-3-653-05553-5

PL Academic Research ist ein Imprint der Peter Lang GmbH.

Peter Lang – Frankfurt am Main · Bern · Bruxelles · New York · Oxford · Warszawa · Wien

Diese Publikation wurde begutachtet.

www.peterlang.com

Vorwort

Die vorliegende Arbeit ist die leicht überarbeitete Fassung meiner Dissertation, mit der ich am 20.11.2014 von der Juristenfakultät der Universität Leipzig promoviert wurde.

Ich danke allen, die am Zustandekommen dieser Untersuchung Anteil hatten und mich bei dieser unterstützt haben: An erster Stelle danke ich meinem Doktorvater Herrn Prof. Dr. Bernd-Rüdiger Kern, der mir als Mitarbeiter die Möglichkeit des wissenschaftlichen Arbeitens eröffnete. Weiterhin danke ich Herrn Prof. Dr. Adrian Schmidt-Recla für die aufschlussreichen Gespräche und die Tätigkeit als Zweitgutachter im Promotionsverfahren.

Ich danke allen Archivaren und Bibliotheksangestellten, die mir teilweise unkompliziert und unbürokratisch Quellenmaterial zur Verfügung gestellt beziehungsweise kopiert haben.

In Bezug auf die Bearbeitung der Biografie Schaffraths danke ich Frau Dr. Ingrid Grosse, Herrn Robert Rösler und Herrn Manfred Schober für interessante Gespräche und die Einsicht in außergewöhnliche Quellenstücke.

Für die kleinen Arbeiten danke ich den studentischen Hilfskräften vom Lehrstuhl für Bürgerliches Recht, Rechtsgeschichte und Arztrecht der Universität Leipzig. Auch danke ich meinen Lehrstuhlkollegen für Anregungen und Denkanstöße sowie Frau Christine Otte für die Unterstützung bei der täglichen Arbeit am genannten Lehrstuhl.

Meinen Eltern Dietlind und Karl-Heinz sowie meiner Verlobten Sabrina Lohmann danke ich für die tägliche mentale und materielle Unterstützung und die oftmals nötige Ablenkung, die zur Neuordnung der Gedanken nötig war. Ohne Eure Unterstützung wäre diese Schrift nicht zustande gekommen!

Leipzig, im November 2014 — *Sebastian Schermaul*

Inhaltsverzeichnis

A. Einleitung

Die vorliegende Arbeit beschäftigt sich mit dem Leben und Wirken der Abgeordneten zum Sächsischen Landtag, zum Vorparlament und zur Frankfurter Nationalversammlung Adolf Ernst Hensel, Hermann Joseph, Wilhelm Michael Schaffrath und deren gemeinsamer Beteiligung an verschiedenen wichtigen Fragestellungen des 19. Jahrhunderts.

Meine mir selbst gestellte Aufgabe war es, das Leben und politische Wirken der drei behandelten Personen möglichst detailgetreu abzubilden und die zwischen ihnen bestehende Verbindung aufzuzeigen. Wegen der manchmal dünnen Quellenlage besteht selbstverständlich kein Anspruch auf Vollständigkeit. Es sollte mir aber gelungen sein, den Lebensweg dieser drei Persönlichkeiten nachvollziehbar zu skizzieren. Gleiches gilt für deren Wirken in den verschiedenen Parlamenten.

Ich beginne meine Arbeit mit einer rein biografischen Darstellung der drei in dieser Arbeit behandelten Personen. Nach einer kurzen Skizzierung der verfassungsrechtlichen Situation in Sachsen widme ich mich der parlamentarischen Tätigkeit der drei Protagonisten im Sächsischen Landtag, im Vorparlament, in der Frankfurter Nationalversammlung, im Norddeutschen Reichstag und im Deutschen Reichstag als parlamentarische Ebenen. Gleichzeitig betrachte ich aber auch ihr Wirken in Kommunalparlamenten, Vereinen, Parteien und ihren persönlichen Beitrag zur politischen Entwicklung im 19. Jahrhundert. Da lediglich Wilhelm Michael Schaffrath rechtswissenschaftlich-publizistisch tätig war, kann auch nur für seine Person eine Auswertung der verschiedenen Werke stattfinden, welche im Anschluss an das parlamentarische Wirken erfolgt. In einem abschließenden großen Teil greife ich einzelne Problemstellungen zwischen 1835 und 1877 heraus, ordne diese in den rechtshistorischen und historischen Hintergrund ein und stelle die Beteiligung und Einflussnahme Hensels, Josephs und Schaffraths dar. Aufgrund der Divergenz der Einzelthemen, lässt sich dieser Teil der Arbeit nicht klar einer Thematik zuordnen. So beschäftigt sich der Prozess gegen die 19 Leipziger Burschenschafter mit Burschenschafts- bzw. Studentengeschichte, die Erörterungen zum Strafverfahren, zur Todesstrafe und zu den Geschworenengerichten mit Strafrechts- bzw. Strafprozessrechtsgeschichte, der Konzessionswiderruf mit der Geschichte des Presserechts und die Leipziger Augustereignisse mit der Leipziger Stadtgeschichte sowie der Abgrenzung von Zuständigkeiten innerhalb staatlicher Organe.

Das gemeinsame Handeln Hensels, Josephs und Schaffraths bestand jedoch nicht nur in ihrem gleichzeitigen Wirken in den Parlamenten. Bereits in dem Prozess gegen 19 Leipziger Burschenschafter (1835–38) waren Adolf Ernst Hensel und Hermann Joseph als Angeschuldigte beteiligt. In dem Privatdozenten an der Leipziger Juristenfakultät Dr. Wilhelm Michael Schaffrath fanden sie einen glänzenden Verteidiger, der ihnen in dem Appellationsverfahren vor dem Oberappellationsgericht zu Dresden, nach erstinstanzlicher Verurteilung, zum Freispruch verhalf. Die Voraussetzungen, den Verlauf und die Kritik an dem Prozess gilt es, in dieser Arbeit aufzuzeigen und zu bewerten.

Als abschließender Teil der Arbeit erfolgt eine Zusammenfassung und Bewertung der Ergebnisse. Dieser zeigt, dass die drei Protagonisten mehr verband, als lediglich ihre regionale Abstammung und ihre Profession. So wurden zwar alle drei im Königreich Sachsen bzw. Herzogtum Sachsen-Gotha-Altenburg geboren, studierten die Jurisprudenz in Leipzig und arbeiteten als Advokaten. Jedoch entwickelte sich auch ihr politisches Wirken ab dem Prozess gegen 19 Leipziger Burschenschafter 1835–38 parallel. Sie wirkten von 1845 bis 1849 in den gleichen Volksvertretungen und Parlamenten und entwickelten sich in ihrer politischen Linie, mit wenigen thematischen Ausnahmen, parallel zueinander. Erst in den 50er und 60er Jahren des 19. Jahrhunderts trennten sich Joseph und Schaffrath in ihren politischen Anschauungen voneinander und entwickelten sich auf der einen Seite zu Preußenfreunden (Joseph) und zu Preußenkritikern (Schaffrath). Letztlich war es Schaffrath, der als einziger der drei, die ersehnte Reichsgründung miterlebte und auch im Reichstag des Deutschen Reiches wirkte.

An diese Zusammenfassung schließt sich ein Anhang mit einer Auswahl von Texten zum besseren Verständnis einzelner Aussagen in der Bearbeitung an.

B. Biographien

I. Adolf Ernst Hensel

Adolf Ernst Hensel wurde um drei Uhr am Nachmittag des 1. April 1811[1] als neuntes Kind des Steuerbeamten Carl Friedrich Hensel und seiner Frau Johanne Rosine, geborene Richter, in Kamenz in der Oberlausitz geboren und am 5. April 1811 in Kamenz evangelisch getauft.[2] Seine Schulzeit verbrachte er in Bautzen. Er immatrikulierte sich am 23. Mai 1829 an der Universität Leipzig für die Jurisprudenz.[3] Seinen Wohnsitz verlegte er in die Nikolaistraße N. 588, wo er in der ersten Etage ein Zimmer zur Straße heraus bezog.[4] Zunächst hielt er sich seit Ostern 1829 an die alte Landsmannschaft der Lausitzer.[5] 14 Tage vor Ostern 1831 wurde er dann Mitglied der ortsansässigen Leipziger Burschenschaft, indem ihm auf einer Privatstube der Komment vorgelesen und er somit faktisch in die „Allgemeinheit" (Gesamtheit aller Mitglieder ohne Unterschiede) aufgenommen wurde. Zuvor

---

1 KirchenA Kamenz, Taufanzeigen vom Jahr 1811 Kamenz (Stadt), in: Von Stadt und Vorstädten, ingleichen Deutsch und Wendischen Dörfern, Taufanzeigen von den Jahren 1800–1820 zusammengetragen und angemerkt von Christian Haberkorn, Nr. 43; *Tonndorf*, Die sächsischen Abgeordneten der Frankfurter Vor- und Nationalversammlung 1848/49, S. 189; *Dvorak*, Biographisches Lexikon der Deutschen Burschenschaft, Bd. I, Tlbd. 2, S. 300. Viele Autoren nennen ein falsches Geburtsdatum. So wird bspw. von *Hildebrandt*, Opposition in der Paulskirche, S. 386; *Best/Weege*, Biographisches Handbuch der Abgeordneten der Frankfurter Nationalversammlung 1848/49, S. 176; *Koch*, Die Frankfurter Nationalversammlung 1848/49, S. 210 als Geburtsjahr 1810 oder auch der 11. April 1811 als Geburtstag, wie bspw. von *Matzerath*, Aspekte sächsischer Landtagsgeschichte – Präsidenten und Abgeordnete von 1833 bis 1952, S. 67, genannt.

2 Taufpaten waren: „1. Johann Traugott Riehme, Bürger, Beutler. 2. Sophie Erdmuthe, Christian Gottlieb Hausens, Bürger, Schumachers Tochter. 3. Johann Rudolph Bolde, Bürger, Horndrechsler." KirchenA Kamenz, Taufanzeigen vom Jahr 1811 Kamenz (Stadt), in: Von Stadt und Vorstädten, ingleichen Deutsch und Wendischen Dörfern, Taufanzeigen von den Jahren 1800–1820 zusammengetragen und angemerkt von Christian Haberkorn, Nr. 43; *Matzerath*, Aspekte sächsischer Landtagsgeschichte – Präsidenten und Abgeordnete von 1833 bis 1952, S. 67.

3 *Blecher/Wiemers*, Die Matrikel der Universität Leipzig, Teilbd. I, S. 375; *Best/Weege*, Biographisches Handbuch der Abgeordneten der Frankfurter Nationalversammlung 1848/49, S. 176.

4 *Blecher/Wiemers*, Die Matrikel der Universität Leipzig, Teilbd. I, S. 375.

5 StA Leipzig, Untersuchungen des vereinigten Kriminalamts Leipzig wegen burschenschaftlicher und staatsfeindlicher Verbindungen und Entscheidungen des Appellationsgerichts Leipzig, 1835–1839, Bl. 83.

besuchte er schon die Kneipen und den Fechtboden der Leipziger Burschenschaft.[6] Seine Mitgliedschaft in der Burschenschaft sorgte dafür, dass in einem Prozess gegen ihn und weitere 18 Angeschuldigte, welcher von 1835 bis 1838 dauerte, schwere Sanktionen gegen seine Person verhängt wurden. Warum er bereits 1832 wieder aus der Burschenschaft ausschied ist nicht nachvollziehbar, jedoch zeitlich belegbar.[7] Während seiner Zeit bei der Burschenschaft trug er den Spitznamen „Hans (Hanns)"[8] und verfasste 1832 sein Gedicht „Nordlicht"[9], welches vom Selbstbestimmungsrecht der Polen handelt. Hensel äußerte also schon in jungen Jahren seine Verbundenheit zur polnischen Bevölkerung, deren Autonomie er auch später im Landtag und im Vorparlament verteidigte.[10] Sein Studium schloss er im Jahre 1833 erfolgreich ab, ging dann für kurze Zeit zu seinem Bruder nach Kamenz, um von Ostern 1834 an bei dem Advokaten Lohmann in Bautzen zu arbeiten.[11]

Wie erwähnt, sollte sich die Mitgliedschaft in der Leipziger Burschenschaft für Hensel negativ auswirken. Den Auftakt bildete die Einleitung eines Verfahrens gegen ihn und weitere 18 ehemalige Mitglieder im Jahre 1835 und die Verurteilung

---

6 StA Leipzig, Untersuchungen des vereinigten Kriminalamts Leipzig wegen burschenschaftlicher und staatsfeindlicher Verbindungen und Entscheidungen des Appellationsgerichts Leipzig, 1835–1839, Bl. 84; StA Leipzig, Untersuchungen des vereinigten Kriminalamts Leipzig wegen burschenschaftlicher und staatsfeindlicher Verbindungen und Entscheidungen des Appellationsgerichts Leipzig, 1833–1836; Bl. 156, *Schaffrath*, Kritik des in erster Instanz gegen neunzehn Mitglieder der Leipziger Burschenschaft gesprochenen Urthels, S. 58. Hierüber herrscht jedoch Uneinigkeit, weil andere Quellen andere Daten angeben. So findet man in den Untersuchungsakten auch das Jahr 1830; vgl. SächsHStA Dresden, Mitteilungen über die in verschiedenen Staaten wegen der staatsverräterischen Verbindungen anhängigen Untersuchungen, 1834–1835; *Knaake/Thiele/Tornius/Leonhardt*, Geschichte der Leipziger Burschenschaft Germania, S. 188. Der genaue Beitritt ist durch die Untersuchungen schwer herauszufinden gewesen, weil die Studenten meist zunächst im Dunstkreis der Burschenschaft agierten, bevor sie vollwertiges Mitglied wurden.

7 *Knaake/Thiele/Tornius/Leonhardt*, Geschichte der Leipziger Burschenschaft Germania, S. 188.

8 StA Leipzig, Untersuchungen des vereinigten Kriminalamts Leipzig wegen burschenschaftlicher und staatsfeindlicher Verbindungen und Entscheidungen des Appellationsgerichts Leipzig, 1833–1836, Bl. 156.

9 Siehe Anlage 1.

10 *Dvorak*, Biographisches Lexikon der Deutschen Burschenschaft, Bd. I, Tlbd. 2, S. 300; *Rathmann*, alma mater lipsiensis, S. 172.

11 *Tonndorf*, Die sächsischen Abgeordneten der Frankfurter Vor- und Nationalversammlung 1848/49, S. 189; SächsHStA Dresden, Mitteilungen über die in verschiedenen Staaten wegen der staatsverräterischen Verbindungen anhängigen Untersuchungen, 1834–1835.

durch das Appellationsgericht zu Leipzig am 7. November 1837.[12] Den Angeschuldigten wurde zur Last gelegt, sich durch ihre Mitgliedschaft in der Leipziger Burschenschaft der Beteiligung an einer geheimen und revolutionären Verbindung strafbar gemacht zu haben. Das erstinstanzliche Urteil fiel für alle Beteiligten und auch in den Augen der in- und ausländischen Presse sehr hart aus, weil derart hohe Strafen wegen politischer Vergehen gegen Studenten noch nie ausgesprochen worden waren. So erkannte das Appellationsgericht zu Leipzig, nach den Erkenntnissen aus den Untersuchungen des vereinigten Kriminalamtes der Stadt Leipzig[13], „daß wegen der bezeigten mehrern oder mindern Theilnahme an geheimen revolutionairen Verbindungen [...] Adolf Ernst Hensel [...] ein Jahr lang mit Gefängniß zu bestrafen, allerseits Inculpaten auch zu öffentlichen Aemtern und allen solchen Anstellungen und Geschäftsbetreibungen, zu welchen es der Bestätigung einer vorgesetzten öffentlichen Behörde bedarf, insbesondere auch zur Errichtung von Erziehungs- und Unterrichtsanstalten für unfähig zu erachten [seien].“[14]

Die Haftstrafen variierten je nach Grad der Beteiligung an der Leipziger Burschenschaft von einem bis zu drei Jahren. Trotz seines Studienabschlusses wurde Hensel somit der Zugang zur Advokatur verweigert. Aus diesem Grunde stellte er, zusammen mit Hermann Joseph und anderen verurteilten Juristen, ein Gesuch an die zweite Kammer des Sächsischen Landtages. Diese beschäftigte sich in ihrer 194. Sitzung am 2. November 1837 mit der Thematik. Gegenstand der Petition war die Weigerung des Justizministeriums, „den Rechtskandidaten Hensel nach erhaltener Billigung der zur Erlangung der Advokatur gefertigten Probeschriften und nach Eintritt des gesetzlich bestimmten Zeitpuncts für seine Immatriculation, zur juristischen Praxis zu admittiren, bevor nicht die wider ihn anhängig gemachte Untersuchung wegen Theilnahme an der Burschenschaft völlig zur Erledigung gekommen [war].“[15]

---

12 SächsHStA Dresden, Acta, die wegen politischer Umtriebe in Untersuchung gekommenen akademischen Lehrer zu Leipzig betr., 1834–1839, Bl. 95 f.

13 „§. I. Die Criminalgerichtsbarkeit und die Sicherheitspolizei sollen in Leipzig auch fernerhin durch hierzu eigends verordnete Behörden, welche aber hinführo den Namen: ‚des vereinigten Criminal- und Polizei-Amtes der Stadt Leipzig zu führen haben, verwaltet werden.“; vgl. Regulativ, wegen Verwaltung der Polizei- und der Criminal-Rechtspflege in Leipzig, in: Königreich Sachsen, Gesetzsammlung für das Königreich Sachsen vom Jahre 1822, S. 188. Das 1813 geschaffene „Vereinigte Kriminal- und Polizeiamt der Stadt Leipzig“ bestand ab 1830 auch aus dem Kriminalgericht, welches „die Sicherheitspolizei und die peinliche Gerichtsbarkeit über alle Einwohner der Stadt, mit Zuziehung von Deputierten für die Kreisamts- und akademischen Untertanen, unter Direktion eines königlichen Präsidenten bis auf die neueste Zeit besorgte“; vgl. *Müller*, Hier Kripo Leipzig, S. 68.

14 SächsHStA Dresden, Acta, die wegen politischer Umtriebe in Untersuchung gekommenen akademischen Lehrer zu Leipzig betr., 1834–1839, Bl. 95 f.

15 Königreich Sachsen, Mittheilungen über die Verhandlungen des Landtags im Königreiche Sachsen 1837, S. 5650 f.

Hensel bat darum, dass die Ständeversammlung sich für die baldige Beendigung der gegen ihn anhängig gewesenen Untersuchung und besonders dahin verwenden sollte, dass ihm der Zugang zur Advokatur erteilt werde.

Nachdem die Deputation, welche sich mit dem Gesuch Hensels zu beschäftigen hatte, seinen akademischen und kurzen beruflichen Lebenslauf ausgeführt hatte, widmete sie sich der Bewertung der Petition. Hier führte sie zunächst allgemeine historische Darstellungen zu den studentischen Verbindungen von der Gründung der Universitäten bis zum Wartburgfest und dessen Ausläufern aus.[16] Sodann erörterte sie die Rechtsgrundlagen und stellte fest, dass die Verweigerung der Zulassung zur Advokatur demnach begründet war.[17] Jedoch sollten auch andere Faktoren berücksichtigt werden, wie beispielsweise die Schonung der Mitglieder durch die Staatsregierung in den letzten Jahrzehnten seit der Gründung der Burschenschaft. Lediglich durch äußere Einflüsse sei die Regierung, aufgrund der Bündnisverpflichtungen, gehalten, Maßnahmen gegen die Burschenschaft zu ergreifen.

„Sie hat allenthalben mit möglichster Schonung gehandelt, und wird sicherlich die Ueberzeugung gewonnen haben, daß eine Gefährdung des Staatswohls durch jene so oft verschrieene Verbindung in der Maße, wie sie sich auf unserer Landesuniversität ausgebildet hat, in keiner Weise zu befürchten ist."[18]

Außerdem sei zu berücksichtigen, dass den Inkulpierten aufgrund der Dauer des Verfahrens bereits ein erheblicher Nachteil erwachsen war. Die Deputation riet deshalb der Kammer, „1) die hohe Staatsregierung zu ersuchen, daß die Beendigung der gegen Hensel und Genossen anhängigen Untersuchung in aller Weise beschleunigt werde, und 2) den Wunsch beizufügen, daß die hohe Staatsregierung, in sofern eine schwere Verschuldung der in Untersuchung befindlichen Personen sich nicht ergiebt, namentlich mit Rücksicht auf die im Mandat vom 21. Mai 1825[19] angedrohten Nachtheile, nämlich die Rückweisung von Anstellungen und solchen Geschäftsbetreibungen, welche der Bestätigung einer vorgesetzten Behörde bedürfen, die möglichste Milde vorwalten lassen wollen, in soweit sich dies mit den

---

16 Königreich Sachsen, Mittheilungen über die Verhandlungen des Landtags im Königreiche Sachsen 1837, S. 5653 f.

17 Königreich Sachsen, Mittheilungen über die Verhandlungen des Landtags im Königreiche Sachsen 1837, S. 5654.

18 Königreich Sachsen, Mittheilungen über die Verhandlungen des Landtags im Königreiche Sachsen 1837, S. 5654.

19 Hier ist in den Landtagsmitteilungen ein Fehler. Gemeint ist das Mandat, die Ausschließung der Theilnehmer an geheimen Studentenverbindungen von öffentlichen Anstellungen betreffend; vom 21sten März 1825, in: Königreich Sachsen, Gesetzsammlung für das Königreich Sachsen vom Jahre 1825, S. 67 f.

nach Art. VIII. des Bundesbeschlusses vom 13. November 1834[20] übernommenen Verpflichtungen vereinbaren läßt."[21]

Viele Abgeordnete sprachen sich für das Gutachten aus. Der Abgeordnete Eisenstuck[22] forderte sogar eine Generalamnestie für alle an der Burschenschaft beteiligten Personen. Der entsprechende Antrag lautete, dass sich die Staatsregierung entschließen möge, „eine Generalamnestie in Bezug auf die Theilnahme an der Burschenschaft auszusprechen."[23] Dieser Antrag wurde durch die Kammer mit 33 gegen 30 Stimmen angenommen.[24]

Nun hatte sich die erste Kammer mit der Thematik zu beschäftigen. In der 155. Sitzung am 29. November 1837 wurde über das Gutachten der vierten Deputation und die Beschlüsse der zweiten Kammer beraten. Die Deputation empfahl der ersten Kammer, „daß man nicht dem jenseitigen Beschlusse, sondern den Vorschlägen der Deputation der II. Kammer, welche auf Beschleunigung der Untersuchung und Ausübung möglichster Milde gerichtet sind, beitreten möge. Die II. Kammer ist auch diesen Vorschlägen beigetreten, hat aber noch eine allgemeine Amnestie beantragen wollen, und dies abzulehnen, räth die Deputation an."[25]

---

20 „Artikel VIII. Die Mitglieder einer burschenschaftlichen, oder einer auf politische Zwecke unter irgend einem Namen gerichteten, unerlaubten Verbindung trifft (vorbehaltlich der etwa zu verhaengenden Criminalstrafen) geschaerfte Relegation. Die kuenftig aus solchem Grunde mit geschaerfter Relegation Bestraften sollen eben so wenig zum Civildienste, als zu einem kirchlichen oder Schulamte, zu einer akademischen Wuerde, zur Advocatur, zur aerztlichen, oder chirurgischen Praxis, innerhalb der Staaten des deutschen Bundes zugelassen werden. Wuerde sich eine Regierung durch besonders erhebliche Gruende bewogen finden, eine, gegen einen ihrer Unterthanen, wegen Verbindung der bezeichneten Art, erkannte Strafe im Gnadenwege zu mildern oder nachzulassen, so wird dieses nie ohne sorgfaeltige Erwaegung aller Umstaende, ohne Ueberzeugung von dem Austritte des Verirrten aus jeder gesetzwidrigen Verbindung und ohne Anordnung der erforderlichen Aufsicht geschehen."; vgl. Gemeinsame Maaßregeln in Betreff der Universitäten und anderer Lehr- und Erziehungs-Anstalten Deutschlands, durch Beschluß vom 13. November 1834, in: *Müller*, Archiv für die neueste Gesetzgebung aller deutschen Staaten, Sechster Bd., Erstes Heft, S. 173.

21 Königreich Sachsen, Mittheilungen über die Verhandlungen des Landtags im Königreiche Sachsen 1837, S. 5655.

22 1773–1853, deutscher Jurist und Politiker; vgl. über ihn *Flathe*, Eisenstuck, Christian Gottlob, in: ADB, Bd. V, S. 775.

23 Königreich Sachsen, Mittheilungen über die Verhandlungen des Landtags im Königreiche Sachsen 1837, S. 5660.

24 Königreich Sachsen, Mittheilungen über die Verhandlungen des Landtags im Königreiche Sachsen 1837, S. 5660.

25 Königreich Sachsen, Mittheilungen über die Verhandlungen des Landtags im Königreiche Sachsen 1837, S. 6357.

In der ersten Kammer herrschten über diese Punkte Uneinigkeit. Diese beschloss letztlich, dem Deputationsgutachten der vierten Deputation beizutreten und sich gegen eine Amnestie auszusprechen.[26]

Nun hatte sich die zweite Kammer erneut mit dem Differenzpunkt auseinander zu setzen. Dies tat sie in der 218. Sitzung am 1. Dezember 1837. Um für eine Lösung zu sorgen, entschied die zweite Kammer, den vorherigen Beschluss auf Generalamnestie auf sich beruhen zu lassen.[27]

Demnach wurde nun die Staatsregierung mit Schreiben vom 2. Dezember 1837 ersucht, auf die Beschleunigung des Verfahrens hinzuwirken und Milde bei der Zulassung zur Advokatur walten zu lassen. Dieses Ansinnen wurde jedoch vom König abschlägig beschieden, weil in der Zwischenzeit das Urteil durch das Appellationsgericht zu Leipzig ergangen war.[28]

Gegen das Urteil des Appellationsgerichts appellierten nun die Verurteilen und fanden in dem Privatdozenten an der Leipziger Juristenfakultät Wilhelm Michael Schaffrath einen würdigen Verteidiger. Nachdem Wilhelm Michael Schaffrath seine Verteidigungsschrift vorgelegt hatte, entschied das Oberappellationsgericht zu Dresden am 15. März 1838 zugunsten der Angeklagten. Demnach erkannte das Königliche Sächsische Oberappellationsgericht für Recht: „[...] es bei dem befindlichen Urthel, [...] nicht zu lassen, sondern es ist gegen mehrgedachte Angeschuldigte des ihnen Beigemessenen halber theils gestalten Sachen nach, theils in Ermangelung mehreren Verdachts, weiter Nichts vorzunehmen."[29]

Nach dem Freispruch ließ sich Hensel im Jahre 1839 als Advokat in Bernstadt auf dem Eigen nieder. Dort wurde er am 16. September 1840 zum juristischen Ratsmitglied und Stadtrichter ernannt.[30] Seine Vereidigung als Stadtrichter und Ratmann erfolgte am 4. Oktober, am 8. Oktober 1840 wurde er in das Amt eingeführt.[31] Zusätzlich wurde er mit dem Amt des Protokollierers betraut und gesondert vereidigt.[32] Das Amt des Stadtrichters bekleidete er nachweislich bis 1847.[33]

26 Königreich Sachsen, Mittheilungen über die Verhandlungen des Landtags im Königreiche Sachsen 1837, S. 6361 f.

27 Königreich Sachsen, Mittheilungen über die Verhandlungen des Landtags im Königreiche Sachsen 1837, S. 6438.

28 SächsHStA Dresden, Die staatsverrätherischen Verbindungen auf den Hochschulen Deutschlands betr., 1836–1838, Bl. 127 f.

29 SächsHStA Dresden, Acta, die wegen politischer Umtriebe in Untersuchung gekommenen akademischen Lehrer zu Leipzig betr., 1834–1839, Bl. 126 f.

30 StFilA BZ, Die Verwaltung der der Stadt Bernstadt zustehenden Gerichtsbarkeit, 1838–1854, Bl. 24; *Matzerath*, Aspekte sächsischer Landtagsgeschichte – Präsidenten und Abgeordnete von 1833 bis 1952, S. 67.

31 StFilA BZ, Die Verwaltung der der Stadt Bernstadt zustehenden Gerichtsbarkeit, 1838–1854, Bl. 25–29.

32 StFilA BZ, Die Verwaltung der der Stadt Bernstadt zustehenden Gerichtsbarkeit, 1838–1854, Bl. 30.

33 Directorium des statistischen Vereins Sachsen, Staats-Handbuch für das Königreich Sachsen 1840–1847.

Am 11. Juni 1839 um 11 Uhr vormittags heiratete Adolf Ernst Hensel seine Braut Theresia Carolina Sidonia Braeske[34] in Bernstadt.[35] Diese war die einzige Tochter des Bernstädter Schönfärbers, Tuchhändlers und Ratsherren Karl Friedrich Braeske[36] und Theresia Josephina Carolina, geborene Reiner. Aus dieser Ehe gingen eine Tochter (Theresa Margarethe Hensel, geboren am 15. Januar 1842) und zwei Söhne, darunter Karl Egmont Hensel[37], hervor.[38]

Neben seiner Tätigkeit als Stadtrichter in Bernstadt wirkte Adolf Ernst Hensel als Verwalter der Patrimonialgerichte in verschiedenen Orten und Bezirken. Ausweislich des Staats-Handbuches für das Königreich Sachsen, begann er seine Tätigkeit als Verwalter der Patrimonialgerichte Obergurig und Sora im Provinzialbezirk Stolpen im Jahre 1839.[39] 1840 wurde er zum Verwalter der Patrimonialgerichte der Rittergüter Obergurig und Cunewalde sowie des Stifts Joachimstein bestellt.[40] Durch den Wegfall und die Zusammenlegung einiger Gerichte wechselte Hensel in den folgenden Jahren oft seine Arbeitsstätte. So wirkte er 1843 an den Gerichten Bischdorf und Hainewalde im Bezirk Löbau,[41] 1845 an den Gerichten

---

34 Theresia Carolina Sidonia Braeske wurde am 10. April 1816 in Bernstadt geboren und am 15. April 1816 getauft. Taufpaten waren: „1. Anton Erhard Reiner, Richtssekretair des Eigenschen Kreises. 2. Karl Gottlob Benjamin Morrawe, Kaufmann. 3. Christiana Rahel Engelmann.“; vgl. KirchenA Bernstadt a.d.E., Taufbuch der Stadt Bernstadt, Bl. 215, Nr. 47.

35 KirchenA Bernstadt a.d.E., Traubuch der Stadt Bernstadt, Bl. 215, Nr. 15.

36 Im Jahre 1792 kam der Handelsherr Carl Albrecht Braeske von Ostpreußen nach Bernstadt und ließ sich dort als Kunst-, Waid- und Schönfärber nieder. Er bewirkte den Aufschwung des Tuchmacherhandwerks. Nach dessen Tod 1830 übernahm sein Sohn Karl Friedrich Braeske das Geschäft des Vaters und wurde später Stadtrat. Im Jahre 1849 wurde er für seine Verdienste um die Entwicklung des Tuchhandels und seine Stadtratstätigkeit zum Ehrenbürger von Bernstadt ernannt.

37 Karl Egmont Hensel wurde am 26. Mai 1847 in Bernstadt geboren, besuchte von 1857 bis 1862 und wieder vom Juni 1866 an das Gymnasium in Zittau, wechselte aber noch im selben Jahr an die Kreuzschule nach Dresden um sich kurze Zeit später als Kaufmann niederzulassen; vgl. hierzu *Friedrich*, Album des Gymnasiums zu Zittau, S. 74. Das Sterbebuch der Stadt Bernstadt weißt beim Tod der Mutter als Geburtsdatum von Karl Egmont den 26. Mai 1840 aus, was jedoch aufgrund der genauen Angaben zu seiner Schulzeit als falsch angesehen werden muss; vgl. hierzu KirchenA Bernstadt a.d.E., Sterbebuch der Stadt Bernstadt, Bl. 216, Nr. 41.

38 KirchenA Bernstadt a.d.E., Sterbebuch der Stadt Bernstadt, Bl. 232, Nr. 2.

39 Directorium des statistischen Vereins Sachsen, Staats-Handbuch für das Königreich Sachsen 1839, S. 111; Directorium des statistischen Vereins Sachsen, Staats-Handbuch für das Königreich Sachsen 1841, S. 90.

40 *Matzerath*, Aspekte sächsischer Landtagsgeschichte – Präsidenten und Abgeordnete von 1833 bis 1952, S. 67.

41 Directorium des statistischen Vereins Sachsen, Staats-Handbuch für das Königreich Sachsen 1843, S. 79, 85.

Hainewalde und Joachimstein im Bezirk Löbau[42] und letztlich 1847 an den Gerichten Burkersdorf und Joachimstein im Bezirk Löbau.[43]

Im Jahre 1845 wurde er als Vertreter des 20. städtischen Wahlbezirks[44] zum Abgeordneten der zweiten Kammer des Sächsischen Landtages gewählt.[45] Sein Bruder, der Justizamtmann und Direktor des Bezirksgerichts Kamenz[46] Friedrich Theophil Hensel[47] gehörte seit 1839 der zweiten Kammer des Sächsischen Landtages an. Nach dem Ende der Tätigkeit von Adolf Ernst Hensel, mit der Auflösung des Parlaments am 11. Juli 1846, wurde ihm von einem Ehrenkomitee seiner Wähler im Zittauer Rathaus gedankt.[48] Kurz danach siedelte er nach Zittau über, da ihm dort, mit Beschluss des Stadtrates vom 3. August 1847, ein Posten als besoldeter Stadtrat auf Lebenszeit angeboten worden war.[49] Interessant ist, dass er das Bürgerrecht in Zittau erst am 4. Januar 1848 verliehen bekam und somit schon Stadtrat war, ohne Bürger der Stadt gewesen zu sein.[50]

Bei den außerordentlichen Landtagen der Jahre 1847[51] und 1848 war Hensel ebenfalls Mitglied der zweiten Kammer des Sächsischen Landtages. Weil er in das Frankfurter Vorparlament gewählt wurde, nahm er sein Mandat für den

---

42 Directorium des statistischen Vereins Sachsen, Staats-Handbuch für das Königreich Sachsen 1845, S. 84, 86.

43 Directorium des statistischen Vereins Sachsen, Staats-Handbuch für das Königreich Sachsen 1847, S. 80, 87.

44 Der 20. städtische Wahlbezirk war der Wahlbezirk Zittau, bestehend aus den Gemeinden Zittau, Löbau, Bernstadt, Ostritz und Weißenberg; vgl. zur Einteilung der Wahlbezirke für die Vertreter der Städte *Matzerath*, Aspekte sächsischer Landtagsgeschichte – Präsidenten und Abgeordnete von 1833 bis 1952, S. 82.

45 *Matzerath*, Aspekte sächsischer Landtagsgeschichte – Präsidenten und Abgeordnete von 1833 bis 1952, S. 67, 104.

46 1857–1867, Nachweise in Directorium des statistischen Vereins Sachsen, Staats-Handbuch für das Königreich Sachsen 1857–1867.

47 Friedrich Theophil Hensel (1798–1869) war ein deutscher Jurist und Politiker. Er war Mitglied der Frankfurter Nationalversammlung und der zweiten Kammer des Sächsischen Landtages; vgl. über ihn *Tonndorf*, Die sächsischen Abgeordneten der Frankfurter Vor- und Nationalversammlung 1848/49, S. 191 f.; *Hirschel*, Sachsens Regierung, Stände und Volk, S. 101.

48 Vom Stadtverordnetenvorsteher von Bernstadt wurde jedoch geltend gemacht, dass die Mehrheit der Bevölkerung dieses Festessen weder gewünscht, noch dass es aus finanziellen Gründen zu verantworten gewesen wäre. Siehe dazu *Schmidt*, Die Entwicklung der politischen Opposition im Königreich Sachsen zwischen 1830 und 1848, S. 94.

49 StadtA Zittau, Acta, die bei dem Collegio des Stadtrats zu Zittau erfolgten Ausscheidungen und Ergänzungen betr., Bl. 121; *Matzerath*, Aspekte sächsischer Landtagsgeschichte – Präsidenten und Abgeordnete von 1833 bis 1952, S. 67.

50 StadtA Zittau, Bürgerrolle der Stadt Zittau von 1765–1848, Nr. 2257.

51 Directorium des statistischen Vereins Sachsen, Staats-Handbuch für das Königreich Sachsen 1847, S. 46.

Sächsischen Landtag von 1848 nicht wahr.[52] Als Vertreter Hensels wirkte dort der Zittauer Advokat und Gerichtsdirektor Gustav Woldemar Kretzschmar[53]. Weiterhin wirkte Hensel als Vertreter der Vaterlandsvereine in der Frankfurter Nationalversammlung, aus welcher er am 1. September 1848 freiwillig wieder ausschied, weil er lieber Politik in Sachsen und für seinen Wahlbezirk im Sächsischen Landtag machen wollte. Demzufolge ließ er sich im Dezember 1848 wiederum, nun nach dem neuen liberalen Wahlrecht, als Vertreter des Vaterlandsvereins in Bernstadt in die zweite Kammer des Sächsischen Landtages wählen. Dieser stand er während des Landtages des Jahres 1849 als Präsident vor und versuchte mit der Hilfe vieler Abgeordneter den Parlamentarismus in Sachsen voranzutreiben. Zu den gemeinsamen Zielen gehörte es auch die von der Frankfurter Nationalversammlung ausgearbeitete freiheitliche Verfassung gegen König Friedrich August II.[54] durchzusetzen.[55]

Durch die Auflösung des Parlamentes am 30. April 1849 und die Niederschlagung des Dresdner Maiaufstandes am 9. Mai 1849 kam Hensel in Bedrängnis und wurde am 28. Mai 1849 wegen hochverräterischer und aufreizender Reden angeklagt. Durch Verordnung der königlich sächsischen Kreisdirektion zu Bautzen vom 19. Juni 1849 wurde der Stadtrat von Zittau angewiesen, Hensel wegen der Untersuchung gegen ihn vom Amt des Stadtrates zu suspendieren und ihm das Gehalt zur Hälfte zu entziehen.[56] Dagegen legte Hensel Rekurs ein, was der Stadtrat von Zittau mit Schreiben vom 21. Juli 1849 an die Kreisdirektion in Bautzen meldete.[57] Mit Vortrag vom 30. Juli 1849 zeigte die Kreisdirektion zu Bautzen dem Ministerium des Inneren den Rekurs Hensels gegen seine Suspendierung als Stadtrat an.[58] Am 8. August 1849 teilte das Ministerium des Inneren der Kreisdirektion mit, dass die Suspendierung als Stadtrat nicht zu rechtfertigen und deshalb nichtig sei, die Amtsgeschäfte aufgrund der Untersuchungshaft aber konsequenterweise ruhen

---

52 *Matzerath*, Aspekte sächsischer Landtagsgeschichte – Präsidenten und Abgeordnete von 1833 bis 1952, S. 68.

53 Advokat und Justiziar der königlichen Gerichte zu Radegast sowie von 1848–51 Gerichtsdirektor, stellvertretender Abgeordneter des 20. städtischen Wahlkreises 1845–50/51; vgl. über ihn *Matzerath*, Aspekte sächsischer Landtagsgeschichte – Präsidenten und Abgeordnete von 1833 bis 1952, S. 111.

54 1797–1854, albertinischer Wettiner und dritter König von Sachsen; vgl. über ihn *Flathe*, Friedrich August II., König von Sachsen, in: ADB, Bd. VII, S. 790 f.

55 *Matzerath*, Aspekte sächsischer Landtagsgeschichte – Präsidenten und Abgeordnete von 1833 bis 1952, S. 68; *Groß*, Geschichte Sachsens, 4. Aufl., S. 226.

56 SächsHStA Dresden, Acta die gegen städtische Beamte und Gemeindevertreter ergriffenen Disciplinarmaasregeln betreffend, Kreisdirection Budissin, 1849/50, Bl. 32.

57 StFilA BZ, Polizeiliches Vorgehen gegen die Zittauer Stadträte Meißner, Burghausen und Hensel wegen Teilnahme am Maiaufstand 1849, Bl. 14.

58 SächsHStA Dresden, Acta die gegen städtische Beamte und Gemeindevertreter ergriffenen Disciplinarmaasregeln betreffend, Kreisdirection Budissin, 1849/50, Bl. 42.

müssten und der Rekurs deshalb zurückzuweisen wäre.[59] Weiterhin habe die Einbehaltung der Hälfte der Besoldung ohne Richterspruch nicht geschehen dürfen und sei deshalb ebenfalls nichtig.[60] Trotz des Bescheides des Innenministeriums behielt der Stadtrat die Hälfte der Besoldung Hensels ein. Aufgrund der objektiven Rechtswidrigkeit wendete sich dieser am 14. April 1852 an den Zittauer Stadtrat, wies auf die rechtswidrige Zurückbehaltung hin und bat um Auszahlung des restlichen Geldes, welches, abzüglich der Kosten für die Untersuchung gegen ihn und die Kosten für seinen Stellvertreter im Stadtrat, übrig geblieben war. Jedoch wurde ihm dies vom Stadtrat nicht gewährt.[61]

Derweil blieb Hensel zunächst längere Zeit in Untersuchungshaft. Mehrere Begnadigungsgesuche wurden abschlägig beschieden. So teilte das königlich sächsische Appellationsgericht zu Dresden der Kreisdirektion zu Bautzen am 30. Januar 1850 mit, dass über das Begnadigungsgesuch Hensels noch nicht entschieden worden sei.[62] Ein negativer Abschluss des Begnadigungsverfahrens erfolgte durch Mitteilung des königlich sächsischen Appellationsgerichts an die königliche Kreisdirektion zu Bautzen vom 22. Februar 1850. Darin hieß es, dass Hensel nicht begnadigt werde und das Stadtgericht zu Zittau mit seinen Untersuchungen fortfahren solle.[63]

Am 10. März 1851 erging das Urteil des königlich sächsischen Appellationsgerichts zu Bautzen.[64] In diesem wurde festgestellt, dass sich Hensel zwischen dem 4. und 8. Mai 1849 mehrfach in Dresden aufgehalten habe, dort jedoch den Aufständischen aus dem Weg gegangen sei. Vielmehr habe er seine Aufenthalte genutzt, um die Lage zu sondieren. Seine ersten Erkenntnisse habe er dann bei einer Volksversammlung auf der Schießwiese in Zittau am 6. Mai 1849 und später nochmals am 8. Mai im großen Saale des Zittauer Rathauses geäußert.[65] Bei diesen Versammlungen habe er zwar der Bevölkerung vom bewaffneten Zug nach Dresden abgeraten. Dies sei aber nicht darin begründet gewesen, dass er den Aufstand missbillige,

59 SächsHStA Dresden, Acta die gegen städtische Beamte und Gemeindevertreter ergriffenen Disciplinarmaasregeln betreffend, Kreisdirection Budissin, 1849/50, Bl. 44.

60 StFilA BZ, Polizeiliches Vorgehen gegen die Zittauer Stadträte Meißner, Burghausen und Hensel wegen Teilnahme am Maiaufstand 1849, Bl. 18 f.

61 StadtA Zittau, Die vom Advokaten Adolf Ernst Hensel allhier nachgesuchte Gewährung der während seiner Suspension zurückbehaltenen Hälfte seines Gehalts als Stadtrath betr.

62 StFilA BZ, Polizeiliches Vorgehen gegen die Zittauer Stadträte Meißner, Burghausen und Hensel wegen Teilnahme am Maiaufstand 1849, Bl. 23.

63 StFilA BZ, Polizeiliches Vorgehen gegen die Zittauer Stadträte Meißner, Burghausen und Hensel wegen Teilnahme am Maiaufstand 1849, Bl. 24.

64 StFilA BZ, Untersuchungssachen wegen Beteiligung am Maiaufstand 1849, Bl. 4.

65 StFilA BZ, Untersuchungssachen wegen Beteiligung am Maiaufstand 1849, Bl. 6, 15.

sondern weil er die Aussichtslosigkeit der Unternehmung erkannt habe.[66] In seinen Reden vor dem Volk habe er sich einseitig und gehässig über die Staatsregierung geäußert und diese in einem schlechten Licht dargestellt. Weiterhin habe er den Dresdner Aufstand gerechtfertigt und die vorangegangene Art und Weise der Auflösung der Kammern negativ erscheinen lassen. Ebenso habe er in gehässiger Weise erwähnt, dass der König und die Minister ihre Stellen verlassen hatten und es des Dankes an die provisorische Regierung bedürfe, weil diese die Ordnung aufrechterhalten hatte. Am Schluss seiner Rede habe er das Volk der Sklavenkette wert erklärt, weil es sich nicht in einer größeren Masse erhoben hatte.[67]

Nach Ansicht des Gerichtes verwirklichte Hensel durch diese Äußerungen den Tatbestand des Art. 94[68] des Criminalgesetzbuches für das Königreich Sachsen, welcher mit viermonatiger Haft belegt wurde.[69] Diese vier Monate Haft verbrachte er, wie viele andere „politische Verbrecher" auch, im Landesgefängnis Schloss Hubertusburg.[70]

Weiterhin wurde festgestellt, dass Hensel aus Mangel an Beweisen freigesprochen werden solle, da ihm nicht nachgewiesen werden konnte, dass er sich der Beteiligung am Verbrechen des Hochverrates schuldig gemacht habe.[71]

Seine politische Karriere war von dieser Zeit an beendet. Auf dem Sächsischen Landtag des Jahres 1850/51, welcher nach dem alten sächsischen Wahlrecht von 1831 die Stände des vorrevolutionären Ständelandtages von 1848 wieder einberief, war Hensel nicht mehr vertreten, weil er seine Wählbarkeit durch Suspendierung verloren hatte.[72]

„An die Stelle des vormaligen Abg. Stadtrath Hensel in Zittau, welcher in Folge seiner Suspension als ausgeschieden zu betrachten ist, ist sein Stellvertreter Gerichtsdirector Kretzschmar einberufen, welcher sich bereits in diesem Saale befindet."[73]

---

66 StFilA BZ, Untersuchungssachen wegen Beteiligung am Maiaufstand 1849, Bl. 14 f.; *Tonndorf*, Die sächsischen Abgeordneten der Frankfurter Vor- und Nationalversammlung 1848/49, S. 190.

67 StFilA BZ, Untersuchungssachen wegen Beteiligung am Maiaufstand 1849, Bl. 17.

68 „Art. 94. Wegen absichtlicher Verbreitung aufreizender Schriften gegen die Regierung oder Staatsverfassung, ingleichen wegen aufreizender Aeusserungen gegen dieselben ist, insofern nicht diese Handlungen unter Art. 84 fallen, auf Gefängnisstrafe bis zu Einem Jahr zu erkennen."; vgl. *Held/Siebdrat*, Criminalgesetzbuch und forststrafrechtliche Bestimmungen für das Königreich Sachsen, S. 155.

69 StFilA BZ, Untersuchungssachen wegen Beteiligung am Maiaufstand 1849, Bl. 17.

70 StFilA BZ, Untersuchungssachen wegen Beteiligung am Maiaufstand 1849, Bl. 4; *Best/Weege*, Biographisches Handbuch der Abgeordneten der Frankfurter Nationalversammlung 1848/49, S. 176; *Müller*, Anzeiger für die politische Polizei Deutschlands auf die Zeit vom 1. Januar 1848 bis zur Gegenwart, S. 322.

71 StFilA BZ, Untersuchungssachen wegen Beteiligung am Maiaufstand 1849, Bl. 13 f.

72 *Jansen*, Einheit, Macht und Freiheit, S. 207.

73 Königreich Sachsen, Mittheilungen über die Verhandlungen des Landtags im Königreiche Sachsen 1850, II. Kammer, S. 24.

Die Suspendierung als Stadtrat hatte zur Folge, dass er nicht mehr fähig war, als Abgeordneter zum Sächsischen Landtag zu fungieren. Dies erschließt sich aus § 5 in Verbindung mit § 8 des Wahlgesetzes für das Königreich Sachsen von 1831, nachdem als Landtagsabgeordneter nicht wahlfähig war, wer von öffentlichen Ämtern und der juristischen Praxis removiert oder suspendiert war, solange die Suspension dauerte.[74] Da zum Zeitpunkt der Einberufung des ständisch geprägten Vormärzlandtages (3. Juni 1850) noch ein Untersuchungsverfahren gegen Adolf Ernst Hensel lief und die Suspension von seinen öffentlichen Ämtern andauerte, war seine Wählbarkeit zum Landtag von 1850/51 ausgeschlossen.

Nach der Beendigung seiner politischen Karriere eröffnete Hensel in Zittau eine eigene Rechtsanwaltskanzlei.[75] Aus dieser Dekade seines Lebens ist lediglich belegt, dass sich sein Gesundheitszustand drastisch verschlechterte, sodass er wenige Monate nach dem Tod eines seiner Söhne, im Spätsommer 1861, selbst, am 9. Januar 1862 um 12.45 Uhr in Zittau, verstarb.[76] Als Todesursache wurde in dem Sterbebuch „Abzehrung" angegeben. Die sogenannte Schwindsucht wurde als Folge von Fieber, Tuberkulose oder des Alters angesehen.[77] Bedingt war dieses Krankheitsbild aber wohl durch die verschiedenen Schicksalsschläge, denen Hensel seit seinem Ausscheiden aus der Politik ausgesetzt war. Er wurde am 14. Januar 1862 in Bernstadt unter der Anteilnahme der Ratsversammlung und vieler Honoratioren, darunter auch Wilhelm Michael Schaffrath, welcher die Grabrede hielt, beigesetzt.[78] Hensels Frau verstarb am 21. Mai 1894 um 8.45 Uhr in Bernstadt an einer Lungenentzündung.[79] Das Begräbnis erfolgte am 25. Mai 1894 mit öffentlicher Kollekte.[80]

II. Hermann Joseph

Hermann Joseph wurde am 6. Dezember 1811 als Sohn des Gerichtsdirektors und Gutsbesitzers Johann Gottlob Friedrich Joseph aus Wildenhain (heute zur Gemeinde

74 „§. 8. Zur Wahlfähigkeit als Landtagsabgeordnete in allen 3 Classen sind ein Alter von 30 Jahren und die §. 5. aufgeführten Eigenschaften der Stimmberechtigung erforderlich, […]. §. 5. Zur Stimmberechtigung in allen drei Classen wird vorausgesetzt: […]. Unfähig sind: […] i) alle von öffentlichen Aemtern und der juristischen Praxis removirten Personen, ingleichen die suspendierten, so lange die Suspension dauert, […]."; vgl. *Brückner*, Das Königlich Sächsische Wahlgesetz vom 24. September 1831, S. 4 f., 12.

75 *Matzerath*, Aspekte sächsischer Landtagsgeschichte – Präsidenten und Abgeordnete von 1833 bis 1952, S. 68.

76 KirchenA Bernstadt a.d.E., Sterbebuch der Stadt Bernstadt, Bl. 232, Nr. 2.

77 *Höfler*, Deutsches Krankheitsnamen-Buch, S. 847.

78 KirchenA Bernstadt a.d.E., Sterbebuch der Stadt Bernstadt, Bl. 232, Nr. 2; *Matzerath*, Aspekte sächsischer Landtagsgeschichte – Präsidenten und Abgeordnete von 1833 bis 1952, S. 68; Sächsischer Postillon, Nr. 6 vom 19. Januar 1862, S. 33 f.

79 KirchenA Bernstadt a.d.E., Sterbebuch der Stadt Bernstadt, Bl. 216, Nr. 41.

80 KirchenA Bernstadt a.d.E., Sterbebuch der Stadt Bernstadt, Bl. 216, Nr. 41.

Regis-Breitingen gehörig) und der ersten Tochter des Mühlenbesitzers Gottlob Gottfried Jacob, Johanna Rosina, in Öllschütz bei Lucka[81] geboren.[82] Interessant ist, dass das Kind unehelich geboren und die Eltern erst am 13. Oktober 1814 in Ramsdorf nahe Lucka getraut wurden.[83] Seine Taufe erfolgte am 16. Dezember 1811 „zur Noth[84] im Hause des Herrn Diaconus Königsdörfer". Diese war nötig, weil Joseph – ausweislich eines Attestes seines Arztes vom Jahre 1835 bezüglich seiner Haftentlassung – bereits schwächlich geboren wurde.[85] Als Taufname wurde „Gottlob Herrmann" in das Taufverzeichnis eingetragen. Dies ist jedoch das einzige Mal, dass die Schreibweise mit doppeltem „r" erfolgte, was sich nur auf ein Missgeschick des Eintragenden zurückführen lässt. Als Taufpate fungierte Friedrich Wilhelm Rosenmüller, Bürger und Tuchmacher auch Handelsmann aus Lucka.[86] Bereits in jungen Jahren war Hermann Joseph von vielen Krankheiten geplagt. So litt er an Auszehrung, schmerzlichen Geschwüren und Ohrenfluss. Auch erkrankte er im Jahre 1817 an Scharlach und 1819 an Masern, was ihn an den Rand des Todes brachte.[87]

Seine schulische Ausbildung absolvierte Joseph am Gymnasium in Altenburg (heute Friedrichsgymnasium Altenburg).[88] Hier ist er im Schülerverzeichnis als Nummer 44 des Jahrgangs von 1826 verzeichnet. Als Herkunftsort wurde Teuritz bei Lucka und als Beruf des Vaters Rittergutsbesitzer vermerkt. Auf das Gymnasium gelangte er mit 15 Jahren und besuchte von 1826 an zunächst die Obersekunda

81 Lucka gehörte zur damaligen Zeit zum Herzogtum Sachsen-Altenburg.

82 *Tonndorf*, Die Freiheit – kein Zustand des Genusses, in: Landtagskurier Sachsen, Nr. 6, 1991, S. 7; *Tonndorf*, Die sächsischen Abgeordneten der Frankfurter Vor- und Nationalversammlung 1848/49, S. 205.

83 Thüringisches StA Altenburg, Eheschließung, Kirchenbuchduplikat Lucka, S. V, Nr. 25.

84 „Die Nottaufe wird vorgenommen, wenn eine lebensbedrohliche Erkrankung oder Komplikation vorliegt und nicht sichergestellt erscheint, dass die Taufe in der Kirche gefeiert werden kann."; vgl. *Illing*, Kinderheilkunde für Hebammen, 5. Aufl., S. 289.

„Can. 861, § 2. Ist ein ordentlicher Spender nicht anwesend oder verhindert, so spendet die Taufe erlaubt der Katechist oder jemand anderer, der vom Ortsordinarius für diese bestimmt ist, im Notfall sogar jeder von der nötigen Intention geleitete Mensch; die Seelsorger und vor allem der Pfarrer müssen sich angelegen sein lassen, die Gläubigen über die rechte Taufweise zu belehren."; vgl. Codex des kanonischen Rechtes, hrsg. im Auftrag der Deutschen und der Berliner Bischofskonferenz, 4. Aufl., S. 393.

85 SächsHStA Dresden, Die staatsverrätherischen Verbindungen auf den Hochschulen Deutschlands betr., 1834, Bl. 111.

86 Zu allem Thüringisches StA Altenburg, Taufeintrag Hermann Joseph, Kirchenbuchduplikat Lucka, S. XII, Nr. 60.

87 SächsHStA Dresden, Die staatsverrätherischen Verbindungen auf den Hochschulen Deutschlands betr., 1834, Bl. 111.

88 *Frey*, Charaktere der Gegenwart, Erstes Heft, S. 306.

bis zu seinem Abgang nach Leipzig zu Michaelis[89] 1829, wo er zuletzt die Prima besuchte.[90]

Am 10. September 1829 immatrikulierte er sich an der Universität Leipzig im Studiengang Rechtswissenschaft.[91] Er wohnte zunächst in der Wohnung 1254 beim Wirt Hinselbaum,[92] wechselte aber später in die Wohnung 686 beim Wirt Hegewald.[93] Zu Ostern 1831 meldete er sich bei der Leipziger Burschenschaft aktiv (Kneipname: Elfenkönig).[94] Nachdem sich die Leipziger Burschenschaft im Zuge der Karlsbader Beschlüsse im Mai 1824 endgültig förmlich auflösen musste, erfolgte eine Neugründung am 5. Mai 1829.[95] Joseph war einer der ersten, der der rekonstituierten Leipziger Burschenschaft angehörte. Im Jahre 1831 wurde er in den Vorstand der Leipziger Burschenschaft gewählt.[96] Vom 4. bis 8. April 1831 reiste er als Vertreter der Leipziger Burschenschaft zum Dresdner Burschentag und vertrat dort die Meinung, dass sich die Burschenschaft als Organisation nicht in die Politik einmischen dürfe,[97] was jedoch nicht für den Einzelnen gelten solle.[98] In dieser Zeit befand sich die Leipziger Burschenschaft, genauso wie der Dachverband als gesamtdeutsche Burschenschaft, in einer Orientierungskrise. Die eine

---

89 29. September.

90 Thüringisches StA Altenburg, Schülerverzeichnis vom Jahr 1826.

91 *Blecher/Wiemers*, Matrikel der Universität Leipzig, Teilbd. I, S. 382. Die Eintragung in das Studentenverzeichnis erfolgte aber erst am 10. Oktober 1829; vgl. StadtA Leipzig, Polizeiamt der Stadt Leipzig, Bl. 73.

92 Dies wurde später durchgestrichen; vgl. StadtA Leipzig, Polizeiamt der Stadt Leipzig, Bl. 73.

93 Unbekannt sind die Zeiten des Aufenthaltes in den einzelnen Wohnungen. Auch kann aufgrund des Zustandes des Aktenmaterials keine eindeutige Entzifferung der Namen der Wirte erfolgen; vgl. StadtA Leipzig, Polizeiamt der Stadt Leipzig, Bl. 73.

94 *Rathmann*, alma mater lipsiensis, S. 172; SächsHStA Dresden, Mitteilungen über die in verschiedenen Staaten wegen der staatsverräterischen Verbindungen anhängigen Untersuchungen, 1834–1835; StA Leipzig, Untersuchungen des vereinigten Kriminalamts Leipzig wegen burschenschaftlicher und staatsfeindlicher Verbindungen und Entscheidungen des Appellationsgerichts Leipzig, 1833–1836, Bl. 158.

95 *Schermaul*, Die Umsetzung der Karlsbader Beschlüsse an der Universität Leipzig 1819–1848, S. 52 ff.

96 *Tonndorf*, Die Freiheit – kein Zustand des Genusses, in: Landtagskurier Sachsen, Nr. 6, 1991, S. 7.

97 Zur politischen Aktivität der Leipziger Burschenschaft vgl. *Schermaul*, Die Umsetzung der Karlsbader Beschlüsse an der Universität Leipzig 1819–1848, S. 7.

98 *Tonndorf*, Die sächsischen Abgeordneten der Frankfurter Vor- und Nationalversammlung 1848/49, S. 205; *Heer*, Geschichte der Deutschen Burschenschaft – Die Demagogenzeit, in: Quellen und Darstellungen zur Geschichte der Burschenschaft und der deutschen Einheitsbewegung, Bd. X, S. 221; SächsHStA Dresden, Die staatsverrätherischen Verbindungen auf den Hochschulen Deutschlands betr., 1834, Bl. 65b.

Seite (Germanen) wollte die Forderungen der Burschenschaft auch auf dem radikalen Wege durchsetzen, während die liberale Seite (Arminen) dies auf friedlichem Wege versuchte. Auch in Leipzig herrschte nach der Wiedergründung 1829 ein Richtungskampf, auch wenn dieser unauffälliger verlief als in anderen Hochschulorten. Als Indikator für die Einordnung kann der Aufbau der Einzelverbindung gelten. So schotteten sich die Germanen nach außen hin ab und versuchten, aufgrund des radikalen Charakters ihrer Forderungen, möglichst wenige Mitglieder in den „engeren Kreis" aufzunehmen.[99] Die Arminen wiederum legten die Beschlussfassung in die Hände der sogenannten „Allgemeinheit", welche einen Ausschuss und dieser wiederum einen Vorstand wählte.[100] Dies bedeutete die Gleichberechtigung aller Burschen, eine Demokratisierung, sowie die Öffnung nach außen.[101] Joseph wurde 1831 in diesen Vorstand der „Allgemeinheit" gewählt.[102] Die Statutenrevision von 1831 sorgte dafür, dass bei der Leipziger Burschenschaft der engere Verein beseitigt und die Verantwortung auf die „Allgemeinheit" übertragen wurde. Damit verstieß die Leipziger Burschenschaft gegen die Verfassung des Verbandes, weil dieser einen engeren Verein vorsah. Beim Frankfurter Burschentag Michaelis 1831 wurde die Leipziger Burschenschaft angehalten, diesen engeren Verein wieder einzuführen. Als sich diese weigerte, erklärte sie im November 1831 ihren Austritt aus dem allgemeinen Verband.[103] Durch diesen Schritt vollzog sie eine klare Trennung von den radikalen (germanischen) Tendenzen im Verband und nahm bis 1833 auch keinen weiteren Anteil an ihm.[104]

Hermann Joseph beendete sein Studium am 5. August 1832, um im selben Jahr an der Juristenfakultät in Leipzig zu promovieren.[105] Ob dies wirklich an der Juristenfakultät geschah, kann nicht eindeutig geklärt werden. Zwar spricht vieles dafür, weil Joseph die Rechtswissenschaft studiert hatte und später als Advokat tätig war. Jedoch finden sich auch Unterlagen, in denen er als Doktor der

99 *Heer*, Geschichte der Deutschen Burschenschaft – Die Demagogenzeit, in: Quellen und Darstellungen zur Geschichte der Burschenschaft und der deutschen Einheitsbewegung, Bd. X, S. 222 f.

100 *Rathmann*, alma mater lipsiensis, S. 171.

101 *Zwahr*, Im Übergang zur bürgerlichen Gesellschaft, in: Geschichte der Universität Leipzig 1409–2009, Bd. 2, S. 145; *Leonhardt*, Die älteste Leipziger Burschenschaft (1818–1833), S. 72; *Rathmann*, alma mater lipsiensis, S. 171.

102 *Zwahr*, Im Übergang zur bürgerlichen Gesellschaft, in: Geschichte der Universität Leipzig 1409–2009, Bd. 2, S. 148.

103 SächsHStA Dresden, Die staatsverrätherischen Verbindungen auf den Hochschulen Deutschlands betr., 1836–1838, Bl. 241 f.

104 *Leonhardt*, Die älteste Leipziger Burschenschaft (1818–1833), S. 73.

105 StadtA Leipzig, Polizeiamt der Stadt Leipzig, Bl. 73; *Matzerath*, Aspekte sächsischer Landtagsgeschichte – Präsidenten und Abgeordnete von 1833 bis 1952, S. 19.

Philosophie erwähnt wird.[106] Auch wird er in den Doktorbüchern der Leipziger Juristenfakultät nicht erwähnt. Es liegt jedoch näher, bei ihm eine juristische als eine philosophische Promotion anzunehmen. Anschließend hielt er sich für kurze Zeit in Heidelberg auf, um dort staatsrechtliche Studien zu betreiben.[107] Diese können jedoch nicht an der Universität Heidelberg erfolgt sein, da sich sein Name in der dortigen Matrikel nicht finden lässt.[108] Daraufhin arbeitete er von 1833 bis 1835 als Akzessist[109] in Leipzig, was von einem längeren Aufenthalt bei seinen Eltern unterbrochen wurde.[110]

Bedeutend für die Leipziger Burschenschaft wurde Joseph noch am 24. April 1833 tätig, als er, in Folge des gescheiterten Frankfurter Wachensturms vom 3. April 1833, den Antrag stellte, dass sich die Burschenschaft unter Vernichtung all ihrer Papiere und Utensilien auflösen sollte, obwohl keine Leipziger an dem „Attentat" beteiligt waren.[111] Nachdem die Kunde von dem gescheiterten Versuch, die Frankfurter Hauptwache zu stürmen und damit eine Revolution im gesamten Deutschen Bund loszutreten, in Leipzig angekommen war, war man sich innerhalb der Burschenschaft einig, dass eine Fortführung unmöglich wäre und dass wieder neue Untersuchungen einsetzen würden. Damit hatte die Burschenschaft in Leipzig zunächst offiziell aufgehört zu existieren, gab ihr Lesezimmer im Gasthaus „Linde" auf und entzog sich durch ihre Selbstauflösung zunächst der Verfolgung.[112]

---

106 So im Verzeichnis der Mitglieder der Leipziger Stadtverordnetenversammlung von 1859, in: StadtA Leipzig, Acta Trauerfälle, Condolenzen und dergl. betr., 1839–1899, Bl. 88; auch im Polizeimeldebuch der Stadt Leipzig, StadtA Leipzig, Polizeimeldebücher Leipzig, Bl. 114.

107 *Tonndorf*, Die sächsischen Abgeordneten der Frankfurter Vor- und Nationalversammlung 1848/49, S. 205.

108 *Toepke*, Die Matrikel der Universität Heidelberg, Fünfter Tl. 1807 bis 1846.

109 „Akzeß (lat.), Zutritt, Zugang; Anwartschaft; insbes. aber die Zulassung junger Juristen zur praktischen Übung bei einem Gericht oder einer Verwaltungsstelle. Akzessist, ein so Zugelassener, bei manchen Gerichten auch Auskultator oder Auditor (Zuhörer) genannt; überhaupt Anwärter, einer, der Anwartschaft auf eine Anstellung hat."; vgl. Meyers Großes Konversations-Lexikon, Bd. 1, S. 247 f.

110 Dort weilte er vom 25. Juli 1834 bis 3. Oktober 1834, was, obwohl er kein Student mehr war, in seinem Studentenverzeichnis vermerkt wurde, siehe StadtA Leipzig, Polizeiamt der Stadt Leipzig – Studentenverzeichnis, Bl. 73; *Tonndorf*, Die sächsischen Abgeordneten der Frankfurter Vor- und Nationalversammlung 1848/49, S. 205.

111 *Leonhardt*, Die älteste Leipziger Burschenschaft (1818–1833), S. 75; *Zwahr*, Im Übergang zur bürgerlichen Gesellschaft, in: Geschichte der Universität Leipzig 1409–2009, Bd. 2, S. 145.

112 *Schermaul*, Die Umsetzung der Karlsbader Beschlüsse an der Universität Leipzig 1819–1848, S. 56 f.; *Zwahr*, Im Übergang zur bürgerlichen Gesellschaft, in: Geschichte der Universität Leipzig 1409–2009, Bd. 2, S. 145.

Im Jahre 1835 ließ sich Joseph als Advokat in Leipzig nieder.[113] Ebenso wie Adolf Ernst Hensel wurde er in den Prozess gegen 19 Leipziger Burschenschafter verwickelt. Darauf soll an einer anderen Stelle dieser Arbeit eingegangen werden. Da er jedoch in erster Instanz im November 1835 vor dem Appellationsgericht in Leipzig der Teilnahme an geheimen revolutionären Verbindungen für schuldig befunden wurde, erhielt er keine Anwaltszulassung und wurde zu drei Jahren Gefängnis verurteilt. Sein Freispruch erfolgte am 15. März 1838 vor dem Dresdner Oberappellationsgericht.[114]

Wegen seines landwirtschaftlichen Interesses, das er bereits seit seiner Jugend hegte, erwarb Joseph im Jahre 1837 ein Landgut in Lindenau bei Leipzig.[115] Dort ließ er sich am 9. Oktober 1837 als Gutsbesitzer und Rechtsanwalt nieder.[116] Im Jahre 1839 heiratete er Juliane Auguste, geb. Rudolph aus Knauthain. Über diese Hochzeit und seine Frau sowie eventuelle Kinder ist wenig bekannt. Die Quellen zeigen nur einen Akteneintrag in seiner Bürgerakte vom 10. November 1855, in der kurz erwähnt wird, dass er mit genannter Frau verheiratet war.[117]

Allgemein begann Joseph in dieser Zeit, vermehrt Grundstücke in Lindenau zu kaufen und zu verkaufen. So ist der Verkauf einer Parzelle von einer Größe von 150 Quadratruten[118] zum Preis von 500 Talern an die Gemeinde Lindenau zum Bau einer Kirche und einer Schule dokumentiert, welcher zu Michaelis 1844 stattgefunden hatte.[119] Auch verlieh er Geld, so beispielsweise 1.000 Taler an seinen Freund Robert Blum[120], als dieser im Jahre 1844 ein Haus in der damaligen Eisenbahnstraße (heute Dohnanyistraße) erwerben wollte.[121]

Im Jahre 1845 trat Hermann Joseph als Kandidat für den 1. bäuerlichen Wahlbezirk (Kreisamt Leipzig) bei der Wahl für die zweite Kammer des Sächsischen Landtages an.[122] Hier scheiterte er zunächst gegen den Kandidaten der ministeriellen

---

113 *Best/Weege*, Biographisches Handbuch der Abgeordneten der Frankfurter Nationalversammlung 1848/49, S. 195; *Koch*, Die Frankfurter Nationalversammlung 1848/49, S. 232.

114 *Dvorak*, Biographisches Lexikon der Deutschen Burschenschaft, Bd. I, Tlbd. 3, S. 30.

115 *Tonndorf*, Die Freiheit – kein Zustand des Genusses, in: Landtagskurier Sachsen, Nr. 6, 1991, S. 7; *Frey*, Charaktere der Gegenwart, Erstes Heft, S. 309.

116 *Matzerath*, Aspekte sächsischer Landtagsgeschichte – Präsidenten und Abgeordnete von 1833 bis 1952, S. 19.

117 StadtA Leipzig, Bürgerakte Nr. 16295, Bl. 3.

118 Entspricht etwa 2.800 m^2.

119 StadtA Leipzig, Grundstücksangelegenheiten in Lindenau, Bl. 65 f. Die Dorfschule in der heutigen Demmeringstraße wurde 1846 gebaut und 1895 wieder abgerissen; vgl. Pro Leipzig e.V., Alt-Lindenau, S. 6, 17.

120 1807–1848, deutscher Politiker, Publizist, Verleger und Dichter; vgl. über ihn *Blum*, Robert Blum.

121 *Zerback*, Robert Blum, S. 154; *Blum*, Robert Blum, S. 231.

122 Deutscher Bund, Biographische Umrisse der Mitglieder der deutschen konstituirenden Nationalversammlung zu Frankfurt a.M., Erstes Heft, S. 32.

Bewegung, Kommissionsrat Hennig aus Dresden. Joseph ließ sich jedoch davon nicht entmutigen. Als die Unwählbarkeit Hennigs festgestellt wurde, errang Joseph in der Nachwahl das Mandat des Wahlbezirks und wurde Mitglied in der zweiten Kammer des Sächsischen Landtages.[123] Hier sowie auf den folgenden Landtagen galt Josephs Engagement vor allem den Begehren der Bauern. Sein Zeitgenosse Bernhard Hirschel[124] würdigte dies wie folgt: „Den bei der Wahl ihrer Vertreter die Intelligenz so wenig berücksichtigenden Bauern geben wir schließlich noch zu bedenken, mit welchem Eifer sich gerade Joseph der landwirthschaftlichen und bäuerlichen Interessen annimmt."[125] So erklärt sich auch, dass die Bürger seines Heimatdorfes Lindenau ihm ein halbes Jahr nach seiner Rückkehr vom Landtag am 6. Dezember 1846 mit einem Ehrenfest dankten, zu welchem Robert Blum eigens sein bekanntes Lied „Dem Vaterlande"[126] dichtete.[127]

In den Folgejahren nahm Joseph eine ähnliche politische Entwicklung wie Adolf Ernst Hensel. Zunächst vertrat er wiederum den 1. bäuerlichen Wahlkreis auf dem außerordentlichen Landtag des Jahres 1847, um im Frühjahr 1848 Mitglied im Zentralausschuss der Vaterlandsvereine zu werden.[128] Sodann wurde er in das Frankfurter Vorparlament und am 9. Mai 1848 als Deputierter des 19. Wahlkreises (Freiberg) in die Frankfurter Nationalversammlung gewählt, wo er dem „Klub Donnersberg", der äußersten linken Fraktion, angehörte.[129] Jedoch verbrachte er den Großteil der Verhandlungen krankheitsbedingt auf seinem Landgut in Lindenau, weswegen seine Bedeutung in der Nationalversammlung als gering anzusehen ist.[130]

In diese Zeit fällt auch die Erschießung Robert Blums. Seit dem Ende der 1830er Jahre gehörten Blum, Joseph und Schaffrath zu einem engen Kreis, der politisch diskutierte, wirkte und in der Frankfurter Nationalversammlung seinen Höhepunkt fand.[131] So verwundert es nicht, dass Joseph bei den Totenfeiern in Leipzig,

---

123 *Tonndorf*, Die Freiheit – kein Zustand des Genusses, in: Landtagskurier Sachsen, Nr. 6, 1991, S. 7.

124 1815–1874, deutsch-jüdischer Politiker und Mediziner sowie Vorreiter der Homöopathie im 19. Jahrhundert in Deutschland; vgl. über ihn *Schroers*, Lexikon der deutschsprachigen Homöopathen, S. 64.

125 *Hirschel*, Sachsens Regierung, Stände und Volk, S. 87.

126 Der Text des Gedichtes findet sich in *Streckfuß*, Robert Blum, sein Leben, sein Wirken, 3. Aufl., S. 53–55.

127 *Blum*, Robert Blum, S. 226.

128 *Matzerath*, Aspekte sächsischer Landtagsgeschichte – Präsidenten und Abgeordnete von 1833 bis 1952, S. 20.

129 *Tonndorf*, Die Freiheit – kein Zustand des Genusses, in: Landtagskurier Sachsen, Nr. 6, 1991, S. 7; Deutscher Bund, Biographische Umrisse der Mitglieder der deutschen konstituirenden Nationalversammlung zu Frankfurt a. M., Erstes Heft, S. 32.

130 *Frey*, Charaktere der Gegenwart, Erstes Heft, S. 313.

131 *Blum*, Robert Blum, S. 95.

welche am 26. November 1848 wegen der Menge an Teilnehmern gleichzeitig in der Nikolai- und der Thomaskirche stattfanden, die Gedenkrede in der Thomaskirche hielt.[132] Die Zeremonie war vom Pathos der Zeit geprägt. Nach einem Marsch vom Roßplatz in Richtung Markt, teilten sich die Teilnehmer auf die beiden Kirchen auf, wo eine geistliche und eine weltliche Rede gehalten wurden. In seiner Rede beklagte Joseph den hohen Preis, der mit dem Opfertod Blums für die Freiheit und Einheit des Vaterlandes bezahlt wurde. Es solle aber nicht mehr geklagt werden, sondern mit Eifer, Hingebung aller Kräfte und Aufopferung für Freiheit und Vaterland das Gedächtnis Blums geehrt werden.[133]

Joseph schied am 11. Januar 1849 aus der Frankfurter Nationalversammlung aus, weil er sich im Dezember 1848 in den Sächsischen Landtag hatte wählen lassen. Somit legte er sein Mandat in der Paulskirchenversammlung nieder, um, wie auch andere sächsische Demokraten, als Abgeordneter des Sächsischen Landtages nach Dresden zu gehen. Dort wurde er zum Präsidenten der ersten Kammer gewählt und blieb dies auch bis zu deren Auflösung am 30. April 1849.[134]

Weil er sich nicht am Dresdner Maiaufstand beteiligt hatte, konnte sich Joseph auch nach der gescheiteren Revolution weiterhin politisch engagieren. Zwar wurde von Stephani[135] behauptet, dass sich Joseph während des Aufstandes in Dresden aufgehalten habe. Jedoch konnte dies nicht nachgewiesen werden. Im gleichen Atemzug wird auch erwähnt, dass Joseph von der Entstehung der provisorischen Regierung nichts gewusst und die ganze Sache missbilligt habe.[136] Folglich gehörte er auch dem Landtag vom Sommer 1849 an, welcher nach kurzer Zeit vom König aufgelöst wurde. Die Regierung erklärte nach der Auflösung des Landtages das alte Wahlrecht von 1831 wieder für gültig und restituierte 1850 den alten Landtag von 1848. Joseph weigerte sich sein Mandat des vormärzlichen Landtages wieder anzutreten und verlor so sein passives Wahlrecht.[137] Von Interesse ist auch, dass Joseph

---

132 *Sohl*, ...die größte Ehre, welche dem Manne vom Volke verliehen werden kann..., in: Laß Recht und Freiheit nicht verderben, hrsg. v. Volker Rodekamp, S. 52; *Hettling*, Revolution als kognitive Struktur?, in: Dresdner Maiaufstand und Reichsverfassung 1849, hrsg. v. Martina Schattkowsky, S. 90 f.

133 Außerordentliche Beilage zu Nr. 332 der Leipziger Zeitung, 27. November 1848, S. 7638. *Reichel* unterstellt Joseph in seiner Blum-Biografie, dass dieser Blum zu einem religiös verklärten politischen Märtyrer stilisierte, der aus rechtsstaatlich einwandfreien Gesichtspunkten hingerichtet wurde; vgl. *Reichel*, Robert Blum, S. 190 f.

134 *Matzerath*, Aspekte sächsischer Landtagsgeschichte – Präsidenten und Abgeordnete von 1833 bis 1952, S. 20.

135 Eduard Stephani (1817–1885), sächsischer nationalliberaler Politiker und 1865–1874 Vizebürgermeister von Leipzig; vgl. über ihn *Wustmann*, Stephani, Eduard, in: ADB, Bd. XXXVI, S. 89.

136 *Boettcher*, Eduard Stephani, S. 40 f.

137 *Matzerath*, Aspekte sächsischer Landtagsgeschichte – Präsidenten und Abgeordnete von 1833 bis 1952, S. 20.

am 20. Juni 1849 den Großteil seines Grundeigentums in Lindenau an seine Frau verkaufte,[138] sodass angenommen werden kann, dass er durch den Grundstücksverkauf seine Unwählbarkeit herbeiführen wollte. Ob sich Joseph aus der Verantwortung ziehen wollte, weil er aufgrund der Aussichtslosigkeit seines Wirkens im Landtag resignierte, lässt sich jedoch nicht belegen.

Um weiteren Untersuchungen zu entgehen, emigrierte Joseph im Jahre 1850 in die Schweiz. Für die ehemaligen Mitglieder der Paulskirchenlinken war Zürich ab 1850 zum zentralen Treffpunkt geworden. Dort hielten sich im Umfeld der Universität die parlamentarisch-demokratischen und linksliberalen Emigranten auf und es wurden wichtige Denkanstöße für das politische Leben nach Deutschland gesandt. Aus diesem Grund wird in der Literatur angenommen, dass sich auch Hermann Joseph in einem der beiden großen Zentren der Emigration (Zürich oder Bern) aufgehalten habe.[139]

Denkbar wäre auch, dass der Grundstücksverkauf an seine Frau mit dem Hintergedanken erfolgte, dass diese zunächst versorgt war, falls er nicht aus dem Exil zurückkehren sollte. Von dort kehrte er jedoch 1854 nach Leipzig zurück, musste zu seinem Leidwesen aber feststellen, dass viele Errungenschaften der Revolutionszeit, für welche er als Mitglied des Vaterlandsvereins und der Frankfurter Nationalversammlung gekämpft hatte, wieder rückgängig gemacht worden waren.

Nach seiner Rückkehr ließ er sich zunächst wieder in Lindenau nieder. Dort ließ er eines seiner Grundstücke (Parzelle 340) in 13 Parzellen aufteilen und verkaufte diese Einzelparzellen am 1. Mai 1855 an verschiedene Käufer.[140] In Lindenau hielt er sich aber nicht mehr lange auf. Bereits am 13. September 1855 kaufte Joseph ein Grundstück in der Wintergartenstraße in Leipzig.[141] In diesem Zusammenhang wurde er aufgefordert, das Leipziger Bürgerrecht zu erwerben, welches er zu diesem Zeitpunkt noch nicht innehatte.[142] Mit Schreiben vom 1. November 1855 beantragte Joseph beim Leipziger Rat die Verleihung des Bürgerrechts, weil er am 15. Oktober 1855 nach Leipzig gezogen war und dort die anwaltliche Praxis betrieb.[143] Zum Erwerb des Bürgerrechtes wurde er vom Rat aufgefordert, sein Führungszeugnis vorzulegen. Dies wurde von Joseph beantragt und ihm

138 StadtA Leipzig, Verkaufsurkunde Dr. Hermann Joseph.

139 *Jansen*, Einheit, Macht und Freiheit, S. 80.

140 StadtA Leipzig, Grundstücksangelegenheiten des Dr. Hermann Joseph.

141 Mitteilung des Stadtgerichts, dass Dr. Hermann Joseph am 13. September 1855 als Besitzer der für 6.800 Talern verkauften Parzellen No. 1287c, 1287d und 1288a, Flurb. Abthl. I (No. 1756) in der Wintergartenstraße in das Grundbuch eingetragen worden ist; vgl. StadtA Leipzig, Bürgerakte Nr. 16295, Bl. 1.

142 Aufforderung durch den Stadtrat an den Grundstücksbesitzer Hermann Joseph vom 16. Oktober 1855, binnen 14 Tagen, von dato an, das Bürgerrecht zu erwerben; vgl. StadtA Leipzig, Bürgerakte Nr. 16295, Bl. 1.

143 Schreiben Josephs an den Leipziger Stadtrat vom 1. November 1855; vgl. StadtA Leipzig, Bürgerakte Nr. 16295, Bl. 2.

am 14. November 1855 ausgestellt. Dieses Führungszeugnis weist aus, dass Joseph 1833 wegen Herausforderung zum Duell vom Kriminalamt zu Leipzig einer Untersuchung unterzogen und zu sechswöchiger Gefängnisstrafe verurteilt, weiter 1840 wegen Beihilfe zur unbefugten Betreibung der juristischen Praxis mit einem Verweis belegt worden ist und dass weitere Untersuchungen gegen ihn, welche 1842 wegen des Verdachts des Betruges eingeleitet worden sind, zu einem Freispruch aus Mangel an Beweisen führten.[144] Außer im Bereich der Stadt Leipzig, auf die sich die vorhergehende Auskunft über das Betragen Josephs beschränkte, wurde er auch vom Ratslandgericht verurteilt. In dem Zeugnis des Ratslandgerichts vom 5. Februar 1856 verweist dieses auf zwei Strafen, die Joseph erhalten hatte. So wurde er im Jahre 1851 wegen Verleumdung des königlichen hohen Appellationsgerichts anstatt mit drei Monaten Gefängnis mit nur 60 Talern und im Jahre 1854 nach Artikel 321 des Kriminalgesetzbuches[145] mit 10 Talern an Geld bestraft, was die mildeste Strafe für dieses Delikt darstellte. Ansonsten hatte er sich nichts zu Schulden kommen lassen.[146] Dass sich Joseph zu dieser Zeit gar nicht in Sachsen aufhielt, hinderte das Ratslandgericht nicht, ihn zu verurteilen. Die Begehung der Taten muss dann vor seiner Flucht in die Schweiz stattgefunden haben. Trotz dieser Straftaten wurde Hermann Joseph am 20. Februar 1856 die Bürgerkarte ausgehändigt und ihm am 25. April 1856 das Bürgerrecht der Stadt Leipzig verliehen.[147] Im Leipziger Adressbuch ist er ab dem Jahre 1856 mit Wohnsitz in Leipzig zu finden. Zunächst wohnte er in der Zeitzer Straße 6,[148] um im Jahr 1860 für ein Jahr in die Zeitzer Straße 56[149] zu ziehen. Ab dem Jahre 1861 bis zu seinem Tode war er mit Wohnsitz in der Emilienstraße 1 in Leipzig gemeldet.[150]

Josephs Grundstückshandel brachte ihm auch viel Ärger und Kosten ein. So klagte die Gemeinde Lindenau bereits 1848/49 gegen Joseph wegen ausstehender Verbindlichkeiten gegenüber der Gemeindekasse. Diese wurden vor allem dadurch begründet, dass Joseph die Instandhaltung des Zugangswegs zu seinem Grundstück nicht bezahlen wollte. Hierbei zog er bis vor das Oberappellationsgericht, welches ihn, gleich den Vorinstanzen, zur Zahlung verurteilte.[151] Ähnliches

144 StadtA Leipzig, Bürgerakte Nr. 16295, Bl. 4.

145 „Art. 321. Mißbrauch des öffentlichen Vertrauens. Mit gleichen Geld- und Gefängnisstrafen [Zehn bis Einhundert Thaler oder bis zu zwei Jahren; Verweis auf Art. 320] sind Geistliche, Advocaten, Notare, Aerzte, Hebammen, Vormünder, und andre öffentlich bestellte Personen zu belegen, welche die ihnen in Folge dieser Stellung obliegenden Pflichten verletzen."; vgl. *Hartitzsch*, Das Criminalgesetzbuch für das Königreich Sachsen, S. 467 f.

146 StadtA Leipzig, Bürgerakte Nr. 16295, Bl. 5.

147 StadtA Leipzig, Bürgerakte Nr. 16295, Bl. 4b.

148 Leipziger Adreß-Buch für 1856, S. 72.

149 Leipziger Adreß-Buch für 1860, S. 85.

150 Leipziger Adreß-Buch für 1861, S. 87.

151 StadtA Leipzig, Die Klage der Gemeinde Lindenau gegen Dr. Hermann Joseph betreffend.

geschah in den Jahren 1860, 1862 und 1864, in denen Hermann Joseph den Bau neuer Zufahrten zu verschiedenen Grundstücken beantragte bzw. die Gemeinde Lindenau diese anordnete und Joseph dafür die Kosten zu tragen hatte.[152] Hier verzichtete er jedoch auf ein Verfahren, weil er entweder den Bauantrag selbst gestellt hatte oder die Situation eindeutig war. Der Großteil seines damaligen Grundbesitzes befindet sich im heutigen Gebiet um die Josephstraße im Leipziger Stadtteil Lindenau.[153]

Um sich, trotz des Verlustes des passiven Wahlrechts, politisch zu betätigen, ließ sich Joseph in die Leipziger Stadtverordnetenversammlung wählen. Im Jahre 1857 wurde er zunächst nur als Ersatzmann in den Rat der Stadt Leipzig, aus der Klasse der ansässigen Bürger, gewählt.[154] Ab 1859 wurde er jedoch ordentliches Mitglied und zugleich Vorsteher des Rates.[155] Dieses Amt hatte er bis zu seiner freiwilligen Niederlegung im August 1868 inne, ab 1865 zählte er aber zu der Klasse der nichtansässigen Bürger und war nach dem Rückzug von seinem Vorsteheramt bis zu seinem Tode nur noch ordentliches Mitglied.[156]

Hermann Joseph verstarb am 7. März 1869 im Alter von 57 Jahren in Leipzig.[157] Am 10. März 1869 erfolgte nachmittags 15.30 Uhr die feierliche Bestattung. Im Gefolge des Leichenwagens befand sich eine große Menge Leidtragender, zahlreiche Vertreter des Stadtverordnetenkollegiums und Josephs langjähriger Freund Wilhelm Michael Schaffrath, welcher mit tränenerstickter Stimme Hermann Joseph und den bereits verstorbenen Koryphäen der Demokratie gedachte. Im Anschluss an die Beerdigung wurde die Rede des Stadtverordnetenvorstehers Anschütz im Ratsplenum noch einmal wiederholt und die Sitzung aus gegebenem Anlass vertagt.[158]

III. Wilhelm Michael Schaffrath

Wilhelm Michael Schaffrath wurde am 26. April 1814 abends um sechs Uhr als Sohn des Kinderschullehrers Michael Gotthold Schaffrath und seiner Frau Dorothea Christiane, geb. Hille, in der sächsischen Gemeinde Schöna bei Bad Schandau

152 StadtA Leipzig, Straßenbau in Lindenau.

153 *Klank/Griebsch*, Lexikon Leipziger Straßennamen, Nr. 874.

154 StadtA Leipzig, Acta Trauerfälle, Condolenzen und dergl. betr., 1839–1899, Bl. 86; StadtA Leipzig, Verzeichnis der Ratsmitglieder 1833–1918, Bl. 17, 122.

155 StadtA Leipzig, Acta Trauerfälle, Condolenzen und dergl. betr., 1839–1899, Bl. 88, 90; *Best/Weege*, Biographisches Handbuch der Abgeordneten der Frankfurter Nationalversammlung 1848/49, S. 195; Sächsische Constitutionelle Zeitung, Nr. 41 vom 19. Februar 1859, S. 163.

156 StadtA Leipzig, Verzeichnis der Ratsmitglieder 1833–1918, Bl. 126, 155, 158.

157 *Tonndorf*, Die Freiheit – kein Zustand des Genusses, in: Landtagskurier Sachsen, Nr. 6, 1991, S. 7.

158 Leipziger Tageblatt, Nr. 70 vom 11. März 1869, S. 2111 f.

als sechstes Kind einer lange in der Region ansässigen Familie geboren.[159] Die evangelische Taufe erfolgte am 1. Mai 1814.[160] Bereits im 17. Jahrhundert ist die Familie im Geburtsort des Vaters von Wilhelm Michael Schaffrath – Sebnitz – nachweisbar. Der aus Schlesien kommende Riemermeister Melchior Schaffrath (1648–1719) heiratete im Jahre 1673 Dorothea Grohmann aus Sebnitz, ließ sich sodann dort nieder und wurde sogar Bürgermeister. Ihm folgte sein Sohn, der Accis-(Steuer)-einnehmer Hanß Michael Schaffrath, welcher 1705 Anna Maria Mey heiratete, im Amt des Bürgermeisters. Aus deren Ehe ging wiederum der Sohn Johann Michael (1713–1756) hervor, welcher als Seifensiedermeister und Generalacciseinehmer in Sebnitz wirkte und 1739 die Sebnitzerin Anna Elisabeth Böhme heiratete. Wilhelm Michaels Großvater Samuel Friedrich Michael Schaffrath (1752–1785) wirkte, gleich seinem Vater, als Seifensieder in Sebnitz und heiratete dort 1773 mit Johanna Sophia Peschke ebenfalls eine Sebnitzerin. Letzter in Sebnitz geborener Spross dieses Zweiges war Michael Gotthold Schaffrath (1773–1832), welcher 1802 in zweiter Ehe mit Dorothea Christiane Hille verheiratet wurde.[161]

Wilhelm Michael Schaffrath wuchs in armen Verhältnissen auf. Sein Vater Michael Gotthold Schaffrath war ursprünglich ein wohlhabender Webermeister, der jedoch durch dreimaliges Brandunglück und unrentable Geschäfte seinen Betrieb aufgeben musste und von da an als Lohnweber arbeitete.[162] Durch autodidaktische Unterrichtung wurde er Lehrer, übernahm zunächst den Unterricht in Schöna und verdiente dort 140 bis 150 Taler. Davon musste er jedoch auch zunächst noch sechs Kinder ernähren.[163] Im Jahre 1816 siedelte die Familie nach Lauterbach bei Stolpen über, weil der Vater dort eine Anstellung als Dorfschullehrer erhalten hatte und mit 230 Taler mehr verdiente als durch die Webertätigkeit.[164] Schaffraths Mutter war die Tochter eines ebenfalls wohlhabenden Webers.

---

159 KirchenA Reinhardtsdorf-Schöna, Taufnachrichten zu Reinhardtsdorf, 1797–1848, Jahr 1814, S. 202 f. Hier erfolgt ebenfalls oft eine falsche Einordnung, indem der Tag der Taufe als Geburtstag angegeben wird, so bei *Döscher/Schröder*, Sächsische Parlamentarier 1869–1918, S. 457; *Schober*, Wilhelm Michael Schaffrath – Seine Sebnitzer Vorfahren, in: Sächsische Zeitung – Sebnitzer Zeitung, 8./9. Mai 1993, S. 11.

160 Taufpaten waren Christian Gottlieb Schädlich (Erb- und Lehnrichter zu Rathen) und Frau Johana Eleonora, Friedrich Gottlob Füßel (Erb- und Lehnrichter zu Kleingießhübel) und Johann Traugott Füßel (Bauer zu Schöna); vgl. KirchenA Reinhardtsdorf-Schöna, Taufnachrichten zu Reinhardtsdorf, 1797–1848, Jahr 1814, S. 202 f.

161 Zu allem Städtische Sammlungen Sebnitz, Stammtafel Familie Schaffrath; Städtische Sammlungen Sebnitz, Vorfahren von Dr. Wilhelm Michael Schaffrath.

162 *Blum*, Vorwärts! Volks-Taschenbuch für das Jahr 1847, S. 222.

163 *Blum*, Vorwärts! Volks-Taschenbuch für das Jahr 1847, S. 222 f.

164 *Baatz*, 125 Jahre Rechtsanwaltskammern, in: BRAK-Mitteilungen, 5/2004, S. 204; *Matzerath*, Aspekte sächsischer Landtagsgeschichte – Präsidenten und Abgeordnete von 1833 bis 1952, S. 72.

Das von ihr in die Ehe eingebrachte Vermögen war jedoch ebenfalls schnell aufgebraucht.[165]

Aufgrund der schlechten finanziellen Situation der Eltern, die in der Zwischenzeit zehn Kinder hatten, musste Schaffrath schon in jungen Jahren zum Unterhalt der Familie beitragen. So saß er im Winter am Spinnrad und half das restliche Jahr über beim Kühehüten und der Feld- und Fronarbeit.[166] Während der Arbeit und in seiner Freizeit beschäftigte er sich unter anderem mit lateinischer Grammatik, um auf sein Ziel, später einmal zu studieren, hinzuwirken.[167]

Schon in jungen Jahren bewies Schaffrath rhetorisches Talent und einen Sinn für Gerechtigkeit. Als sein Vater bei einer Schulrevision eine ungerechtfertigte Rüge erhielt, weil die Dorfkinder oftmals die Schule versäumten, verteidigte ihn sein Sohn vor allen Anwesenden gegen die Aufsichtsbeamten. Dies geschah zwar zur Freude aller Beiwohnenden, brachte Schaffrath aber eine derbe Züchtigung durch seinen Vater ein.[168]

Da sich die Familie keine Schulbildung für alle Kinder leisten konnte, war Schaffrath auf Förderungen angewiesen. Durch eine Zufallsbekanntschaft in der Sächsischen Schweiz im Herbst 1826 wurde Prinz Friedrich, der spätere König Friedrich August II. von Sachsen, auf Wilhelm Michael Schaffrath aufmerksam. Friedrich verbrachte zur damaligen Zeit, aufgrund des Aufenthalts des Militärs in der Region, einige Wochen auf Schloss Harthau[169]. Der Prinz traf Schaffrath beim Lernen an und fragte ihn nach den Plänen für sein Leben. Der Junge erzählte ihm, dass er einmal studieren möchte. Als der Prinz ihn, ob der Kosten für seine Vorhaben, vertrösten musste, entwarf Schaffrath selbst eine Bittschrift und überreichte sie bei einem Konzert im Garten des Schlosses dem Prinzen. Dies sollte sich später für Schaffrath auszahlen. Als er die Vorkommnisse seinen Eltern mitteilte, konnten sie sich später nicht mehr gegen die Pläne ihres Jungen stellen.[170]

Zunächst wurde Schaffrath durch den Lauterbacher Ortspfarrer Körner und später durch den Stolpener Diakon Zeller die Möglichkeit verschafft, im Jahre 1826/27 die lateinische Schule in Stolpen zu besuchen.[171] Der tägliche Weg dahin war für den jungen Schaffrath mit Strapazen verbunden, bei denen er sich im Winter sogar die Füße erfror, was noch bis in die Mitte seiner 20er Jahre für Schmerzen sorgte.[172] Im Jahre 1827 erhielt Schaffrath vom Stolpener Stadtrat eine Freistelle auf der Meißner Landes- und Fürstenschule St. Afra, welche er ab dem 4. Juni des

165 *Tonndorf*, Die sächsischen Abgeordneten der Frankfurter Vor- und Nationalversammlung 1848/49, S. 231; *Blum*, Vorwärts! Volks-Taschenbuch für das Jahr 1847, S. 222.
166 *Weißler*, Geschichte der Rechtsanwaltschaft, S. 466.
167 *Baatz*, 125 Jahre Rechtsanwaltskammern, in: BRAK-Mitteilungen, 5/2004, S. 204.
168 *Weißler*, Geschichte der Rechtsanwaltschaft, S. 466.
169 Heutiges Rittergut Großharthau in der Nähe von Bischofswerda.
170 *Blum*, Vorwärts! Volks-Taschenbuch für das Jahr 1847, S. 224 f.
171 *Baatz*, 125 Jahre Rechtsanwaltskammern, in: BRAK-Mitteilungen, 5/2004, S. 204.
172 *Weißler*, Geschichte der Rechtsanwaltschaft, S. 466.

Jahres besuchte.[173] Jedoch musste hierzu zumindest die dürftigste Ausstattung beigesteuert werden, was die Familie mit 30–40 Talern jährlich belastete. So verkauften die Eltern ihre letzten Andenken und Habseligkeiten, die Schwestern verdienten Geld durch Spinnen in Heimarbeit und die Nachbarn schenkten kleine Geldbeträge.[174] Durch die vorangegangene Bekanntschaft mit dem Prinzen Friedrich wurde Schaffrath auch durch diesen eine weitere finanzielle Förderung während seiner Zeit auf St. Afra zuteil, bis er die Schule am 22. März 1832 mit der Note 1 in wissenschaftlicher und sittlicher Hinsicht abschloss.[175]

Schaffrath war sehr dankbar, die Möglichkeit bekommen zu haben, an der Landesschule St. Afra unterrichtet zu werden. So hielt er auch noch lange nach seinem Ausscheiden Kontakt zu seiner Schule, was sich am besten mit seiner Anwesenheit bei der 300jährigen Feier des Bestehens der Schule im Jahre 1843 belegen lässt. Bei dieser Veranstaltung nutzte er auch bereits die Gelegenheit, sich mit einem Trinkspruch kritisch gegenüber der Staatsführung zu äußern. So erhob er sein Glas auf die Freiheit der Wissenschaft, die im Gründungsjahr der Schule 1543 noch freier gewesen sei, als im Jahre 1843, wo die Pressefreiheit durch Vor- und Nachzensur in dem Maße eingeschränkt werde, dass eine freie Wissenschaft nicht bestehen könne. Er machte sich jedoch durch die neu verbriefte Pressefreiheit der sächsischen Verfassungsurkunde Hoffnungen, dass es sich bessern werde.[176] Dass Schaffrath diesbezüglich Unrecht gehabt hatte, zeigten die Entwicklungen um die große bürgerliche Revolution 1848/49 und die daraus resultierenden Einschränkungen.

Nach seinem Schulabschluss immatrikulierte sich Wilhelm Michael Schaffrath am 13. Mai 1833 an der Universität Leipzig im Studiengang Rechtswissenschaft.[177] Seine Wohnung bezog er in der Nikolaistraße N. 746.[178] Nach dem Tod seines Vaters 1832 fehlten ihm zunächst die finanziellen Mittel für ein Studium. Jedoch erhielt er wiederum Unterstützung, um seinen Traum zu verwirklichen. So wurde ihm vom Hofsekretär Grohmann[179] eine unentgeltliche Wohnung in Leipzig gestellt. Kultusminister Dr. Müller[180] erteilte ihm ein Stipendium und Minister

173 *Tonndorf*, Die sächsischen Abgeordneten der Frankfurter Vor- und Nationalversammlung 1848/49, S. 231.

174 *Weißler*, Geschichte der Rechtsanwaltschaft, S. 466.

175 *Kreyssig*, Afraner-Album, S. 460. Warum *Baatz* hier den 12. Februar 1833 nennt ist nicht ersichtlich, obwohl das Schulalbum klar auf den 22. März 1832 verweist.

176 *Flügel*, Geschichte der dreihundertjährigen Jubelfeier der Königlich Sächsischen Landesschule St. Afra zu Meißen den 2. 3. und 4. Juli 1843, S. 291 f.

177 *Blecher/Wiemers*, Die Matrikel der Universität Leipzig, Tlbd. II, S. 74.

178 *Blecher/Wiemers*, Die Matrikel der Universität Leipzig, Tlbd. II, S. 75.

179 Carl Gottfried Grohmann (1784–1853), Hofsekretär und Kammerzahlmeister.

180 Johann Christian Gottlieb Müller (1776–1836), ab 1831 sächsischer Staatsminister für Kultus; vgl. über ihn Johann Christian Gottlieb Müller, in: *Schmidt*, Neuer Nekrolog der Deutschen, Jhrg. 14, 1836, Erster Thl., S. 241–246.

Bernhard von Lindenau[181] finanzierte ihn aus seiner Privatkasse. So war finanziell für seine Studentenzeit gesorgt.[182] Sein Studium beendete er am 3. März 1836, arbeitete sodann bei den Advokaten Dr. Schellwitz und Rothe in Leipzig und legte die Advokatenprüfung im Frühjahr 1837 ab.[183] Am 30. November 1837 promovierte er sich in Leipzig mit der Arbeit „Novae legum controversarum practicarum interpretationes" („Neue Interpretationen zur Behandlung umstrittener Gesetze" oder „Neue Interpretation praktisch widersprüchlicher Gesetze") zum Doktor der Rechtswissenschaft, habilitierte jedoch bereits zuvor am 6. November 1837 mit der Arbeit „Doli descriptio" (Beschreibung der Täuschung) und erhielt die „venia legendi" an der Universität Leipzig.[184] Von da an wirkte er als Privatdozent an der Leipziger Juristenfakultät, lehrte Vernunftrecht, den Zivilprozess und Strafrecht.[185] In diese Zeit fällt auch der noch zu betrachtende Prozess gegen 19 Leipziger Burschenschafter. Bei diesem erwirkte Schaffrath den Freispruch aller 19 Verurteilten. Offiziell wurde er danach durch sein Auftreten während des Prozesses und der Veröffentlichung seines Plädoyers gegen den Einspruch der Zensurbehörde nicht verurteilt. Seine Kritik am Urteil des Appellationsgerichts wurde jedoch zum Druck nicht zugelassen, weil sie einerseits die Studierenden aufregen konnte und andererseits die Richter und das Gericht angriff, weil sie zu leidenschaftlich geschrieben war. Lediglich die amtlichen Erkenntnisse des Prozesses durften durch Schaffrath veröffentlich werden.[186] Die staatliche Repression erfolgte jedoch subtiler. Kleine Unannehmlichkeiten, die Schaffrath aus dieser Angelegenheit erwuchsen, und das Bedürfnis, sich in der praktischen Rechtswissenschaft zu versuchen, veranlassten ihn, im Herbst 1839 als Gerichtsaktuar nach Neusalza und Plauen zu gehen. Nach einjähriger Abwesenheit kehrte er jedoch nach Leipzig zurück und nahm seine Tätigkeit als Dozent wieder auf.[187] Seine Hoffnung auf eine Professur, die er sich seit seiner Zeit als Privatdozent gemacht hatte, wurde jedoch durch seine

---

181 1779–1854, deutscher Jurist, Astronom und Minister, 1831–1843 Vorsitzender des sächsischen Gesamtministeriums, Abgeordneter der Frankfurter Nationalversammlung; vgl. über ihn *Pasch*, Lindenau, Bernhard von, in: ADB, Bd. XVIII, S. 681–686.

182 *Blum*, Vorwärts! Volks-Taschenbuch für das Jahr 1847, S. 228 f.

183 *Blum*, Vorwärts! Volks-Taschenbuch für das Jahr 1847, S. 229.

184 *Schaffrath*, Novae legum controversarum practicarum interpretationes; *Schaffrath*, Doli descriptio; *Baatz*, 125 Jahre Rechtsanwaltskammern, in: BRAK-Mitteilungen, 5/2004, S. 204; *Deutscher Anwaltsverein*, Juristische Wochenschrift, Nr. 57 vom 30. November 1887, S. 490.

185 Deutscher Bund, Biographische Umrisse der Mitglieder der deutschen konstituirenden Nationalversammlung zu Frankfurt a.M., Erstes Heft, S. 61; *Blum*, Vorwärts! Volks-Taschenbuch für das Jahr 1847, S. 229; Directorium des statistischen Vereins Sachsen, Staats-Handbuch für das Königreich Sachsen 1839, S. 295.

186 *Franke*, Zensur und Preßaufsicht in Leipzig 1830–1848, S. 138 f.

187 *Frey*, Charaktere der Gegenwart, Erstes Heft, S. 289.

anwaltliche Betätigung im vorgenannten Prozess zunichte gemacht.[188] Weiterhin wurde seine Wahl zum Stadtrichter in Sebnitz und Bürgermeister in Mühltroff im Jahre 1840 durch die Kreisdirektion nicht bestätigt, was damals nötig war. Die Beschwerde beim sächsischen Innenministerium wurde von diesem, im Einvernehmen mit dem Justizministerium, als unbegründet abgewiesen.[189]

In der Zeit von 1839 bis 1842 widmete er sich sodann vermehrt seinen wissenschaftlichen Publikationen. In diese Zeit fallen die meisten wissenschaftlichen Veröffentlichungen Schaffraths. Diesen ist ein separates Kapitel in der vorliegenden Arbeit gewidmet, weshalb an dieser Stelle nicht auf die Werke eingegangen werden soll. Zu erwähnen ist nur, dass spätere Werke von Schaffrath eher einen politisch-kritischen als wissenschaftlichen Charakter hatten.

Verbittert und enttäuscht über die verlorene Möglichkeit einer staatlichen oder akademischen Karriere, ließ sich Schaffrath am 26. Januar 1842 als Stadtgerichtsadvokat und Notar in Neustadt bei Stolpen nieder.[190] Auch betätigte er sich ab dieser Zeit politisch, vor allem durch seine 1842 erfolgte Wahl in die Stadtverordnetenversammlung, wo er ab 1843 als Stadtverordnetenvorsteher wirkte.[191] Am 29. Dezember 1845 erfolgte die Wahl in den Stadtrat und am 29. Dezember 1846 als Stadtrichter und somit gleichzeitig erstes besoldetes Ratsmitglied.[192] Letztere Wahl wurde, wie zuvor in Sebnitz und Mühltroff, von der Kreisdirektion nicht bestätigt. Auch hatte der Rekurs an das Ministerium des Innern keinen Erfolg. Dieses verwarf ihn im Einvernehmen mit dem Justizministerium als unbegründet.[193]

In die gleiche Zeit (21. Oktober 1842) fiel auch seine Hochzeit mit Thekla Leontine Bauer (17. November 1820–5. Juni 1902)[194] in Lindenau bei Leipzig,[195] welche Tochter des Beisitzers der Leipziger Juristenfakultät Dr. Moritz Gottfried Bauer (1768–1827) und Friederike Wilhelmine von Hartitzsch (1788–1855) war.[196] Aus der

---

188 *Döscher/Schröder*, Sächsische Parlamentarier 1869–1918, S. 457; Oberjustizrath Wilhelm Michael Schaffrath – Nachruf, in: Burschenschaftliche Blätter, Bd. 7, 1893, S. 130.

189 *Baatz*, 125 Jahre Rechtsanwaltskammern, in: BRAK-Mitteilungen, 5/2004, S. 205.

190 *Baatz*, 125 Jahre Rechtsanwaltskammern, in: BRAK-Mitteilungen, 5/2004, S. 205.

191 *Petraschk*, Ein Kämpfer für die Republik, in: Kulturspiegel Kreis Sebnitz, Aug. 1960, S. 18.

192 *Haunfelder/Pollmann*, Reichtstag des Norddeutschen Bundes 1867–1870, S. 461; *Tonndorf*, Die wahl- und sozialpolitische Zusammensetzung der sächsischen Paulskirchenvertreter, in: ZfG, 9/1994, S. 790.

193 *Schaffrath*, Das Wahlrecht der Stadt- und Landgemeinden gegen die Schreibstubenherrschaft in Sachsen, S. XIII.

194 *Schober*, Wilhelm Michael Schaffrath – Stationen seines Lebens, in: Sächsische Zeitung – Sebnitzer Zeitung, 8./9. Mai 1993, S. 11.

195 Städtische Sammlungen Sebnitz, Stammtafel Familie Schaffrath.

196 Städtische Sammlungen Sebnitz, Bescheinigung evangelisch-lutherisches Pfarramt Neustadt 1954 (Kopie); *Matzerath*, Aspekte sächsischer Landtagsgeschichte – Präsidenten und Abgeordnete von 1833 bis 1952, S. 73; Neuer Nekrolog der Deutschen, Fünfter Jahrg., Zweither Thl., S. 1154.

Ehe von Wilhelm Michael und Thekla Leontine Schaffrath gingen sieben Kinder hervor, von denen der Geheimrat Dr. Egmont Michael Schaffrath (1847–1901) und der Oberstabsarzt Dr. Reinhard Michael Schaffrath (1853–1907) die wohl bekanntesten sind.[197]

Schaffraths politische Karriere auf Landesebene begann im Jahre 1845 mit seiner Wahl in die zweite Kammer des Sächsischen Landtages. Ab dieser Zeit war er, bis zu seiner Emigration 1849, auf mehreren Landtagen und in gesetzgebenden Zwischendeputationen vertreten.[198] Auch veröffentlichte er ab dieser Zeit kritische Schriften über die politischen Zustände. So erschien 1847 „Das Wahlrecht der Stadt- und Landgemeinden gegen die Schreibstubenherrschaft in Sachsen", 1849 „Das Recht der Steuerbewilligung im Königreich Sachsen" und 1850 „Die politischen Rede- und Preßvergehen: in Commentaren zu Art. 81 des sächs. Criminalgesetzbuches".

Im Jahre 1848 gründete Schaffrath den „Deutschen Vaterlandsverein für Neustadt und Umgebung" und war auch dessen Vorsitzender.[199]

Seine politische Entwicklung verlief demnach ähnlich wie die von Adolf Ernst Hensel und Hermann Joseph. Neben seiner Teilnahme an den Landtagen von 1845 bis 1849, betätigte sich Schaffrath in den Jahren 1848/49 auch im Vorparlament und im Fünfzigerausschuss. Auch wurde er als Abgeordneter des 24. Wahlbezirkes (Meißner Hochland und wendische Lausitz) in Stolpen in die Frankfurter Nationalversammlung gewählt.[200]

Genauso wie Hermann Joseph war auch Schaffrath eng mit Robert Blum befreundet.[201] Aus diesem Grunde nahm auch Schaffrath an den zwischen 1839 und 1846 veranstalteten Treffen auf Gut Hallgarten teil, zu denen der Besitzer des Weingutes Johann Adam von Itzstein[202] einlud. Diese Treffen des Hallgartenkreises dienten der systematischen Rekrutierung liberaler und demokratischer Nachwuchspolitiker. Vor allem in Anbetracht der erstrebten nationalen Einigung wurden junge radikale Kammerabgeordnete, vornehmlich aus Sachsen und Südwestdeutschland, zu den konspirativen Treffen eingeladen, um ihre

197 Weitere Kinder waren: Hildegard Thekla, verehel. Köhler (1843–1873), Volkmar Michael (1845–1846), Johanna Thekla, verehel. Weidenberg (1851–1916), stud. iur. Hermann Michael (1856–1879), Richard Michael (1859–1889); vgl. Städtische Sammlungen Sebnitz, Stammtafel Familie Schaffrath.

198 Deutscher Bund, Biographische Umrisse der Mitglieder der deutschen konstituirenden Nationalversammlung zu Frankfurt a.M., Erstes Heft, S. 61.

199 *Baatz*, 125 Jahre Rechtsanwaltskammern, in: BRAK-Mitteilungen, 5/2004, S. 206; *Lemme*, Werte der deutschen Heimat, Bd. 17, S. 179.

200 Deutscher Bund, Biographische Umrisse der Mitglieder der deutschen konstituirenden Nationalversammlung zu Frankfurt a.M., Erstes Heft, S. 61.

201 *Klemm*, Sachsen und das deutsche Problem 1848, S. 13; *Reichel*, Robert Blum, S. 23.

202 1775–1855, liberaler deutscher Politiker; vgl. über ihn *Roßkopf*, Itzstein, Johann Adam von, in: NDB, Bd. X, S. 206.

Oppositionsarbeit zu verbessern und zu koordinieren. Personelle Verbindungen des Hallgartenkreises bestanden seit dem Ende der dreißiger Jahre auch nach Leipzig, wo die radikalen Abgeordneten Blum, Schaffrath, Joseph und Hensel sich zusammengefunden hatten. Gerade durch diese informellen Treffen konspirativer Zirkel, Studentenverbindungen und Seminaren politischer Professoren wuchsen das politische Selbstbewusstsein und das Zusammengehörigkeitsgefühl der radikalen Linken.[203] Diese Freundschaftsnetze ließen sich später auch bei parlamentarischen Abstimmungen und gemeinsamen Anträgen erkennen.

Aus diesem Grunde ist es auch nicht verwunderlich, dass Schaffrath, als Blum in Wien verhaftet wurde, sofort nach Wien abreiste, jedoch bereits auf dem Weg von dessen tragischem Tod erfuhr.[204] Ihm blieb somit nur noch übrig, dem treuen Freund bei der Totenfeier in Neustadt, welche am 16. November 1848 vom Vaterlandsverein zu Neustadt veranstaltet wurde, mit den Worten „Wir müssen samt und sonders Blums werden, dann wird kein Blum mehr gemordet [...]. Jeder möge sich in Stille geloben, wir wollen Blume werden“ seiner Trauer Ausdruck zu verleihen.[205]

Nach dem Scheitern der Frankfurter Nationalversammlung und der Rückberufung der Abgeordneten durch die jeweiligen Länder ging Schaffrath mit den übrigen Abgeordneten als Rumpfparlament nach Stuttgart. Der Auflösung des Rumpfparlamentes durch württembergisches Militär am 18. Juni 1849 und den darauffolgenden Festnahmen entkam Schaffrath durch Flucht in die Schweiz.[206] Dort hielt er sich ab Juli 1849 zunächst in Baden im Kanton Aargau und später in Zürich-Hottingen im Flüchtlingshaus „Zum Freudenberge“ auf, das seit jeher ein Flüchtlingsasyl gewesen war.[207] In einem Schreiben „An meine Mitbürger“ vom 3. Juli 1849 aus Baden im Kanton Aargau erklärte Schaffrath, dass er sich aufgrund einer Bade- und Trinkkur in der Schweiz aufhalte und zu gegebener Zeit nach Sachsen zurückkehren werde. Von der Einleitung des Untersuchungsverfahrens

---

203 *Jansen*, Einheit, Macht und Freiheit, S. 46 f.; *Neemann*, Landtag und Politik in der Reaktionszeit, S. 30.

204 *Weißler*, Geschichte der Rechtsanwaltschaft, S. 476.

205 *Baatz*, 125 Jahre Rechtsanwaltskammern, in: BRAK-Mitteilungen, 5/2004, S. 206; *Schober*, Dr. Wilhelm Michael Schaffrath – ein hervorragender Demokrat und Parlamentarier des 19. Jahrhunderts, in: Kurzbiographie von Dr. Wilhelm Michael Schaffrath, hrsg. v. Heimatmuseum „Prof. Alfred Meiche“ Sebnitz.

206 Nach anderen, jedoch nicht zutreffenden, Meinungen kam Schaffrath, wegen seiner Teilnahme am Dresdner Maiaufstand und angeblicher aufreizender Reden im Vaterlandsverein, zunächst in Untersuchungshaft, konnte dieser aber entfliehen und ging in die Schweiz; vgl. *Matzerath*, Aspekte sächsischer Landtagsgeschichte – Präsidenten und Abgeordnete von 1833 bis 1952, S. 73 und *Lemme*, Werte der deutschen Heimat, Bd. 17, S. 179.

207 *Schober*, Wilhelm Michael Schaffrath – Stationen seines Lebens, in: Sächsische Zeitung – Sebnitzer Zeitung, 8./9. Mai 1993, S. 11; *Göhler*, Zur Geschichte des Maiaufstandes 1849, in: Dresdner Geschichtsblätter 1906, Nr. 4, S. 120.

gegen ihn und der steckbrieflichen Suche hatte er bereits erfahren.[208] Somit liegt es näher, dass sein Aufenthalt in der Schweiz aus politischen und weniger aus Krankheitsgründen erfolgte. Aus dem Exil in Zürich erklärte er am 1. Oktober 1849 gegenüber dem Stadtrat von Neustadt, dass er gemäß § 197 der Allgemeinen Städteordnung[209] sein Amt als Stadtrichter und juristisch befähigtes Ratsmitglied aus Krankheitsgründen niederlege. Dies wurde durch Verordnung der Kreisdirektion Dresden vom 22. November 1849 abschlägig beschieden, wogegen Schaffrath mit Schreiben vom 2. Januar 1850 Beschwerde einlegte. Die Kreisdirektion begründete die Ablehnung damit, dass gegen Schaffrath noch ein Ermittlungsverfahren wegen Teilnahme am Dresdner Maiaufstand vor dem Justizamt Hohnstein anhängig war. Demnach könne sein freiwilliges Abgehen nicht bewilligt werden, weil nicht ausgeschlossen werden könne, dass er gemäß § 198 der Allgemeinen Städteordnung[210] von seinem Amt enthoben werde. Dies hätte eine eventuelle Streichung seiner Pension zur Folge gehabt. Schaffrath wehrte sich dagegen, indem er anführte, dass eine Versagung der Amtsniederlegung rechtswidrig sei. Die Versagung dürfe nur aus Gründen zum Wohle des Dienstes verweigert werden. Die ungeklärte Möglichkeit einer Dienstentlassung ließ sich laut Schaffrath nicht darunter subsumieren.[211] Nach dieser Beschwerde wandt sich die Kreisdirektion Dresden an das Ministerium des Innern. Dieses empfahl das freiwillige Abgehen Schaffraths, vorbehaltlich der Entscheidung des Gerichts, zu genehmigen.[212] Aus den Unterlagen ist jedoch nicht nachvollziehbar, ob die Genehmigung auch erfolgte. Belegt ist jedoch, dass er im Jahre 1852 zunächst einen gerichtlichen Freispruch von dem Verdacht der Teilnahme am Dresdner Maiaufstand erwirkte, um sodann in Neustadt seine juristische Arbeit wieder aufzunehmen.[213]

---

208 Zeitung für das Meißner Hochland, 1849, S. 328.

209 „§. 197. Freiwilliges Abgehen der Rathsmitglieder. Den auf Lebenszeit angestellten Rathsmitgliedern steht es frei, ihre Stellen niederzulegen."; vgl. Königreich Sachsen, Allgemeine Städte-Ordnung für das Königreich Sachsen vom 2ten Februar 1832, S. 94.

210 „§. 198. Entlassung. Die Entlassung eines Rathsmitgliedes, sowohl der auf Lebenslang, als der nur auf Zeit Gewählten, kann nur mit Genehmigung der vorgesetzten Regierungsbehörde erfolgen. Diese hat hierbei, theils wegen der Entlassung überhaupt, theils, wenn der zu Entlassende ein besoldetes Rathsmitglied ist, hinsichtlich der Frage: Ob demselben eine Pension zu gewähren sei oder nicht? nach den Grundsätzen zu verfahren, welche wegen Entlassung der Staatsdiener jetzt oder künftig in Anwendung kommen."; vgl. Königreich Sachsen, Allgemeine Städte-Ordnung für das Königreich Sachsen vom 2ten Februar 1832, S. 94.

211 SächsHStA Dresden, Acta die gegen städtische Beamte und Gemeindevertreter ergriffenen Disciplinarmaasregeln betreffend, Kreisdirection Dresden, 1849–53, Bl. 178.

212 SächsHStA Dresden, Acta die gegen städtische Beamte und Gemeindevertreter ergriffenen Disciplinarmaasregeln betreffend, Kreisdirection Dresden, 1849–53, Bl. 180–185.

213 *Baatz*, 125 Jahre Rechtsanwaltskammern, in: BRAK-Mitteilungen, 5/2004, S. 206.

Seine Teilnahme am Maiaufstand war jedoch unsicher. So soll er sich in Dresden aufgehalten haben. Nach Aussage des Leipziger Abgeordneten Stephani, welcher am 5. Mai 1849 in Dresden weilte, sollen Schaffrath und Joseph jedoch von der Entstehung einer provisorischen Regierung nichts gewusst und diese nach deren Konstituierung missbilligt haben.[214] Trotzdem wurde Schaffrath ab dem 24. Juni 1849 wegen des Verdachts der Begünstigung des Aufruhrs in Dresden steckbrieflich gesucht.[215] Da er sich den Behörden nicht stellte, wurde der Steckbrief am 4. November 1849 nochmals erneuert, bis er sich am 1. Dezember 1849, nach der Rückkehr aus dem Exil, freiwillig beim Justizamt Hohnstein stellte und die Suche daraufhin aufgegeben wurde.[216] Seine Untersuchungshaft dauerte auch nicht lang an, weil er bereits am 14. Dezember 1849 wieder entlassen wurde und sich ab dann in Neustadt aufhielt.[217]

Nach seiner Rückkehr aus dem Exil beteiligte sich Schaffrath sofort wieder am politischen Geschehen, verweigerte jedoch jegliche Teilnahme am parlamentarischen Leben. Sein Engagement galt vielmehr der oppositionell-demokratischen Bewegung außerhalb der Parlamente. So soll er beispielsweise am Görlitzer Sängerfest 1853 teilgenommen haben.[218]

Im Jahre 1856 siedelte Wilhelm Michael Schaffrath nach Dresden über, um sich dort als Rechtsanwalt niederzulassen.[219] Durch seine herausragenden Prozesse und Plädoyers erhielt er einen Bekanntheitsgrad, der dafür sorgte, dass er ab dieser Zeit die verschiedensten parlamentarischen und berufsständischen Ämter bekleidete.[220] So wurde er wenige Jahre nach seiner Übersiedlung, im Jahr 1859, stellvertretender Vorsitzender der Dresdner Anwaltskammer.[221] Auch findet sich sein Name bei den Mitgliedern der ständigen Deputation des 3. Deutschen Juristentages 1862 in Wien und des 4. Deutschen Juristentages 1863 in Mainz. Auch wurde Schaffrath, nachdem er bereits bei der erfolglosen ersten Gründung 1848 Pate war, am 25. August

214 *Tonndorf*, Die sächsischen Abgeordneten der Frankfurter Vor- und Nationalversammlung 1848/49, S. 233; *Boettcher*, Eduard Stephani, S. 40 f.

215 „10066) Dr. Schaffrath, Advokat und Stadtrichter zu Neustadt bei Stolpen, sowie vormaliger Landtags- und Reichstagsabgeordneter; Alter: ungefähr 40 Jahre; Statur: gedrungen, ungef. 70‘‘; Haare: schwarzbraun; Stirne: niedrig, schwulstig; Augen: klein, grau; Nase: dick; Bart: schwarzbraun, stark; Gesicht: voll, bleich. Ursache des Verfahrens: Verdacht der Begünstigung des Aufruhrs in Dresden.“ Steckbrief Schaffraths vom 24. Juni 1849, in: *Eberhardt*, Allgemeiner Polizei-Anzeiger, Bd. 29, Nr. 4, 12. Juli 1849, S. 21; *Siemann*, Deutschlands Ruhe, Sicherheit und Ordnung, S. 421.

216 *Eberhardt*, Allgemeiner Polizei-Anzeiger, Bd. 29, Nr. 37, 4. November 1849, S. 200; *Eberhardt*, Allgemeiner Polizei-Anzeiger, Bd. 29, Nr. 51, 26. Dezember 1849, S. 265; Zeitung für das Meißner Hochland, No. 97 vom 8. December 1849, S. 581.

217 Zeitung für das Meißner Hochland, No. 99 von 1849, S. 596.

218 *Döscher/Schröder*, Sächsische Parlamentarier 1869–1918, S. 457.

219 *Haunfelder/Pollmann*, Reichstag des Norddeutschen Bundes 1867–1870, S. 461.

220 *Baatz*, 125 Jahre Rechtsanwaltskammern, in: BRAK-Mitteilungen, 5/2004, S. 206.

221 Directorium des statistischen Vereins Sachsen, Staats-Handbuch für das Königreich Sachsen 1863, S. 113.

1871 in den Vorstand des am selben Tage gegründeten Deutschen Anwaltsvereins gewählt.[222] So war Schaffrath auch maßgeblich für die Gründung der sächsischen Rechtsanwaltskammer am 1. November 1879 verantwortlich, welche ihn auch zum ersten Vorsitzenden des Vorstandes wählte.[223]

Auch parlamentarisch engagierte er sich wieder verstärkt. So zog er 1865 als Abgeordneter in die Dresdner Stadtverordnetenversammlung ein, gehörte dieser bis zum Jahre 1876 an und war in der Zeit von 1867 bis 1869 zweiter Vizevorsteher und 1870/71 erster Vizevorsteher, sowie in den Jahren 1873/74 lediglich ständig einberufener Ersatzmann.[224] Zwei wichtige Punkte in der Dresdner Stadtgeschichte sind Schaffrath zu verdanken. Als im Jahre 1871 in Dresden eine Pferdeeisenbahn errichtet werden sollte, war Schaffrath der einzige, der von dem Betreiber der Pferdeeisenbahn forderte, dass er für die Benutzung der öffentlichen Straßen eine Gebühr zahle, so dass aus der Anlage ein finanzieller Vorteil für die Stadtgemeinde gezogen werden konnte. Weiterhin wirkte er darauf hin, dass der sächsischen Justiz bessere Gebäude in Dresden zur Verfügung gestellt wurden. In diesem Zusammenhang machte er deutlich, dass die Polizei und die Ministerien in Palästen residierten, während die Justiz in Hütten untergebracht war. Schaffraths Engagement führte dazu, dass zumindest für das Landgericht in den Jahren 1876 bis 1879 ein stattliches Gebäude in Dresden errichtet wurde.[225]

Aber auch auf der „großen Bühne“ konnte sich Schaffrath wieder etablieren. Nach der Gründung des Sächsischen Fortschrittsvereins 1863, in dem Schaffrath einziges linksliberales Vorstandmitglied war, konnte er bei den Wahlen zum konstituierenden Reichstag des Norddeutschen Bundes 1867 ein Mandat[226] für die linksliberale Fortschrittspartei erringen und gehörte danach auch dem Reichstag in den Jahren 1871[227] bis 1874 und 1878[228] bis zu seiner Mandatsniederlegung 1879 an.[229] Bei den Wahlen zur zweiten Kammer des Sächsischen Landtags des Jahres 1871 erhielt er ein Mandat des dritten städtischen Wahlbezirkes[230] und

222 *Baatz*, 125 Jahre Rechtsanwaltskammern, in: BRAK-Mitteilungen, 5/2004, S. 206; *Weißler*, Geschichte der Rechtsanwaltschaft, S. 563; *Ostler*, Die deutschen Rechtsanwälte 1871–1971, S. 87.

223 *Baatz*, 125 Jahre Rechtsanwaltskammern, in: BRAK-Mitteilungen, 5/2004, S. 206.

224 Die Stadtverordneten zu Dresden 1837–1887, S. 84–95.

225 *Richter*, Geschichte der Stadt Dresden in den Jahren 1871 bis 1902, S. 44, 202.

226 6. Wahlkreis – Dresden-Land links der Elbe.

227 9. Wahlkreis – Freiberg/Hainichen.

228 10. Wahlkreis – Roßwein/Waldheim.

229 *Tonndorf*, Die wahl- und sozialpolitische Zusammensetzung der sächsischen Paulskirchenvertreter, in: ZfG, 9/1994, S. 790; *Tonndorf*, Die sächsischen Abgeordneten der Frankfurter Vor- und Nationalversammlung 1848/49, S. 231.

230 Bischofswerda, Pulsnitz, Stolpen, Radeberg, Radeburg, Großenhain.

gehörte dieser als Präsident bis zum Jahre 1874 und als Abgeordneter bis zum Jahre 1882 an.[231]

Dank seines parlamentarischen und berufsständischen Engagements wurden Schaffrath viele Ehrungen zuteil. Im Jahre 1873 wurde ihm der Titel eines Justizrates und im Jahre 1891 der eines Oberjustizrates verliehen.[232] Die zweite Kammer des Sächsischen Landtages wählte ihn im Jahre 1884 zum Richter des Sächsischen Staatsgerichtshofes.[233] Auch die Stadt Neustadt ehrte Schaffrath durch die Verleihung des Ehrenbürgerrechts für seine Verdienste, welche am 3. November vom Stadtrat und am 17. November 1887 von der Stadtverordnetenversammlung beschlossen worden war.[234] Bereits im Jahre 1886 wurde ihm von König Albert von Sachsen[235] aus eigener Initiative das Ritterkreuz I. Klasse des Verdienstordens verliehen.

In den Folgejahren lehnte Schaffrath jegliche landes- und reichspolitische Betätigung ab und widmete sich seiner Familie, seiner Kanzlei und verschiedenen Ehrenämtern, beispielsweise seit 1879 als Vorsitzender des Gesamtvorstandes und des Ehrengerichts der sächsischen Anwaltskammer.

Nach einem erfolgreichen und bewegten Leben verstarb Wilhelm Michael Schaffrath am 7. Mai 1893 um 10.15 Uhr vormittags in Dresden an einer Herzlähmung nach einer Lungenentzündung.[236] Sein Begräbnis fand am 10. Mai 1893 auf dem Trinitatisfriedhof in Dresden statt. Zu den zahlreichen Trauergästen gehörten Vertreter des öffentlichen Lebens, vor allem der Anwaltskammern und Stadtverordnetenversammlungen.[237] Seine Ehefrau Thekla Schaffrath verstarb einige Jahre später am 5. Juni 1902 um 13.30 Uhr in Dresden.[238]

Mit dem Ableben Wilhelm Michael Schaffraths verlor der entschiedene Liberalismus in Sachsen seinen Hauptführer, „welcher, so lange er nicht durch die Beschwerden des Alters gezwungen, auf die öffentliche Thätigkeit verzichtete, jederzeit mit hervorragenden Fähigkeiten für die Verwirklichung seiner Ideale eintrat."[239]

---

231 *Haunfelder/Pollmann*, Reichtstag des Norddeutschen Bundes 1867–1870, S. 461; *Sturmhoefel*, Illustrierte Geschichte der Sächsischen Lande und ihrer Herrscher, II. Bd., 2. Abt., S. 525.

232 *Matzerath*, Aspekte sächsischer Landtagsgeschichte – Präsidenten und Abgeordnete von 1833 bis 1952, S. 73.

233 Königliches Gesammtministerium des Königreichs Sachsen, Staatshandbuch für das Königreich Sachsen auf die Jahre 1884 und 1885, S. 148.

234 Städtische Sammlungen Sebnitz, Beschluss des Stadtrates vom 3. November 1887 (Kopie); Städtische Sammlungen Sebnitz, Beschluss der Stadtverordnetenversammlung vom 17. November 1887 (Kopie).

235 1828–1902, seit 1873 König von Sachsen; vgl. über ihn *Schwertfeger*, Albert, König von Sachsen, in: NDB, Bd. I, S. 131 f.

236 Städtische Sammlungen Sebnitz, Sterbeurkunde Wilhelm Michael Schaffrath (Kopie).

237 *Baatz*, 125 Jahre Rechtsanwaltskammern, in: BRAK-Mitteilungen, 5/2004, S. 207.

238 Städtische Sammlungen Sebnitz, Sterbeurkunde Thekla Schaffrath (Kopie).

239 *Roeder*, Wilhelm Michael Schaffrath, in: Leipziger Illustrierte Zeitung, No. 2603 vom 20. Mai 1893, S. 538.

C. Verfassungsrechtliche Situation in Sachsen

Bevor die parlamentarischen Themen der Sächsischen Landtage ab 1845 beleuchtet werden, soll hier zunächst die verfassungsrechtliche Situation dargestellt werden, die die drei Protagonisten bei ihrem Eintritt in den Landtag vorfanden.

Ausschlaggebend für die parlamentarische Neuordnung Sachsens in nahezu allen Lebensbereichen war die 1831 in Kraft getretene Verfassungsurkunde. Diese war am Modell der konstitutionellen Monarchie orientiert und fand somit den Ausgleich zwischen dem Prinzip der Königsherrschaft und dem parlamentarischen Mitbestimmungsrecht des Volkes.[240] Zwar verblieben dem König umfangreiche Befugnisse (die Ernennung und Entlassung von Ministern, die Ausschreibung von Neuwahlen, der Gesetzeserlass), welche ihn zum alleinigen Träger der Staatsgewalt machten, jedoch korrespondierte zu diesen Exekutivrechten die Beteiligung der Volksvertretung. So hatte diese die Gesetzgebungsbefugnisse in dem Sinne, dass dem König als Souverän zwar der Erlass der Gesetze zustand, das Parlament jedoch den Antrag auf Erlass der Gesetze stellen durfte. Eine gestärkte Stellung nahmen die Stände dadurch ein, dass ohne deren Zustimmung kein Gesetz erlassen, geändert oder authentisch interpretiert werden durfte.[241] Weiterhin stand dem Parlament als eines der wichtigsten Rechte die Verabschiedung des Staatshaushaltes zu. Die Exekutive lag beim König als Landesherrn und seiner Regierung, welche in sechs Ressorts (Inneres, Justiz, Finanzen, Krieg, Kultus und Auswärtige Angelegenheiten) geteilt war.[242]

Durch die neue Verfassungsurkunde wurde eine gewählte Volksvertretung in Form der zweiten Kammer des Sächsischen Landtages geschaffen. Hinzu trat die erste Kammer, welche sich aus 42 Abgeordneten des Adels, der Geistlichkeit, der größeren Städte und der Universität Leipzig zusammensetzte. Die Mitglieder der ersten Kammer wurden vom König ernannt beziehungsweise von der jeweiligen Korporation gewählt. Hingegen wurden die 75 Mitglieder der zweiten Kammer durch Wahlmänner gemäß eines Zensuswahlrechtes von den besitzenden Teilen der Bevölkerung erwählt.[243] In beiden Kammern wurden die Abgeordneten in vier Ausschüsse (Deputationen)[244] bestimmt, welche einzelne Themen berieten und vorbereiteten.[245]

---

240 *Kroll*, Geschichte Sachsens, S. 80.

241 *Kern/Schmidt-Recla*, Sachsen auf dem Weg zum Rechtsstaat 1438–1952, in: Ein Jahrzehnt Sächsische Gesetze 1990–2000, S. 62.

242 *Kroll*, Geschichte Sachsens, S. 81; *Groß*, Geschichte Sachsens, 4. Aufl., S. 204.

243 *Kroll*, Geschichte Sachsens, S. 81.

244 Verfassungsdeputation, Finanzdeputation, Deputation für ständische Petitionen und Beschwerden, Deputation für Petitionen und Beschwerden der Bevölkerung.

245 *Groß*, Geschichte Sachsens, 4. Aufl., S. 205.

Nachdem der erste gewählte Landtag im Jahre 1833 zusammen trat, sollte in regelmäßigem Abstand von drei Jahren ein ordentlicher Landtag mit jeweils neu bestimmten Abgeordneten zusammen treten. So wurden 1833, 1836, 1839, 1842 und 1845 ordentliche Landtage abgehalten.[246] Die parlamentarische Arbeit und einzelne wichtige Themen sollen im Folgenden am Beispiel der Beteiligung Adolf Ernst Hensels, Hermann Josephs und Wilhelm Michael Schaffraths erläutert werden.

---

246 *Groß*, Geschichte Sachsens, 4. Aufl., S. 222.

D. Politisches Wirken

I. Adolf Ernst Hensel

Adolf Ernst Hensel ist als einer der führenden linksliberal-oppositionellen Politiker des Vormärzes und der Revolutionszeit 1848/49 anzusehen. Sein Zeitgenosse Bernhard Hirschel bezeichnet Hensel als „Doktrinär der Liberalen", bei welchem „die liberale Gesinnung ein Erzeugnis der Bildung, der Geisteskultur, [gewesen sei] welche sich mit der Kraft der Logik und Philosophie geltend zu machen [wusste]."[247]

1. Der Sächsische Landtag 1845/46

Die politische Karriere Hensels begann mit seiner Wahl in die zweite Kammer des Sächsischen Landtages 1845. Diesbezüglich tat er es seinem Bruder Friedrich Theophil Hensel gleich, welcher seit 1839 in der zweiten Kammer des Sächsischen Landtages vertreten war.[248] Adolf Ernst Hensel trat als Kandidat im 20. städtischen Wahlbezirk an. Dieser umfasste die Stadt Zittau sowie die Gemeinden Löbau, Bernstadt, Ostritz und Weißenberg.[249] Obwohl die Lausitz stets konservativ geprägt war, gelang es Hensel doch, seinen Wahlkreis als Liberaler in der zweiten Kammer des Sächsischen Landtages zu vertreten.[250] Über diesen liberalen Einfluss in der konservativen Lausitz beschwerte sich schon 1846 der Stadtverordnetenvorsteher von Bernstadt beim Innenministerium: „Der ganze Ort stehe unter ihrem Joch und niemand wage gegen sie aufzutreten."[251]

Obwohl es bei der Eröffnung der zweiten Kammer des Sächsischen Landtages am 14. September 1845 keine klare Fraktionsgliederung gab, kann trotzdem eine Eingruppierung vorgenommen werden. Die Opposition war in drei Gruppen geteilt: Neben der äußersten Linken um Dr. Wilhelm Michael Schaffrath, Dr. Hermann Joseph, Adolf Ernst Hensel, Ferdinand Heuberer[252] und Hugo Tzschucke[253],

---

247 *Hirschel*, Sachsens Regierung, Stände und Volk, S. 63 f.

248 *Matzerath*, Aspekte sächsischer Landtagsgeschichte – Präsidenten und Abgeordnete von 1833 bis 1952, S. 105.

249 *Matzerath*, Aspekte sächsischer Landtagsgeschichte – Präsidenten und Abgeordnete von 1833 bis 1952, S. 82.

250 *Matzerath*, Aspekte sächsischer Landtagsgeschichte – Präsidenten und Abgeordnete von 1833 bis 1952, S. 104.

251 *Schmidt*, Die Entwicklung der politischen Opposition im Königreich Sachsen zwischen 1830 und 1848, S. 94.

252 Karl Ferdinand Heuberer, Tuchhändler und Ratmann, Abgeordneter des 2. städtischen Wahlbezirks zum Sächsischen Landtag 1845/46 und 1847; vgl. über ihn *Matzerath*, Aspekte sächsischer Landtagsgeschichte – Präsidenten und Abgeordnete von 1833 bis 1952, S. 105.

253 1809–1879, deutscher Jurist und Politiker sowie Mitglied der Frankfurter Nationalversammlung und beider Kammern des Sächsischen Landtages; vgl. über ihn

existierten noch eine Mittelgruppe und ein lockerer rechter Flügel. Die Opposition vereinte, mit der Unterstützung gemäßigter Liberaler, ein Drittel der Landesvertretung.[254]

Hensel wird in seinem Auftreten im Landtag als steif und vornehm beschrieben, was mit seiner städtischen Gelehrtenerziehung und seiner Intelligenz begründet wurde.[255] Sein Redetalent konnte zwar nicht in euphorischer Weise überzeugen, jedoch erlangte er durch seine durchdachten und tiefsinnigen Ausführungen, vor allem zu juristischen und finanziellen Fragen, die Aufmerksamkeit und Anerkennung der Mitglieder des Sächsischen Landtages.[256] Lediglich bei Themen die ihn persönlich bewegten, wie zum Beispiel der Adressfrage[257] an die sächsische Staatsregierung bezüglich der Ereignisse am 12. August 1845 in Leipzig, auf welche später noch eingegangen werden soll, wandelte sich die dozierende Redeweise in ein lebendiges Wort.[258]

2. Der Sächsische Landtag 1847

Auch beim außerordentlichen Landtag des Jahres 1847 trat Adolf Ernst Hensel im 20. städtischen Wahlbezirk an und es gelang ihm wie zuvor ein Mandat zu erringen.[259] Die Beratungen des Landtages beschäftigten sich maßgeblich mit der weiteren Gestaltung des Eisenbahnwesens sowie der wirtschaftlichen Krise im Land.[260]

Matzerath, Aspekte sächsischer Landtagsgeschichte – Präsidenten und Abgeordnete von 1833 bis 1952, S. 132.

254 *Schmidt*, Die Entwicklung der politischen Opposition im Königreich Sachsen zwischen 1830 und 1848, S. 101 f.; *Klemm*, Sachsen und das deutsche Problem 1848, S. 14; *Kretzschmar*, Lebenserinnerungen des Königs Johann von Sachsen, S. 177; *Flathe*, Geschichte des Kurstaates und Königreiches Sachsen, Dritter Bd., S. 547; *Prinz von Sachsen Herzog zu Sachsen*, Die Albertinischen Wettiner, 2. Aufl., S. 73; *Biedermann*, Dreißig Jahre deutscher Geschichte, Erster Bd., S. 127; *Blum*, Robert Blum, S. 216.

255 *Hirschel*, Sachsens Regierung, Stände und Volk, S. 63.

256 *Matzerath*, Aspekte sächsischer Landtagsgeschichte – Präsidenten und Abgeordnete von 1833 bis 1952, S. 67.

257 Eine Adresse war eine schriftlich formulierte Meinungsäußerung oder Willenskundgebung, die von einzelnen Personen oder Gruppen an das Staatsoberhaupt oder die Regierung gerichtet wurde.

258 Detaillierter dazu *Hirschel*, Sachsens Regierung, Stände und Volk, S. 64 f.

259 Ständeversammlung des Königreichs Sachsen, Verzeichniß sämmtlicher Mitglieder der außerordentlichen Ständeversammlung zu Dresden im Jahre 1847, S. 12; *Matzerath*, Aspekte sächsischer Landtagsgeschichte – Präsidenten und Abgeordnete von 1833 bis 1952, S. 104.

260 Königreich Sachsen, Mittheilungen über die Verhandlungen des Landtags im Königreiche Sachsen 1847, II. Kammer.

Vor allem zu dem letzten Punkt brachte sich Hensel mit einer längeren Rede ein. Zu Beginn der Verhandlungen in der siebten Sitzung am 17. Februar 1847 wurde ein Deputationsgutachten verlesen, welches sich mit der wirtschaftlichen Situation im Land und der Bevölkerung beschäftigte. Hierbei wurde die Verarmung der Bevölkerung, der Mangel an Lebensmitteln (vor allem an Kartoffeln und Brot), das Übergewicht des Fabrikwesens gegenüber dem Ackerbau sowie die Mißstände in der dienenden Klasse moniert. Als Lösung empfahl die Deputation eine Reform des Innungswesens, die Errichtung von Unterstützungskassen, eine Beschränkung frühzeitiger Eheschließung, die Errichtung von Bezirksarmenhäusern, die Erleichterung der Auswanderung, das Anlegen von Mehlmagazinen und die Niedersetzung einer Kommission zur Untersuchung des Gefängnis- und des Armenwesens.[261]

Hensel setzte sich in seiner Rede mit dem Gutachten der Deputation auseinander. Dabei stellte er zunächst die Frage, wer überhaupt zu den Armen und der arbeitenden Klasse zu rechnen sei:[262] „Ich rechne alle diejenigen dazu, welche zwar zu täglicher, unausgesetzter Arbeit, um ihre und ihrer Familien Existenz zu fristen, verurtheilt sind, die aber zu den Genüssen des Lebens nicht gelangen können. Ich rechne dazu all diejenigen, denen der Arbeitsverdienst für die Zukunft nicht gesichert ist, welche selbst bei fleißiger Arbeit einen Nothpfennig nicht zurücklegen können, mit einem Worte, es sind alle diejenigen, welche von der Hand in den Mund leben, wie man sich auszudrücken pflegt. Es ist die Classe des Proletariats, oder überhaupt der vierte Stand."[263]

Anschließend widmete sich Hensel der Frage, welcher Art der Notstand überhaupt sei. Nach Hensels Meinung war es nicht nur ein physischer und leiblicher, sondern auch ein Rechts-, Bildungs- und Sittennotstand. So beklagte er, dass gerade die Armen und Besitzlosen vom Wahlrecht ausgeschlossen waren und somit nicht selbstständig eine Änderung ihrer Situation herbeiführen konnten. Auch seien es diese Menschen, die der Bildungs- und Sittennotstand besonders hart träfe, weil ihnen in den meisten Fällen die häusliche Erziehung fehle. Es verwundere demnach nicht, dass gerade die Angehörigen dieser Schicht, besonders oft in Strafanstalten einsaßen, weil sie die verschiedenen Notstände dahin zwängen. Ergebnis war nach Hensels Meinung, dass das Verbrechen das Kind der Armut sei.[264]

Nach der Zusammenfassung der Verhältnisse beschäftigte sich Hensel mit möglichen Lösungen der Probleme. Zunächst stellte Hensel aber fest, dass es der Staat sei, der die Verhältnisse ändern müsse: „Ich meines Theils zweifle nicht, daß der

261 Königreich Sachsen, Mittheilungen über die Verhandlungen des Landtags im Königreiche Sachsen 1847, II. Kammer, S. 65–68; *Lasker/Gerhard*, Des deutschen Volkes Erhebung im Jahre 1848, S. 243 f., 248.

262 Königreich Sachsen, Mittheilungen über die Verhandlungen des Landtags im Königreiche Sachsen 1847, II. Kammer, S. 75.

263 Königreich Sachsen, Mittheilungen über die Verhandlungen des Landtags im Königreiche Sachsen 1847, II. Kammer, S. 75.

264 Königreich Sachsen, Mittheilungen über die Verhandlungen des Landtags im Königreiche Sachsen 1847, II. Kammer, S. 75 f.

Staat vollkommen berechtigt, ja verpflichtet sei, diesem Zustande Abhülfe, vollständige Abhülfe angedeihen zu lassen."[265]

Der Deputation folgte Hensel in vielen Punkten. So sah er eine Reform des Innungswesens für geboten. Jedoch sollte beachtet werden, dass die Unterstützung der Innungsgenossen als wichtiger Bestandteil erhalten blieb. Darüber hinaus sprach sich Hensel für einen Ausbau der Sparkassen, anstelle der Bildung von Unterstützungskassen, aus. Das Verbot der frühzeitigen Heirat für Angehörige der ärmeren Klassen entsprach ebenso Hensels Meinung wie die Erleichterung der Auswanderung für die arme Bevölkerung. Jedoch solle in diesem Zusammenhang beachtet werden, dass die Auswanderung nicht in großem Maße vorbereitet und vorangetrieben werde.[266]

Auf der anderen Seite sprach sich Hensel aber auch gegen Vorschläge der Deputation aus. Hensel sah die Schaffung von Bezirksarmenhäusern als problematisch an. Nach Hensels Ansicht war es schwer möglich, die Armen ohne Zwang von ihrem Heimatort in das Armenhaus des Bezirks einzuweisen. Somit wäre die Arbeitslosigkeit und die damit verbundene Armut ein Grund gewesen, Zwang gegen die Bevölkerung anzuwenden, um diese in die Armenhäuser zu verbringen. Auf freiwilliger Basis konnte sich Hensel dies schwer vorstellen, wenn nicht absolute Not bestand. Weiterhin sprach sich Hensel gegen die Schaffung von Getreidelagern aus. Lediglich in armen Gemeinden, wo wiederkehrend Not bestand, sah er es als sinnvoll an, wenn die Gemeinden im Vorfeld von der Staatskasse Geld bekämen, um Getreidevorräte anzuschaffen.

Letztlich sprach sich Hensel auch gegen die Einführung von Enquête-Kommissionen aus. Diese Institution sei in Sachsen in einer anderen Ausprägung bekannt und verbreitet. So existierten genügend private Vereine für alle Lebensbereiche, deren Mitglieder genügend Kenntnis von ihrem Fach besaßen. Wenn man diese nun lediglich mit Staatsbeamten und der Verwaltung verknüpfen würde, wären bessere Ergebnisse zu erwarten gewesen. Der freiwillige Zusammenschluss der Bevölkerung zu einem Thema, das sie berührt, war zwar fruchtbar. Wären diese Vereinigungen jedoch mit vom Staat benannten Mitgliedern aufgefüllt worden, hätte dies mehr Früchte getragen. Die Beteiligung an einem rein staatlichen Gremium, in dem ein gewisser Zwang vorherrscht, war nach Hensels Meinung nicht so produktiv, wie der freiwillige Zusammenschluss mit staatlicher Unterstützung. Die Regierenden sollten sich demnach stärker mit den Verhältnissen der ärmeren Klassen auseinandersetzen und dafür sorgen, dass diese aus- und weitergebildet werde, damit eine eigenständige Flucht aus der Armut möglich wird.[267] Aus diesem

265 Königreich Sachsen, Mittheilungen über die Verhandlungen des Landtags im Königreiche Sachsen 1847, II. Kammer, S. 76.

266 Königreich Sachsen, Mittheilungen über die Verhandlungen des Landtags im Königreiche Sachsen 1847, II. Kammer, S. 76 f.

267 Königreich Sachsen, Mittheilungen über die Verhandlungen des Landtags im Königreiche Sachsen 1847, II. Kammer, S. 76 f.

Grund stellte Hensel folgenden Antrag: „Die Staatsregierung wolle die Bildung von Vereinen, welche die Erörterung der zur Abhülfe der beklagenswerthen Lage der untern arbeitenden Classen geeigneten Mittel und deren Anwendung, so weit letztere den Staatsbehörden nicht allein zusteht, zum Zweck haben, befördern."[268]

An Hensels Rede ließ sich seine Begeisterung für die Interessen der armen Bevölkerung erkennen. Gerade in den ländlichen Kreisen seines Wahlbezirkes herrschte zum Teil große Armut, sodass es auch seiner politischen Karriere zu Gute kam, die Belange der Besitzlosen zu vertreten. Seine Abneigung gegen einen zu starken staatlichen Eingriff (Schaffung von Bezirksarmenhäusern und Einführung von Enquête-Kommissionen) kennzeichnet ihn auch hier als Liberalen. Abwegig erscheint die Ansicht von Zeitgenossen, die in den verschiedenen Reden und der Argumentation zum Wohle der armen Bevölkerung den Grundstein für eine spätere sozialistische Weltanschauung sehen wollen: „Unter manchen abschweifenden und umherschweifenden Debatten stellte sich die meiste Einigkeit in der Ansicht dar, daß das Uebel seinen Sitz in dem tyrannischen Herrschen des Geldes habe, das, in seinem Absolutismus auf einzelne Massen angehäuft, die Arbeit, die Thätigkeit der Menschen zu seiner willenlosen Sklavin gemacht habe. Daraus ging das Verlangen nach der Ertheilung politischer Rechte an die Proletarier hervor."[269]

3. Das Frankfurter Vorparlament 1848

Am 5. März 1848 wurde in Heidelberg von 51 liberalen und demokratischen Politikern, auf Einladung Johann Adam von Itzsteins, entschieden, dass eine Vorversammlung in Frankfurt stattfinden möge, welche Wege für die Wahl eines deutschen Parlamentes einleiten sollte. Für die sächsische Bevölkerung bedeutete dieses Vorhaben, dass sie sich, zunächst ohne Beteiligung der Regierung, erstmals aktiv an deutscher Politik würde beteiligen können. Nach dem Willen der Heidelberger Versammlung sollten 26 sächsische Abgeordnete ins Frankfurter Vorparlament entsandt werden.[270]

Adolf Ernst Hensel wurde als Vertreter des Königreichs Sachsens, zusammen mit 25 weiteren Abgeordneten, in das Frankfurter Vorparlament deputiert.[271] Hierbei ist festzustellen, dass das Übergewicht der städtischen Abgeordneten im Widerspruch zu dem offiziell geltenden sächsischen Wahlgesetz stand.[272]

268 Königreich Sachsen, Mittheilungen über die Verhandlungen des Landtags im Königreiche Sachsen 1847, II. Kammer, S. 78.

269 *Lasker/Gerhard*, Des deutschen Volkes Erhebung im Jahre 1848, S. 251 f.

270 *Klemm*, Sachsen und das deutsche Problem 1848, S. 33.

271 Deutsche Nationalversammlung, Verhandlungen des Deutschen Parlaments, S. XIII; *Schwarz*, MdR – Biographisches Handbuch der Reichstage, S. 66; *Klemm*, Sachsen und das deutsche Problem 1848, S. 34.

272 Die zweite Kammer des Sächsischen Landtages zum Beispiel setzte sich nach dem sächsischen Wahlrecht aus folgenden Vertretern zusammen: „§ 68. Die zweite Kammer besteht aus 1. Zwanzig Abgeordneten der Rittergutsbesitzer, 2. Fünf und

So entsandte allein Leipzig acht der 26 Abgeordneten.[273] Denkbar wäre gewesen, dass die Ernennung zum Vorparlament, obwohl von demokratischem und liberalem Gedankengut getragen, ihre Rechtfertigung durch die breite Volksmasse erlangt hätte. Jedoch war genau das Gegenteil der Fall. Die Abgeordneten wurden nicht von der gesamten sächsischen Bevölkerung gewählt, sondern entsprangen einem exklusiven Kreis liberaler und radikaler Politiker.[274] Der von der Heidelberger Versammlung beauftragte Siebenerausschuss lud am 12. März 1848 574 Persönlichkeiten ehemaliger oder gegenwärtiger Ständeversammlungen oder gesetzgebender Körperschaften aller deutscher Länder sowie Honoratioren, welche allgemeines Vertrauen besaßen, zum Vorparlament nach Frankfurt am Main ein.[275] Bei diesem handelte es sich also nicht um ein repräsentatives Vertretungsorgan des Volkes, sondern um ein Parlament ohne demokratische Legitimation.

Auf dem Frankfurter Vorparlament sollten die Modalitäten einer später einzuberufenden Versammlung besprochen werden. Zur Diskussion standen sechs Punkte[276], die von dem Abgeordneten Schulz[277] aus Darmstadt am ersten Sitzungstag angesprochen und im Programm der nächsten Tage behandelt wurden.[278]

Maßgeblich beteiligt war Adolf Ernst Hensel an zwei Beratungspunkten. Besonders feurig war seine erste Rede in Bezug auf die Beteiligung Posens an der Bundesversammlung. Sein zweiter wichtiger Redebeitrag behandelte die Frage, ob das deutsche Volk sich zur Abwehr äußerer Feinde bewaffnen solle.[279]

a) Beteiligung Posens an der Bundesversammlung

Der Streit entbrannte schon beim ersten Beratungspunkt, als man sich darüber einigen musste, welche Bundesgebiete in der neuen Bundesversammlung vertreten sein sollten. Maßgeblich zur Diskussion standen hier Schleswig-Holstein,

---

zwanzig Abgeordneten der Städte, 3. Fünf und zwanzig Abgeordneten des Bauernstandes, 4. Fünf Vertretern des Handels und Fabrikwesens."; vgl. dazu Königreich Sachsen, Verfassungsurkunde des Königreichs Sachsen vom 4. September 1831, S. 18.

273 *Klemm*, Sachsen und das deutsche Problem 1848, S. 34.

274 *Klemm*, Sachsen und das deutsche Problem 1848, S. 34.

275 *Diestelkamp*, Vorparlament, in: HRG, V. Bd., Sp. 1055.

276 1. Welche Bundesgebiete sollen in der neuen Bundesversammlung vertreten sein? 2. In welchem Verhältnis soll die Zahl der Volksvertreter zu der Bevölkerung stehen? 3. Welcher Wahlmodus ist anzunehmen? 4. Wo tritt die Versammlung zusammen? 5. Wann tritt die Versammlung zusammen? 6. Soll die konstituierende Nationalversammlung nur eine Versammlung aus Abgeordneten des Volkes sein oder sollen auch die Regierungen in einer Versammlung vertreten sein?

277 Friedrich Wilhelm Schulz (1797–1860), hessischer Offizier und deutscher radikaldemokratischer Publizist; vgl. über ihn *Eisenhart*, Schulz, Wilhelm, in: ADB, Bd. XXXII, S. 752 f.

278 *Freyer*, Das Vorparlament zu Frankfurt a.M. im Jahre 1848, S. 52.

279 *Freyer*, Das Vorparlament zu Frankfurt a.M. im Jahre 1848, S. 107.

Ost- und Westpreußen sowie Posen. Schnell wurde man sich darüber einig, dass Schleswig-Holstein als Gesamtheit in der konstituierenden Nationalversammlung vertreten sein sollte: „Und die Aufforderung des Abgeordneten Schleiden[280] (Schleswig-Holstein), die Überzeugung auszudrücken, daß Schleswig-Holstein als staatsrechtlich und national unzertrennlich verbunden, unverzüglich in den deutschen Bund aufzunehmen und in der konstituierenden Versammlung durch freigewählte Abgeordnete zu vertreten sei, löste im Vorparlament allgemeine jubelnde Zustimmung aus."[281]

Auch in Bezug auf die Zurechnung Ost- und Westpreußens zum deutschen Bundesgebiet herrschte nahezu Einstimmigkeit. Problematisch war hier lediglich die Frage, ob die polnischen Elemente Westpreußens auch in der Nationalversammlung vertreten sein sollten. Dieses Problem stand in engem Zusammenhang mit der Frage, welche Stellung die Deutschen in Posen einnehmen sollten.

Denkbar wäre es jetzt gewesen, dass das Vorparlament die gleiche Überzeugung wie bei Schleswig-Holstein vertreten und versucht hätte, von Deutschen besiedeltes Land dem zukünftigen deutschen Reichsgebiet einzuverleiben. Auf dem Wiener Kongress hatten Preußen und Österreich sich geeinigt, dass nur die Landesteile dem Deutschen Bund beitreten, die früher zum Heiligen Römischen Reich Deutscher Nation gehört hatten. So war verhindert worden, dass Österreich auch seine ungarischen Gebiete in den Deutschen Bund eingliederte und diesen auf den Balkan ausgeweitet hätte, was zu Problemen (Nationalitätenstreit, Religionskonflikte, Wirtschaftsunterschiede) geführt hätte.

Nun war die Frage, ob diese Landesteile, die von Deutschen und Polen besiedelt waren, in der Frankfurter Nationalversammlung vertreten sein sollten. Es regte sich nun unter den Abgeordneten des Vorparlaments der Kosmopolitismus, der die Grundmeinung in die Richtung verschob, dass das Unrecht, welches Polen widerfahren sei, wieder gut zu machen wäre. Dies sollte durch eine Wiederherstellung Polens geschehen. Der Abgeordnete Leisler aus Nassau stellte den Antrag, Polen in den Grenzen von 1772 wiederherzustellen und wollte somit einen Akt der Geschichte durch einen Versammlungsbeschluss rückgängig machen.[282] Er verkannte zwar nicht das Schicksal, welches die Deutschen in Posen erleiden würden, schob jedoch denjenigen die Schuld dafür zu, welche die Teilung Polens zu verantworten hatten: „Hätte man Polen nicht geteilt, so würden sich diese Deutschen nicht nach Polen begeben haben. Die deutsche Nation muß sie

280 Rudolf Matthias Schleiden (1815–1895), hochrangiger dänischer Beamter, später bremischer und hanseatischer Ministerresident in Washington D.C. und London und endlich Reichstagsabgeordneter; vgl. über ihn *Rösing*, Schleiden, Rudolf, in: ADB, Bd. LIV, S. 33–41.

281 *Freyer*, Das Vorparlament zu Frankfurt a.M. im Jahre 1848, S. 54.

282 *Bassermann*, Denkwürdigkeiten von Friedrich Daniel Bassermann 1811–1855, S. 103.

entschädigen. Nicht aber dürfen wir verlangen, daß Polen diese Entschädigung übernimmt, sondern wir müssen sie übernehmen."[283]

Der Abgeordnete Junghans, welcher der einzige deutsche Abgeordnete Posens war und somit eine halbe Million Deutsche vertrat, forderte die Aufnahme Posens in den Deutschen Bund, um Schutz gegen die Russen, die Sarmaten, und die Provinz Posen als militärische Bastion im Osten zu haben: „Wenn wir die Provinz Posen nicht hätten, müßten wir sie erobern."[284]

In dieselbe Richtung wie der Abgeordnete Leisler argumentierte auch Adolf Ernst Hensel.[285] Bereits mit den ersten Worten stellte er seine Forderung klar: „Polen muß darum wieder hergestellt werden."[286] Hensel begründete dies damit, dass Gerechtigkeit gegenüber Polen geübt werden müsse, welches von jeher für die Freiheit gefochten hatte und dem Grundsatz der Gerechtigkeit mit Ausschließung der Klugheit gefolgt werden müsse.[287] Demnach solle Polen wieder hergestellt werden, wie es früher bestanden hatte.[288] Da die Provinz Posen von Deutschen und von Slawen bevölkert war, dürfe man keinen Unterschied machen. Hier widersprach sich Hensel jedoch. Er lässt zunächst anklingen, dass man keinen Unterschied machen dürfe und demnach auch einzelne Teile von Sachsen und Österreich hätte aus dem deutschen Staatenbund herausnehmen müssen. Warum sollte man dann aber nicht Posen dem Deutschen Bunde einverleiben, wo ebenfalls nicht ausschließlich Deutsche wohnten? Konsequenterweise hätte Hensel für die Eingliederung Posens plädieren müssen, da er auch die nicht rein deutschen Gebiete Sachsens und Österreichs als zum Deutschen Bund gehörig anerkannte. Die einzige Interpretationsmöglichkeit besteht in einer historischen Sichtweise, nach der es – in Hensels Augen – gerecht und klug gewesen wäre, die Provinz Posen an Polen abzutreten und eine historische Grenze wiederherzustellen, weil Posen schon immer zu Polen gehört hatte. Ansonsten hätte man auch sächsische und

283 *Freyer*, Das Vorparlament zu Frankfurt a.M. im Jahre 1848, S. 56.

284 *Freyer*, Das Vorparlament zu Frankfurt a.M. im Jahre 1848, S. 56; *Wollstein*, Das „Großdeutschland" der Paulskirche, S. 110.

285 *Tonndorf*, Die sächsischen Abgeordneten der Frankfurter Vor- und Nationalversammlung 1848/49, S. 189. So auch *Wollstein*, Das „Großdeutschland" der Paulskirche, S. 110, welcher jedoch Adolf Ernst Hensel fälschlicherweise aus Zwickau stammend einordnet.

286 Deutsche Nationalversammlung, Verhandlungen des Deutschen Parlaments, Erste Lfg., S. 34.

287 *Bassermann*, Denkwürdigkeiten von Friedrich Daniel Bassermann 1811–1855, S. 103.

288 Bei der ersten Teilung Polens 1772 annektierte Preußen den Norden Posens. Im Zuge der zweiten Teilung Polens 1793 kam der Rest nebst weiteren östlichen Gebieten Polens hinzu, woraus die Provinz Südpreußen entstand. Dieses Gebiet musste 1807 im Frieden von Tilsit an das neugegründete Herzogtum Warschau abgegeben werden. Auf dem Wiener Kongress 1815 wurde Preußen ein Teil Großpolens zugeschlagen, aus dem die Provinz Posen geformt wurde.

österreichische Gebiete[289] abtreten müssen, weil diese nicht ursprünglich zum deutschen Gebiet gehört hatten, dort nicht nur Deutsche wohnten und auch in diesem Bereich die historisch gewachsenen Grenzen hätten herangezogen werden müssen.[290] Eine Eingliederung Posens hätte also eine Abtretung sächsischer und österreichischer Gebiete zur Folge gehabt. Da dies sicher keiner der Abgeordneten wollte, dürfe man Posen auch nicht eingliedern. Hensel schloss seine Rede mit dem Antrag, die Grenzen des Bundesgebietes unter Ausschluss des polnischen Anteils von Deutschland zu ziehen.[291]

Am Ende wurde sich auf einen Antrag Robert Blums geeinigt, welcher besagte: „Bei der konstituierenden Versammlung sollen vertreten sein alle deutschen Bundesländer mit Einschluss von Ost- und Westpreußen und Schleswig-Holstein, sowie die Länder deutscher Zunge, so lange sie mit anderen Ländern staatlich verbunden sind."[292]

Die klare Antwort über die Aufnahme Posens in den Deutschen Bund wurde offen gelassen. Jedoch wurde mit fast einhelliger Zustimmung die Teilung Polens verurteilt und die heilige Pflicht des deutschen Volkes anerkannt, Polen wieder herzustellen.[293]

Die Wiederherstellung Polens hatte jedoch nicht nur emotionale Beweggründe. Vor allem Radikale wie Leisler und Hensel vertraten eine Politik, die eine Schwächung Russland vorantreiben sollte. Allen war klar, dass Russland nicht freiwillig seinen Teil Polens wieder aufgeben würde. Für Preußen, welches Posen hätte aufgeben müssen und Österreich, welches Galizien von Polen erhielt, wäre das Abtreten dieser Gebiete leicht gewesen. Für Russland jedoch stellte jeder Verlust von erschlossenem Gebiet eine Schwächung dar, obwohl gerade die Größe des russischen Reiches die größte Schwäche bedeutete. Den Radikalen war klar, dass man Russland nur mit Waffengewalt zur Wiederherstellung Polens hätte drängen können und dies nahmen sie in Kauf.[294] Albert Grün[295] fasste diesen Umstand in seinem Werk „Das Frankfurter Vorparlament und seine Wurzeln in Frankreich und Deutschland" mit den Worten zusammen, dass es „[...] besser [ist], wenn wir, die wir gerade jetzt durch die politische Aufregung gestärkt sind, diesen Strauß

289 Z.B. Galizien, welches das Kaisertum Österreich im Zuge der ersten Teilung Polens erhielt.

290 *Grün*, Das Frankfurter Vorparlament und seine Wurzeln in Frankreich und Deutschland, S. 64.

291 Deutsche Nationalversammlung, Verhandlungen des Deutschen Parlaments, Erste Lfg., S. 34.

292 Deutsche Nationalversammlung, Verhandlungen des Deutschen Parlaments, Erste Lfg., S. 36.

293 Deutsche Nationalversammlung, Verhandlungen des Deutschen Parlaments, Erste Lfg., S. 37.

294 *Wollstein*, Das „Großdeutschland" der Paulskirche, S. 110 f.

295 1822–1904, deutscher Revolutionär, Lehrer und Autor; vgl. über ihn *Trox*, Albert Grün (1822–1904) - Eine Biographie.

ausfechten, als wenn wir ihn gewissenlos unsern Kindern und Enkeln aufbewahren. Je länger verschoben, desto grimmiger wird er überdies, denn einmal muß er doch ausbrechen."[296]

b) Volksbewaffnung

Adolf Ernst Hensels zweiter Redebeitrag im Frankfurter Vorparlament bezog sich darauf, ob sich das deutsche Volk selbst bewaffnen solle. Dem voran ging ein Antrag von Glaubrech[297], welcher verlangte, „daß es der permanente Ausschuß zu einer seiner ersten Aufgabe mache, eine vollständige Volksbewaffnung in ganz Deutschland unverzüglich ins Leben zu führen und dahin wirke, daß bei der allgemeinen Volksbewaffnung überall das Prinzip der freien Wahl der Führer durch die bewaffneten Bürger anerkannt werde."[298]

Zu einem der stärksten Unterstützer dieses Antrages gehörte Hensel: „Den Antrag selbst betreffend, so ist er gewiß in jeder Beziehung höchst wichtig. Wir sehen nämlich einem doppelten Feinde entgegen, einem äußeren und einem inneren."[299]

Nach Ansicht der Versammlung und vor allem Hensels, war die Freiheit Deutschlands durch einen inneren und äußere Feinde bedroht.[300] Die äußeren Feinde sah Hensel in Gestalt von Russland, Dänemark oder Frankreich: „Nehmen Sie den Fall an, daß in der Zwischenzeit ein Einfall von Seiten Rußlands oder ein Uebergewicht von Seiten Dänemarks erfolgt, oder von Frankreich irgend eine That geschehe, die unser stehendes Heer auch dorthin beruft, so kann es leicht der Fall sein, daß das deutsche Volk sich vertheidigen muß, und gewiß, meine Herren, wir wollen den ersten Augenblick unseres Beisammenseins dazu benützen, um die äußere und auch die innere Sicherheit Deutschlands zu befestigen."[301]

Eine innere Bedrohung sah Hensel durch die Reaktion der Partei, die gerade erst gestürzt worden war: „Bald wird eine Zeit kommen, wo die Reaction ihr Haupt wieder erhebt."[302] Gemeint waren die konservativen Kräfte innerhalb Deutschlands,

---

296 *Grün*, Das Frankfurter Vorparlament und seine Wurzeln in Frankreich und Deutschland, S. 68; *Loewe*, Das deutsche Vorparlament, S. 9.

297 Johann Glaubrech (1800–1862), Jurist aus Mainz, Mitglied des hessischen Landtages, Mitglied des Vorparlaments und des Fünfzigerausschusses; vgl. über ihn *Ruppel/Groß*, Glaubrech, Johann, in: MdL Hessen – 1808–1896, hrsg. v. Jochen Lengemann, S. 146.

298 Deutsche Nationalversammlung, Verhandlungen des Deutschen Parlaments, Erste Lfg., S. 117.

299 Deutsche Nationalversammlung, Verhandlungen des Deutschen Parlaments, Erste Lfg., S. 121.

300 *Tonndorf*, Die sächsischen Abgeordneten der Frankfurter Vor- und Nationalversammlung 1848/49, S. 189.

301 Deutsche Nationalversammlung, Verhandlungen des Deutschen Parlaments, Erste Lfg., S. 121.

302 Deutsche Nationalversammlung, Verhandlungen des Deutschen Parlaments, Erste Lfg., S. 121.

welche versuchten, gegen die freiheitlich-liberale Aktion, aus welcher größtenteils die Frankfurter Versammlung bestand, vorzugehen. Zur Zeit des Vorparlamentes herrschte eine Art Burgfriede, welcher jedoch nur so lange anhalten würde, bis sich die reaktionären Kreise gesammelt und verständigt hatten, um geschlossen gegen die Revolutionäre vorzugehen. Dass es nur eine kurze Ruhephase sein würde, begründet Hensel mit einem unklaren Hinweis auf die Vergangenheit: „Ich will auf diese so schmerzliche Vergangenheit nicht weiter zurückkommen. Es genügt darauf hinzuweisen."[303] Eine Wiederholung in der Zukunft konnte nur durch eine Volksbewaffnung vermieden werden: „Wollen Sie aber die Rechte, die Sie dem Volke zuweisen. Wollen Sie aber die Rechte, die Sie dem Volk ernstlich geben wollen, für alle Zukunft feststellen, so müssen Sie das Volk selbst bewaffnen, um jeden inneren Feind, jede Reaction niederzuhalten. Darum halte ich gerade diesen Antrag für den wichtigsten, den die Versammlung noch vor ihrem Auseinandergehen zu beschließen hat."[304]

Ein Problem der Parlamentarier war noch, dass das Frankfurter Vorparlament nicht von den Herrschenden eingesetzt worden war oder eine andere rechtliche Legitimation gehabt hätte. Im Gegenteil war das Gremium den Regierenden verhasst, da es revolutionäre Beschlüsse fasste und die aktuellen staatlichen Einrichtungen (wie zum Beispiel den Frankfurter Bundestag als höchstes Organ des Deutschen Bundes) angriff. Was würde nun geschehen, wenn diese Versammlung die Volksbewaffnung proklamieren sollte? Hensel meinte, „hiezu bedarf es aber nur des Aufrufs und die moralische Wirkung im ganzen deutschen Lande wird gewiß nicht ausbleiben. Erklärt die Versammlung, es sei ihre Meinung, das deutsche Volk habe sich zum Schutze der inneren und äußeren Sicherheit Deutschlands zu bewaffnen, dann werden die Regierungen nicht entgegentreten und das Volk selbst wird gern einer solchen Erklärung folgen."[305]

Jedoch gab es in der Versammlung auch Gegenstimmen. Diese sahen zwar ebenfalls die Volksbewaffnung als wichtig an, wollten jedoch nicht auf revolutionärem Wege dazu kommen. So vertraten die Abgeordneten Lehne[306] und Assmann[307] die

---

303 Deutsche Nationalversammlung, Verhandlungen des Deutschen Parlaments, Erste Lfg., S. 121.

304 Deutsche Nationalversammlung, Verhandlungen des Deutschen Parlaments, Erste Lfg., S. 121.

305 Deutsche Nationalversammlung, Verhandlungen des Deutschen Parlaments, Erste Lfg., S. 121.

306 Eduard August Lehne (1805–1857), Jurist, Guts- und Zuckerfabrikbesitzer, Abgeordneter der zweiten Kammer des hessischen Landtags, liberal-demokratischer Abgeordneter des Vorparlaments, Generalverteidiger im hessischen Hochverratsprozess gegen die Akteure der Revolution; vgl. über ihn *Bernardy*, Lehne, Adolf, in: NDB, Bd. XIV, S. 107 f.

307 Wilhelm August Gottlieb Assmann (1800–1875), deutscher Historiker und Pädagoge; vgl. über ihn *Jarck/Scheel*, Braunschweigisches Biographisches Lexikon – 19. und 20. Jahrhundert, S. 33.

Meinung, dass sich die Versammlung dafür aussprechen solle, dass es der Wunsch des deutschen Volkes sei, dass die Regierungen sofort zur Volksbewaffnung schreiten mögen. So sollte vermieden werden, dass sich die Regierungen übergangen fühlten und gegen das sich bewaffnende Volk gehandelt hätten: „Volksbewaffnung müssen wir erhalten, aber auf dem geordneten Wege, nicht auf dem Wege der Revolution, nicht dadurch, daß ein Ausschuß, den wir niedersetzen, die Volksbewaffnung unmittelbar ins Leben ruft. Wir haben nichts Anderes zu thun, als mit den Regierungen dahin zu wirken, daß die Volksbewaffnung in allen deutschen Ländern unverzüglich ins Leben trete."[308]

Nachdem Glaubrech dem zustimmte und deklarierte, dass er mit seinem Antrag auch nichts anderes gemeint hatte, stimmte die Mehrheit der Versammlung seinem Antrag zu.[309] Somit war grundsätzlich der Weg zu einem Parlamentsheer geebnet. Durch die Volksbewaffnung und somit der Schaffung einer Miliz, hatte das Parlament ein Druckmittel gegen die Regierungen, die zur Durchsetzung innenpolitischer Forderungen ebenfalls auf die bewaffnete Macht hätten zurückgreifen müssen. Ein Kampf des bewaffneten Volkes gegen die Truppen der Regierungen war jedoch kaum denkbar gewesen. Dass es hierzu auch nicht kam, lag jedoch nicht an der Zurückhaltung der Regierenden, sondern daran, dass die praktische Bedeutung der Forderung nach Volksbewaffnung vergleichbar gering war und es nicht zur Bildung einer Miliz kam.[310]

4. Der Sächsische Landtag 1848

Ebenfalls beim außerordentlichen Landtag des Jahres 1848 wurde Adolf Ernst Hensel als Vertreter des 20. städtischen Wahlbezirkes gewählt.[311] Jedoch erfolgte gleichzeitig seine Wahl in das Frankfurter Vorparlament und das erste deutsche Parlament – die Frankfurter Nationalversammlung – sodass er sich auf der ersten Sitzung der zweiten Kammer des Sächsischen Landtages am 22. Mai 1848 für die Dauer der konstituierenden Nationalversammlung beurlauben ließ.[312] Dies wurde durch den Landtag auch einstimmig angenommen.[313] An seiner Stelle vertrat

---

308 Rede Assmanns; vgl. Deutsche Nationalversammlung, Verhandlungen des Deutschen Parlaments, Erste Lfg., S. 121 f.

309 Deutsche Nationalversammlung, Verhandlungen des Deutschen Parlaments, Erste Lfg., S. 122.

310 *Freyer,* Das Vorparlament zu Frankfurt a.M. im Jahre 1848, S. 108.

311 *Matzerath,* Aspekte sächsischer Landtagsgeschichte – Präsidenten und Abgeordnete von 1833 bis 1952, S. 104.

312 *Matzerath,* Aspekte sächsischer Landtagsgeschichte – Präsidenten und Abgeordnete von 1833 bis 1952, S. 68.

313 Königreich Sachsen, Mittheilungen über die Verhandlungen des Landtags im Königreiche Sachsen 1848, II. Kammer, S. 1.

seinen Wahlbezirk der Zittauer Gerichtsdirektor und Advokat Gustav Woldemar Kretzschmar.[314]

5. Die Frankfurter Nationalversammlung

Ebenso wie in das Frankfurter Vorparlament wurde Adolf Ernst Hensel in die Frankfurter Nationalversammlung, als Vertreter der Vaterlandsvereine, gewählt.[315] Dieser Versammlung, welche vom 18. Mai 1848 bis 31. Mai 1849 tagte, gehörte er, ebenso wie sein Bruder Friedrich Theophil Hensel, von Beginn an als Mitglied an.[316] Jedoch tat er sich vielmehr durch Reden hervor. Sein Bruder wird in den stenographischen Berichten lediglich bei Abstimmungen und Namensaufrufen erwähnt.[317]

a) Wahl und politische Einordnung

Zunächst soll hier jedoch betrachtet werden, wie die Wahl Adolf Ernst Hensels in die Frankfurter Nationalversammlung erfolgte. Dieser trat in Zittau, dem 1. Wahlbezirk des Königreichs Sachsen, an. Zuvor erging am 10. April 1848 aus Dresden eine Verordnung zur Wahl der deutschen Vaterlandsvertreter. Demnach war bei dieser Wahl stimmberechtigt, wer das 21. Lebensjahr vollendet hatte, nicht unter Vormundschaft stand, männlich, selbstständig und sächsischer Staatsangehöriger war.[318] Am 12. April 1848 erfolgte durch den leitenden Ausschuss der Vaterlandsvereine unter dem Vorsitz Hensels ein Aufruf, in welchem festgehalten wurde, wie die Wahlen im Königreich Sachsen nach Anschauung des Vaterlandsvereins vorzunehmen waren.[319] In der außerordentlichen Sitzung des Vaterlandsvereins am 26. April 1848 wurde dementsprechend eine Wahlmännerliste aufgestellt.[320]

---

314 *Matzerath*, Aspekte sächsischer Landtagsgeschichte – Präsidenten und Abgeordnete von 1833 bis 1952, S. 68.

315 *Matzerath*, Aspekte sächsischer Landtagsgeschichte – Präsidenten und Abgeordnete von 1833 bis 1952, S. 68.

316 *Best/Weege*, Biographisches Handbuch der Abgeordneten der Frankfurter Nationalversammlung 1848/49, S. 176.

317 *Bahmann*, Die sächsischen Abgeordneten der Nationalversammlung zu Frankfurt 1848/49, S. 52.

318 „§ 4. Stimmberechtigt bei diesen Wahlen sind alle volljährige selbstständige Sächsische Staatsangehörige unbescholtenen Rufs.“; vgl. Verordnung, die Wahl deutscher Nationalvertreter für das zwischen den Regierungen und dem Volke zu Stande zu bringende deutsche Verfassungswerk betreffend; vom 10ten April 1848, in: Königreich Sachsen, Gesetz- und Verordnungsblatt für das Königreich Sachsen vom Jahre 1848, S. 25.

319 Aufruf des deutschen Vaterlandsvereins an alle Wahlmänner Sachsens vom 24. April 1848, Leipziger Tageblatt, Nr. 121 vom 30. April 1848, S. 1299.

320 *Tonndorf*, Die sächsischen Abgeordneten der Frankfurter Vor- und Nationalversammlung 1848/49, S. 58.

Die Stadt Zittau wählte daraufhin elf Wahlmänner, unter ihnen den Stadtrat Adolf Ernst Hensel. Im Wahlbezirk Zittau selbst wurden insgesamt 82 Wahlmänner gewählt. Die soziale Struktur der Gewählten läßt dabei überwiegend auf das Bildungs- und Besitzbürgertum schließen.[321] So zählten 66 der 82 Wahlmänner zu den oben erwähnten Klassen. Demnach verwundert auch nicht, dass es sich später bei der Frankfurter Nationalversammlung um ein Gelehrten- und Besitzenden-Parlament handelte. In Bezug auf die Wahlbeteiligung, kann diese aus heutigen Gesichtspunkten als eher gering betrachtet werden. Der Wahlbezirk Zittau zählte zur damaligen Zeit 76.187 Einwohner. Die Wahl von 82 Wahlmännern entsprach einer Urwählerzahl von circa 8.200. Demnach lag die Wahlbeteiligung bei lediglich 11 % im gesamten Wahlkreis.[322]

Am 3. Mai 1848 wurde sodann der Vertreter des Wahlkreises Zittau für die Frankfurter Nationalversammlung gewählt. In der ersten Abstimmung erhielt Adolf Ernst Hensel als Kandidat der Vaterlandsvereine 74 von 79 Stimmen der Wahlmänner. Als Ersatzmann wurde der Fabrikant August Hoffmann[323] aus Seifhennersdorf ebenfalls in der ersten Abstimmung mit 60 von 79 Stimmen gewählt.[324]

Insgesamt entsandte das Königreich Sachsen 24 Abgeordnete in die Frankfurter Nationalversammlung.[325] Wie im Vorparlament kann auch hier nur eine ungefähre politische Einordnung der Vertreter erfolgen, weil diese eher an ihrer eigenen Überzeugung gemessen werden können, und sich weniger nach der Fraktionsmeinung richteten. So können 20 der 24 Abgeordneten zur politischen Linken gezählt werden, unter welchen auch die radikale Linke vertreten war. Lediglich zwei Abgeordnete sind dem Zentrum und wiederum zwei der politischen Rechten zuzuordnen.[326]

---

321 Unter den 82 Wahlmännern finden wir 5 Stadtverordnete, 4 Advokaten, 20 Gemeindevorstände, 3 Gemeindeälteste, 3 Gerichtsälteste, 12 Fabrikanten, 1 Handelsmann, 9 Gutsbesitzer, 2 Krämer, 6 Häussler, 3 Gärtner, 1 Pfarrer, 1 Fourier, 1 Feldwebel, 1 Kretschambesitzer, 1 Bleichbesitzer, 1 Schmiedemeister, 1 Bergwerksbesitzer, 1 Schullehrer, 1 Gasthofbesitzer, 1 Arzt, 1 Spediteur sowie 1 Domsch- und Waisenhausbesitzer; vgl. dazu *Tonndorf*, Die sächsischen Abgeordneten der Frankfurter Vor- und Nationalversammlung 1848/49, S. 58.

322 *Tonndorf*, Die sächsischen Abgeordneten der Frankfurter Vor- und Nationalversammlung 1848/49, S. 58.

323 1802–1878, deutscher Kaufmann, Spediteur und Mitglied der Frankfurter Nationalversammlung vom 8. September 1848–16. Dezember 1848; vgl. über ihn *Best/Weege*, Biographisches Handbuch der Abgeordneten der Frankfurter Nationalversammlung 1848/49, S. 183 f.

324 *Tonndorf*, Die sächsischen Abgeordneten der Frankfurter Vor- und Nationalversammlung 1848/49, S. 59, 189.

325 Vgl. § 1 der Verordnung, die Wahl deutscher Nationalvertreter für das zwischen den Regierungen und dem Volke zu Stande zu bringende deutsche Verfassungswerk betreffend; vom 10ten April 1848, in: Königreich Sachsen, Gesetz- und Verordnungsblatt für das Königreich Sachsen vom Jahre 1848, S. 25.

326 *Flathe*, Geschichte des Kurstaates und Königreiches Sachsen, Dritter Bd., S. 577; *Zwahr*, Im Übergang zur bürgerlichen Gesellschaft, in: Geschichte der Universität

Adolf Ernst Hensel trat in der Frankfurter Nationalversammlung der Fraktion „Deutscher Hof" bei, welche zur politischen Linken gezählt wurde.[327] Bei der Einordnung Hensels herrscht in der Literatur jedoch keine Einigkeit. Der Abgeordnete Dietsch[328] sah ihn beispielsweise einmal zur äußersten Linken gehörig,[329] dann wieder als Mitglied der linken Fraktion.[330] Die Fraktion „Deutscher Hof" kann jedoch, entgegen der Fraktion „Donnersberg", welche zweifelsohne die äußerste Linke bildete, zur gemäßigten Linken und somit als Zwischenglied zum linken Zentrum angesehen werden. Unterscheidungsmerkmal des „Deutschen Hofes" zum „Donnersberg" war die anarchistische Einstellung letzterer Fraktion, welche dafür sorgte, sie als äußerste Linke zu bezeichnen. Im Vergleich zum Vorparlament, wo keine Fraktionsgliederung herrschte, muss sich diese in der Nationalversammlung sehr bald nach der Zusammenkunft herausgebildet haben. So entstanden eine äußerste Rechte, ein rechtes und linkes Zentrum sowie eine Linke und eine äußerste Linke.[331] Es wurde bereits Ende Mai 1848 so verfahren, dass man die Namen der Gruppierungen auf die politischen Vereine Sachsens übertrug und der Deutsche Verein somit die Stellung eines linken Zentrums und die Vaterlandsvereine der radikalen Linken einnahmen.[332]

Wie bereits erwähnt, konnte sich vor allem Adolf Ernst Hensel durch Reden auszeichnen. Durch seine langjährige Tätigkeit in öffentlichen Ämtern, konnte er ausreichend Erfahrungen sammeln, um sich zu verschiedenen Themen zu äußern und das politische Geschehen und die Verhältnisse seiner Zeit einzuordnen und zu bewerten. Die linksliberale Einstellung Hensels, welche er bereits im Sächsischen Landtag zeigte, verfocht er auch in der Frankfurter Nationalversammlung. Jedoch glitt er, wie einige andere Liberale, oft in radikale Bereiche ab, was man bei Hensel auch während seiner Tätigkeit im Sächsischen Landtag verzeichnen konnte. Die Rückständigkeit des reaktionären Systems sorgte dafür, dass sich Hensel in

Leipzig 1409–2009, Bd. 2, S. 344; *Klemm*, Sachsen und das deutsche Problem 1848, S. 71 f.

327 *Best/Weege*, Biographisches Handbuch der Abgeordneten der Frankfurter Nationalversammlung 1848/49, S. 176; *Bahmann*, Die sächsischen Abgeordneten der Nationalversammlung zu Frankfurt 1848/49, S. 52; *Tonndorf*, Die sächsischen Abgeordneten der Frankfurter Vor- und Nationalversammlung 1848/49, S. 189.

328 Karl Theodor Dietsch (1819–1857), deutscher Jurist; vgl. über ihn *Dvorak*, Biografisches Lexikon der Deutschen Burschenschaft, Bd. I, Tlbd. 1, S. 203.

329 *Hildebrandt*, Opposition in der Paulskirche, S. 23.

330 Bericht des Abgeordneten Dietsch an seine Wähler vom 9. Juni 1848, in: *Hildebrandt*, Opposition in der Paulskirche, S. 25–27.

331 Vgl. dazu das „Schema der politischen Parteien der Frankfurter Nationalversammlung", in: *Küntzel*, Tagebuch von Frau Clotilde Koch-Gontard über die Konstituierende Deutsche Nationalversammlung zu Frankfurt am Main. Anders der Bericht von Karl Theodor Dietsch über „Die Parteien in der deutschen Nationalversammlung", welcher die Linke und das linke Zentrum nicht unterscheidet; vgl. dazu *Hildebrandt*, Opposition in der Paulskirche, S. 22 f.

332 *Klemm*, Sachsen und das deutsche Problem 1848, S. 72.

kürzester Zeit politisch radikalisierte und somit über die liberalen Forderungen hinausging.[333]

b) Bedeutende Verhandlungspunkte

An dieser Stelle soll das Wirken Adolf Ernst Hensels in der Frankfurter Nationalversammlung betrachtet werden. Wie bereits erwähnt, beteiligte er sich viel mehr durch Reden und Anträge als sein Bruder an dem Gang der Verhandlungen.

Zu einer der ersten Aufgaben der Frankfurter Nationalversammlung zählte die Wahl einer Kommission von 15 Mitgliedern, welche die provisorische Geschäftsordnung zu prüfen und Vorschläge für deren Verbesserung zu machen hatte.[334] Die Benennung der Mitglieder sollte so erfolgen, dass alle Mitglieder der Frankfurter Nationalversammlung in 15 Abteilungen verlost werden sollten, die dann je einen Vorsitzenden und ein Mitglied benannten, welches der Geschäftsordnungskommission angehören sollte.[335] An dieser Stelle tauchte Hensel nun abermals namentlich auf, nachdem er zuvor bereits, anders als sein Bruder, bei der Eröffnung der Nationalversammlung am 18. Mai 1848[336] anwesend war und sich später bereits kurz bezüglich des Wahlverfahrens des Präsidenten der Nationalversammlung geäußert hatte.[337] Demnach wurde Hensel in die elfte Abteilung verlost, jedoch nicht in die Geschäftsordnungskommission gewählt.[338]

Kurz darauf brachte Adolf Ernst Hensel einen Antrag ein, der sich damit beschäftigte, dass eine Adresse an die französische Nationalversammlung erlassen

333 *Bahmann*, Die sächsischen Abgeordneten der Nationalversammlung zu Frankfurt 1848/49, S. 52 f.

334 *Wigard*, Stenographischer Bericht über die Verhandlungen der deutschen constituirenden Nationalversammlung zu Frankfurt a.M., Nr. 2 vom Dienstag den 23. Mai 1848, S. 18.

335 *Wigard*, Stenographischer Bericht über die Verhandlungen der deutschen constituirenden Nationalversammlung zu Frankfurt a.M., Nr. 2 vom Dienstag den 23. Mai 1848, S. 19 f.

336 Hier wurde er noch „Henßel von Zittau" geschrieben. *Wigard*, Stenographischer Bericht über die Verhandlungen der deutschen constituirenden Nationalversammlung zu Frankfurt a.M., Nr. 1 vom Sonnabend den 20. Mai 1848, S. 2.

337 *Wigard*, Stenographischer Bericht über die Verhandlungen der deutschen constituirenden Nationalversammlung zu Frankfurt a.M., Nr. 2 vom Dienstag den 23. Mai 1848, S. 16.

338 *Wigard*, Stenographischer Bericht über die Verhandlungen der deutschen constituirenden Nationalversammlung zu Frankfurt a.M., Nr. 2 vom Dienstag den 23. Mai 1848, S. 22. Vorsitzender der elften Abteilung wurde Carl Heinrich Jürgens aus Stadtoldendorf (1801–1860) und Mitglied der Geschäftsordnungskommission Johann Baptist von Zenetti aus Landshut (1785–1856); vgl. dazu *Wigard*, Stenographischer Bericht über die Verhandlungen der deutschen constituirenden Nationalversammlung zu Frankfurt a.M., Nr. 4 vom Freitag den 26. Mai 1848, S. 33.

werden sollte. Laut Hensel sollte eine Verständigung über die Beziehungen der beiden Nationalversammlungen zueinander und zu anderen Nationen stattfinden.[339] Warum dieser Antrag nie behandelt wurde, kann nicht endgültig geklärt werden und geht aus den Berichten nicht hervor. Denkbar wäre jedoch, dass dieser, bedingt durch das Ausscheiden Hensels aus der Nationalversammlung am 1. September 1848, von der Tagesordnung gestrichen wurde.

1) Provisorische Zentralgewalt

Hensels erster ausführlicher und bedeutender Redebeitrag behandelte die Frage, wie die provisorische Zentralgewalt ausgestaltet sein sollte. Die hierzu eingesetzte Kommission befand mit ihrer Majorität, dass, bis zur definitiven Begründung einer Regierungsgewalt für Deutschland, ein Bundesdirektorium zur Ausübung der obersten Gewalt, in allen gemeinsamen Angelegenheiten die deutsche Nation betreffend, bestellt werden sollte. Dieses Bundesdirektorium sollte aus drei Männern bestehen, welche von den deutschen Regierungen bezeichnet und nachdem die Nationalversammlung ihre zustimmende Erklärung durch eine einfache Abstimmung ohne Diskussion abgegeben hatte, von denselben ernannt werden sollten.[340] Diese Punkte fanden auch die Zustimmung Hensels. Jedoch übte er Kritik in der Ausgestaltung der Aufgaben und Befugnisse des Direktoriums sowie dessen Wahl. So habe das Direktorium, nach Meinung der Kommission, die vollziehende Gewalt in allen Angelegenheiten zu üben, welche die allgemeine Sicherheit und Wohlfahrt des deutschen Bundesstaates betraf, weiterhin die Oberleitung des gesamten Heereswesens und die völkerrechtliche Vertretung Deutschlands.[341]

Jene Faktoren waren Hensel jedoch nicht bestimmt genug. Vielmehr seien diese Befugnisse einer strengen Prüfung zu unterwerfen. Schließlich solle das Bundesdirektorium die vollziehende Gewalt in allen Angelegenheiten ausüben, welche die allgemeine Wohlfahrt und Sicherheit des deutschen Bundesstaates betraf. Für Hensel stellte sich die Frage, nach welchen gesetzlichen Bestimmungen diese vollziehende Gewalt auszuführen sei. Die Bundesakte und die Wiener Schlussakte, als in Betracht kommende Hauptgrundgesetze, sollten sich mit der Einsetzung des Bundesdirektoriums erledigt haben. Demnach bliebe nichts übrig, als dass das Bundesdirektorium nach seinen eigenen Grundsätzen in Fällen, welche dringend waren und in welchen die Beschlüsse der Nationalversammlung nicht abgewartet werden konnten, verfahren müsse. Hier war nun das subjektive Ermessen der

---

339 *Wigard*, Stenographischer Bericht über die Verhandlungen der deutschen constituirenden Nationalversammlung zu Frankfurt a.M., Nr. 7 vom Freitag den 2. Juni 1848, S. 79.

340 *Wigard*, Stenographischer Bericht über die Verhandlungen der deutschen constituirenden Nationalversammlung zu Frankfurt a.M., Nr. 19 vom Dienstag den 20. Juni 1848, S. 358.

341 *Wigard*, Stenographischer Bericht über die Verhandlungen der deutschen constituirenden Nationalversammlung zu Frankfurt a.M., Nr. 19 vom Dienstag den 20. Juni 1848, S. 358.

Männer, welche das Bundesdirektorium stellten, von Bedeutung. Das Direktorium konnte somit nur Männern anvertraut werden, welche die öffentliche Meinung hinter sich hatten und das Vertrauen der Nation genossen.[342] Im Endeffekt konnte das Direktorium, nach Hensels Meinung, nur durch die Nationalversammlung gewählt werden, weil in dieser Repräsentanten des Volkes zusammenkamen und durch dieses legitimiert waren. Hensel kritisierte die Meinung der Kommission, nach welcher die Regierungen Kandidaten für das Direktorium vorschlagen, die dann von der Nationalversammlung bestätigt werden sollten. Dies reichte Hensel nicht aus. Er warf den Regierungen vor, zu viel Zeit zu benötigen, um Männer zu nominieren, welche dann nicht im Sinne der Nationalversammlung handelten: „Der Vorschlag ist aber ferner verzögerlich und gefährlich, denn wir haben nicht die mindeste Garantie, im Gegentheile gewaltige Zweifel darüber, daß die Regierungen sich sofort verständigen und über die drei Personen einigen werden, welche uns vorzuschlagen sind."[343]

Hensel war dieser Punkt zu undeutlich formuliert. Für ihn ging nicht eindeutig daraus hervor, dass man auch Nominierte ablehnen konnte: „Deßhalb finde ich den Vorschlag auch höchst gefährlich, dann aber auch undeutlich, indem er sich im zweiten Satz nicht bestimmt ausdrückt darüber, ob die Majorität der Commission blos zustimmende Erklärung gestattet, oder ob sie das Recht ertheilt, die drei Männer, welche vorgeschlagen werden, abzulehnen."[344]

Letztlich kritisierte Hensel die Verantwortlichkeit der Minister, welche das Recht haben sollten, an den Verhandlungen der Nationalversammlung teilzunehmen und gegebenenfalls gehört zu werden. Nach Hensel sollte es jedoch nicht nur ein Recht, sondern ebenso eine Pflicht der Minister sein, an den Beratungen teilzunehmen und nicht nur gehört zu werden, sondern auch auf Interpellationen Rede und Antwort zu stehen.[345]

Zusammenfassend kann Hensels Beitrag als Betonung des Grundsatzes der Volkssouveränität angesehen werden, was wiederum ein Ausdruck seiner linksliberalen Gesinnung war. Hensel wollte nicht, dass die einzelnen Regierungen der Mitgliedsstaaten den souverän gewählten Abgeordneten der Frankfurter Nationalversammlung ein Direktorium vorsetzten. Er wollte vielmehr ein Direktorium

342 *Wigard*, Stenographischer Bericht über die Verhandlungen der deutschen constituirenden Nationalversammlung zu Frankfurt a.M., Nr. 19 vom Dienstag den 20. Juni 1848, S. 405 f.

343 *Wigard*, Stenographischer Bericht über die Verhandlungen der deutschen constituirenden Nationalversammlung zu Frankfurt a.M., Nr. 19 vom Dienstag den 20. Juni 1848, S. 406.

344 *Wigard*, Stenographischer Bericht über die Verhandlungen der deutschen constituirenden Nationalversammlung zu Frankfurt a.M., Nr. 19 vom Dienstag den 20. Juni 1848, S. 406.

345 *Wigard*, Stenographischer Bericht über die Verhandlungen der deutschen constituirenden Nationalversammlung zu Frankfurt a.M., Nr. 19 vom Dienstag den 20. Juni 1848, S. 406.

eingesetzt sehen, welches durch die Vertreter des Volkes, durch die Nationalversammlung, legitimiert war und somit auch deren Haltung und Wünsche berücksichtigte und im Sinne des Volkes handelte. Weiterhin wollte er die Minister in die Verantwortung nehmen, indem diese nicht nur Rechte genossen, sondern auch Pflichten gegenüber der Nationalversammlung erfüllen sollten.

Im Endergebnis stimmte die Nationalversammlung für die Einsetzung einer provisorischen Regierungsgewalt für alle gemeinsamen Angelegenheiten der deutschen Nation. In Bezug auf Hensels kritisierten Punkt der allgemeinen Sicherheit und Wohlfahrt entschied sich die Nationalversammlung für die bereits genannte Ausgangsversion, der nun jedoch auch Hensel zustimmte.[346]

Ein wichtiger Punkt war die Entscheidung für die Einsetzung eines Reichsverwesers. Nachdem zunächst der Antrag stand, die provisorische Zentralgewalt einem Präsidenten zu übertragen, wofür auch Hensel stimmte,[347] wurde sich auf die Einsetzung eines Reichsverwesers geeinigt.[348] Dieser stand der neugeschaffenen provisorischen Regierung vor. Er selbst war jedoch für seine Handlungen nicht verantwortlich, was vor allem im linken Lager für Unmut sorgte, welches sich für die Verantwortlichkeit des Reichsverwesers für seine Handlungen aussprach.[349] Dies fasste Hensel auch in einem Schreiben an seine Wähler zusammen: „Ich mit der Linken konnte mich nicht entschließen, dafür zu stimmen, weil die einmal ausgesprochene Souveränität des Volkes hierdurch wieder aufgehoben wurde, weil hierdurch der Keim von unabsehbaren Zwistigkeiten für die Folgezeit in die Nation gesät wird, indem die mächtigsten Einzelstaaten Deutschlands (Oesterreich, Preußen und Bayern) nach dieser höchsten Würde trachten, und wird der Wunsch des einen oder des anderen nicht erfüllt, dem jeweiligen Inhaber nicht die nothwendige Unterstützung gewährt werden, weil die deutsche Nation, oder doch ein großer Teil derselben, in der Zukunft in dem deutschen Kaiser- und Königthume eine unwillkommene und lästige Herrschaft erkennen wird, weil hierdurch neue bedeutende Lasten für das Volk unausbleiblich entstehen müssen und werden. [...] Weil ich alles dies nicht will, erachte ich für den Gesammtstaat Deutschland eine

---

346 *Wigard*, Stenographischer Bericht über die Verhandlungen der deutschen constituirenden Nationalversammlung zu Frankfurt a.M., Nr. 26 vom Mittwoch den 28. Juni 1848, S. 582.

347 *Wigard*, Stenographischer Bericht über die Verhandlungen der deutschen constituirenden Nationalversammlung zu Frankfurt a.M., Nr. 26 vom Mittwoch den 28. Juni 1848, S. 593 f.

348 Auch Hensel stimmte nun mit der Mehrheit für die Übertragung der provisorischen Zentralgewalt auf einen Reichsverweser; vgl. dazu *Wigard*, Stenographischer Bericht über die Verhandlungen der deutschen constituirenden Nationalversammlung zu Frankfurt a.M., Nr. 26 vom Mittwoch den 28. Juni 1848, S. 598 f.

349 Vgl. das Abstimmungsergebnis hierzu, *Wigard*, Stenographischer Bericht über die Verhandlungen der deutschen constituirenden Nationalversammlung zu Frankfurt a.M., Nr. 27 vom Donnerstag den 29. Juni 1848, S. 606 ff.

freistaatliche Regierungsgewalt, einen verantwortlichen Präsidenten an der Spitze, unserer Zeitbewegung und dem Interesse der Einzelstaaten als entsprechend, aber auch in dem vernünftigen Willen der deutschen Nation begründet."[350]

Die Regierungsgeschäfte sollten durch ein Kabinett, bestehend aus einem Ministerkollegium unter Vorsitz eines Ministerpräsidenten, geführt werden. Daneben baute sich die provisorische Zentralgewalt mit Fachministerien und Sondergesandten einen Regierungsapparat auf, der sich allerdings aus Ressourcengründen sehr stark aus den Abgeordneten rekrutierte.[351]

Ein wichtiger Streitpunkt war nun noch, wer zum Reichsverweser ernannt werden sollte. Nachdem die Abgeordneten wiederum in 15 Abteilungen verlost wurden, wurde öffentlich per Namensaufruf abgestimmt.[352] Demnach entfielen auf Erzherzog Johann von Österreich[353] 436 Stimmen, Heinrich von Gagern[354] 52 Stimmen, Adam von Itzstein 32 Stimmen und Erzherzog Stephan von Österreich[355] 1 Stimme. Weitere 27 Mitglieder hatten sich der Stimme enthalten.[356] Adolf Ernst Hensel, welcher in die vierte Abteilung verlost worden war, stimmte für den ebenfalls dem „Deutschen Hof" angehörigen Adam von Itzstein.[357] Bemerkenswert ist, dass sich ausschließlich linke Abgeordnete („Donnersberg", „Märzverein", „Deutscher Hof") der Stimme enthielten.[358] Dies war begründet durch die

---

350 *Hensel*, Die Abstimmung der sächsischen Nationalvertreter über die provisorische Centralgewalt und die Rechtfertigung der linken Seite, S. 12.

351 Vgl. zu allem: Gesetz über die Einführung einer provisorischen Centralgewalt für Deutschland vom 28. Juni 1848, in: Deutscher Bund, Reichs-Gesetz-Blatt, 1. Stück vom 29. September 1848, S. 3 f.

352 *Wigard*, Stenographischer Bericht über die Verhandlungen der deutschen constituirenden Nationalversammlung zu Frankfurt a.M., Nr. 28 vom Freitag, den 30. Juni 1848, S. 628 ff.

353 1782–1859, Mitglied des Hauses Habsburg und österreichischer Feldmarschall; vgl. über ihn *Wagner*, Johann, in: NDB, Bd. X, S. 505–508.

354 1799–1880, liberaler deutscher Politiker; vgl. über ihn *Wentzcke*, Gagern, Heinrich Freiherr von, in: NDB, Bd. VI, S. 32–36.

355 1817–1867, Palatin von Ungarn; vgl. über ihn *Schlitter*, Stephan (Erzherzog von Österreich), in: ADB, Bd. XXXVI, S. 71–78.

356 *Wigard*, Stenographischer Bericht über die Verhandlungen der deutschen constituirenden Nationalversammlung zu Frankfurt a.M., Nr. 28 vom Freitag, den 30. Juni 1848, S. 638.

357 *Wigard*, Stenographischer Bericht über die Verhandlungen der deutschen constituirenden Nationalversammlung zu Frankfurt a.M., Nr. 28 vom Freitag, den 30. Juni 1848, S. 630; *Huber*, Deutsche Verfassungsgeschichte seit 1789, Bd. II, 3. Aufl., S. 618.

358 So die Abgeordneten Friedrich Martiny (1819–1897), Friedrich Schüler (1791–1873), Wilhelm Adolph von Trützschler (1818–1849), Salomon Fehrenbach (1812–1892), Johann Adam Förster (1795–1890), Gustav Rée (1810–1869), Joseph Martin Reichard (1803–1872), Martin Mohr (1788–1865), Ludwig Gerhard Gustav Simon (1819–1872), August Thieme (1821–1879), Johann Nepomuk

vorhergehende Bestätigung der Unverantwortlichkeit des Reichsverwesers für seine Handlungen, was, wie bereits erwähnt, Kritik aus den linken Reihen hervorrief. Erkennbar ist dies eindeutig an den Formulierungen der Stimmenthaltung: „Ich wähle keinen Unverantwortlichen!“[359]

2) Grundrechte

Hensels weiterer wichtiger Redebeitrag beschäftigte sich mit den Grundrechten, welche die Frankfurter Nationalversammlung in der neu zu schaffenden Verfassung verankern wollte. Hierbei bezog sich Hensel in seinem Redebeitrag maßgeblich auf die Formulierung und den inhaltlichen Wert des Artikels I. § 1, welcher besagte: „Jeder Deutsche hat das allgemeine deutsche Staatsbürgerrecht. Die ihm Kraft dessen zustehenden Rechte kann er in jedem deutschen Lande ausüben.“[360]

Hensel führte hierzu aus, dass ein Gesetz so deutlich und so verständlich gefasst sein müsse, dass es jeder verstehen könne. Dies war das erste Erfordernis einer volkstümlichen Gesetzgebung. Wenn ein Gesetz so unverständlich war, dass man dazu einen Kommentar benötigte, wie es in den meisten Bundesstaaten der Fall war, hätte man den ersten Fehler bei einem der wichtigsten Gesetze gemacht, welches die Deutschen je haben würden.[361]

Dass dieser Paragraph für Hensel zu unverständlich war, begründete er damit, dass nicht geklärt war, was unter einem allgemeinen deutschen Staatsbürgerrecht zu verstehen sei. Für Hensel bedeutete dies, „daß die Rechte, welche das allgemeine deutsche Staatsbürgerrecht gewährt, diejenigen sind, die durch die gesammte Verfassung bestimmt werden, und an gewisse Beschränkungen nicht gebunden sind.“[362] Hierin war ein Unterschied zu denen in den Einzelstaaten gewährten

---

Berger (1816–1870), Franz Heinrich Zitz (1803–1877), Maximilian Joseph Gritzner (1794–1872), Adolph Kollaczek (1821–1889), Georg Günther (1808–1872), Nikolaus Titus (1808–1874), Wilhelm Zimmermann (1807–1878), August Rühl (1815–1850), Peter Dewes (1821–1876), Friedrich Wilhelm Schlöffel (1800–1870), Carl Theodor Dietsch (1819–1857), Hermann Grubert (1807–1874), Hugo Wesendonck (1817–1900), Adolph Wiesner (1807–1867), Moritz Hartmann (1821–1872), Arnold Ruge (1802–1880), Julius Theodor Schmidt (1814–1861).

359 Zum Beispiel von dem Abgeordneten Zitz; vgl. *Wigard*, Stenographischer Bericht über die Verhandlungen der deutschen constituirenden Nationalversammlung zu Frankfurt a.M., Nr. 28 vom Freitag, den 30. Juni 1848, S. 633.

360 *Wigard*, Stenographischer Bericht über die Verhandlungen der deutschen constituirenden Nationalversammlung zu Frankfurt a.M., Nr. 32 vom Mittwoch den 5. Juli 1848, S. 731.

361 *Wigard*, Stenographischer Bericht über die Verhandlungen der deutschen constituirenden Nationalversammlung zu Frankfurt a.M., Nr. 32 vom Mittwoch den 5. Juli 1848, S. 743.

362 *Wigard*, Stenographischer Bericht über die Verhandlungen der deutschen constituirenden Nationalversammlung zu Frankfurt a.M., Nr. 32 vom Mittwoch den 5. Juli 1848, S. 743.

Staatsbürgerrechten zu sehen. Hensel wollte somit einen zweiten Satz anfügen, welcher die allgemeinen deutschen Staatsbürgerrechte definierte: „Die ihm Kraft dessen zustehenden, nämlich die durch die Reichsverfassung oder spätere Reichsgesetze allen Deutschen unbedingt gewährten, Rechte kann er in jedem deutschen Lande ausüben."[363] Demnach waren die allgemeinen Staatsbürgerrechte diejenigen, welche die deutsche Reichsverfassung allen Deutschen gewährte, insoweit diese Rechte nicht an bestimmte Beschränkungen oder Bedingungen gebunden waren.

Die endgültige Fassung enthielt jedoch keine von Hensels Forderungen: „Jeder Deutsche hat das deutsche Reichsbürgerrecht. Die ihm Kraft dessen zustehenden Rechte kann er in jedem deutschen Lande ausüben."[364] Weiterhin konnte nicht von jedem ohne Kommentierung festgestellt werden, was die Reichsbürgerrechte waren. Im Endeffekt konnten diese verstanden werden als „der Inbegriff derjenigen Rechte und Befugnisse, welche einem jeden Angehörigen eines jeden zum Deutschen Reiche gehörenden Staats als solchem gewährleistet sind. Aus dem Wesen eines Bundesstaats als eines wirklichen Staats folgt nämlich, daß die Angehörigen der verschiedenen einzelnen Staaten, welche zusammen den Bundesstaat bilden, eine doppelte Unterthaneneigenschaft und ein zweifaches Staatsbürgerrecht haben."[365]

Eine Konkretisierung der Begrifflichkeiten erfolgte im Gesetzeswortlaut, wie es die Forderung Hensels war, im Ergebnis nicht. Es bedurfte weiterer Kommentierungen und Erläuterungen, um den Gesetzeswortlaut zu erschließen.

Hensel brachte sich ebenfalls bei der Beratung über den Artikel I. § 2 der Grundrechte ein, welcher besagte: „Jeder Deutsche darf an jedem Ort eines deutschen Staates Aufenthalt nehmen, sich niederlassen, Grundeigenthum erwerben, Kunst und Gewerbe treiben, das Gemeindebürgerrecht gewinnen, – vorerst unter denselben Bedingungen, wie die Angehörigen des betreffenden Staates, bis ein Reichsgesetz die zwischen den Gesetzen der einzelnen Staaten noch obwaltende Verschiedenheit völlig ausgleicht."[366]

In diesem Paragraphen wurden somit die Freizügigkeit sowie die Freiheit, Grundeigentum zu erwerben, die Berufsfreiheit und das Recht zum Erwerb des Gemeindebürgerrechts geregelt. Hensel bezeichnete diese Regelungen als

363 *Wigard*, Stenographischer Bericht über die Verhandlungen der deutschen constituirenden Nationalversammlung zu Frankfurt a.M., Nr. 32 vom Mittwoch den 5. Juli 1848, S. 743.

364 *Wigard*, Stenographischer Bericht über die Verhandlungen der deutschen constituirenden Nationalversammlung zu Frankfurt a.M., Nr. 44 vom Freitag den 21. Juli 1848, S. 1065; eingegangen als § 132 der Verfassung des Deutschen Reiches; vgl. dazu Verfassung des Deutschen Reiches vom 28. März 1849, in: Deutscher Bund, Reichs-Gesetz-Blatt, 16. Stück vom 28. April 1849, S. 101–147.

365 Bundesindigenat, in: Meyers Konversations-Lexikon, 5. Aufl., 3. Bd., S. 683.

366 *Wigard*, Stenographischer Bericht über die Verhandlungen der deutschen constituirenden Nationalversammlung zu Frankfurt a.M., Nr. 33 vom Freitag den 7. Juli 1848, S. 756.

„Heimat- und Gewerbe-Verhältnisse". Zunächst kritisiert er in seiner Rede am Donnerstag, den 6. Juli 1848, dass keine Einigkeit darüber herrschte, ob diese Heimat- und Gewerberechte der Reichsgesetzgebung zugerechnet werden sollten oder ob es den einzelnen Staaten zu überlassen sei, die Gesetzgebung in diesem Bereich zu übernehmen. Hensel teilte die Meinung des Abgeordneten Eisenstuck, „daß, wenn wir, die Reichsversammlung, nicht diesen Gegenstand zur allgemeinen Gesetzgebung erheben, eine Einheit Deutschlands rein unmöglich ist."[367] Er vertrat somit klar die Gesetzgebungskompetenz auf der Ebene des Reiches.

Ein weiteres Problem ergab sich daraus, dass die Majorität des volkswirtschaftlichen Ausschusses die sofortige Erlassung eines allgemeinen Heimatgesetzes und einer Gewerbeordnung forderte, während der Verfassungsausschuss zunächst die Formulierung in § 2 der Grundrechte als genügend angesehen hatte. Hensel schlug sich in dieser Situation auf die Seite des volkswirtschaftlichen Ausschusses, indem er dessen Formulierung[368] befürwortete. Einer seiner Hauptgründe lag darin, dass es wünschenswert wäre, wenn die Freizügigkeit, die auch in der Fassung des Verfassungsausschusses vorhanden war, sofort hätte gewährt werden können. Dies wäre nur mit der Formulierung der Fassung des volkswirtschaftlichen Ausschusses möglich gewesen. Weiterhin sah Hensel einen starken Eingriff in die Gemeindeverhältnisse, indem jeder Deutsche das Gemeindebürgerrecht hätte erhalten können, ohne dass die Gemeinde das Recht gehabt hätte, nach dem Heimatrecht des Eintretenden, nach der Erwerbsfähigkeit oder nach dem Vermögen zu fragen.[369]

Als dritten Punkt merkte Hensel an, dass die Fassung des volkswirtschaftlichen Ausschusses den Vorzug erhalten habe, weil in der Fassung des Verfassungsausschusses die Wissenschaft ausgeschlossen war: „[...] jeder Deutsche darf...Kunst und Gewerbe treiben."[370] Hensel kritisierte, dass diese bei der Freizügigkeit ausgelassen

---

367 *Wigard*, Stenographischer Bericht über die Verhandlungen der deutschen constituirenden Nationalversammlung zu Frankfurt a.M., Nr. 33 vom Freitag den 7. Juli 1848, S. 772.

368 „§ 1. Jeder deutsche Reichsbürger hat das Recht, an jedem Ort des Reichsgebietes seinen Aufenthalt und Wohnsitz zu nehmen, Liegenschaften jeder Art zu erwerben und jeden Nahrungszweig zu betreiben. Die Bedingungen für den Aufenthalt und Wohnsitz werden durch ein Heimathsgesetz, jene für den Gewerbbetrieb durch eine Gewerbeordnung für ganz Deutschland von der Reichsgewalt festgesetzt."; vgl. dazu Bericht des Ausschusses für Volkswirthschaft über die Bestimmungen, welche er aus dem volkswirthschaftlichen Gesichtspunkte in die Grundrechte des deutschen Volkes aufzunehmen beantragt, in: *Wigard*, Stenographischer Bericht über die Verhandlungen der deutschen constituirenden Nationalversammlung zu Frankfurt a.M., Nr. 31 vom Dienstag den 4. Juli 1848, S. 689.

369 *Wigard*, Stenographischer Bericht über die Verhandlungen der deutschen constituirenden Nationalversammlung zu Frankfurt a.M., Nr. 33 vom Freitag den 7. Juli 1848, S. 772.

370 *Wigard*, Stenographischer Bericht über die Verhandlungen der deutschen constituirenden Nationalversammlung zu Frankfurt a.M., Nr. 33 vom Freitag den 7. Juli 1848, S. 756.

wurde: „Ich möchte wissen, ob der Verfassungsausschuß besondere Gründe gehabt hat, das Wort Wissenschaft auszulassen, ob es wirklich die Meinung des Verfassungsausschuß gewesen ist, die wissenschaftlich gebildeten Männer von der völligen Freizügigkeit mit der Befugniß, ihre Wissenschaft als Gewerbe betreiben zu können, ausschließen zu wollen."[371]

Weil die Fassung des volkswirtschaftlichen Ausschusses jeden Berufszweig involvierte, favorisierte Hensel dessen Fassung: „[...] und schon aus diesem Grunde wird sich die Fassung des volkswirtschafthlichen Ausschusses mehr empfehlen, indem es dort heißt: ‚jeder Deutsche hat das Recht – jeden Nahrungszweig zu betreiben'."[372]

Letzten Endes wurde eine gemischte Version beider Fassungen beschlossen und fand somit Eingang in die Verfassung des Deutschen Reiches vom 28. März 1849.[373]

c) *Ausscheiden aus der Nationalversammlung*

Die Zeit Hensels in der Nationalversammlung währte jedoch nicht lang. Bereits am 1. September 1848 erklärte er seinen Austritt.[374] Dieser Schritt war dadurch motiviert, dass Hensel lieber Politik in Sachsen und für seinen Wahlbezirk machen wollte. Ebenso begründete Hensel seinen Austritt mit der Unabkömmlichkeit in seinem städtischen Amt. Die Zittauer Bevölkerung dankte ihm dies mit einem Fackelzug vor seiner Wohnung am 1. September 1848.[375] Wie aber bereits erwähnt, wurde er auch als Vertreter auf dem ordentlichen Landtag 1848 in die zweite Kammer des Sächsischen Landtages gewählt. Nach seinem Ausscheiden aus der Nationalversammlung wollte er sich nun erneut in den Sächsischen Landtag wählen lassen.

---

371 *Wigard*, Stenographischer Bericht über die Verhandlungen der deutschen constituirenden Nationalversammlung zu Frankfurt a.M., Nr. 33 vom Freitag den 7. Juli 1848, S. 773.

372 *Wigard*, Stenographischer Bericht über die Verhandlungen der deutschen constituirenden Nationalversammlung zu Frankfurt a.M., Nr. 33 vom Freitag den 7. Juli 1848, S. 773.

373 „§ 133. Jeder Deutsche hat das Recht, an jedem Orte des Reichsgebietes seinen Aufenthalt und Wohnsitz zu nehmen, Liegenschaften jeder Art zu erwerben und darüber zu verfügen, jeden Nahrungszweig zu betreiben, das Gemeindebürgerrecht zu gewinnen. Die Bedingungen für den Aufenthalt und Wohnsitz werden durch ein Heimathsgesetz, jene für den Gewerbebetrieb durch eine Gewerbeordnung für ganz Deutschland von der Reichsgewalt festgesetzt."; eingegangen als § 133 der Verfassung des Deutschen Reiches; vgl. dazu Verfassung des Deutschen Reiches vom 28. März 1849, in: Deutscher Bund, Reichs-Gesetz-Blatt, 16. Stück vom 28. April 1849, S. 101–147.

374 *Wigard*, Stenographischer Bericht über die Verhandlungen der deutschen constituirenden Nationalversammlung zu Frankfurt a.M., Nr. 71 vom Sonnabend den 2. September 1848, S. 1821.

375 *Heidrich*, Bilder aus der südlichen Oberlausitz, 4. Aufl., S. 190.

6. Der Sächsische Landtag 1849

Den politischen Höhepunkt seiner Karriere erreichte Adolf Ernst Hensel auf dem ordentlichen Sächsischen Landtag des Jahres 1849. Hensel ließ sich für die Wahlen am 15. Dezember 1848 wiederum als Kandidat des Vaterlandsvereins in Bernstadt sowie zusätzlich im Wahlbezirk Seifhennersdorf aufstellen.[376] Die Wahlen für diesen Landtag erfolgten hierbei nach dem neuen liberalen sächsischen Wahlrecht. Hensel wurde in beiden Wahlbezirken erfolgreich gewählt, lehnte aber die Wahl im 3. Wahlbezirk zugunsten seines Mandates im 5. Wahlbezirk ab.[377] Hierbei erreichte er im 5. Wahlbezirk eine große Mehrheit von 1.464 Stimmen.[378] Diese Wahlen brachten allgemein einen Sieg für die parlamentarische Linke, die sich in den Vaterlandsvereinen organisierte. In der zweiten Kammer konnte sie sogar 66 von 75 Mandaten erringen.[379]

Ebenso wie in der Frankfurter Nationalversammlung konnten in der zweiten Kammer des Sächsischen Landtages fünf Gruppen von Abgeordneten unterschieden werden. So gab es die radikale Linke, die gemäßigte Linke, das linke Zentrum, das rechte Zentrum und die extreme Rechte.[380] Die durch das liberale Wahlrecht in die Kammer gelangten neuen Abgeordneten konstituierten sich innerhalb der zweiten Kammer als neue „äußerste Linke" und verhöhnten Hensel, Joseph, Schaffrath und andere Abgeordnete, welche seit 1845 die Opposition bildeten, als „simple Linke".[381] Hensel konnte hier, ebenso wie in der Nationalversammlung, zur gemäßigten Linken gezählt werden, obwohl durch seine wenigen Meinungsäußerungen

---

376 Durch das neue sächsische Wahlgesetz wurden die Wahlbezirke neu gegliedert. So entfiel die Einteilung in bäuerliche und städtische Wahlbezirke. Hensel wurde demnach im 3. Wahlbezirk (Seifhennersdorf) und im 5. Wahlbezirk (Bernstadt) aufgestellt; vgl. dazu *Matzerath*, Aspekte sächsischer Landtagsgeschichte – Die Mitglieder und Wahlbezirke der sächsischen Landtage (1833–1952), Teil III: Wahlbezirke und Raumbezüge, S. 61, 71, 94 f., 103.

377 *Matzerath*, Aspekte sächsischer Landtagsgeschichte – Präsidenten und Abgeordnete von 1833 bis 1852, S. 68; *Matzerath*, Aspekte sächsischer Landtagsgeschichte – Die Mitglieder und Wahlbezirke der sächsischen Landtage (1833–1952), Teil III: Wahlbezirke und Raumbezüge, S. 94 f., 103; Der Vaterlandsverein zu Zittau, in: Freie Blätter, Nr. 4 vom 17. November 1848, S. 30; Weißeritz-Zeitung vom 12. Januar 1849, S. 19.

378 SächsHStA Dresden, Die Wahlen der Abgeordneten für den ordentlichen Landtag 1849, Bl. 26.

379 *Groß*, Geschichte Sachsens, 4. Aufl., S. 226.

380 *Schimmel*, Die Entwicklung des Wahlrechts zur sächsischen Zweiten Kammer und der Zusammensetzung derselben in parteipolitischer und sozialer Hinsicht, S. 63. *Krause* nimmt eine andere Einordnung vor, welche jedoch nicht zutreffend ist, weil die konservativen Abgeordneten nicht berücksichtig wurden: linke Fraktion, äußerste Linke Fraktion, sozialdemokratische Linke; vgl. dazu *Krause*, Der Aufruhr in Dresden am 3., 4., 5., 6., 7., 8. und 9. Mai 1849, 4. Aufl., S. 23.

381 *Blum*, Die deutsche Revolution 1848–49, S. 393 f.

im Landtag eine direkte Einordnung nicht vorzunehmen ist. Lediglich in seinem Abstimmverhalten kann ein Indiz für seine Haltung gesehen werden. Eine Veränderung zu seiner vorherigen Tätigkeit im Landtag und in der Nationalversammlung ist nicht zu bemerken.

Dieser Landtag trat am 10. Januar 1849 zu seiner konstituierenden Sitzung zusammen. Die zweite Kammer setzte sich nun aus 66 Vertretern der Vaterlandsvereine, sieben Vertretern des Deutschen Vereins und lediglich zwei Mitgliedern des Konstitutionellen Vereins zusammen.[382] Am 12. Januar 1849 fanden die Wahlen für das Präsidium der zweiten Kammer statt, aus denen Adolf Ernst Hensel mit 53 Stimmen als Präsident hervorging.[383]

Der Landtag wurde offiziell am 17. Januar 1849, unter Anwesenheit König Friedrich August II., eröffnet. Dieser bekannte sich in seiner Thronrede zu den verfassungsmäßigen Einrichtungen des Landes und drückte die Hoffnung auf das Gelingen der deutschen Reichsverfassung aus.[384] Dass gerade die Reichsverfassung später der Zündstoff für die Probleme zwischen Landtag und Regierung werden sollte, war in diesem Moment noch nicht abzusehen. Da die radikalen Demokraten durch das neue Wahlrecht stark vertreten waren, entwickelte sich ein großes Spannungsverhältnis zwischen den Kammern, der Staatsregierung und dem König.[385]

In seiner kurzen Eröffnungsrede vor dem Sächsischen Landtag am 20. Januar 1849 appellierte Hensel an die Abgeordneten, bei ihren Handlungen den Willen des Volkes zu beachten. Weiterhin sollten Grundlagen für die bürgerlichen Freiheiten gelegt, der Wohlstand des Landes gefördert und gesichert sowie die Grundsätze der Gerechtigkeit und Menschenliebe auch durch Hebung und Erleichterung der gedrückten Mitbrüder ausgeübt werden.[386]

Da Adolf Ernst Hensel Präsident der zweiten Kammer des Sächsischen Landtages war, hatte er zwar grundsätzlich das Recht, sich inhaltlich zu den verschiedenen Themen zu äußern, nutzte dieses aber nicht. Neben der Bewältigung der grundlegenden Aufgaben des Präsidenten (Eröffnung und Beendigung der Sitzungen, Leitung der

---

382 *Groß*, Geschichte Sachsens, 4. Aufl., S. 226.

383 Königreich Sachsen, Mittheilungen über die Verhandlungen des Landtags im Königreiche Sachsen 1849, II. Kammer, S. 19; *Kretzschmar*, Lebenserinnerungen des Königs Johann von Sachsen, S. 212; *Prinz von Sachsen Herzog zu Sachsen*, Die Albertinischen Wettiner, 2. Aufl., S. 99; *Groß*, Geschichte Sachsens, 4. Aufl., S. 226; *Botzenhart*, Deutscher Parlamentarismus in der Revolutionszeit 1848–1850, S. 570; *Geyer*, Politische Parteien und Verfassungskämpfe in Sachsen von der Märzrevolution bis zum Ausbruch des Maiaufstands, S. 149; *Koch*, Die Frankfurter Nationalversammlung 1848/49, S. 210.

384 *Prinz von Sachsen Herzog zu Sachsen*, Die Albertinischen Wettiner, 2. Aufl., S. 99. Die Dresdner Zeitung beurteilte diese Rede als „nichtssagend und bedeutungslos"; vgl. Dresdner Zeitung, Nr. 17 vom Sonnabend, den 20. Januar 1849, S. 121.

385 *Prinz von Sachsen Herzog zu Sachsen*, Die Albertinischen Wettiner, 2. Aufl., S. 100.

386 Königreich Sachsen, Mittheilungen über die Verhandlungen des Landtags im Königreiche Sachsen 1849, II. Kammer, S. 33.

Beratungen, Verhandlungen und Abstimmungen, Aussprache von Beschlüssen),[387] trat Hensel durch sein Durchsetzungsvermögen hervor. So wies er beispielsweise zu Beginn der 40. Sitzung vom 24. März 1849 die Zuschauer auf der Tribüne an, sich gebührender zu verhalten und wachsam in Bezug auf das Benehmen anderer Zuhörer zu sein. Dem vorausgegangen war ein Zwischenfall am Ende der 39. Sitzung vom 23. März 1849: „Gegen den Schluß der gestrigen öffentlichen Sitzung ist von der öffentlichen Galerie herab auf einen Abgeordneten gespieen worden. Ich hätte nicht geglaubt, daß eine solche Rohheit von einem Zuhörer verübt werden könnte."[388] Durch die Aufmerksamkeit der restlichen Zuhörer sollte es in Zukunft ermöglicht werden, den Täter identifizieren und zur Verantwortung ziehen zu können, falls ein solcher Vorfall noch einmal geschehen sollte.

Der ordentliche Landtag des Jahres 1849 fand ein unrühmliches Ende. Die Mehrheit der zweiten Kammer des Sächsischen Landtages war vermehrt von verschiedenen Organisationen aufgefordert worden, dem Ministerium keine Steuern zu bewilligen. In der Sitzung vom 15. März 1849 bewilligte die zweite Kammer, nachdem es in der ersten Kammer schon geschehen war, die Steuern provisorisch bis Ende April 1849. Im Gegenzug wurde aber eine Verordnung der Regierung vom 18. Dezember 1848 wegen vorläufiger Erhebung der Steuern ohne Landtagsbewilligung für verfassungswidrig erklärt. Am 30. März 1849 bat nun die Regierung um Weiterbewilligung der Steuern bis auf weiteres. Darüber wurde am 21. April 1849 in den Kammern beraten. Die zweite Kammer bewilligte gegen die Stimmen der äußersten Linken die Steuern provisorisch bis Ende September und beschloss, gegen den Finanzminister Anklage wegen Verfassungsbruchs zu erheben.[389] Im Gegenzug versagte die erste Kammer, welche wie die zweite Kammer zusammengesetzt war, dem Ministerium die Bewilligung. Dies geschah nicht so eindeutig wie in der zweiten Kammer, da der Antrag gar nicht zur Verhandlung kam. Deutlich wurde die Ablehnung, da die Mehrheit der Abgeordneten der ersten Kammer der Regierung ihr Misstrauen aussprach.[390] Vaterlandsvereine und demokratische Landtagsabgeordnete hatten zuvor die Abberufung des Gesandten von Könneritz[391] aus Wien gefordert, weil dieser sich zu wenig für Robert Blum eingesetzt und nicht

---

387 *Biedermann*, Karl Braun (1807–1868): Leben und Werk, S. 87.

388 Königreich Sachsen, Mittheilungen über die Verhandlungen des Landtags im Königreiche Sachsen 1849, II. Kammer, S. 724.

389 Königreich Sachsen, Mittheilungen über die Verhandlungen des Landtags im Königreiche Sachsen 1849, II. Kammer, S. 1168.

390 Königreich Sachsen, Mittheilungen über die Verhandlungen des Landtags im Königreiche Sachsen 1849, I. Kammer, S. 793; *Geyer*, Politische Parteien und Verfassungskämpfe in Sachsen von der Märzrevolution bis zum Ausbruch des Maiaufstands, S. 199.

391 Rudolf von Könneritz (1800–1870), sächsischer Diplomat, Gesandter in Wien und Turin; vgl. über ihn *Rieckenberg*, Könneritz (Familienartikel), NDB, Bd. XII, S. 363.

persönlich bei Fürst Windischgrätz[392] gegen die Exekutierung interveniert habe. Die Tatenlosigkeit der Regierung machte die Kammer ihr nun zum Vorwurf.[393] Die Steuerbewilligung durch die Mehrheit der linken Abgeordneten der zweiten Kammer sorgte für eine steigende Verbitterung der äußersten Linken. Von der Mehrheit der Linken wurde der Schritt damit begründet, dass eine Steuerverweigerung, wie in Preußen, die Mehrheit des Landes gegen den Landtag aufgebracht hätte. Die Konservativen erkannten darin ein Eingeständnis der Linken, dass die Bevölkerung dem Ministerium vertraute.[394] Letztlich stimmte in zwei verschiedenen Kammern die linke Majorität entgegengesetzt in der gleichen Sache, auch wenn die Anträge nicht deckungsgleich waren.

Dieser Konflikt steigerte sich dann auf der Generalversammlung der Vaterlandsvereine am 22. April 1849 in Dresden. Bei dieser wurde beschlossen, die erste Kammer aufzufordern, der Regierung direkt die Steuern zu verweigern, die zweite Kammer aufzufordern, das Ministerium durch ein Misstrauensvotum zum Rücktritt zu zwingen und den gemäßigteren der beiden Leipziger Vaterlandsvereine – den Bertlingschen Vaterlandsverein – wegen undemokratischen Verhaltens auszuschließen.[395] Der Deutsche Vaterlandsverein in Leipzig war in einen linken und einen rechten Flügel geteilt. Der rechte Flügel hieß Bertlingscher Vaterlandsverein.[396] Nach der Annahme des letzten Beschlusses trat ein Teil der Mitglieder, unter der Führung der Wortführer der Kammer-Linken, aus. Diese Linke nannte sich nun „Blumscher Vaterlandsverein" und wählte einen Zentralausschuss, welchem auch Adolf Ernst Hensel angehörte. Die verbleibenden Mitglieder des Vaterlandsvereins unter der Leitung Tzschirners[397] nannten diesen in „Demokratischen Vaterlandsverein" um.[398] Diese Spaltung, welche zum Verlust der Schlagkraft des Gesamtvereins führte, erregte im gesamtdeutschen Vaterlandsverein Missmut.[399] Nachdem die Fraktion in der zweiten Kammer des Sächsischen Landtages durch Meinungsverschiedenheiten uneins geworden war, folgte die Spaltung der

392 Alfred I. zu Windisch-Graetz (1787–1862), österreichischer Feldmarschall; vgl. über ihn *L. W.*, Windisch Graetz, Alfred Candidus Ferdinand Fürst zu, in: ADB, Bd. XLIII, S. 390–415.

393 *Flöter*, Reform oder Revolution?, in: Dresdner Maiaufstand und Reichsverfassung 1849, hrsg. v. Martina Schattkowsky, S. 49.

394 *Krause*, Der Aufruhr in Dresden am 3., 4., 5., 6., 7., 8. und 9. Mai 1849, 4. Aufl., S. 24 f.

395 Deutsche Allgemeine Zeitung, Nr. 115 vom Mittwoch den 25. April 1849, S. 1278.

396 *Cramer*, Nachlass von Rudolf Lavant, S. 12.

397 Samuel Erdmann Tzschirner (1812–1870), deutscher Jurist und Politiker, Revolutionsführer des Dresdner Maiaufstandes 1849, Mitglied der zweiten Kammer des Sächsischen Landtages; vgl. über ihn *Schnorr von Carolsfeld*, Tzschirner, Samuel Erdmann, in: ADB, Bd. XXXIX, S. 66.

398 *Flathe*, Geschichte des Kurstaates und Königreiches Sachsen, Dritter Bd., S. 614; *Krause*, Der Aufruhr in Dresden am 3., 4., 5., 6., 7., 8. und 9. Mai 1849, 4. Aufl., S. 24.

399 *Hildebrandt*, Opposition in der Paulskirche, S. 312 f., 317 f.

Organisation im ganzen Land.[400] Auch die Schlagkraft wurde durch diese Spaltung erheblich geschwächt, sodass eine Entscheidung im Rahmen der allgemeinen Reichsverfassungskampagne an einer gemeinsamen Orientierung scheiterte. Bei der Versammlung am 22. April 1849 wurde demnach kein Beschluss zur deutschen Verfassungsfrage gefasst.[401]

Am 23. April 1849 brachte die Linke ein Misstrauensvotum in die zweite Kammer ein, welches gegen die Stimmen der Rechten angenommen wurde.[402] Nachdem die erste Kammer weiterhin die Steuern nicht bewilligen wollte, wurde am 30. April 1849 die Auflösung der Kammern durch den Regierungskommissar Todt[403] verkündet: „Seine königliche Majestät haben sich bewogen gefunden, die dermalen versammelten Kammern des Königreichs nach §. 116 der Verfassungsurkunde[404] und §. IX des provisorischen Gesetzes vom 15. November 1848[405], wie hiermit geschieht, aufzulösen."[406] Dies kommentierte Hensel mit den Worten: „Mitbürger!

---

400 *Geyer*, Politische Parteien und Verfassungskämpfe in Sachsen von der Märzrevolution bis zum Ausbruch des Maiaufstands, S. 200.

401 *Botzenhart*, Deutscher Parlamentarismus in der Revolutionszeit 1848–1850, S. 578.

402 Königreich Sachsen, Mittheilungen über die Verhandlungen des Landtags im Königreiche Sachsen 1849, II. Kammer, S. 1191; ausführlicher dazu *Geyer*, Politische Parteien und Verfassungskämpfe in Sachsen von der Märzrevolution bis zum Ausbruch des Maiaufstands, S. 201.

403 1803–1852, deutscher Jurist und Politiker; vgl. über ihn *Wippermann*, Todt, Karl Gotthelf, in: ADB, Bd. XXXVIII, S. 408–410.

404 „116. Der König ordnet den förmlichen Schluß der Ständeversammlung an, kann auch solche vertagen und die zweite Kammer auflösen, wodurch zugleich die erste für vertagt erklärt wird."; vgl. Königreich Sachsen, Verfassungsurkunde des Königreichs Sachsen vom 4. September 1831, S. 31.

405 „§ IX. § 116. Schluß und Vertagung des Landtags, Auflösung der Kammern. wird folgendergestalt gefaßt: ‚Der König ordnet den förmlichen Schluß des Landtags an, kann auch denselben vertagen und die Kammern auflösen. Die Vertagung darf nicht über sechs Monate dauern. Die Auflösung trifft immer beide Kammern zugleich. Im Falle der Auflösung soll die Wahl neuer Abgeordneter und die Einberufung des Landtags ebenfalls innerhalb der nächsten sechs Monate erfolgen.'"; vgl. Provisorisches Gesetz, wegen einiger Abänderungen der Verfassungsurkunde vom 4ten September 1831; vom 15ten November 1848, in: Königreich Sachsen, Gesetz- und Verordnungsblatt für das Königreich Sachsen vom Jahre 1848, S. 223.

406 Königreich Sachsen, Mittheilungen über die Verhandlungen des Landtags im Königreiche Sachsen 1849, Nr. II. vom 1. Mai 1849, S. 12; SächsHStA Dresden, Acta den außerordentlichen Landtag 1848, die Landtage 1849, den Landtag 1850, den Landtag 1851, die Einberufung von Zwischen-Deputationen 1853 und den außerordentlichen Landtag 1854 betreffend, Bl. 45. *Geyer*, Politische Parteien und Verfassungskämpfe in Sachsen von der Märzrevolution bis zum Ausbruch des Maiaufstands, S. 201 und *Schimmel*, Die Entwicklung des Wahlrechts zur sächsischen Zweiten Kammer und der Zusammensetzung derselben in

Scheiden wir von hinnen mit dem Rufe: Es lebe der Wille des Volkes! Es lebe die Einheit und Freiheit Deutschlands! Es lebe die deutsche Reichsverfassung!"[407]

7. Der Sächsische Landtag 1849/50

Letztmalig politisch in Erscheinung trat Hensel bei der Wahl zum Sächsischen Landtag der Jahre 1849/50. Bei dieser wurde er als Kandidat im 3. Wahlbezirk (Seifhennersdorf) aufgestellt und errang dort zunächst das Mandat.[408] Die Wahl wurde jedoch vom Gesamtministerium wegen Formfehlern nicht anerkannt und eine Nachwahl gemäß § 43 des provisorischen Wahlgesetzes vom 15. November 1848[409] angeordnet.[410] In der 13. Sitzung am 8. Januar 1850 beschäftigte sich die Kammer endgültig mit der Problematik der Besetzung des Mandates. Es wurde durch den Abgeordneten Funkhänel (1810–1865) im Namen des Wahlprüfungsausschusses vorgetragen, dass dieser sich mit einer Anweisung des Gesamtministeriums und einer Eingabe von Bürgern aus Oberoderwitz zu befassen habe. Diese machten geltend, dass im 3. Wahlbezirk der suspendierte Stadtrat Adolf Ernst Hensel gewählt wurde, jedoch weder einberufen, noch eine Nachwahl angeordnet worden war und dies nun geschehen solle. Der Wahlprüfungsausschuss hatte diesbezüglich beim Gesamtministerium Erkundigungen eingeholt, welche ergaben, dass Adolf Ernst Hensel zwar als Abgeordneter des 3. Wahlbezirks gewählt worden war, aber am 21. Dezember 1849 auf sein Mandat verzichtet hatte.[411] Dies erscheint an dieser Stelle auch konsequent, da sich Hensel zu dieser Zeit noch in Untersuchungshaft wegen Beteiligung am Dresdner Maiaufstand befand und eine Tätigkeit im Landtag demnach nicht möglich war. Eine weitere Beteiligung Hensels bei den Sächsischen Landtagen und in der Politik fand nicht mehr statt.

---

parteipolitischer und sozialer Hinsicht, S. 65 nennen fälschlicherweise den 28. April 1849.

407 Königreich Sachsen, Mittheilungen über die Verhandlungen des Landtags im Königreiche Sachsen 1849, Nr. II. vom 1. Mai 1849, S. 12.

408 *Matzerath*, Aspekte sächsischer Landtagsgeschichte – Die Mitglieder und Wahlbezirke der sächsischen Landtage (1833–1952), Teil III: Wahlbezirke und Raumbezüge, S. 72, 85, 144 f., 129.

409 „§ 43. Hätten an einer Wahl Nichtbefugte Theil genommen, so bleibt dieselbe demohngeachtet gültig, wenn die dadurch entstehende Differenz in der Stimmenzahl keinen Einfluß auf die Stimmenmehrheit für den Erwählten hat; ist dieß aber der Fall, so muß eine neue Wahl veranstaltet werden."; vgl. Provisorisches Gesetz, die Wahlen der Landtagsabgeordneten betreffend; vom 15ten November 1848, in: Königreich Sachsen, Gesetz- und Verordnungsblatt für das Königreich Sachsen vom Jahre 1848, S. 231.

410 Königreich Sachsen, Mittheilungen über die Verhandlungen des Landtags im Königreiche Sachsen 1849/50, II. Kammer, S. 67.

411 Königreich Sachsen, Mittheilungen über die Verhandlungen des Landtags im Königreiche Sachsen 1849/50, II. Kammer, S. 264.

II. Hermann Joseph

Nachdem Hermann Joseph zu Studienzeiten noch der gemäßigten Richtung der Arminen anhing, kann man in seinem politischen Werden ab 1845 einen Wandel in seinen politischen Ansichten bemerken. So zeigte er sich während des Landtages der Jahre 1845/46 kämpferisch mit den Worten, dass jeder „was er ist, auch ganz und von ganzem Herzen ist, und was er will, ganz aus der Wurzel, aus der radix des Herzens will. In so fern muß Jeder, der wahrhaft liberal ist, auch radical-liberal sein."[412] Dieses Bekenntnis zu seiner radikal-demokratischen Haltung führte dazu, dass er zu keiner der ministeriellen abendlichen Diners eingeladen wurde.[413] Eine bessere Empfehlung an das Volk konnte es nicht geben.[414] Er war somit der erste Abgeordnete in den sächsischen Kammern, der seine radikale Gesinnung äußerte.[415] Wenige Männer traten so unverdrossen und mutig für ihre Prinzipien ein wie Hermann Joseph, was ihn zum eigentlichen Kern der sächsischen Opposition machte.[416] Hingegen entwickelte sich Joseph während seiner Zeit in der Nationalversammlung und als Präsident der ersten Kammer des Sächsischen Landtages zu einem demokratischen Abgeordneten, welcher auch zu Kompromissen bereit war.

1. Der Sächsische Landtag 1845/46

Ebenso wie Adolf Ernst Hensel begann auch Hermann Joseph seine politische Karriere im Sächsischen Landtag der Jahre 1845/46. Nachdem er im Jahre 1837 ein Landgut in Lindenau bei Leipzig erworben hatte, lag es nahe, sich als Vertreter des 1. bäuerlichen Wahlbezirks (Kreisamt Leipzig) in die zweite Kammer des Sächsischen Landtages wählen zu lassen.[417] Zunächst unterlag er jedoch seinem Konkurrenten, dem Kommissionsrat Hennig aus Dresden. Erst als dessen Unwählbarkeit festgestellt wurde, konnte Joseph in einem zweiten Wahlgang das Mandat erringen.[418]

Joseph gesellte sich im Landtag zu den restlichen oppositionell radikalen Abgeordneten wie Hensel und Schaffrath, mit denen ihn schon seit dem Prozess

---

412 Königreich Sachsen, Mittheilungen über die Verhandlungen des Landtags im Königreiche Sachsen 1846, II. Kammer, S. 3202.

413 *Tonndorf*, Die Freiheit – kein Zustand des Genusses, in: Landtagskurier Sachsen, Nr. 6, 1991, S. 7.

414 *Frey*, Charaktere der Gegenwart, Erstes Heft, S. 311.

415 *Frey*, Charaktere der Gegenwart, Erstes Heft, S. 310.

416 *Frey*, Charaktere der Gegenwart, Erstes Heft, S. 305.

417 *Matzerath*, Aspekte sächsischer Landtagsgeschichte – Die Mitglieder und Wahlbezirke der sächsischen Landtage (1833–1952), Teil III: Wahlbezirke und Raumbezüge, S. 46, 48.

418 *Tonndorf*, Die Freiheit – kein Zustand des Genusses, in: Landtagskurier Sachsen, Nr. 6, 1991, S. 7.

von 1835–38 eine enge Freundschaft verband.[419] Diese Radikalen machten vor allem durch ihre Unverblümtheit von sich reden und begeisterten damit die Volksmassen, sie rissen die Opposition mit sich fort und sonderten sich sogar von ihr als äußerste Linke ab.[420]

An dieser Stelle sollen nun einige Themen beleuchtet werden, denen Hermann Joseph seine Aufmerksamkeit und sein Engagement im Sächsischen Landtag der Jahre 1845/46 widmete. Allgemein kann gesagt werden, dass sich Joseph weniger der großen Probleme annahm, als mehr versuchte, die Belange der Bürger seines Wahlbezirks durchzusetzen. Dies wird vor allem bei den Petitionen sichtbar, die Joseph in die Kammer einbrachte.

a) Begehren von Bürgern seines Wahlbezirks

Dass Hermann Joseph ein Abgeordneter des Bauernstandes war, zeigte sich vor allem an einer Anzahl von Petitionen, die er in der 54. Sitzung am 16. Dezember 1845 im Landtag einbrachte.[421] Diese setzten sich aus mehreren Einzelpetitionen der Bürger und Wahlmänner seines Wahlbezirks zusammen, welche hier kurz beleuchtet werden sollen.

So wandte sich ein Teil der Wahlmänner der vergangenen Wahl und Gemeindevorstände seines Wahlbezirks an die Kammer mit dem Wunsche nach Änderung des Wahlgesetzes. Dieser Wunsch entsprach einer bereits durch den Abgeordneten Oberländer[422] eingebrachten Petition. Die Petition bezog sich auf die vorhergehende Wahl im ersten bäuerlichen Bezirk, welche vom Ministerium für ungültig erklärt worden war und so Joseph erst den Einzug in die zweite Kammer ermöglichte. Diesbezüglich drückt sich das Protokoll der Verhandlungen undeutlich aus. Demnach äußerte Joseph: „Hieraus glaubt die Petition in so fern Gründe entnehmen zu können, um insbesondere eine Aufhebung der Bestimmungen, welche jener Wahl entgegenstanden, zu bitten, als in jenem Bezirke ein Mann, obschon er, wie sie von ihm wähnen, ein ‚biederer und wahrer Freund der Bauern, als solcher geachtet und geschätzt, und wegen seiner Erfahrungen und Kenntnisse in die Generalcommission berufen,‘ – ein Urtheil, welchem ich selbst gern

419 *Treitschke*, Deutsche Geschichte im Neunzehnten Jahrhundert, Fünfter Thl., S. 335; *Groß*, Geschichte Sachsens, 4. Aufl., S. 222; *Böckstiegel*, Volksrepräsentation in Sachsen, S. 127; *Neemann*, Landtag und Politik in der Reaktionszeit, S. 30.

420 *Kötzschke/Kretzschmar*, Sächsische Geschichte, S. 333; *Flathe*, Geschichte des Kurstaates und Königreiches Sachsen, Dritter Bd., S. 547; *Biedermann*, Dreißig Jahre deutscher Geschichte, Erster Bd., S. 127.

421 Königreich Sachsen, Mittheilungen über die Verhandlungen des Landtags im Königreiche Sachsen 1845, II. Kammer, S. 1387 f.

422 Martin Gotthard Oberländer (1801–1868), deutscher Jurist und Politiker, Mitglied des Sächsischen Landtages und sächsischer Innenminister 1848/49; vgl. über ihn *Frey*, Charaktere der Gegenwart, Erstes Heft, S. 137 ff.

beitrete – dennoch nicht gewählt werden dürfte."[423] Die Petition bezieht sich hier auf die Unwählbarkeit des Kommissionsrates Hennig aus Dresden. Da der Grund seiner Unwählbarkeit nicht mehr ergründet werden kann, kann hier die Ausführung der Wahlmänner und Gemeindevorstände inhaltlich nicht beleuchtet werden. Jedoch verlangten sie „insbesondere auch Aufhebung der Bestimmung des Wahlgesetzes, welche vorberathende Wahlversammlungen untersagt."[424] Dieses Verbot der vorberatenden Wahlversammlungen erreichte gerade nicht seinen Zweck. Wenn es weiterhin verboten war, offen Wahlversammlungen abzuhalten, wäre der Werbung und geheimen Wahlumtrieben Tür und Tor geöffnet. Heimliche Wahlumtriebe konnten gerade dort nicht durchgeführt werden, wo jeder frei Zugang hatte. Gerade bei diesen geheimen Wahltreffen, so führte die Petition aus, sei es solchen Leuten ermöglicht worden, ein Abgeordnetenmandat zu erringen, obwohl sie oben genannte innere Fähigkeiten eines ordentlichen Abgeordneten gerade nicht aufwiesen. Durch die Befragung und Überprüfung der Kandidaten auf einer öffentlichen Versammlung war dies gerade ausgeschlossen.[425]

Die Besitzer der nahe Leipzig liegenden Gasthöfe beschwerten sich über eine Verletzung, „welche von Seiten der Kreisdirection rücksichtlich der Selbstständigkeit der Ortspolizeibehörden stattgefunden habe."[426] Grund für die Beschwerde über das Regulativ der Kreisdirektion war, dass den Betreibern der Gasthöfe zunächst durch die Ortspolizeibehörde allgemein gestattet wurde, Musik- und Tanzveranstaltungen durchzuführen. Durch die Verordnung der Kreisdirektion sollten sie nun verpflichtet werden, in jedem einzelnen Fall die Erlaubnis für Musik- und Tanzveranstaltungen einholen zu müssen. Dies stellte eine zusätzliche Belastung für die Gastwirte dar, da sie bei jeder Veranstaltung einer Genehmigung bedurften, welche im Einzelfall immer geprüft werden musste und somit Planungsunsicherheit gab.[427]

Weitere Petitionen kamen von den Webern aus Taucha, welche als genauso arm anzusehen waren, wie die aus der Oberlausitz und durch die häufigen Messen der letzten Zeit sehr zu leiden hatten. Zwei Petitionen betrafen die Verbesserung

---

423 Königreich Sachsen, Mittheilungen über die Verhandlungen des Landtags im Königreiche Sachsen 1845, II. Kammer, S. 1388.

424 Königreich Sachsen, Mittheilungen über die Verhandlungen des Landtags im Königreiche Sachsen 1845, II. Kammer, S. 1388.

425 Königreich Sachsen, Mittheilungen über die Verhandlungen des Landtags im Königreiche Sachsen 1845, II. Kammer, S. 1388.

426 Königreich Sachsen, Mittheilungen über die Verhandlungen des Landtags im Königreiche Sachsen 1845, II. Kammer, S. 1388.

427 Königreich Sachsen, Mittheilungen über die Verhandlungen des Landtags im Königreiche Sachsen 1845, II. Kammer, S. 1388.

der Veterinärpolizei. Es wurde beklagt, dass es zu einer Pflichtenkollision komme, wenn der Tierarzt zugleich Besitzer einer Cavillerei[428] war.[429]

Eine weitere Petition forderte die Aufhebung des Hebammenzwanges. Der Zwang, eine Hebamme zu konsultieren, leistete der Armut Vorschub, weil an die Hebamme 20 Neugroschen[430] bezahlt werden mussten und dies vor allem für die ärmere Bevölkerung untragbar war.[431] Unter dem gleichen Gedanken, dass die Armut bekämpft werden musste, stand die Petition bezüglich der Ablösung des Pfarrzehnten, welche Joseph zu seiner eigenen machte.[432]

Auch unterstützte er die Petition betreffend die Ablösbarkeit von Patrimonialrichtern. Im Vergleich zu juristischen Mitgliedern der Stadträte und anderer Staatsdiener war die Position des Patrimonialrichters nicht gesichert. Joseph argumentierte, dass diese unparteilicher gewesen wären, wenn ihnen ihre Stelle garantiert worden wäre und eine Garantie ihrer Unabhängigkeit bestanden hätte.[433]

Letztlich monierte Joseph die Praxis bezüglich des Handwerker- und Hausgenossenschaftsschutzgeldes. Diesbezüglich sollte ein Gesetz geschaffen werden, welches dieses ablöste. Es gelangten mehrere Beschwerden an Joseph, welche diese Forderung bestärkten: „Wenn in solchen Beschwerden mitunter erwähnt worden ist, daß von Gerichtshaltern bei Erbauung neuer Häuser oder bei Aufnahme in den Ort als Bedingung gestellt worden ist, daß dieses Schutzgeld angelobt werde, so würde dies, wenn es wirklich wahr wäre, sehr zu tadeln sein, aber gewiß auch sofort Abhülfe von den höheren Behörden erhalten."[434]

An der Übernahme der Petitionen durch Joseph im Sächsischen Landtag erkennt man die Bodenständigkeit dieses Abgeordneten. Die beste Empfehlung eines Abgeordneten an seine Wähler war es, ihre Interessen im Landtag zu vertreten. Indem Joseph die Petitionen seiner Wähler in den Landtag einbrachte, sicherte er seine Wiederwahl auf den folgenden Landtagen und zeigte Interesse auch für die kleinen Probleme der Bürger.

---

428 Der Kaviller (auch Abdecker) war eine Person, die in einem bestimmten Bezirk das gefallene Vieh wegzuschaffen, abzuhäuten und einzuscharren hatte. Die tierischen Reste konnten von ihm verwertet werden. Vgl. Meyers Großes Konversations-Lexikon, Bd. 1, S. 20.

429 Königreich Sachsen, Mittheilungen über die Verhandlungen des Landtags im Königreiche Sachsen 1845, II. Kammer, S. 1388.

430 1 Neugroschen entsprach 10 Pfennigen; vgl. Groschen, in: Brockhaus' Conversations-Lexikon, 8. Bd., S. 442.

431 Königreich Sachsen, Mittheilungen über die Verhandlungen des Landtags im Königreiche Sachsen 1845, II. Kammer, S. 1388.

432 Königreich Sachsen, Mittheilungen über die Verhandlungen des Landtags im Königreiche Sachsen 1845, II. Kammer, S. 1388.

433 Königreich Sachsen, Mittheilungen über die Verhandlungen des Landtags im Königreiche Sachsen 1845, II. Kammer, S. 1388.

434 Königreich Sachsen, Mittheilungen über die Verhandlungen des Landtags im Königreiche Sachsen 1845, II. Kammer, S. 1389.

b) *Jagdrecht*

Eine tiefgreifende Debatte entbrannte auf dem Landtag der Jahre 1845/46 über die Privilegien des Jagdrechtes. Das Jagdrecht der Adligen und Rittergutsbesitzer auf dem Boden ihrer Untertanen entfachte auf vielen konstitutionellen Landtagen Sachsens langwierige Streitigkeiten. Dieses Jagdrecht war eines der letzten noch verbliebenen standesrechtlichen Regalien, welches für die Adligen und Besitzenden Herrschaft über das Land symbolisierte, obwohl sie sonst den Großteil ihrer Rechte verloren hatten. Die konstitutionelle Verfassung Sachens von 1831 ließ das Jagdrecht weiter fortbestehen. Auf dem Landtag des Jahres 1840 wurde versucht, einen Kompromiss zu schließen, der die Wildschäden durch Rehe vergütungspflichtig machte.[435] Dabei war der Feldschaden, der durch die Tiere verursacht wurde, nicht das eigentliche Problem. Die Bauern empfanden das Jagdrecht vielmehr als unvereinbar mit dem fortschrittlichen Recht Sachsens, da dieses Privileg lediglich ein Überbleibsel der Feudalzeit darstellte.[436] Die Bauernbefreiung durch die Aufhebung der bäuerlichen Dienste und Aufgaben sollte gerade eine höhere landwirtschaftliche Produktivität bewirken. Das Jagdrecht stand der freien Nutzung des Bodens, den sich die Bauern erstritten hatten, im Wege.[437] Problematisch war einerseits, dass die Jagdberechtigten ihr Jagdrecht zu einigen Zeiten nicht ausreichend ausübten und somit Schaden an den Pflanzen der Bauern entstand. Denn diese waren, und das war das andere Problem, nicht jagdberechtigt und konnten sich nicht gegen den Flurschaden auf ihrem eigenen Grund und Boden zur Wehr setzen.

Auch Hermann Joseph äußerte sich auf der 94. Sitzung am 3. März 1846 ausführlich zu dieser Problematik. Erkennbar ist sofort, dass er sich wieder auf die Seite der Bauern, als deren Vertreter er im Landtag saß, schlug. So kritisierte Joseph zunächst, dass es die Jagdprivilegien überhaupt noch gab: „Ich würde mit Rücksicht darauf, daß so viel geschehen ist, Bedenken tragen, eine neue Forderung zu stellen, wenn es nicht ein Recht beträfe, welches unter allen, die auf dem Grund und Boden der Bauern ausgeübt werden, am ersten hätte abgelöst werden können."[438] Joseph erwähnte nun als Beispiele die Abschaffung der Hütungsbefugnis der Schäferei und die Aufhebung der Frohnen. Diese wurden bereits vorher abgelöst. „Haben Sie nun den Ablösungen solcher Lasten Beifall gezollt, so werden Sie nicht eine Last fortdauern lassen, welche von jeher mehr blos der Annehmlichkeit, des Vergnügens Einzelner halber, als des Nutzens wegen auf dem Grund und Boden sich tummelte."[439]

---

435 *Matzerath*, Aspekte sächsischer Landtagsgeschichte – Formierung und Brüche des Zweikammerparlaments 1833 bis 1868, S. 88.

436 *Matzerath*, Adelsprobe an der Moderne, S. 389.

437 *Matzerath*, Aspekte sächsischer Landtagsgeschichte – Formierung und Brüche des Zweikammerparlaments 1833 bis 1868, S. 88.

438 Königreich Sachsen, Mittheilungen über die Verhandlungen des Landtags im Königreiche Sachsen 1846, II. Kammer, S. 2547.

439 Königreich Sachsen, Mittheilungen über die Verhandlungen des Landtags im Königreiche Sachsen 1846, II. Kammer, S. 2547.

Joseph appellierte tiefgreifend an die Mitglieder der Kammer, die Rechte der Bauern, auf deren Grund und Boden die Jagd betrieben wurde, zu achten und zu stärken: „Rechte, die ihrem Inhaber kaum zu ersetzenden Nutzen brachten, haben Sie abgelöst, aber wo die ‚Annehmlichkeit' dazwischentritt, darf das Eigenthum sich nicht zur Freiheit erheben? Ich hoffe, meine Herren, daß Sie ihrem Bauernstande helfen werden, ihn von der allerunnützesten, aber auch lästigsten Erbschaft früherer Zeiten zu befreien."[440] Hierzu verwies er auf die Gesetze in Österreich[441], Preußen[442] und Württemberg[443], wo das Jagdrecht bereits abgeschafft oder begrenzt wurde. Aus den Fehlern, die dort in Bezug auf die Ablösung gemacht wurden, hätte man bei der Gesetzgebung oder kompletten Abschaffung des Gesetzes, lernen können.[444]

Auch ging Joseph in seiner Rede auf die Rechtfertigungen für die Jagdprivilegien ein. So wurde von Regierungskommissar von Langenn[445] vorgebracht, dass sich die Wildschäden in den letzten Jahren vermindert hatten und es deshalb keiner Änderungen der Verhältnisse bedurfte. Dem entgegnete Joseph, dass es nicht an der wachsamen Ausübung der Jagd durch die Jagdberechtigten lag, sondern an dem Schnee und dem Frost des Jahres 1844, welcher einen Großteil des Wildes beseitigt hatte. Dies war jedoch reversibel, was man bereits daran sah, dass der Wildbestand wieder stetig zunahm, weil die Jagdberechtigten diesen schonten, um die nächsten Jahre Wild für die Jagd zu haben. „Die letztere Zeit hat es bewiesen, daß solche Rechte, die nur zur Annehmlichkeit dienen, die nur als Luxusartikel behandelt und weniger um der Nutzbarkeit des Rechts, als um eine noble

---

440 Königreich Sachsen, Mittheilungen über die Verhandlungen des Landtags im Königreiche Sachsen 1846, II. Kammer, S. 2547.

441 In Österreich wurde bereits 1786 einem jeden Jagdberechtigten unter Strafe von 20 Dukaten untersagt, fremde Felder zu betreten; vgl. Königreich Sachsen, Mittheilungen über die Verhandlungen des Landtags im Königreiche Sachsen 1846, II. Kammer, S. 2548.

442 In Preußen wurde 1811 bestimmt, dass die fiskalischen Jagden an Privateigentümer abgegeben oder abgelöst werden können; vgl. Königreich Sachsen, Mittheilungen über die Verhandlungen des Landtags im Königreiche Sachsen 1846, II. Kammer, S. 2548.

443 In Württemberg konnte nach dem Kriminalgesetzbuch jeder Grundstücksbesitzer das Wild auf seinem Felde töten lassen und sich so gegen Schaden schützen; vgl. Königreich Sachsen, Mittheilungen über die Verhandlungen des Landtags im Königreiche Sachsen 1846, II. Kammer, S. 2548.

444 Königreich Sachsen, Mittheilungen über die Verhandlungen des Landtags im Königreiche Sachsen 1846, II. Kammer, S. 2548.

445 Friedrich Albert von Langenn (1798–1868), Hof- und Justizienrat, Jurist und Historiker; vgl. über ihn *Flathe*, Langenn, Friedrich Albert von, in: ADB, Bd. XVII, S. 671 f.

Passion zu befriedigen, ausgeübt werden, am allerdrückendsten für die Verpflichteten werden."[446]

Die Rechtfertigung des Jagdrechtes erfolgte weniger, weil die Berechtigten besorgt waren, dass nun die Bauern auch jagen durften, als vielmehr deshalb, um den symbolischen Herrschaftsanspruch der adeligen und bürgerlichen Rittergutsbesitzer aufrechtzuerhalten. Die Befürchtung bestand zwar, dass durch eine Neuregelung des Jagdrechtes auch vorher nicht privilegierte Personengruppn zu Jägern werden konnten. Bereits in der Französischen Revolution wurde das allgemeine Jagdrecht proklamiert. In der Praxis hätte es aber anders ausgesehen. Durch die Novellierung des Jagdrechts wäre es zur Bildung von Jagdbezirken gekommen, als deren Pächter wiederum die jeweiligen lokalen Rittergutsbesitzer in Frage gekommen wären. Somit war die Angst vor einem direkten Verlust der Privilegien zumindest faktisch unbegründet. Das Beharren auf der Existenz des Jagdregals stellte somit ein provokantes Ignorieren der bäuerlichen Wünsche nach absoluter Freiheit des Eigentums dar.[447]

Nach einer langen Diskussion in der zweiten Kammer des Sächsischen Landtages erübrigte sich sodann eine Abstimmung über die Ablösung der Jagd auf einseitigen Antrag und die Vergütung der Wildschäden, da die erste Kammer die Anträge der zweiten Kammer abgelehnt hatte.[448] So wurden die positiven Intentionen der zweiten Kammer, welche die Rechte der Bauern stärken wollte, durch die Ablehnung der ersten Kammer, welche sich größtenteils aus Leuten zusammen setzte, die von dem Antrag negativ betroffen wurden, zunichte gemacht.

Wie bereits erwähnt war die Angst der Jagdberechtigten unbegründet. Nachdem das Königreich Sachsen am 2. März 1849 die Grundrechte des Deutschen Volkes proklamiert hatte, wurde vom sächsischen Innenminister eine Verordnung erlassen, die das Jagdrecht provisorisch regelte. Demnach stand zwar jedem Grundeigentümer das Jagdrecht zu. Nach Mommsen[449] sollte auch „Jeder den Hasen todtschießen, der ihm seinen Kohl wegfrißt, ohne dafür vors Amt citirt zu werden, daß er ihm nicht ruhig zugesehen oder höchstens ihn höflich gebeten hat sich fortzubegeben."[450] Die Ausübung der Jagd wurde aber aus Gründen der öffentlichen Sicherheit und des gemeinen Wohls unter die Aufsicht der Obrigkeit gestellt. Kurze Zeit später erging eine weitere Verordnung, wonach die Jagd nur

---

446 Königreich Sachsen, Mittheilungen über die Verhandlungen des Landtags im Königreiche Sachsen 1846, II. Kammer, S. 2548.

447 *Matzerath*, Aspekte sächsischer Landtagsgeschichte – Formierung und Brüche des Zweikammerparlaments 1833 bis 1868, S. 89.

448 Königreich Sachsen, Mittheilungen über die Verhandlungen des Landtags im Königreiche Sachsen 1846, I. Kammer, S. 1989 f.

449 Theodor Mommsen (1817–1903), deutscher Historiker und Altertumswissenschaftler; vgl. über ihn *Demandt*, Mommsen, Theodor, in: NDB, Bd. XVIII, S. 25–27.

450 *Mommsen*, Die Grundrechte des deutschen Volkes mit Belehrungen und Erläuterungen, S. 65.

ausüben durfte, wer ein zusammenhängendes Areal von 150 Ackern besaß, welches nicht der Gemeinde gehörte. Somit wurde das Jagdrecht auf fremdem Boden zwar abgeschafft, der Personenkreis jedoch, welcher das tradierte Jagdrecht innehatte, nur geringfügig erweitert und nicht jedem Bauern die Ausübung der Jagd gewährt.[451]

c) Der Schaffrath-Josephsche Antrag

Die letzte große Diskussion unter Beteiligung von Hermann Joseph erfolgte über den von Wilhelm Michael Schaffrath und Hermann Joseph gestellten Antrag auf Vertagung dieses oder Einberufung eines außerordentlichen Landtages, welcher in der 152. Sitzung am 29. Mai 1846 behandelt wurde. Dieser lautete: „Die Abgeordneten D. Schaffrath und Joseph tragen auf Verwendung der Ständeversammlung bei der Staatsregierung dafür an, daß zur Abwickelung aller noch unerledigten Geschäfte des Landtags, besonders der Berichte über Petitionen und Beschwerden entweder der Landtag Ende Mai nicht förmlich geschlossen, sondern nur vertagt, und im nächsten Herbst oder Winter wieder einberufen, oder in diesem ein außerordentlicher Landtag einberufen werde."[452] Begründet wurde dieser Antrag von Schaffrath und Joseph damit, dass es noch zu viele Rückstände gab, die bearbeitet werden mussten. So nennen diese in ihrer Antragsbegründung zum Beispiel das Wassergesetz, die Landtagsordnung und diverse Petitionen und Beschwerden. Auch habe der folgende Landtag keine Zeit, sich mit den alten Gegenständen zu befassen, weil dieser auch schon wieder mit Themen überladen war, wie der neuen Bergwerksverfassung, der neuen Verfassung der protestantischen Kirche, einer zu erwartenden Strafprozessordnung und der definitiven Regulierung der Verhältnisse der Deutsch-Katholiken.[453] Als wichtigen Punkt, den die Petenten in ihrem Antrag formulierten, sahen sie die Aufhebung und Verletzung des verfassungsmäßigen Petitions- und Beschwerderechts eines jeden Staatsbürgers und Landstandes.[454] Hierin erkennt man wieder die volksnahe Haltung Josephs, welcher jedem Bürger zu seinem Recht verhelfen wollte und dafür Sorge trug, dass die Beschwerden und Anliegen der Bürger nicht nur auf dem Papier bestanden, sondern auch Beachtung fanden und im entsprechenden Gremium behandelt wurden.

Eine Deputation, die sich mit der Thematik beschäftigt hatte, vertrat demgegenüber die Ansicht, dass die genannten, bereits begonnenen Beratungen über

451 *Matzerath*, Aspekte sächsischer Landtagsgeschichte – Formierung und Brüche des Zweikammerparlaments 1833 bis 1868, S. 90.

452 Königreich Sachsen, Mittheilungen über die Verhandlungen des Landtags im Königreiche Sachsen 1846, II. Kammer, S. 4312.

453 Königreich Sachsen, Mittheilungen über die Verhandlungen des Landtags im Königreiche Sachsen 1846, II. Kammer, S. 4312.

454 Königreich Sachsen, Mittheilungen über die Verhandlungen des Landtags im Königreiche Sachsen 1846, II. Kammer, S. 4312.

verschiedene Entwürfe entweder aus einem gewissen Grund zurück gestellt worden seien oder dass der folgende ordentliche Landtag auch problemlos weiter darüber beraten und beschließen könne, ohne dass der jetzige Landtag lediglich vertagt werden müsse. Auch sah sie das Petitions- und Beschwerderecht nicht dadurch beschränkt, dass nicht alle Eingaben behandelt worden seien, da dies aufgrund der zeitlichen Belastung durch die Verhandlungen sowieso nicht gewährleistet werden könne. „Lassen Sie so viele Petitionen eingegangen sein, daß sie an einem Landtage nicht erledigt werden können, so würde ein Landtag stets die Fortsetzung des andern sein müssen, was nicht in dessen Zwecke liegt und liegen kann."[455]

Joseph versuchte nach der Vorstellung des Deputationsgutachtens, die aufgeworfenen Punkte mündlich zu entkräften. So kritisiert Joseph die überlangen Diskussionen der Kammer und die Redebeiträge der Minister. „Ich will nur noch daran erinnern, daß z. B. über Gegenstände längere Zeit verhandelt worden ist, die, wenn das Ministerium seine bereits bei ihr feststehende Ansicht, auf die Anträge einzugehen, sogleich zu erkennen gegeben und die Initiative ergriffen haben würde, der Kammer und deren Deputation erspart worden sein würde; [...]".[456]

Auch vertrat Joseph die Meinung, dass der Landtag zwar viele Sachen erledigt hatte, diese jedoch den normalen Bürger nicht in dem Maße ansprachen, wie die Belange, die dieser durch Petitionen und Beschwerden an die Kammer gebracht hatte. Große Dinge, wie die neue Wechselordnung oder das Gesetz über die Abkürzung gewisser Verjährungsfristen fänden im Volke nicht den Anklang, wie ihre eigenen Gegenstände. Diese könnten jedoch nun nicht mehr behandelt werden, weil der jetzige Landtag bereits schon 14 Tage länger dauerte als geplant. Aus diesem Grunde hielt Joseph eine Fortsetzung des Landtages zum damaligen Zeitpunkt für unangebracht. Einige Abgeordnete waren schon verreist und hatten ihr Mandat ihrem Stellvertreter übergeben. Auch war eine gewisse Müdigkeit eingetreten, die dafür sorgte, dass, auch wenn man die ausstehenden Punkte noch behandelt hätte, diese nur unzureichend beraten worden wären. „Ich befürchte, daß, je länger der Landtag dauert, desto weniger sorgfältig am Schlusse die Angelegenheiten, welche noch vorliegen, behandelt und berathen werden."[457] Neben diesen Punkten brachte Joseph auch die bereits in der Petition ausgeführten noch einmal zur Sprache, was aber keine Neuerungen ergab.

Bei der Schlussabstimmung über obigen Antrag lässt sich aufgrund der namentlichen Abstimmung gut erkennen, dass sich im Laufe des Landtages gewisse Fraktionen bzw. Strömungen innerhalb der Abgeordneten herausgebildet hatten.

---

455 Königreich Sachsen, Mittheilungen über die Verhandlungen des Landtags im Königreiche Sachsen 1846, II. Kammer, S. 4313.

456 Königreich Sachsen, Mittheilungen über die Verhandlungen des Landtags im Königreiche Sachsen 1846, II. Kammer, S. 4314.

457 Königreich Sachsen, Mittheilungen über die Verhandlungen des Landtags im Königreiche Sachsen 1846, II. Kammer, S. 4315.

So wurde der Antrag der Deputation, der dafür plädierte, den Antrag der Abgeordneten Schaffrath und Joseph abzulehnen, gegen 14 Stimmen der Linken angenommen.[458] Damit wurde der Landtag am Ende seiner Verhandlungen förmlich geschlossen und ein außerordentlicher Landtag, der sich mit den ausstehenden Petitionen und Anträgen hätte befassen sollen, nicht einberufen.

2. Der Sächsische Landtag 1847

Auch beim außerordentlichen Landtag des Jahres 1847 war Hermann Joseph als Abgeordneter vertreten. Er wurde wiederum vom 1. bäuerlichen Wahlbezirk als Vertreter nach Dresden geschickt und wohnte dort in der äußeren Pirnaischen Gasse im „Rothen Hirsch".[459]

Zu Beginn der jeweiligen Landtage wurden neben dem Präsidium auch die verschiedenen Deputationen gewählt, welche sich mit verschiedenen Themen zu beschäftigen hatten. Beim außerordentlichen Landtag des Jahres 1847 wurde Hermann Joseph in der 2. Sitzung am 22. Januar 1847 im zweiten Wahlgang mit 34 Stimmen in die vierte Deputation gewählt.[460]

a) Beschwerde über die Verletzung des Gesetzes vom 31. Mai 1831

Obwohl sich dieser außerordentliche Landtag maßgeblich mit der weiteren Gestaltung des Eisenbahnwesens sowie der wirtschaftlichen Krise des Landes beschäftigen sollte, wurden auch allgemeine Sachen behandelt. So stellte Joseph den Antrag, Beschwerde über das hohe Ministerium des Inneren wegen Verletzung des Gesetzes vom 31. Mai 1831 und der Landgemeindeordnung in Bezug auf die Aufnahme von Ausländern zu führen.[461]

„Durch das erwähnte Gesetz von 1831 wird bestimmt, daß die Gemeinden und Ortsobrigkeiten darüber zu urtheilen haben, ob Ausländer, welche sich zur Aufnahme in die Gemeinde gemeldet, in diese aufzunehmen seien oder nicht."[462] Durch Verordnung der Kreisdirektionen vom Jahre 1845, welche durch die Kreisdirektionsblätter bekannt gemacht wurde, wurde angeordnet, dass nicht die Gemeinde, sondern die nächst höhere Behörde über die Aufnahme entscheiden sollte. Das

---

458 Königreich Sachsen, Mittheilungen über die Verhandlungen des Landtags im Königreiche Sachsen 1846, II. Kammer, S. 4325.

459 Ständeversammlung des Königreichs Sachsen, Verzeichnis sämmtlicher Mitglieder der außerordentlichen Ständeversammlung zu Dresden im Jahre 1847, S. 9.

460 Königreich Sachsen, Mittheilungen über die Verhandlungen des Landtags im Königreiche Sachsen 1847, II. Kammer, S. 5.

461 Königreich Sachsen, Mittheilungen über die Verhandlungen des Landtags im Königreiche Sachsen 1847, II. Kammer, S. 10.

462 Königreich Sachsen, Mittheilungen über die Verhandlungen des Landtags im Königreiche Sachsen 1847, II. Kammer, S. 11.

widersprach geltenden Gesetzen[463], die bestimmten, dass die höhere Behörde nur entscheiden durfte, wenn die Gemeinde festgestellt hatte, dass die Ausländer nach den bestehenden Bestimmungen zur Aufnahme nicht geeignet waren. Im Umkehrschluss bedeutete das, dass die Behörde in allen anderen Fällen nicht selbst entscheiden durfte. Hiermit wurde die Selbstständigkeit der Gemeinden verletzt und gegen geltendes Recht verstoßen. Die Gemeinden waren besser in der Lage zu beurteilen, ob ein Ausländer in ihre Gemeinschaft aufzunehmen war, als die Kreisdirektionen. Da das Ministerium des Inneren die Schaffung dieser Verordnung durch die Kreisdirektionen initiiert hatte, erhob Joseph nun Beschwerde gegen das Ministerium. Da diese Beschwerde eine ständische war, wurde sie an die dritte Deputation verwiesen.[464] Aus den Landtagsmitteilungen ergibt sich jedoch nicht, ob die Kammer die Beschwerde auch zu ihrer eigenen machte.

b) Der Fall Dr. Fuhrmann

Eine Beschwerde des Dr. Fuhrmann, die Hermann Joseph im Landtag eingebracht hatte, sorgte dort ebenfalls für Diskussionsstoff. Es soll sogar so ein Spektakel geherrscht haben, dass der Vizepräsident der zweiten Kammer, August Heinrich Erdmann von Thielau[465], erklärt habe, dass er nicht wieder in die Kammer kommen werde.[466]

Bereits in der 4. Sitzung am 2. Februar 1847 brachte der Abgeordnete Hermann Joseph eine Beschwerde des Dr. med. Karl Moritz Fuhrmann aus Dresden über das Justizministerium wegen der Verletzung der §§ 48, 44 und 47 der Verfassungsurkunde[467] in einer vor dem Justizministerium anhängig gewesenen

---

463 „§. 11. Solchen Ausländern, deren Aufnahme, ob sie gleich den dafür vorgeschriebenen Erfordernissen nicht zu entsprechen vermögen, dennoch aus besondern örtlichen oder persönlichen Rücksichten, wünschenswerth erscheint, kann die Erlaubnis zur Niederlassung, auf den Antrag der Gemeinde oder der Vertreter derselben, von der vorgesetzten Regierungsbehörde ausnahmsweise bewilligt werden."; vgl. Mandat, die Niederlassung von Ausländern im Königreiche Sachsen, welche daselbst ein Gewerbe oder Handarbeit treiben wollen, und die von der Obrigkeit und Gemeinden bei deren Aufnahme in Obacht zu nehmenden Erfordernisse betreffend; vom 13. Mai 1831, in: Königreich Sachsen, Gesetzsammlung für das Königreich Sachsen vom Jahre 1831, S. 102 f.

464 Königreich Sachsen, Mittheilungen über die Verhandlungen des Landtags im Königreiche Sachsen 1847, II. Kammer, S. 11.

465 1798–1877, sächsischer Politiker, stellvertretender Präsident der zweiten Kammer beim Sächsischen Landtag 1847, Mitglied des konstituierenden Reichstages des Norddeutschen Bundes 1867; vgl. über ihn *Haunfelder/Pollmann*, Reichstag des norddeutschen Bundes 1867–1870, S. 477.

466 *Matzerath*, Aspekte sächsischer Landtagsgeschichte – Formierung und Brüche des Zweikammerparlaments 1833 bis 1868, S. 45.

467 „§ 44. Die Verhältnisse der Staatsdiener, worunter jedoch der Hofdienst nicht mit begriffen ist, sollen durch ein besonderes Gesetz näher bestimmt werden, in

Untersuchungssache ein. Der Beschwerdeführer rügte, dass er seinem ordentlichen Richter entzogen worden sei.[468] Hermann Joseph machte die Beschwerde zu der seinigen und stimmte der Verweisung an die dritte Deputation zu, welche hierüber ein Gutachten fertigte.

Dieses Gutachten wurde sodann in der 18. Sitzung am 10. März 1847 vom Referenten Wilhelm Michael Schaffrath vorgetragen. Demnach stellte sich der Fall so dar, dass Fuhrmann im Mai 1844 eine anonyme Beschwerde an den Vorstand des Justizministeriums gerichtet hatte. Die Beschwerde richtete sich gegen eine seiner Meinung nach unbegründete Untersuchung und Verurteilung der Hebamme Hirschbach durch das königliche Justizamt Dresden[469] und sie beschuldigte einen Dr. Siebenhaar, die Verurteilung der Hebamme erst ermöglicht zu haben: „Wie wurde aber, fragt man sich, diese empörende Verurtheilung möglich? Wurde sie mehr durch den untersuchenden Richter oder mehr durch den Gerichtsarzt D. Siebenhaar verschuldet? Gewiß ist's wohl, daß beide Theile pflichtwidrig und gewissenlos gehandelt haben, doch scheint dem D. Siebenhaar die größere Schuld beigemessen werden zu müssen."[470] Daraufhin verordnete das Justizministerium am 19. Juni 1844 an das Justizamt zu Dresden, den Verfasser des anonymen Schreibens zu ermitteln. Am 19. Mai 1845 teilte das Justizamt mit, dass es sich bei dem Verfasser vermutlich um Fuhrmann handele und der Geschädigte Dr. Siebenhaar die Bestrafung wegen Verleumdung nach Art. 200 des Criminalgesetzbuches[471] verlange. Hierauf erließ das Justizministerium am 24. Mai 1845 eine Verordnung, wonach das Justizamt zu Dresden angewiesen wurde, gegen den Verfasser oben genannter Schrift, also Fuhrmann, Untersuchungen einzuleiten.

---

welchem vorzüglich die nöthige Unabhängigkeit des Richteramts berücksichtigt werden wird.
§ 47. Sie sind bei Ausübung ihres richterlichen Amtes innerhalb der Grenzen ihrer Competenz von dem Einflusse der Regierung unabhängig. Ueber Competenzzweifel zwischen Justiz- und Verwaltungsbehörden entscheidet in letzter Instanz eine besondere Behörde, deren Organisation durch ein Gesetz bestimmt wird, und deren Mitglieder zur Hälfte aus Räthen des obersten Justizhofes bestehen müssen.
§ 48. Kein Unterthan darf seinem ordentlichen Richter entzogen werden, außer in den von den Gesetzen vorausbestimmten Fällen."; vgl. Königreich Sachsen, Verfassungsurkunde des Königreichs Sachsen vom 4. September 1831, S. 12 f.

468 Königreich Sachsen, Mittheilungen über die Verhandlungen des Landtags im Königreiche Sachsen 1847, II. Kammer, S. 17.

469 Was der Hebamme zur Last gelegt wurde, kann aus den Landtagsmitteilungen nicht in Erfahrung gebracht werden.

470 Königreich Sachsen, Mittheilungen über die Verhandlungen des Landtags im Königreiche Sachsen 1847, II. Kammer, S. 399.

471 „Art. 200. Pasquille. Wenn Verleumdungen oder Beleidigungen ohne Namen oder unter falschem Namen schriftlich oder durch den Druck oder durch bildliche Darstellungen verbreitet werden, so sind die nach Art. 194 oder 198 dadurch

Wichtig anzumerken ist hier, dass Fuhrmann jedoch der Gerichtsbarkeit des Stadtgerichtes zu Dresden unterstand. Seine Beschwerde vom 7. Januar 1846 gegen die Zuständigkeit des Justizamtes Dresden wurde vom Justizministerium am 12. Januar 1846 abgewiesen. Fuhrmann machte nun geltend, dass er durch die Verordnung des Justizministeriums vom 24. Mai 1845 seinem ordentlichen Richter entzogen und dass zugleich der Selbstständigkeit des Untersuchungsrichters in der Beurteilung und Subsumtion des angeblichen Vergehens und der Strafbarkeit desselben zu nahe getreten worden sei. „Wegen dieser Verletzung der §§ 48, 45, und 47 der Verfassungsurkunde führt er, der D. med. Fuhrmann, über das Justizministerium Beschwerde und bittet die hohe Ständeversammlung: Hochdieselbe wolle diese zu der ihrigen machen und Sr. Majestät dem Könige vortragen."[472] Die Deputation führte daraufhin zunächst in ihrem Gutachten aus, dass sich die Beschwerde Fuhrmanns in zwei Teile aufspalte. Auf der einen Seite müsse geklärt werden, ob eine Verletzung des § 48 der Verfassungsurkunde vorlag und auf der anderen Seite, ob eine Verletzung der §§ 45 und 47 der Verfassungsurkunde gegeben sei.[473]

So beschäftigte sich die Kammer in der Sitzung am 10. März 1847 zunächst mit dem ersten Punkt. Fraglich war hier hauptsächlich, ob das Verfahren vor dem Stadtgericht Dresden oder vor dem Justizamt Dresden als nächsthöherer Instanz hätte geführt werden müssen. In diesem längeren Bericht führte die Deputation aus, dass es bei der Wahl der Instanz auf verschiedene Kriterien, wie beispielsweise die Qualifizierung der Strafe und des Wohnortes des Beschuldigten ankomme. So empfahl die Deputation der Kammer, „die Beschwerde zu ihrer eigenen Sache zu machen und Sr. Majestät dem Könige zur geneigten Berücksichtigung zu empfehlen; allein da dem Beschwerdeführer durch die Überweisung der Untersuchung gegen ihn vor das Justizamt Dresden materiell ein Unrecht nicht zugefügt worden ist, derselbe vielmehr, auch wenn die Untersuchung vor einem anderen – dem Stadt – Gerichte geführt worden wäre, von der Juristenfacultät und dem Appellationsgerichte jedenfalls mit einer gleichen Strafe angesehen worden wäre so sieht die Deputation mit Hinblick auf §. 37 des Gesetzes B. vom 28. Januar 1835[474] von

verwirkten Strafen zu erhöhen, welche Erhöhung bis zur Verdoppelung gesteigert werden kann."; vgl. *Hartitzsch*, Das Criminalgesetzbuch für das Königreich Sachsen, S. 324.

472 Königreich Sachsen, Mittheilungen über die Verhandlungen des Landtags im Königreiche Sachsen 1847, II. Kammer, S. 399.

473 Königreich Sachsen, Mittheilungen über die Verhandlungen des Landtags im Königreiche Sachsen 1847, II. Kammer, S. 399.

474 „§. 37. Auf Beschwerdeführung kann richterlichen Erkenntnissen nicht vorgegriffen, und eine rechtskräftige Entscheidung nicht abgeändert werden."; vgl. Gesetz, die höheren Justizbehörden und den Instanzenzug in Justizsachen betreffend; vom 28sten Januar 1835, in: Königreich Sachsen, Gesetz- und Verordnungsblatt für das Königreich Sachsen vom Jahre 1835, S. 70.

dem concreten zur Beschwerde gezogenen Falle ab...".[475] Viel wichtiger sei an dieser Stelle, was bereits vorher diskutiert wurde, nämlich wie § 48 der Verfassungsurkunde zu verstehen sei. Hierzu werde einerseits vertreten, dass jemand nur dann seinem ordentlichen Richter entzogen war, wenn es zu Prevotalgerichten[476] oder ähnlichem gekommen war und andererseits, dass jemand bereits dann seinem ordentlichen Richter entzogen war, wenn er dem örtlich und sachlich zuständigen Richter entzogen war. Da darüber Unklarheit herrsche, solle die Kammer sich mit dieser Frage beschäftigen und die detaillierte causa Fuhrmann zurückstellen. Die Deputation empfahl der Kammer „im Vereine mit der ersten Kammer die authentische Auslegung des §. 48 der Verfassungsurkunde auf dem im §. 153[477] derselben vorgeschriebenen Wege herbeizuführen."[478]

Über diesen ersten Beratungspunkt entbrannte eine kleinere Diskussion, die sich vor allem um die Wichtigkeit der Sache drehte und darum, ob diese überhaupt beraten werden sollte. Joseph merkte an, dass ihre politische Existenz auf der Verfassung beruhe und dass es Selbstverteidigung des konstitutionellen Daseins bedeute, sich gegen Angriffe und Verletzungen selbiger zu wehren. Dies als unwichtig oder nicht dringend zu bezeichnen, erregte in ihm ein „wehmütiges Gefühl". Der Wortlaut des § 48 der Verfassungsurkunde sei so klar, dass sich kein Zweifel darüber ergeben dürfe. Jede andere Auslegung der Verfassungsurkunde bedeute eine Verletzung der Verfassung.[479] Da es sich bei der Diskussion mehr um das ob der Beratung und weniger um inhaltliche Aspekte drehte, musste zunächst darüber abgestimmt werden, ob die inhaltliche Beratung noch auf diesem Landtag stattfinden sollte. Dies wurde gegen 26 Stimmen abgelehnt, sodass es weder zu inhaltlichen Auseinandersetzungen mit der Thematik, noch zu dem Problem, ob Fuhrmann der ordentliche Richter entzogen wurde, kam.[480]

---

475 Königreich Sachsen, Mittheilungen über die Verhandlungen des Landtags im Königreiche Sachsen 1847, II. Kammer, S. 402.

476 Spezialgerichte, welche die außerordentliche Polizeijustiz mit summarischen Verfahren handhabte; vgl. Prevotalgerichte, in: Brockhaus' Konversations-Lexikon, 13. Bd., S. 435.

477 „§. 153. Erledigung zweifelhafter Punkte in der Verfassungsurkunde. Wenn über die Auslegung einzelner Punkte der Verfassungsurkunde Zweifel entsteht, und derselbe nicht durch Uebereinkunft zwischen der Regierung und den Ständen beseitigt werden kann, so sollen die für und wider streitenden Gründe sowohl von Seiten der Regierung, als der Stände, dem Staatsgerichtshofe vorgelegt werden ... Der hierauf erteilte Ausspruch soll als authentische Interpretation angesehen und befolgt werden."; vgl. Verfassungsurkunde des Königreichs Sachsen vom 4. September 1831, S. 40.

478 Königreich Sachsen, Mittheilungen über die Verhandlungen des Landtags im Königreiche Sachsen 1847, II. Kammer, S. 402.

479 Königreich Sachsen, Mittheilungen über die Verhandlungen des Landtags im Königreiche Sachsen 1847, II. Kammer, S. 405.

480 Königreich Sachsen, Mittheilungen über die Verhandlungen des Landtags im Königreiche Sachsen 1847, II. Kammer, S. 419.

Mit dem zweiten Aspekt des Deputationsgutachtens, der Beschwerde wegen Verletzung der §§ 45 und 47 der Verfassungsurkunde, beschäftigte sich die Kammer sodann in ihrer 19. Sitzung am 11. März 1847. Dazu trug der Referent Schaffrath vor, dass es einer Kabinettsjustiz gleichkomme, wenn die Ministerien den Gerichten die Verfahren vorschrieben. Die Deputation empfahl der Kammer, den Antrag an die Regierung zu stellen, zu verordnen, „dass alle Behörden, denen die Aufsicht und Oberaufsicht über die Gerichtsstellen zusteht, sich aller der Freiheit und Selbstständigkeit der untern Gerichtsstellen und ihrer Ueberzeugung bei Ausübung ihres Amts und innerhalb der Grenzen ihrer Zuständigkeit irgendwie zu nahe tretender Verordnungen, besonders auch in Untersuchungssachen enthalten mögen. Endlich ist die Beschwerde des D. Fuhrmann an die Ständeversammlung im Allgemeinen gerichtet, daher in jedem Falle annoch an die erste Kammer abzugeben."[481]

Vizepräsident von Thielau fragte nach Beendigung des Vortrages, ob es einer Diskussion über die Dringlichkeit des Gegenstandes bedurfte oder genauso wie am letzten Tag verfahren werden sollte. Das Protokoll verweist darauf, dass der Präsident den Hammer zum Zeichen der erfolgten Abstimmung fallen ließ, zugleich aber einige Abgeordnete um das Wort baten, worauf der Vizepräsident erwiderte, dass bereits abgestimmt worden sei und er daher keinem Abgeordneten mehr das Wort erteilen könne.[482] Daraufhin erwiderte Joseph, dass es sich um eine Frage handele bei der eine Diskussion nötig sei und dass er darum das Wort erbitte. Nun entbrannte in der Kammer eine Diskussion über die Diskussion. Der Vizepräsident von Thielau befragte die Kammer abermals, ob die Abstimmung als vollzogen anzusehen war, weil eine Diskussion wie am Vortage nicht entstehen solle, da die Verhandlung dann nicht zu leiten sei. Joseph erwiderte darauf, dass auch über diese Frage zunächst eine Besprechung stattfinden müsse. Der Vizepräsident verweigerte dies kurzerhand: „Ich kann dem Abgeordneten das Wort nicht mehr gestatten."[483] Worauf Joseph antwortete: „Gut, dann unterliegen wir einem Gewaltstreiche."[484] Als der Vizepräsident die Entscheidung nun für endgültig erklären wollte, sekundierte der Sekretär Friedrich Theophil Hensel dem Abgeordneten Joseph, indem er darauf hinwies, dass alles so schnell verlaufen sei, dass er die Stimmen nicht hatte zählen können. Nachdem auch mehrere andere Abgeordnete dem beipflichteten, wurde der Antrag auf namentliche Abstimmung gestellt, was ein Mittel darstelle, die Abstimmung noch einmal durchzuführen. Daraufhin befragte der Vizepräsident die

481 Königreich Sachsen, Mittheilungen über die Verhandlungen des Landtags im Königreiche Sachsen 1847, II. Kammer, S. 424.
482 Königreich Sachsen, Mittheilungen über die Verhandlungen des Landtags im Königreiche Sachsen 1847, II. Kammer, S. 424.
483 Königreich Sachsen, Mittheilungen über die Verhandlungen des Landtags im Königreiche Sachsen 1847, II. Kammer, S. 424.
484 Königreich Sachsen, Mittheilungen über die Verhandlungen des Landtags im Königreiche Sachsen 1847, II. Kammer, S. 424.

Kammer abermals, ob sie eine Diskussion über die Dringlichkeit des Gegenstandes durch die Debatte vom Vortag als erledigt ansah. Nun äußerten sich mehrere Abgeordnete dahingehend, dass es vor einer Abstimmung einer Diskussion bedurfte. Der Vizepräsident schlug dies jedoch aus, weil eine Leitung der Diskussion nicht möglich sei und er die Debatte nicht länger leiten wolle. „Spricht sich die Kammer dafür aus, daß über die Sache berathen werden soll, so ist es ihre Sache, aber ohne diese Leitung ist eine Diskussion unmöglich."[485] Joseph bezog nun wieder Stellung, indem er den Abgeordneten vorhielt, dass die Leitung der Debatten der Kammer eine leichte Sache war. Zwischen der Leitung der Debatte, wie es die Landtagsordnung vorschrieb und dem Beherrschen der Debatte, bestand jedoch ein großer Unterschied. Wollte der Vizepräsident nun aber sitzungspolizeiliche Mittel ergreifen, um die Diskussion abzuschneiden, „dann würde die Kammer sich Glück wünschen, wenn der Präsident den Entschluß, den er angekündigt, je eher, je lieber ausführte."[486] Nach diesen Vorwürfen fragte der Vizepräsident die Kammer, ob sie glaubte, dass er seine Vollmacht als Präsident überschritten und der Kammer Gewalt angetan habe oder nicht. Nun erwiderte der Abgeordnete Joseph: „Die Frage ist unstatthaft, ich bitte um das Wort dagegen."[487] Daraufhin hob der Vizepräsident die Sitzung auf.[488]

Dieser kleine Kampf des Abgeordneten Joseph gegen den Vizepräsidenten von Thielau war beispielhaft für Josephs Verhalten auf den Landtagen. Wie bereits erwähnt war Joseph ein Mann des Volkes, der die Bedürfnisse seiner Wähler und der Bürger und Bauern durchsetzen wollte. Die Beschwerde Fuhrmanns, die sich Joseph zu eigen machte, kann deshalb nur als Stellvertreterstreit angesehen werden, welcher die eigentlichen Beweggründe verdeckte. Denn die Kritik, die von der Linken in der Kammer vorgetragen wurde, richtete sich maßgeblich gegen den zur Zeit des Verfahrens gegen Fuhrmann amtierenden Justizminister von Könneritz[489], der als Galionsfigur der konservativen Regierung galt.[490] Obwohl von Thielau kein ausgesprochen Konservativer war, bot er hier doch der Hartnäckigkeit von Joseph eine Angriffsfläche. In der Diskussion traten seine diplomatischen

485 Königreich Sachsen, Mittheilungen über die Verhandlungen des Landtags im Königreiche Sachsen 1847, II. Kammer, S. 426.

486 Königreich Sachsen, Mittheilungen über die Verhandlungen des Landtags im Königreiche Sachsen 1847, II. Kammer, S. 426.

487 Königreich Sachsen, Mittheilungen über die Verhandlungen des Landtags im Königreiche Sachsen 1847, II. Kammer, S. 427.

488 Königreich Sachsen, Mittheilungen über die Verhandlungen des Landtags im Königreiche Sachsen 1847, II. Kammer, S. 427.

489 Julius Traugott Jakob von Könneritz (1792–1866), sächsischer Politiker, 1831–1846 sächsischer Justizminister, 1843–1848 Vorsitzender des sächsischen Gesamtministeriums; vgl. über ihn *Rieckenberg*, Könneritz, Julius Traugott, in: NDB, Bd. XII, S. 364 f.

490 *Matzerath*, Aspekte sächsischer Landtagsgeschichte – Formierung und Brüche des Zweikammerparlaments 1833 bis 1868, S. 45.

Schwächen offen zu Tage, was dafür sorgte, dass er nach diesem Landtag für viele Jahre keine bedeutende politische Funktion mehr einnehmen sollte. „Er ist weder systematischer Oppositionsmann, noch ministeriell und man findet ihn bald auf dieser, bald auf jener Seite, aber stets seiner Ueberzeugung, zuweilen auch wohl seiner Laune folgend. Sein Fehler ist Heftigkeit und Reizbarkeit und an diesem Mangel an Ruhe und Geduld scheiterte seine Wirksamkeit als Vicepräsident der zweiten Kammer auf dem außerordentlichen Landtage von 1847."[491] So wird August Heinrich Erdmann von Thielau von seinem Zeitgenossen Wilhelm Binder charakterisiert, was der Linken in der zweiten Kammer in diesem Fall in die Hände spielte, weil sich so die Schwächen der etablierten Kräfte zeigten, die auf den Widerstand der radikalen Liberalen keine probaten Mittel der parlamentarischen Gegenwehr fanden.

3. Vorstellung der Landtagsabgeordneten Joseph und Schaffrath an den König und Märzadresse der Bauern

Im Jahre 1848 änderten sich die Verhältnisse im Zuge der französischen Märzrevolution auch im Königreich Sachsen und beschworen auch hier die Unzufriedenheit des Volkes herauf. Durch die bedrückende Lage der Bevölkerung hielten es Hermann Joseph und Wilhelm Michael Schaffrath für geboten, eine Vorstellung an den König zu senden. Diese erfolgte am 3. März 1848 und konstatierte die Unzufriedenheit der sächsischen Bürger mit der Verwaltung und der Regierung und dem Misstrauen ihr gegenüber. Sie rügten, dass Verwaltung und Regierung die Städteordnung, das Wahlgesetz und selbst die Verfassungsurkunde stets gegen deren Wortlaut und Sinn zu einem der Freiheit zum Nachteil gereichendem Ergebnis auslegen.[492] Auch bemängelten die beiden die zu strenge Zensur, die Verfolgung von politischen und religiösen Ansichten und die bürokratische Willkür: „Geben Sie Ihrem Volke das geistige Lebenselement eines jeden gebildeten Volks, Preßfreiheit!"[493]

Weiterhin forderten Joseph und Schaffrath in ihrer Schrift ein Recht auf Versammlungsfreiheit, die Übertragung des Wahlrechts auf einen Großteil der Bürger, die Einführung von Schwurgerichten und die Befreiung von der weltlichen und priesterlichen Bevormundung der Kirchgemeinden.[494]

491 *Binder*, Allgemeine Realencyclopädie oder Conversationslexicon für das katholische Deutschland, Bd. 10, S. 79.
492 *Joseph/Schaffrath*, Vorstellung der Landtagsabgeordneten Joseph und Schaffrath an den König, S. 2.
493 *Joseph/Schaffrath*, Vorstellung der Landtagsabgeordneten Joseph und Schaffrath an den König, S. 3.
494 *Joseph/Schaffrath*, Vorstellung der Landtagsabgeordneten Joseph und Schaffrath an den König, S. 4.

In diesem Zusammenhang kam es am 12. März 1848 in Leipzig zu einer Volksversammlung. Auf Einladung Hermann Josephs versammelten sich im Leipziger Schützenhaus circa vierzig namhafte freisinnige Männner, unter ihnen auch Mitglieder des letzten Landtages. Schaffrath legte zu dieser Versammlung ein Programm vor, in welchem er die wichtigsten sozialen, religiösen und politischen Ansichten der Liberalen zusammenfasste. Grundlage hierfür wird das Programm Josephs und Schaffraths bei der Vorstellung an den König gewesen sein. Vorherrschend in dieser Versammlung waren die radikalen Elemente. Jedoch einigte man sich auf ein vermittelndes Programm, welches als zukünftiger Leitfaden der liberalen Kräfte Sachsens gelten sollte.[495]

Nochmals, nach soeben genannter Adresse im Verein mit Schaffrath, lässt sich Hermann Josephs Engagement für die Bauern seines Wahlbezirks erkennen und im März 1848 an einer Adresse festmachen, die die Bauern seines Wahlbezirks an den sächsischen König richteten. Im Zuge der allgemeinen Äußerungen über Notstand, Arbeitslosigkeit und Geldmangel der Bevölkerung, stimmten die Bauern von Großzschocher, Kleinzschocher und Umgebung mit ihrer Adresse vom 7. März 1848, welche von Joseph verfasst wurde, in die Adressenbewegung ein.[496] Die Adresse der Bauern sprach in der Einleitung zwar die starke Verbundenheit der ländlichen Bevölkerung zu ihrem König aus, stellte die allgemeinen Forderungen der Tage jedoch auch prägnant dar. So prangerte der Verfasser die Unvereinbarkeit der Meinung des Volkes mit der der Minister, die Unzufriedenheit mit dem Wahlgesetz und der Wehrverfassung, der Besteuerung von Arm und Reich und der ungerechten Verteilung der Staatsabgaben an, forderte Öffentlichkeit der Rechtspflege, die Einführung von Schwurgerichten, die Einschränkung des Patronatsrechts und die Demokratisierung der Kirchenverfassung.[497] Er zeigte aber auch die Probleme in den ländlichen Gebieten, wie eine dringende Reform der Besoldung von Geistlichen und Lehrern, die Aufhebung der Feudallasten und die Aufhebung des örtlichen Salzzwanges, auf.[498]

Die Eingabe der Landtagsabgeordneten Joseph und Schaffrath sowie die Märzadresse der Bauern blieben nicht die einzigen. Auch die Leipziger Stadtverordnetenversammlung und die Universität Leipzig erließen eine Adresse an den König.

---

495 *Blum*, Robert Blum, S. 262 f.

496 *Geyer*, Politische Parteien und Verfassungskämpfe in Sachsen von der Märzrevolution bis zum Ausbruch des Maiaufstands, S. 61; *Riedel*, Stadtlexikon Leipzig von A bis Z, 2. Aufl., S. 275.

497 Deutsche Allgemeine Zeitung, Nr. 71 vom 11. März 1848, S. 746 f.; *Zeise*, Die antifeudale Bewegung der Volksmassen auf dem Lande in der Revolution von 1848/49 in Sachsen, S. 93.

498 *Geyer*, Politische Parteien und Verfassungskämpfe in Sachsen von der Märzrevolution bis zum Ausbruch des Maiaufstands, S. 61.

Ergebnis dieses Adressensturms waren aber zunächst keine Änderungen der Verhältnisse, sondern der Rücktritt des Ministers des Inneren von Falkenstein[499].[500]

4. Das Frankfurter Vorparlament

Ebenso wie Adolf Ernst Hensel wurde auch Hermann Joseph in das Frankfurter Vorparlament geladen.[501] Wie bereits erwähnt, wurden 26 sächsische Delegierte nach Frankfurt entsandt, wobei ein Übergewicht der städtischen Abgeordneten im Vergleich zum geltenden sächsischen Wahlgesetz herrschte. Zum Großteil geschah die Wahl durch städtische Körperschaften wie zum Beispiel in Dresden, wo es Vertreter der Dresdner Stadtverordnetenversammlung waren. Es wurden aber auch Landtagsabgeordnete und angesehene Liberale hinzugenommen. Damit wurde die Wahl ihres lokalen Charakters entkleidet, wie es bei Joseph in Leipzig der Fall war.[502] Joseph wurde nämlich durch August Heinrich Simon[503] aus Breslau per Blanko-Karte zu den Sitzungen des Vorparlaments eingeladen. Jedoch ist er auf den Verhandlungen des Vorparlamentes nicht öffentlich hervorgetreten.[504]

Obwohl Joseph nicht öffentlich agierte, wurde er zunächst als Stellvertreter in den Fünfzigerausschuss gewählt. Seine Berufung als ordentliches Mitglied erfolgte am 5. Mai 1848 an Stelle Closens[505], welcher zum Gesandten Bayerns beim Deutschen Bund ernannt wurde.[506] Ob Joseph auch in dieses Gremium eingetreten ist, lässt sich nicht eindeutig belegen. Wie wir später noch sehen werden, erfolgte sein Eintritt in die Nationalversammlung auch verspätet, sodass anzunehmen ist, dass er am 5. Mai 1848 auch nicht in den Fünfzigerausschuss eintrat.

---

499 Johann Paul von Falkenstein (1801–1882), konservativer sächsischer Jurist und Politiker; vgl. über ihn *Beschorner*, Falkenstein, Johann Paul Freiherr von, in: ADB, Bd. XLVIII, S. 489–494.

500 *Valentin*, Geschichte der deutschen Revolution von 1848–1849, Erster Bd., S. 368 f.

501 *Hildebrandt*, Parlamentsopposition auf Linkskurs, S. 36.

502 *Klemm*, Sachsen und das deutsche Problem 1848, S. 33 f.

503 1805–1860, deutscher demokratischer Politiker, Abgeordneter im preußischen Landtag, Delegierter im Vorparlament, Mitglied der Frankfurter Nationalversammlung, Mitglied der provisorischen Reichsregentschaft; vgl. über ihn *Stern*, Simon, Heinrich, in: ADB, Bd. XXXIV, S. 371–376.

504 *Tonndorf*, Die sächsischen Abgeordneten der Frankfurter Vor- und Nationalversammlung 1848/49, S. 206.

505 Karl von Closen (1786–1856), deutscher Jurist und Politiker, Mitglied des Vorparlaments und des Fünfzigerausschusses, Gesandter Bayerns beim Deutschen Bund; vgl. über ihn *Heigel*, Closen, Karl Freiherr von, in: ADB, Bd. IV, S. 339–341.

506 *Loewe*, Das deutsche Vorparlament, die siebzehn Vertrauensmänner, die Siebener Commission, der Fünfziger Ausschuss und der deutsche Bund, S. 14; *Klemm*, Sachsen und das deutsche Problem 1848, S. 93; *Tonndorf*, Die sächsischen Abgeordneten der Frankfurter Vor- und Nationalversammlung 1848/49, S. 206.

5. Der Sächsische Landtag 1848

Bei der Wahl zum außerordentlichen Landtag des Jahres 1848 wurde Hermann Joseph wieder als Abgeordneter des 1. bäuerlichen Wahlbezirkes gewählt.[507] Jedoch wird er an den Sitzungen nicht teilgenommen haben, da er weder im Register zu finden ist, noch Redebeiträge verzeichnet sind und er sich zu dieser Zeit auf der Frankfurter Nationalversammlung befand. Auch wurde er in keine der Deputationen gewählt, was sein Fernbleiben unterstreicht.[508]

6. Die Frankfurter Nationalversammlung

Wie auch weitere 19 Abgeordnete des Vorparlaments gehörte Hermann Joseph später der Fraktion „Donnersberg" in der Frankfurter Nationalversammlung an.[509]

a) Wahl und politische Einordnung

Hermann Joseph besaß als Mitglied des Zentralausschusses des Vaterlandsvereins bei der sächsischen Bevölkerung ein derart großes Vertrauen, dass er, obwohl im Leipziger Umland wohnhaft, in mehreren Wahlbezirken als Kandidat für die Frankfurter Nationalversammlung aufgestellt wurde.[510]

Hier soll lediglich der 19. Wahlbezirk (Freiberg)[511] betrachtet werden. Insgesamt umfasste der Wahlbezirk ca. 90.000 Einwohner.[512] Vom Deutschen Verein wurde der ehemalige Staatsminister von Carlowitz[513] und vom Vaterlandsverein Hermann Joseph als Kandidaten aufgestellt. Die Unterschiede zwischen beiden Kandidaten waren gravierend und so gab es verschiedene Angriffspunkte. Dem Kandidaten von

---

507 *Matzerath*, Aspekte sächsischer Landtagsgeschichte – Präsidenten und Abgeordnete von 1833 bis 1952, S. 107.

508 Königreich Sachsen, Mittheilungen über die Verhandlungen des Landtags im Königreiche Sachsen 1848, II. Kammer.

509 *Hildebrandt*, Parlamentsopposition auf Linkskurs, S. 36.

510 *Tonndorf*, Die Freiheit – kein Zustand des Genusses, in: Landtagskurier Sachsen, Nr. 6, 1991, S. 7; *Sohl*, ...die größte Ehre, welche dem Manne vom Volke verliehen werden kann..., in: Laß Recht und Freiheit nicht verderben, hrsg. v. Volker Rodekamp, S. 46.

511 Der Wahlbezirk umfasste den Justizamtsbezirk Chemnitz, das Kreisamt Freiberg mit Frankenberg und Mittweida und den Justizamtsbezirk Frankenberg mit dem Dorf Sachsenburg; vgl. Verordnung, die Wahl deutscher Nationalvertreter für das zwischen den Regierungen und dem Volke zu Stande zu bringende deutsche Verfassungswerk betreffend; vom 10ten April 1848, in: Königreich Sachsen, Gesetz- und Verordnungsblatt für das Königreich Sachsen vom Jahre 1848, S. 46 f.

512 *Tonndorf*, Die sächsischen Abgeordneten der Frankfurter Vor- und Nationalversammlung 1848/49, S. 89.

513 Albert von Carlowitz (1802–1874), sächsischer und preußischer Politiker, 1846–48 sächsischer Justizminister; vgl. über ihn *Biedermann*, Carlowitz, Albert von, in: ADB, Bd. III, S. 783–788.

Carlowitz wurde vorgehalten, dass er die bestehende Kluft zwischen den Fürsten und dem Volk nicht ausreichend ausfüllen konnte, während Joseph vorgehalten wurde, er habe die Adresse der Bauern verfasst. Bei der Vorberatung der Wahlmänner war Joseph aber im Vorteil, weil er anders als von Carlowitz anwesend war und sich somit in einer stundenlange Rede verteidigen konnte, in der er sich gegen einen Kaiser und gegen das Zweikammersystem aussprach. Die Benennung der Kandidaten veränderte sich aber nochmals dahingehend, dass anstelle von Carlowitz' der Kreisamtmann Heubner[514] aufgestellt wurde. Joseph behielt seine Kandidatur bei.[515]

Am 9. Mai 1848 fand dann die Wahl statt, aus der Joseph mit 52 von 84 Stimmen als Vertreter für die Nationalversammlung hervor ging.[516] Als Ersatzmann wurde Stadtrat Thost gewählt.[517]

In der Frankfurter Nationalversammlung fand sich Hermann Joseph, wie auch andere aus Leipzig stammende Abgeordnete,[518] auf der äußersten Linken, der Fraktion „Donnersberg", ein.[519] Wie bereits erwähnt, war die Fraktion „Donnersberg" diejenige, welche am resolutesten ihre Forderungen durchsetzen wollte. Sie wünschte auf dem kürzesten Wege durch die Nationalversammlung das deutsche Verfassungswerk herzustellen.[520] Als eigentliche Charakteristik der Fraktion „Donnersberg" galt für damalige Zeitgenossen vor allem der Umstand, dass die Abgeordneten zur Durchsetzung ihrer Ziele – eine erneute Revolution – auch den gewaltsamen Weg nicht ausschlossen.[521]

In Frankfurt umgab sich Joseph mit vielen anderen sächsischen Radikalen, die er teilweise schon aus seinen frühen Jahren in Leipzig kannte. So wohnte er in Frankfurt mit Robert Blum, Georg Günther[522] und Wilhelm Michael Schaffrath in

---

514 Otto Leonhard Heubner (1812–1893), deutscher Jurist, Politiker und Dichter, Mitglied der Frankfurter Nationalversammlung und der provisorischen Regierung in Sachsen 1849; vgl. über ihn *Hantzsch*, Heubner, Otto, in: ADB, Bd. L, S. 287–293.

515 *Tonndorf*, Die sächsischen Abgeordneten der Frankfurter Vor- und Nationalversammlung 1848/49, S. 90.

516 *Klemm*, Sachsen und das deutsche Problem 1848, S. 71.

517 *Tonndorf*, Die sächsischen Abgeordneten der Frankfurter Vor- und Nationalversammlung 1848/49, S. 90; Deutscher Bund, Biographische Umrisse der Mitglieder der deutschen konstituirenden Nationalversammlung zu Frankfurt a.M., Erstes Heft, S. 32.

518 So beispielsweise Georg Günther (1808–1872) und Arnold Ruge (1802–1880).

519 *Sohl*, ...die größte Ehre, welche dem Manne vom Volke verliehen werden kann..., in: Laß Recht und Freiheit nicht verderben, hrsg. v. Volker Rodekamp, S. 47; *Biedermann*, Erinnerungen aus der Paulskirche, S. 401.

520 *Hildebrandt*, Opposition in der Paulskirche, S. 23; Der Zeitbote aus dem Erzgebirge, Nr. 24 vom 10. Juni 1848, S. 93.

521 *Botzenhart*, Deutscher Parlamentarismus in der Revolutionszeit 1848–1850, S. 427.

522 1808–1872, deutscher Journalist und Mitglied der Frankfurter Nationalversammlung; vgl. über ihn *Dvorak*, Biographisches Lexikon der Deutschen Burschenschaft, Bd. I, Tlbd. 2, S. 199 f.

einer Wohngemeinschaft zusammen. Die Wohnung bestand aus zwei kleineren Stuben nach hinten, drei Stuben und einem Salon nach vorn hinaus sowie einer großen Mansarde, in der Robert Blum wohnte, für welche er allein 83 Gulden Miete zahlen musste, was zur damaligen Zeit sehr teuer war.[523] Im gleichen Haus wohnte auch noch die Familie des vormaligen Landtagsabgeordneten Carl Todt, welcher zum damaligen Zeitpunkt sächsischer Gesandter am Bundestage war.[524]

b) Bedeutende Verhandlungspunkte

Hermann Josephs Anwesenheit in der Nationalversammlung wurde erstmalig in der 5. Sitzung am 24. Mai 1848 verzeichnet, als die nachträglich eingetretenen Mitglieder zu Protokoll gegeben und in die einzelnen Abteilungen verlost wurden. Jedoch erfolgte hier keine eindeutige Benennung seiner Person, sondern der fehlerhafte Protokolleintrag „VI. Abtheilung: Lindenau aus Sachsen".[525] Dass damit Hermann Joseph aus Lindenau in Sachsen gemeint sein musste geht daraus hervor, dass Bernhard von Lindenau, als Mitglied der Nationalversammlung, bereits zu deren Eröffnung am 18. Mai 1848 anwesend war.[526] Eine klare Benennung von Josephs Person erfolgte erst, als die anwesenden stimmberechtigten Mitglieder für die Wahl des Präsidenten der Nationalversammlung festgestellt wurden.[527]

Josephs Wirken in der Frankfurter Nationalversammlung war weniger bedeutend als im Sächsischen Landtag. Er äußerte sich nur sehr selten zu den Verhandlungspunkten. Vernehmbar ist nur sein Abstimmverhalten, beispielsweise bei der Debatte um die Grundrechte, bei der er für die Abschaffung der Todesstrafe,[528] die Aufhebung des Adels[529] und gegen die vollständige Unabhängigkeit der Kirche vom Staat stimmte.[530] Auch plädierte er für die Erklärung der Nationalversammlung, die Teilung Polens als ein schmachvolles Unrecht anzusehen und dass es die

523 *Bergsträsser*, Das Frankfurter Parlament in Briefen und Tagebüchern, S. 370.

524 *Zerback*, Robert Blum, S. 244 f.

525 *Wigard*, Stenographischer Bericht über die Verhandlungen der deutschen constituirenden Nationalversammlung zu Frankfurt a.M., Nr. 6 vom 31. Mai 1848, S. 78.

526 *Wigard*, Stenographischer Bericht über die Verhandlungen der deutschen constituirenden Nationalversammlung zu Frankfurt a.M., Nr. 1 vom 20. Mai 1848, S. 2.

527 *Wigard*, Stenographischer Bericht über die Verhandlungen der deutschen constituirenden Nationalversammlung zu Frankfurt a.M., Nr. 11 vom 9. Juni 1848, S. 185.

528 *Wigard*, Stenographischer Bericht über die Verhandlungen der deutschen constituirenden Nationalversammlung zu Frankfurt a.M., Nr. 55 vom 5. August 1848, S. 1406.

529 *Wigard*, Stenographischer Bericht über die Verhandlungen der deutschen constituirenden Nationalversammlung zu Frankfurt a.M., Nr. 54 vom 3. August 1848, S. 1341.

530 *Tonndorf*, Die Freiheit – kein Zustand des Genusses, in: Landtagskurier Sachsen, Nr. 6, 1991, S. 7.

heilige Pflicht des deutschen Volkes sei, bei der Wiederherstellung eines selbstständigen Polens mitzuwirken.[531]

Eine feurige Rede hielt er jedoch in der 82. Sitzung am 20. September 1848, als er auf die Ereignisse der Vortage in Frankfurt am Main und die Frage Bezug nahm, ob die Nationalversammlung dazu eine Proklamation herausgeben sollte.[532] Im Zuge der Septemberunruhen wurden am 18. September die konservativen Abgeordneten Felix Fürst von Lichnowsky (1814–1848) und Hans von Auerswald (1792–1848) ermordet und in der Frankfurter Innenstadt Barrikaden errichtet. Dies geschah als spontaner Volksaufstand, nachdem die Abstimmung in der Frankfurter Nationalversammlung über den Waffenstillstand von Malmö, der den Krieg um Schleswig-Holstein beenden sollte, positiv ausgefallen war. Die Aufständischen werteten dies als Verrat an der Ehre Deutschlands. Die Erhebung wurde durch preußische und österreichische Bundestruppen, die von der Nationalversammlung um Hilfe gerufen wurden, gewaltsam niedergeschlagen. In seiner Rede konstatiert Joseph, dass die Nationalversammlung das Volk mehr über ihre Entscheidungen aufklären müsse. Dass dies in der Vergangenheit zu selten geschehen sei, habe man an dem Aufstand der Vortage bemerkt: „Ich würde sehr wünschen, daß es möglich wäre, das Volk über die Ereignisse aufzuklären; denn wahrlich es thut Noth.“[533] So habe der Aufstand längst nicht die Ausmaße erreicht, wie es in der Presse dargestellte wurde. „...der Aufstand war ein ganz kleiner, vereinzelter, ziel- und planloser. Die Schaar der Aufständischen war so klein, daß es durchaus nicht der Maßregel bedurft hätte, wodurch das Reichsministerium demselben begegnete.“[534] Wie so oft prangerte Joseph mit diesen Worten die übertriebenen Handlungen der Exekutive an, die in ihrer Härte und Intensität oft zu streng agierte, anstatt präventiv zu wirken: „Es ist notwendig, daß das Volk Aufklärung darüber erhalte, damit es erfahre, daß, wenn das Ministerium zur rechten Zeit seine Pflicht gethan hätte, es nicht dahin gekommen wäre, wohin es gekommen ist.“[535] Andere sahen diese Äußerungen als

531 *Wigard*, Stenographischer Bericht über die Verhandlungen der deutschen constituirenden Nationalversammlung zu Frankfurt a.M., Nr. 50 vom 28. Juli 1848, S. 1242.

532 *Wigard*, Stenographischer Bericht über die Verhandlungen der deutschen constituirenden Nationalversammlung zu Frankfurt a.M., Nr. 83 vom 21. September 1848, S. 2207.

533 *Wigard*, Stenographischer Bericht über die Verhandlungen der deutschen constituirenden Nationalversammlung zu Frankfurt a.M., Nr. 83 vom 21. September 1848, S. 2208.

534 *Wigard*, Stenographischer Bericht über die Verhandlungen der deutschen constituirenden Nationalversammlung zu Frankfurt a.M., Nr. 83 vom 21. September 1848, S. 2208.

535 *Wigard*, Stenographischer Bericht über die Verhandlungen der deutschen constituirenden Nationalversammlung zu Frankfurt a.M., Nr. 83 vom 21. September 1848, S. 2208. Andere sahen seine Rede als Beschönigung der Ereignisse an, so *Flathe*, Geschichte des Kurstaates und Königreiches Sachsen, Dritter Bd., S. 579.

Unvorsichtigkeit, im Vergleich zu seinem sonstigen Auftreten, und als Eingeständnis, dass seine Anhänger den Weg der Gewaltpolitik nicht verabscheuten: „...aber, meine Herren, wenn von dieser Tribüne gesagt worden ist, es sei diese Zusammenrottung durch das andringende Militär an die Thüre gedrängt worden, oder es seien Leute gewesen, die die Zugänge zu den Galerien nicht hätten finden können, so muß ich diese Auffassung aus eigener Anschauung für entschieden unwahr erklären: ein gewaltsamer Angriff, wenn auch mit sehr ungenügenden Kräften, ist allerdings versucht worden."[536] Er erklärte auch, dass die Bewertung und Untersuchung der Ereignisse nicht der Nationalversammlung, sondern den ordentlichen Gerichten obliege und er somit eine Proklamation der Nationalversammlung über die Ereignisse als nicht geziemend betrachten würde.[537] Der Antrag, eine Ansprache an das deutsche Volk zu erlassen, welche sich mit den Ereignissen der letzten Tage auseinandersetzte, wurde noch in derselben Sitzung mit Mehrheit angenommen.[538]

Hermann Joseph hielt sich jedoch auch im Vergleich zu den anderen in dieser Arbeit behandelten Personen mit seinem Eifer beim Stellen von Anträgen sehr zurück. So sind hier lediglich zwei Anträge von Interesse, die Josephs Engagement für den einfachen Bürger widerspiegeln. Seinen ersten Antrag stellte er zusammen mit Wilhelm Michael Schaffrath kurz nach seinem Eintritt in die Nationalversammlung in der 11. Sitzung am 3. Juni 1848. Darin forderte er den Erlass eines Gesetzes, die Aufhebung der Feudallasten und aller Zölle, Straßen- und Flussabgaben innerhalb Deutschlands betreffend.[539] Jedoch kam dieser Antrag innerhalb der Nationalversammlung nie wieder zur Sprache. Von größerem Interesse sind die Interpellationen Josephs in der 105. Sitzung am 30. Oktober 1848. Weil Joseph selbst nicht anwesend war, wurden die Interpellationen von Wilhelm Michael Schaffrath verlesen. Die erste Interpellation richtete sich an das Reichsjustizministerium und behandelte die Frage, ob dieses davon Kenntnis besäße, „daß mehrere wiener Studenten von Soldaten, welche unter dem Befehle des Grafen Auersperg in Wien stehen, außerhalb eines Kampfes erhängt" worden seien und ob dieses diesem Sachverhalt seine Aufmerksamkeit zugewendet habe.[540] Die zweite

536 *Mollat*, Reden und Redner des ersten deutschen Parlaments, S. 190; *Bahmann*, Die sächsischen Abgeordneten der Nationalversammlung zu Frankfurt 1848/49, S. 74.

537 *Wigard*, Stenographischer Bericht über die Verhandlungen der deutschen constituirenden Nationalversammlung zu Frankfurt a.M., Nr. 83 vom 21. September 1848, S. 2208.

538 *Wigard*, Stenographischer Bericht über die Verhandlungen der deutschen constituirenden Nationalversammlung zu Frankfurt a.M., Nr. 83 vom 21. September 1848, S. 2210.

539 *Wigard*, Stenographischer Bericht über die Verhandlungen der deutschen constituirenden Nationalversammlung zu Frankfurt a.M., Nr. 12 vom 12. Juni 1848, S. 191.

540 *Wigard*, Stenographischer Bericht über die Verhandlungen der deutschen constituirenden Nationalversammlung zu Frankfurt a.M., Nr. 106 vom 31. Oktober 1848, S. 2945; *Hildebrandt*, Opposition in der Paulskirche, S. 202.

Interpellation richtete sich wiederum an das Reichsjustizministerium mit der Frage, ob dieses davon Kenntnis besäße, „daß die in Folge des Aufstandes vom 18. September Verhafteten auf der Hauptwache in Frankfurt und bei ihrer Ankunft in Mainz von Officieren und Soldaten geschlagen und mißhandelt worden" und ob gegebenenfalls Untersuchungen eingeleitet worden seien.[541]

Auf diese beiden Interpellationen antwortete der Reichsjustizminister Robert von Mohl[542]. Zuerst bezog er sich auf die zweite Interpellation bezüglich der Misshandlung von Gefangenen und erklärte, dass diese ihm nicht zugekommen sei und er zum ersten Mal davon höre. Da er weder von der Interpellation, noch von dem Sachverhalt etwas gehört hätte, hätte er auch keine Untersuchungen einleiten können.[543] Bezüglich der ersten Interpellation antwortete der Minister, dass er auf die Frage, ob das Reichsjustizministerium Kenntnis davon hatte, nur antworten könne, dass die österreichische Regierung auf eine Anfrage des Ministeriums, welche von diesem nach der ersten Kunde über die Ereignisse erfolgt sei, noch keine Antwort erhalten habe. Auf die Frage, was das Ministerium bereits getan habe, antwortete der Minister jedoch, dass „den abgesendeten Reichscommissären die Instruction zugegangen [war], mit aller Kraft dahin zu wirken, daß in diesem unglücklichen Kampfe die Gesetze der Menschlichkeit und des Rechts von beiden Seiten beobachtet werden sollen."[544] Weiterhin sei von der österreichischen Regierung verlangt worden, Untersuchungen einzuleiten, wenn die Behauptungen der Wahrheit entsprechen sollten und die Bestrafung der Täter veranlasst werden sollte.[545] Der Minister blieb einer weiteren Antwort im Verlaufe der Nationalversammlung schuldig, sodass Josephs Interpellationen im Endeffekt unbeantwortet blieben.

---

541 *Wigard*, Stenographischer Bericht über die Verhandlungen der deutschen constituirenden Nationalversammlung zu Frankfurt a.M., Nr. 106 vom 31. Oktober 1848, S. 2945.

542 1799–1875, deutscher Staatswissenschaftler, Mitglied der Frankfurter Nationalversammlung und des Reichstages, Justizminister der provisorischen Zentralgewalt; vgl. über ihn *Marquardsen*, Mohl, Robert von, in: ADB, Bd. XXII, S. 745–758.

543 *Wigard*, Stenographischer Bericht über die Verhandlungen der deutschen constituirenden Nationalversammlung zu Frankfurt a.M., Nr. 106 vom 31. Oktober 1848, S. 2946.

544 *Wigard*, Stenographischer Bericht über die Verhandlungen der deutschen constituirenden Nationalversammlung zu Frankfurt a.M., Nr. 106 vom 31. Oktober 1848, S. 2946.

545 *Wigard*, Stenographischer Bericht über die Verhandlungen der deutschen constituirenden Nationalversammlung zu Frankfurt a.M., Nr. 106 vom 31. Oktober 1848, S. 2946.

c) *Ausscheiden aus der Nationalversammlung*

Hermann Joseph schied mit der Anzeige seines Austritts in der 149. Sitzung am 11. Januar 1849 aus der Frankfurter Nationalversammlung aus.[546] Er soll Frankfurt mit den Worten: „Die Freiheit ist keineswegs ein Zustand des Genusses, sie ist der Preis niemals rastender Arbeit und Mühe" verlassen haben.[547]

Nicht geklärt werden kann, ob Joseph gegen Ende der Verhandlungen auf Ersuchen Schaffraths zurückkehrte, um sich als Kandidat für die provisorische Reichsregentschaft aufstellen zu lassen.[548] Die Nationalversammlung hatte sich in der Zwischenzeit als Rumpfparlament in Stuttgart konstituiert. Dabei geht jedoch aus den Protokollen nicht hervor, ob Joseph bei den Verhandlungen anwesend war. Vielmehr wird dies dadurch negiert, dass Joseph in der 232. Sitzung am 6. Juni 1849 bei den anwesenden stimmberechtigten Mitgliedern nicht erwähnt wird.[549] Allerdings wurde er bei der Wahl der Mitglieder der provisorischen Reichsregentschaft nominiert und erhielt im ersten Wahlgang 25 von 105 Stimmen, im zweiten Wahlgang 30 von 102 Stimmen und im letzten Wahlgang 29 von 105 Stimmen, wobei der Abgeordnete Becher[550] mit 56 von 105 Stimmen gewählt wurde.[551] Da sein Name, außer bei den Wahlgängen, an keiner anderen Stelle Erwähnung findet, ist davon auszugehen, dass eine Nominierung ohne gleichzeitige Anwesenheit erfolgte.

7. Der Sächsische Landtag 1849

Hermann Josephs Austritt aus der Frankfurter Nationalversammlung war maßgeblich dadurch motiviert, dass er sich im Dezember 1848 im 18. Wahlbezirk (Stollberg)[552]

546 *Wigard*, Stenographischer Bericht über die Verhandlungen der deutschen constituirenden Nationalversammlung zu Frankfurt a.M., Nr. 150 vom 12. Januar 1849, S. 4537.

547 *Tonndorf*, Die Freiheit – kein Zustand des Genusses, in: Landtagskurier Sachsen, Nr. 6, 1991, S. 7.

548 *Tonndorf*, Die sächsischen Abgeordneten der Frankfurter Vor- und Nationalversammlung 1848/49, S. 207.

549 *Wigard*, Stenographischer Bericht über die Verhandlungen der deutschen constituirenden Nationalversammlung zu Stuttgart, Nr. 233 vom 12. Juni 1849, S. 6819 f.

550 Heinrich August Becher (1816–1890), württembergischer Jurist und Politiker, Mitglied der Frankfurter Nationalversammlung und des Rumpfparlaments; vgl. über ihn *Raberg*, Biographisches Handbuch der württembergischen Landtagsabgeordneten 1815–1933, S. 42 f.

551 *Wigard*, Stenographischer Bericht über die Verhandlungen der deutschen constituirenden Nationalversammlung zu Stuttgart, Nr. 233 vom 12. Juni 1849, S. 6821 f.

552 Für die Wahl zur ersten Kammer wurden immer mehrere Wahlbezirke der zweiten Kammer zu einem Mandat zusammengelegt. So waren dies bei Hermann Joseph der 50. Wahlbezirk (Schneeberg), der 51. Wahlbezirk (Lichtenstein) und der 52. Wahlbezirk (Stollberg) der zweiten Kammer zum 18. Wahlbezirk (Stollberg) der ersten Kammer; vgl. dazu *Matzerath*, Aspekte sächsischer

in die erste Kammer des Sächsischen Landtags hatte wählen lassen.[553] Dabei musste sich die Kammer (wie auch bezüglich einiger anderer Abgeordneter) fragen, ob seine Wahl rechtmäßig war. Wie ein Gutachten zeigte, waren in einigen Abteilungen Fehler bei der Aushändigung der Stimmzettel sowie der Stimmabgabe aufgetreten. Das Gutachten äußerte jedoch dazu, dass in den drei Wahlbezirken 8.061 Stimmen abgegeben worden seien und dass davon 3.141 auf Hermann Joseph entfielen. Die Anzahl von begangenen Fehlern hätten nicht ausgereicht ein anderes Wahlergebnis zu begründen.[554] Auch wurde beanstandet, dass Hermann Joseph nicht eindeutig erklärt hatte, welche Wahl er annahm. Dem ging voraus, dass Joseph zunächst auch im 25. Wahlbezirk (Rötha) und im 35. Wahlbezirk (Limbach) in die zweite Kammer des Sächsischen Landtages gewählt wurde, diese Wahlen aber nur annahm, insofern nicht seine Wahl in die erste Kammer erfolgt sei.[555] Da er sich, als das Wahlergebnis des 50., 51. und 52. Wahlbezirkes feststand, im Urlaub befand, konnte er nicht die Wahl in die zweite Kammer ausschlagen. Letztlich wurde jedoch durch das Ministerium des Inneren bestätigt, dass die Wahl in die erste Kammer als angenommen anzusehen sei, weil die Annahme der Wahl in die zweite Kammer nur unter der Bedingung der Nichtwahl in die erste Kammer erfolgt sei.[556] Letztlich wurde jedoch die Wahl von Hermann Joseph durch die Kammer einstimmig als unbeanstandet erklärt und er als Abgeordneter zugelassen.[557]

Zusammen mit sieben anderen ehemaligen Paulskirchenabgeordneten gehörte Joseph einer Riege erfahrener Parlamentarier an, die sich vom Kampf für die

---

Landtagsgeschichte – Die Mitglieder und Wahlbezirke der sächsischen Landtage (1833–1952), Teil III: Wahlbezirke und Raumbezüge, S. 65, 67 f., 86.

553 Königreich Sachsen, Mittheilungen über die Verhandlungen des Landtags im Königreiche Sachsen 1849, I. Kammer, S. 20; SächsHStA Dresden, Die Wahlen der Abgeordneten für den ordentlichen Landtag 1849, Bl. 115; Wahlaufruf des Vaterlandsvereins zu Lößnitz, in: Wochenblatt für Stollberg vom 5. Dezember 1848, S. 583.

554 Königreich Sachsen, Mittheilungen über die Verhandlungen des Landtags im Königreiche Sachsen 1849, I. Kammer, S. 67.

555 SächsHStA Dresden, Die Wahlen der Abgeordneten für den ordentlichen Landtag 1849, Bl. 133; *Matzerath*, Aspekte sächsischer Landtagsgeschichte – Die Mitglieder und Wahlbezirke der sächsischen Landtage (1833–1952), Teil III: Wahlbezirke und Raumbezüge, S. 63 f., 94; Weißeritz-Zeitung vom 12. Januar 1849, S. 19.

556 Königreich Sachsen, Mittheilungen über die Verhandlungen des Landtags im Königreiche Sachsen 1849, I. Kammer, S. 67 f.; SächsHStA Dresden, Die Wahlen der Abgeordneten für den ordentlichen Landtag 1849, Bl. 123.; Königlich sächsisches concessionirtes Wochenblatt für die Städte Pegau, Zwenkau, Groitzsch, Rötha und Markranstädt nebst deren Umgebungen, oder gemeinnützige Nachrichten für Stadt und Land, Nr. 6 vom 20. Januar 1849, S. 35.

557 Königreich Sachsen, Mittheilungen über die Verhandlungen des Landtags im Königreiche Sachsen 1849, I. Kammer, S. 68.

Demokratie in Sachsen mehr erhofften als von der Frankfurter Nationalversammlung.[558] Denn die radikale und demokratische Partei hatte in Frankfurt bereits gegen die gemäßigte verloren und versuchte nun, durch die Wahlen in die Länderparlamente, die Errungenschaften der Frankfurter Versammlung zu verhindern.[559] So fanden die Wahlen zum Landtag des Jahres 1849 nach dem neuen sächsischen Wahlgesetz statt, was dazu führte, dass es ein Übergewicht der demokratischen Kräfte gab. Dass dies beim König und den Konservativen im Staat auf Missmut traf, lässt sich exemplarisch an den Lebenserinnerungen des damaligen Prinzen Johann von Sachsen festmachen, welcher behauptete, dass es dem Landtag an intelligenten Kräften fehle und dass es selbstverständlich sei, dass er „in dieser Gesellschaft nicht Platz nehmen“ könne.[560] Auch der konservative Richard Freiherr von Friesen[561] äußerte sich in seinen Lebenserinnerungen über die Zusammensetzung der ersten Kammer negativ: „Die erste Kammer, in welcher Joseph zum Präsidenten gewählt wurde, war ein treues Spiegelbild der Zweiten, nur daß in ihr eine Anzahl sehr wenig gebildeter Bauern, welche der Leitung Joseph's unbedingt folgten, die Mehrheit bildete...“.[562]

Wie bereits erwähnt, wurde beim Landtag des Jahres 1849 Adolf Ernst Hensel als Präsident der zweiten Kammer gewählt. Auch in der ersten Kammer wurde mit Hermann Joseph ein radikaler Demokrat mit der Funktion des Präsidenten betraut. Die Wahl erfolgte in der zweiten vorbereitenden Sitzung der ersten Kammer am 13. Januar 1849 mit 30 von 41 Stimmen im ersten Wahlgang.[563] Hierbei lag die Besonderheit vor, dass Hermann Joseph der erste Präsident der ersten Kammer war, der von den Abgeordneten und nicht vom König ernannt wurde.[564] Die Kammern traten am 10. Januar 1849 zusammen, wobei die feierliche Eröffnung erst am 17. Januar 1849 stattfinden konnte, weil die Konstituierung der Kammern und die nötigen Wahlen zu viel Zeit in Anspruch nahmen.[565]

Wie bei Adolf Ernst Hensel ist über Josephs Kammertätigkeit wenig zu berichten, da er sich in seiner Antrittsrede selbst bei seinem Handeln in der Kammer zur

---

558 *Weber*, Die Revolution in Sachsen 1848/49, S. 239.

559 *Friesen*, Erinnerungen aus meinem Leben, Erster Bd., S. 85.

560 *Kretzschmar*, Lebenserinnerungen des Königs Johann von Sachsen, S. 212.

561 1808–1884, sächsischer Politiker, von Mai 1849 bis 1852 Innenminister des Königreichs Sachsen, 1871–1876 Vorsitzender des Gesamtministeriums; vgl. über ihn *Beschorner*, Friesen, Richard Freiherr von, in: ADB, Bd. XLIX, S. 143–148.

562 *Friesen*, Erinnerungen aus meinem Leben, Erster Bd., S. 85.

563 Königreich Sachsen, Mittheilungen über die Verhandlungen des Landtags im Königreiche Sachsen 1849, I. Kammer, S. 16.

564 *Tonndorf*, Die Freiheit – kein Zustand des Genusses, in: Landtagskurier Sachsen, Nr. 6, 1991, S. 7.

565 *Friesen*, Erinnerungen aus meinem Leben, Erster Bd., S. 84; *Botzenhart*, Deutscher Parlamentarismus in der Revolutionszeit 1848–1850, S. 570.

Unparteilichkeit verpflichtete.[566] Auch die erste Kammer beschäftigte sich maßgeblich mit den Geschehnissen im Frankfurter Parlament. So wurde die Annahme der Reichsverfassung diskutiert und wurden diesbezügliche Appelle an den König gesandt. Wie bekannt ist, wurde die Annahme selbiger nicht bewilligt.[567]

Unabhängig von Josephs Kammertätigkeit ist noch ein Aspekt erwähnenswert. Hierbei handelt es sich um die Fähigkeit Josephs, als Minister zu agieren. Bis zum Rücktritt des Märzministeriums unter Karl Braun[568] am 24. Februar 1849 bestand keine ernst zu nehmende Forderung nach Bildung einer parlamentarischen Regierung, welche von den demokratischen Parteien der Kammern getragen wurde.[569] Jedoch wurde noch am selben Tag ein Beamtenministerium unter Friedrich Held[570] vom König eingesetzt. Hieran wurde gerügt, dass ein Beamtenministerium (auch das Ministerium Braun kann als ein solches eingeordnet werden), nicht fähig gewesen sei, zur damaligen Zeit eine klar umrissene politische Staatsführung zu übernehmen.[571] Ein radikales Ministerium – bestehend aus Wilhelm Michael Schaffrath und Hermann Joseph – wurde als möglich und gegeben angesehen, jedoch wurde diese Lösung von König Friedrich August II. nicht unterstützt.[572] Solch ein Ministerium hätte den Forderungen der Kammern Ausdruck verleihen können. Innenpolitisch hätte es die Meinung der Vaterlandsvereine vertreten, außenpolitisch wäre es an die Meinung der Kammern zur Verfassungsfrage, der Publikation der Grundrechte und der Abberufung des sächsischen Gesandten in Österreich gebunden gewesen.[573] Diese Lösung hätte eine Schwächung der sächsischen Monarchie, wenn nicht gar deren Auflösung dargestellt und wurde deshalb vom König nicht erwogen. Auf der anderen Seite wäre hiermit eine Regierung eingesetzt worden, die in beiden Kammern eine Mehrheit gehabt hätte und regierungsfähig gewesen wäre.

---

566 Königreich Sachsen, Mittheilungen über die Verhandlungen des Landtags im Königreiche Sachsen 1849, I. Kammer, S. 17.

567 *Tonndorf*, Die Freiheit – kein Zustand des Genusses, in: Landtagskurier Sachsen, Nr. 6, 1991, S. 7.

568 Karl Braun (1807–1868), sächsischer Jurist und liberaler Politiker; vgl. über ihn *Biedermann*, Karl Braun (1807–1868): Leben und Werk; *Kern*, Alexander Karl Braun (1807–1868), in: Sächsische Lebensbilder, Bd. 5, S. 75–86.

569 *Botzenhart*, Deutscher Parlamentarismus in der Revolutionszeit 1848–1850, S. 574.

570 Gustav Friedrich Held (1804–1857), deutscher Jurist und Vorsitzender des sächsischen Gesamtministeriums 1849; vgl. über ihn *Flathe*, Held, Gustav Friedrich, in: ADB, Bd. XI, S. 680.

571 Zur Regierung Braun vgl. *Biedermann*, Karl Braun (1807–1868): Leben und Werk.

572 *Kretzschmar/Schlechte*, Französische und sächsische Gesandtschaftsberichte aus Dresden und Paris 1848–1849, S. 23; *Krause*, Der Aufruhr in Dresden am 3., 4., 5., 6., 7., 8. und 9. Mai 1849, 4. Aufl., S. 25.

573 *Botzenhart*, Deutscher Parlamentarismus in der Revolutionszeit 1848–1850, S. 575.

Jedoch ereilte auch die erste Kammer des Sächsischen Landtages 1849 das Schicksal der zweiten Kammer. Wie bereits ausgeführt verweigerte die erste Kammer der Regierung die Zustimmung zur Steuervorlage. Dies geschah nicht so eindeutig wie in der zweiten Kammer, jedoch ging die Ablehnung daraus hervor, dass einerseits Präsident Joseph am 28. April 1849 den Bericht des Finanzausschusses nicht auf die Tagesordnung für die Sitzung am 30. April 1849 setzte und somit die Steuerbewilligung faktisch abgelehnt wurde: „Die nächste Sitzung findet statt Montag 11 Uhr; außer einer dem Abg. Oehmichen vorzubehaltenden Begründung eines früher eingebrachten Antrags stelle ich auf die Tagesordnung nur die Berathung des von Hitzschold eingereichten Antrags, die deutsche Verfassung betreffend."[574] Damit waren die Steuern verweigert. Andererseits sprach die Mehrheit der Abgeordneten der ersten Kammer der Regierung, aufgrund ihrer Handlungen in Bezug auf die Abberufung des Gesandten von Könneritz aus Wien, ihr Misstrauen aus.[575] Auch willigte Präsident Joseph in die Veröffentlichung einer Landtagsschrift ein, wonach die Kammer von der Regierung die Anerkennung der Reichsverfassung verlangte.[576] Dies alles führte dazu, dass noch am selben Tag durch allerhöchstes Dekret des Königs Friedrich August II., welches durch Regierungskommissar Todt verlesen wurde, die Auflösung der ersten Kammer des Sächsischen Landtages erfolgte.[577] Die letzten Worte Joseph in der Kammer wurden sodann zur Losung für die kommenden Ereignisse: „Meine Herren, wir werden uns bald trennen müssen; als letztes unbeugsames Wort dieses Landtags, welches, wenn es sein muß, auch das erste des nächsten Landtags sein wird, rufe ich Ihnen in die Tiefe Ihrer Seele hinein zu: Es lebe Deutschlands Einheit und Freiheit, es lebe die deutsche Reichsverfassung."[578]

574 Königreich Sachsen, Mittheilungen über die Verhandlungen des Landtags im Königreiche Sachsen 1849, I. Kammer, S. 874.

575 Königreich Sachsen, Mittheilungen über die Verhandlungen des Landtags im Königreiche Sachsen 1849, I. Kammer, S. 793; *Geyer*, Politische Parteien und Verfassungskämpfe in Sachsen von der Märzrevolution bis zum Ausbruch des Maiaufstands, S. 199; *Flathe*, Geschichte des Kurstaates und Königreiches Sachsen, Dritter Bd., S. 614.

576 *Schinke*, Die sächsischen Parteiverhältnisse zur Zeit des Dresdner Maiaufstandes, in: Deutsche Geschichtsblätter, 19. Bd., 1. Heft, S. 63.

577 Königreich Sachsen, Mittheilungen über die Verhandlungen des Landtags im Königreiche Sachsen 1849, S. 10 f.

578 Königreich Sachsen, Mittheilungen über die Verhandlungen des Landtags im Königreiche Sachsen 1849, S. 10; *Schinke*, Die sächsischen Parteiverhältnisse zur Zeit des Dresdner Maiaufstandes, in: Deutsche Geschichtsblätter, 19. Bd., 1. Heft, S. 64.

8. Der Sächsische Landtag 1849/50

Letztmalig im Sächsischen Landtag engagierte sich Hermann Joseph beim Landtag der Jahre 1849/50. Hier wurde er diesmal mit 1.405 Stimmen als Abgeordneter des 14. Wahlbezirkes (Glauchau)[579] in die erste Kammer gewählt.[580]

Der Landtag wurde am 26. November 1849 förmlich vom König eröffnet. Zuvor wurden ab dem 7. November 1849 wiederum vorbereitende Sitzungen abgehalten. So tat sich Hermann Joseph bereits in der ersten vorbereitenden Sitzung am 7. November 1849 hervor, weil von der Regierung eine neue Geschäftsordnung für die Arbeit des Landtages vorgelegt wurde. Joseph erachtete aber die neue Geschäftsordnung als inhaltlich gleich mit den Bestimmungen für die vorbereitenden Sitzungen, sodass sich seiner Meinung nach eine Diskussion darüber erübrigte. Letztlich einigte man sich nach längerer Diskussion darauf, dass die Geschäftsordnung des letzten Landtages für die vorbereitenden Sitzungen herangezogen werde und dass über die neue Geschäftsordnung erst nach der Konstituierung beraten werden sollte.[581]

Der Landtag teilte sich in drei größere bürgerlich oppositionelle Gruppierungen: Die Gothaer Liberalen (linksliberale) unter der Führung Biedermanns[582], die die Regierung stützten, solange diese die kleindeutsch-preußische Unionspolitik vertrat; die gemäßigte Linke des demokratischen Vaterlandsvereins unter der Führung Josephs, welche eine kleindeutsche Losung vertrat und die radikal preußenfeindlichen Demokraten unter Mammen[583], von Watzdorf[584] und

---

579 Der 14. Wahlbezirk (Glauchau) der ersten Kammer setzte sich aus dem 36. Wahlbezirk (Remse), dem 37. Wahlbezirk (Glauchau) und dem 51. Wahlbezirk (Lichtenstein) der zweiten Kammer zusammen; vgl. dazu *Matzerath*, Aspekte sächsischer Landtagsgeschichte – Die Mitglieder und Wahlbezirke der sächsischen Landtage (1833–1952), Teil III: Wahlbezirke und Raumbezüge, S. 77, 79, 81 f., 104.

580 Königreich Sachsen, Mittheilungen über die Verhandlungen des Landtags im Königreiche Sachsen 1849 und 1850, I. Kammer, S. 25; Weißeritz-Zeitung vom 2. November 1849, S. 508; Wochenblatt für Pulsnitz, Radeberg, Königsbrück, Radeburg, Moritzburg und deren Umgegend vom 2. November 1849, S. 349 f.

581 Königreich Sachsen, Mittheilungen über die Verhandlungen des Landtags im Königreiche Sachsen 1849 und 1850, I. Kammer, S. 6.

582 1812–1901, deutscher Politiker, Publizist und Professor für Philosophie; vgl. über ihn *Dvorak*, Biografisches Lexikon der Deutschen Burschenschaft, Bd. I, Tlbd. 1, S. 96 f.

583 Franz August Mammen (1813–1888), deutscher Unternehmer und liberaler Politiker, Mitglied der Frankfurter Nationalversammlung, des Sächsischen Landtages und des Reichstages des Norddeutschen Bundes; vgl. über ihn *Jaeger*, Mammen, Franz August, in: NDB, Bd. XVI, S. 1 f.

584 Otto von Watzdorf (1801–1860), deutscher Jurist und Politiker, Mitglied der Frankfurter Nationalversammlung und des Sächsischen Landtages; vgl. über ihn *Tonndorf*, Die sächsischen Abgeordneten der Frankfurter Vor- und Nationalversammlung, S. 255 ff.

Wigard[585], welche die stärkste Fraktion stellten.[586] Schließlich gab es noch die Konservativen, welche den kleinsten Teil der Abgeordneten stellten. Diese drei erstgenannten Gruppierungen schlossen dabei einen politischen Kompromiss, welcher zu einem Wechsel der Mehrheitsverhältnisse unter Mittelstellung der Liberalen führte und sich im Großen und Ganzen gegen die Regierung richtete.[587]

Joseph wurde in der ersten vorbereitenden Sitzung in die zweite Abteilung gelost.[588] Zu Beginn des Landtages beschäftigten sich fünf Abteilungen von Abgeordneten mit der Prüfung der Wahlunterlagen. Dies führte beispielsweise beim letzten Landtag dazu, dass die genannten Unregelmäßigkeiten bei der Wahl Josephs festgestellt, jedoch als unerheblich eingestuft wurden. Auch bei der Prüfung der Wahlen zum Landtag der Jahre 1849/50 wurden wieder Unregelmäßigkeiten bei der Wahl Josephs und anderer Abgeordneter festgestellt, jedoch war kein solcher Fehler dabei, „der auf das Endresultat derselben von irgend einem wesentlichen Einflusse hätte sein können".[589] So wurde Joseph zunächst vorbehaltlich zugelassen, um sodann in der 12. Sitzung am 8. Januar 1850 ordentlich zugelassen zu werden.[590]

Hermann Joseph stellte sich auch diesmal wieder zur Wahl für das Amt des Kammerpräsidenten. Bei der Wahl zum Präsidenten in der dritten vorbereitenden Sitzung am 15. November 1849 erhielt er im ersten Wahlgang auch 15 von 34 Stimmen der Mitglieder der ersten Kammer. Dies genügte jedoch nicht für eine Mehrheit. Auch beim zweiten Wahlgang erhielt er mit 15 von 34 Stimmen keine absolute Mehrheit. Beim dritten Wahlgang genügte die relative Mehrheit. Wie bereits in den beiden Wahlgängen zuvor erhielt der Abgeordnete Georgi[591] 17 und Joseph

585 Franz Jacob Wigard (1807–1885), liberaler Politiker und Arzt, Mitglied der Frankfurter Nationalversammlung und der zweiten Kammer des Sächsischen Landtages; vgl. über ihn *Pagel*, Wigard, Franz Jacob, in: ADB, Bd. XLII, S. 458 f.

586 *Jansen*, Die bürgerliche Linke in Sachsen vom Scheitern des Maiaufstandes bis zur Gründung des Norddeutschen Bundes (1849–1867), in: Dresdner Maiaufstand und Reichsverfassung 1849, hrsg. v. Martina Schattkowsky, S. 195; *Jansen*, Einheit, Macht und Freiheit, S. 204; *Jansen*, Die Paulskirchenlinke in Sachsen nach der Niederlage der Revolution, in: Sachsen in Deutschland, hrsg. v. James Retallack, S. 69 f.

587 *Neemann*, Landtag und Politik in der Reaktionszeit, S. 55 f.

588 Königreich Sachsen, Mittheilungen über die Verhandlungen des Landtags im Königreiche Sachsen 1849 und 1850, I. Kammer, S. 7.

589 Königreich Sachsen, Mittheilungen über die Verhandlungen des Landtags im Königreiche Sachsen 1849 und 1850, I. Kammer, S. 11.

590 Königreich Sachsen, Mittheilungen über die Verhandlungen des Landtags im Königreiche Sachsen 1849 und 1850, I. Kammer, S. 190.

591 Robert Georgi (1802–1869), deutscher Unternehmer und Politiker, Mitglied des Sächsischen Landtages, Präsident der I. Kammer des Sächsischen Landtages 1849/50 und sächsischer Finanzminister; vgl. über ihn *Matzerath*, Aspekte sächsischer Landtagsgeschichte – Präsidenten und Abgeordnete von 1833 bis 1952, S. 21 f.

15 Stimmen, sodass Georgi zum Kammerpräsidenten gewählt wurde.[592] Auch bei der Wahl zum ersten Vizepräsidenten unterlag Joseph mit 14 Stimmen dem Abgeordneten Schenk, welcher im ersten Wahlgang 18 von 34 Stimmen erhielt.[593] Gleiches erfolgte bei der Wahl des zweiten Vizepräsidenten, wo Joseph mit 14 Stimmen dem Abgeordneten Mammen mit 18 von 34 Stimmen unterlag.[594] Diese Sitzung war für Hermann Joseph unbefriedigend, weil er bemerken musste, dass er die Kammer nicht mehr – wie noch einige Monate zuvor – hinter sich hatte.

a) Begnadigung der Beteiligten am Dresdner Maiaufstand

Im Nachgang des Dresdner Maiaufstandes kam die Frage auf, ob den Beteiligten eine Amnestie oder eine Begnadigung erteilt werden sollte. So wurde in der 8. Sitzung der ersten Kammer am 17. Dezember 1849 ein Antrag eingebracht, die Kammer möge beschließen, im Verein mit der zweiten Kammer den König zu ersuchen, von seinem Begnadigungsrecht im Fall der Angeklagten des Dresdner Maiaufstandes Gebrauch zu machen. Diese seien durch die seit langem dauernde Untersuchungshaft schon schwer genug geschädigt und der Aufstand sei nur durch die Ablehnung der Reichsverfassung herbeigeführt worden.[595] Joseph nutzte diese Diskussion, um schwere Vorwürfe gegen die Regierung zu erheben. Die Linke im Landtag war sich einig, dass durch die Regierung schwere Fehler bei der Bewältigung der Dresdner Unruhen gemacht worden seien und so wurde aus einer vermeintlich starken Position heraus argumentiert.[596] In seiner Rede stellte er zunächst darauf ab, ob es sich um eine Begnadigung oder eine Amnestie der Angeklagten handeln solle. Die Begnadigung werde vom Minister für jeden Einzelnen ausgesprochen, die Amnestie vom König für alle Angeklagten im ganzen Land.[597] Dass eines von beiden ausgesprochen werden müsse, stand für Joseph fest: Seit der Zusammenkunft des Vorparlamentes und der Nationalversammlung sei rechtlich gesehen Hochverrat begangen worden, wie er auch jetzt den Maiangeklagten vorgeworfen werde. Dieser sei in vielen Handlungen, wie der Zusammenkunft der Versammlungen, der Ernennung einer provisorischen Zentralgewalt und der Ausarbeitung der Verfassung gegen den Willen der Fürsten, zu sehen. Jedoch wurde

---

592 Königreich Sachsen, Mittheilungen über die Verhandlungen des Landtags im Königreiche Sachsen 1849 und 1850, I. Kammer, S. 16.

593 Königreich Sachsen, Mittheilungen über die Verhandlungen des Landtags im Königreiche Sachsen 1849 und 1850, I. Kammer, S. 16.

594 Königreich Sachsen, Mittheilungen über die Verhandlungen des Landtags im Königreiche Sachsen 1849 und 1850, I. Kammer, S. 17.

595 Königreich Sachsen, Mittheilungen über die Verhandlungen des Landtags im Königreiche Sachsen 1849 und 1850, I. Kammer, S. 110 f.; *Holldack*, Untersuchungen zur Geschichte der Reaktion in Sachsen 1849–1855, S. 36 f.

596 *Jansen*, Einheit, Macht und Freiheit, S. 205.

597 Königreich Sachsen, Mittheilungen über die Verhandlungen des Landtags im Königreiche Sachsen 1849 und 1850, I. Kammer, S. 120 f.

das größtenteils von den Regierungen der einzelnen Länder geduldet oder unterstützt. Das Volk rechtfertige diese Handlungen sowieso mit seiner Dankbarkeit für die Vertreter der Versammlungen. Nun könnten nicht, wenn ein Jahr weggeschaut wurde und nun die Forderung nach Annahme der Verfassung durchgesetzt werden solle, diejenigen, die dafür kämpften, wegen Hochverrates angeklagt werden. Denn bereits im Vorfeld, als sich anbahnte, dass das Volk die Forderung der Grundrechte und die Annahme der Verfassung durch Demonstrationen und die Errichtung von Barrikaden durchsetzen wollte, sei von Seiten der Behörden nichts geschehen. Vielmehr sei Stillschweigen über alles gewahrt und tatenlos zugesehen worden, wie Barrikaden errichtet und Vorbereitungshandlungen getroffen worden seien. Hätte man bereits im Vorfeld gehandelt, hätten die Ausschreitungen unblutiger unterbunden werden können. Dies sei nicht unternommen worden; vielleicht auch, um es erst eskalieren zu lassen, um in einem zweiten Schritt die Beteiligten anklagen und verurteilen zu können. Dies könne jedoch nicht die Lösung sein. Infolge der Tatenlosigkeit, obwohl objektiv feststand, dass das Volk sich erhebe, und infolge des Hinnehmens der Ereignisse des Jahres 1848 stehe nun als einziges Mittel der Weg der Begnadigung oder der Amnestie offen.[598]

Nachdem sich die Diskussion noch lange Zeit hinzog, wurde schließlich der Antrag eindeutig formuliert: „Im Verein mit der zweiten Kammer bei Sr. Majestät dem Könige sich zu verwenden, daß Allerhöchtsderselbe Kraft des in §. 52 der Verf.-Urkunde begründeten Abolitionsbefugnisses in Betreff der in den Maiaufstand verflochtenen Personen, möge die Untersuchung wider sie eingeleitet worden sein oder noch nicht begonnen haben, mit Wiedereinsetzung in ihre politischen Ehrenrechte eine Amnestie in möglichst weiter Ausdehnung huldreichst angedeihen lassen sollen."[599] Bei der folgenden Abstimmung wurde der Antrag mit 36 gegen 5 Stimmen angenommen.[600] Dies nütze jedoch nichts, weil der König per Dekret den an ihn gestellten Antrag ablehnte.[601] Das wurde in der ersten Kammer verkündet und hierzu von der vierten Deputation ein Gutachten erstellt, welches sich damit auseinandersetzte. Letztlich empfahl die Deputation der Kammer, dass diese erklären sollte, dass sie die Ablehnung lebhaft beklage und dieses Dekret zu den Akten nehmen werde.[602] Dies genügte Joseph jedoch nicht. Er sah die Majorität des Volkes durch die Entscheidung des Königs missachtet. Wenn sich schon

---

598 Zu allem Königreich Sachsen, Mittheilungen über die Verhandlungen des Landtags im Königreiche Sachsen 1849 und 1850, I. Kammer, S. 120–127.

599 Königreich Sachsen, Mittheilungen über die Verhandlungen des Landtags im Königreiche Sachsen 1849 und 1850, I. Kammer, S. 146.

600 Königreich Sachsen, Mittheilungen über die Verhandlungen des Landtags im Königreiche Sachsen 1849 und 1850, I. Kammer, S. 146 f.

601 Königreich Sachsen, Mittheilungen über die Verhandlungen des Landtags im Königreiche Sachsen 1849 und 1850, I. Kammer, S. 753; *Holldack*, Untersuchungen zur Geschichte der Reaktion in Sachsen 1849–1855, S. 37.

602 Königreich Sachsen, Mittheilungen über die Verhandlungen des Landtags im Königreiche Sachsen 1849 und 1850, I. Kammer, S. 754.

fast der gesamte Teil der Volksvertretung in eine Richtung, wie hier die Amnestie der Angeklagten, aussprach, könne nicht ein kleiner Teil dagegen handeln. „Wenn das ganze Volk in einer solchen, alle Parteien vereinigenden Uebereinstimmung gesprochen hat, und dennoch dies nicht berücksichtigt wird, wem sollte da noch ein Vertrauen beigehen zur Wahrheit der Lehre, daß die Majorität des Volkes, gesetzmäßig ausgesprochen, es sein müsse, welche entscheidet und das Schicksal des Landes bestimme?“[603] Dieses Argument führte er in seinem weiteren Vortrag aus.

Eine direkte Erwiderung des Staatsministers Zschinsky[604] griff Josephs Argumente auf, weil dieser in seiner Rede Zschinsky indirekt angegriffen hatte. So stellte sich Zschinsky ihm entgegen, indem er behauptete, dass nicht die Majorität der Volksvertretung allein das Schicksal des Landes bestimmte. Vielmehr bestimmten die Staatsregierung und die Kammern über das Schicksal des Landes.[605] Dies gestand Joseph dem Staatsminister zu, erwiderte jedoch, dass, wenn so ein Beschluss (wie hier bezüglich der Amnestie) von der Kammer gefällt worden sei und dieser bei der Staatsregierung keinen Erfolg gehabt habe, dass dann von einem Zusammenwirken von Kammer und Regierung nicht die Rede sein könne. Wenn dies nicht mehr der Fall sei und die Majorität des Volkes bei der Regierung kein Gehör mehr fände, so sei es an der Zeit darüber nachzudenken, ob der Wille des Volkes noch etwas wert sei.[606] In der Abstimmung zu dem Antrag, die Kammer möge ihr Bedauern darüber aussprechen, dass der Antrag auf Erteilung der Amnestie für die im Dresdner Maiaufstand verflochtenen Personen die Berücksichtigung der Staatsregierung nicht gefunden habe, sprachen sich 26 gegen 16 Abgeordnete dafür aus.[607] Obwohl dieser Antrag nicht viel erreichte, war allein die Diskussion darüber wertvoll. So stellten etwa die Referate Josephs heraus, dass man der Regierung kein Vertrauen mehr schenken könne. Dies offenbarte den tiefen Gegensatz zwischen Kammern und Regierung. Die Forderungen liefen auf eine parlamentarische Demokratie heraus und wollten die Regierung zum Rücktritt zwingen, wenn sie sich nicht an der Majorität im Landtag orientierte.[608]

603 Königreich Sachsen, Mittheilungen über die Verhandlungen des Landtags im Königreiche Sachsen 1849 und 1850, I. Kammer, S. 758.

604 Ferdinand von Zschinsky (1797–1858), deutscher Jurist und Politiker, Innenminister, Justizminister und Vorsitzender des Gesamtministeriums des Königreichs Sachsen; vgl. über ihn Zschinsky, in: *Pierer*, Universal-Lexikon der Vergangenheit und Gegenwart, Bd. 19, 4. Aufl., S. 704.

605 Königreich Sachsen, Mittheilungen über die Verhandlungen des Landtags im Königreiche Sachsen 1849 und 1850, I. Kammer, S. 760.

606 Königreich Sachsen, Mittheilungen über die Verhandlungen des Landtags im Königreiche Sachsen 1849 und 1850, I. Kammer, S. 761.

607 Königreich Sachsen, Mittheilungen über die Verhandlungen des Landtags im Königreiche Sachsen 1849 und 1850, I. Kammer, S. 763.

608 *Holldack*, Untersuchungen zur Geschichte der Reaktion in Sachsen 1849–1855, S. 38.

b) *Auflösung des Landtages*

Auch den Landtag der Jahre 1849/50 ereilte das Schicksal, vorzeitig zu enden. In der 64. Sitzung am 1. Juni 1850 verkündete Staatsminister Zschinsky, dass sich der König bewogen gefühlt habe, die Kammern aufzulösen.[609] Dieser Staatsstreich war das Ergebnis der vorausgehenden Trennung von Regierung und Kammern, welche sich politisch von Monat zu Monat mehr voneinander weg bewegt hatten.[610]

9. Der Sächsische Landtag der Jahre 1850/51

In der Abwesenheit Josephs vom Sächsischen Landtag der Jahre 1850/51 äußerte sich sein Unmut über die Verhältnisse im Staat. Nachdem er in die zweite Kammer des Sächsischen Landtages gewählt worden war,[611] war er bei den ersten Verhandlungen des Landtages nicht anwesend. Obwohl er von der Regierung zum Landtag einberufen wurde, erschien er nicht und gab auch keine Erklärung ab, warum er nicht erscheinen wolle. Ihm gleich taten es andere Abgeordnete, die die Versammlung nicht anerkannten, weil diese mit der Besetzung des alten Landtags der Jahre 1848 wieder einberufen worden war.[612] Nach Entscheidung der Kammer sollte sodann ein Einberufungsschreiben durch das Direktorium an Joseph gesandt werden.[613] So wurde in der 33. Sitzung am 16. Oktober 1850 das Verfahren in Bezug auf diese Abgeordneten verkündet. Bezüglich Hermann Joseph wurde mitgeteilt, dass die Kammer am 5. August 1850 entschieden habe, dass ein Einberufungsverfahren gegen ihn eingeleitet werden solle. Die erste Ladung war am 15. August 1850 erlassen und ihm am 19. August 1850 zugestellt worden. Die zweite Ladung erfolgte am 30. August 1850 und wurde seiner Ehefrau am 5. September 1850 ausgehändigt. Die dritte Ladung ist am 24. September 1850 erlassen und ihm 30. September 1850 übergeben worden. Joseph äußerte sich jedoch dazu nicht und erschien auch nicht vor der Kammer.[614] So beantragte der Referent, dass für die nicht erschienenen Abgeordneten Neuwahlen anberaumt werden sollten, insofern kein Stellvertreter vorhanden war. Daraufhin äußerte sich der Abgeordnete Haberkorn[615] mit der

---

609 Königreich Sachsen, Mittheilungen über die Verhandlungen des Landtags im Königreiche Sachsen 1849 und 1850, Nr. II vom 2. Juni 1850, S. 8.

610 *Jansen*, Die bürgerliche Linke in Sachsen vom Scheitern des Maiaufstandes bis zur Gründung des Norddeutschen Bundes (1849–1867), in: Dresdner Maiaufstand und Reichsverfassung 1849, hrsg. v. Martina Schattkowsky, S. 195.

611 Über die Wahl finden sich keine Unterlagen mehr.

612 *Jansen*, Einheit, Macht und Freiheit, S. 207.

613 Königreich Sachsen, Mittheilungen über die Verhandlungen des Landtags im Königreiche Sachsen 1850 und 1851, II. Kammer, S. 24.

614 Königreich Sachsen, Mittheilungen über die Verhandlungen des Landtags im Königreiche Sachsen 1850 und 1851, II. Kammer, S. 654.

615 Daniel Ferdinand Ludwig Haberkorn (1811–1901), deutscher konservativer Politiker, Mitglied des Sächsischen Landtages und langjähriger Präsident der zweiten

Anmerkung, dass ihm zu Ohren gekommen sei, dass Herr Dr. Joseph mehrere seiner Grundstücke verkauft und in Folge dieser Verkäufe die Wahlfähigkeit verloren habe.[616] Das Nichterscheinen vor der Kammer trotz Wahl und mehrmaliger Ladung führte zur damaligen Zeit zum Verlust des passiven Wahlrechts. So stand zur Diskussion, ob dieses Wahlrecht Joseph überhaupt noch aberkannt werden konnte, wenn er den nötigen Zensus schon nicht erfüllte. Da dies jedoch in der Zukunft wieder der Fall sein konnte, wenn Joseph wieder Grundeigentum erwarb, wurde seine Wahlfähigkeit für unbeachtlich dargestellt. Letztlich wurde in der Abstimmung gegen eine Stimme festgestellt, dass die genannten Personen ersetzt werden sollten.[617]

10. Ausscheiden aus der Politik und Folgezeit

Mit der Abwesenheit vom Sächsischen Landtag der Jahre 1850/51 endete Hermann Josephs politisches Auftreten. Wie bereits erwähnt, hielt er sich im Zeitraum von 1850 bis 1854 im Exil in der Schweiz auf. Nach seiner Rückkehr betätigte er sich jedoch noch in verschiedenen Formen auf der politischen Bühne, erlangte jedoch nie wieder solch eine große Bedeutung wie in den Jahren 1848–1850. Aus der Zeit ist auch wenig über sein Handeln bekannt und dokumentiert, jedoch sollen hier noch einige Punkte angesprochen werden, die von Bedeutung sind. Vorangestellt werden kann jedoch bereits, dass Joseph sich nach der Rückkehr aus dem Exil politisch verändert hatte. In der Revolutionszeit sowie kurz danach trat er noch als Kämpfer auf, welcher teilweise auf der extremen Linken zu finden war. In den 50er und 60er Jahren des 19. Jahrhunderts finden wir ihn aber bei den Linksliberalen, welche aus der 48er-Bewegung stammten, nun das allgemeine Wahlrecht akzeptierten, sich in der Massen- und Arbeiterbewegung engagierten und im National- und Fortschrittsverein organisierten.[618]

a) Der Nationalverein

Das politische Leben in den Landesvertretungen lag nach den mehrmaligen Auflösungen des Landtages brach. Die sich oppositionell verhaltenden demokratischen

---

Kammer; vgl. über ihn *Matzerath*, Aspekte sächsischer Landtagsgeschichte – Präsidenten und Abgeordnete von 1833 bis 1952, S. 70 f.

616 Königreich Sachsen, Mittheilungen über die Verhandlungen des Landtags im Königreiche Sachsen 1850 und 1851, II. Kammer, S. 655; *Neemann*, Landtag und Politik in der Reaktionszeit, S. 68. Joseph hatte am 20. Juni 1849 mehrere seiner Grundstücke an seine Frau verkauft. Insoweit ist die Vermutung des Abgeordneten Haberkorn richtig. Ob er dadurch seine Unwählbarkeit herbeiführen wollte, ist jedoch nicht zu belegen.

617 Königreich Sachsen, Mittheilungen über die Verhandlungen des Landtags im Königreiche Sachsen 1850 und 1851, II. Kammer, S. 657.

618 *Biefang*, Politisches Bürgertum in Deutschland 1857–1868, S. 47.

Politiker zogen sich aus der Landespolitik zurück und agierten in den Kommunalparlamenten der größeren Städte, um von dort ihren Einfluss auszuweiten.[619] Um sich, trotz des Verlustes des passiven Wahlrechts, politisch zu betätigen, ließ sich Joseph in die Leipziger Stadtverordnetenversammlung wählen. Wie bereits erwähnt, wurde er 1857 zunächst als Ersatzmann in den Rat der Stadt Leipzig gewählt, fungierte dann aber von 1859 bis zu seinem Ausscheiden 1868 als ordentliches Mitglied und Vorsteher des Rates. Auch dort ließ sich in begrenztem Rahmen politisch wirken. Nachdem Joseph sein Erscheinen auf dem Landtag der Jahre 1850/51 verweigert hatte, konnte er doch als Stadtverordnetenvorsteher von Leipzig informell Einfluss nehmen. So hielt Joseph beispielsweise bei den Feierlichkeiten zur Völkerschlacht im Jahre 1863 die Festrede oder engagierte sich im Leipziger Festkomitee anlässlich der Schillerfeiern 1859, welche zweifelsohne einen politischen Charakter aufwiesen.[620] Auch verweigerte er die Annahme des Amtes eines besoldeten Stadtrates auf Lebenszeit. Nachdem er von der Leipziger Stadtverordnetenversammlung in dieses Amt gewählt wurde, wurde dies von der königlichen Kreisdirektion, welche der Wahl zustimmen musste, abschlägig beschieden. Dagegen appellierte jedoch wiederum die Stadtverordnetenversammlung. Erst durch die Rücknahme der Wahlannahme durch Hermann Joseph wurde die Streitigkeit, für die Stadtverordnetenversammlung und Joseph negativ, geklärt. Joseph begründete die Ablehnung seiner Wahl damit, dass er „ueber dem frohen Anblicke des Anfangs zur Bildung eines Deutschlands [...] die Kraft der Selbstverleugnung verloren [habe], deren [er] bedurfte, um eine Bestätigung der auf [ihn] gefallenen Wahl zum Stadtrath anzunehmen."[621] Hierin lässt sich die Verbitterung derer erkennen, die in der deutschen Revolution mitgekämpft, jedoch die Aussichtslosigkeit ihres Wirkens erkannt hatten. Auch wollten sie keine Vasallen der Herrschenden mehr sein und nur durch ihre Gnade in ein Amt gewählt werden, welches ihnen von den Bürgern als Souverän verliehen wurde. Ähnliches ließ sich beim Landtag der Jahre 1850/51 erkennen, als die Abgeordneten ihr Mandat nicht antraten, weil der alte Landtag des Jahres 1848 wieder einberufen wurde, welcher (noch) nach dem alten Wahlrecht von 1831 zustande gekommen war.

Joseph betätigte sich aber auch außerhalb von offiziellen Gremien. So nutzten nach der gescheiterten Revolution von 1848 einige Parlamentarier wie Joseph und Schaffrath selbst ihren Beruf für die politische Agitation und drängten in die bürgerlichen Organisationen hinein.[622] So wurden Schaffrath und Joseph in einem Bericht des Innenministeriums über regierungsfeindliche Parteien erwähnt. Dieser Bericht erschien in Zusammenhang mit dem „Verzeichnis derjenigen Advokaten

619 *Neemann*, Landtag und Politik in der Reaktionszeit, S. 141.

620 *Neemann*, Landtag und Politik in der Reaktionszeit, S. 219 f.; Verzeichnis der bei der 50jährigen Feier der Völkerschlacht am 17.–19. Okt. 1863 in Leipzig anwesenden städtischen deputirten, S. 13.

621 Leipziger Tageblatt, Nr. 274 vom 1. Oktober 1866.

622 *Hildebrandt*, Parlamentsopposition auf Linkskurs, S. 235.

und Rechtskandidaten, welche in die Maiereignisse 1849 verwickelt gewesen sind". Ihnen wurde demnach aber bescheinigt, dass sie doch vor dem Risiko einer illegalen politischen Betätigung zurückgeschreckt waren.[623]

Am 15./16. September 1859 wurde der Deutsche Nationalverein in Frankfurt gegründet.[624] Diese Vereinigung wurde zum Sammelbecken ehemaliger 48er, welche nun ihre radikale Linie verlassen hatten und liberaler agierten. Er versuchte, die bürgerlich-liberale Politik im gesamten deutschen Gebiet zu koordinieren und stellte mit seinen Mitgliedern später die Führungsspitzen der Fortschrittsparteien der einzelnen deutschen Länder; in Sachsen beispielsweise vertreten durch Hermann Joseph, welcher Mitbegründer des Nationalvereins war und danach als „Nationalvereins-Agent" agierte.[625] Erst durch diese Verflechtungen wurden die Voraussetzungen für gemeinsame Programme, Verlautbarungen und Aktionen geschaffen.[626] Inhaltlich verfolgte der Nationalverein ein pragmatisches Programm und sah eine kleindeutsche oder großpreußische Lösung für die Erfüllung der deutschen Einheit als geeignet an. Jedoch waren gerade diese parteiähnlichen Strukturen – mit einem starren Programm – ehemaligen Paulskirchenvertretern unangenehm, weil diese sich als Vertreter des deutschen Volkes sahen und aus diesem Grund mehr einem Ersatzparlament, wie dem noch zu betrachtenden Abgeordnetentag, zugetan waren, als dem Nationalverein.[627]

b) Die deutschen Abgeordnetentage 1862 und 1863

Am 28. und 29. September 1862 fanden sich in Weimar circa 400 Teilnehmer zum ersten deutschen Abgeordnetentag ein, welcher vom Nationalverein organisiert wurde und diesen als Vermittlungs- und Koordinierungsorgan der liberalen Nationalpolitik ab 1863 sogar kurzzeitig ablöste. Bereits an den Vorbereitungen zu diesem Ereignis hatte Joseph regen Anteil gehabt. So suchte eine ganze Reihe Dresdner und Leipziger Demokraten Anschluss an die Nationalbewegung. Joseph gehörte dabei bereits seit Anfang September 1862 zu einem engeren Kreis sächsischer Kontaktpersonen, die an den Vorbereitungen für den deutschen Abgeordnetentag beteiligt gewesen waren. Bezüglich der Teilnahme vertrat Joseph die Ansicht, dass die Aspiranten nicht nur nach ihrer nationalpolitischen Haltung selektiert, sondern auch ihr verfassungsrechtlicher Bezug geprüft werden solle. Außerdem sollten auch ehemalige Abgeordnete teilnehmen dürfen, was natürlich für die gewesenen Mitglieder der Frankfurter Nationalversammlung

623 *Frank*, Der Kampf um die freie Advokatur und die Gleichschaltung der Anwaltschaft im Dritten Reich, S. 13.

624 Vgl. umfassend zur Gründungsgeschichte des Deutschen Nationalvereins *Le Mang*, Der Deutsche Nationalverein.

625 *Offermann*, Arbeiterbewegung und liberales Bürgertum in Deutschland 1850–1863, S. 187, 381; *Jansen*, Einheit, Macht und Freiheit, S. 302, 334.

626 *Biefang*, Politisches Bürgertum in Deutschland 1857–1868, S. 275.

627 *Jansen*, Einheit, Macht und Freiheit, S. 336.

und der aufgelösten Sächsischen Landtage von 1849 und 1849/50 von Interesse war.[628]

Am Vorabend der Eröffnung des Abgeordnetentages beantragte Joseph, dass die Zulassung von Abgeordneten zum Abgeordnetentag, welche aus Parlamenten stammten, die nur einseitig einberufen worden seien, keine Anerkennung der jeweiligen Gremien bedeute. Vielmehr läge es im Interesse des Abgeordnetentages, in Ländern, in denen keine demokratisch gewählten Ständeversammlungen bestünden, einen demokratischen Rechtszustand aufzurichten und dies zum allgemeinen deutschen Interesse zu erheben.[629] Somit wurden denjenigen konservativen sächsischen Abgeordneten, die am Abgeordnetentag teilnehmen wollten, aufgezwungen, ihrer Ständeversammlung die Legitimität abzuerkennen. Diese reisten daraufhin wieder ab, sodass nur die demokratischen Abgeordneten und die liberale Opposition übrig blieben, die gewesene Mitglieder in den Landtagen von 1849 und 1849/50 waren. Joseph wurde später in den Ausschuss des Abgeordnetentages kooptiert. Mit diesem Streich Josephs wurde die politische Polarisierung innerhalb Sachsens vorangetrieben. Sie wurde noch dadurch verstärkt, dass der Nationalverein im Herbst 1862 die Durchsetzung der Reichsverfassung als politisches Ziel manifestierte.[630]

Das eigentliche Ziel des Abgeordnetentages bestand darin, die gemäßigten Konstitutionellen, welche sich aus Angst vor demokratischer Unterwanderung nicht an den Nationalverein binden wollten, an die Nationalbewegung anzuschließen. Weiterhin sollte der Abgeordnetentag als Koordinierungsorgan für die Arbeit der einzelnen Landtage in Bezug auf die deutsche Frage wirken und als eine Art Vorparlament die Gründung einer vereinenden Fortschrittspartei vorantreiben.[631] Auch stellte er die Reorganisation des Zollvereins in den Mittelpunkt seiner Beratungen.[632] Für die sächsischen Demokraten um Joseph und Schaffrath war er außerdem nützlich, um intensiver für die Einführung der Reichsverfassung von 1849 zu werben.[633] Letztlich führte der Abgeordnetentag zu einer Annäherung der sächsischen Demokraten und Liberalen. Dies führte dazu, dass in Leipzig die geheimen Treffen des Nationalvereins (er war polizeilich verboten) als Kernzelle organisatorischer Bestrebungen genutzt wurden, welche maßgeblich von den Demokraten ausgingen.[634] So kam es gleichzeitig in Dresden und Leipzig zu Treffen von „Freunden des Fortschritts". Aus diesen Treffen ging die Idee hervor, eine gemeinsame

628 *Neemann*, Landtag und Politik in der Reaktionszeit, S. 450 f.

629 *Jansen*, Einheit, Macht und Freiheit, S. 400.

630 *Neemann*, Landtag und Politik in der Reaktionszeit, S. 451.

631 *Neemann*, Landtag und Politik in der Reaktionszeit, S. 452; *Offermann*, Arbeiterbewegung und liberales Bürgertum in Deutschland 1850–1863, S. 187.

632 *Real*, Pfingstversammlung und Abgeordnetentag, in: Darstellungen und Quellen zur Geschichte der deutschen Einheitsbewegung im neunzehnten und zwanzigsten Jahrhundert, Bd. 8, hrsg. v. Kurt Stephenson und Alexander Scharff, S. 201.

633 *Neemann*, Landtag und Politik in der Reaktionszeit, S. 453.

634 *Neemann*, Landtag und Politik in der Reaktionszeit, S. 456.

Volksversammlung in Leipzig abzuhalten und in dieser einen Verein für das gesamte Königreich Sachsen zu gründen. Auch hier war Hermann Joseph wieder maßgeblicher Mitorganisator, indem er zu einer Versammlung im Leipziger Schützenhaus einlud. Diese Stoßrichtung sollte nach Möglichkeit viele verschiedene oppositionelle Kräfte bündeln, die auf allen politischen und gesellschaftlichen Ebenen gesucht wurden.[635] Joseph wirkte dabei politisch gesehen als Vorzeigemitglied des Nationalvereins und zusammen mit Brockhaus[636] und Heyner[637] als Repräsentant der Mehrheit der Leipziger Stadtverordneten.[638] Er wies darauf hin, dass die zersplitterten liberalen Kräfte vereint werden mussten, um auch Sachsen in freiheitlicher Beziehung auf die Stufe zu erheben, auf welcher sich die anderen Deutschen bereits befanden. Aus dieser Volksversammlung gründete sich am 25. April 1863 der Sächsische Fortschrittsverein, in dem Joseph und Schaffrath sogleich im provisorischen Vorstand mitwirkten.[639] Dieser sah sich als politisch oppositionelles Sammelbecken, welcher verschiedene Strömungen vereinen wollte und stand für die Reform des restriktiven sächsischen Wahlrechts, ein liberales Rechtssystem, die bundesstaatliche Einigung Deutschlands aufgrund der Reichsverfassung, die Wiedereinberufung der Nationalversammlung und die wirtschaftliche Freizügigkeit.[640] Ein direktes öffentliches Wirken des Fortschrittsvereins lässt sich jedoch nicht konstatieren, weil das noch strenge sächsische Vereinsrecht eine solche offizielle Gründung nicht zuließ und sich das Wirken des Vereins somit maßgeblich durch seine Ausschussmitglieder bestimmte. So ist die Arbeit des Sächsischen Fortschrittsvereins als vernachlässigbar anzusehen. Jede politische Gruppierung innerhalb des Vereins versuchte ihre eigenen politischen Anschauungen durchzusetzen und ließ somit eine einheitliche Linie und Schlagkraft des Vereins vermissen. Dies lässt sich maßgeblich daran erkennen, dass bei den Ergänzungswahlen zum Sächsischen Landtag 1863 kein einheitlicher Wahlkampf geführt wurde.[641] Ein kurzes Aufflammen des Fortschrittsvereins in der Öffentlichkeit brachte die Schleswig-Holstein-Frage des Jahres 1863. Hierzu meldete sich der, wie erwähnt lange Zeit passive, Ausschuss des Fortschrittsvereins am 21. November zu Wort. Der Vorstand richtete einen Aufruf an alle Sachsen, der auch von Hermann Joseph mitunterzeichnet war.

---

635 *Neemann*, Landtag und Politik in der Reaktionszeit, S. 457.

636 Heinrich Brockhaus (1804–1874), deutscher Buchhändler, Verleger und liberaler Politiker; vgl. über ihn *Mühlbrecht*, Brockhaus, in: ADB, Bd. III, S. 337–340.

637 Carl Heyner (1809–1867), Arzt, Leipziger Stadtverordneter und Abgeordneter zum Sächsischen Landtag 1861; vgl. über ihn *Klimpel*, Ärzte als Mitglieder des sächsischen Landtages 1832–1952, in: Ärzteblatt Sachsen, Nr. 6/2008, S. 258.

638 *Neemann*, Landtag und Politik in der Reaktionszeit, S. 458.

639 Illustrirte Zeitung, Nr. 1035 vom 2. Mai 1863, S. 290; Constitutionelle Zeitung, Nr. 95 vom Dienstag, den 28. April 1863.

640 *Jansen*, Einheit, Macht und Freiheit, S. 405; Illustrirte Zeitung, Nr. 1035 vom 2. Mai 1863, S. 290; Constitutionelle Zeitung, Nr. 95 vom Dienstag, den 28. April 1863.

641 *Neemann*, Landtag und Politik in der Reaktionszeit, S. 459.

Sie sollten sich zu öffentlichen Versammlungen zusammen finden, wobei kein programmatischer Rahmen vorgegeben war.[642] Daraufhin gründete sich aus einer Versammlung in Leipzig heraus, bei welcher Biedermann das Hauptreferat hielt, ein Schleswig-Holstein-Verein unter der Führung Biedermanns und Wuttkes[643].[644] Auch diese Konstellation bewies wieder, dass es eine parteiübergreifende Zusammenarbeit geben konnte und dass Differenzen zwischen Linksliberalen und Demokraten ausgeräumt werden konnten, wenn es einen großen gemeinsamen Punkt gab, um den es sich zu streiten lohnte.[645]

Auch beim zweiten Abgeordnetentag im Jahre 1863 war Hermann Joseph wieder maßgeblich beteiligt. So ergingen von ihm die Einladungen für den 21./22. August 1863 nach Frankfurt am Main. Ebenfalls in Frankfurt fand vom 16. August bis zum 1. September 1863 der Fürstentag statt, welcher das österreichische Reformprogramm der deutschen Bundesverfassung[646] zwar verabschiedete, welche aber durch den Boykott Preußens und der Klein- und Mittelstaaten im Nachgang nicht in Kraft gesetzt wurde.[647]

Am Abgeordnetentag selbst beteiligten sich 319 Personen, wovon 26 ehemalige Paulskirchenlinke waren. Am Ende des ersten Tages wurde Joseph in den ständigen Ausschuss gewählt.[648] Im Verlauf der Verhandlungen forderte die Paulskirchenlinke wiederum, wie sie es seit Jahren tat, die Konstituierung eines Vorparlaments und die Wahl einer Nationalvertretung. Jedoch stellte sich auf dem zweiten Abgeordnetentag heraus, dass diese Forderungen von der Nationalvereinsführung nicht unterstützt wurden. Die Organisation der Einigungsbewegung wurde maßgeblich von dieser Führung vorangetrieben und so gerieten die Forderungen der Paulskirchenlinken ins Hintertreffen. Die Überparteilichkeit des Abgeordnetentages war somit nur Fassade.[649] Ziel des Abgeordnetentages war letztlich die Forderung,

---

642 *Neemann*, Landtag und Politik in der Reaktionszeit, S. 467.

643 Heinrich Wuttke (1818–1876), deutscher Historiker, Mitglied der gemäßigten Linken der Frankfurter Nationalversammlung; vgl. über ihn *Müller-Frauenstein*, Wuttke, Johann Karl Heinrich, in: ADB, Bd. XLIV, S. 569–572.

644 *Jansen*, Die Paulskirchenlinke in Sachsen nach der Niederlage der Revolution, in: Sachsen in Deutschland, hrsg. v. James Retallack, S. 75.

645 *Jansen*, Die bürgerliche Linke in Sachsen vom Scheitern des Maiaufstandes bis zur Gründung des Norddeutschen Bundes (1849–1867), in: Dresdner Maiaufstand und Reichsverfassung 1849, hrsg. v. Martina Schattkowsky, S. 201; *Jansen*, Die Paulskirchenlinke in Sachsen nach der Niederlage der Revolution, in: Sachsen in Deutschland, hrsg. v. James Retallack, S. 75.

646 Die Reform sah die Schaffung eines föderalen Bundesstaates mit einem Bundesdirektorium als Exekutive und einer Bundesversammlung vor. Ebenso sollten noch weitere Gremien geschaffen werden, unter anderem eine Abgeordnetenversammlung, die den Forderungen der liberalen Opposition entgegenkommen sollte.

647 *Jansen*, Einheit, Macht und Freiheit, S. 441.

648 *Jansen*, Einheit, Macht und Freiheit, S. 437 f.

649 *Jansen*, Einheit, Macht und Freiheit, S. 440.

einen Nationalstaat auf der Basis der alten Reichsverfassung zu gründen und die österreichischen Bundesreformvorschläge abzulehnen. Die Formulierung eines deutschlandpolitischen Programms gelang den Abgeordneten jedoch nicht. Für die demokratischen Föderalisten bestand einzig Einigkeit darüber, dass der zukünftige deutsche Staat unter Beteiligung einer Volksvertretung gegründet werden müsse und kein Fürstenbund mehr sein dürfe. Die großpreußische Bewegung hingegen, welche die Nationalbewegung anführte, hielt einen Staat unter der Führung Preußens für unausweichlich.[650]

c) Die Nationalliberale Partei

Im Jahre 1864 entstand in Sachsen, aufgrund der militärischen Erfolge Preußens, innerhalb der bürgerlichen Linken eine dezidiert großpreußische Minderheitenströmung, an deren Spitze die einstigen politischen Gegner Hermann Joseph und Karl Biedermann standen, die sich nun zusammen gefunden hatten, weil sie aus der Revolution von 1848/49 unterschiedliche Konsequenzen gezogen hatten.[651] Sie fühlten sich aufgrund von Bismarcks Führungsstärke und des Sieges der preußischen Armee über Dänemark zu Preußen hingezogen. Diese Stärke des preußischen Staates und die Enttäuschung über die Handlungsunfähigkeit der Mittelstaaten täuschten über die Handlungen der liberalen Führung des preußischen Staates hinweg. Die preußenfreundliche Strömung in Sachsen ging sogar so weit zu überlegen, ob Preußen als Bündnispartner bereits attraktiv war oder ob es dafür des Sturzes Bismarcks bedurfte.[652] Liebknecht[653] bezeichnet Joseph in diesem Zusammenhang abwertend als fanatischen „Borussomanen und Einheitsreaktionär".[654] In Sachsen ging das Bestreben der Liberalen soweit, die sächsische Regierung für den eventuellen Ausbruch eines Krieges verantwortlich zu machen und Abrüstung sowie Anschluss an Preußen zu fordern. Die Leipziger Stadtverordneten unter Joseph und der Stadtrat schlossen sich durch Beschluss vom 5. Mai 1865 der Auffassung der Liberalen an.[655] Joseph und Biedermann entfernten sich somit von der Idee der

---

650 *Jansen*, Einheit, Macht und Freiheit, S. 441.

651 *Jansen*, Die bürgerliche Linke in Sachsen vom Scheitern des Maiaufstandes bis zur Gründung des Norddeutschen Bundes (1849–1867), in: Dresdner Maiaufstand und Reichsverfassung 1849, hrsg. v. Martina Schattkowsky, S. 192; *Jansen*, Einheit, Macht und Freiheit, S. 405; *Jansen*, Die Paulskirchenlinke in Sachsen nach der Niederlage der Revolution, in: Sachsen in Deutschland, hrsg. v. James Retallack, S. 68, 77.

652 *Jansen*, Die bürgerliche Linke in Sachsen vom Scheitern des Maiaufstandes bis zur Gründung des Norddeutschen Bundes (1849–1867), in: Dresdner Maiaufstand und Reichsverfassung 1849, hrsg. v. Martina Schattkowsky, S. 204.

653 Wilhelm Liebknecht (1826–1900), radikaldemokratischer Revolutionär und Gründungsvater der Sozialdemokratischen Partei Deutschlands; vgl. über ihn *Weber*, Liebknecht, Wilhelm, in: NDB, Bd. XIV, S. 503 f.

654 *Liebknecht*, Robert Blum und seine Zeit, 2. Aufl., S. 26.

655 *Bebel*, Aus meinem Leben, Erster Tl., S. 130 f.

1848er, da ein geeintes Deutschland unter preußischer Führung unweigerlich den Ausschluss Österreichs zur Folge gehabt hätte.[656]

Nach der Niederlage Sachsens auf Seiten des Deutschen Bundes im Krieg gegen Preußen und seine Verbündeten im Jahre 1866 kam es zuerst in Sachsen zur offenen Parteispaltung zwischen „Großpreußen" und „Föderalisten". Den Höhepunkt erreichte dies im August 1866. Ab diesem Zeitpunkt wurde Sachsen zum Vorreiter der Entstehung der Nationalliberalen Partei. Auch hier finden wir wieder ehemalige Paulskirchenabgeordnete als Führungsvertreter der einzelnen Strömungen, welche sich bereits am 24. Juli 1866 in der Zentralhalle in Leipzig zu Besprechungen über die deutsche Zukunftsfrage zusammengefunden hatten.[657] Als grundsätzliche Gedanken der Teilnehmer dieses Treffens galten die Herstellung eines deutschen Bundesstaates unter preußischer Führung, das Fernhalten des Auslandes aus den internen Angelegenheiten und ein verfassungsmäßiges Vorgehen der preußischen Regierung in Deutschland und Preußen.[658] Hermann Joseph führte die großpreußische Richtung an, die den Anschluss an Preußen wünschte, Biedermann vertrat eine vermittelnde Linie, die einen deutschen Bundesstaat favorisierte aber nicht den Anschluss an Preußen forderte und Schaffrath stand für eine demokratisch-föderalistische antipreußische Richtung.[659] Da nach dem preußisch-deutschen Krieg die Annexion Sachsens durch den nördlichen Nachbarn drohte, entbrannte vor allem hier der Richtungskampf der unterschiedlichen liberalen Strömungen. Die Politiker waren aufgefordert, klare Positionen zu beziehen. Hier zeigten sich nun die neu entstandenen Strömungen in Sachsen. Eine Berufung auf die Streitpunkte von 1848/49 fand nicht mehr statt. Vielmehr orientierte sich nun alles auf den Streit, wie man sich gegenüber Preußen und dem neu zu errichtenden deutschen Staate stellen solle. Hier wagten vor allem die Preußenfreundlichen unter Biedermann eine Annäherung an die Konservativen unter Ausschluss der Demokraten. Diese späteren Nationalliberalen wollten keine Einheit der bürgerlichen Linken mehr, wie noch zu Beginn der 1860er Jahre. Die preußenfreundliche Linke paktierte eher mit den Konservativen als mit den demokratischen Föderalisten. Dies bedeutete das Ende der Zusammenarbeit der bürgerlichen Linken.[660] Hier zeigte sich klar und deutlich die Spannung zwischen den früheren Gesinnungsgenossen

656 *Jansen*, Die bürgerliche Linke in Sachsen vom Scheitern des Maiaufstandes bis zur Gründung des Norddeutschen Bundes (1849–1867), in: Dresdner Maiaufstand und Reichsverfassung 1849, hrsg. v. Martina Schattkowsky, S. 208.

657 *Kretzschmar*, Die Zeit König Johanns von Sachsen 1854–1873, S. 73.

658 *Jordan*, Die öffentliche Meinung in Sachsen 1864–66, S. 178.

659 *Jansen*, Die bürgerliche Linke in Sachsen vom Scheitern des Maiaufstandes bis zur Gründung des Norddeutschen Bundes (1849–1867), in: Dresdner Maiaufstand und Reichsverfassung 1849, hrsg. v. Martina Schattkowsky, S. 204; *Jansen*, Einheit, Macht und Freiheit, S. 570; *Jansen*, Die Paulskirchenlinke in Sachsen nach der Niederlage der Revolution, in: Sachsen in Deutschland, hrsg. v. James Retallack, S. 77 f.

660 *Jansen*, Einheit, Macht und Freiheit, S. 569.

Joseph, der auf der Seite Biedermanns stand, und Schaffrath. Joseph ging dabei sogar noch weiter als Biedermann, indem er eine Annexion Sachsens durch Preußen für möglich hielt, obwohl der Großteil der sächsischen Bevölkerung dem negativ gegenüber stand und österreichfreundlicher war, als die großpreußische Linke erwartete.[661]

Letztlich wurde am 26. August 1866 eine liberale Landesversammlung abgehalten, die erstmalig zu dieser Zeit Liberale aus ganz Sachsen zu einer gemeinsamen Beratung vereinte. Direkt zu Beginn wurden Biedermann und Joseph ins Präsidium gewählt. Bei der Diskussion über die Zukunft Sachsens und des Norddeutschen Bundes vertrat Joseph die Meinung, dass Sachsen tatsächlich auf jeden Fall annektiert werden würde. Lediglich die Integrität Sachsens sei durch den Nikolsburger Vertrag[662] verbürgt worden, nicht aber die sächsische Dynastie. Nach Meinung Josephs sei die Annexion durch Preußen materiell das Mildeste, was passieren könne.[663]

Am Ende der Versammlung einigte man sich auf den Antrag Biedermanns und somit auf eine föderalistische Lösung der deutschen Frage, akzeptierte aber die Vorherrschaft Preußens in verschiedenen Bereichen. Weiterhin wurde der Aufbau einer eigenständigen nationalliberalen Partei in Sachsen beschlossen. Damit hatte sich die biedermannsche Richtung gegen die von Joseph und Schaffrath durchgesetzt.[664] Lediglich der Antrag Josephs am Ende der Sitzung, dass die noch in Österreich liegenden sächsischen Truppen zurückgerufen werden sollten, wurde von seinem Programm durchgesetzt.[665]

Wie bereits erwähnt versuchten Demokraten und Liberale, durch Agitation in Vereinen und Kommunalparlamenten ihre Ideen zu verbreiten. Dafür eignete sich die Nationalliberale Partei sehr gut. In Leipzig nutzte Joseph die Sitzungen, um seiner Meinung Ausdruck zu verleihen. So hielt er auf der Versammlung

---

661 *Jansen*, Die bürgerliche Linke in Sachsen vom Scheitern des Maiaufstandes bis zur Gründung des Norddeutschen Bundes (1849–1867), in: Dresdner Maiaufstand und Reichsverfassung 1849, hrsg. v. Martina Schattkowsky, S. 205; *Jansen*, Einheit, Macht und Freiheit, S. 302.

662 „Art. V. Auf den Wunsch Seiner Majestät des Kaisers von Österreich erklärt Seine Majestät der König von Preußen sich bereit, bei den bevorstehenden Veränderungen in Deutschland den gegenwärtigen Territorialbestand des Königreichs Sachsen in seinem bisherigen Umfange bestehen zu lassen, indem er Sich dagegen vorbehält, den Beitrag Sachsens zu den Kriegskosten und die künftige Stellung des Königreichs Sachsen innerhalb des Norddeutschen Bundes durch einen mit Seiner Majestät dem Könige von Sachsen abzuschließenden besonderen Friedensvertrag näher zu regeln."; vgl. *Huber*, Dokumente zur deutschen Verfassungsgeschichte, Bd. 2, 3. Aufl., S. 249.

663 *Jordan*, Die öffentliche Meinung in Sachsen 1864–66, S. 183.

664 *Jansen*, Die bürgerliche Linke in Sachsen vom Scheitern des Maiaufstandes bis zur Gründung des Norddeutschen Bundes (1849–1867), in: Dresdner Maiaufstand und Reichsverfassung 1849, hrsg. v. Martina Schattkowsky, S. 205 f.

665 *Jordan*, Die öffentliche Meinung in Sachsen 1864–66, S. 184, 205.

am 13. Oktober 1866 eine längere Rede.[666] Streitpunkt war seit Ende des Krieges die Entlassung der sächsischen Soldaten, die noch in Österreich stationiert waren, und deren Rückkehr in ihre Heimat.[667] Hermann Joseph äußerte sich nun in der Sitzung über die wünschenswerte Rückberufung der sächsischen Truppen. Auch erhob er schwere Kritik am Handeln König Johanns[668] und des Ministers von Beust[669], die die sächsischen Abgeordneten im Landtage belogen hätten, um sich die Finanzierung für die Kriegsführung zu sichern.[670] Nun würden die unter Waffen stehenden sächsischen Truppen weiterhin finanziert werden, obwohl dies keine Rechtfertigung durch den Landtag habe. Allein aus diesem Grunde müssten die Truppen zurück gerufen werden, um einer weiteren Minderung der sächsischen Finanzbestände entgegenzuwirken. Der Verbleib der Truppen nach dem Friedensschlusse unter Waffen sei nicht mehr mit den Interessen des Landes vereinbar, sondern beruhe vielmehr auf missverstandenen dynastischen Rücksichten.[671] Wären die sächsischen Truppen aus dem Dienst entlassen worden, hätte dies gezeigt, dass Sachsen gegenüber Preußen keine hartnäckige Haltung mehr einnehme. Somit hätten die Wirtschaft und der Verkehr, welche seit Kriegsbeginn brach lägen, wieder floriert, das Volk wäre beruhigt und die Verzögerung des Friedensschlusses mit Preußen aus dem Weg geräumt gewesen.[672] Nachdem Karl Biedermann auf der Versammlung einen Vortrag darüber gehalten hatte, dass Sachsen baldmöglichst zu verfassungsmäßigen Zuständen zurückkehren solle und dass dies vor allem dadurch geschehen könne, dass die Volksvertretung und Verfassung von 1848 wieder eingeführt werde, erwiderte Joseph, dass dies nur einen Übergangspunkt darstellen würde, den man sofort aufgeben müsse, wenn die volle Einverleibung in Preußen zu erlangen sei. Dann würden verfassungsmäßige Zustände geschaffen werden, weil Preußen Sachsen schon zu seiner Verfassung verhelfen würde.[673]

Wie bereits erwähnt, fand die preußenfreundliche Strömung bei der sächsischen Bevölkerung wenig Anklang. Dies äußerte sich bereits bei den Kommunalwahlen im Dezember 1866, als die von Biedermann und Joseph angeführte Liste „Wahrheit und Recht" in Leipzig erstmalig seit der Revolution 1848 nicht die Mehrheit bekam. So entfielen von den Stimmen, die die Urwähler für die Wahl der Wahlmänner

---

666 Leipziger Zeitung, Nr. 245 vom Dienstag, den 16. Oktober 1866, S. 5344 f.

667 *Friesen*, Erinnerungen aus meinem Leben, Zweiter Bd., 2. Aufl., S. 348.

668 Johann von Sachsen (1801–1873), seit 1854 König von Sachsen; vgl. über ihn *Falkenstein*, Johann I., in: ADB, Bd. XIV, S. 387–399.

669 Friedrich Ferdinand von Beust (1809–1886), sächsischer und später österreichischer Staatsmann, 1858–1866 Vorsitzender des sächsischen Gesamtministeriums; vgl. über ihn *Erdmannsdörffer*, Beust, Friedrich Ferdinand von, in: ADB, Bd. XLVI, S. 494–532.

670 Leipziger Zeitung, Nr. 245 vom Dienstag, den 16. Oktober 1866, S. 5344.

671 Leipziger Zeitung, Nr. 245 vom Dienstag, den 16. Oktober 1866, S. 5345.

672 *Jordan*, Die öffentliche Meinung in Sachsen 1864–66, S. 205.

673 Leipziger Zeitung, Nr. 245 vom Dienstag, den 16. Oktober 1866, S. 5345.

abgaben, 1.400 auf die Biedermann-Josephsche Liste, während 1.600 auf den Patriotischen Verein entfielen.[674]

Nach der enttäuschenden Niederlage breiteten sich, in Vorbereitung auf die Reichstagswahlen, im Sommer 1867 innerhalb der Nationalliberalen Partei Unstimmigkeiten aus. Hermann Joseph wollte die Untauglichkeit Biedermanns und die Unentschlossenheit der Partei dazu nutzen, sich selbst an die Spitze zu schwingen und in den Reichstag einzuziehen.[675] Am 12. August 1867 wurde Joseph auf einer nur mäßig besuchten Parteiversammlung mit 56 gegen 41 Stimmen als Kandidat für die Wahl zum Norddeutschen Reichstag aufgestellt. Dies widerstrebte aber Biedermanns Ansichten. Dieser kehrte sofort aus seinem Urlaub nach Leipzig zurück und überzeugte die Mehrheit der Ausschussmitglieder der Partei von seinem Plan, Josephs Wahl rückgängig zu machen. Der Ausschuss stellte Joseph daraufhin das Ultimatum, auf die Wahl zu verzichten oder in einer neu einzuberufenden Parteiversammlung abgewählt zu werden. Kurzfristig informierte Biedermann alle Parteimitglieder, wovon sich ein Großteil auf der folgenden Parteiversammlung am 16. August 1867 einfand. Da Joseph keinen Verzicht erklärt hatte, zeigte sich Biedermanns Einfluss auf die Mitglieder in dem Ergebnis. So stimmten 150 Mitglieder gegen 15 für die Kassation des Beschlusses vom 12. August 1867. Zeitgleich mit der Abberufung als Kandidat erfolgte Josephs Ausscheiden aus der Nationalliberalen Partei und das Ende seines politischen Wirkens.[676]

Mit der Aufgabe seines Vorsteherpostens in der Leipziger Stadtverordnetenversammlung im August 1868 zog er sich vollkommen aus der Politik zurück und wirkte bis zu seinem Tode nur noch als normales Mitglied des Stadtverordnetenkollegiums. Mit dieser Handlung kurz vor seinem Tod 1869 endete sein politisches Wirken.

III. Wilhelm Michael Schaffrath

1. Der Sächsische Landtag 1845/46

Adolf Ernst Hensel, Hermann Joseph und Wilhelm Michael Schaffrath stellten ein Dreigespann dar, das sich erstmalig während des Sächsischen Landtages der Jahre 1845/46 politisch etablierte.[677] Unzweifelhaft war der politische Mittelpunkt der oppositionellen Strömung zunächst Schaffrath, später Robert Blum.[678] Nach den Leipziger Unruhen des Jahres 1845 und der für die Bevölkerung unbefriedigenden Lösung des Vorfalls war es kein Wunder, dass die Wahl des Jahres 1845 neue Radikale in die Kammer spülte und die Opposition auf 14 Mitglieder anstieg, welche – in

674 *Jordan*, Die öffentliche Meinung in Sachsen 1864–66, S. 231 f.
675 *Müller*, Karl Biedermann und die preußische Hegemonie in Deutschland, S. 281.
676 *Müller*, Karl Biedermann und die preußische Hegemonie in Deutschland, S. 282.
677 *Biedermann*, Dreißig Jahre deutscher Geschichte, Erster Bd., S. 127.
678 *Kramer*, Fraktionsbindungen in den deutschen Volksvertretungen 1819–1849, S. 39.

Form der drei in dieser Arbeit behandelten Personen – durch die Unverblümtheit ihrer Forderungen und ihres frischen jungen Mutes, sich gegen die Etablierten zu stellen, von sich reden machten.[679] Diese stellten nun die neue äußerste Linke dar, welche sich als Opposition im Landtag auftat.[680] Schaffraths Zeitgenosse Hirschel beschreibt ihn als einen „der bedeutendsten und einflußreichsten, ja von einer gewissen Seite ein gefürchtetes Mitglieder der zweiten Kammer."[681] Die Erledigung seiner Aufgaben im Landtag ging er temperamentvoll und schwunghaft an. Durch seine durchdachte Redeweise, sein frisches und lebhaftes Auftreten und durch seinen scharfen Intellekt wurde Schaffrath schnell zu einem der führenden Köpfe der zweiten Kammer und zugleich jüngstes Mitglied des Sächsischen Landtages.[682] Seine Wahl erfolgte am 31. März 1845 im 6. städtischen Wahlbezirk (Großenhain), welcher aus den Städten Bischofswerda, Großenhain, Neusalza, Neustadt, Radeberg, Radeburg, Sebnitz und Stolpen bestand.[683] Dort wurde er mit 42 von 70 Stimmen gewählt. Die Bestätigung der Wahl durch die Behörden blieb jedoch zunächst aus. Vielmehr wurden in Neustadt und Sebnitz Untersuchungen eingeleitet, welche bewirken sollten, die Wahl Schaffraths für ungültig zu erklären. Schnell wurden die Untersuchungen jedoch eingestellt und die Wahl vier Tage nach Eröffnung des Landtages bestätigt.[684]

a) Pressegesetz

In der 88. Sitzung der zweiten Kammer des Sächsischen Landtages am 23. Februar 1846 brachte Schaffrath eine Beschwerde über das königlich hohe Ministerium des

---

679 *Kötzschke/Kretzschmar*, Sächsische Geschichte, S. 333; *Flathe*, Geschichte des Kurstaates und Königreiches Sachsen, Dritter Bd., S. 547; *Treitschke*, Deutsche Geschichte, Fünfter Tl., S. 334 f.; *Kretzschmar*, Lebenserinnerungen des Königs Johann von Sachsen, S. 177; *Schimmel*, Die Entwicklung des Wahlrechts zur sächsischen Zweiten Kammer und der Zusammensetzung derselben in parteipolitischer und sozialer Hinsicht, S. 41; *Kramer*, Fraktionsbindungen in den deutschen Volksvertretungen 1819–1849, S. 39.

680 *Klemm*, Sachsen und das deutsche Problem 1848, S. 14; *Schmidt*, Die Entwicklung der politischen Opposition im Königreich Sachsen zwischen 1830 und 1848, S. 103.

681 *Hirschel*, Sachsens Regierung, Stände und Volk, S. 80.

682 *Schmidt*, Die Entwicklung der politischen Opposition im Königreich Sachsen zwischen 1830 und 1848, S. 104.

683 *Matzerath*, Aspekte sächsischer Landtagsgeschichte – Die Mitglieder und Wahlbezirke der sächsischen Landtage (1833–1952), Teil III: Wahlbezirke und Raumbezüge, S. 43; *Matzerath*, Aspekte sächsischer Landtagsgeschichte – Die Mitglieder und Wahlbezirke der sächsischen Landtage (1833–1952), Teil I: 1833–1918, S. 326 f.

684 *Frey*, Charaktere der Gegenwart, Erstes Heft, S. 291 f.

Innern wegen Verletzung des § 7 des provisorischen Pressegesetzes vom 5. Februar 1844[685] ein. Diese wurde im Anschluss an die erste Deputation zur Beratung weitergegeben.[686]

In der 118. Sitzung der zweiten Kammer am 15. April 1846 wurde sodann das Gutachten der ersten Deputation verlesen.[687] Problematisch war demnach allgemein, „ob der Redacteur oder Verleger einer Druckschrift schon von der Polizeibehörde genöthigt werden kann, den ungenannten Verfasser derselben namhaft zu machen, falls Jemand durch selbige sich verletzt oder beleidigt hält und auf die Nennung des Verfassers anträgt, während vielleicht gar keine Ehrenverletzung vorliegt und dies auch nachher bei der gerichtlichen Erörterung von der Justizbehörde wirklich anerkannt wird? – oder ob erst die Justizbehörde über den von einem Dritten behaupteten ehrenrührigen Charakter einer Druckschrift entschieden und das Vorhandensein der Injurie anerkannt haben müsse, ehe die Namhaftmachung des unbekannten Autors zu erfolgen brauche, so daß also in den Fällen der hier fraglichen Art zunächst nicht der Polizei-, sondern der Justizbehörde die Einleitung der nöthigen Erörterungen zustehen würden?“[688] Diese Ungereimtheit ergab sich aus der Zusammenschau von § 7 des provisorischen Pressegesetzes und

685 „§ 7. Jeder, der zur Veröffentlichung einer Schrift durch den Druck oder zur Verbreitung derselben mitgewirkt hat, ist in allen Fällen, wo ein Staatsbürger nach allgemeinen Rechtsgrundsätzen seine Wissenschaft um eine Tatsache anzugeben überhaupt verpflichtet ist, und die von ihm selbst erteilte Auskunft solches nicht überflüssig macht, verbunden, seine Mitwissenschaft um den Verfasser, und was den Drucker anlangt, seine Mitwissenschaft um den Besteller auf Verlangen der competenten Behörde anzugeben und kann dazu im Weigerungsfalle durch Geld- und nach Befinden Gefängnisstrafe angehalten werden. Dieser Verbindlichkeit können sich aber dann der Redacteur und der Verleger, sowie derjenige, der dessen Stelle vertritt, nicht durch das Vorgeben, daß der Verfasser ihnen unbekannt sei, der Drucker nicht durch den Vorwand entziehen, daß er den Besteller des Druckes nicht kenne. Bewirkt der Befragte, der Vollstreckung dieser Strafen ungeachtet, die Angabe nicht, oder wird dieselbe wahrheitswidrig befunden, so trifft deshalb, und zwar zunächst den Redacteur, in dessen Ermangelung aber den Verleger oder denjenigen, der dessen Stelle vertritt, in deren Ermangelung aber den Drucker die eigne Verantwortlichkeit des Verfassers.“; vgl. Gesetz, einige provisorische Bestimmungen über die Angelegenheiten der Presse betreffend, vom 5ten Februar 1844, in: Königreich Sachsen, Gesetz- und Verordnungsblatt für das Königreich Sachsen vom Jahre 1844, S. 3 f.

686 Königreich Sachsen, Mittheilungen über die Verhandlungen des Landtags im Königreiche Sachsen 1846, II. Kammer, S. 2375.

687 Königreich Sachsen, Mittheilungen über die Verhandlungen des Landtags im Königreiche Sachsen 1846, II. Kammer, S. 3224 ff.

688 Königreich Sachsen, Mittheilungen über die Verhandlungen des Landtags im Königreiche Sachsen 1846, II. Kammer, S. 3224 f.

§ 31 der Verordnung, die Angelegenheiten der Presse betreffend[689]. Nach § 7 des provisorischen Pressegesetzes sollen auf Verlangen der „competenten Behörde" (nach Ansicht der Deputation die Justizbehörde) Äußerungen gemachten werden, während nach § 31 der Verordnung, die Angelegenheit der Presse betreffend, die Polizeibehörden dazu ermächtigt wurden. Denkbar wäre nun, dass die Verordnung dem Gesetz nachstehen musste. Jedoch kam es in einzelnen Fällen dazu, dass die oberste Verwaltungsbehörde, das Ministerium des Inneren, sich dahingehend erklärte, dass die Polizeibehörden richtig gehandelt, weil sie die Ausführungsverordnung befolgt hatten.[690] Dies wollte Schaffrath nun mit seiner Beschwerde gegen das königliche hohe Ministerium des Innern geklärt wissen.

Die Deputation führte in ihrem Gutachten in tiefgründiger Weise das Gesetzgebungsverfahren und das Benehmen der Deputationen der ersten und zweiten Kammer aus, welche sich im Vereinigungsverfahren über den neuen Gesetzeswortlaut geeinigt hatten. Dass es dabei zu vielen Differenzen mit negativem Ausgang für die Deputation der zweiten Kammer kam, und der Erlass des endgültigen Wortlautes nicht von den Ansichten der zweiten Kammer gedeckt war, bewegte die Deputation in ihrem Abschlussgutachten, der Kammer zu empfehlen, die Kammer solle „an die Staatsregierung den Antrag stellen, a) die einschlagende Stelle in §. 31 der Ausführungsverordnung zum Preßgesetz wieder zurückzunehmen und b) die für zweifelhaft erklärte Stelle in §. 7 des angezogenen Preßgesetzes durch eine anderweitige, den Ständen zur Erklärung mitzutheilende Gesetzvorlage authentisch zu erläutern."[691]

Wilhelm Michael Schaffrath schloss sich in seinem Redebeitrag dem Deputationsgutachten an. Jedoch verdeutlichte er noch einmal, dass das Kompetenzproblem nicht durch § 7 des provisorischen Pressegesetzes entstand, sondern durch die Verordnung der Regierung, welche in § 31 der Verordnung, die Angelegenheit der Presse betreffend, den Polizeibehörden die Kompetenz einräumte. Der eigentliche Gedanke der Ständeversammlung von 1842/43 war gewesen, den Gerichten allein die Kompetenz zuzuerkennen und nur in ausnahmsweisen Polizeifällen die Polizeibehörde für zuständig zu erklären. Der Streit entstand somit erst durch die Verordnung der Regierung. Hätte sie darüber geschwiegen, wäre es der Auslegung durch Wissenschaft und Praxis überlassen gewesen, wer zuständig war. Nach Schaffraths Meinung war es somit komplett überflüssig, die Polizeiverordnung in

---

689 „§ 31. Dasselbe liegt den Polizeibehörden rücksichtlich der an sie gelangenden Anträge auf Grund des Gesetzes vom heutigen Tage §. 7 ob."; vgl. Verordnung, die Angelegenheiten der Presse betreffend; vom 5ten Februar 1844, in: Königreich Sachsen, Gesetz- und Verordnungsblatt für das Königreich Sachsen vom Jahre 1844, S. 13.

690 Königreich Sachsen, Mittheilungen über die Verhandlungen des Landtags im Königreiche Sachsen 1846, II. Kammer, S. 3226.

691 Königreich Sachsen, Mittheilungen über die Verhandlungen des Landtags im Königreiche Sachsen 1846, II. Kammer, S. 3236.

dieser Weise zu erlassen.[692] Sollte nun der § 31 der Verordnung, die Angelegenheit der Presse betreffend, diesen § 7 des provisorischen Pressegesetzes konkretisieren, so sei darin eine Verfassungsverletzung zu sehen. Denn gemäß § 86 der Verfassungsurkunde[693] konnte kein Gesetz ohne die Zustimmung der Stände erlassen oder authentisch interpretiert werden, was Schaffrath hier jedoch sah.[694]

Dieses formelle Problem wäre aber nicht so schwerwiegend gewesen, wenn § 31 der Verordnung, die Angelegenheit der Presse betreffend, den § 7 des provisorischen Pressegesetzes richtig, also gemäß der Beschlüsse der Ständeversammlung, interpretiert und somit keine materielle Verschiedenheit vorgelegen hätte. Schaffrath brachte diese langwierige und tiefgründige Diskussion in wenigen Worten auf den Punkt. Demnach war das einzige materielle Problem, dass nach der Verordnung nicht allein die Gerichts-, sondern auch die Polizeibehörden in Bezug auf die Ermittlung der Verfasser strafbarer Schriften kompetent waren. „Der Streit dreht sich also um die Polizeibehörden."[695] Nach Schaffraths Meinung waren die Polizeibehörden bei solchen Privatvergehen, wie er es nannte, weder zur Ermittlung des Täters noch allgemein kompetent. Vielmehr waren die Polizeibehörden zur Ermittlung von „Verbrechen und Verbrechern", also öffentlichen Verbrechen, zuständig. Bloße Privatanträge zur Untersuchung von Vergehen fielen seines Erachtens und dem Sprachgebrauch des Volkes folgend nicht darunter.[696] „Im Zweifelsfalle muß man sich an die allgemeine Regel der Zuständigkeit, an das bestehende Recht halten, und danach sind, wie ich so eben ausgeführt habe, bei auf bloßen Antrag des Verletzten nur zu untersuchenden (Privat-) Vergehen die Polizeibehörden gar nicht einmal zur Ermittelung des Thäters, bei allen andern (öffentlichen) Verbrechen aber zur Ermittelung des Thäters auch die Polizeibehörden, zur Untersuchung aber die Polizeibehörden nur bei Polizeivergehen, und die Gerichtsbehörden bei Criminalverbrechen competent, mithin die Gerichtsbehörden in allen den Fällen compentent, welche in dem Criminalgesetzbuche vorhergesehen sind."[697] Schaffraths Empfehlung bestand letztlich darin, der Kammer zur Wahrung ihrer Rechte anzuraten, dem Antrage der Deputation beizutreten.[698]

---

692 Königreich Sachsen, Mittheilungen über die Verhandlungen des Landtags im Königreiche Sachsen 1846, II. Kammer, S. 3245.

693 „§. 86. Ständische Zustimmung zu Gesetzen. Kein Gesetz kann ohne Zustimmung der Stände erlassen, abgeändert oder authentisch interpretirt werden."; vgl. Verfassungsurkunde des Königreichs Sachsen vom 4. September 1831, S. 33.

694 Königreich Sachsen, Mittheilungen über die Verhandlungen des Landtags im Königreiche Sachsen 1846, II. Kammer, S. 3245.

695 Königreich Sachsen, Mittheilungen über die Verhandlungen des Landtags im Königreiche Sachsen 1846, II. Kammer, S. 3246.

696 Königreich Sachsen, Mittheilungen über die Verhandlungen des Landtags im Königreiche Sachsen 1846, II. Kammer, S. 3246.

697 Königreich Sachsen, Mittheilungen über die Verhandlungen des Landtags im Königreiche Sachsen 1846, II. Kammer, S. 3246.

698 Königreich Sachsen, Mittheilungen über die Verhandlungen des Landtags im Königreiche Sachsen 1846, II. Kammer, S. 3247.

Letztlich stimmte die Kammer am Ende des Sitzungstages dem Antrage der Deputation einstimmig zu.[699]

Dies war Schaffrath jedoch nicht genug. Seine Intention, welche in der Beschwerde über die Unvereinbarkeit des § 7 des provisorischen Pressegesetzes mit § 31 der Verordnung, die Angelegenheit der Presse betreffend, steckte, war begründet in einem Fall aus seiner Heimatgemeinde Neustadt in Sachsen, welchen er in die Kammer einbrachte. Der Fall drehte sich um den Buchdruckereibesitzer Klinkicht[700] aus Neustadt, welcher unter anderem das „Echo vom Hochwalde"[701] und das „Meißner gemeinnützige Wochenblatt" herausgab. Dieser war, auf Anordnung des Ministeriums des Inneren vom 30. April 1845, in einem Gasthofe zu Neustadt von dem Regierungsrate Dr. Glöckner in Begleitung eines Sekretärs nicht nur nach dem Verfasser eines im „Echo vom Hochwalde" kurz zuvor erschienenen „Glaubensbekenntnisses eines zum Katholizismus übergetretenen Mädchens", sondern auch ganz im Allgemeinen nach der Anzahl, den Namen und Wohnorten aller seiner Mitarbeiter, Korrespondenten und Verfasser seiner Artikel zu Protokoll vernommen worden. Hinzu kam noch, dass er Auskunft darüber geben sollte, wer eigentlich Redakteur bei seiner Schrift sei und ob nicht der Abgeordnete Dr. Schaffrath Artikel und Beiträge zum „Echo vom Hochwalde" geliefert habe. Der Antrag Schaffraths lautete sodann, dass die Kammer die Beschwerde des Buchdruckereibesitzers Klinkicht zu der ihrigen machen und dem König antragen solle.[702]

Auch diesbezüglich äußerte sich die bereits angesprochene Deputation in einem Gutachten. Diese war jedoch diesmal in eine Minorität und eine Majorität gespalten. Die Majorität schloss sich ohne große Ausführungen dem Antrag von Schaffrath an: „Demgemäß schlägt die Majorität der Deputation der geehrten Kammer vor in Bezug auf den Schaffrath'schen Antrag sich dahin zu erklären, daß das gegen den Buchdrucker Klinkicht eingeschlagene, von dem Ministerium des Innern angeordnete und beziehendlich ausdrücklich gebilligte, polizeiliche Verfahren, in so weit es über den concreten Fall hinausgegangen, mit den Gesetzen nicht vereinbar und daher nicht zu billigen sei, zugleich aber die zuversichtliche Erwartung auszusprechen, daß ein solches Verfahren in ähnlichen Fällen nicht werde erneuert werden, damit nicht eine Beschwerdeführung dadurch hervorgerufen werde."[703]

---

699 Königreich Sachsen, Mittheilungen über die Verhandlungen des Landtags im Königreiche Sachsen 1846, II. Kammer, S. 3257.

700 Vgl. zur Druckerei C. E. Klinkicht & Sohn: 200 Jahre Zeitungsgeschichte in Meißen, hrsg. v. Polo Palmen.

701 *Röthig*, Das Zeitungswesen der Kreishauptmannschaft Dresden ausschließlich der Stadt Dresden, S. 28, 49.

702 Königreich Sachsen, Mittheilungen über die Verhandlungen des Landtags im Königreiche Sachsen 1846, II. Kammer, S. 3261.

703 Königreich Sachsen, Mittheilungen über die Verhandlungen des Landtags im Königreiche Sachsen 1846, II. Kammer, S. 3262.

Aber auch die Minorität der Deputation stellte sich von ihrer Grundmeinung her dem Antrag Schaffraths nicht entgegen. Sie beantragte: „Die Kammer wolle entweder im Vereine mit der ersten Kammer, oder, dafern diese nicht beitreten sollte, auf den Grund des § 110 der Verfassungsurkunde[704], auch allein bei Sr. Majestät dem Könige über das Ministerium des Innern deshalb Beschwerde führen, weil dasselbe gegen den Buchdrucker Klinkicht in Neustadt ein von dem Preßgesetze und sonst nicht gebilligtes polizeiliches Verfahren, wie solches weiter oben und in dem angezogenen Berichte der vierten Deputation näher bezeichnet ist, eingeleitet hat."[705] Das verbindende Element der beiden Meinungen der Deputation war dabei recht pragmatisch und stichhaltig: „...ein solches Verfahren [war] mit den Gesetzen nicht vereinbar und daher auch nicht zu billigen [...]. Denn wenn man auch allenfalls außer Berücksichtigung lassen könnte, daß Klinkicht, mit Umgehung der ordentlichen Obrigkeit desselben, durch einen besonderen Regierungscommissar zur Vernehmung gezogen worden ist, so kann man sich damit nimmermehr einverstanden erklären, daß diese Vernehmung weiter, als über den in der Klinkicht'schen Beschwerdeführung bezeichneten concreten Fall sich erstrecken und in so großer Ausdehnung, wie geschehen ist, (die ganzen gewerblichen Verhältnisse des Herausgebers einer Zeitschrift gefährdend und – über den concreten Fall hinaus – auf keinem Gesetze beruhend) erfolgen konnte."[706]

In seiner wörtlichen Antragsbegründung schloss sich Schaffrath sodann dem Antrage der Minorität an, weil nur § 110 der Verfassungsurkunde der rechtlich richtige Weg sei, sich gegen Gesetzesverletzungen zur Wehr zu setzen. Inhaltlich hätte er jedoch auch dem Antrag der Majorität beigepflichtet.[707] Auch merkte er an, dass er sich nicht mit Artikeln an der Zeitschrift beteiligt hatte: „Ich habe nämlich erstens gar keinen Artikel in das ‚Echo' geliefert und zweitens hat man eben nicht danach gefragt, ob ich einen bestimmten (etwa strafbaren!) Artikel, sondern danach, ob ich irgend einen und welchen ich geliefert hätte?"[708]

In der Schlussabstimmung wurde zuerst über das Minoritätsgutachten abgestimmt. Dieses wurde gegen 15 Stimmen abgelehnt. Im Gegenzug wurde das

---

704 §. 110. Deren Recht der Beschwerde. Beschwerden gegen die oberste Staatsbehörde und einzelne Vorstände von Ministerial-Departements über die Anwendung der Gesetze in der Landesverwaltung und Rechtspflege kann, insofern sich deshalb nicht beide Kammern zu vereinigen vermögen, auch jede Kammer allein anbringen." vgl. Verfassungsurkunde des Königreichs Sachsen vom 4. September 1831, S. 41.

705 Königreich Sachsen, Mittheilungen über die Verhandlungen des Landtags im Königreiche Sachsen 1846, II. Kammer, S. 3263.

706 Königreich Sachsen, Mittheilungen über die Verhandlungen des Landtags im Königreiche Sachsen 1846, II. Kammer, S. 3262.

707 Königreich Sachsen, Mittheilungen über die Verhandlungen des Landtags im Königreiche Sachsen 1846, II. Kammer, S. 3266.

708 Königreich Sachsen, Mittheilungen über die Verhandlungen des Landtags im Königreiche Sachsen 1846, II. Kammer, S. 3264.

Majoritätsgutachten gegen 21 Stimmen angenommen. Weiterhin wurde einstimmig beschlossen, die Schaffrath'sche Beschwerde auch noch an die erste Kammer abzugeben.[709]

Somit zeigte die Kammer Konsequenz, indem sie am ersten Tag, an dem sie sich mit den Presseangelegenheiten beschäftigte, die Unvereinbarkeit von § 7 des provisorischen Pressegesetzes und § 31 der Verordnung, die Angelegenheit der Presse betreffend, erklärte und am zweiten Verhandlungstag das eingeschlagene Verfahren gegen den Buchdrucker Klinkicht und die Billigung des Verfahrens durch das Ministerium des Innern missbilligte. Aus den Landtagsmitteilungen lässt sich abschließend entnehmen, dass zum Zeitpunkt der Beschlussfassung der Buchdrucker Klinkicht zwar in Kriminaluntersuchung gewesen war, jedoch bereits freigesprochen wurde.[710]

b) Der Schaffrath-Josephsche Antrag

Als letzter Verhandlungspunkt auf dem Landtag der Jahre 1845/46, welcher unter der regen Beteiligung Schaffraths diskutiert wurde, ist der Antrag von Wilhelm Michael Schaffrath und Hermann Joseph auf Weiterführung oder Vertagung des Landtages zu sehen. Wie bereits bei Hermann Joseph ausgeführt, sahen die Antragsteller das Beschwerde- und Petitionsrecht der Bürger verletzt, wenn deren, an den Landtag gerichtete Beschwerden, aufgrund Zeitmangels nicht behandelt würden. Auch Schaffrath äußerte sich in der 152. Sitzung am 29. Mai 1846 wörtlich zu dieser Thematik. Seine Argumente, die nicht bereits von Hermann Joseph vorgebracht wurden, sollen hier noch Erwähnung finden.

Schaffrath kritisierte die Argumentation der Regierung, dass diese so viel zu tun habe, dass nie alle Beschwerden und Anträge auf einem Landtage verhandelt werden konnten. Im Gegenteil stellte er dar, dass die Regierung sogar weniger zu tun habe als sonst: „Denn gerade diesmal werden weniger Anträge an die Regierung als sonst gelangen, sind namentlich viel weniger Gesetzentwürfe beantragt worden, als früher bei jedem Landtage."[711] Dabei sah er aber auch das Argument der Regierung als inhaltlich nicht stichhaltig. Denn sein Antrag stellte nicht auf überwindliche Hindernisse, wie die Mehrbelastung der Regierung, sondern auf das Recht und die Gerechtigkeit, die Erledigung von Beschwerden der Kammermitglieder und Bürger durch den Landtag, ab.[712]

---

709 Königreich Sachsen, Mittheilungen über die Verhandlungen des Landtags im Königreiche Sachsen 1846, II. Kammer, S. 3282.

710 Königreich Sachsen, Mittheilungen über die Verhandlungen des Landtags im Königreiche Sachsen 1846, II. Kammer, S. 3282.

711 Königreich Sachsen, Mittheilungen über die Verhandlungen des Landtags im Königreiche Sachsen 1846, II. Kammer, S. 4318.

712 Königreich Sachsen, Mittheilungen über die Verhandlungen des Landtags im Königreiche Sachsen 1846, II. Kammer, S. 4318.

Deutlich wird, dass Schaffrath in seinen Redebeiträgen wieder hauptsächlich auf das Recht und weniger auf die Politik Bezug nahm: „Es ist dies vielleicht eine zufällige Eigenheit von mir, daß ich so viel oder vielmehr Alles auf das Recht, zu wenig, oder gar nichts auf die Politik setze."[713] Dieser Wesenszug sticht in seinen Reden deutlich hervor. So zog für Schaffrath die Argumentation nicht, dass der Landtag keine Zeit habe, sich um die Beschwerden und Anträge zu kümmern. Solange verfassungsmäßig den Bürgern dieses Petitionsrecht eingeräumt sei, so lange müsse sich der Landtag auch mit den Belangen selbiger beschäftigen. „Die Furcht, daß bei einem außerordentlichen Landtage, oder bei Vertagung des jetzigen wieder Petitionen eingehen würden, kann uns eben so wenig abhalten, jenen oder diese zu beantragen; denn es ist dieses, wie gesagt, wieder blos ein politischer Grund."[714] Somit sah er, aufgrund kollidierender Rechte aus der Verfassung (Petitions- und Beschwerderecht der Bürger contra Recht zur Beendigung des Landtages durch die Regierung), nur den Ausweg, für seinen Antrag und gegen das Deputationsgutachten zu stimmen oder andere zielführende Vorschläge durch die Kammer zu unterbreiten.[715]

2. Der Sächsische Landtag 1847

Auch beim außerordentlichen Landtag des Jahres 1847 war Wilhelm Michael Schaffrath als Abgeordneter vertreten. Seine Wahl erfolgte wiederum im 6. städtischen Wahlbezirk. Seine Unterkunft bezog er in Dresden in der äußeren Pirnaischen Gasse im „Rothen Hirsch".[716] Es verwundert aufgrund der Freundschaft nicht, dass Hermann Joseph dort ebenfalls sein Quartier nahm.

a) Kritik an der Zusammensetzung

Schaffrath betätigte sich bei diesem Landtag nur an zwei nennenswerten Beratungspunkten. Als erstes äußerte er in der 3. Sitzung am 26. Januar 1847 seine Zweifel an der verfassungsmäßigen Zusammensetzung der zweiten Kammer: „Ich halte nämlich die jetzige Kammer deshalb nicht für verfassungsmäßig zusammengesetzt, weil ein bäuerlicher Wahlbezirk, nämlich der 23., gar nicht vertreten ist und vertreten werden kann, da er weder einen Abgeordneten noch einen Stellvertreter hat."[717]

713 Königreich Sachsen, Mittheilungen über die Verhandlungen des Landtags im Königreiche Sachsen 1846, II. Kammer, S. 4319.
714 Königreich Sachsen, Mittheilungen über die Verhandlungen des Landtags im Königreiche Sachsen 1846, II. Kammer, S. 4319.
715 Königreich Sachsen, Mittheilungen über die Verhandlungen des Landtags im Königreiche Sachsen 1846, II. Kammer, S. 4320.
716 Ständeversammlung des Königreichs Sachsen, Verzeichnis sämmtlicher Mitglieder der außerordentlichen Ständeversammlung zu Dresden im Jahre 1847, S. 8.
717 Königreich Sachsen, Mittheilungen über die Verhandlungen des Landtags im Königreiche Sachsen 1847, II. Kammer, S. 11.

Auch könne keine Verfassungsmäßigkeit mehr hergestellt werden, weil überhaupt keine Wahl in dem Wahlbezirk stattgefunden habe und somit kein Abgeordneter zum Landtag geladen werden könne. Daher fehle es an der verfassungsmäßigen Anzahl der Mitglieder der Kammer, welche in § 127 und § 128 der Verfassungsurkunde[718] angesprochen wurde. Bewirken wollte Schaffrath damit jedoch nur, „daß dieser [...] Zweifel und Protest gegen die Zuständigkeit und verfassungsmäßige Zusammensetzung der Kammer zu Protocoll genommen werde."[719] Zu einem späteren Zeitpunkt der Sitzung wurde dieser Protest vom Abgeordneten Hermann Joseph aufgenommen und zu einem Antrag formuliert, welcher aussagte, dass „die vom D. Schaffrath heute erhobenen Zweifel gegen die Verfassungsmäßigkeit der Zusammensetzung der zweiten Kammer zu prüfen und darüber in einem Gutachten an die Kammer zu berichten [seien]."[720] Dieser Antrag wurde einstimmig von der Kammer angenommen und sodann an die erste Deputation zur Prüfung abgegeben, aber in den Mitteilungen über die Verhandlungen nicht noch einmal erwähnt.[721]

b) Wirtschaftliche Krise auf dem Land

Ein weiterer Beratungspunkt, bei dem sich Schaffrath gleich Adolf Ernst Hensel engagierte, war in der siebten Sitzung am 17. Februar 1847 die Behandlung der Nahrungsmittelproblematik und Verarmung der Bevölkerung.

Bereits der erste Satz seiner Rede sagte alles aus, was er im Verlaufe dieser noch mit weiteren allgemeinen Argumenten begründen sollte: „Auch mich, meine Herren, drängt mein Herz, heute mit den Abgeordneten Schmidt[722] und Hensel meine Stimme für diejenigen zu erheben, welche hier in diesem Saale nicht vertreten sind, für die, welche uns zu ihren Vertretern nicht gewählt haben und nicht mit wählen

---

718 „§ 127 Berathungen der Kammern können nur bei der Anwesenheit von mindestens der Hälfte der durch die Verfassung bestimmten Zahl der Mitglieder stattfinden.
§ 128 Beschlüsse können von der ersten Kammer nur, wenn mindestens die Hälfte, und von der zweiten nur, wenn mindestens zwei Drittheile der verfassungsmäßigen Zahl der Mitglieder in der Sitzung anwesend sind, gefaßt werden."; vgl. Königreich Sachsen, Verfassungsurkunde des Königreichs Sachsen vom 4. September 1831, S. 33.

719 Königreich Sachsen, Mittheilungen über die Verhandlungen des Landtags im Königreiche Sachsen 1847, II. Kammer, S. 13.

720 Königreich Sachsen, Mittheilungen über die Verhandlungen des Landtags im Königreiche Sachsen 1847, II. Kammer, S. 15 f.

721 Königreich Sachsen, Mittheilungen über die Verhandlungen des Landtags im Königreiche Sachsen 1847, II. Kammer, S. 16; *Lasker/Gerhard*, Das deutschen Volkes Erhebung im Jahre 1848, S. 239.

722 Julius Theodor Schmidt (1814–1861), Mitglied des Sächsischen Landtages sowie der Frankfurter Nationalversammlung, Bürgermeister von Wurzen; vgl. über ihn *Dvorak*, Biographisches Lexikon der Deutschen Burschenschaft, Bd. I, Tlbd. 5, S. 274.

durften, für die Arbeiter, deren ganzes Leben nur im Arbeiten, nie im Genusse besteht, für diejenigen, welche von früh bis Abend und in die Nacht hinein arbeiten, ohne so viel zu erwerben, als zu einem kärglichen Leben erforderlich ist, für diejenigen, welche gern arbeiten möchten, aber keine Arbeit finden, für die, deren Existenz und Subsistenz jeden Tag eine unsichere, eine sclavisch abhängige ist, welche von der Hand in den Mund leben und keinen Tag wissen, ob sie den andern noch werden zu leben haben, ich meine, für die arbeitende Volksclasse, oder wie sie der Abgeordnete Hensel nannte, für den vierten Stand oder für das Proletariat."[723]

Schaffrath äußerte in seiner Rede keine konkreten Punkte, die seiner Meinung nach die finanziellen Unterschiede bewirkten. Vielmehr erlegte er den Besitzenden die Schuld auf: „Die nächste allgemeinere Ursache dieser Noth der arbeitenden Volksclassen in allen Ländern und Staaten ist jetzt die übermächtige Herrschaft, die Despotie des Capitals und Geldes über die Arbeit und die Verehrung und Anbetung desselben als eines Selbstzweckes, während es doch nur Mittel ist, gegenüber der Geringschätzung, der Verknechtung der Arbeit, welche an das Capital und von demselben gefesselt und gebunden, ohne dieses keinen Werth und keine Ernährungskraft hat. Damit eng verbunden und untrügliche Folge ist die Herrschaft der Capitalisten, blos weil sie oder ungeachtet sie nur Capitalisten sind, nicht auch zugleich arbeiten, und die Geringschätzung der Arbeiter, blos weil oder vielmehr ungeachtet sie Arbeiter sind."[724]

Als Grund für die Geringschätzung der Arbeiterschaft durch die Besitzenden sah Schaffrath deren mangelnde Vertretung in den Volksversammlungen, welche wiederum auf den bestehenden Gesetzen beruhe: „Es ist unsere Verfassungsurkunde, unser Landtagswahlgesetz, unsere Städteordnung, unsere Landgemeindeordnung, welche dem Arbeiter, mag er noch so intelligent, noch so sittlich, noch so moralisch sein, politische Rechte entzieht, dem Capitalisten, mag er gar kein Verdienst haben, als das Geld, keine Intelligenz und Tugend haben, dennoch politische Rechte verleiht."[725] Dieser Zensus sei es, der die Arbeit geringschätze und das Kapital hochachte. Demnach hätten diese Gesetze gemildert werden müssen, um einen moralischen Einfluss bei der arbeitendenen Bevölkerung entstehen zu lassen und deren Rechte, Ansehen und Macht zu steigern. Ein erster Schritt in diese Richtung hätte die Besteuerung des Kapitals sein müssen. Nicht nur die Einkünfte aus der Arbeit, sondern gerade der Besitz des Kapitals hätte nach Schaffraths Meinung durch eine Kapitalsteuer angegriffen werden müssen.[726]

---

723 Königreich Sachsen, Mittheilungen über die Verhandlungen des Landtags im Königreiche Sachsen 1847, II. Kammer, S. 78.

724 Königreich Sachsen, Mittheilungen über die Verhandlungen des Landtags im Königreiche Sachsen 1847, II. Kammer, S. 78.

725 Königreich Sachsen, Mittheilungen über die Verhandlungen des Landtags im Königreiche Sachsen 1847, II. Kammer, S. 79; *Lasker/Gerhard*, Das deutschen Volkes Erhebung im Jahre 1848, S. 252.

726 Königreich Sachsen, Mittheilungen über die Verhandlungen des Landtags im Königreiche Sachsen 1847, II. Kammer, S. 80. Einige Autoren entnehmen

Weiterhin vertrat Schaffrath die Bildung von Kreditanstalten für Arbeiter, welche für diese wohltätig wirken sollten, die Errichtung und Unterhaltung von Bildungsanstalten für Arbeiter und Arme sowie die Errichtung von Kranken- und Unterstützungskassen.[727]

Schaffrath hielt auch die Bildung von Sparkassen für angebracht. Jedoch koste die Benutzung selbiger den Arbeiter zu viel Zeit (Arbeitszeit, Reise, Zehrung, Geld). Deshalb solle ein Institut eingeführt werden, welches zur damaligen Zeit in Österreich neu war: „Es läßt sich aber noch ein anderes Institut dafür einführen, welches jetzt in Oesterreich schon eingeführt sein soll. Ich meine die Creirung zinsbringenden Papiergeldes, welche es dem Arbeiter leicht macht, sobald er einen Thaler zusammen hat, sich einen Papierthaler einzuwechseln, und dann jeden Tag Zinsen zu erhalten, ohne ihn erst in die Sparcasse stunden- oder meilenweit tragen zu müssen, eine Art ambulanter Sparcasse."[728]

Am Ende seiner Rede stelle Schaffrath folgenden Antrag: „Die Staatsregierung wolle insbesondere die Ursachen der Noth der untern arbeitenden Volksclassen und die Mittel, derselben abzuhelfen, auch durch Befragung Sachverständiger erörtern und diese Mittel möglichst anwenden und befördern, auch, in so weit hierzu die Zustimmung der Stände erforderlich ist, diesen am nächsten ordentlichen Landtage diesfallsige Vorschläge zur Genehmigung vorlegen."[729] Dieser Antrag wurde sofort von der Kammer einstimmig unterstützt.[730]

3. Das Frankfurter Vorparlament

Um an den großen Entwicklungen im Deutschen Bund mitzuwirken, beteiligte sich Wilhelm Michael Schaffrath auch als Vertreter des Königreichs Sachsen im Frankfurter Vorparlament.[731]

Bereits beim ersten Beratungspunkt meldete sich Schaffrath mit eifriger und durchdringender Stimme zu Wort. Heinrich Laube[732] beschreibt ihn in seinen

---

Schaffraths Aussagen bereits einen „sozialisten Klang", so *Valentin*, Geschichte der deutschen Revolution von 1848–49, Erster Bd., S. 228. Dieser Meinung kann jedoch, ebenso wie bei Adolf Ernst Hensel, nicht gefolgt werden.

727 Königreich Sachsen, Mittheilungen über die Verhandlungen des Landtags im Königreiche Sachsen 1847, II. Kammer, S. 81.

728 Königreich Sachsen, Mittheilungen über die Verhandlungen des Landtags im Königreiche Sachsen 1847, II. Kammer, S. 81.

729 Königreich Sachsen, Mittheilungen über die Verhandlungen des Landtags im Königreiche Sachsen 1847, II. Kammer, S. 82.

730 Königreich Sachsen, Mittheilungen über die Verhandlungen des Landtags im Königreiche Sachsen 1847, II. Kammer, S. 82.

731 Deutsche Nationalversammlung, Verhandlungen des Deutschen Parlaments, Erste Lfg., S. XIII.

732 1806–1884, deutscher Schriftsteller, Dramatiker, Theaterleiter und Mitglied der Frankfurter Nationalversammlung; vgl. über ihn *Weber*, Laube, Heinrich, in: NDB, Bd. XIII, S. 689–692.

Ausführungen zum Vorparlament als „advokatisch-sattelfesten, kleinen Manne gesunden, gewöhnlichen Aussehens, dessen stechende Augen und steilen Haare andeuteten, daß er sein Formencredo leichtlich mit der rechthaberischen Heftigkeit eines Dr. Eck[733] behaupten könne."[734]

Ein großer Teil der Debatte am ersten Beratungstag bezog sich auf die Kompetenz des Vorparlaments.[735] Der Abgeordnete Struve[736] stellte bereits zu Beginn der Verhandlungen den Antrag, dass das Vorparlament beschließen sollte, gewisse Rechte des deutschen Volkes zusammenzustellen und über deren Verwirklichung zu wachen (15-Punkte-Programm)[737], welche das Programm der Siebener-Kommission ergänzen sollten.[738] Hieraus erwuchs nun ein Streit über die Kompetenz der Versammlung. Schaffrath wies das Siebener-Programm im Namen der Republikaner zurück und beantragte, den Antrag Struves an eine Kommission abzugeben, die aus der Versammlung heraus ernannt werden und Bericht über ihre Erkenntnisse geben solle, weil der Antrag zu wichtig und tiefgreifend sei, als dass er auf der einen Seite vernachlässigt, aber auch auf der anderen Seite im ganzen Gremium behandelt werden könne.[739] Ferner meinte er, am Siebener-Programm müsse nicht festgehalten werden, weil die Beteiligten der Kommission nicht vom Vorparlament gewählt worden seien und sich seit der Heidelberger Versammlung die Ansichten des Volkes und die Lage der Monarchie geändert hätten: „Allein sie sind nicht von uns gewählt und nicht der Ausdruck dieser Versammlung. In ihr sind daher auch voraussetzlich die Ansichten dieser Versammlung nicht vertreten gewesen. Außer diesem von den Personen hergenommenen Grunde liegt aber auch ein weiterer und der wichtigste Grund in den veränderten Zeitverhältnissen. Die Einundfünfziger waren in Heidelberg zu einer Zeit beisammen, seit welcher, möchte man sagen, Deutschland umgestürzt worden ist. Zu jener Zeit war noch nicht die Politik Metternichs mit Erfolg gebrandmarkt und verurteilt. Damals war in Berlin kein Bürgerblut geflossen, und es hatte noch nicht die Monarchie einen fast unersetzlichen Stoß erlitten. Damals hatte sich noch nicht Schleswig-Holstein

---

733 Johannes Eck (1486–1543), katholischer Theologe und Gegner Martin Luthers; vgl. über ihn *Brecher*, Eck, Johannes, in: ADB, Bd. V, S. 596–602.

734 *Laube*, Das erste deutsche Parlament, Erster Bd., S. 43.

735 *Freyer*, Das Vorparlament zu Frankfurt a.M. im Jahre 1848, S. 44.

736 Gustav Struve (1805–1870), Politiker, Rechtsanwalt und Publizist, radikaldemokratischer Revolutionär während der Märzrevolution im Großherzogtum Baden; vgl. über ihn *Dvorak*, Biographisches Lexikon der Deutschen Burschenschaft, Bd. I, Tlbd. 5, S. 556–559.

737 Siehe dazu Anlage 3.

738 Der Abgeordnete Struve nannte nachfolgend die erwähnten Rechte, welche beispielsweise die Abschaffung der Zensur, der Adelsprivilegien, Aufhebung der erblichen Monarchie, usw. darstellten; vgl. dazu Deutsche Nationalversammlung, Verhandlungen des Deutschen Parlaments, Erste Lfg., S. 6 f.

739 *Katzenstein*, Das Vorparlament, S. 55.

von seinem Dränger, dem Dänenkönig losgesagt. Und wie vieles andere ist seitdem noch geschehen!“[740]

Andere Abgeordnete[741] sahen dies jedoch anders und sprachen dem Vorparlament, in dem nicht alle deutsche Gebiete vertreten waren, die Kompetenz ab, Beschlüsse für das gesamte deutsche Volk zu fassen. Um dem entgegenzutreten beantragte Schaffrath weiterhin, dass „die Verhandlung in der Paulskirche [...] in der Reihenfolge des von dem Ausschuß aufgestellten Programms [stattfinde], welch letzterer in der ersten Versammlung zu ernennen, dem alle beabsichtigten Anträge mitzutheilen sind und der binnen vier und zwanzig Stunden über sie und das Programm der Siebener-Commission Bericht zu erstatten hat.“[742] Dieser Antrag Schaffraths hätte für die Verhandlungen weitreichende Folgen gehabt. Wäre er angenommen worden, so wäre das Programm des Abgeordneten Struve zur weiteren Beratung gelangt. Dies hätte bedeutet, dass das Vorparlament durch die Einsetzung eines Ausschusses auf längere oder sogar unabsehbare Dauer eingesetzt worden wäre. „Die Aufgabe bloßer Vorbereitung, mittelbarer Vorbereitung, wie sie wohl der Mehrzahl vorschwebte, war dann plötzlich verwandelt in die Aufgabe unmittelbaren Anfangs, die parlamentarische Evolution wird eine parlamentarische Revolution.“[743] Letztlich wurde über diesen Antrag in der modifizierten Form abgestimmt, dass die Versammlung sich dahingehend aussprechen sollte, ob eine Kommission zur Prüfung und Vervollständigung des Siebener-Programms ernannt werden sollte. Dieser Antrag wurde durch die Abgeordneten verneint und somit das vorgegebene Programm der Siebener-Kommission bearbeitet.[744]

In der zweiten Sitzung des Vorparlaments am 1. April 1848 wurde sodann über den Wahlmodus für die Nationalversammlung beraten. Hier tat sich Schaffrath gleich zu Beginn der Sitzung mit zwei Anträgen hervor. „Der erste geht dahin, die Wahlen erfolgen direct oder unmittelbar, und der zweite: stimmberechtigt und wählbar ist jeder Deutsche, welcher in einem zu Deutschland gehörigen Staate Staatsangehöriger und fünf und zwanzig Jahre alt ist.“[745] Laut Schaffrath sollte somit der Volkswille direkt aus dem Volk ohne Mittelsperson in die Nationalversammlung dringen. „Er soll nicht erst durch einen chemischen Prozeß, durch sogenannte

740 *Fenske*, Vormärz und Revolution 1840–1849, 3. Aufl., S. 280; *Kaltenborn*, Geschichte der Deutschen Bundesverhältnisse und Einheitsbestrebungen von 1806 bis 1856, Zweiter Bd., S. 40; *Bassermann*, Denkwürdigkeiten von Friedrich Daniel Bassermann 1811–1855, S. 101; *Mick*, Die Paulskirche, 2. Aufl., S. 42.

741 Beispielsweise Carl Theodor Welcker (1790–1869) und Gottfried Eisenmann (1795–1867).

742 Deutsche Nationalversammlung, Verhandlungen des Deutschen Parlaments, Erste Lfg., S. 9.

743 *Laube*, Das erste deutsche Parlament, Erster Bd., S. 43.

744 Deutsche Nationalversammlung, Verhandlungen des Deutschen Parlaments, Erste Lfg., S. 17.

745 Deutsche Nationalversammlung, Verhandlungen des Deutschen Parlaments, Erste Lfg., S. 44.

mittelbare Wahlen, durch Zwischenpersonen in homöopathischen Dosen an das Ohr des Fürsten dringen."[746] Schaffrath hätte gern ein noch geringeres Mindestalter für Wahlberechtigte angesetzt, lediglich die Landesrechte, welche über die Mündigkeit ihrer Bürger verschiedene Angaben machten, hinderten ihn daran, die Senkung des Wahlalters zu fordern.[747]

Nach einer längeren Diskussion über den Wahlmodus wurde letztlich über zehn verschiedene diesbezügliche Anträge abgestimmt. In Bezug auf den Antrag Schaffraths, dass direkte Wahlen als bindende Vorschrift für die Wahl zur konstituierenden Nationalversammlung vorgeschrieben werden sollten, äußerte sich das Vorparlament mit 317 gegen 194 negativ.[748] Mit entschiedener Mehrheit wurde jedoch angenommen, dass die direkte Wahl als Prinzip anerkannt werde, es jedem Einzelstaat jedoch frei stehe, davon abzugehen.[749] Beschlossen wurde auch, dass jeder Volljährige und jeder, der das 25. Lebensjahr vollendet hatte, wahlberechtigt sei. War jemand nach den Regelungen des Einzelstaates schon unter 25 Jahren volljährig, so war auch dieser wahlberechtigt.[750]

Bei der Wahl zum Fünfziger-Ausschuss am 4. April 1848 erhielt Wilhelm Michael Schaffrath lediglich 165 Stimmen und wurde somit auf Platz 53 gewählt. Er wirkte demnach nicht als ordentliches Mitglied des Fünfziger-Ausschusses, sondern nur als Stellvertreter.[751]

4. Der Sächsische Landtag 1848

Wilhelm Michael Schaffrath wurde zwar als Abgeordneter des 6. städtischen Wahlbezirkes zum Sächsischen Landtag des Jahres 1848 gewählt, konnte aber, aufgrund der Verhinderung durch die Frankfurter Nationalversammlung, nicht an den Verhandlungen teilnehmen. Aus diesem Grund ließ er sich in der 3. Sitzung am 26. Mai 1848 beurlauben. Sein Gesuch ging jedoch noch weiter, indem er beantragte, ungeachtet der Beurlaubung seine Teilnahme an einzelnen Sitzungen der zweiten Kammer zu gestatten und dass sämtlichen zu Nationalvertretern erwählten Mitgliedern der zweiten Kammer die Landtagsschriften und Mitteilungen sogleich nach deren

---

746 Deutsche Nationalversammlung, Verhandlungen des Deutschen Parlaments, Erste Lfg., S. 44.

747 Deutsche Nationalversammlung, Verhandlungen des Deutschen Parlaments, Erste Lfg., S. 45.

748 Deutsche Nationalversammlung, Verhandlungen des Deutschen Parlaments, Erste Lfg., S. 57.

749 Deutsche Nationalversammlung, Verhandlungen des Deutschen Parlaments, Erste Lfg., S. 57.

750 Deutsche Nationalversammlung, Verhandlungen des Deutschen Parlaments, Erste Lfg., S. 57.

751 Deutsche Nationalversammlung, Verhandlungen des Deutschen Parlaments, Erste Lfg., S. 161; *Loewe*, Das deutsche Vorparlament, S. 14; *Liebknecht*, Robert Blum und seine Zeit, 2. Aufl., S. 281.

Erscheinen zugesendet werden.[752] Darüber entstand sodann eine Diskussion. Der Präsident der zweiten Kammer empfahl das Urlaubsgesuch und das Gesuch über die Zusendung der Mitteilungen zu bewilligen. Die Teilnahme an einzelnen Sitzungen der zweiten Kammer sah er als problematisch an.

So wurde dann auch durch die Abgeordneten der Kammer verfahren. Das Urlaubsgesuch wurde einstimmig bewilligt. Ebenfalls einstimmig wurde der Vorschlag des Direktoriums bewilligt, die Teilnahme an einzelnen Sitzungen der zweiten Kammer zu versagen. Genauso wurde der Antrag auf Zusendung der Landtagsunterlagen verworfen.[753]

Eine weitere Beteiligung von Wilhelm Michael Schaffrath beim Sächsischen Landtag des Jahres 1848 fand nicht statt.

5. Die Frankfurter Nationalversammlung

a) Wahl und politische Einordnung

Wilhelm Michael Schaffrath trat bei der Wahl zur Frankfurter Nationalversammlung im 24. Wahlbezirk (Meißner Hochland und wendische Lausitz) als Kandidat der Vaterlandsvereine an. Dort wurde er bei der Wahl am 6. Mai 1848 in Stolpen im zweiten Wahlgang mit 48 von 89 Stimmen gewählt.[754]

Im Frankfurter Parlament gesellte sich Schaffrath – wie auch bereits im Vorparlament zur Linken gehörig – zunächst zum „Deutschen Hof".[755] Nach der Erkenntnis, dass es im Parlament eine Mehrheit gegen die deutschen Fürsten nicht geben werde und der parlamentarisch-demokratische Weg nicht zum Ziel führen werde, sonderte sich auch Schaffrath, zusammen mit einigen anderen Abgeordneten ab, um sich zur radikal-linken Fraktion „Donnersberg" zusammenzuschließen und auch schnell, zusammen mit Trützschler[756], deren Führer zu werden.[757] Dabei wirkte von

752 Königreich Sachsen, Mittheilungen über die Verhandlungen des Landtags im Königreiche Sachsen 1848, II. Kammer, S. 15.

753 Königreich Sachsen, Mittheilungen über die Verhandlungen des Landtags im Königreiche Sachsen 1848, II. Kammer, S. 16.

754 *Tonndorf*, Die sächsischen Abgeordneten der Frankfurter Vor- und Nationalversammlung 1848/49, S. 232; Deutscher Bund, Biographische Umrisse der Mitglieder der deutschen konstituirenden Nationalversammlung zu Frankfurt a.M., Erstes Heft, S. 62.

755 *Hildebrandt*, Fraktion Deutscher Hof, in: Die bürgerlichen Parteien in Deutschland, Bd. II, hrsg. v. Dieter Fricke, S. 12; *Wichmann*, Denkwürdigkeiten aus der Paulskirche, S. 120.

756 Wilhelm Adolf von Trützschler (1818–1849), demokratisches Mitglied der Frankfurter Nationalversammlung und des Sächsischen Landtages; vgl. über ihn *Schnorr von Carolsfeld*, Trützschler, Adolf von, in: ADB, Bd. XXXVIII, S. 691 f.

757 *Biedermann*, Erinnerungen aus der Paulskirche, S. 401; *Bahmann*, Die sächsischen Abgeordneten der Nationalversammlung zu Frankfurt 1848/49, S. 67; *Reichel*, Robert Blum, S. 104 f; *Weißler*, Geschichte der Rechtsanwaltschaft,

Trützschler weniger in der Versammlung, als mehr im direkten Kontakt mit der Bevölkerung. Schaffrath hingegen meldete sich oftmals im Parlament zu Wort und rückte sich dabei nicht immer in ein gutes Licht, weil er mehr durch formalistische Übertreibungen als durch die Vertretung sächsischer Interessen hervortrat.[758] Die Weitschweifigkeit und Spitzfindigkeit seiner Redeweise, welche er noch beim Sächsischen Landtag an den Tag legte, schien er in der Nationalversammlung abgelegt zu haben.[759] Ein Prinzip, was jedoch bei von Trützschler und Schaffrath gleichermaßen vorlag, war ein Liebäugeln mit der Revolution, was teilweise in ihren Äußerungen offen zu Tage trat und eine Begleiterscheinung ihrer manchmal doktrinären Politik war.[760] Schaffraths Beteiligung in der Nationalversammlung ist vor allem bei seinem Wirken auf die strikte Einhaltung der Geschäftsordnung zu erkennen, welches Schaffrath den Ruf eines „Hüters der Geschäftsordnung“ einbrachte.[761] So wollte er dem Präsidenten Heinrich von Gagern sogar einmal fünfzehn Überschreitungen der Geschäftsordnung nachweisen.[762] In diesem Zusammenhang muss angemerkt werden, dass sich Äußerungen Schaffraths oft maßgeblich um Probleme mit der Geschäftsordnung drehten und weniger um den eigentlichen Inhalt der Diskussion. So sind unzählige Wortäußerungen Schaffraths dazu in den stenographischen Berichten erwähnt.[763]

Sein Auftreten in der Nationalversammlung wird als zäh und verbissen beschrieben, was sich oftmals in endlosen Geschäftsordnungsdebatten äußerte. Dass er sich dabei selbst nicht immer an die Geschäftsordnung hielt, zeigt sein Verhalten bei der Diskussion über die Gültigkeit der Reichsverfassung. Nach einem „Pfui“

S. 475; *Hildebrandt*, Opposition in der Paulskirche, S. 23, 26; *Hildebrandt*, Die Paulskirche, S. 63 f.; *Botzenhart*, Deutscher Parlamentarismus in der Revolutionszeit 1848–1850, S. 427; *Mommsen/Franz*, Die deutschen Parteiprogramme, Heft 1 – Vom Erwachen des politischen Lebens in Deutschland bis zur Reichsgründung 1871, 4. Aufl., S. 81; *Blum*, Die deutsche Revolution 1848–49, S. 270.

758 *Sturmhoefel*, Illustrierte Geschichte der Sächsischen Lande und ihrer Herrscher, II. Bd., 2. Abt., S. 104.

759 Der Zeitbote aus dem Erzgebirge, Nr. 25 vom 14. Juni 1848, S. 99.

760 *Klemm*, Sachsen und das deutsche Problem 1848, S. 100 f.

761 *Bahmann*, Die sächsischen Abgeordneten der Nationalversammlung zu Frankfurt 1848/49, S. 67; *Wichmann*, Denkwürdigkeiten aus der Paulskirche, S. 30.

762 *Weißler*, Geschichte der Rechtsanwaltschaft, S. 475.

763 Beispielsweise bei der Diskussion über die Unruhen in Mainz (*Wigard*, Stenographischer Bericht über die Verhandlungen der deutschen constituirenden Nationalversammlung zu Frankfurt a.M., Nr. 5 vom 29. Mai 1848, S. 61, 63), das Entscheidungsrecht von einzelnen Ausschüssen (*Wigard*, Stenographischer Bericht über die Verhandlungen der deutschen constituirenden Nationalversammlung zu Frankfurt a.M., Nr. 6 vom 31. Mai 1848, S. 75), die namentliche Nennung von Mitgliedern der Minorität bei Abstimmungen im Protokoll (*Wigard*, Stenographischer Bericht über die Verhandlungen der deutschen constituirenden Nationalversammlung zu Frankfurt a.M., Nr. 9 vom 6. Juni 1848, S. 115), der Schaffung und Ausgestaltung der Zentralgewalt, der Beratung der Grundrechte.

zur Ordnung gerufen, wiederholte er, zusammen mit der gesamten Linken, das Wort, wofür diese ebenso einen Ordnungsruf begehrte.[764]

Seine Wohnung teilte er sich mit Robert Blum, Georg Günther und Hermann Joseph.[765] Jedoch verband Schaffrath, Joseph, Blum sowie Günther noch ein weiteres Element. So gaben alle vier in Frankfurt ab dem 20. Mai 1848 die „Deutsche Reichstagszeitung" heraus und konnten sich, bedingt durch ihre Wohnsituation, oftmals schnell untereinander abstimmen.[766] Diese Reichstagszeitung entwickelte sich ab dem Sommer 1848 zum Parteiorgan der Frankfurter Linken.[767]

b) Bedeutende Verhandlungspunkte

Wilhelm Michael Schaffrath beteiligte sich bereits an der ersten Sitzung der Frankfurter Nationalversammlung am 18. Mai 1848.[768] Sein Wirken in der Frankfurter Nationalversammlung war intensiver und auffälliger als das der bisher hier behandelten Abgeordneten. An dieser Stelle sollen vor allem die Verhandlungspunkte Beachtung finden, bei denen sich Wilhelm Michael Schaffrath am stärksten einbrachte.

In der zweiten Sitzung am 19. Mai 1848 fand die Verlosung der Abgeordneten in verschiedene Abteilungen statt. Wilhelm Michael Schaffrath wurde dabei in die vierte Abteilung verlost.[769] Weiterhin erfolgte seine Wahl in die Kommission zur Begutachtung des Antrags des Abgeordneten Raveaux[770] bezüglich der alleinigen Kompetenz der Nationalversammlung zur Ausarbeitung einer Verfassung und am Ende der Frankfurter Nationalversammlung in den Ausschuss für die Geschäftsordnung.[771]

---

764 *Weißler*, Geschichte der Rechtsanwaltschaft, S. 476; *Wigard*, Stenographischer Bericht über die Verhandlungen der deutschen constituirenden Nationalversammlung zu Frankfurt a.M., Nr. 110 vom 7. November 1848, S. 3083 f.; *Laube*, Das erste deutsche Parlament, Dritter Bd., S. 102.

765 *Zerback*, Robert Blum, S. 244; *Blum*, Briefe und Dokumente, S. 75 f.; *Jessen*, Die Deutsche Revolution 1848/49 in Augenzeugenberichten, S. 140.

766 *Weißler*, Geschichte der Rechtsanwaltschaft, S. 476; *Wichmann*, Denkwürdigkeiten aus der Paulskirche, S. 38; *Valentin*, Geschichte der deutschen Revolution von 1848–49, Zweiter Bd., S. 134.

767 Männer der Revolution, Bd. 1, hrsg. v. Arbeitskreis Vorgeschichte und Geschichte der Revolution von 1848/49, S. 355.

768 *Wigard*, Stenographischer Bericht über die Verhandlungen der deutschen constituirenden Nationalversammlung zu Frankfurt a.M., Nr. 1 vom 20. Mai 1848, S. 2; *Weißler*, Geschichte der Rechtsanwaltschaft, S. 471, 473.

769 *Wigard*, Stenographischer Bericht über die Verhandlungen der deutschen constituirenden Nationalversammlung zu Frankfurt a.M., Nr. 3 vom 24. Mai 1848, S. 22.

770 Franz Raveaux (1810–1851), deutscher demokratischer Politiker, Journalist und Revolutionär; vgl. über ihn *Jansen*, Raveaux, Franz, in: NDB, Bd. XXI, S. 219 f.

771 *Wigard*, Stenographischer Bericht über die Verhandlungen der deutschen constituirenden Nationalversammlung zu Frankfurt a.M., Nr. 5 vom 29. Mai 1848,

1) Raveaux'scher Antrag

Wilhelm Michael Schaffrath wurde in die Kommission zur Begutachtung des Antrags des Abgeordneten Raveaux gewählt. Dieser Antrag zielte darauf ab, „daß es den Deutschen und Preußen, welche zur National-Versammlung nach Frankfurt und zur Reichsversammlung nach Berlin zu Abgeordneten gewählt sind, freistehen solle, beide Wahlen anzunehmen".[772] Später wurde der Antrag durch den Antragsteller dahingehend konkretisiert, dass er es nicht für statthaft hielt, wenn neben der konstituierenden Nationalversammlung zu Frankfurt, weitere konstituierende Nationalversammlungen einzelner deutscher Länder in Wirksamkeit traten.[773] Eine zuvor von der preußischen Regierung erlassene Anordnung lehnte die Vereinbarkeit der Mitgliedschaft im Preußischen Landtag und der Frankfurter Nationalversammlung ab. Der Antrag Raveaux' sollte somit über die legislative Entscheidungsmacht der Paulskirchenverfassung entscheiden und bestimmen, ob die Nationalversammlung Beschlüsse von Regierungen einzelner Staaten aufheben oder anfechten dürfe. Diese Aussage des Abgeordneten Raveaux hatte 21 Verbesserungsvorschläge zur Folge, auf welche hier nicht eingegangen werden soll. Insgesamt zielte der Antrag darauf ab, dass die entscheidenden Beschlüsse der Nationalversammlung vorbehalten blieben und nicht von den Parlamenten der Einzelstaaten angegriffen werden sollten.

In der achten Sitzung am 27. Mai 1848 wurden sodann von der Kommission die Gutachten vorgestellt. Hierbei war diese wiederum in eine Majorität und eine Minorität gespalten, welcher Schaffrath angehörte. Die Majorität stellte der Versammlung in Aussicht, dass die Länderparlamente keine Bestrebungen hatten, eigene Verfassungen auszuarbeiten. Dies sei dadurch begründet, dass sie im Zweifelsfalle die soeben erst erlassenen Verfassungen wieder abändern müssten, wenn die Nationalversammlung eine bindende Verfassung erlassen hätte. Sollten sich Staaten doch dazu entschlossen haben, eigene Verfassungen auszuarbeiten, so solle die Nationalversammlung erklären: „Die aus dem Gesammtwillen des deutschen Volkes hervorgegangene Nationalversammlung zur Gründung einer die Einheit und politische Freiheit Deutschlands bezweckenden Verfassung erklärt, daß alle Bestimmungen deutscher Verfassungen, welche nach Vollendung des allgemeinen Verfassungswerkes mit diesen nicht übereinstimmen, abzuändern, und mit der deutschen Verfassung in Einklang zu bringen sind."[774]

S. 54; *Wigard*, Stenographischer Bericht über die Verhandlungen der deutschen constituirenden Nationalversammlung zu Frankfurt a.M., Nr. 230 vom 30. Mai 1849, S. 6766; *Schüler/Möller*, Als Demokrat in der Paulskirche, S. 36 f.

772 *Wigard*, Stenographischer Bericht über die Verhandlungen der deutschen constituirenden Nationalversammlung zu Frankfurt a.M., Nr. 9 vom 6. Juni 1848, S. 124.

773 *Wigard*, Stenographischer Bericht über die Verhandlungen der deutschen constituirenden Nationalversammlung zu Frankfurt a.M., Nr. 9 vom 6. Juni 1848, S. 124.

774 *Wigard*, Stenographischer Bericht über die Verhandlungen der deutschen constituirenden Nationalversammlung zu Frankfurt a.M., Nr. 9 vom 6. Juni 1848, S. 124.

Sodann stellte Schaffrath für die Linke das Sondergutachten der Minorität der Kommission vor.[775] Das Sondergutachten enthielt einige weitgehendere Forderungen als der Kommissionbericht der Majorität. Demnach sollte der Antrag Raveaux' um folgende Bestimmungen ergänzt werden. „I. Die Beschlußnahme über die Verfassung Deutschlands ist einzig und allein ihr, der constituirenden deutschen Nationalversammlung, überlassen. II. Die Verfassungen und Gesetze der einzelnen deutschen Staaten und die Verträge zwischen ihnen, sowie die Beschlüsse gesetzgebender Volksvertretungen in ihnen, sind nur in so weit giltig, als sie mit dieser (einzig und allein von der constituirenden Nationalversammlung zu errichtenden) Verfassung Deutschlands übereinstimmen. III. Die zu Mitgliedern der constituirenden Nationalversammlung Gewählten können von der Verpflichtung, an den Verhandlungen derselben persönlich Theil zu nehmen, nur durch sie, die constituirende Nationalversammlung selbst, entbunden werden. IV. Die Bestimmungen sind ein Theil der Verfassung Deutschlands."[776]

Schaffrath verteidigte die Anträge der Kommission mit dem Gedanken, dass geklärt werden müsse, was die Nationalversammlung überhaupt sei. Wenn die Mitglieder der Nationalversammlung den Grundsatz verleugneten, dass sie ausschließlich konstituierend wären, wäre eine Einheit Deutschlands nicht möglich.[777] Die Einheit Deutschlands wäre dann nämlich nicht möglich, wenn mit allen 38 Regierungen und Kammern der Länder über die Verfassung diskutiert, und diesen ein Widerspruchsrecht eingeräumt worden wäre.[778] Der Nationalversammlung bliebe somit nichts anderes übrig, als ihre Souveränität zu erklären, wie es auch bereits das Vorparlament und der Fünfzigerausschuss vorgesehen hatten. Der Alleinvertretungsanspruch, welcher durch das Vorparlament begründet wurde, solle unerschüttert bleiben. In diesem Beschluss des Vorparlaments solle ausdrücklich wiederholt und erklärt werden, dass alle Gesetze, Verfassungen und Verträge nur insoweit Gültigkeit besaßen, als dass sie mit der von der Nationalversammlung erlassenen Verfassung übereinstimmten.[779] Alles andere wäre ein Rückschritt. „Aber eben deswegen wollen wir uns möglichst vereinigen, diejenigen Befugnisse in Anspruch nehmen, welche zur Erfüllung der Wünsche Aller unbedingt erforderlich sind."[780]

In Bezug auf die einzelnen Punkte des Sondergutachtens, rechtfertigte Schaffrath diese gegenüber dem Gutachten der Majorität mit prägnanten Ausführungen. So erklärt er den zweiten Punkt des Sondergutachtens als milder im Vergleich zur Majorität. Schaffrath wollte Verfassungen und Gesetze der einzelnen deutschen

---

775 *Wichmann*, Denkwürdigkeiten aus der Paulskirche, S. 35.
776 *Wigard*, Stenographischer Bericht über die Verhandlungen der deutschen constituirenden Nationalversammlung zu Frankfurt a.M., Nr. 9 vom 6. Juni 1848, S. 125.
777 *Mick*, Die Paulskirche, 2. Aufl., S. 61.
778 *Ribhegge*, Das Parlament als Nation, S. 29.
779 *Valentin*, Geschichte der deutschen Revolution von 1848–49, Zweiter Bd., S. 17.
780 *Wigard*, Stenographischer Bericht über die Verhandlungen der deutschen constituirenden Nationalversammlung zu Frankfurt a.M., Nr. 9 vom 6. Juni 1848, S. 133.

Staaten, welche mit der Verfassung nicht im Einklang standen, für ungültig erklären. Die Majorität hingegen wollte die Einzelstaaten auffordern, diese Bestimmungen abzuändern, obwohl diese in bestem Wissen und Gewissen gefasst worden waren. Dies hätte die einzelnen Regierungen und Stände aber in eine untergeordnete Position gebracht, welche durch die Erklärung der Ungültigkeit nicht so herb sei, wie die Pflicht zur Änderung. Sodann stellte er die Frage, was die Konsequenz gewesen wäre, wenn die Regierungen und Ständekammern eine Änderung nicht vorgenommen hätten?[781] Die restlichen Forderungen des Minoritätsgutachtens erachtete Schaffrath als nicht weiter diskussionswürdig.[782]

Letztlich appellierte Schaffrath an die Courage der Versammlung: „Wenn man den Zweck will, muß man auch die Mittel wollen. Man darf sich nicht scheuen und zurückschrecken vor der Aufgabe, welche uns gesteckt ist. Erschrecken wir nicht vor unserer Aufgabe; denn wenn wir das deutsche Volk hinter uns haben, dann werden alle unsere Beschlüsse realisirt werden; haben wir es aber nicht hinter uns, so können wir beschließen was wir wollen, aus der Einheit Deutschlands wird dann nichts werden."[783]

Nachdem eine lange Diskussion über den Antrag Raveaux', die Verbesserungsvorschläge und die zwei Gutachten entbrannte, welche sich nicht zu Gunsten des Minoritätsgutachten entwickelte, erklärte Schaffrath, dass die Minorität das Sondergutachten fallen lasse, sich dem Werner'schen Antrag[784] anschließe und die in die Versammlung Gewählten nur durch diese von der Teilnahme an den Verhandlungen entbunden werden könnten.[785] Dieser Antrag wurde sodann von der Nationalversammlung mit überwiegender Mehrheit angenommen.[786] Somit war

781 *Wigard*, Stenographischer Bericht über die Verhandlungen der deutschen constituirenden Nationalversammlung zu Frankfurt a.M., Nr. 9 vom 6. Juni 1848, S. 133.

782 *Wigard*, Stenographischer Bericht über die Verhandlungen der deutschen constituirenden Nationalversammlung zu Frankfurt a.M., Nr. 9 vom 6. Juni 1848, S. 134.

783 *Wigard*, Stenographischer Bericht über die Verhandlungen der deutschen constituirenden Nationalversammlung zu Frankfurt a.M., Nr. 9 vom 6. Juni 1848, S. 134.

784 „Die deutsche Nationalversammlung, als das aus dem Willen und den Wahlen der deutschen Nation hervorgegangene Organ zur Begründung der Einheit und politischen Freiheit Deutschlands erklärt: daß alle Bestimmungen einzelner deutscher Verfassungen, welche mit dem von ihr zu gründenden allgemeinen Verfassungswerke nicht übereinstimmen, nur nach Maßgabe des Letzteren als giltig zu betrachten sind, – ihrer bis dahin bestandenen Wirksamkeit unbeschadet." *Wigard*, Stenographischer Bericht über die Verhandlungen der deutschen constituirenden Nationalversammlung zu Frankfurt a.M., Nr. 9 vom 6. Juni 1848, S. 155.

785 *Wigard*, Stenographischer Bericht über die Verhandlungen der deutschen constituirenden Nationalversammlung zu Frankfurt a.M., Nr. 9 vom 6. Juni 1848, S. 153; *Schüler/Möller*, Als Demokrat in der Paulskirche, S. 44; *Hildebrandt*, Opposition in der Paulskirche, S. 20; *Wichmann*, Denkwürdigkeiten aus der Paulskirche, S. 35.

786 *Wigard*, Stenographischer Bericht über die Verhandlungen der deutschen constituirenden Nationalversammlung zu Frankfurt a.M., Nr. 9 vom 6. Juni 1848, S. 155; *Valentin*, Geschichte der deutschen Revolution von 1848–49, Zweiter Bd., S. 17 f.

die Diskussion über ein grundlegendes Problem für alle Seiten zufriedenstellend gelöst.

2) Zentralgewalt

Maßgeblich beteiligte sich Schaffrath bei der Diskussion über die Schaffung einer Zentralgewalt. Wie bereits bei Adolf Ernst Hensel erwähnt, befand die hierzu eingesetzte Kommission mit ihrer Majorität, dass bis zur definitiven Begründung einer Regierungsgewalt für Deutschland ein Bundesdirektorium zur Ausübung der obersten Gewalt in allen gemeinsamen Angelegenheiten die deutsche Nation betreffend bestellt werden solle. Dieses Bundesdirektorium sollte aus drei Männern bestehen, welche von den deutschen Regierungen bezeichnet und nachdem die Nationalversammlung ihre zustimmende Erklärung durch eine einfache Abstimmung ohne Diskussion abgegeben hatte, von denselben ernannt werden.[787]

Schaffrath griff in seiner Rede die Schaffung einer Zentralgewalt, welche durch die Rechte der Nationalversammlung gefordert wurde, an. Er selbst hielt die Schaffung eines Vollziehungsausschusses – eine Art Parlamentsregierung – für geeigneter. Die Verteilung der Kompetenz dieser beiden Organe stand für ihn dabei im Vordergrund. Die Zentralgewalt sollte alle Angelegenheiten, welche die deutsche Nation betrafen, regeln. Der Vollziehungsausschuss sollte im Gegenzug nur für die allgemeine Sicherheit und Wohlfahrt zuständig sein. Dies war ihm zu wenig und zu unbestimmt.[788] Die Rechte der Zentralgewalt gingen ihm zu weit, weil dadurch einem Tyrannentum Tür und Tor geöffnet worden wäre. Solange noch keine Verfassung bestünde, dürfe eine solche Zentralgewalt nicht geschaffen werden. Wenn die Versammlung eine Verfassung verabschiedet habe, sah Schaffrath auch sein Vaterland unter der Zentralgewalt vereinigt, aber nicht zu dem gegenwärtigen Zeitpunkt. „Wir werden alle gesetzlichen Mittel anwenden, um Ihre Zentralgewalt unausführbar zu machen. Eben deshalb sage ich, weil ich die Freiheit liebe, will ich Ihre Zentralgewalt unausführbar machen, denn sie ist nur gegen die Bewegung gerichtet."[789] Schaffrath wollte demnach alles in Bewegung setzen, wenn die Nationalversammlung sich nicht für den Vollziehungsausschuss entschied.[790] Sollte Schaffraths Meinung nicht entsprochen werden, so wolle er eben im Sächsischen

787 *Wigard*, Stenographischer Bericht über die Verhandlungen der deutschen constituirenden Nationalversammlung zu Frankfurt a.M., Nr. 19 vom 20. Juni 1848, S. 358.

788 *Wigard*, Stenographischer Bericht über die Verhandlungen der deutschen constituirenden Nationalversammlung zu Frankfurt a.M., Nr. 21 vom 22. Juni 1848, S. 435; *Bahmann*, Die sächsischen Abgeordneten der Nationalversammlung zu Frankfurt 1848/49, S. 67.

789 *Wigard*, Stenographischer Bericht über die Verhandlungen der deutschen constituirenden Nationalversammlung zu Frankfurt a.M., Nr. 21 vom 22. Juni 1848, S. 436.

790 *Sturmhoefel*, Illustrierte Geschichte der Sächsischen Lande und ihrer Herrscher, II. Bd., 2. Abt., S. 106.

Landtag dafür sorgen, dass die Beschlüsse der Nationalversammlung nicht umgesetzt würden, weil die einzelnen Landtage zur Abgabe von Kompetenzen des Einzelstaates ihre Zustimmung geben müssten, solange die Nationalversammlung sich nicht dieser Kompetenzen bemächtigte: „Sobald Sie also die Zustimmung der Regierungen zu Ihrer ‚Central'-Gewalt für nothwendig halten, so ist das für mich sehr lieb, weil ich dieselbe unausführbar machen werde. Dann werde ich vielleicht die Versammlung hier verlassen und an einem anderen Orte gegen diesen Beschluß sprechen, und ich hoffe, selbst wenn ich nicht dorthin komme, daß meine Meinung dort die Majorität hat und dort siegen wird, wenn wir hier unterliegen."[791] Abschließend bediente sich Schaffrath des Spruches eines Freundes, um seinem Freiheitsstreben Ausdruck zu verleihen: „Eher soll meine Hand verdorren, ehe ich je die Rechte des Volkes verrathen werde, so sage ich: Ich liebe die Einheit; aber noch mehr liebe ich die Freiheit und diese werde ich nie verkaufen für eine ungewisse Einheit."[792]

Schaffrath verhielt sich demnach auch bei den Abstimmungen über die Zentralgewalt dem Antrag der Rechten negativ gegenüber. Bei der Frage, ob die Zentralgewalt einem Reichsverweser übertragen werden sollte, fand zwar keine namentliche Abstimmung statt, es kann aber vermutet werden, dass sich Schaffrath und die Linke dem mit ihrem Abstimmungsverhalten entgegen stellten. Letztlich wurde dieser Antrag aber mit großer Mehrheit angenommen.[793]

Das negative Abstimmungsverhalten kann auch noch dadurch begründet werden, dass bei der Abstimmung über die Frage, ob der Reichsverweser von der Nationalversammlung frei gewählt werden sollte, Schaffrath und andere Linke dagegen stimmten.[794] Obwohl gerade immer die Souveränität der Nationalversammlung im Vordergrund des Wirkens Schaffraths stand, kann dieses konträre Abstimmungsverhalten bei diesem Punkt nur durch seine allgemeine Ablehnung gegenüber dem Amt des Reichsverwesers begründet sein.

Anders verhielt sich Schaffrath bei der Frage über die Verantwortlichkeit des Reichsverwesers. Als es darum ging, den Reichsverweser von der Verantwortung für sein Handeln freizustellen, stimmte Schaffrath mit der Linken dagegen.[795]

---

791 *Wigard*, Stenographischer Bericht über die Verhandlungen der deutschen constituirenden Nationalversammlung zu Frankfurt a.M., Nr. 21 vom 22. Juni 1848, S. 435; *Bassermann*, Denkwürdigkeiten von Friedrich Daniel Bassermann 1811–1855, S. 177; *Wollstein*, Deutsche Geschichte 1848/49, S. 76.

792 *Wigard*, Stenographischer Bericht über die Verhandlungen der deutschen constituirenden Nationalversammlung zu Frankfurt a.M., Nr. 21 vom 22. Juni 1848, S. 436.

793 *Wigard*, Stenographischer Bericht über die Verhandlungen der deutschen constituirenden Nationalversammlung zu Frankfurt a.M., Nr. 26 vom 28. Juni 1848, S. 598.

794 *Wigard*, Stenographischer Bericht über die Verhandlungen der deutschen constituirenden Nationalversammlung zu Frankfurt a.M., Nr. 26 vom 28. Juni 1848, S. 602.

795 *Wigard*, Stenographischer Bericht über die Verhandlungen der deutschen constituirenden Nationalversammlung zu Frankfurt a.M., Nr. 27 vom 29. Juni 1848, S. 610; *Hildebrandt*, Parlamentsopposition auf Linkskurs, S. 86.

Seine grundsätzliche Ablehnung über die Schaffung der vorgesehenen Zentralgewalt äußerte Schaffrath mit seiner Stimme gegen das Gesetz über die Einführung einer provisorischen Zentralgewalt, welches in der 26. Sitzung am 28. Juni 1848 zur Abstimmung gelangte.[796]

Auch stimmte er bei der Wahl des Amtes des Reichsverwesers für Adam von Itzstein[797] - wenig überraschend angesichts seiner Teilnahme an den Treffen des Hallgartenkreises.

3) Biedermannscher Antrag

Gegen Endes des Jahres 1848 hatte sich die Frankfurter Nationalversammlung mit der Problematik zu beschäftigen, dass in sächsischen Zeitungen zu vernehmen war, dass die sächsische Regierung unter Karl Braun den Ständen ein Dekret vorgelegt habe, wonach das deutsche Verfassungswerk vor seiner Einführung in Sachsen der Begutachtung und Genehmigung der verfassungsmäßigen Gewalten Sachsens bedürfe.[798] Die zweite Kammer des Sächsischen Landtages stimmte dem zu. Weiterhin erwog die sächsische Regierung, bei Bedenken gegen Beschlüsse der Frankfurter Nationalversammlung die Stände zu Rate zu ziehen. Diese Ansicht der sächsischen Regierung und Stände stimmte jedoch nicht mit dem Beschluss der Nationalversammlung vom 27. Mai 1848 bezüglich des Raveaux'schen und Werner'schen Antrags überein. Biedermann und andere fragten nun beim Reichsminister der Justiz an, ob dieser von den sächsischen Beschlüssen Kenntnis habe und was er zur Wahrung der Stellung der Nationalversammlung und zur Durchführung der genannten Beschlüsse zu tun gesonnen war.[799] Reichsminister von Mohl antwortete darauf, dass er sich das Protokoll des Sächsischen Landtages besorgt habe. Diesem sei zu entnehmen, dass die sächsische Regierung bezüglich der neuesten Entwicklungen in Deutschland eine Erklärung gegenüber den Kammern abgegeben habe. Diese Erklärung beinhaltete die Aussage, dass zwischen den gesetzgebenden Organen des Bundesstaates und der Einzelstaaten eine Einigung über die neue Verfassung Deutschlands nötig sein werde. Auch ginge die Regierung davon aus, dass die Rechte der Stände, eingedenk dass der ersehnten Gestaltung des neuen Bundesstaates Opfer zu bringen und dass ohne dringende Gründe den Beschlüssen der Nationalversammlung die Anerkennung nicht zu versagen waren, unantastbar waren. Die Deputation, welche der zweiten Kammer Bericht

---

796 *Wigard*, Stenographischer Bericht über die Verhandlungen der deutschen constituirenden Nationalversammlung zu Frankfurt a.M., Nr. 27 vom 29. Juni 1848, S. 621.

797 *Wigard*, Stenographischer Bericht über die Verhandlungen der deutschen constituirenden Nationalversammlung zu Frankfurt a.M., Nr. 28 vom 30. Juni 1848, S. 632.

798 Der Zeitbote aus dem Erzgebirge, Nr. 51 vom 13. September 1848, S. 203.

799 *Wigard*, Stenographischer Bericht über die Verhandlungen der deutschen constituirenden Nationalversammlung zu Frankfurt a.M., Nr. 110 vom 7. November 1848, S. 3074.

über diese Vorlage der Regierung erstattete, empfahl dieser, der Erklärung der Regierung beizutreten. Im Verlaufe der Diskussion kristallisierten sich verschiedene Anträge heraus. Demnach war eine ständische Schrift zu verfassen und darin aufzunehmen, dass die Stände den Grundsatz für richtig und maßgebend anerkannten, dass das deutsche Verfassungswerk zwischen den einzelnen Staaten und den Vertretern des deutschen Volkes vertragsmäßig zu vereinbaren sei und der Entwurf der künftigen deutschen Verfassung den Ständen des Königreiches Sachsen zur ordnungsgemäßen Prüfung und Genehmigung seiner Zeit vorgelegt werden solle.[800] Diese Anträge wurden durch die Kammer verworfen. Vielmehr äußerte diese sich im Benehmen mit der Regierung dahingehend, dass das zu gründende Verfassungswerk von der Regierung den Ständen vorgelegt werden müsse. Zweitens wurde erklärt, dass, wenn die sächsische Regierung Bedenken gegen ein Reichsgesetz habe, sie dies den Ständen vorzulegen sich bereit erkläre und, wenn keine Zweifel bestünden, die Reichsgesetze landesüblich zu verkünden seien.[801] Nach diesen Erkenntnissen erklärte sich der Minister bereit, die sächsische Regierung per Schreiben darauf aufmerksam zu machen, dass ihr Vorgehen im Widerspruch mit Beschlüssen der Nationalversammlung stünde. Weiterhin wies der Minister darauf hin, dass die Gesetze, welche von der Nationalversammlung erlassen worden seien, auch ohne Verkündung in den Einzelstaaten Rechtskraft für Jedermann besäßen. Die örtliche Verkündung müsse trotz alledem von jedem Einzelstaat vorgenommen werden, ohne dass davon jedoch die Rechtskraft berührt werde.[802]

Da die Verfolgung durch den Minister dem Abgeordneten Biedermann nicht genügte, stellte dieser den Antrag, die Nationalversammlung möge beschließen: „Durch die Centralgewalt die königlich sächsische Regierung aufzufordern, ihr Decret vom 28. August d. J., das deutsche Verfassungswerk betreffend, zurückzunehmen, weil die demselben zu Grunde liegende Ansicht von einer Vereinbarung der deutschen Verfassung zwischen der Nationalversammlung und den gesetzgebenden Gewalten der Einzelstaaten mit dem vom Vorparlament ausgesprochenen und von der Nationalversammlung anerkannten Grundsatz: ‚daß die Nationalversammlung einzig und allein die deutsche Verfassung zu begründen hat,‘ in direktem Widerspruch steht."[803] Biedermann verlieh somit der Haltung der Liberalen

800 *Wigard*, Stenographischer Bericht über die Verhandlungen der deutschen constituirenden Nationalversammlung zu Frankfurt a.M., Nr. 110 vom 7. November 1848, S. 3075.

801 *Wigard*, Stenographischer Bericht über die Verhandlungen der deutschen constituirenden Nationalversammlung zu Frankfurt a.M., Nr. 110 vom 7. November 1848, S. 3076; *Laube*, Das erste deutsche Parlament, Dritter Bd., S. 101.

802 *Wigard*, Stenographischer Bericht über die Verhandlungen der deutschen constituirenden Nationalversammlung zu Frankfurt a.M., Nr. 110 vom 7. November 1848, S. 3076.

803 *Wigard*, Stenographischer Bericht über die Verhandlungen der deutschen constituirenden Nationalversammlung zu Frankfurt a.M., Nr. 110 vom 7. November 1848, S. 3076.

Ausdruck, welche nun die deutsche Einigung auf dem Wege von Reformen durchführen wollten. Eine solide Verfassung war für die Einführung von grundlegenden Freiheitsrechten von nöten. Die Liberalen verfolgten somit das Motto: „Durch Einheit zur Freiheit".[804]

Über den Antrag Biedermanns wurde sodann in der 110. Sitzung am 7. November 1848 beraten. Zunächst wurde jedoch ein präjudizieller Antrag von Schaffrath eingebracht. Dieser wünschte, dass der Antrag Biedermanns mit sämtlichen Unterlagen an einen Ausschuss zur Begutachtung verwiesen werde. Im Idealfalle solle dies der Ausschuss für den Raveaux'schen-Antrag sein, hilfsweise der Ausschuss für die Zentralgewalt. Ebenfalls sollten alle anderen, die Machtvollkommenheit der Nationalversammlung zur Errichtung des Verfassungswerkes anzweifelnden Erklärungen und Handlungen anderer Einzelregierungen an diesen Ausschuss verwiesen werden.[805] Schaffrath begründete dies damit, dass die Nationalversammlung grundsätzlich mit allen Staaten, die ihre Machtvollkommenheit anzweifelten, ins Reine kommen müsse. Da auch Preußen und Österreich dem sächsischen ähnliche Dekrete erlassen hatten, bedürfe dies einer Klärung in einem Ausschuss.[806]

Schaffrath sah das Problem mit der sächsischen Regierung aber noch auf eine ganz andere Weise. So warf er der sächsischen Regierung keinen Widerwillen gegen das Handeln der Nationalversammlung vor. Vielmehr handele diese mit dem Willen, der Nationalversammlung gegenüber auf dem verfassungsmäßigen, auf dem gesetzlichen Boden stehen zu bleiben. Die Reformen in Sachsen seien auf verfassungsmäßigem Wege zu Stande gekommen und so solle es auch mit der Reichsverfassung und allen anderen Beschlüssen der Nationalversammlung sein. Schaffrath verwies in diesem Zusammenhang auf einen Paragraphen in der sächsischen Verfassung, der in den wenigsten deutschen Verfassungen zur damaligen Zeit gefunden werden konnte. Dieser Paragraph besagte: „Kein Recht der Krone, kein Hoheitsrecht kann ohne Zustimmung der Stände veräußert werden." Die sächsische Regierung äußerte nun, dass sie zwar bereit sei, alles zu fördern, was der deutschen Einheit hilfreich, sie aber durch diesen § 2 der Verfassungsurkunde[807] daran gebunden sei, auch nur pro forma, den sächsischen Ständen auszuführende Beschlüsse der Nationalversammlung zur Zustimmung vorzulegen (Vereinbarungsgrundsatz). Die Zustimmung der sächsischen Stände zu dieser Vorgehensweise ließ sich beispielsweise am Zentralgewaltsgesetz erkennen, welches auch den Ständen vorgelegt wurde und keiner sich dagegen ausgesprochen hatte.

---

804 *Biedermann*, Karl Braun (1807–1868): Leben und Werk, S. 137.

805 *Wigard*, Stenographischer Bericht über die Verhandlungen der deutschen constituirenden Nationalversammlung zu Frankfurt a.M., Nr. 111 vom 8. November 1848, S. 3109.

806 *Wigard*, Stenographischer Bericht über die Verhandlungen der deutschen constituirenden Nationalversammlung zu Frankfurt a.M., Nr. 111 vom 8. November 1848, S. 3109; *Laube*, Das erste deutsche Parlament, Dritter Bd., S. 101.

807 Königreich Sachsen, Verfassungsurkunde des Königreichs Sachsen vom 4. September 1831, S. 3.

Es sei also von der sächsischen Regierung kein materieller Widerstand zu erwarten, sondern lediglich die Einhaltung der Form.[808]

Wenn nun der Antrag Biedermanns auf Rücknahme des Dekretes angenommen worden wäre, hätte dies nicht über § 2 der Verfassungsurkunde hinweggeholfen. Es bliebe der Nationalversammlung also anheimgestellt, einen Beschluss zu erlassen, der nicht nur auf die sächsischen Verhältnisse passe, sondern allgemein festschrieb, dass die Gesetze und Beschlüsse der Nationalversammlung keiner Zustimmung der Stände der Einzelstaaten bedürften. Der betreffende Paragraph der sächsischen Verfassung wäre somit zumindest in einer einigermaßen rechtlich haltbaren Weise derogiert worden.[809]

Dies alles könne aber nur geschehen, wenn die Problematik an einen Ausschuss verwiesen würde, der sich damit beschäftige und unvoreingenommen Lösungsansätze präsentiere. Durch ein Reichsgesetz, das der Ausschuss zu erarbeiten habe, sei die Problematik zumindest ansatzweise zu klären.[810]

Nach den Ausführungen Schaffraths ergriff noch einmal der Abgeordnete Biedermann das Wort. Er äußerte, dass er zwar einige Dinge anders sähe als der Abgeordnete Schaffrath, es ihm jedoch bereits genüge, dass sich die Nationalversammlung für die Dringlichkeit des Antrages ausgesprochen habe und somit der sächsischen Regierung die Anliegen der Nationalversammlung ausreichend plausibel gemacht worden seien. Aus diesen Gründen schloss er sich dem Antrag Schaffraths an.[811]

Bei der anschließenden Abstimmung darüber, ob der Antrag Biedermanns zusammen mit allen Unterlagen an einen Ausschuss abgegeben werden solle, sprachen sich 255 gegen 180 Abgeordnete für die Annahme des Antrages aus.[812]

Als dann die Frage behandelt wurde, an welchen Ausschuss die Problematik zu verweisen sei, stellte Schaffrath den Antrag, den ehemaligen Raveaux'schen Ausschuss und die Reste des Ausschusses für die Zentralgewalt zu vereinigen und diese für zuständig zu erklären. Dies wurde jedoch von der Mehrheit der

808 *Wigard*, Stenographischer Bericht über die Verhandlungen der deutschen constituirenden Nationalversammlung zu Frankfurt a.M., Nr. 111 vom 8. November 1848, S. 3110.

809 *Wigard*, Stenographischer Bericht über die Verhandlungen der deutschen constituirenden Nationalversammlung zu Frankfurt a.M., Nr. 111 vom 8. November 1848, S. 3110.

810 *Wigard*, Stenographischer Bericht über die Verhandlungen der deutschen constituirenden Nationalversammlung zu Frankfurt a.M., Nr. 111 vom 8. November 1848, S. 3111.

811 *Wigard*, Stenographischer Bericht über die Verhandlungen der deutschen constituirenden Nationalversammlung zu Frankfurt a.M., Nr. 111 vom 8. November 1848, S. 3112.

812 *Wigard*, Stenographischer Bericht über die Verhandlungen der deutschen constituirenden Nationalversammlung zu Frankfurt a.M., Nr. 111 vom 8. November 1848, S. 3115.

Versammlung abgelehnt.[813] Es wurde danach der Antrag angenommen, dass ein neu zu wählender Ausschuss sich mit der Thematik beschäftigen sollte.[814] Dieser teilte nun in der 170. Sitzung am 15. Februar 1849 mit, dass das Vereinsbarungsprinzip zurückgewiesen wurde und die Souveränität der Nationalversammlung in Beziehung auf das Verfassungswerk anerkannt worden sei.[815]

Somit war eine Integration des liberalen Biedermanns unter Schaffrath geglückt und die allgemeine Problematik der Anerkennung der Machtsouveränität der Nationalversammlung gegenüber den partikularen Staaten konnte geklärt werden.

Hierbei befremdet Schaffraths Ansicht doch etwas. Wie bereits im Rahmen der Beratungen über die Zentralgewalt erwähnt, vertrat Schaffrath die Ansicht, dass er im Sächsischen Landtag gegen Beschlüsse der Nationalversammlung vorgehen wollte, die nicht seiner Meinung entsprachen. Demnach ließ er sich zu diesem Zeitpunkt als Vertreter des Partikularismus einordnen und verfolgte die Losung: „Durch Freiheit zur Einheit". Auf der anderen Seite stimmte er wenige Monate später, wie unter diesem Punkt behandelt, für die Stärkung der Rechte der Nationalversammlung gegen die einzelnen Länderparlamente und handelte somit getreu dem Motto der Liberalen: „Durch Einheit zur Freiheit". Erklärbar erscheint dies nur durch Betrachtung der Gegenpartei. So sah er sich bei den Beratungen über die Zentralgewalt der Rechten in der Frankfurter Nationalversammlung gegenüber und sprach sich demnach für eine Stärkung der Parlamente der Einzelstaaten aus, welche weitaus liberaler geprägt waren. Bei der Diskussion um den Vereinsbarungsgrundsatz im Königreich Sachsen sah er sich dem gemäßigtliberalen Ministerium um Karl Braun gegenüber, welches sich für die Beibehaltung des Vereinbarungsprinzips aussprach, dies aber Schaffraths neuentstandenen Einheitsbestrebungen widerstrebte. Schaffrath schloss sich mit den Liberalen gegen das Ministerium Braun zusammen, welches durch sein Festhalten am Vereinbarungsgrundsatz seine treuesten Unterstützer im Landtag verlor.[816]

4) Kaiserwahl

Abschließend zu den Verhandlungspunkten in der Frankfurter Nationalversammlung soll hier Schaffraths Stellung zum zukünftigen Reichsoberhaupt behandelt werden. Nachdem sich bereits zuvor auf eine kleindeutsche Lösung unter

---

813 *Wigard*, Stenographischer Bericht über die Verhandlungen der deutschen constituirenden Nationalversammlung zu Frankfurt a.M., Nr. 111 vom 8. November 1848, S. 3116.

814 *Wigard*, Stenographischer Bericht über die Verhandlungen der deutschen constituirenden Nationalversammlung zu Frankfurt a.M., Nr. 111 vom 8. November 1848, S. 3116.

815 *Wigard*, Stenographischer Bericht über die Verhandlungen der deutschen constituirenden Nationalversammlung zu Frankfurt a.M., Nr. 171 vom 16. Februar 1849, S. 5204.

816 *Biedermann*, Karl Braun (1807–1868): Leben und Werk, S. 137.

Ausschluss Österreichs geeinigte wurde,[817] ging es nun darum festzulegen, wer das Amt des Reichsoberhauptes ausfüllen sollte. Hierbei forderte die republikanisch-unitarische Linke einen gewählten Präsidenten. Dem standen die Vertreter des moderaten Liberlismus und die Konservativen gegenüber, welche die Einführung eines Erbkaisertums forderten. Im Laufe der Diskussion über die Oberhauptsfrage verschob sich das Gewicht zugunsten der kleindeutsch-erbkaiserlichen Partei. Dies war einerseits dadurch begründet, dass der österreichische Kandidat Schwarzenberg[818] aus dem Kreis der Anwärter ausschied, indem er die österreichischen Abgeordneten aus der Nationalversammlung abberief, und auf der anderen Seite der preußische König Friedrich Wilhelm IV.[819] die Hoffnungen auf eine aktive Zusammenarbeit der Nationalversammlung mit der Berliner Regierung schürte.[820] Bereits in der 195. Sitzung am 27. März 1849 entschied sich die Nationalversammlung mit 267 zu 263 Stimmen für ein Erbkaisertum.[821] Hierbei stimmte Schaffrath, als einziger Verbliebener von den drei in dieser Arbeit behandelten Personen, gegen die Erblichkeit der Kaiserwürde.[822]

In der 196. Sitzung am 28. März 1849 erfolgte die Wahl des Kaisers als Oberhaupt des Deutschen Reiches. Konsequenterweise stimmte Schaffrath bei der Oberhauptsfrage nicht mit ab: „Ich wähle nicht.“[823] Ergebnis der Wahl waren 290 Stimmen für Friedrich Wilhelm IV. von Preußen, denen 248 Stimmenthaltungen entgegenstanden.[824]

Schaffraths Haltung bei der Frage des Reichsoberhauptes überzeugt an dieser Stelle. Obwohl keine Wortmeldungen von ihm zu dieser Sache verzeichnet sind, lässt sich in seinem Abstimmungsverhalten seine demokratische Gesinnung wiedererkennen. Aus diesem Grund stimmte er mit der Linken gegen die Einführung eines Erbkaisertums und demnach auch gegen die Wahl Friedrich Wilhelm IV. von Preußen.

---

817 *Diestelkamp*, Nationalversammlung, deutsche, 1849, in: HRG, III. Bd., Sp. 907.

818 Felix zu Schwarzenberg (1800–1852), von November 1848 bis April 1852 österreichischer Ministerpräsident; vgl. über ihn *Zeißberg*, Schwarzenberg, Felix Fürst zu, in: ADB, Bd. XXXIII, S. 266–290.

819 1795–1861, 1840–1861 König von Preußen.

820 *Müller/Puschner*, Die Revolution von 1848/49, 4. Aufl., S. 130.

821 *Wigard*, Stenographischer Bericht über die Verhandlungen der deutschen constituirenden Nationalversammlung zu Frankfurt a.M., Nr. 196 vom 28. März 1849, S. 6064.

822 *Wigard*, Stenographischer Bericht über die Verhandlungen der deutschen constituirenden Nationalversammlung zu Frankfurt a.M., Nr. 196 vom 28. März 1849, S. 6063.

823 *Wigard*, Stenographischer Bericht über die Verhandlungen der deutschen constituirenden Nationalversammlung zu Frankfurt a.M., Nr. 197 vom 29. März 1849, S. 6090.

824 *Wigard*, Stenographischer Bericht über die Verhandlungen der deutschen constituirenden Nationalversammlung zu Frankfurt a.M., Nr. 197 vom 29. März 1849, S. 6093.

c) *Ausscheiden aus der Nationalversammlung*

Wilhelm Michael Schaffrath blieb bis zum Schluss der letzten Sitzung Mitglied der Frankfurter Nationalversammlung. Nach der Ablehnung der Kaiserkrone durch Friedrich Wilhelm IV. von Preußen wirkte Schaffrath mit der gesamten Linken dahingehend, die Verfassung, welche von der Nationalversammlung beschlossen wurde, zur Anerkennung zu bringen. Nachdem der größte Teil der Abgeordneten ausgetreten war oder von den Regierungen zurückgerufen wurde, stimmte Schaffrath für die Herabsetzung der Beschlussfähigkeit auf 100 Mitglieder und die Verlegung der Versammlung nach Stuttgart. Nachdem die Nationalversammlung das Einschreiten des preußischen Militärs während des Dresdner Aufstandes mit 188 gegen 147 Stimmen als schweren Bruch des Reichsfriedens verurteilt hatte, riefen die sächsische und die preußische Regierung am 14. Mai 1849 ihre Abgeordneten zur Frankfurter Nationalversammlung zurück. Dem Abberufungsbefehl des sächsischen Königs leistete Schaffrath nicht Folge, sondern ging mit dem Rumpfparlament nach Stuttgart.[825] Vielmehr unternahm er noch den Versuch, im Verein mit zehn anderen sächsischen Abgeordneten am 19. Mai 1849 den Antrag durchzubringen, dass die Zentralgewalt auf schnellstem Wege den Verfassungs- und Rechtszustand sowie den Reichsfrieden wieder herstellen sollte, weil er in dem Vorgehen der Regierung während des Aufstandes ein „Verbrechen des Staatsverrates" sah. Auch sei die Verfassung von 1831 schwer verletzt worden, indem neue Steuern ausgeschrieben und der Belagerungszustand ohne Landtagsbewilligung verhängt worden sei.[826] Weiterhin sollte Sachsen von den preußischen Truppen befreit oder zumindest die preußischen Truppen unter den Befehl der Zentralgewalt gestellt werden. Außerdem sollte die Zentralgewalt die Straflosigkeit der Handlungen der Revolutionäre durchsetzen. Dies alles war jedoch nicht mehr durchsetzbar. Der Versuch der Nationalversammlung, Deutschland eine Gesamtverfassung zu geben, war gescheitert.[827] Schaffrath ließ sich sodann in der 235. Sitzung am 16. Juni 1849 aus gesundheitlichen Gründen für drei Wochen vom Rumpfparlament beurlauben, was durch dieses verweigert wurde.[828] Dies kümmerte ihn jedoch wenig und so reiste er aus Stuttgart ab und entkam der Auflösung des Rumpfparlamentes durch württembergisches Militär am 18. Juni 1849 und den darauffolgenden Festnahmen durch die Flucht in die Schweiz.

---

825 *Bahmann*, Die sächsischen Abgeordneten der Nationalversammlung zu Frankfurt 1848/49, S. 69; *Wichmann*, Denkwürdigkeiten aus der Paulskirche, S. 436; *Weiß*, Das Stuttgarter Rumpfparlament 1849, S. 110 f.

826 *Schinke*, Der politische Charakter des Dresdner Maiaufstandes 1849, S. 66; *Schinke*, Die sächsischen Parteiverhältnisse zur Zeit des Dresdner Maiaufstandes, in: Deutsche Geschichtsblätter, 19. Bd., 1. Heft, S. 76.

827 *Flathe*, Geschichte des Kurstaates und Königreiches Sachsen, Dritter Bd., S. 640.

828 *Wigard*, Stenographischer Bericht über die Verhandlungen der deutschen constituirenden Nationalversammlung zu Stuttgart, Nr. 236 vom 22. Juni 1849, S. 6872.

6. Der Sächsische Landtag 1849

Wilhelm Michael Schaffraths Anwesenheit in der Frankfurter Nationalversammlung war von Zeit zu Zeit durch sein Engagement im Sächsischen Landtag unterbrochen. Wenn dieser auch größtenteils aus demokratischen Neulingen bestand, so waren es doch einige Paulskirchenabgeordnete wie Schaffrath, welche neben oder anstelle ihrer Mitgliedschaft in der Frankfurter Nationalversammlung ihren Einfluss auf Landesebene ausbauen wollten.[829] Auf einer Versammlung von Vertretern fast aller Zweigvereine des Sächsischen Vaterlandsvereins am 3. Dezember 1848 erfolgte die Kandidatenaufstellung für eine Vielzahl von Wahlbezirken des Königreiches Sachsen. Schaffrath wurde hierbei zunächst als Kandidat für die erste Kammer im Wahlbezirk 16[830] und als Kandidat der zweiten Kammer in den Wahlbezirken 67–69 vorgeschlagen.[831] Auf einer weiteren Sitzung am 6. Dezember 1848 erfolgte zusätzlich noch die Nominierung als Kandidat der ersten Kammer im Wahlbezirk 4[832].[833] Er ließ sich bei den Wahlen im Dezember 1848 aber lediglich als Abgeordneter des 69. Wahlbezirks (Hohnstein) in die zweite Kammer des Sächsischen Landtages des Jahres 1849 wählen,[834] nachdem er auch im 4. Wahlbezirk und im 16. Wahlbezirk der ersten Kammer gewählt wurde, die Wahlen aber ablehnte.[835]

---

829 *Weber*, Die Revolution in Sachsen 1848/49, S. 239; *Schimmel*, Die Entwicklung des Wahlrechts zur sächsischen Zweiten Kammer und der Zusammensetzung derselben in parteipolitischer und sozialer Hinsicht, S. 63.

830 Der 16. Wahlbezirk (Eibenstock) der ersten Kammer bestand aus dem 46. Wahlbezirk (Auerbach), dem 47. Wahlbezirk (Kirchberg) und dem 48. Wahlbezirk (Eibenstock) der zweiten Kammer; vgl. dazu *Matzerath*, Aspekte sächsischer Landtagsgeschichte – Die Mitglieder und Wahlbezirke der sächsischen Landtage (1833–1952), Teil III: Wahlbezirke und Raumbezüge, S. 78, 81 f., 86.

831 Erzgebirgische Eisenbahn vom 6. Dezember 1848, S. 389.

832 Der 4. Wahlbezirk (Kamenz) der ersten Kammer bestand aus dem 10. Wahlbezirk (Bischofswerda), dem 11. Wahlbezirk (Elstra) und dem 12. Wahlbezirk (Kamenz) der zweiten Kammer; vgl. dazu *Matzerath*, Aspekte sächsischer Landtagsgeschichte – Die Mitglieder und Wahlbezirke der sächsischen Landtage (1833–1952), Teil III: Wahlbezirke und Raumbezüge, S. 73, 81, 83, 86.

833 Kamenzer Wochenschrift, Nr. 88 vom 10. Dezember 1848, S. 519.

834 Königreich Sachsen, Mittheilungen über die Verhandlungen des Landtags im Königreiche Sachsen 1849, II. Kammer, S. 32; SächsHStA Dresden, Die Wahlen der Abgeordneten für den ordentlichen Landtag 1849, Bl. 98; *Matzerath*, Aspekte sächsischer Landtagsgeschichte – Die Mitglieder und Wahlbezirke der sächsischen Landtage (1833–1952), Teil III: Wahlbezirke und Raumbezüge, S. 66, 71, 96 f., 103; Weißeritz-Zeitung vom 12. Januar 1849, S. 19.

835 SächsHStA Dresden, Die Wahlen der Abgeordneten für den ordentlichen Landtag 1849, Bl. 78, 90, 147; Beobachter an der Mulde, Nr. 3 vom 17. Januar 1849, S. 21.

Bei diesem Landtag wurde Adolf Ernst Hensel mit 53 von 64 Stimmen zum Präsidenten der zweiten Kammer gewählt.[836] Danach erfolgte die Wahl des ersten Vizepräsidenten. Von den 64 Stimmen entfielen 48 auf Wilhelm Michael Schaffrath, welcher somit gewählt wurde.[837] Demnach ist auch über Schaffrath wenig von diesem Landtag zu berichten. Lediglich zu Beginn der Verhandlungen äußerte er sich mit einem Antrag über die neue Geschäftsordnung und später in Bezug auf die Reichsverfassung inhaltlich zu einem Thema.

a) Geschäftsordnung

Problematisch war für den Landtag, dass dieser zum Zeitpunkt der Einberufung über keine verbindliche Geschäftsordnung verfügte. Bei der Diskussion, wie nun die Verhandlungen geführt werden sollten, führte Schaffrath an, dass es noch zu den vorbereitenden Tätigkeiten der Kammer gehöre, ihren Geschäftsgang zu regeln. Dies sei nur durch eine Ordnung oder ein Gesetz möglich. Aus diesem Grund beantragte er, dass für acht Tage der, jedem Abgeordneten bei seiner Anmeldung zum Landtag, ausgehändigte Entwurf einer neuen Geschäftsordnung als Richtschnur genommen werden sollte. Lediglich der zwölfte Abschnitt des Entwurfs einer neuer Geschäftsordnung (Einrichtung eines Sektions- und Abteilungswesens) sollte durch den zehnten Abschnitt des Entwurfs der Geschäftsordnung des Jahres 1833 (Deputationswesen) ersetzt werden. Weiterhin sollte eine Deputation zur Begutachtung des Entwurfs eingesetzt werden. Nach längerer Diskussion zwischen Abgeordneten der Kammerlinken und -rechten wurde der Antrag Schaffraths in der Ausgangsform angenommen.[838] Sogleich erfolgte die Wahl der Deputation, welche sich mit dem Entwurf der Geschäftsordnung zu beschäftigen hatte. Hierbei wurde Schaffrath mit 55 von 65 Stimmen gewählt.[839]

b) Reichsverfassung

Eine größere Problematik stellte die Reichsverfassungskampagne im Königreich Sachsen dar. Am 27. März 1849 wurde von der Frankfurter Nationalversammlung die Erblichkeit des Kaisertums mit nur vier Stimmen Mehrheit angenommen. Am 28. März 1849 erfolgte die Wahl Friedrich Wilhelms IV. von Preußen zum deutschen Kaiser mit 290 Stimmen, wobei sich 248 Abgeordnete der Abstimmung

---

836 Königreich Sachsen, Mittheilungen über die Verhandlungen des Landtags im Königreiche Sachsen 1849, II. Kammer, S. 19.

837 Königreich Sachsen, Mittheilungen über die Verhandlungen des Landtags im Königreiche Sachsen 1849, II. Kammer, S. 19.

838 Königreich Sachsen, Mittheilungen über die Verhandlungen des Landtags im Königreiche Sachsen 1849, II. Kammer, S. 28 f.

839 Königreich Sachsen, Mittheilungen über die Verhandlungen des Landtags im Königreiche Sachsen 1849, II. Kammer, S. 29.

enthielten.[840] Die Verkündung der Reichsverfassung erfolgte noch am gleichen Tag, womit diese Rechtskraft erlangte.[841] Bekanntermaßen erfolgte am 3. April 1849 die Ablehnung der Kaiserkrone durch König Friedrich Wilhelm IV. gegenüber der an ihn gesandten Parlamentsdeputation. Ein Hoffnungsschimmer bestand jedoch zunächst noch darin, dass die Reichsverfassung durch die einzelnen Länder angenommen werden könne.

Am 12. April 1849 brachte der Abgeordnete Heubner den Antrag auf sofortige Publikation der Reichsverfassung in die erste Kammer des Sächsischen Landtages ein.[842] Obwohl in Sachsen immer noch eine Abneigung gegen Preußen herrschte und Heubner daraus auch keinen Hehl machte, beschwor er die Abgeordneten, von ihrer Antipathie gegen ein preußisches Kaisertum abzulassen und dem Antrag beizupflichten.[843] Dies bewirkte, dass der Antrag mit nur einer Gegenstimme angenommen wurde.[844]

Nur einen Tag später – am 13. April 1849 – stellte Wilhelm Michael Schaffrath denselben Antrag in der zweiten Kammer des Sächsischen Landtages: „Die zweite Kammer der Volksvertretung im Königreiche Sachsen ersuche ich, in Gemeinschaft mit der ersten Kammer an die Staatsregierung den Antrag zu stellen: 1) daß sie die von der deutschen verfassungsgebenden Reichsversammlung in Frankfurt in zweimaliger Lesung beschlossene und am 29. März d. J. als ‚Reichsverfassung' bereits verkündigte, von ihrem Gesammtvorstande und ihren Mitgliedern unterschriebene ‚Verfassung des deutschen Reichs' nebst dem am 28. März in zweiter Lesung gleichfalls angenommenen ‚Reichswahlgesetz' für das Königreich Sachsen als endgültig und verbindlich, im verfassungsmäßigen Wege bekannt mache; und 2) daß auch sie, die Staatsregierung, wie die Kammern jeder Aenderung dieser ‚Verfassung des deutschen Reichs' und dieses ‚Reichswahlgesetzes', welche auf andere, als die in jener selbst bestimmten Weise etwa versucht werden sollte, den entschiedensten Widerstand entgegensetze."[845] Dieser Antrag wurde von der Kammer als dringlich anerkannt und somit auf die Tagesordnung der darauf folgenden Sitzung gesetzt.[846]

---

840 *Sturmhoefel*, Illustrierte Geschichte der Sächsischen Lande und ihrer Herrscher, II. Bd., 2. Abt., S. 123.

841 Die Gegenwart, Sechster Bd., S. 622.

842 *Sturmhoefel*, Illustrierte Geschichte der Sächsischen Lande und ihrer Herrscher, II. Bd., 2. Abt., S. 123.

843 *Flathe*, Geschichte des Kurstaates und Königreiches Sachsen, Dritter Bd., S. 610.

844 Königreich Sachsen, Mittheilungen über die Verhandlungen des Landtags im Königreiche Sachsen 1849, I. Kammer, S. 643.

845 Königreich Sachsen, Mittheilungen über die Verhandlungen des Landtags im Königreiche Sachsen 1849, II. Kammer, S. 984; *Ludwig/Neemann*, Revolution in Sachsen 1848/49, S. 136.

846 Königreich Sachsen, Mittheilungen über die Verhandlungen des Landtags im Königreiche Sachsen 1849, II. Kammer, S. 984. Nach anderen Ausführungen wurde der Antrag erst am 14. April 1849 eingebracht, was sich jedoch durch die Landtagsmitteilungen widerlegen lässt; vgl. fälschlich *Schinke*, Der politische

Zur Verhandlung des Antrages von Schaffrath kam es dann in der Sitzung am 14. April 1849. Nach Verlesung des Protokolls der ersten Kammer, welches die Abgeordneten darauf hinwies, dass der Antrag angenommen wurde, stiegen die Abgeordneten in die Verhandlungen ein. Zunächst erhielt Schaffrath als Antragsteller das Wort. Dieser beschwor mit den ersten Worten einer langen Rede die Wichtigkeit dieser Stunden für die Zukunft Sachsens und Deutschlands: „Die große Stunde Deutschlands und Sachsens hat geschlagen, für Deutschland die Stunde der Wiedergeburt, die Stunde der Geburt eines einigen und hoffentlich auch freien, wenn auch leider noch nicht großen und mächtigen Deutschlands, für Sachsen, für Sachsens Monarchen, für Sachsens Kammern, für uns gewissermaaßen die Stunde des Endes der Selbstständigkeit, die Sterbestunde der Souverainetät. So wichtig ist die heutige Berathung, um so Großes handelt es sich heute."[847]

Schaffrath sah durch die Einführung und Umsetzung der Reichsverfassung zwar den Untergang Sachsens als souveränen Staat, opferte diesen aber gern für ein geeintes Deutschland. Als Partikularist hätte er auch gewisse partikulare Rechte für Sachsen behalten, denn man könne schließlich die Vaterlandsliebe nicht von heute auf morgen abschalten. Die Aufgabe des Partikularismus zugunsten der Gleichmacherei und Zentralisation sei aber der falsche Weg.[848]

Viele wunderten sich auch, dass er für die Verfassung sprach, obwohl er immer auf demokratische Zustände hingewirkt hatte. Nun versuchten die gemäßigte Linke sowie die Liberalen sich für die unbedingte Annahme der Reichsverfassung einzusetzen, obwohl sie diese vorher in wesentlichen Punkten abgelehnt und bekämpft hatten.[849] Der Kampf für die Verfassung, welche ein Erbkaisertum vorschrieb, stand komplett konträr dazu.[850] Hierbei war jedoch im Einzelfall zu prüfen, ob wirklich jede einzelne Überzeugung durchgesetzt werden musste. Für Schaffrath erschien es sinnvoller, einzelne Bestimmungen auch gegen die Überzeugung zu akzeptieren, um damit einen so hohen und wichtigen Moment wie die Einigung von 38 Staaten mit 45 Millionen Einwohnern zu bewirken. Und er hoffte, dass alle Anwesenden in so einem Moment ebenfalls nur an das Vaterland dachten und ihre einzelnen Überzeugungen zu Gunsten des Großen und Ganzen opferten.[851] Unabhängig von

---

Charakter des Dresdner Maiaufstandes 1849, S. 20 und *Schinke*, Die sächsischen Parteiverhältnisse zur Zeit des Dresdner Maiaufstandes, in: Deutsche Geschichtsblätter, 19. Bd., 1. Heft, S. 60.

847 Königreich Sachsen, Mittheilungen über die Verhandlungen des Landtags im Königreiche Sachsen 1849, II. Kammer, S. 1013; *Geyer*, Politische Parteien und öffentliche Meinung in Sachsen von der Märzrevolution bis zum Ausbruch des Maiaufstandes 1848–1849, S. 194.

848 Königreich Sachsen, Mittheilungen über die Verhandlungen des Landtags im Königreiche Sachsen 1849, II. Kammer, S. 1014.

849 *Botzenhart*, Deutscher Parlamentarismus in der Revolutionszeit 1848–1850, S. 578.

850 Die Gegenwart, Sechster Bd., S. 622.

851 Königreich Sachsen, Mittheilungen über die Verhandlungen des Landtags im Königreiche Sachsen 1849, II. Kammer, S. 1014.

der demokratischen Überzeugung oder dem Eintreten für ein Erbkaisertum, war dieses nicht einfach durch einen Abschnitt in der Verfassung zu installieren, sondern konnte, wie die Geschichte gezeigt hatte, nur tatsächlich bewirkt werden. Für die Erblichkeit reichte es nicht aus, dass sie nur auf dem Papier stand: „Das Erbkaiserthum brauchen Sie nicht zu fürchten; es kommt nicht zu Stande, trotz aller Beschlüsse; noch viel weniger aber hat es Bestand. Die Verfassung wird in allen ihren Theilen lebensfähig und lebendig, eine Wahrheit werden, mit alleiniger Ausnahme des III. Abschnitts, des Kaiserthums, zumal des erblichen. Dieses ist todtgeboren schon an sich."[852] Die Unbeständigkeit des Erbkaisertums begründete Schaffrath damit, dass in der ersten Lesung dieses Abschnitts der Verfassung zunächst nur eine Mehrheit von 31 Stimmen bestand. Erst in der zweiten Lesung wurde der Abschnitt angenommen und dies auch nur mit vier Stimmen Mehrheit, wobei sich acht Abgeordnete enthielten. Man könne so einen wichtigen Beschluss nicht mit nur vier Stimmen Mehrheit beschließen, wenn er Kraft und Dauer haben solle.[853]

Schaffrath sah viel Positives an der neuen Verfassung. So erfolgte eine Erweiterung der Grundrechte, die in Sachsen sowieso schon vorhanden waren.[854] Auch führte Schaffrath den § 101 (später als § 100 eingegangen)[855] und § 196[856] an, welche ein suspensives Veto nicht nur in Gesetzgebungssachen, sondern auch in Verfassungssachen gewährten. Dieses suspensive Veto sei von der sächsischen Regierung den Kammern nie zugestanden worden. Der sächsischen Bevölkerung sei nun die Möglichkeit gegeben, Abänderungen der Verfassung zu bewirken. „Wenn also das deutsche Volk etwas fest und dauernd will, so ist ihm die Möglichkeit durch diese Verfassung gegeben, sie nach seinen Wünschen und jeden Paragraphen, mithin auch das erbliche Kaiserthum nach seinen Wünschen zu ändern, ohne Revolution und ohne die Opfer, die jede Revolution fordert."[857]

---

852 Königreich Sachsen, Mittheilungen über die Verhandlungen des Landtags im Königreiche Sachsen 1849, II. Kammer, S. 1015; *Blum*, Die deutsche Revolution 1848–49, S. 395.

853 Königreich Sachsen, Mittheilungen über die Verhandlungen des Landtags im Königreiche Sachsen 1849, II. Kammer, S. 1015.

854 Königreich Sachsen, Mittheilungen über die Verhandlungen des Landtags im Königreiche Sachsen 1849, II. Kammer, S. 1016.

855 „§. 100. Ein Reichstagsbeschluß kann nur durch die Uebereinstimmung beider Häuser gültig zu Stande kommen."; vgl. Verfassung des Deutschen Reiches vom 28. März 1849, in: Deutscher Bund, Reichs-Gesetz-Blatt, 16. Stück vom 28. April 1849, S. 118.

856 „§. 196. Abänderungen in der Reichsverfassung können nur durch einen Beschluß beider Häuser und mit Zustimmung des Reichsoberhauptes erfolgen."; vgl. Verfassung des Deutschen Reiches vom 28. März 1849, in: Deutscher Bund, Reichs-Gesetz-Blatt, 16. Stück vom 28. April 1849, S. 135.

857 Königreich Sachsen, Mittheilungen über die Verhandlungen des Landtags im Königreiche Sachsen 1849, II. Kammer, S. 1017.

Nach langer Debatte über das Für und Wider der Reichsverfassung, in der beispielsweise der Abgeordnete Tzschirner für die äußerste Linke gegen die Verfassung sprach, weil diese Österreich ausschloss,[858] wurde letztendlich über den Antrag Schaffraths abgestimmt. Dieser wurde dabei geteilt. Zunächst ließ Präsident Hensel über den ersten Teil abstimmen. Dieser besagte, dass die Regierung aufgefordert werden solle, die Verfassung und das Wahlgesetz im verfassungsmäßigen Wege bekannt zu machen. Bei der Abstimmung sprachen sich 43 Abgeordnete der Linken und Rechten dafür, die 19 Abgeordneten der äußersten Linken und äußersten Rechten dagegen aus.[859] Der zweite Teil von Schaffraths Antrag besagte, dass die Staatsregierung und die Kammern sich gegen rechtswidrige Änderungen der Verfassung und des Wahlgesetzes zur Wehr setzten würden. Dieser Antrag wurde gegen eine Stimme angenommen.[860] Letztlich wurde noch durch die Kammer festgestellt, dass die Grundrechte der sächsischen Verfassung als Minimum gelten müssten, auch wenn die Reichsverfassung irgendwann einen geringeren Grundrechtsschutz gewährleisten sollte.[861]

Somit war die Reichsverfassung in beiden Kammern zur Anerkennung gelangt. Nun lag es an der Regierung, den Forderungen der Kammern zu entsprechen. Gemäßigte und Liberale waren sich einig, mit diesem Punkt gegen die Regierung anstürmen zu können. Die Liberalen hofften auf die Anerkennung der Verfassung, um das Erbkaisertum zu retten, die Gemäßigten hofften auf die Durchführung, weil sie damit das Erbkaisertum für beseitigt glaubten. So schweißte ein gemeinsamer Punkt verschiedene Strömungen zu einer äußerlich einheitlichen Bewegung zusammen, welche sich den Kampf gegen die Regierung auf die Fahne geschriebene hatte.[862] So wurde in den folgenden Tagen Abordnung für Abordnung nach Dresden geschickt, um die Regierung und den König von der Reichsverfassung zu überzeugen und zur Annahme zu bewegen.[863] Die Regierung und der König befanden jedoch anders als die Kammern darüber und verweigerten die Anerkennung

858 *Geyer*, Politische Parteien und öffentliche Meinung in Sachsen von der Märzrevolution bis zum Ausbruch des Maiaufstandes 1848–1849, S. 195.

859 Königreich Sachsen, Mittheilungen über die Verhandlungen des Landtags im Königreiche Sachsen 1849, II. Kammer, S. 1036; *Geyer*, Politische Parteien und öffentliche Meinung in Sachsen von der Märzrevolution bis zum Ausbruch des Maiaufstandes 1848–1849, S. 196; *Schinke*, Der politische Charakter des Dresdner Maiaufstandes 1849, S. 20; *Schinke*, Die sächsischen Parteiverhältnisse zur Zeit des Dresdner Maiaufstandes, in: Deutsche Geschichtsblätter, 19. Bd., 1. Heft, S. 60.

860 Königreich Sachsen, Mittheilungen über die Verhandlungen des Landtags im Königreiche Sachsen 1849, II. Kammer, S. 1036.

861 Königreich Sachsen, Mittheilungen über die Verhandlungen des Landtags im Königreiche Sachsen 1849, II. Kammer, S. 1037.

862 *Geyer*, Politische Parteien und öffentliche Meinung in Sachsen von der Märzrevolution bis zum Ausbruch des Maiaufstandes 1848–1849, S. 198.

863 *Weißler*, Geschichte der Rechtsanwaltschaft, S. 494.

der Beschlüsse.[864] Sie sahen in der Reichsverfassung den Keim zur Auflösung der deutschen Staaten und des in ihnen geltenden monarchischen Prinzips.[865]

7. Nachrevolutionäre Zeit

Nach seiner Rückkehr aus dem Exil im November 1849 beteiligte sich Schaffrath sofort wieder am politischen Geschehen, verweigerte jedoch jegliche Teilnahme am parlamentarischen Leben. Seine Abwendung von der Politik wird in der Literatur teilweise damit begründet, dass er ein zeitintensives Anwaltsleben führte, um seine vielköpfige Familie zu ernähren und somit eine politische Betätigung schwer möglich war.[866] Richtig ist, dass er sich von der parlamentarischen Bühne zunächst fern hielt. Dies erfolgte jedoch nicht unbedingt aus eigenem Antrieb. Nachdem er als Abgeordneter des 36. Wahlbezirks (Remse) zunächst in die zweite Kammer des Sächsischen Landtags der Jahre 1849/50 gewählt wurde,[867] wurde die Wahl vom Gesamtministerium nicht anerkannt, weil Schaffrath gemäß § 6 des provisorischen Wahlgesetzes[868] eine vom öffentlichen Amt suspendierte Person sei.[869] Schaffrath protestierte in einem juristisch verklausulierten Schreiben gegen seinen Ausschluss und versuchte somit die Öffentlichkeit von der Absurdität der Handlungen der Regierung zu unterrichten. Seine Protestation gegenüber dem Ministerium nützte ihm jedoch nichts.[870] Sodann legte Schaffrath gegen die Verweigerung der Anerkennung Beschwerde bei der zweiten Kammer ein und verlangte damit verbunden die Einberufung.[871] Über diese Beschwerde entspann sich in der 31. Sitzung der zweiten Kammer am 13. Februar 1850 eine längere

---

864 *Sohl*, ...die größte Ehre, welche dem Manne vom Volke verliehen werden kann..., in: Laß Recht und Freiheit nicht verderben, hrsg. v. Volker Rodekamp, S. 50.

865 *Flathe*, Geschichte des Kurstaates und Königreiches Sachsen, Dritter Bd., S. 610; Die Gegenwart, Sechster Bd., S. 622.

866 So *Jansen*, Einheit, Macht und Freiheit, S. 124.

867 *Matzerath*, Aspekte sächsischer Landtagsgeschichte – Die Mitglieder und Wahlbezirke der sächsischen Landtage (1833–1952), Teil III: Wahlbezirke und Raumbezüge, S. 77, 82, 116 f., 128; Weißeritz-Zeitung vom 2. November 1849, S. 508; Wochenblatt für Pulsnitz, Radeberg, Königsbrück, Radeburg, Moritzburg und deren Umgegend vom 2. November 1849, S. 349 f.

868 „§ 6. Zu Abgeordneten in die zweite Kammer wählbar sind ohne Unterschied der Religion und des Glaubensbekenntnisses alle männliche Staatsangehörige des Königreichs Sachsen, a) welchen einer der § 5 gedachten Ausschließungsgründe nicht entgegensteht,..."; vgl. Provisorisches Gesetz, die Wahlen der Landtagsabgeordneten betreffend; vom 15ten November 1848, in: Königreich Sachsen, Gesetz- und Verordnungsblatt für das Königreich Sachsen vom Jahre 1848, S. 228.

869 Königreich Sachsen, Mittheilungen über die Verhandlungen des Landtags im Königreiche Sachsen 1849/50, II. Kammer, S. 67.

870 *Jansen*, Einheit, Macht und Freiheit, S. 207.

871 Königreich Sachsen, Mittheilungen über die Verhandlungen des Landtags im Königreiche Sachsen 1849/50, II. Kammer, S. 51.

Diskussion. Nach einem längeren Ausschussgutachten und verschiedenen Wortäußerungen riet der Ausschuss der Kammer: „Den über die Wählbarkeit des im 36. Wahlbezirke zum Landtagsabgeordneten ernannten vormaligen Stadtrichters und Rathmanns zu Neustadt, D. Wilhelm Michael Schaffrath, erhobenen Zweifel dahin zu entscheiden: daß in der über den Genannten verfügt gewesenen Suspension von der Rathmannsfunction ein Grund zur Ausschließung desselben von der Wählbarkeit nach den Vorschriften in §. 5d.[872] und §. 6a. des provisorischen Wahlgesetzes vom 15. November 1848 nicht zu erkennen sei."[873] Dieser Antrag wurde durch die Kammer mit 18 Gegenstimmen angenommen und die Entscheidung dem Gesamtministerium mitgeteilt, welches Schaffrath nun einzuberufen hatte.[874] Ob dies geschehen ist oder nicht, kann nicht nachvollzogen werden. Es bleibt lediglich zu erwähnen, dass Schaffrath an keiner der Sitzung des Landtags der Jahre 1849/50 teilgenommen hat.[875]

Seine Möglichkeit auf die parlamentarische Bühne zurückzukehren blieb ihm somit ungenommen. Gleichsam ist jedoch auch sein politisches Engagement für die liberaldemokratische Idee in Organisationen und Vereinen bekannt. So wurde vermutet, dass Schaffrath in Neustadt eine aus dem Turnverein hervorgegangene und aus Demokraten und fremden Handwerksburschen bestehende „Feuerrettungsschaar" zu politischen Zwecken nutzte, woraufhin diese polizeilich aufgelöst wurde.[876]

Bereits zuvor ereignete sich eine Anekdote, die Schaffraths Vereinswirken in Neustadt illustriert. Am 2. September 1849 hatten 18 Jungfrauen dem Neustädter Turnverein im Rahmen eines Festaktes eine Fahne geschenkt. Das war damals üblich, solche Riten zeichneten Turn-, Schützen- und Studentenvereinigungen aus. Am 5. Januar 1852 erging jedoch eine Verordnung der Königlichen Kreisdirektion zu Dresden an den Stadtrat von Neustadt, dass der Turnverein sofort aufzulösen und alle Papiere und Gegenstände des Vereins zu beschlagnahmen seien. Begründet wurde dies damit, dass sowohl im Turnrate als auch unter den Mitgliedern ehemalige Angehörige des demokratischen Vaterlandsvereins seien. Der Stadtrat

---

872 „§ 5. Ausgeschlossen von der Stimmberechtigung sind: d) alle von öffentlichen Aemtern entsetzte und von der juristischen Praxis removirte Personen, ingleichen die suspendirten, so lange die Suspension dauert,..."; vgl. Provisorisches Gesetz, die Wahlen der Landtagsabgeordneten betreffend; vom 15ten November 1848, in: Königreich Sachsen, Gesetz- und Verordnungsblatt für das Königreich Sachsen vom Jahre 1848, S. 227 f.

873 Königreich Sachsen, Mittheilungen über die Verhandlungen des Landtags im Königreiche Sachsen 1849/50, II. Kammer, S. 691.

874 Königreich Sachsen, Mittheilungen über die Verhandlungen des Landtags im Königreiche Sachsen 1849/50, II. Kammer, S. 692.

875 *Matzerath*, Aspekte sächsischer Landtagsgeschichte – Die Mitglieder und Wahlbezirke der sächsischen Landtage (1833–1952), Teil III: Wahlbezirke und Raumbezüge, S. 124.

876 *Jansen*, Einheit, Macht und Freiheit, S. 194.

folgte dieser Verordnung am 10. Januar 1852 und beschlagnahmte alle Akten und Gegenstände des Vereins. Lediglich die Turnerfahne fehlte bei der Übergabe. Über deren Verbleib sollten nun Erkundigungen eingeholt werden. Nach der Aussage eines Ratsdieners solle sich die Fahne bei Advokat Schaffrath befinden, dieser eine Forderung gegen den Verein gehabt und der Turnverein sie an ihn verpfändet haben. Dies genügte dem Stadtrat und er teilte der Kreisdirektion mit, dass bis auf die Fahne alle Gegenstände beschlagnahmt worden seien. Die Kreisdirektion wies den Stadtrat an, die fehlende Fahne herbeizuschaffen und diesbezüglich alles Erforderliche zu veranlassen. Der Stadtrat beschloss in der Ratssitzung am 19. Februar 1852, die Fahne bei dem Rechtsanwalt Schaffrath in Beschlag zu nehmen und damit zwei Ratsdiener zu beauftragen. Diese begaben sich daraufhin in das Wohnhaus Schaffraths und trafen ihn dort persönlich an. Er erklärte den Ratsdienern, dass es ihnen freistehe, sich in den Besitz der Fahne zu bringen, jedoch sagte er ihnen nicht, ob er sie habe oder nicht; er werde ihnen auch in keiner Weise behilflich sein. Daraufhin kehrten die Ratsdiener zum Rathaus zurück und erhielten die Anweisung, weiter nach der Fahne zu suchen. Wieder bei Schaffrath angekommen, verweigerte dieser die Herausgabe der Schlüssel zu den Räumlichkeiten seiner Wohnung. In der inzwischen hereingebrochenen Nacht erklärte Schaffrath, dass sich die Fahne nicht mehr in seinem Hause befinde. Am folgenden Tag wurden verschiedene Personen über den Verbleib der Fahne vernommen, konnten aber keine Auskunft geben, wo sie sich zu dem Zeitpunkt befand. Als die Ratsbeamten am Nachmittag desselben Tages zum Dienst in die Ratsstube kamen, lag die Fahne in dem Saale des Ratsregistrators und konnte in Gewahrsam genommen werden.[877]

An dieser Episode aus dem Leben Schaffraths kann gesehen werden, dass er sich in der Zeit nach der Revolution nicht politisch engagierte, aber versuchte, auf lokaler und überregionaler Ebene durch sein Wirken in und für die demokratischen Vereine seinen Beitrag für die postrevolutionäre Sache zu leisten.

Jedoch standen auch die Paulskirchenlinken, die sich im Exil befanden, in seinem Fokus. Er selbst wusste, was die Trennung von der Heimat bedeutete, als er sich ab Juli 1849 in Baden im Kanton Aargau und später in Zürich-Hottingen im Flüchtlingshaus „Zum Freudenberge" aufhielt und seine Rückkehr erst im November 1849 ermöglicht wurde.[878] Schaffrath stand in engem Kontakt zu den ehemaligen Weggefährten. Die politische Polizei überwachte diese Kontakte zu den Paulskirchenemigranten möglichst genau. Schaffrath wurde von verschiedenen Institutionen und Privatleuten überwacht. So meldete der Prager Stadthauptmann an den königlich sächsischen Regierungsrat Eberhardt[879] am 29. Oktober 1851,

877 Zu allem *Hantzsch*, Bilder aus der 600jährigen Geschichte Neustadts und seiner Umgebung, S. 90 f.

878 *Schober*, Wilhelm Michael Schaffrath – Stationen seines Lebens, in: Sächsische Zeitung – Sebnitzer Zeitung, 8./9. Mai 1993, S. 11; Zeitung für das Meißner Hochland, 1849, S. 328.

879 Friedrich Eberhardt (1791–1852), ab März 1850 königlich sächsischer Regierungsrat im Ministerium des Inneren des Königeiches Sachsen und Spezialist der

dass sich der berüchtigte Advokat Schaffrath wieder in der Region Lobendau[880] aufhielt und sich mit einigen Personen im Gasthaus des Kroth in Lobendau getroffen hatte.[881] Hervor tat sich bei der Überwachung auch der geheime Regierungsrat von Koerner, welcher Schaffrath selbst auf einer Urlaubreise nach Norddeutschland überwachen ließ. Koerner erfuhr, dass Schaffrath im Sommer 1855 eine Reise auf die britische Insel Helgoland plante und vermutete, dass dieser die Reise für politische Zwecke nutzte. Daraufhin wurde am 7. September 1855 die Überwachung Schaffraths angedacht, jedoch zunächst mangels zur Verfügung stehender Personen verworfen.[882] Kurze Zeit später fand sich in Bremen jedoch eine geeignete Person, welche Schaffrath überwachen sollte.[883] Von der Kopenhagener Polizeikammer wurde sodann mit Schreiben vom 31. Dezember 1855 an von Koerner gemeldet, dass Schaffrath sich Anfang Oktober in Hamburg aufgehalten und einige Tage in Zingst's Hotel gewohnt hatte. Über seinen Verkehr mit anderen Personen war nichts zu berichten. Kurz darauf konnte man ihn in Altona, Kiel und Holstein nicht mehr auffinden. Auch soll kein Kontakt zu holsteinischen Demokraten stattgefunden, diese vielmehr seinen Namen nicht einmal gekannt haben.[884] Inwiefern die Überwachung wirklich fruchtbar war, kann aus den Akten nicht ersehen werden. Allein die Tatsache, dass Schaffrath viele Jahre nach der Betätigung in der Frankfurter Nationalversammlung und im Rumpfparlament immer noch überwacht wurde, lässt schon auf seine Bedeutung für die revolutionäre Bewegung schließen. Selbst auf einer Reise an die Ostsee im Jahre 1858 wurde Schaffrath noch überwacht und vermutet, dass er diese Reise zu politischen Zusammenkünften nutzte.[885]

Auf gesamtdeutscher Ebene wirkte Schaffrath auf der Eisenacher Versammlung vom 17. Juli 1859 mit.[886] Auf dieser und der Hannoveraner Versammlung vom 19. Juli 1859 wurden Resolutionen verabschiedet, in denen Preußen aufgefordert werden sollte, den Deutschen Bundestag durch eine beständige Zentralregierung

politischen Polizei; vgl. über ihn *Siemann*, Deutschlands Ruhe, Sicherheit und Ordnung, S. 418 f.

880 Gemeinde in der Neustädter Region.

881 SächsHStA Dresden, Den Dr. Schaffrath in Neustadt sowie den Stadtrath Ziesler aus Sebnitz und den Advokat Müller aus Neusalza betr., Bl. 318.

882 SächsHStA Dresden, Den Dr. Schaffrath in Neustadt sowie den Stadtrath Ziesler aus Sebnitz und den Advokat Müller aus Neusalza betr., Bl. 324.

883 SächsHStA Dresden, Den Dr. Schaffrath in Neustadt sowie den Stadtrath Ziesler aus Sebnitz und den Advokat Müller aus Neusalza betr., Bl. 325.

884 SächsHStA Dresden, Den Dr. Schaffrath in Neustadt sowie den Stadtrath Ziesler aus Sebnitz und den Advokat Müller aus Neusalza betr., Bl. 329.

885 *Jansen*, Einheit, Macht und Freiheit, S. 103; SächsHStA Dresden, Die Conferenz in München betreffend, Bl. 21b.

886 *Schwab*, Der deutsche Nationalverein, seine Entstehung und sein Wirken, S. 4; *Le Mang*, Der Deutsche Nationalverein, S. 12.

Deutschlands zu ersetzen und eine deutsche Nationalversammlung einzuberufen.[887] Diese Eisenacher Erklärung wurde unter anderem von Wilhelm Michael Schaffrath und Hermann Joseph mitunterzeichnet, wobei unklar blieb, ob mit dieser Erklärung die deutsche Einheit hergestellt oder lediglich tiefgreifenden liberalen Reformen Vorschub geleistet werden sollte.[888] Diese erste Eisenacher Erklärung wurde als Vorlage für die zweite Eisenacher Versammlung am 14. August 1859 genutzt. Dort wurde die erste Erklärung um einen einleitenden Passus und eine siebente Forderung ergänzt und die fünfte und sechste Forderung umformuliert (Zweite Eisenacher Erklärung).[889] Diese Erklärung galt als das Gründungsprogramm des am 15./16. September 1859 in Frankfurt gegründeten Nationalvereins, zu dessen Gründungsmitgliedern wiederum Schaffrath gehörte.[890] Schaffraths ablehnende Haltung gegen ein geeintes Deutschland unter preußischer Führung ließ sich bereits damals erkennen, weil Schaffrath nur unter der Prämisse in den Nationalverein eintrat, dass dieser eine preußische Spitze im zukünftigen Deutschland nicht anerkenne.[891]

Ebenfalls nahm Schaffrath am 28. und 29. September 1862 am ersten Abgeordnetentag in Weimar teil.[892] Jedoch war sein Beitrag an diesem Kongress weniger bedeutend als der von Joseph. Lediglich die Forderung Schaffraths nach allgemeinem, gleichem Männerwahlrecht nach dem Reichswahlgesetz wurde behandelt und durch den Abgeordnetentag negativ beschieden.[893] Jedoch war der Abgeordnetentag auch für Schaffrath und die sich um ihn scharrenden sächsischen Demokraten interessant, weil sie von hier mit mehr Nachdruck für die Reichsverfassung von 1849 werben konnten.[894] So forderten sie, unter Hinweis auf die Reichsverfassung von 1849, die Einheit Deutschlands in Form eines Bundesstaates, welche selbst verwirklicht werden solle, falls die Deutsch-Österreicher behindert werden sollten. Dies alles könne nur durch ein freigewähltes Parlament herbeigeführt werden. Der Antrag Schaffraths und Genossen fand im Anschluss fast einstimmige Annahme.[895]

Kurze Zeit später fanden sich am 12. Oktober 1862 in Leipzig die demokratischen Föderalisten Sachsens zusammen, zu denen auch Schaffrath gehörte, um

887 *Biefang*, Politisches Bürgertum in Deutschland 1857–1868, S. 74.
888 *Jansen*, Einheit, Macht und Freiheit, S. 338; *Le Mang*, Der Deutsche Nationalverein, S. 12.
889 *Biefang*, Politisches Bürgertum in Deutschland 1857–1868, S. 74. Siehe Anlage 5.
890 *Jansen*, Einheit, Macht und Freiheit, S. 334, 338; *Biefang*, Politisches Bürgertum in Deutschland 1857–1868, S. 74.
891 Wochenblatt des Nationalvereins, Nr. 44 vom 1. Februar 1866, S. 351.
892 *Jansen*, Einheit, Macht und Freiheit, S. 398; *Neemann*, Landtag und Politik in der Reaktionszeit, S. 450.
893 *Jansen*, Einheit, Macht und Freiheit, S. 401.
894 *Neemann*, Landtag und Politik in der Reaktionszeit, S. 453.
895 *Oncken*, Rudolf von Bennigsen – Ein deutscher liberaler Politiker, Erster Bd., S. 580 f.

ihr weiteres Vorgehen zu beraten. Die Delegierten von sieben sächsischen Städten entschieden, dass lediglich Wuttke nach Frankfurt reisen sollte, um dort eine Resolution zu vertreten, die sich mit den Zielen des Reformvereins kritisch auseinander setzen sollte. Die Resolution beinhaltete die Aussage, dass sich die Großdeutschen allen Halt im Volke nähmen, wenn sie volks- und freiheitsfeindliche Beschlüsse, wie die indirekte Wahl der Nationalvertretung, propagierten. Im künftigen Deutschland müssten nach ihrer Sicht alle deutschen Stämme gleichberechtigt sein.[896] Obwohl die Reichsverfassung, welche vom Nationalverein weiterhin befürwortet wurde, eine kleindeutsche Lösung vorsah, wollten sich die sächsischen Demokraten doch eine Zeitlang die großdeutsche Option offen halten. Auch aus diesem Grund wurde Wuttke nach Frankfurt gesandt, wo die großdeutsche Bewegung eine ihrer wichtigsten Versammlungen abhielt. Diese Bewegung sollte nicht den verblendeten Aristokraten überlassen werden, welche fernab des Volkes das Großdeutschtum vertraten und dieses somit dem Volk entrissen, indem sie die indirekte Wahl der Nationalvertretung propagierten.[897] Aus diesem Grunde blieb Schaffrath der Frankfurter Versammlung vom 28. Oktober 1862, obwohl sich doppelt so viele Teilnehmer wie in Weimar einfanden, fern, weil diese eine indirekte Wahl einer Nationalvertretung als einzigen realistischen Weg zur Schaffung der deutschen Einheit anerkannte.[898] Auch Wuttke erkannte, dass sich in Frankfurt keine demokratischen Mehrheiten schaffen ließen und blieb deshalb dem Frankfurter Treffen fern.[899] Schaffrath vertrat aber die Entsendung Wuttkes nach Frankfurt, um sich diesen als Freund zu erhalten. Schaffrath wollte Wuttkes Kontakte zum Dresdner Journal nutzen, um die Rückkehr der sächsischen Demokraten in die Landespolitik zu ermöglichen, was jedoch an der Ablehnung Wuttkes scheiterte.[900]

Sodann fand in der Zeit vom 26. bis zum 28. Oktober 1862 in Frankfurt der großdeutsche Kongress ohne die Beteiligung sächsischer Demokraten statt. Dieser Kongress, welcher eine Straffung der Bundesexekutive und eine Delegiertenversammlung mit materiellen Zustimmungsbefugnissen anstrebte, mündete in seinem Verlauf in die Gründung des Deutschen Reformvereins. Andere sächsische Abgeordnete wie Ludwig von Zehmen[901] nahmen an dem Frankfurter Kongress teil. v. Zehmen wurde in den Ausschuss des Vereins gewählt und war somit für die Propagierung der großdeutschen Organisation in Sachsen zuständig. Seine Kompetenz zur Erreichung des Ziels war jedoch aufgrund seines eingeschränkten sozialen Umfeldes in Sachsen begrenzt. Deshalb nutze er eine ihm bekannte Organisation,

896 *Jansen*, Einheit, Macht und Freiheit, S. 405.
897 *Neemann*, Landtag und Politik in der Reaktionszeit, S. 453.
898 *Jansen*, Einheit, Macht und Freiheit, S. 404.
899 *Neemann*, Landtag und Politik in der Reaktionszeit, S. 453.
900 *Neemann*, Landtag und Politik in der Reaktionszeit, S. 453.
901 1812–1892, deutscher Rittergutsbesitzer und konservativer Politiker, Mitglied und Präsident der ersten Kammer des Sächsischen Landtages; vgl. über ihn *Matzerath*, Aspekte sächsischer Landtagsgeschichte – Präsidenten und Abgeordnete von 1833 bis 1952, S. 23.

um seinen Wirkungskreis zu erweitern, den hochkonservativen Sächsischen Verein. Dieser Verein bestand zum Großteil aus sächsischen Adligen und hatte in den letzten Jahren an Bedeutung verloren. Durch die Vereinnahmung des Vereins für die neue großdeutsche Idee, wollte v. Zehmen dem veralteten Adelsklub wieder neues Leben einhauchen. Dass v. Zehmen den Ideen seines Auftraggebers Wydenbrugk[902] entgegenarbeitete, nahm er in Kauf. Wydenbrugk sah die Situation etwas realer und erkannte, dass ohne die Mitwirkung des Bürgerstandes die Bildung eines großdeutschen Vereins nicht möglich sei. Da sich v. Zehmen von der Integration des Sächsischen Vereins nicht abbringen ließ, war die großdeutsche Bewegung durch ihre Anhänglichkeit an den Sächsischen Verein bereits im Herbst 1862 eine politische Totgeburt.[903]

Gestützt auf die Resolution des Leipziger Treffens als deutschlandpolitische Grundlage trafen sich am 15. April 1863 in Dresden und Leipzig „Freunde des Fortschritts". Aus Leipzig kam wenig später der Vorschlag an die Dresdner, eine gemeinsame Volksversammlung in Leipzig abzuhalten, welche einen fortschrittlichen Verein für das gesamte sächsische Königreich gründen sollte. Initiator der Dresdner Seite war unter anderem Schaffrath und von der Leipziger Seite Joseph. Dieser Verein sollte sämtliche Oppositionskräfte aller politischen und gesellschaftlichen Schichten bündeln. So waren die verschiedenen Strömungen der sächsischen Liberalen vertreten, wobei Schaffrath für die großdeutschen, antipreußischen sächsischen Demokraten stand, welche die Verbindung zu den bürgerlichen Arbeitervereinigungen hatten – Schaffrath war auch Protektor des Dresdner Arbeiterbildungsvereins[904] – und sich bis dahin aus den Zusammenschlüssen der kleindeutschen Nationalbewegung größtenteils fernhielten.[905] Es erwies sich jedoch für einen in viele liberale Meinungen aufgefächerten Verein als schwierig, einen programmatischen Boden zu finden. Auf der Leipziger Versammlung wurde zwar ein acht Punkte umfassender Statutenantrag gestellt,[906] in dem eine Reihe von Einzelfragen angerissen wurden, jedoch wurden diese bereits teilweise von der sächsischen Gesetzgebung behandelt (bspw. Strafrecht und Gewerberechtsreform) oder es fehlte ihnen an politischer Aktualität und Brisanz (bspw. Gleichstellung der Rittergüter und Kirchenverfassung). Auch zur

902 Wilhelm Eberhard Oskar Freiherr von Wydenbrugk (1815–1876), deutscher liberaler Politiker, Mitglied der Frankfurter Nationalversammlung; vgl. über ihn *Lämmerhirt*, Wydenbrugk, Oskar Freiherr von, in: ADB, Bd. XLIV, S. 383–392.

903 *Neemann*, Landtag und Politik in der Reaktionszeit, S. 454 f.

904 *Wieczoreck*, Zur Trennung der proletarischen von der bürgerlichen Demokratie. Die sozialistische Parteibildung in Dresden, in: Demokratie und Emanzipation zwischen Saale und Elbe, hrsg. v. Helga Grebing, Hans Mommsen und Karsten Rudolph, S. 28.

905 *Neemann*, Landtag und Politik in der Reaktionszeit, S. 457 f.; *Jansen*, Einheit, Macht und Freiheit, S. 570.

906 Der Fortschrittsverein in Sachsen, in: Die Grenzboten, 22. Jg., I. Semester, II. Bd., S. 199.

deutschen Verfassungsfrage nahm die Versammlung keine Stellung, was Schaffrath damit begründete, dass die spezifische Ausrichtung des Vereins darauf hinwirke, den bestehenden deutschlandpolitischen Organisationen keine Konkurrenz zu machen und somit von Anfang an nicht für Konfliktstoff zu sorgen.[907] Aus dieser Versammlung heraus und auf Initiative von Paulskirchenveteranen wie Schaffrath und Joseph kam es zur Gründung des Sächsischen Fortschrittsvereins.[908] Die Geschäftsführung des Vereins sollte einem Ausschuss aus neun Mitgliedern übertragen werden. Dem zunächst gewählten zehnköpfigen provisorischen Vorstand gehörte Schaffrath als einziger Linksliberaler an.[909] Die politische Bedeutungslosigkeit des Sächsischen Fortschrittsvereins (mit Ausnahme der Stellungnahmen im Zuge der Schleswig-Holstein-Frage, an der Schaffrath mit beteiligt war)[910] wurde bereits bei Hermann Joseph angesprochen und bedarf hier keiner weiteren Ausführungen.

Unabhängig vom Sächsischen Fortschrittsverein nutzte Schaffrath die Schleswig-Holstein-Demonstrationen zur politischen Agitation. In Sachsen bildeten sich in dieser Frage drei gegensätzliche Strömungen aus. Schaffrath und der von ihm dominierte Dresdner Nationalverein, instrumentalisierten die Schleswig-Holstein-Problematik für ihre nationalpolitischen Forderungen. Sie verlangten eine bundesstaatliche Konstituierung Schleswig-Holsteins und wollten dies auf der Grundlage der Reichsverfassung von 1849 umgesetzt sehen. Weiterhin forderten sie eine Bewaffnung des deutschen Volkes. Die Fortschrittsvereine wirkten als vermittelnde politische Diagonale zwischen dem Nationalverein und der Staatsregierung. Sie wollten somit die Konservativen in die liberale Nationalbewegung integrieren und vermieden demnach „programmatische Sprengsätze". Die dritte Strömung bestand aus der Staatsregierung um Beust, welche zusammen mit der Mittelgruppierung der zweiten Kammer an einem Strang zog und versuchte, mit nationalem Engagement die Opposition zu verdrängen.[911]

Nach dem Ende des Schleswig-Holstein-Krieges und mit dem Wiener Frieden hatte der neue dänische König Christian IX.[912] im Oktober 1864 seine Rechte an Schleswig, Holstein und Lauenburg an Preußen und Österreich abgetreten. Die Problematik, wem die Herzogtümer zuzurechnen waren, eröffnete sich jedoch aufs Neue. Die Nationalbewegung wollte eine bundesstaatliche Konstituierung der Herzogtümer unter „dem Augustenburger"[913] fernab jeglicher Annexion oder

907 *Neemann*, Landtag und Politik in der Reaktionszeit, S. 458.

908 *Jansen*, Einheit, Macht und Freiheit, S. 405; Illustrirte Zeitung, Nr. 1035 vom 2. Mai 1863, S. 290.

909 *Fuchs*, Franz Jakob Wigard, S. 159 f.

910 *Neemann*, Landtag und Politik in der Reaktionszeit, S. 467.

911 *Neemann*, Landtag und Politik in der Reaktionszeit, S. 468; *Heyderhoff*, Deutscher Liberalismus im Zeitalter Bismarcks, I. Bd., S. 23 f.

912 1818–1906, ab 1863 König von Dänemark.

913 Herzog Friedrich VIII. von Schleswig-Holstein (1829–1880), deutsch-dänischer Prinz aus dem Hause Oldenburg, welcher 1863 seine Erbansprüche an Schleswig

Bestimmung der politischen Zukunft ohne die Einwilligung selbiger.[914] Sie sah die Möglichkeit, dass diese Richtung nicht nur von den Mittelstaaten, sondern auch von Österreich verfolgt werden könne. Durch den Bundesbeschluss vom 6. April 1865[915] rückte diese Möglichkeit in greifbare Nähe, als Österreich und die Mittelstaaten die Einsetzung des Augustenburgers in Holstein, das zum Deutschen Bund gehörte, der Zustimmung Preußens vorbehalten, favorisierten. Bismarck agierte im April 1865 taktisch, indem er die schleswig-holsteinischen Stände auf der Grundlage des Wahlrechts von 1848 einberief und diese als parlamentarisches Gremium zu der Thematik anhörte.[916] Damit wollte Bismarck der Nationalbewegung den Wind aus den Segeln nehmen.[917] Dies führte in Sachsen zu einer Stärkung der Anhänger der preußischen Annexion der Herzogtümer. Durch den parlamentarischen Gang Bismarcks wurden die Handlungsoptionen der liberalen sächsischen Bismarck-Gegner eng und die Nationalbewegung zeigte erste Auflösungserscheinungen.[918] Der Nationalverein sollte im demokratischen Sinne umfunktioniert werden oder aber eine radikaldemokratische Volkspartei mit Nähe zur Arbeiterbewegung gegründet werden.[919] Mangels koordinierter Vorgehensweise scheiterten aber beide Ideen bereits in der Anfangsphase. Der Sächsische Fortschrittsverein, welcher immer als vermittelndes Gremium wirkte, zeigte eine an Nichtexistenz grenzende Passivität.[920]

Die demokratische Umfunktionierung der straff und zentral geführten Nationalbewegung, welche Schaffrath und Joseph forcierten, stand der Idee Wuttkes gegenüber, welcher einen lockeren Föderalverband von Volksparteien der Einzelstaaten favorisierte. Im Oktober 1865 nutzen die Mitglieder des Dresdner Nationalvereins ein an den Vorstand gerichtetes Programm, um die soziale Basis des Vereins um die Arbeiterschaft zu erweitern. In Leipzig wurde die Arbeiterschaft durch Wuttkes Volksverein integriert, welcher eine einzelstaatliche demokratische Organisation in Sachsen aufbauen wollte. Als es im Januar 1866 auf einer Werbeveranstaltung für den Volksverein zu offenen Grabenkämpfen zwischen verschiedenen Strömungen

---

und Holstein geltend machte; vgl. über ihn *Gebauer*, Herzog Friedrich VIII. von Schleswig-Holstein – Ein Lebensbild.

914 Wochenschrift des Nationalvereins, Nr. 235 vom 27. Oktober 1864, S. 1990 f.

915 Bundesbeschluss über die Erbfolge in Holstein und Lauenburg, 6. April 1865: „Die Bundesversammlung hat [...] beschlossen: [...] die vertrauensvolle Erwartung auszusprechen, es werde den höchsten Regierungen von Österreich und Preußen gefallen, dem Erbprinzen von Schleswig-Holstein-Sonderburg-Augustenburg das Herzogtum Holstein in eigene Verwaltung nunmehr zu übergeben [...].“; vgl. *Hoke/Reiter*, Quellensammlung zur österreichischen und deutschen Rechtsgeschichte, S. 428.

916 *Heyderhoff*, Deutscher Liberalismus im Zeitalter Bismarcks, I. Bd., S. 257 f.

917 *Neemann*, Landtag und Politik in der Reaktionszeit, S. 479.

918 *Neemann*, Landtag und Politik in der Reaktionszeit, S. 479.

919 *Neemann*, Landtag und Politik in der Reaktionszeit, S. 479.

920 *Neemann*, Landtag und Politik in der Reaktionszeit, S. 480.

der Arbeiterbewegung kam, war auch dieser Einigungsversuch gescheitert. Auch in Dresden konnte sich Schaffrath auf der Generalversammlung des Nationalvereins am 30. Oktober 1865 mit der Integration der Arbeiterschaft in den Nationalverein nicht durchsetzen. Später zeigte sich die Uneinigkeit auf verschiedenen Versammlungen des Dresdner Nationalvereins auf dem Linckeschen Bade. Auf der Volksversammlung am 15. April 1866 beantragte Schaffrath, außer gegen die Friedensstörer, keinen Bruderkrieg zu unterstützen, denn wenn dem Vaterland Gefahr drohe, sollten sich alle Bürger trotz Meinungsverschiedenheiten vereinen und das Vaterland verteidigen. Weiterhin forderte er ein konstituierendes Parlament und den Einsatz für das Selbstbestimmungsrecht Schleswig-Holsteins gegen die preußische Okkupation.[921] Wigard hielt es bei der Zerfahrenheit der liberalen Partei für angemessener, keine Beschlüsse mehr zu fassen und lieber über die Auflösung zu diskutieren.[922]

Dies alles kulminierte auf der Sitzung am 25. Mai 1866. Schaffrath schlug eine Resolution vor, nach der kein Krieg geführt werden sollte. Wenn aber ein Krieg ausbrechen würde, dann solle keine Neutralität herrschen, sondern sich der Kampf des ganzen Volkes gegen den Friedensstörer richten. Weiterhin forderte er wiederum ein konstituierendes Parlament und die Wahrung des Selbstbestimmungsrechts der Schleswig-Holsteiner. Seiner Meinung nach wollten Bismarck und die Hohenzollern nur die Vergewaltigung Deutschlands.[923] „Es kam im Laufe der Verhandlungen zum großen Theil durch Pappermanns Auftreten zu mehrfachen Störungen, in Folge deren Schaffrath erklärte, daß er aus dem Nationalverein austreten werde und deshalb auch seine Resolution zurückziehe. Der hiesige Nationalverein kann mit diesem Abend als gesprengt angesehen werden."[924] Die Versammlung endete daraufhin ohne Ergebnis.[925]

Somit zeigte sich am Ende, dass die demokratischen Einigungsbestrebungen der Zeit misslungen und alle politischen Organisationen Sachsens an der deutschen Frage auseinander gebrochen waren.[926] Die demokratische und die liberale Strömung konnten nicht mehr zusammen gehalten werden, die vermittelnde Richtung wurde zwischen den beiden anderen zerrieben.[927]

921 Constitutionelle Zeitung, Nr. 86 vom 17. April 1866.

922 *Jordan*, Die öffentliche Meinung in Sachsen 1864–66, S. 152; Dresdner Journal, Nr. 86 vom 17. April 1866, S. 351.

923 Dresdner Nachrichten vom 30. Mai 1866.

924 Dresdner Nachrichten vom 30. Mai 1866; *Weber*, Kleinbürgerliche Demokraten in der deutschen Einheitsbewegung 1863–1866, S. 265; *Jordan*, Die öffentliche Meinung in Sachsen 1864–66, S. 153.

925 *Jordan*, Die öffentliche Meinung in Sachsen 1864–66, S. 153.

926 *Neemann*, Landtag und Politik in der Reaktionszeit, S. 481.

927 *Jordan*, Die öffentliche Meinung in Sachsen 1864–66, S. 153.

8. Die Nationalliberale Partei

Nach der Niederlage Sachsens auf Seiten des Deutschen Bundes im Krieg gegen Preußen und seine Verbündeten im Jahre 1866 kam es zuerst in Sachsen zur offenen Parteispaltung zwischen Großpreußen und den Föderalisten. Den Höhepunkt erreichte dies im August 1866. Ab diesem Zeitpunkt wurde Sachsen zum Vorreiter der Entstehung der Nationalliberalen Partei. Wie bereits erwähnt wurde am 26. August 1866 eine liberale Landesversammlung abgehalten, welche erstmalig zu dieser Zeit Liberale aus ganz Sachsen zu einer gemeinsamen Beratung vereinen sollte. Jedoch wurde diese Landesversammlung von den Föderalisten um Schaffrath boykottiert, weil sie nur in geringer Zahl eingeladen worden waren. Im Gegenzug wurden viele Konservative eingeladen, was zeigte, dass es der preußenfreundlichen Linken nicht mehr um eine Einigung der bürgerlichen Linken in Sachsen ging. Hierbei handelte es sich früher um ein Grundprinzip des Fortschrittsvereins. Daraus ergaben sich erste Anzeichen zur Gründung einer nationalliberalen Partei, welche auch gemäßigt Konservative mit einschließen sollte. Wie erwähnt blieb Schaffrath der Versammlung fern und rief die sächsischen Demokraten auf, sich nicht von der Begrifflichkeit „Landesversammlung" irritieren zu lassen, weil nicht einmal alle Teile der sächsischen Liberalen eingeladen worden seien und somit nicht von einer Landesversammlung gesprochen werden könne.[928] Sogar zwischen den ehemaligen Weggefährten Hermann Joseph, welcher den Anschluss an Preußen wünschte und auf die Gründung einer nationalliberalen Partei drängte, und Wilhelm Michael Schaffrath war es nun zu Spannungen gekommen und der Bruch der sächsischen Liberalen zeigte sich auch an ihrem privaten Verhältnis.[929]

Allgemein gesehen bestand die Nationalliberale Partei weniger aus den ehemaligen radikalen Mitgliedern der Paulskirche, sondern mehr aus den jüngeren, in der Reaktionsära sozialisierten Politikergenerationen und den gemäßigten Paulskirchenabgeordneten. In den Zentren der Paulskirchenlinken erfreute sich aus diesem Grund die Nationalliberale Partei weniger Zulauf als in den Gebieten, welche bereits zur Zeit des Paulskirchenparlaments gemäßigt geprägt waren.[930] Die alten Kämpfer der Paulskirchenlinken (mit Ausnahme der großpreußischen Strömung) fühlten sich in den ersten Jahren der Reichsgründung noch der Fortschrittspartei und der Demokratischen Volkspartei zugehörig, welche jedoch abseits ihrer Hochburgen durch die Spaltung der liberalen Bewegung wenig Einfluss hatten.[931] Die Nationalliberalen konstituierten sich nach Möglichkeit in allen Staaten des ehemaligen Deutschen Bundes. Den demokratischen Föderalisten gelang dies

---

928 *Jansen*, Einheit, Macht und Freiheit, S. 570.

929 *Jansen*, Einheit, Macht und Freiheit, S. 570; *Jansen*, Die Paulskirchenlinke in Sachsen nach der Niederlage der Revolution, in: Sachsen in Deutschland, hrsg. v. James Retallack, S. 78.

930 Dies waren vor allem Hannover, Nassau und das ehemalige Kurfürstentum Hessen.

931 *Jansen*, Einheit, Macht und Freiheit, S. 573.

nicht. So kam es, dass die Fortschrittspartei nicht die Liberalen einigte, sondern deren Spaltung bewirkte. Auf der einen Seite sorgte die Konstituierung der Arbeiterbewegung aus der Fortschrittspartei heraus und neben dieser zu einer Schwächung selbiger. Andererseits führte das Sektierertum innerhalb der Partei zu deren Auflösung. So bestand zuvor in Sachsen beispielsweise die Fortschrittspartei, welche sich nun nach links (Volkspartei) und nach rechts (Nationalliberale) gespalten hatte. Nebenbei existierte noch links davon die neu entstehende Arbeiterbewegung. Diese Aufspaltung sorgte für den Zerfall der liberalen Einigungsbewegung und zur Stagnation auf dem Weg zur Schaffung eines politisch organisierten Bürgertums in Deutschland.[932]

9. Der Norddeutsche Reichstag und das Zollparlament

Wilhelm Michael Schaffrath versuchte ab 1867 erstmals nach langer Zeit wieder auf der großen politischen Bühne Fuß zu fassen. So ließ er sich für die Fortschrittspartei gleich in zwei Wahlkreisen für die Wahl zum konstituierenden Reichstag des Norddeutschen Bundes aufstellen.[933]

Ebenso trat die neugegründete preußenfreundliche Nationalliberale Partei bei den Reichstagswahlen an. Wie bereits erwähnt, war in der sächsischen Bevölkerung ein latenter Preußenhass verwurzelt, welcher unter anderem aus einem gesunden Landespatriotismus und der rücksichtslosen preußischen Besatzungsherrschaft nach der Niederlage im Krieg von 1866 resultierte.[934] Deshalb verwundert es auch nicht, dass bei dieser eine berechtigte Abneigung gegenüber den nationalliberalen Positionen bestand. Obwohl sich Fortschrittspartei und Nationalliberale Partei (zunächst noch „Freisinnig-deutsche Partei") am Anfang distanziert zueinander verhielten, unterstützte die Nationalliberale Partei doch die Fortschrittspartei in den Wahlkreisen, in denen sie selbst keine Kandidaten aufstellen konnte.[935]

Auf einer Volksversammlung am 5. Januar 1867 im Dresdner Odeum, an der ungefähr 300 Personen teilnahmen, wurde Wilhelm Michael Schaffrath als Kandidat der Fortschrittspartei im Wahlkreis 4 (Dresden-Neustadt) und im Wahlkreis 6 (Dresden-Land links der Elbe) aufgestellt.[936] Er versicherte in seiner Wahlrede, gegen die Allmacht des Absolutismus kämpfen zu wollen und erkor die Verteidigung

---

932 *Jansen*, Einheit, Macht und Freiheit, S. 573.
933 *Jansen*, Einheit, Macht und Freiheit, S. 572.
934 *Jansen*, Die Paulskirchenlinke in Sachsen nach der Niederlage der Revolution, in: Sachsen in Deutschland, hrsg. v. James Retallack, S. 80.
935 *Jansen*, Einheit, Macht und Freiheit, S. 572; *Jordan*, Die öffentliche Meinung in Sachsen 1864–66, S. 244; *Jansen*, Die Paulskirchenlinke in Sachsen nach der Niederlage der Revolution, in: Sachsen in Deutschland, hrsg. v. James Retallack, S. 79.
936 *Hirth*, Parlaments-Almanach, 1. Ausg. vom 2. Febr. 1867, S. 13; Dresdner Journal, Nr. 6 vom 8. Januar 1867, S. 23.

der Volksrechte zu seiner Hauptaufgabe.[937] Die feindliche Stimmung gegenüber den Preußen war in den ländlichen Gegenden Sachsens immer noch am stärksten. So verwundert es nicht, dass bei der Wahl zum konstituierenden Reichstag am 12. Februar 1867 72,1% und bei der ersten regulären Reichstagswahl am 31. August 1867 95% der Wähler dem Preußengegner Schaffrath im 6. Wahlkreis, welcher zu 72,6% aus ländlicher Bevölkerung bestand, gegen den konservativen Kandidaten von Berg zum Mandat verhalfen.[938] Zeitgleich unterlag er bei der Wahl zum konstituierenden Reichstag im 4. Wahlkreis mit 2.871 Stimmen dem konservativen Kandidaten Schwarze, welcher 10.180 von 13.433 Stimmen erhalten hatte.[939] Dies war jedoch nur dadurch begründet, dass Schaffrath zuvor seine Wähler durch eine Verzichtserklärung verunsichert hatte.

Im Norddeutschen Reichstag gesellte sich Schaffrath zu den 19 Mitgliedern der Fraktion der Linken und gehörte, von der gesamten sächsischen Linken und der Arbeiterbewegung unterstützt, zur radikalen Opposition. Allgemein wurden in Sachsen nur Abgeordnete gewählt, welche die bismarcksche Reichsgründung ablehnten.[940] Schaffrath beklagte bereits zu Beginn der Verhandlungen das Verhalten der preußischen Gesinnungsgenossen, welche nicht in der Lage waren, einen freien demokratischen Standpunkt einzunehmen.[941] Die Beteiligung von ehemaligen Abgeordneten der Frankfurter Nationalversammlung war mit lediglich sechs Personen, zu denen Schaffrath gehörte, sehr gering. Sie alle spielten auch bei den sieben Wochen dauernden Beratungen keine große Rolle.

Wilhelm Michael Schaffrath selbst äußerte sich auch nur wenig, verglichen mit seinen Äußerungen in der Paulskirche. So hielt er eine knappe Rede gegen die Reichsverfassung. Diese könne so nicht angenommen werden, weil sie schon den Keim des Partikularismus in sich trüge. Dem Reichstag sollten nach der neuen Reichsverfassung viel weniger konstitutionelle Rechte als den bisherigen Landesversammlungen zustehen. Für Schaffrath fehlten das Recht der Adresse, der Beschwerde, der Petition, der Anklage der Minister sowie die Einnahmen- und Ausgabenbewilligungsrechte in Militär- und Marinesachen. Weiterhin fehlten ihm die Verantwortlichkeit der obersten Organe der Bundesexekutive sowie die Schaffung eines Bundesgerichtshofes.[942] Als gravierend sah er auch an, dass sich die

---

937 *Richter*, Geschichte der Stadt Dresden in den Jahren 1871 bis 1902, S. 10.

938 *Jansen*, Einheit, Macht und Freiheit, S. 572; *Hirth*, Parlaments-Almanach, 5. Ausg. vom 20. Sept. 1867, S. 35; *Richter*, Geschichte der Stadt Dresden in den Jahren 1871 bis 1902, S. 11; *Weichlein*, Sachsen zwischen Landesbewußtsein und Nationsbildung, in: Sachsen im Kaiserreich, hrsg. v. Simone Lässig und Karl Heinrich Pohl, S. 258.

939 *Weichlein*, Sachsen zwischen Landesbewußtsein und Nationsbildung, in: Sachsen im Kaiserreich, hrsg. v. Simone Lässig und Karl Heinrich Pohl, S. 259.

940 *Jansen*, Einheit, Macht und Freiheit, S. 573; *Hirth*, Parlaments-Almanach, 5. Ausg. vom 20. Sept. 1867, S. 35.

941 *Bebel*, Aus meinem Leben, Zweiter Tl., S. 116.

942 *Kühne*, Die Reichsverfassung der Paulskirche, 2. Aufl., S. 118 f.

neue Reichsverfassung nicht explizit für den Beitritt der süddeutschen Staaten zum Bund aussprach, sondern lediglich ein bloßes internationales Vertragsverhältnis des Norddeutschen Bundes zu den süddeutschen Staaten festgeschrieben war und dies die Einheit aller Deutschen nicht forciert hätte.[943] So stimmte Schaffrath mit der Linken gegen die neue Reichsverfassung, welche mit 230 gegen 53 Stimmen angenommen wurde.[944]

Weiterhin äußerte er sich zu einer Adresse des Reichstages an den König, in der der Reichstag dem König sein Wohlwollen versprach und sich verpflichtete, für eine positive Zukunft Deutschlands zu wirken, welches nach Möglichkeit die süddeutschen Staaten beinhalten sollte.[945] Schaffrath unterstützte diese Adresse nicht. Er sah zu dem damaligen Zeitpunkt keine Veranlassung, eine solche Adresse zu erlassen. Weder gebiete es der parlamentarische Anstand, noch berührten die in der Adresse angesprochenen Punkte die aktuelle Lage des Landes. Vielmehr arbeite der Reichstag mit der erlassenen Verfassung gegen das Volk. Die in der Adresse beschworene sorgfältige Pflege der geistigen und sittlichen Güter des Volkes sei mit einer Verfassung, die sich mehr um Nebensächlichkeiten (Schaffrath nennt hier beispielhaft den Schnitt der Uniform der Armee) kümmere, wenig vereinbar. Aus diesem und mehreren kleinen Gründen forderte Schaffrath zur Ablehnung der Adresse auf.[946] Letztlich wurde die Adresse, trotz Gegenstimmen von Schaffrath und der Linken, mit 157 gegen 58 Stimmen angenommen.[947]

Nachdem im Jahre 1867 die vier selbstständigen süddeutschen Staaten zu den Institutionen des Norddeutschen Bundes hinzutraten und somit die Zolleinheit durch Fortschreibung des Zollvereins erfolgte, kam es zur Entstehung des Zollbundesrates und des Zollparlamentes. Das Zollparlament, als dem Zollverein eigene parlamentarische Vertretung, war ab diesem Zeitpunkt für die Gesetzgebung über das Zollwesen und innere Verbrauchssteuern zuständig.[948] Bei den Sitzungen des Zollparlamentes, welches von 1868 bis 1870 tagte, war Schaffrath

943 Norddeutscher Bund, Stenographische Berichte über die Verhandlungen des Reichstags des Norddeutschen Bundes im Jahre 1867, Erster Bd., 12. Sitzung vom 13. März 1867, S. 171 f.

944 *Jansen*, Einheit, Macht und Freiheit, S. 585; Norddeutscher Bund, Stenographische Berichte über die Verhandlungen des Reichstags des Norddeutschen Bundes im Jahre 1867, Erster Bd., 34. Sitzung vom 16. April 1867, S. 729.

945 Norddeutscher Bund, Anlagen zu den Verhandlungen des Reichstags des Norddeutschen Bundes, 1. Legislatur-Periode, Sitzungsperiode 1867, Nr. 13.

946 Norddeutscher Bund, Stenographische Berichte über die Verhandlungen des Reichstags des Norddeutschen Bundes im Jahre 1867, 1. Legislatur-Periode, Session 1867, Erster Bd., 7. Sitzung vom 24. September 1867, S. 81 f.

947 Norddeutscher Bund, Stenographische Berichte über die Verhandlungen des Reichstags des Norddeutschen Bundes im Jahre 1867, 1. Legislatur-Periode, Session 1867, Erster Bd., 7. Sitzung vom 24. September 1867, S. 91.

948 *Lingelbach*, Zollverein, in: HRG, V. Bd., Sp. 1771.

als Abgeordneter der Fortschrittspartei für den 6. Wahlkreis (Dresden-Land links der Elbe) tätig.[949]

Jedoch fand sich Schaffrath wie die restlichen Paulskirchenlinken in der neuen Welt des Norddeutschen Bundes nicht zurecht. Ihr Interesse an den Sitzungen, welche sich lieber mit Eisenbahntarifen als mit Grundrechten beschäftigten, erlosch schnell und bewirkte, dass ihr politischer Einfluss schwand.[950] Dies führte dazu, dass Wilhelm Michael Schaffrath, genauso wie seine Fraktionskollegen Schreck[951] und Mammen, am 17. Februar 1869 aufgrund des geringen Einflusses ihrer Partei ihr Mandat im Zollparlament niederlegten und sich für wenige Jahre aus der Reichspolitik zurückzogen.[952]

10. Der Reichstag des Deutschen Kaiserreiches

Nachdem sich Wilhelm Michael Schaffrath aufgrund der Enttäuschungen über die Verhandlungen und den Ausgang der Reichstage des Norddeutschen Bundes und des Deutschen Zollvereins seit 1869 aus der Reichspolitik fern hielt, ließ er sich, zusammen mit acht weiteren Paulskirchenlinken, am 3. März 1871 in den Reichstag des neugegründeten Deutschen Reiches wählen.[953] Schaffraths Wahl erfolgte für die Fortschrittspartei im 9. Wahlkreis[954] des Königreichs Sachsen.[955] Jedoch lässt sich in diesem Zusammenhang nichts berichten, weil Schaffrath zwar gewählt war, aber nicht an den Sitzungen teilnahm. So hatte er zwar während der ersten Legislatur-Periode von 1871 bis 1873 ein Mandat inne, füllte dieses aber nicht aus.[956]

---

949 *Hirth*, Parlaments-Almanach, 7. Ausg. vom 6. Mai 1868, S. 105; Norddeutscher Bund, Stenographische Berichte über die Verhandlungen des durch die Allerhöchste Verordnung vom 13. April 1868 einberufenen Deutschen Zoll-Parlaments, S. XXVI.

950 *Kötzschke/Kretzschmar*, Sächsische Geschichte, S. 364.

951 Hermann Schreck (1817–1891), deutscher Jurist und liberaler Politiker; vgl. über ihn *Döscher/Schröder*, Sächsische Parlamentarier 1869–1918, S. 463.

952 *Haunfelder/Pollmann*, Reichstag des Norddeutschen Bundes 1867–1870, S. 288; *Pollmann*, Parlamentarismus im Norddeutschen Bund 1867–1870, S. 349; *Richter*, Geschichte der Stadt Dresden in den Jahren 1871 bis 1902, S. 11.

953 *Jansen*, Einheit, Macht und Freiheit, S. 607.

954 Stadt Freiberg, Gerichtsamtbezirke Frauenstein, Freiberg, Hainichen, Oederan, Brand.

955 Deutsches Reich, Stenographische Berichte über die Verhandlungen des Deutschen Reichstags, 1. Legislatur-Periode, I. Session 1871, Erster Bd., S. XXIII; *Hirth*, Deutscher Parlaments-Almanach, 9. Ausg. vom 9. Mai 1871, S. 48.

956 Deutsches Reich, Stenographische Berichte über die Verhandlungen des Deutschen Reichstags, 1. Legislatur-Periode, II. Session 1871, Erster Bd., S. XXIII; Deutsches Reich, Stenographische Berichte über die Verhandlungen des Deutschen Reichstags, 1. Legislatur-Periode, III. Session 1872, Erster Bd., S. XXIV; Deutsches Reich, Stenographische Berichte über die Verhandlungen des Deutschen Reichstags, 1. Legislatur-Periode, IV. Session 1873, Erster Bd., S. XXIII.

11. Der Sächsische Landtag 1871–1873

Wie soeben geschildert, wurde Wilhelm Michael Schaffrath als Abgeordneter in den Reichstag des Deutschen Kaiserreiches gewählt, nahm jedoch sein Mandat nicht wahr. Dies lag offensichtlich daran, dass er sich auch in die zweite Kammer des Sächsischen Landtages hatte wählen lassen. Seine Wahl erfolgte am 2. Oktober 1871 im 3. städtischen Wahlbezirk[957] für die Fortschrittspartei.[958]

a) Wahl als Präsident

In der ersten Präliminarsitzung der zweiten Kammer am 30. November 1871 hatte diese die Aufgabe, vier Kandidaten für das Amt des Kammerpräsidenten und Vizepräsidenten zu wählen. Bei der Wahl des an erster Stelle zu benennenden Kandidaten entfielen auf Wilhelm Michael Schaffrath 37 von 73 Stimmen und auf seinen Kontrahenten, den vormaligen Kammerpräsidenten Haberkorn 35 Stimmen sowie eine auf den Abgeordneten Streit[959]. Es gelang somit dem Landtag, den „unbequemsten Vorkämpfer für den Liberalismus" und parlamentarisch erfahrensten Abgeordneten auf den Präsidentenstuhl zu heben.[960] Schaffrath wurde zwar nicht als Präsident durch die Kammer gewählt, weil die Kammer ihren Präsidenten nicht selbst wählen durfte. Ihr oblag lediglich das Recht, Vorschläge an den König zu richten, woraufhin dieser selbst entschied. Der König folgte aber der Kammer und ernannte Schaffrath zum Präsidenten.[961] Das stellte ein Alarmsignal für die Konservativen dar, welche somit ihre Führungsrolle in der Kammer an einen Vertreter der Fortschrittspartei abgeben mussten.[962]

Obwohl Wilhelm Michael Schaffrath der zweiten Kammer des Sächsischen Landtages als Präsident vorstand, beteiligte er sich auch inhaltlich rege an den Verhandlungen.

---

957 Bischofswerda, Pulsnitz, Stolpen, Radeberg, Radeburg, Großenhain; vgl. dazu *Matzerath*, Aspekte sächsischer Landtagsgeschichte – Die Mitglieder und Wahlbezirke der sächsischen Landtage (1833–1952), Teil III: Wahlbezirke und Raumbezüge, S. 144.

958 Königreich Sachsen, Mitteilungen über die Verhandlungen des Landtags im Königreiche Sachsen 1871–1872, II. Kammer, No. I., S. 16; *Matzerath*, Aspekte sächsischer Landtagsgeschichte – Die Mitglieder und Wahlbezirke der sächsischen Landtage (1833–1952), Teil III: Wahlbezirke und Raumbezüge, S. 159.

959 Lothar Streit (1823–1898), Mitglied des Sächsischen Landtages und des Deutschen Reichstages, Oberbürgermeister von Zwickau; vgl. über ihn *Döscher/Schröder*, Sächsische Parlamentarier 1869–1918, S. 477 f.

960 Sachsens freisinnige Volksvertreter, in: Die Gartenlaube, No. 36 von 1873, S. 580.

961 Königreich Sachsen, Mitteilungen über die Verhandlungen des Landtags im Königreiche Sachsen 1871–1872, II. Kammer, No. I., S. 7; *Döscher/Schröder*, Sächsische Parlamentarier 1869–1918, S. 29.

962 *Schröder*, Die Genese des „Conservativen Landesvereins für das Königreich Sachsen", in: Sachsen im Kaiserreich, hrsg. v. Simone Lässig und Karl Heinrich Pohl, S. 162.

Bereits bei seiner Eröffnungsrede in der ersten Sitzung am 4. Dezember 1871 beschwor er die Kammer, nicht nur wie früher für das Wohl Sachsens und des Königs zu handeln, sondern nun auch die Verfassung des Deutschen Reiches und das Wohl desgleichen zu fördern und dieses als unzertrennlich zu betrachten.[963]

b) Gesindeordnung

Schaffraths erster inhaltlicher Beitrag bei den Verhandlungen der zweiten Kammer war ein Antrag betreffend den Entwurf eines Gesetzes über einige Abänderungen der Gesindeordnung vom 10. Januar 1835, welchen er in der sechsten Sitzung am 13. Dezember 1871 stellte. Eine Stellungnahme zu diesem Antrag war zu diesem Zeitpunkt jedoch nicht möglich, da sich Schaffrath bei dieser Sitzung krankheitsbedingt entschuldigen ließ.[964]

In der schriftlichen Antragsbegründung ging Schaffrath auf einzelne zu ändernde Normen ein und formulierte Lösungsvorschläge. Seiner Meinung nach entsprachen die von ihm genannten Paragraphen dem damaligen Zeitbewusstsein und den damaligen Verhältnissen zwischen Dienstherrschaft und Gesinde, vor allem im Spiegel der damals immer mehr auftretenden Forderungen nach Gleichheit, nicht mehr.[965]

Schaffrath forderte in seinem Gesetzentwurf die Abschaffung der §§ 45–47 der Gesindeordnung[966], welche sich mit Veruntreuung und Diebstahl beschäftigten. Diese Normen seien zum damaligen Zeitpunkt nicht mehr nötig gewesen, weil die Regelungen bereits vom Strafgesetzbuch für das Deutsche Reich von 1871 bzw. von der revidirten Strafprozessordnung von 1868 erfasst worden seien. Weiterhin forderte er die Aufhebung der §§ 51–54 der Gesindeordnung[967], welche das Verbot der

963 Königreich Sachsen, Mitteilungen über die Verhandlungen des Landtags im Königreiche Sachsen 1871–1872, II. Kammer, S. 1.

964 Königreich Sachsen, Mitteilungen über die Verhandlungen des Landtags im Königreiche Sachsen 1871–1872, II. Kammer, S. 45.

965 Königreich Sachsen, Mitteilungen über die Verhandlungen des Landtags im Königreiche Sachsen 1871–1872, II. Kammer, S. 47.

966 „§ 45. Veruntreuungen und Diebstähle des Gesindes sind ebenso, wie dieselben Verbrechen, wenn sie von Anderen verübt werden, zu bestrafen.
§ 46. Dienstboten, welche von Veruntreuungen und Diebstählen ihres Mitgesindes Kenntnis erhalten, sind selbige der Herrschaft anzuzeigen verbunden und werden durch Unterlassung dieser Anzeige strafbar.
§ 47. Jeder Dienstbote muß sich gefallen lassen, daß die Dienstherrschaft in seiner und eines Zeugen Gegenwart seine Lade, Koffer oder sonstigen Behältnisse seiner Effecten öffne."; vgl. Königreich Sachsen, Mitteilungen über die Verhandlungen des Landtags im Königreiche Sachsen 1871–1872, II. Kammer, S. 46.

967 „§ 51. Scheltworte oder geringere thätliche Ahndungen, wozu das Gesinde der Herrschaft durch ungebührliches Betragen Veranlassung gegeben, begründen kein Strafverfahren und keinen Anspruch auf gerichtliche Genugthuung.
§ 52. Auch solche Ausdrücke oder Handlungen, welche zwischen anderen Personen als Zeichen der Geringschätzung anerkannt sind, begründen gegen die

Aufhetzung des Nebengesindes und des „Ausplauderns aus dem Hause“ betrafen. Diese Paragraphen enthielten eine gefährliche Verleitung der Dienstherrschaft zu Handlungen, welche diese für straflos halte obwohl sie strafbar waren. Weiterhin standen die §§ 53 und 54 der Gesindeordnung im Widerspruch zu Paragraphen des Reichsstrafgesetzbuches.[968]

Die weiteren Änderungen an Paragraphen der Gesindeordnung betrafen lediglich redaktionelle Dinge sowie den Wortlaut und die Anpassung des § 105 der Gesindeordnung an die aktuellen Lebensverhältnisse. Dieser gewährte dem Gesinde, welches aus anderen als den gesetzlichen Gründen vor Ablauf der Dienstzeit entlassen wurde, eine weitere Vergütung von wöchentlich 14 Groschen auf dem Lande und 21 Groschen bei städtischem Gesinde. Schaffrath hielt hier eine Senkung auf 4 Groschen bei ländlichem und 6 Groschen bei städtischem Gesinde aufgrund der eingetretenen Veränderung der Lebensweise und der Preise der Lebensmittel für angebracht.[969]

Trotz der Abwesenheit von Schaffrath wurde über seinen Antrag diskutiert. Mehrere Redner behaupteten, dass diese Änderungen in der Gesindeordnung die Leistungsfähigkeit der Landwirtschaft beeinträchtigen würde, man deshalb die aktuelle Fassung unberührt lassen und vielmehr der Regierung die Aufgabe auferlegen solle, noch bei diesem oder zum nächsten Landtag eine revidierte Fassung der Gesindeordnung vorzulegen.[970] Andere beantragten, die aktuelle Gesindeordnung komplett aufzuheben, weil das Verhältnis zwischen Dienstherrschaft und Gesinde ein normaler Zivilvertrag sei, auf den die Bestimmungen des Zivil- und Strafrechts Anwendung fänden. Einer gesonderten Ordnung bedürfe es aus diesem

---

Herrschaft noch nicht die Vermuthung, daß sie die Ehre des Gesindes habe kränken wollen.
§ 53. Aufwiegelung des Nebengesindes und Aufhetzung zu Zänkereien und üblen Nachreden gegen die Dienstherrschaft sind dem eigenen Ungehorsam und eigener Verunglimpfung derselben gleich zu achten und zu strafen.
§ 54. Ueber die Vorgänge in der Familie des Dienstherrn muß das Gesinde gegen Jedermann strenges Stillschweigen beobachten, und die Ausflucht, daß die von ihm sich erlaubte Nachrede in der Wahrheit beruhe, schützt dasselbe nicht gegen diesfallsige Verantwortung und nach Befinden Bestrafung, wenn nicht die Vorfälle als Vergehungen von der Art sind, daß ein Jeder zur Anzeige derselben bei der Obrigkeit sich veranlaßt oder verpflichtet halten kann.“; vgl. Königreich Sachsen, Mitteilungen über die Verhandlungen des Landtags im Königreiche Sachsen 1871–1872, II. Kammer, S. 46 f.

968 Königreich Sachsen, Mitteilungen über die Verhandlungen des Landtags im Königreiche Sachsen 1871–1872, II. Kammer, S. 47 f.

969 Königreich Sachsen, Mitteilungen über die Verhandlungen des Landtags im Königreiche Sachsen 1871–1872, II. Kammer, S. 48.

970 Königreich Sachsen, Mitteilungen über die Verhandlungen des Landtags im Königreiche Sachsen 1871–1872, II. Kammer, S. 48–50.

Grunde nicht.[971] Dieser Antrag wurde in der Abstimmung verworfen. Die Einigung sah vor, dass die königlich Staatsregierung ersucht werden solle, die Gesindeordnung von 1835 einer Revision zu unterziehen und demgemäß der Kammer einen Gesetzentwurf vorzulegen, dabei aber nach Möglichkeit auf die inhaltlichen Aspekte des Antrags von Schaffrath Rücksicht zu nehmen.[972] Im weiteren Verlauf des Landtages kam der Tagesordnungspunkt noch einmal zur Sprache. In der 72. Sitzung am 4. April 1872 wurde erklärt, dass die erste Kammer dem Beschluss der zweiten Kammer nicht gefolgt sei. Bei dem daraufhin folgenden Vereinigungsverfahren beider Kammern wurde beschlossen, dass jede Deputation ihrer Kammer empfehlen solle, den Antrag von Schaffrath der königlichen Staatsregierung zur Erwägung zu übergeben, anstatt, wie es erst hieß, nur zur Berücksichtigung. Die erste Kammer trat diesem Vereinigungsvorschlag bei, die zweite Kammer tat dies ebenfalls einstimmig.[973] Eine Revision der Gesindeordnung wurde jedoch erst am 2. Mai 1892 beschlossen.[974]

12. Der Sächsische Landtag 1873/74

Im Jahr 1873 fand ein weiterer ordentlicher Landtag im Königreich Sachsen statt, dem Wilhelm Michael Schaffrath wiederum angehörte. Seine Wahl erfolgte am 15. September 1873 ebenso wie zuletzt im 3. städtischen Wahlbezirk für die Fortschrittspartei.[975] Auf diesem Landtag wurde er ebenso von der Mehrheit der Abgeordneten zum Kammerpräsidenten gewählt, wie auf dem Landtag zuvor. Jedoch sollte sich sein sonst sehr unparteiischer Sitzungsleitungsstil bei diesem Landtage ändern.[976] So kritisierte Biedermann (Nationalliberale Partei) in seinen Lebenserinnerungen: „Der beim Landtage 1873/74 von uns mitgewählte fortschrittliche Präsident verfuhr dermaßen parteiisch gegen uns und für die Rechte, daß endlich wir uns genöthigt sahen, beim Landtage 1875/76 einmüthig unsere Mitwirkung zu seiner Wiederwahl zu versagen."[977]

---

971 Königreich Sachsen, Mitteilungen über die Verhandlungen des Landtags im Königreiche Sachsen 1871–1872, II. Kammer, S. 53.

972 Königreich Sachsen, Mitteilungen über die Verhandlungen des Landtags im Königreiche Sachsen 1871–1872, II. Kammer, S. 62.

973 Königreich Sachsen, Mitteilungen über die Verhandlungen des Landtags im Königreiche Sachsen 1871–1872, II. Kammer, S. 2514.

974 Vgl. *Bernewitz*, Die revidirte Gesindeordnung für das Königreich Sachsen vom 2. Mai 1892.

975 *Matzerath*, Aspekte sächsischer Landtagsgeschichte – Präsidenten und Abgeordnete von 1833 bis 1952, S. 124; *Matzerath*, Aspekte sächsischer Landtagsgeschichte – Die Mitglieder und Wahlbezirke der sächsischen Landtage (1833–1952), Teil III: Wahlbezirke und Raumbezüge, S. 159.

976 Sachsens freisinnige Volksvertreter, in: Die Gartenlaube, No. 36 von 1873, S. 580.

977 *Biedermann*, Mein Leben und ein Stück Zeitgeschichte, Zweiter Bd., S. 315.

Bei den Verhandlungen dieses Landtages, welcher wesentlich kürzer war als der ordentliche Landtag der Jahre 1871–1873, hielt sich Schaffrath mit inhaltlichen Äußerungen weitgehend zurück. Die einzige Thematik, zu der er sich grundlegend äußerte, war eine neue Geschäftsordnung. Diese hatte er selbst ausgearbeitet und als Antrag bei der 76. Sitzung am 2. Oktober 1874 in die zweite Kammer eingebracht. Demnach sollte seine Ausarbeitung durch die Kammer in Vorberatung und endlich zur Beschlussfassung gebracht werden. Dem stimmte die Kammer mit einer Gegenstimme zu.[978]

Inhaltlich beschäftigte sich die Kammer in den darauffolgenden Sitzungen mit der Geschäftsordnung; die hierüber erfolgten Diskussionen sollen an dieser Stelle nicht weiter ausgeführt werden. Inhaltlich gab es jedoch einige Neuerungen. So durfte die zweite Kammer von nun an ihren Präsidenten und die Schriftführer gemäß § 5 selbst wählen (vorher schlug sie dem König mehrere Kandidaten vor, welcher dann den Präsidenten ernannte), die Immunität der Redner und das Recht zur Gesetzesinitiative der zweiten Kammer wurde gestärkt und der Geschäftsbetrieb der Kammer wurde gestrafft und effizienter.[979] Bemerkenswert ist an dieser Stelle weiterhin, dass die von Schaffrath ausgearbeitete Geschäftsordnung mit nur wenigen Änderungen durch den Landtag beschlossen wurde. Hierbei handelte es sich maßgeblich um redaktionelle Einschübe und Umstellungen von Paragraphen und Worten. Ausschlaggebend für die schnelle Beschlussfassung über die Geschäftsordnung kann auch sein, dass sich der Landtag dem Ende neigte und sich kein Abgeordneter noch mit großen inhaltlichen Diskussionen zu dieser Thematik belasten wollte. So wurde die neue Geschäftsordnung mehrheitlich in der 80. Sitzung am 9. Oktober 1874 durch die zweite Kammer des Sächsischen Landtages beschlossen.[980]

13. Der Sächsische Landtag 1875/76

Auch auf dem ordentlichen Sächsischen Landtag der Jahre 1875/76 war Schaffrath als Abgeordneter des 3. städtischen Wahlbezirks vertreten.[981] Aufgrund seiner Tätigkeit als Präsident der zweiten Kammer beim Landtag der Jahre 1873/74 war Schaffrath bei den vorberatenden Sitzungen der zweiten Kammer während des Landtages 1875/76 Vorsitzender der Einweisungskommission.[982] Die Aufgabe der

978 Königreich Sachsen, Mitteilungen über die Verhandlungen des Landtags im Königreiche Sachsen 1873/74, II. Kammer, S. 1842.

979 Geschäftsordnung für die zweite Kammer der Ständeversammlung des Königreichs Sachsen vom 13. Oktober 1874, S. 7.

980 Königreich Sachsen, Mitteilungen über die Verhandlungen des Landtags im Königreiche Sachsen 1873/74, II. Kammer, S. 1954–1965.

981 *Matzerath*, Aspekte sächsischer Landtagsgeschichte – Die Mitglieder und Wahlbezirke der sächsischen Landtage (1833–1952), Teil III: Wahlbezirke und Raumbezüge, S. 159.

982 Königreich Sachsen, Mitteilungen über die Verhandlungen des Landtags im Königreiche Sachsen 1875/76, II. Kammer, No. I., S. 4.

Einweisungskommission war zunächst, die Abgeordneten in fünf zu bildende Abteilungen zu verlosen. Bei dieser Verlosung wurde Schaffrath in die zweite Abteilung gelost.[983] Die Abteilungen hatten wiederum die Aufgabe, die verschiedenen Deputationen zu wählen (§ 22 Geschäftsordnung).

Zweite Aufgabe der Einweisungskommission in den vorberatenden Sitzungen war die Wahl des Direktoriums. Durch die neue Landtagsordnung von 1874 wurde der zweiten Kammer des Sächsischen Landtages gemäß § 5 erstmalig das Recht gewährt, ihr Direktorium selbst zu wählen. Dies wurde in der Sitzung vom 13. Oktober 1875 durchgeführt. Im ersten Wahlgang stimmten von 79 Abgeordneten 33 für Haberkorn, 24 für Schaffrath, 18 für Biedermann und jeweils einer für Körner und Streit.[984] Erkennbar erzielte keiner die absolute Mehrheit, welche durch die Geschäftsordnung vorgesehen war. Es musste demnach ein zweiter Wahlgang durchgeführt werden, bei dem von 79 Abgeordneten auf den Abgeordneten Haberkorn 33 Stimmen, auf den Abgeordneten Schaffrath 27 und auf den Abgeordneten Biedermann 18 Stimmen entfielen.[985] Da wiederum keine absolute Mehrheit erzielt wurde, musste ein dritter Wahlgang durchgeführt werden, bei dem Haberkorn 35 Stimmen und Schaffrath 27 Stimmen erhielt. Die übrigen Abgeordneten enthielten sich ihrer Stimme. Somit war der Abgeordnete Haberkorn zum Präsidenten gewählt, welcher das Amt bereits in der Zeit von 1859–1871 inne gehabt hatte.[986] Dies war das Resultat der Zerwürfnisse zwischen Fortschrittlern und Nationalliberalen. Die Nationalliberalen hatten durch ihre Stimmenthaltungen die Wiederwahl von Schaffrath als Mitglied der Fortschrittspartei vereitelt. Vielmehr fiel es, wie schon vor Schaffraths Amtszeit, an den konservativen Zittauer Bürgermeister Haberkorn. Dies ist verwunderlich, weil das liberale Lager mit 45 Abgeordneten[987] gegenüber 35 Konservativen über eine Mehrheit verfügte. Dies war die endgültige Loslösung der nationalliberalen Richtung von der linksliberalen Fortschrittspartei hin zum konservativen Lager, was dafür sorgen sollte, dass die Konservativen noch über lange Jahre hinweg den größten Einfluss in der zweiten Kammer des Sächsischen Landtages haben sollten, obwohl die Liberalen gesamt gesehen über die Mehrheit verfügten.[988] Erst im Herbst 1881 erreichten die Konservativen

983 Königreich Sachsen, Mitteilungen über die Verhandlungen des Landtags im Königreiche Sachsen 1875/76, II. Kammer, No. I., S. 7.

984 Königreich Sachsen, Mitteilungen über die Verhandlungen des Landtags im Königreiche Sachsen 1875/76, II. Kammer, No. I., S. 9.

985 Königreich Sachsen, Mitteilungen über die Verhandlungen des Landtags im Königreiche Sachsen 1875/76, II. Kammer, No. I., S. 10.

986 Königreich Sachsen, Mitteilungen über die Verhandlungen des Landtags im Königreiche Sachsen 1875/76, II. Kammer, No. I., S. 10; *Döscher/Schröder*, Sächsische Parlamentarier 1869–1918, S. 29.

987 Fortschrittspartei: 23 Abg., Liberale Partei: 4 Abg., Nationalliberale Partei: 18 Abg.

988 *Döscher/Schröder*, Sächsische Parlamentarier 1869–1918, S. 34, 108.

erstmals die Mehrheit in der zweiten Kammer, was maßgeblich dem bismarckschen Kurswechsel und dem Sozialistengesetz geschuldet war.[989]

a) Amtsblatt

So scheiterte Schaffrath auf der einen Seite mit seiner Kandidatur für das Amt des Präsidenten der zweiten Kammer. Auf der anderen Seite war dieser Landtag für ihn aber auch inhaltlich nicht sehr produktiv. So stellte er mit einigen anderen Abgeordneten in der 9. Sitzung am 27. Oktober 1875 den Antrag, dass ein Gesetz erlassen werde solle, wonach die Gemeinden und Bezirke bevollmächtigt werden sollten, jedes Jahr eine geeignete Zeitschrift zu bestimmen, in welcher im Laufe des darauffolgenden Jahres die amtlichen Anordnungen, Regulative und Bekanntmachungen zum Druck gelangen sollten.[990] Dies sollte bewirken, dass öffentliche Äußerungen seriös in einem Druckorgan bekannt gemacht werden konnten und die Bevölkerung auf den Inhalt vertrauen durfte. Vormals war es so, dass jede Zeitschrift, je nach ihrer politischen Ausrichtung, die staatlichen Informationen in ihre Richtung verzerrte und somit eine gewisse Unsicherheit unter der Bevölkerung herrschte. Dies war beispielsweise in Leipzig in Bezug auf das Leipziger Tageblatt der Fall, welchem vom Leipziger Stadtrat die Amtsblatteigenschaft entzogen wurde.[991]

Über diesen Antrag wurde dann in der 77. Sitzung am 19. Juni 1876 beraten. Schaffrath äußerte hier in einer kurzen Rede seine grundlegende Meinung, dass die Amtsblätter vor allem keine Parteiblätter sein durften. Kein Bürger durfte gezwungen werden, eine Zeitung zu lesen, die nicht seiner politischen Auffassung entsprach. Aus diesem Grunde durfte sich der Staat auch nicht politische Schriften und Parteiblätter als Amtsblatt zunutze machen. „Die politische Gewissensfreiheit verlangt also, daß Amtsblätter nicht Parteiblätter sind und daß nicht Parteiblätter zu Amtsblättern erkoren werden."[992] Aus dieser Selbsterkenntnis ließ Schaffrath seinen Antrag fallen und schloss sich einem anderen an, welcher besagte, dass Amtsblätter geschaffen werden sollten, die keiner Partei huldigten und somit jeder Staatsbürger getrost lesen konnte.[993]

Am Ende der Schlussberatung stellte der Präsident Haberkorn den Antrag, die Thematik an die königliche Staatsregierung zu verweisen, weil sich keine klare Linie bei den Diskussionen in der Kammer herausbildete. Dieser Antrag wurde

---

989 *Döscher/Schröder*, Sächsische Parlamentarier 1869–1918, S. 109.

990 Königreich Sachsen, Mitteilungen über die Verhandlungen des Landtags im Königreiche Sachsen 1875/76, II. Kammer, S. 209.

991 Königreich Sachsen, Mitteilungen über die Verhandlungen des Landtags im Königreiche Sachsen 1875/76, II. Kammer, S. 1942.

992 Königreich Sachsen, Mitteilungen über die Verhandlungen des Landtags im Königreiche Sachsen 1875/76, II. Kammer, S. 1943.

993 Königreich Sachsen, Mitteilungen über die Verhandlungen des Landtags im Königreiche Sachsen 1875/76, II. Kammer, S. 1943.

angenommen.[994] Eine weitere Beratung zu der Thematik fand nicht statt, sodass diese als unerledigt zu betrachten ist.

b) Ausweisung bestrafter Reichsangehöriger

Den zweiten wichtigen Antrag, den Schaffrath auf dem Landtag der Jahre 1875/76 stellte, lautete auf den Erlass eines „Gesetzes wegen Beschränkung polizeilicher Ausweisungen bestrafter Reichsangehöriger" und wurde von ihm in der 55. Sitzung am 9. Mai 1876 gestellt.[995] Demnach sollte die zweite Kammer die Regierung ersuchen, „sobald als thunlich bei dem Bundesrathe ein Reichsgesetz einzubringen oder zu beantragen, durch welches die auf Grund von §§ 3 und 12 des Reichsgesetzes über die Freizügigkeit vom 1. November 1867[996] noch nach Landesgesetzen zulässigen Aufenthaltsbeschränkungen und Ausweisungen bestrafter Reichsangehöriger durch Polizeibehörden beschränkt werden."[997] Schaffrath begründete seinen Antrag damit, dass es genügen solle, polizeiliche Ausweisungen und Aufenthaltsbeschränkungen gegen Reichsbürger zu verhängen, gegen welche auf Verlust der bürgerlichen Ehrenrechte oder auf Zulässigkeit von Polizeiaufsicht erkannt worden war. Auf andere Fälle hätte dies nicht ausgeweitet werden sollen.[998]

Schaffrath stellte in der Verteidigung seines Antrages klar, dass es ihm mit dem Antrag darum ginge, die weite Ausweisungspraxis der sächsischen Behörden zu reglementieren. So sollte nicht bereits bei polizeilichen Übertretungen zur Ausweisung gegriffen werden, wie es teilweise Praxis war. Für Schaffrath ging es sogar zu weit, wegen Vergehen und Verbrechen Bestrafte schonungslos auszuweisen. Aus diesem Grunde empfahl er die Annahme des Antrages noch auf dem damaligen Landtage, damit der Antrag noch an die erste Kammer weiter gegeben werden konnte.[999]

---

994 Königreich Sachsen, Mitteilungen über die Verhandlungen des Landtags im Königreiche Sachsen 1875/76, II. Kammer, S. 1953.

995 Königreich Sachsen, Mitteilungen über die Verhandlungen des Landtags im Königreiche Sachsen 1875/76, II. Kammer, S. 1329.

996 „§ 3. (1) Insoweit bestrafte Personen nach den Landesgesetzen Aufenthaltsbeschränkungen durch die Polizeibehörde unterworfen werden können, behält es dabei sein Bewenden.
§ 12. (1) Die polizeiliche Ausweisung Bundesangehöriger aus dem Orte ihres dauernden oder vorübergehenden Aufenthalts in anderen, als in den durch dieses Gesetz vorgesehenen Fällen, ist unzulässig."; vgl. Reichsgesetz über die Freizügigkeit vom 1. November 1867, in: Norddeutscher Bund, Bundes-Gesetzblatt des Norddeutschen Bundes 1867, S. 55–58.

997 Königreich Sachsen, Mitteilungen über die Verhandlungen des Landtags im Königreiche Sachsen 1875/76, II. Kammer, S. 1329.

998 Königreich Sachsen, Mitteilungen über die Verhandlungen des Landtags im Königreiche Sachsen 1875/76, II. Kammer, S. 1329.

999 Königreich Sachsen, Mitteilungen über die Verhandlungen des Landtags im Königreiche Sachsen 1875/76, II. Kammer, S. 1332.

Letztlich wurde der Antrag an die Gesetzgebungsdeputation überwiesen und im Landtag nicht wieder auf die Tagesordnung gesetzt.[1000] Hierin ist eine abermalige Niederlage Schaffraths bei dem Landtag der Jahre 1875/76 zu erblicken, welche zusammen mit den bereits erfolgten, Schaffraths moralischen Zustand belasteten.

14. Ausscheiden aus der Politik

Wilhelm Michael Schaffrath wurde nochmals bei den ordentlichen Sächsischen Landtagen der Jahre 1877/78, 1879/80, 1881/82 als Abgeordneter für den 3. städtischen Wahlbezirk gewählt.[1001] Jedoch geht hier aus den Landtagsmitteilungen keine bedeutende Betätigung Schaffraths hervor. Lediglich seine Wahl in die Gesetzgebungskommission auf dem Landtag der Jahre 1877/78 sowie ein kurzer Redebeitrag gegen die Schaffung von Fraktionszimmern im Landhaus bedürfen noch der Erwähnung.[1002] Wie bereits beschrieben, war das Wirken der Fortschrittspartei zum Stillstand gekommen und diese hatte an Einfluss verloren. Schaffrath stellte dies auf dem ordentlichen Landtag der Jahre 1875/76 fest, als seine Wahl zum Präsidenten scheiterte und seine Anträge keine Beachtung fanden. Letztlich war auch sein kurzzeitiges Mandat im Deutschen Reichstag, welches er bei der Wahl im Jahre 1878 im 10. sächsischen Wahlkreis[1003] erhielt und bereits 1879 wieder ablegte, für seine Abwesenheit im Sächsischen Landtag ausschlaggebend.[1004] So stimmte er, als letzte bedeutende parlamentarische Handlung, bei der 17. Sitzung der I. Session am 19. Oktober 1878 gegen das Sozialistengesetz.[1005]

1000 Königreich Sachsen, Mitteilungen über die Verhandlungen des Landtags im Königreiche Sachsen 1875/76, II. Kammer, S. 1333.

1001 Königreich Sachsen, Mitteilungen über die Verhandlungen des Landtags im Königreiche Sachsen 1877/78, I. Kammer, Nr. I, S. 18; Königreich Sachsen, Mitteilungen über die Verhandlungen des Landtags im Königreiche Sachsen 1879/80, I. Kammer, Nr. I, S. 18 Königreich Sachsen, Mitteilungen über die Verhandlungen des Landtags im Königreiche Sachsen 1881/82, I. Kammer, Nr. I, S. 17; *Matzerath*, Aspekte sächsischer Landtagsgeschichte – Die Mitglieder und Wahlbezirke der sächsischen Landtage (1833–1952), Teil III: Wahlbezirke und Raumbezüge, S. 163.

1002 *Goldt*, Parlamentarismus im Königreich Sachsen, S. 291; Königreich Sachsen, Mitteilungen über die Verhandlungen des Landtags im Königreiche Sachsen 1877/78, II. Kammer, S. 58 f.

1003 Nossen, Roßwein, Waldheim, Geringswalde, Hartha, Leisnig, Döbeln.

1004 *Hirth*, Deutscher Parlaments-Almanach, 13. Ausg. vom Sept. 1878, S. 258; Deutsches Reich, Stenographische Berichte über die Verhandlungen des Deutschen Reichstags, 4. Legislatur-Periode, I. Session 1878, Erster Bd., S. XXIII.

1005 Deutsches Reich, Stenographische Berichte über die Verhandlungen des Deutschen Reichstags, 4. Legislatur-Periode, I. Session 1878, Erster Bd., S. 388.

E. Wissenschaftliches Wirken Wilhelm Michael Schaffraths

Wilhelm Michael Schaffrath wirkte von 1837 bis 1842 als Privatdozent an der Leipziger Juristenfakultät. Hier sollen seine Lehrveranstaltungen und wissenschaftlichen Veröffentlichungen betrachtet werden.

I. Lehrveranstaltungen

Das Hauptaugenmerk Wilhelm Michael Schaffraths galt in seiner Zeit als Dozent den Grundprinzipien und Verhandlungsmaximen des sächsischen Zivilprozesses, dem Zivil- und Kriminalprozess allgemein und dem Natur- und Vernunftrecht.

Im Sommsemester 1838 hielt Schaffrath seine erste Vorlesung, welche sich mit der philosophischen Rechtslehre beschäftigte. Zu prozessualen Themen hielt Schaffrath in diesem Semester insgesamt drei Vorlesungen. So über die Grundprinzipien und Verhandlungsmaximen des sächsischen Zivilprozesses, allgemein über den gemeinen und sächsischen Zivilprozess sowie über römisches, deutsches und sächsisches Recht und über den Zivil- und Kriminalprozess. Hinzu kam noch eine schriftliche Übung in der außergerichtlichen und advokatorischen Rechtspraxis.[1006]

Im Wintersemester 1838/39 beschäftigte sich Schaffrath mit der gesamten Rechtswissenschaft und deren einzelnen Teilen sowie mit Natur- und Vernunftrecht. In zwei Veranstaltungen widmete sich Schaffrath wieder dem Zivilprozess. So hielt er eine Vorlesung über die Grundprinzipien des gemeinen und sächsischen Zivilprozesses, verglichen mit denen des preußischen und französischen, insbesondere über die Verhandlungsmaxime sowie eine Vorlesung über die Theorie der gerichtlichen und advokatorischen Zivilprozesspraxis.[1007]

Ähnliche Veranstaltungen hielt Schaffrath im Sommersemester 1839, so eine Vorlesung zum Naturrecht, eine zu den Grund- und Fundamentalwissenschaften des Zivilprozesses sowie eine schriftliche Übung in der gerichtlichen und advokatorischen Zivilprozesspraxis.[1008]

Der Vorlesungsumfang im Wintersemester 1839/40 war, im Vergleich zu den anderen Semestern, viel höher. Schaffrath deckte in diesem Semester eine Vielzahl zivilrechtlicher Vorlesungen ab. Sein Spektrum reichte vom Naturrecht über das Wechselrecht und den Wechselprozess hin zum Konkursrecht und den Konkursprozess. Auch las er einmalig über die Institutionen, Pandekten und die

---

1006 UB Leipzig, Verzeichniß der im Sommerhalbjahre 1838 auf der Universität Leipzig zu haltenden Vorlesungen, S. 6, 17, 18.

1007 UB Leipzig, Verzeichniß der im Winterhalbjahre 1838 auf der Universität Leipzig zu haltenden Vorlesungen, S. 6, 16, 17.

1008 UB Leipzig, Verzeichniß der im Sommerhalbjahre 1839 auf der Universität Leipzig zu haltenden Vorlesungen, S. 7, 17.

Rechtsgeschichte. Hinzu kamen noch die Grund- und Fundamentalwissenschaften des Zivil- und Kriminalprozesses sowie eine Vorlesung rein über den Zivil- und Kriminalprozess. Dem schloss sich ein gerichtliches und advokatorisches Zivilprozess-Praktikum an. Letztlich lehrte er noch römisches, deutsches und sächsisches Privatrecht sowie dessen Geschichte.[1009]

Im Sommersemester 1840 sah der Vorlesungsumfang weit geringer aus. In diesem Semester lehrte Schaffrath nur die Grundwissenschaften des Prozesses, den Zivilprozess und Naturrecht.[1010]

Im Winter 1840/41 erfolgten keine Veranstaltungen von Schaffrath, weil dieser sich bereits seit Herbst 1839 in der praktischen Rechtswissenschaft als Gerichtsaktuar in Neusalza und Plauen betätigte.

Im Sommer- und Wintersemester 1841 wirkte Schaffrath wieder als Dozent an der Universität Leipzig. Dort las er über die Grundwissenschaften des Prozesses, den deutschen und sächsischen Zivilprozess, deutsches und sächsisches Strafrecht sowie Natur- und Vernunftrecht.[1011]

In seinem letzten Semester an der Universität Leipzig im Sommer 1842 (obwohl er bereits parallel als Advokat in Neustadt in Sachsen praktizierte) beschäftigte sich Schaffrath nochmals mit der Rechtsphilosophie und dem Zivilprozess, bevor er sich endgültig von der Leipziger Juristenfakultät abwand und nach Neustadt in Sachsen ging.[1012]

Zusammenfassend kann festgestellt werden, dass sich Schaffrath in seiner Zeit als Dozent überwiegend mit dem Prozessrecht beschäftigte. Allein zehn Vorlesungen beschäftigten sich rein mit dem Zivilprozess und vier weitere mit dem Zivil- und dem Kriminalprozess sowie eine mit den Grundwissenschaften des Prozesses. Weiterhin lehrte er fünf Mal das Natur- und Vernunftrecht sowie sporadisch die Rechtsphilosophie.

II. Werke

Obwohl Wilhelm Michael Schaffrath mit 16 Werken in 26 Jahren eine recht hohe Anzahl von Publikationen aufzuweisen hatte, war die wissenschaftliche Bedeutung seiner Werke weitgehend gering. Von rechtswissenschaftlichem Interesse sind hier auch lediglich die Veröffentlichungen aus seiner Zeit als Privatdozent im Zeitraum von 1839 bis 1842. Die in der Folgezeit veröffentlichten Werke haben eher einen

---

1009 UB Leipzig, Verzeichniß der im Winterhalbjahre 1839 auf der Universität Leipzig zu haltenden Vorlesungen, S. 14, 16, 18.

1010 UB Leipzig, Verzeichniß der im Sommerhalbjahre 1840 auf der Universität Leipzig zu haltenden Vorlesungen, S. 15, 18.

1011 UB Leipzig, Verzeichniß der im Sommerhalbjahre 1841 auf der Universität Leipzig zu haltenden Vorlesungen, S. 2, 14, 15; UB Leipzig, Verzeichniß der im Winterhalbjahre 1841 auf der Universität Leipzig zu haltenden Vorlesungen, S. 3, 14, 15.

1012 UB Leipzig, Verzeichniß der im Sommerhalbjahre 1842 auf der Universität Leipzig zu haltenden Vorlesungen, S. 3, 15.

polemisch-politischen oder staatswissenschaftlichen Charakter. Aus diesem Grund sollen hier nur exemplarisch einige Werke Schaffraths herausgegriffen werden.

1. Systematisch-kritische und geschichtliche Darstellung

Schaffraths erste eigenständige wissenschaftliche Publikation als Privatdozent stellte seine „Systematisch-kritische und geschichtliche Darstellung des Begriffes, Wesens und Grundes des gemeinen teutschen und sächsischen Civil- und Criminal-Processes" von 1839 dar. Diese sollte der erste Band seines Sammelwerkes „Grund- oder Fundamental-Wissenschaft des gemeinen teutschen und sächsischen Civil- und Criminal-Processes" sein, welche nach dem ersten Band jedoch nicht fortgeführt wurde.

a) Intention

Schaffrath hielt an der Leipziger Juristenfakultät vermehrt Vorlesungen über den Kriminal- und Zivilprozess. Seiner Ansicht nach gab es jedoch kein Lehrbuch, welches seinen Ansprüchen genügte. Bereits als Student bemerkte er die Vernachlässigung der Prozesslehre.[1013] So verfasste er als Dozent zunächst ein Kollegienheft, welches die Studenten in seinen Vorlesungen nutzen konnten. Nach kurzer Zeit entschied er sich jedoch, dieses zu erweitern und dogmatischer zu gestalten. Das vorliegende Werk ist das Ergebnis dieser Erweiterung und Umgestaltung.[1014]

b) Aufbau und Inhaltsübersicht

Schaffraths Werk umfasst rund 200 Seiten und ist in drei große Abschnitte geteilt. Er will in seinen Ausführungen den Begriff, das Wesen und die einzelnen Erfordernisse des Prozesses sowie dessen Grund darstellen. Er beschäftigt sich hauptsächlich mit dem allgemeinen Teil des Prozesses und behandelt Zivil- und Strafprozess gemeinsam in einem Werk, weil diese seiner Meinung nach die gleiche Grundlage haben. Wo es zu Unterscheidungen kommt, werden diese von ihm herausgestelt (z. B. Verhandlungs-, Eventual-, Untersuchungsmaximen).[1015]

Im ersten Abschnitt leitet er den Begriff des Prozesses her und beschreibt den Wortgebrauch. Weiterhin beschäftigt er sich mit dem Zweck des Prozesses und geht darauf ein, was der Kläger zur Durchsetzung seines Begehrs tun muss.

1013 *Schaffrath*, Systematisch-kritische und geschichtliche Darstellung des Begriffes, Wesens und Grundes des gemeinen teutschen und sächsischen Civil- und Criminal-Processes, S. VII.

1014 *Schaffrath*, Systematisch-kritische und geschichtliche Darstellung des Begriffes, Wesens und Grundes des gemeinen teutschen und sächsischen Civil- und Criminal-Processes, S. VIII.

1015 *Schaffrath*, Systematisch-kritische und geschichtliche Darstellung des Begriffes, Wesens und Grundes des gemeinen teutschen und sächsischen Civil- und Criminal-Processes, S. IX f.

Sodann erfolgt eine Auseinandersetzung mit dem Wesen des Prozesses und wesentlichen Erfordernissen nach den jeweiligen Rechtsquellen (natürliches und positives Recht, deutsches Recht, kanonisches Recht). Abschließend beschäftigt er sich mit den „natürlich-absolut-wesentlichen Erfordernissen" des Prozesses. Hierunter kann man eine Teilung in Subjekte und Objekte verstehen. So beschreibt er die Eigenschaften der Parteien (Rechtsfähigkeit, Handlungsfähigkeit, usw.) und des Gerichts (Kompetenz, Besetzung) als Subjekte. Als Objekt des Prozesses sieht Schaffrath Prozessgrundsätze, wie rechtliches Gehör und Anforderungen zur Anwendung des Zwangsrechts.[1016]

Im zweiten Abschnitt seines Werkes beschäftigt sich Schaffrath mit dem Zwangsrecht und der Zwangspflicht. Im abschließenden dritten Teil erfolgen Ausführungen zum Verbot der Privat-Gewalt sowie erlaubter und unerlaubter Selbsthilfe.

Schaffrath beschreibt sein Werk selbst als oftmals sehr knapp gehalten. Er begründet dies damit, dass eine sachliche Knappheit besser wäre, als eine sachenarme, wortreiche Weitschweifigkeit. Die Knappheit der Ausführungen erklärt sich auch daraus, dass es sich bei dem Buch um ein „für mündliche, erläuternde, erklärende, vervollständigende Vorträge bestimmtes Werk" handelt.[1017] Das Buch ist somit eine Mischung aus Vorlesungsgliederung und Lehrbuch, welches neben den positiv-rechtlichen und natürlich-rechtlichen Voraussetzungen des Prozesses und der Maximen auch philosophische Ansätze behandelt.

2. Praktische Abhandlungen aus dem heutigen Römischen und Sächsischen Civil-Rechte und Processe

Im Jahre 1841 veröffentlichte Schaffrath seine „Praktischen Abhandlungen aus dem heutigen Römischen Privat-Rechte und gemeinen Teutschen Civil-Processe mit Entscheidungen höherer Behörden". Dieses Buch umfasst 280 Seiten, wobei eine Unterteilung in Abhandlungen über den Zivilprozess und Abhandlungen über das Privatrecht erfolgt. Das Werk enthält einzelne Fragen oder Behauptungen aus den genannten Bereichen, die näher erläutert oder erklärt werden.

a) Intention

Schaffrath leitet sein Werk ein, indem er kurz die Aufgaben des juristischen Theoretikers und Praktikers aufzeigt. Demnach ist es einer der wichtigsten Fakten in der Rechtswissenschaft, dass die Trennung von Theorie und Praxis nicht vollkommen

---

1016 *Schaffrath*, Systematisch-kritische und geschichtliche Darstellung des Begriffes, Wesens und Grundes des gemeinen teutschen und sächsischen Civil- und Criminal-Processes, S. XXXII.

1017 *Schaffrath*, Systematisch-kritische und geschichtliche Darstellung des Begriffes, Wesens und Grundes des gemeinen teutschen und sächsischen Civil- und Criminal-Processes, S. XIV.

stattfinde und jeder Theoretiker auch den praktischen und jeder Praktiker den theoretischen Sinn im Auge behalte. Sodann bedient sich Schaffrath Ausführungen Savignys aus seiner Vorrede zum „System des heutigen Römischen Rechts“[1018], um seine Problemstellung zu untermauern. Demnach sieht er die Gefahr dort, wo die vollkommene Trennung stattgefunden hat, indem die Theorie zu einem leeren Spiel und die Praxis zu einem bloßen Handwerk verkommen ist. Leider fehlte der gesunde Geist in der praktischen Rechtswissenschaft, was man an dem mangelnden Erfolg bemerken kann. Wäre dies anders, müsste aus der Praxis auch ein „Fortschritt gesunder Rechtswissenschaft“ ausgehen, sie die theoretischen Bestrebungen unterstützen und wo sie abweichen, auf die rechte Bahn zurückführen. Auch müsste dafür gesorgt werden, dass Gesetz und Rechtsanwendung in einer inneren Einheit vorwärts gingen. Bei all diesem lag aber gerade das Gegenteil vor.[1019]

Um den Übelstand aufzuzeigen, entnahm Schaffrath Fälle aus seinem advokatorischen und richterlichen Handeln und erläuterte die seiner Meinung nach begangenen Fehler.[1020]

b) Erwähnenswerte Aufsätze

Insgesamt besteht das Werk aus 47 verschiedenen Aufsätzen, die sich mit einzelnen Problemstellungen des Zivilprozess- und Privatrechts beschäftigen. Hier sollen nun einige Aufsätze herausgegriffen werden, die von wissenschaftlichem Interesse sind.

1) Zeitpunkt der Erfüllung vertragsgemäßer Verbindlichkeiten

Mehrere Aufsätze (III.–VIII.) behandeln den Zeitpunkt der Erfüllung vertragsmäßiger Verbindlichkeiten. Schaffrath meinte, dass die Frage, was ein „dies certus“ (festbestimmter Tag) sei und wann Verzug eintrete, besonders für Sachsen von großer praktischer Wichtigkeit sei.[1021]

So können als Zeit der Erfüllung vertragsmäßiger Verbindlichkeiten mehrere Zeitpunkte vertragsmäßig festgesetzt sein. Als eindeutige Bestimmung gilt die ausdrückliche unmittelbare Bezeichnung des Zeitpunktes, z. B. ein ganz bestimmter Kalendertag. Dies sei durch Angabe der Anzahl des Tages in seinem Monat oder durch eigentümliche Kalendernamen, z. B. Neujahr, Walpurgis, Michael, möglich. Vor Eintritt des Tages und nicht an diesem, sondern erst nach demselben, kann der Gläubiger Erfüllung verlangen. Der Schuldner kann bereits vor, muss aber bis

1018 *Savigny*, System des heutigen Römischen Rechts, Erster Bd., S. XX, XXIV.

1019 *Schaffrath*, Praktische Abhandlungen aus dem heutigen Römischen und Sächsischen Civil-Rechte und Processe mit Entscheidungen höherer Behörden, S. III.

1020 *Schaffrath*, Praktische Abhandlungen aus dem heutigen Römischen und Sächsischen Civil-Rechte und Processe mit Entscheidungen höherer Behörden, S. IV.

1021 *Schaffrath*, Praktische Abhandlungen aus dem heutigen Römischen und Sächsischen Civil-Rechte und Processe mit Entscheidungen höherer Behörden, S. 22.

zum Ablauf des Tages leisten, sonst kommt er ohne Mahnung des Gläubigers in Verzug.[1022]

Eine zweite Bestimmung des Zeitpunktes ist nicht unmittelbar, sondern mittelbar und relativ möglich. Dies geschieht durch die Angabe einer andern Zeit als der normalen und wenn der Anfangs- und Endpunkt der Zahlungszeit so angegeben ist, dass diese erst durch arithmetische und schwierige Berechnung gefunden und bestimmt werden kann, z. B. sieben Wochen.[1023]

Eine dritte Möglichkeit besteht darin, dass die Zahlungszeit von einem, allerdings ebenfalls bestimmten und festen Jahrestag abhängig gemacht ist, jedoch so, dass dieser nicht nach seinem Kalendernamen oder seiner Kalenderzahl, sondern nur nach seiner geschichtlichen oder astronomischen Bedeutung, Benennung und Merkwürdigkeit angegeben ist, z. B. am Jahrestag des Todes Napoleons.[1024]

Fraglich ist bei diesen beiden Punkten, ob der Schuldner auch ohne Mahnung des Gläubigers in Verzug gerät. Schaffrath bejaht dies, wenn die Zeitbestimmung durch Einwilligung des Gläubigers und des Schuldners erfolgte. Auch wenn es nicht äußerlich und formell ausgedrückt ist, „so ist doch materiell, in der Wirklichkeit und dem Wesen nach eine solche [Bestimmung] vorhanden und auch – wenn auch nur mittelbar – erkennbar."[1025]

Schaffrath meint, dass der Schuldner sich daran festhalten lassen muss, wenn er bei Vertragsschluss einen solchen unbestimmten Tag eingeht. Jedoch muss er intellektuell in der Lage sein, den Tag zu berechnen oder die geschichtliche Bedeutung zu kennen. „Denn in etwas Ungekanntes, nicht Bewußtes und nicht Gewußtes kann man nicht einwilligen und Unkenntniß der Thatsachen und dessen, wozu und worüber man sich verpflichtete, macht rechtliche Einwilligung und Verpflichtung, einen rechtlichen Vertrag unmöglich."[1026] Demnach ist in diesem Fall ein Vertrag über die Zahlungszeit nicht vorhanden und ein Zahlungstag durch Vertrag nicht bestimmt. Somit kann auch kein Verzug eintreten.[1027]

Weiterhin ist noch möglich, dass durch Vertrag keine feste Leistungszeit, aber doch über diese etwas festgesetzt ist, z. B. „sobald der Gläubiger die Erfüllung der Verbindlichkeit verlangt". Die Erfüllung muss sofort, sobald der Gläubiger sie

---

1022 *Schaffrath*, Praktische Abhandlungen aus dem heutigen Römischen und Sächsischen Civil-Rechte und Processe mit Entscheidungen höherer Behörden, S. 24.

1023 *Schaffrath*, Praktische Abhandlungen aus dem heutigen Römischen und Sächsischen Civil-Rechte und Processe mit Entscheidungen höherer Behörden, S. 25.

1024 *Schaffrath*, Praktische Abhandlungen aus dem heutigen Römischen und Sächsischen Civil-Rechte und Processe mit Entscheidungen höherer Behörden, S. 25.

1025 *Schaffrath*, Praktische Abhandlungen aus dem heutigen Römischen und Sächsischen Civil-Rechte und Processe mit Entscheidungen höherer Behörden, S. 26.

1026 *Schaffrath*, Praktische Abhandlungen aus dem heutigen Römischen und Sächsischen Civil-Rechte und Processe mit Entscheidungen höherer Behörden, S. 27.

1027 *Schaffrath*, Praktische Abhandlungen aus dem heutigen Römischen und Sächsischen Civil-Rechte und Processe mit Entscheidungen höherer Behörden, S. 28.

verlangt, erfolgen.[1028] Hier kommt der Schuldner erst durch Mahnung des Gläubigers in Verzug.[1029]

Auf der anderen Seite kann die Leistungszeit auch in Belieben des Schuldners gestellt sein. Dies kann durch Formulierungen wie „sobald er wolle“ oder „nach Belieben“ gekennzeichnet sein. Der Schuldner kann in diesem Fall zu jeder Zeit erfüllen, auch gegen den Willen des Gläubigers. Der Gläubiger hat im Gegenzug kein Forderungsrecht.[1030]

An diesem Aufsatz kann man die Struktur des gesamten Werkes erkennen. Schaffrath stellt eine Theorie oder eine Frage auf und beschäftigt sich daraufhin mit der Beantwortung dieser Frage nach seiner Auslegung und Denkweise. Das eben genannte Beispiel hatte in der damaligen Zeit, nach Ansicht Schaffraths, Bedeutung. Im heutigen Bürgerlichen Gesetzbuch finden wir Regelungen zu dieser Thematik in den § 271 und § 286 BGB, welche die Leistungszeit und den Schuldnerverzug regeln. Schaffraths Gedanken finden wir an diesen Stellen auch wieder. Vor allem die Regelung zum Eintritt des Verzuges, wenn für die Leistung eine Zeit nach dem Kalender bestimmt ist, fand Eingang in § 286 Abs. 2 Nr. 1 BGB.

2) Rückforderung von Alimenten

Schaffrath beschäftigt sich weiterhin in mehreren Aufsätzen mit der Thematik der Schwangerschaft, daraus folgender Alimentation und Rückforderung dieser (XVI.–XXII.) Beispielhaft soll hier die Frage XVII. herausgegriffen werden: „Können von Jemandem freiwillig bereits gegebene Alimente von einer andern, zur Darreichung derselben verpflichtet gewesenen Person mit der bloßen und einfachen Schwangerschaftsklage zurückgefordert werden?“[1031]

Nach Schaffraths Meinung konnte die Mutter, welche bereits freiwillig Alimente für die Ernährung des Kindes geleistet hatte, diese vom Vater mit der Schwängerungs- oder Alimentationsklage nicht einfach ohne alle anderen tatsächlichen Begründungen herausverlangen. In der sächsischen Praxis wurde dies jedoch teilweise anders gehandhabt, sodass Schaffrath hierzu Ausführungen für angebracht hielt.[1032]

Für Schaffrath war es unzweifelhaft, dass bereits in der Vergangenheit gezahlte Alimente für die Ernährung usw. nicht zurückgefordert werden konnten: „Denn wenn jemand bereits ernährt ist, so kann er nicht noch einmal ernährt, die für die Vergangenheit als Alimente zu zahlende Summe nicht zur Ernährung

---

1028 *Schaffrath*, Praktische Abhandlungen aus dem heutigen Römischen und Sächsischen Civil-Rechte und Processe mit Entscheidungen höherer Behörden, S. 36.

1029 *Schaffrath*, Praktische Abhandlungen aus dem heutigen Römischen und Sächsischen Civil-Rechte und Processe mit Entscheidungen höherer Behörden, S. 37.

1030 *Schaffrath*, Praktische Abhandlungen aus dem heutigen Römischen und Sächsischen Civil-Rechte und Processe mit Entscheidungen höherer Behörden, S. 38.

1031 *Schaffrath*, Praktische Abhandlungen aus dem heutigen Römischen und Sächsischen Civil-Rechte und Processe mit Entscheidungen höherer Behörden, S. 159.

1032 *Schaffrath*, Praktische Abhandlungen aus dem heutigen Römischen und Sächsischen Civil-Rechte und Processe mit Entscheidungen höherer Behörden, S. 159.

desselben, bereits bis dahin ernährten Menschen, also nicht als Alimente, verwendet werden."[1033]

Hinzu kommt noch, dass die Alimente nur von dem zu Ernährenden gefordert werden konnten. „Daß nun der zu Ernährende selbst auf seine rückständigen Alimente für sich klagen könne, dieß ist lächerlich und von Niemandem behauptet worden."[1034] Demnach kann auch kein Anderer, im Namen des zu Ernährenden, rückständige Alimente einklagen.

Anders sieht das bei Klagen der Mutter für ihre Person aus. Hier muss sie zumindest geltend machen, „daß sie das Kind des Beklagten seit seiner Geburt bis jetzt ernährt habe und ihm Alimente gegeben und zwar für den Beklagten."[1035] Dies stellte jedoch keine Schwängerungsklage, sondern eine „actio negotiorum gestorum" (Klage aus Geschäftsführung ohne Auftrag) dar. Wenn die Mutter nun Geld für die Vergangenheit und die Zukunft möchte, muss sie beide Klagen verbinden.[1036]

Gesamtresultat zur Lehre von den Alimenten war nach Schaffraths Ansicht, dass in Sachsen „Klagen geschwängerter Frauenspersonen auf Alimente ihrer (unehelichen) Kinder" für durchgehend begründet geachtet und aufrechterhalten werden.[1037]

Jedoch stellte Schaffrath heraus, dass die Urteile oftmals an Mängeln litten. So waren die Angaben von der Zeit des Beischlafs teils materiell falsch, teils zu allgemein und unbestimmt. Weiterhin konnten mit der einfach Schwängerungs- oder Alimentationsklage geleistete Alimente nicht zurückgefordert werden. Auch lagen die Voraussetzungen einer Geschäftsführung ohne Auftrag, vor allem des dringenden Grundes, regelmäßig nicht vor.[1038]

c) Literaturmeinung

Eine Auseinandersetzung mit Schaffraths Werk erfolgte durch Appellationsrat Krug aus Zwickau in den „Neuen kritischen Jahrbüchern für Deutsche Rechtswissenschaft".

1033 *Schaffrath*, Praktische Abhandlungen aus dem heutigen Römischen und Sächsischen Civil-Rechte und Processe mit Entscheidungen höherer Behörden, S. 160.

1034 *Schaffrath*, Praktische Abhandlungen aus dem heutigen Römischen und Sächsischen Civil-Rechte und Processe mit Entscheidungen höherer Behörden, S. 161.

1035 *Schaffrath*, Praktische Abhandlungen aus dem heutigen Römischen und Sächsischen Civil-Rechte und Processe mit Entscheidungen höherer Behörden, S. 162.

1036 *Schaffrath*, Praktische Abhandlungen aus dem heutigen Römischen und Sächsischen Civil-Rechte und Processe mit Entscheidungen höherer Behörden, S. 162.

1037 *Schaffrath*, Praktische Abhandlungen aus dem heutigen Römischen und Sächsischen Civil-Rechte und Processe mit Entscheidungen höherer Behörden, S. 192.

1038 *Schaffrath*, Praktische Abhandlungen aus dem heutigen Römischen und Sächsischen Civil-Rechte und Processe mit Entscheidungen höherer Behörden, S. 193.

Dieser versagt Schaffrath seine Anerkennung und kann über sein Werk kein günstiges Urteil sprechen. So zeigt Schaffrath, nach Krugs Ansichten, in seinen ausführlichen Abhandlungen „keineswegs diejenige Gründlichkeit und Gewissenhaftigkeit des Studiums, die Jeder, der vor dem Publicum als Schriftsteller auftreten will, sich zur unerlässlichen Pflicht machen sollte."[1039]

In seiner Rezension beschäftigt sich Krug ebenfalls mit einer Auswahl von Aufsätzen. So kritisiert er bei den Aufsätzen, welche sich mit dem Zeitpunkt der Erfüllung von vertragsmäßigen Verbindlichkeiten beschäftigen, überwiegend die Schlussfolgerungen Schaffraths. Vor allem die Ansicht Schaffraths, dass man in etwas Ungekanntes nicht einwilligen und aus diesem Grund auch kein Verzug eintreten könne, stößt bei Krug auf Unverständnis.[1040]

Inhaltlich setzt sich Krug jedoch nicht tiefgreifend mit Schaffraths Argumenten auseinander, sondern greift lediglich polemisierend die Ergebnisse an. Dies erfolgt am Ende der Rezension beispielhaft in Bezug auf die Alimentationsfragen: „O, ihr armen Geschwächten! so wird euch noch der letzte Trost in eurem Elende verkümmert! Vor Allem aber sorgt ja dafür, euch einen Kalender anzuschaffen, und darin jeden Tag anzustreichen, an welchem ihr mit eurem Buhlen der Liebe pflegt, und macht ja von den zwölf Thalern, die ihr für jährliche Alimente von dem Schwängerer vergütet haben wollt, keine Luxusausgaben!"[1041] Ebenso fällt das Endurteil aus: „Dass für 17½ Bogen solcher Waare 1 Thlr. 15 Ngr. bezahlt werden soll, ist freilich nicht dem Verf., wohl aber der Verlagshandlung zum Vorwurfe zu machen."[1042]

3. Handbuch des Sächsischen Strafrechts

Schaffrath veröffentlichte in den Jahren 1841/42 sein „Handbuch des Sächsischen Strafrechts", welches sich in mehrere Bände (Hefte) untergliederte. So beschäftigen sich der erste Band mit der „Grundwissenschaft des Rechts und insbesondere des Strafrechts" (1841) und der Zweite mit der „Theorie des allgemeinen Thatbestandes der Verbrechen" (1841). Der dritte Band erschien als „Commentar zum ersten oder allgemeine Theile des Sächsischen Criminalgesetzbuches" im Jahre 1842.

1039 *Krug*, Rezension von Schaffraths „Praktischen Abhandlungen aus dem heutigen Römischen und Sächsischen Civilrechte und Processe", in: Schneider, Neue kritische Jahrbücher für Deutsche Rechtswissenschaft, Zweiter Jg., Dritter Bd., S. 202 f.

1040 *Krug*, Rezension von Schaffraths „Praktischen Abhandlungen aus dem heutigen Römischen und Sächsischen Civilrechte und Processe", in: Schneider, Neue kritische Jahrbücher für Deutsche Rechtswissenschaft, Zweiter Jg., Dritter Bd., S. 205.

1041 *Krug*, Rezension von Schaffraths „Praktischen Abhandlungen aus dem heutigen Römischen und Sächsischen Civilrechte und Processe", in: Schneider, Neue kritische Jahrbücher für Deutsche Rechtswissenschaft, Zweiter Jg., Dritter Bd., S. 208.

1042 *Krug*, Rezension von Schaffraths „Praktischen Abhandlungen aus dem heutigen Römischen und Sächsischen Civilrechte und Processe", in: Schneider, Neue kritische Jahrbücher für Deutsche Rechtswissenschaft, Zweiter Jg., Dritter Bd., S. 208.

a) Intention

In der Einleitung zu seinem ersten Band äußert Schaffrath als Intention zur Ausarbeitung seines Werkes, dass er eine „möglichst vollständige, wissenschaftliche, besonders hermeneutische Bearbeitung des Sächsischen C.G.B. oder Strafrechts, zwar nicht in der Form eines bloßen ausführlichen Commentars, aber auch nicht in der streng systematischen Ordnung eines Lehrbuchs, [...] sondern nach der Legal-Ordnung in Form eines Handbuchs, oder – wenn man will – einzelner, die ganze Strafrechts-Wissenschaft umfassender Abhandlungen [herausgeben wollte]."[1043] Jedoch wollte Schaffrath hier nochmals eine Unterscheidung in den einzelnen Bänden vornehmen. So sollten der Inhalt des ersten und zweiten Bandes nicht nach der Legal-Ordnung des Sächsischen Criminalgesetzbuches angeordnet und somit als Unterbrechung der Legal-Ordnung eingefügt werden. Vielmehr stellte er diese zwei Teile, als besondere Bände, dem in Kommentarform gehaltenen dritten Band voran. Diese Gestaltung begründet Schaffrath damit, dass es sich um allgemeine strafrechtstheoretische Ausführungen handelt, die nicht nur auf ein partikulares Recht (z. B. das sächsische Strafrecht) anwendbar sind.[1044]

b) Aufbau und Inhaltsübersicht

Der erste Band des Handbuches beschäftigt sich mit der „Grundwissenschaft des Rechts und insbesondere des Strafrechts" und der zweite Band mit der „Theorie des allgemeinen Thatbestandes der Verbrechen". Beide Bände beinhalten nicht nur die Darstellung von Schaffraths und aller bisher bekannten Strafrechtstheorien sowie einer Kritik an diesen. Vielmehr beschäftigt sich Schaffrath in diesen Bänden mit vielen, das positive Strafrecht betreffenden, Erörterungen.[1045]

Zunächst findet sich im ersten Band davon jedoch wenig. Vielmehr beschäftigt sich Schaffrath im ersten Abschnitt mit den Methoden der Strafrechtswissenschaft (§§ 1–7) und im zweiten Abschnitt mit der „Ableitung des Strafrechts aus dem Begriff der Wissenschaft und des Menschen" (§§ 8–36). Hierbei erfolgen hauptsächlich philosophische Ausführungen zur Entstehung des Rechts und seiner Wechselwirkung zum Menschen und zum Vermögen.

In den Abschnitten drei bis fünf beschäftigt sich Schaffrath mit dem Begriff, dem Wesen, dem Grund, dem Zweck und den Grenzen des Rechts in seiner Anwendbarkeit auf das Strafrecht (§§ 37–72) sowie mit dem rechtlichen Zwang und dem Zwangsrecht in seiner Anwendbarkeit auf das Strafrecht (§§ 73–103).

Den breitesten Raum nimmt eine ausführliche Prüfung der Streitfrage über die Rechtmäßigkeit, Entbehrlichkeit und Unzweckmäßigkeit der Todesstrafe ein (§§ 104–139), welche in einem gesonderten Kapitel meiner Arbeit Erwähnung finden.[1046]

1043 *Schaffrath*, Handbuch des Sächsischen Strafrechts, 1. Bd., S. V.
1044 *Schaffrath*, Handbuch des Sächsischen Strafrechts, 1. Bd., S. VI.
1045 *Schaffrath*, Handbuch des Sächsischen Strafrechts, 1. Bd., S. VI.
1046 Siehe Kapitel F. V. 2. c).

Den Schluss des ersten Bandes bilden allgemeine Ausführungen zum vernünftigen Strafrecht (§§ 147–160), zum unmittelbaren Strafrecht der Staatsgewalt (§§ 161–181) und zu den Theorien des Strafrechts (§§ 182–209).

Der Aufbau des zweiten Bandes seines Handbuches orientiert sich mehr am Begriff und der Einteilung des Tatbestandes, die er zu Beginn des Bandes vornimmt (§§ 212–218). Demnach beschäftigt er sich mit den objektiven Erfordernissen einer Rechtsverletzung und eines Verbrechens (§§ 243–274), der Zurechnungsfähigkeit (§§ 275–294), Vorsatz und Fahrlässigkeit (§§ 295–319) sowie subjektiven Erfordernissen (§§ 320–364).

Den dritten Band beginnt Schaffrath mit historischen Ausführungen zur Geschichte des sächsischen Strafrechts und der Strafrechtswissenschaft allgemein. Sodann erfolgt erst der eigentliche Inhalt in Form des „Commentars zum ersten oder allgemeine Theile des Sächsischen Criminalgesetzbuches". Wie bereits der Name des Bandes vermuten lässt, handelt es sich dabei um ein ausführliches Verzeichnis des Inhalts sowie der erklärten Artikel des Sächsischen Kriminalgesetzbuches in der Ausgestaltung eines Kommentars.[1047]

c) Literaturmeinungen

Zu Schaffraths „Handbuch des Sächsischen Strafrechts" lassen sich drei Rezensionen finden.

1) Repertorium der gesammten deutschen Literatur

Eine ausführliche Auseinandersetzung und Kritik über den ersten Band von Schaffraths Handbuch findet sich in Gersdorf „Repertorium der gesammten deutschen Literatur".

Dieser führt an, dass es sich beim ersten Band um eine „literarische Erscheinung [handelt], die jedenfalls vieler Aufmerksamkeit würdig ist, wenn ihr auch [der Rezensent] in vielen Stücken seinen Beifall versagen muss."[1048] Zu diesen Teilen gehören vor allem die ersten beiden Abschnitte. Hier meint der Rezensent, dass es nicht mehr zu einer Grundwissenschaft des Rechts gehöre, allgemeine philosophische Ausführungen zu machen, die durch Vorbildung des Lesers bereits bekannt und somit entbehrlich seien.[1049] Nach diesen rechtsphilosophischen Ausführungen kritisiert der Rezensent, dass Schaffrath bei der Behandlung des positiven Rechts zwar verspricht, seine theoretischen Ausführungen mit Beispielen zu untermauern, dies jedoch nur halbherzig durchführt.[1050]

Bei den Ausführungen Schaffraths zur Todesstrafe lobt der Rezensent, dass neue Gesichtspunkte auf dem Standpunkt der früheren Rechtslehrer aufgezeigt wurden.

1047 *Schaffrath*, Handbuch des Sächsischen Strafrechts, 1. Bd., S. VI.
1048 *Gersdorf*, Repertorium der gesammten deutschen Literatur, 28. Bd., S. 505.
1049 *Gersdorf*, Repertorium der gesammten deutschen Literatur, 28. Bd., S. 506.
1050 *Gersdorf*, Repertorium der gesammten deutschen Literatur, 28. Bd., S. 506.

Jedoch können diese nicht gebilligt werden: „Ueberhaupt liegt hierin [...] der Grund, warum viele der im Buche aufgestellten Sätze weniger Beifall finden dürften, weil der Vf. naturrechtliche Principien in einer Weise ausdehnt, wie sie allerdings zur Begründung des positiven Rechts nicht nur nicht nöthig, sondern geradehin nicht zulässig erscheint. Man wird oft Seiten lang nicht an das erinnert, was doch der Titel verheisst, an das gemeine deutsche Recht und neuere Strafgesetzbücher."[1051]

Auch formell kritisiert der Rezensent Schaffraths Ausführungen. Diese seien ungeglättet und in einem rohen Stil geschrieben, der zu Sprachwidrigkeiten und Anakoluthen führt. Weiterhin führten die vielen Druckfehler zu einer schweren Lesbarkeit.[1052]

Insgesamt fällt die Kritik somit nicht positiv aus: „Der Hauptwerth des Buches wird also in seiner Geltung als naturrechtliche Fundamentallehre liegen; nach der praktischen Seite hin möchte, namentlich für das positive sächs. Crim.-Recht, wenigstens aus diesem Hefte, um so weniger ein bedeutender Gewinn zu hoffen sein, als es in vielen Deductionen gegen das positive Recht angeht, im Uebrigen zwar auch auf die sächsische Rechtspraxis bisweilen, aber nur so Rücksicht nimmt, dass man die Descrepanz der Ansichten des Vf. nicht verkennen, aber die Art des Ausdrucks derselben schwerlich gutheissen kann."[1053]

2) Kritische Zeitschrift für die gesammte Rechtswissenschaft

Eine ähnlich negative, wenn auch nur kurze, Kritik erging von Osenbrüggen[1054] in seinem Beitrag „Die Commentare zu den deutschen Strafgesetzbüchern". In dieser kritisiert er den unverständlichen Aufbau des Werkes und die Unentschlossenheit Schaffraths, sich für eine Art der Veröffentlichung – Lehrbuch oder Kommentar – zu entscheiden. Sein Urteil besticht endlich durch Lob und Tadel: „Es ist in den beiden ersten Heften eine illegale Unordnung, die man um so mehr bedauern muß, da sich in dem Buche Anfänge scharfsinniger Deductionen und manche gute Einzelheiten finden. In dem dritten Hefte oder dem fünfzehnten Abschnitte [...] hat sich der Verf. zu einem nüchternen ruhigen Commentator herabgestimmt."[1055]

3) Neue kritische Jahrbücher für Deutsche Rechtswissenschaft

Auch die Rezension von Appellationsrat Krug in den „Neuen kritischen Jahrbüchern für Deutsche Rechtswissenschaft" fällt nicht positiv aus. Dieser beschäftigt sich lediglich mit dem ersten Band des Handbuches.

1051 *Gersdorf*, Repertorium der gesammten deutschen Literatur, 28. Bd., S. 507.

1052 *Gersdorf*, Repertorium der gesammten deutschen Literatur, 28. Bd., S. 507.

1053 *Gersdorf*, Repertorium der gesammten deutschen Literatur, 28. Bd., S. 508.

1054 Eduard Osenbrüggen (1809–1879), deutsch-schweizerischer Rechtswissenschaftler und Schriftsteller, vgl. über ihn *Loening*, Osenbrüggen, Eduard, in: ADB, Bd. XXIV, S. 463–468.

1055 *Osenbrüggen*, Die Commentare zu den deutschen Strafgesetzbüchern, in: Kritische Zeitschrift für die gesammte Rechtswissenschaft, Zweiter Bd., S. 284.

Zunächst pflichtet er dem Aufbau des Buches bei, indem er die angedeutete Form als angemessen und einzig ausführbare anerkennt. Jedoch kritisiert er den Inhalt des Buches mehr, als dass er Positives findet. So unterstellt er Schaffrath, dass dieser „in seiner philosophischen Bildung überhaupt und insbesondre in seiner Ansicht über die philosophische Grundlage der Rechtswissenschaft noch nicht bis zu derjenigen Klarheit durchgedrungen sei, welche erforderlich ist, um davon einen vortheilhaften Einfluss auf die Erklärung und Darstellung eines positiven Strafsystems erwarten zu können."[1056]

Sodann beschäftigt sich der Rezensent mit den einzelnen Kapiteln des Buches und erläutert diese. So setzt er sich vor allem mit Schaffraths Strafrechtstheorien auseinander.

Letztlich kommt er jedoch zu dem Ergebnis, dass das Werk als eine unreife Frucht betrachtet werden muss, „jedoch von einem Baume, der, wenn er mit Sorgsamkeit gepflegt, nicht zu stark getrieben, und von dem Einflusse widriger Winde, die ihn bisher zu sehr nach einer Seite geneigt zu haben scheinen, befreit wird, wohl auch in unserem Klima noch edle Früchte zur Reife bringen kann."[1057]

4. Codex Saxonicus

Der „Codex Saxonicus, oder Handbuch der gesammten, im Königreiche Sachsen praktisch-gültigen sächsischen Gesetze" sollte einer der wichtigsten Sammelbände der zur damaligen Zeit praktisch genutzen Gesetze werden. Diese Sammlung sollte die bereits bestehenden, meist teuren, vergriffenen oder unübersichtlichen Werke[1058] ablösen. Als Argument für seine neue Bestandsaufnahme nennt Schaffrath eine vorhandene Vollständigkeit, welche sich lediglich auf die praktisch-gültigen Gesetze beschränkt. Er nimmt demnach eine Begrenzung des Umfanges zugunsten des Preises der Bücher vor.[1059]

Der Codex Saxonicus sollte sich auf 23 inhaltlich Bände[1060] verteilen, welche durch ein alphabetisch-systematisches und ein chronologisches Repertorium

---

1056 *Krug*, Rezension von Schaffraths „Grundwissenschaften des Rechts und insbesondere des Strafrechts", in: Schneider, Neue kritische Jahrbücher für Deutsche Rechtswissenschaft, Zweiter Jg., Dritter Bd., S. 193 f.

1057 *Krug*, Rezension von Schaffraths „Grundwissenschaften des Rechts und insbesondere des Strafrechts", in: Schneider, Neue kritische Jahrbücher für Deutsche Rechtswissenschaft, Zweiter Jg., Dritter Bd., S. 202.

1058 Gemeint war hier maßgeblich der Codex Augusteus oder neuvermehrtes Corpus Juris Saxonici von Johann Christian Lünig (1662–1740) und seine Fortsetzungen.

1059 *Schaffrath*, Codex Saxonicus, oder Handbuch der gesammten, im Königreiche Sachsen praktisch-gültigen sächsischen Gesetze, Erster Bd., S. IX.

1060 „1. Die privatrechtlichen Gesetze, 2. Die Civil-Proceß- und das Gerichtswesen überhaupt betreffende Gesetze, 3. Die Straf- und Straf-Proceß-Gesetze, 4. Die Geistlichen, Kirchen- und Schul-Gesetze, 5. Die allgemeinen städtischen Verfassungs- und bürgerrechtlichen Gesetze, 6. Die Post-Gesetze, 7. Die Wechsel-Gesetze, 8. Die Concurs-Gesetze, 9. Die Handels-Gesetze, 10. Die Gewerbe-Gesetze,

komplettiert werden sollten. Schaffrath selbst äußert in seinem Vorwort zum ersten Band: „Der Verfasser glaubt daher mit Recht sagen zu können, daß dieses Handbuch die gesammten praktisch-gültigen Gesetze, ohne Ausnahme, enthalte, daß daher keine einzige praktisch-gültige, gesetzliche Bestimmung fehlt, und daß diese Sammlung insofern vollständig ist und so lange für vollständig gelten muß, bis einzelne Ausnahmen, der Mangel einzelner praktisch-gültiger, gesetzlicher Bestimmungen nachgewiesen ist."[1061]

Bereits nach dem ersten Band bemerkte Schaffrath jedoch, dass eine solche Sammlung nach systematischer Ordnung unzweckmäßig, weil mit dem Übelstand verbunden war, dass dasselbe Gesetz oft in zwei, drei oder vier Bände zerschnitten werden musste. Aus diesem Grund entschied sich Schaffrath, sein neu begründetes Werk nicht in der Form fortzusetzen.[1062] Das Folgewerk beinhaltet eine rein chronologische Sammlung der im Königreich Sachsen am Ende des Jahres 1840 praktisch-gültigen Gesetze. Diese Sammlung erschien im Jahre 1842 unter dem Titel „Codex Saxonicus. Chronologische Sammlung der gesammten praktisch-gültigen Königlich Sächsischen Gesetze von den ältesten Zeiten, vom Jahre 1255 an bis zum Schlusse des Jahres 1840" in zwei Bänden, welche sein zuvor geplantes 23 Bände starkes Sammelwerk ersetzte.

Eine Fortsetzung des Sammelwerkes erfolgte im Jahre 1847 nicht durch Schaffrath, sondern durch Heinrich Hermann Klemm[1063]. Dieser wurde von der Verlagshandlung aufgefordert durch die Strebsamkeit der sächsischen Gesetzgebung und der Berücksichtigung notwendiger Reformen, die Gesetze, welche nach 1840 erlassen wurden, zusammenzufassen. So begründete Klemm mit seinem Werk die neue Folge des Codex Saxonicus und stellte damit die Gesetze der Jahre 1841 bis 1845 zusammen. Insgesamt bildet dieses Buch den dritten und letzten Band des Codex Saxonicus.[1064]

---

11. Die Preß-Gesetze, 12. Die Polizei-Gesetze, 13. Die Medicinal-Polizei-Gesetze, 14. Die allgemeinen Land- und Dorf-Gesetze, 15. Die Lehns-Gesetze, 16. Die Mühlen-, Fisch-, Fähr-, Floß-, Schiff- und Fluß-Gesetze, 17. Die Jagd-, Forst- und Holz-Gesetze, 18. Die Straßenbau-Gesetze, 19. Die Bergbau-Gesetze, 20. Die staatsrechtlichen, Staatsdiener-Gesetze und Staats-Verträge, 21. Die Finanz- und Steuer-Gesetze, 22. Die Münz-Gesetze, 23. Die Militair-Gesetze."

1061 *Schaffrath*, Codex Saxonicus, oder Handbuch der gesammten, im Königreiche Sachsen praktisch-gültigen sächsischen Gesetze, Erster Bd., S. X.

1062 *Schaffrath*, Codex Saxonicus. Chronologische Sammlung der gesammten praktisch-gültigen Königlich Sächsischen Gesetze von den ältesten Zeiten, vom Jahre 1255 an bis zum Schlusse des Jahres 1840, Erster Bd., S. I.

1063 1816–1899, deutscher Jurist und Politiker, Mitglied des Deutschen Reichstages; vgl. über ihn *Döscher/Schröder*, Sächsische Parlamentarier 1869–1918, S. 406 f.

1064 *Klemm*, Codex Saxonicus. Neue Folge, die Jahre 1841 bis 1845 umfassend, S. I.

5. Theorie der Auslegung constitutioneller Gesetze

Ebensfalls im Jahre 1842 veröffentlichte Schaffrath sein Werk „Theorie der Auslegung constitutioneller Gesetze, nach constitutionellem Staats- und gemeinem deutschen Rechte".

a) Intention

Schaffrath begründet die Ausarbeitung seines Werkes damit, dass er in seinen vorherigen Werken bemerkt hatte, dass es der Festsetzung von Grenzen und Grundsätzen bei der Auslegung von Gesetzen konstitutioneller Staaten bedürfe. Weiterhin stellte er fest, dass seine Meinung oftmals nicht mit denen anderer Rechtswissenschaftler, die sich zu der Thematik bereits geäußert hatten, übereinstimmte. So sah er es für geboten an, selbst seine Gedanken zu der Thematik zu äußern.[1065]

b) Aufbau und Inhalt

Das Werk gliedert sich in vier Teile. Zunächst beginnt der Autor mit einer Einleitung, in der er eine Unterscheidung zwischen Auslegung und Erklärung vornimmt. In einem zweiten Abschnitt (§§ 6–20) wird der Begriff und das Wesen eines Gesetzes und im dritten Abschnitt (§§ 21–38) der Begriff und das Wesen der Auslegung erklärt. Die Ausführungen enden mit dem vierten Abschnitt (§§ 39–50), in dem sich Schaffrath mit den Theorien anderer Rechtswissenschaftler auseinandersetzt.

Im ersten Abschnitt nimmt Schaffrath zunächst eine grundlegende Unterscheidung zwischen den Begriffen Auslegung und Erklärung vor. Demnach handelt es sich bei der Auslegung um das Verständlichmachen eines unverständlichen Sinnes einer Rede. Unter Erklärung versteht Schaffrath demgegenüber, dass der unverständliche Gegenstand oder Stoff, der Inhalt und Umfang einer Rede sowie die Gedanken eines Menschen verständlich gemacht werden sollen.[1066]

Demzufolge bezieht sich die Auslegung nur auf Sätze und nicht auf Urteile und Begriffe. Bei der Auslegung geht es darum, die Sprache, die Worte oder die Form einer Rede, den Ausdruck eines Gedankens, Begriffes, Urteils oder Willens zu ergründen. Die Auslegung soll nicht den Gegenstand und den Zweck ermitteln.[1067]

Hingegen erfolgt die Erklärung, um die Gedanken, Begriffe, Urteile und den Willen eines Menschen zu ergründen.[1068] Kurz gesagt: „Die Erklärung hat es nur damit zu thun, was ein Mensch wirklich gedacht, gewollt u.s.w. habe oder was er habe denken und wollen wollen. Die Auslegung dagegen damit, was jemand gesprochen,

1065 *Schaffrath*, Theorie der Auslegung constitutioneller Gesetze, Vorwort.
1066 *Schaffrath*, Theorie der Auslegung constitutioneller Gesetze, S. 1.
1067 *Schaffrath*, Theorie der Auslegung constitutioneller Gesetze, S. 1.
1068 *Schaffrath*, Theorie der Auslegung constitutioneller Gesetze, S. 1.

gesagt, ausgedrückt, mitgetheilt habe oder: was er sprechen, ausdrücken, sagen mittheilen wollen und was er gesprochen, mitgetheilt, ausgedrückt habe."[1069]

Die Auslegung des Rechts umfasst nach seiner Meinung alle rechtlichen Willenserklärungen und somit nicht nur die Gesetze, sondern auch private Rechtsgeschäfte, Verträge und letzte Willen. Hauptsächlich befasst sich die Auslegung aber mit dem römischen, dem positiven und dem philosophischen Recht.[1070]

Im zweiten Abschnitt beschäftigt sich Schaffrath mit dem Begriff und Wesen eines Gesetzes. Demzufolge ist ein Gesetz „im rechtlichen und zwar positivrechtlichen Sinne [...] die vollständige, allgemein verständliche, ausdrückliche, förmliche und gesetzliche Erklärung des wirklichen Willens der gesetzgebenden Gewalt eines Staates für äußere (Rechts-) Handlungen der Staatsgenossen oder mit andern Worten: Der vollständig, allgemein verständlich, ausdrücklich und förmlich erklärte oder bekannt gemachte wirkliche Wille der gesetzgebenden Gewalt eines Staates für äußere (Rechts-) Handlungen der Unterthanen."[1071] Weiterhin sieht er ein Gesetz als rechtliche Willenserklärung des Staates gegenüber seinen Bewohnern. Der Rechtsgrund für dieses, die Staatsbürger verpflichtende Rechtsgeschäft, liegt nach seiner Ansicht in den Vereinigungs-, Verfassungs- und Unterwerfungsverträgen, die die Staatsbürger eingegangen sind.[1072]

Die Auslegung dieser Gesetze erläutert Schaffrath nun in einem dritten Abschnitt. Hierbei bedarf es keines Eingehens auf die Detailfragen, weil das Resultat die Erörterungen passend zusammenfasst: „I. Ungeeignet zur Auslegung sind dieselben: 1) als materielle Hülfsmittel oder als Quellen der Auslegung 2) überall, wo sie (ihr Wortverstand oder Sinn) mit dem (auszulegenden) Gesetze, a. mit dessen Wortverstande, oder b) mit der qualitativen oder quantitativen Beschaffenheit des Sinnes dessen nicht übereinstimmen oder gar im Widerspruche stehen, insbesondere aber 3) zur beschränkenden (restrictiven) und erweiternden (extensiven) Auslegung des Gesetzes, zumal wenn diese 4) auf ein Derogiren, Obrogiren, Subrogiren oder Exrogiren des Gesetzes hinauskommt. II. Geeignet zur Auslegung sind sie: 1) als formelle Hülfs- oder Beweismittel der Auslegung stets, insbesondere 2) zur grammatischen und 3) zur declarativen Auslegung der Gesetze, zur Aufklärung von Dunkelheiten oder Zwei- oder Vieldeutigkeiten, Amphibolien [...] und nicht zur Ausfüllung von Unvollständigkeiten oder Lücken, besonders nicht in Strafgesetzen."[1073] Dies ergibt sich für ihn daraus, dass eine Auslegung überhaupt nur dann zulässig ist, wenn das Gesetz der Auslegung bedürftig ist. Dies ist nur dann der Fall, wenn das Gesetz „dunkel, undeutlich, verworren, (relativ-) unvollständig, unrichtig, unzulänglich, unpassend, überfließend oder mangelhaft, unbestimmt, schwankend oder schielend ausgedrückt ist. Diese letztern Eigenschaften

---

1069 *Schaffrath*, Theorie der Auslegung constitutioneller Gesetze, S. 2.
1070 *Schaffrath*, Theorie der Auslegung constitutioneller Gesetze, S. 4.
1071 *Schaffrath*, Theorie der Auslegung constitutioneller Gesetze, S. 5.
1072 *Schaffrath*, Theorie der Auslegung constitutioneller Gesetze, S. 6.
1073 *Schaffrath*, Theorie der Auslegung constitutioneller Gesetze, S. 68 f.

oder kurz Zweifel eines Gesetzes sind also wesentliche Bedingungen oder Voraussetzungen, mithin auch Erfordernisse."[1074]

c) Literaturmeinungen

Zu diesem Werk lassen sich ebenfalls Äußerungen in der Literatur finden. So erschienen Kritiken im „Repertorium der gesammten deutschen Literatur" und in den „Neuen kritischen Jahrbüchern für Deutsche Rechtswissenschaft".

1) Repertorium der gesammten deutschen Literatur

Wie bereits beim „Handbuch des Sächsischen Strafrechts" finden wir auch bei dieser Rezension eine negative Bewertung von Schaffraths Werk. So äußert der Rezensent gleich zu Beginn, dass das oben festgestellte Resultat seiner Ansicht nicht enspricht und der Gebrauch der angegebenen Hilfsmittel zur Auslegung konstitutioneller Gesetze dadurch bedeutend beschränkt werde.[1075] Ebenso erscheint es dem Rezensenten nicht zweckmäßig, den Begriff der Auslegung, wie zu Beginn des Werkes geschehen, so sehr zu beschränken. Aus diesem Grund bezweifelt er auch, trotz Neuheit und Scharfsinn des Verfassers, dass es zu praktischen Resultaten führen dürfte.[1076]

2) Neue kritische Jahrbücher für Deutsche Rechtswissenschaft

Ebenfalls Erwähnung fand Schaffraths Werk in den „Neuen Kritischen Jahrbüchern für Deutsche Rechtswissenschaft". In diesen fällt das Urteil genau gegenteilig aus. Zunächst kritisiert der Rezensent zwar die „häufig geübte Schriftstellerei im Allgemeinen", muss dann aber zugeben, dass er der vorliegenden Arbeit seine Anerkennung zu Teil werden lassen muss und die Quantität die Qualität nicht verdrängt hat. „Vielmehr ist diese Schrift nach der Ansicht des Ref. recht gelungen und verdient der allgemeinen Aufmerksamkeit empfohlen zu werden. [...] Auch consequente und scharfsinnige Entwicklungen legt sich in dieser Schrift überall an den Tag."[1077]

Jedoch kritisiert auch hier der Rezensent, obwohl er sehr viel Wahres und Gutes in den Ausführungen findet, die für ihn neue Unterscheidung zwischen Auslegung und Erklärung, welche sich für ihn nur als unrichtig darstellen kann.[1078]

Insgesamt muss der Rezensent dem Verfasser doch für seine Untersuchungen danken, weil diese manche Schwächen und Mängel der bisherigen Verfahren bei

---

1074 *Schaffrath*, Theorie der Auslegung constitutioneller Gesetze, S. 45 f.
1075 *Gersdorf*, Repertorium der gesammten deutschen Literatur, 31. Bd., S. 213.
1076 *Gersdorf*, Repertorium der gesammten deutschen Literatur, 31. Bd., S. 214.
1077 *Schneider*, Neue kritische Jahrbücher für Deutsche Rechtswissenschaft, Erster Jg., Erster Bd., S. 450.
1078 *Schneider*, Neue kritische Jahrbücher für Deutsche Rechtswissenschaft, Erster Jg., Erster Bd., S. 451.

der Interpretation konstitutioneller Gesetze hervorgehoben und nachgewiesen haben.[1079]

6. Das Wahlrecht der Stadt- und Landgemeinden

Im Jahre 1847, und somit nicht mehr in seiner rechtswissenschaftlichen Schaffensperiode, veröffentlichte Schaffrath sein Werk „Das Wahlrecht der Stadt- und Landgemeinden gegen die Schreibstubenherrschaft in Sachsen". In diesem Werk setzt sich Schaffrath persönlich mit seiner Nichtbestätigung als besoldetes Stadtratmitglied von Neustadt in Sachsen durch die Kreisdirektion auseinander.

Am 29. Dezember 1845 wurde Schaffrath vom Bürgerausschuss zu Neustadt in Sachsen zum unbesoldeten Stadtrat gewählt.[1080] Daraufhin forderte die Kreisdirektion am 5. Februar 1846 den Stadtrat auf, ein Gutachten über die Persönlichkeit Schaffraths zu erstellen. Nachdem dies geschehen war, erfolgte am 2. April 1846 die Bestätigung der Wahl durch die Kreisdirektion.[1081]

Wiederum am 29. Dezember 1846 wurde Schaffrath vom Stadtrat zum Stadtrichter gewählt, welcher zugleich erstes besoldetes Mitglied des Stadtrates war.[1082] Hiergegen wandte sich jedoch die Kreisdirektion und versagte am 31. März 1847 dem Beschluss die Bestätigung. Dagegen legte Schaffrath Rekurs an das Ministerium des Innern ein.[1083] Der Rekurs wurde vom Ministerium des Innern im Einvernehmen mit dem Justizministerium am 5. September 1847 für unbegründet erachtet.[1084]

Durch die Veröffentlichung des Rekurses und der Ministerialverordnungen vom 31. März und 5. September wollte Schaffrath den Zuspruch der öffentlichen Meinung als „höchste und letzte Instanz und Richterin" erreichen. Weiterhin wollte Schaffrath auf das hochwichtige Recht der Stadt- und Landgemeinden, ihre Beamten frei, selbstständig und unabhängig von bevormundender Regierungswillkür zu wählen, hinweisen, weil dieses Recht durch seine Nichtbestätigung tiefgreifend verletzt wurde.[1085]

1079 *Schneider*, Neue kritische Jahrbücher für Deutsche Rechtswissenschaft, Erster Jg., Erster Bd., S. 453.

1080 *Schaffrath*, Das Wahlrecht der Stadt- und Landgemeinden gegen die Schreibstubenherrschaft in Sachsen, S. IX.

1081 *Schaffrath*, Das Wahlrecht der Stadt- und Landgemeinden gegen die Schreibstubenherrschaft in Sachsen, S. X.

1082 *Schaffrath*, Das Wahlrecht der Stadt- und Landgemeinden gegen die Schreibstubenherrschaft in Sachsen, S. XI.

1083 *Schaffrath*, Das Wahlrecht der Stadt- und Landgemeinden gegen die Schreibstubenherrschaft in Sachsen, S. XII.

1084 *Schaffrath*, Das Wahlrecht der Stadt- und Landgemeinden gegen die Schreibstubenherrschaft in Sachsen, S. XIII.

1085 *Schaffrath*, Das Wahlrecht der Stadt- und Landgemeinden gegen die Schreibstubenherrschaft in Sachsen, S. XIV f.

Im ersten Teil seines Werkes stellt Schaffrath das Wesen, den Inhalt und den Umfang des Wahlrechts an sich und besonders in Städten sowie das Bestätigungsrecht der Regierung dar.[1086] Darauf folgen im zweiten Teil die aktenmäßige Schilderung der Nichtbestätigung, der Gründe derselben und der Unwahrheiten und Aktenwidrigkeiten, der Mittel der beiden Regierungs- und Verwaltungsbehörden sowie die Denunziation durch Bewohner seiner Heimatstadt.[1087]

In ähnlichem Stile, wie bereits seine „Kritik des in erster Instanz gegen neunzehn Mitglieder der Leipziger Burschenschaft gesprochenen Urthels" gehalten war, erging auch seine Kritik an den Ministerialverordnungen. Diese war geprägt durch Spitzfindig- und Weitschweifigkeit. So kann dem Leser bereits bei Betrachtung der ersten Seiten auffallen, dass das Urteil Schaffraths über die Ministerialverordnungen nur ein negatives sein konnte: „Kurz die fraglichen Verordnungen genügen den Ansprüchen weder der Wissenschaft und Logik im Allgemeinen, noch der Rechtswissenschaft im Besonderen, es fehlt ihnen das moralische Interesse der Darstellung, die Würde und Gründlichkeit und vor allem Andern die Kraft der Ueberzeugung, vom Stile und von Wendungen [...] noch ganz abgesehen."[1088]

1086 *Schaffrath*, Das Wahlrecht der Stadt- und Landgemeinden gegen die Schreibstubenherrschaft in Sachsen, S. XVIII.

1087 *Schaffrath*, Das Wahlrecht der Stadt- und Landgemeinden gegen die Schreibstubenherrschaft in Sachsen, S. XIX.

1088 *Schaffrath*, Das Wahlrecht der Stadt- und Landgemeinden gegen die Schreibstubenherrschaft in Sachsen, S. 15.

F. Wichtige Themenfelder

I. Der Prozess gegen 19 Leipziger Burschenschafter

1. Einleitung

In den Jahren 1835 bis 1838 hatten sich die sächsischen Justizbehörden mit der Teilnahme von Leipziger Studenten an der Leipziger Burschenschaft zu beschäftigen. Wie bereits in den vorhergehenden Kapiteln angeführt, hatten sich Adolf Ernst Hensel und Hermann Joseph während ihrer Studienzeit an der Leipziger Burschenschaft beteiligt. Die politische Situation im Sachsen der Jahre 1819 bis 1848 war jedoch davon geprägt, dass eine Betätigung von Studenten in geheimen oder „staatsverbrecherischen" Verbindungen unerwünscht und verboten war. Die Teilnahme der zwei genannten Personen an der Leipziger Burschenschaft sollte sich somit nachteilig für sie auswirken. Im folgenden Kapitel sollen ihr Wirken in und für die Burschenschaft, die Ermittlungen der sächsischen Behörden und der Gerichte, die Rechtsquellen sowie die Urteile des Appellationsgerichts zu Leipzig und des Oberappellationsgerichts zu Dresden angeführt und besprochen werden.

2. Vorbetrachtungen

Fraglich ist, warum sich das Appellationsgericht zu Leipzig mit der Zugehörigkeit einiger Studenten zu einer Verbindung an der Universität Leipzig auseinandersetzte und dies wie ein Kriminalfall behandelt wurde. Um ein Verständnis für die Problematik der Beweisfindung und die Einordnung des Urteils in der damaligen Zeit zu bekommen, bedarf es einiger Bemerkungen zum Hintergrund und zur Geschichte der Leipziger Burschenschaft, deren Zugehörigkeit vom Appellationsgericht zu Leipzig als strafbar erkannt wurde.

a) Geschichte der Leipziger Burschenschaft von 1818 bis 1833

Unter einer Burschenschaft versteht man eine Form der Studentenverbindung, die den Anspruch hat, alle studierenden Mitglieder einer Hochschule zu vereinigen und diese anhält sich politisch zu betätigen. Die Verfassungsurkunde der Leipziger Burschenschaft vom 7. Juni 1818 definiert die Burschenschaft als „freie, öffentliche, unauflösliche Verbindung von Burschen, [welche sich] nach gewissen Regeln [...] vaterländisch [ausbilden]".[1089] „Im Allgemeinen wird jeder Bursch genannt, der bei hiesiger Universität immatrikuliert ist, um aber Mitglied der Burschenschaft seyn

1089 Vgl. §. 1. der Verfassungsurkunde der Leipziger Burschenschaft vom 7ten Juni 1818, in: *Haupt*, Landsmannschaften und Burschenschaft, S. 329.

zu können, wird verlangt, daß man ein Christ, ein Deutscher und ein Ehrenhafter sey."[1090]

Die Vorläufer der Burschenschaften waren die alten Landsmannschaften und studentischen Orden. Nach den napoleonischen Kriegen sollten sich diese Formen der Studentenverbindungen jedoch radikal ändern. Auch in Leipzig herrschte innerhalb der Landsmannschaften zunächst eine gewisse Neigung zur Gründung einer allgemeinen Verbindung oder Burschenschaft vor und so waren auch ehemalige Landsmannschafter die Begründer der ersten Burschenschaft in Leipzig.[1091] Nachdem die Jenaische Burschenschaft mit Schreiben vom 21. Februar 1818 die Leipziger Landsmannschaften zu einer Burschenversammlung nach Jena eingeladen hatte, änderte sich das zunächst positive Verhältnis zwischen Leipzig und Jena schlagartig. Zwar boten die Leipziger Landsmannschaften der Jenaischen Burschenschaft Hilfe und die Gründung eines Kartells an, jedoch verwiesen sie darauf, dass in Leipzig, solange sie bestehen sollten, keine allgemeine Verbindung oder Burschenschaft entstehen werde und die Landsmannschaften die Alleinvertretung der Studenten darstellten. Dennoch entsandten die Leipziger Landsmannschaften Deputierte zu der Burschenversammlung nach Jena, welche jedoch keine Vollmacht in Bezug auf die Gründung einer Burschenschaft in Leipzig besaßen.[1092] Dies bekundete den Umschwung innerhalb der Landsmannschaften in Leipzig, welche eine Auflösung ihrer provinziell geprägten Organisationen zugunsten einer allumfassenden Verbindung ablehnten. Da die Burschenschaft aus ihrem Selbstverständnis und die Leipziger Landsmannschaften aus ihrer Erklärung heraus die Alleinvertretung der Studentenschaft reklamierten, dies jedoch einen prinzipiellen Gegensatz darstellte, war der Kampf um die Vorherrschaft an der Universität vorbestimmt. Hinzu kam, dass die Vertreter der Leipziger Landsmannschaft auf der Burschenversammlung in Jena – und hier vor allem der Senior der Landsmannschaft Thuringia Elster[1093] – sich für die Gründung einer Burschenschaft in Leipzig überzeugen ließen. Dies führte dazu, dass sie in Leipzig für die Gründung einer Burschenschaft warben, was im April und Mai 1818 zu herben Streitigkeiten innerhalb der vier Leipziger Landsmannschaften führte.[1094] Federführend waren hier vor allem die Mitglieder der Landsmannschaft Thuringia, welche sich auf Veranlassung

1090 Vgl. §. 2. der Verfassungsurkunde der Leipziger Burschenschaft vom 7ten Juni 1818, in: *Haupt*, Landsmannschaften und Burschenschaft, S. 329.

1091 *Bruchmüller*, Der Leipziger Student 1409–1909, S. 116; *Hoyer*, Kleine Geschichte der Leipziger Studentenschaft 1409–1989, S. 105.

1092 *Bruchmüller*, Die Anfänge der Leipziger Burschenschaft, in: Quellen und Darstellungen zur Geschichte der Burschenschaft und der deutschen Einheitsbewegung, Bd. V, S. 7 ff.

1093 Johann Daniel Elster (1796–1857), deutscher Musikprofessor und Chorleiter; vgl. über ihn *Schumann*, Elster, Johann Daniel, in: ADB, Bd. VI, S. 72 f.

1094 *Bruchmüller*, Die Anfänge der Leipziger Burschenschaft, in: Quellen und Darstellungen zur Geschichte der Burschenschaft und der deutschen Einheitsbewegung, Bd. V, S. 10.

ihres Seniors Elster auflöste. Auch ehemalige Mitglieder der Landsmannschaft Lusatia waren maßgeblich für die Gründung der Leipziger Burschenschaft verantwortlich.[1095] Vor allem die ehemaligen Mitglieder der Landsmannschaft Thuringia reisten bereits vor der Gründung nach Jena, um bei der dortigen Burschenschaft um Hilfe bei der Gründung einer Burschenschaft in Leipzig zu ersuchen. Diese wurde ihnen auch gewährt. Die Jenaische Burschenschaft schickte im Juni 1818 Abgeordnete nach Leipzig, um dort die Gründung der Leipziger Burschenschaft voranzutreiben und bestehende Konflikte mit den Landsmannschaften zu beseitigen.[1096] So kam es am 12. Juni 1818 im Gasthaus zur Grünen Linde in Leipzig, wie auch später noch an anderen Universitäten, zur Gründung einer Burschenschaft, welche zu Beginn bereits 255 Mitglieder umfasste[1097] (laut Jenaischem Vorstandsprotokoll gibt Wesselhöft[1098] 235 Mitglieder an).[1099]

Bereits in der Anfangszeit wurden die akademischen Behörden auf die Burschenschaft aufmerksam. Rektor Rosenmüller[1100] schilderte in einem Schreiben an den Oberkonsistorialpräsidenten vom 12. Juli 1818 die angespannte Stimmung unter den Studenten und forderte zur Wachsamkeit auf. Diese Spannungen lagen sicherlich in den Streitigkeiten zwischen der neuen Burschenschaft und den Landsmannschaften begründet. So berichtete Rosenmüller in seinem Brief von zwei Deputierten der Burschenschaft, welche ihm eine Verfassungsurkunde übergaben und um die Anerkennung der Burschenschaft an der Universität Leipzig baten. Diese wurde ihnen aber versagt, und sie wurden auf eine zunächst vorzunehmende eingehende Prüfung der Sache vertröstet.[1101] Trotz der Versagung der offiziellen Anerkennung fasste die burschenschaftliche Bewegung nun damit auch in Leipzig Fuß, ohne es aber auch nur zu einer vorübergehenden Einigung der ganzen Studentenschaft und zu einer Auflösung der Landsmannschaften wie in Jena zu bringen.[1102] Im Juli 1818 erhöhte sich die Zahl der Mitglieder der Burschenschaft

1095 *Leonhardt*, Die älteste Leipziger Burschenschaft (1818–1833), S. 13.

1096 UAL, Abschrift, die Burschenschaft zu Leipzig betr. (1818/19), Bl. 76.

1097 *Bruchmüller*, Kleine Chronik der Universität Leipzig, S. 19; *Hoyer*, Kleine Geschichte der Leipziger Studentenschaft 1409–1989, S. 105.

1098 Robert Wesselhöft (1796–1852), deutscher Burschenschafter und Arzt; vgl. über ihn *Dvorak*, Biographisches Lexikon der Deutschen Burschenschaft, Bd. I, Tlbd. 6, S. 276–280.

1099 UAL, Abschrift, die Burschenschaft zu Leipzig betr. (1818/19), Bl. 76.

1100 Johann Christian Rosenmüller (1771–1820), 1802 ao. Professor der Anatomie und Chirurgie an der Universität Leipzig, 1804 o. Professor für Chirurgie, 1811 königlich sächsischer Hofrat, 1819 o. Professor für Anatomie; Rektor der Universität Leipzig im Sommersemester 1816, Sommersemester 1818 und Wintersemester 1818; vgl. über ihn *Pagel*, Rosenmüller, Johann Christian, in: ADB, Bd. XXIX, S. 221 f.

1101 SächsHStA Dresden, Die sogenannte Studenten-Burschenschaft an der Universität Leipzig, Bl. 1 f.

1102 *Bruchmüller*, Der Leipziger Student 1409–1909, S. 116.

auf 300 und vereinigte somit etwa ein Drittel der Leipziger Studentenschaft. Bereits am 20. Dezember 1818 betrug die Anzahl der Mitglieder nur noch 220.[1103]

Die Leipziger Burschenschaft befand sich im Sommer 1820, trotz des Verbotes im Zuge der Karlsbader Beschlüsse von 1819, um das sich niemand besonders kümmerte, in voller Blüte.[1104] Sie verfügte in der Vorstadt über einen Gasthaussaal[1105], über einen Turnplatz, über eine Bibliothek und gab sogar eine eigene Zeitung heraus, welche zusammen mit verschiedenen Aushängen im Gasthaus auslag.[1106] Doch bereits in den Anfangsjahren kam es immer wieder zu Auseinandersetzungen mit den örtlichen Landsmannschaften sowie zu ersten Überwachungen durch die Polizeibehörden. Diese erfolgten aber hauptsächlich aufgrund der Tumulte und Schlägereien zwischen Landsmannschaftern und Burschenschaftern auf öffentlichen Straßen und Plätzen.[1107] Zwar ging auch die sächsische Regierung mit Verordnungen gegen die Burschenschaft vor, im Wesentlichen blieb es aber bei Gutachten und Vorschlägen zur Abwehr der von der Burschenschaft ausgehenden Gefahren. Das innere und äußere Leben der Burschenschaft wurde davon kaum berührt.[1108] In der Öffentlichkeit wurde das schwarz-rot-goldene Band, zu akademischen Feierlichkeiten der deutsche Rock mit Schärpe und befiedertem Barett getragen. Insgesamt verlebten die Burschenschafter zu dieser Zeit noch ein ruhiges, von gutem Ton und Fleiß geprägtes Studentenleben. Zu den ebenfalls in Leipzig bestehenden Landsmannschaften Lusatia, Montania, Neoborussia und Saxonia befand man sich im gegenseitigen Verrufsverhältnis[1109] und ging sich aus dem Weg.[1110]

1103 UAL, Jaskolla, Horst, Der Charakter der Leipziger Burschenschaft 1818–1833, S. 16; UAL, Abschrift, die Burschenschaft zu Leipzig betr. (1818/19), Bl. 95.

1104 *Schlumb,* Der deutsche Student, S. 297.

1105 Im Sommer im Lokal „Blaue Mütze“ am Rosental, im Winter im Lokal „Goldene Gans“ am Ausgang der Hainstraße.

1106 *Döring*, Anfänge der modernen Wissenschaft, in: Geschichte der Universität Leipzig 1409–2009, Bd. 1, S. 614; *Hase,* Ideale und Irrtümer, 7. Aufl., S. 68.

1107 *Hoyer,* Kleine Geschichte der Leipziger Studentenschaft 1409–1989, S. 106.

1108 *Wentzcke,* Geschichte der Deutschen Burschenschaft, in: Quellen und Darstellungen zur Geschichte der Burschenschaft und der deutschen Einheitsbewegung, Bd. VI, S. 365; *Leonhardt,* Die älteste Leipziger Burschenschaft (1818–1833), S. 27.

1109 Der Verruf, auch Verschiss genannt, ist eine Ehrloserklärung, die zeitlich oder unbefristet sein kann. Gründe konnten uncommentmäßiges Verhalten, Bruch des Ehrenwortes, Diebstahl, Betrügerei, Satisfaktionsverweigerung oder Schassen beim Duell, verbotene Stöße oder Hiebe, Umgang mit einem Verschissenen und dergleichen sein. Der im Verschiss Befindliche durfte an keinerlei studentischen Veranstaltung teilnehmen und keine studentischen Rechte in Anspruch nehmen. Jeder Verkehr mit ihm war verboten. Der Verschiss wurde von einer Verbindung über Einzelne, auch ganze Verbindungen oder Außenstehende verhängt und bedeutete Versagung aller Achtung, besonders der Satisfaktion und jeglichen Verkehrs; vgl. Verschiß, in: *Golücke*, Studentenwörterbuch, 4. Aufl., S. 488.

1110 *Döring*, Anfänge der modernen Wissenschaft, in: Geschichte der Universität Leipzig 1409–2009, Bd. 1, S. 615.

Jedoch sahen bald alle Verbindungen ein, dass der Verruf kein Mittel war, die andere Seite zu beseitigen. So kam es, dass in den Räumlichkeiten Karl Hases[1111] im Alten Paulinum ein Vertrag zwischen Burschenschaft und Landsmannschaften ausgearbeitet wurde, welcher Bestimmungen über das Verhältnis der Verbindungen, Beleidigungen und Duelle enthielt.[1112] Das Vertragswerk wurde sodann am 13. September 1820 unterzeichnet und somit ein Repräsentantenkonvent unter der Beteiligung von vier Mitgliedern der Burschenschaft und vier der Landsmannschaften geschaffen, welcher als Ehrengericht in allen streitigen Angelegenheiten dienen sollte. Nur bei Stimmengleichheit sollte die Burschenschaft noch eine fünfte Stimme bekommen.[1113] Dass dieses Stimmungleichgewicht, welches aufgrund der Stärke der Burschenschaft durchgesetzt wurde, schon den Keim für zukünftige Streitigkeiten in sich trug, war klar. Jedoch war die Sicherheit, in der sich die Leipziger Burschenschaft wog, trügerisch. Sie war zwar nicht erlaubt, wurde aber an der Universität geduldet.[1114] Beispielhaft dafür kann die Untersuchung gegen den Leipziger Burschenschafter Joachim Leopold Haupt[1115] angesehen werden. Am 15. März 1820 erhielt Polizeipräsident von Rackel ein Schreiben des Ministers von Einsiedel[1116], wonach der Vorsitzende der Leipziger Burschenschaft Haupt plane, eine Veröffentlichung über die Burschenschaft herauszubringen. Dadurch wurde von Rackel zum Handeln gezwungen. Das offensichtliche Wohlwollen jedoch, welches die Behörden an den Tag legten, führte nach einigen Verhören und der Leugnung Haupts, Mitglied einer solchen Burschenschaft zu sein, dazu, dass von Rackel nach Dresden berichtete, dass keine Burschenschaft in Leipzig bestand und Haupt auch nicht Mitglied bei dieser sein konnte.[1117] Jedoch kam es bereits im Sommer

1111 Karl von Hase (1800–1890), evangelischer Theologe und Professor der Theologie an der Universität Jena; vgl. über ihn *Frank*, Hase, Karl von, in: ADB, Bd. L, S. 36–47.

1112 *Bruchmüller*, Der Leipziger Brauch vom Jahre 1820, in: Quellen und Darstellungen zur Geschichte der Burschenschaft und der deutschen Einheitsbewegung, Bd. VIII, S. 188.

1113 *Bruchmüller*, Die Anfänge der Leipziger Burschenschaft, in: Quellen und Darstellungen zur Geschichte der Burschenschaft und der deutschen Einheitsbewegung, Bd. V, S. 34.

1114 UAL, Jaskolla, Horst, Der Charakter der Leipziger Burschenschaft 1818–1833, S. 21.

1115 1797–1883, evangelischer Pfarrer und sorbischer Volkskundler; vgl. über ihn *Lehmann*, Haupt, Joachim Leopold, in: NDB, Bd. VIII, S. 100.

1116 Detlev von Einsiedel (1773–1861), sächsischer Staatsmann und Eisenhüttenunternehmer, seit 1813 Kabinettsminister, Staatssekretär des Inneren, Staatssekretär für auswärtige Angelegenheiten; vgl. über ihn *Flathe*, Einsiedel, Detlev Graf von, in: ADB, Bd. V, S. 760 f.

1117 *Leonhardt*, Die älteste Leipziger Burschenschaft (1818–1833), S. 28; *Bruchmüller*, Die Anfänge der Leipziger Burschenschaft, in: Quellen und Darstellungen zur Geschichte der Burschenschaft und der deutschen Einheitsbewegung, Bd. V, S. 45; *Knaake/Thiele/Tornius/Leonhardt*, Geschichte der Leipziger Burschenschaft Germania 1818–1928, S. 12.

1820 zu weiteren Untersuchungen gegen die Burschenschaft, weil die Durchführung eines Zweikampfes bekannt geworden war.[1118] Die Burschenschaft musste sich somit förmlich auflösen und bestand mit einer Stärke von 200 bis 250 Mitgliedern als Lesegesellschaft weiter.[1119] Der September brachte aber neue Untersuchungen, weil den Behörden eine öffentlich bekannt gemachte Verrufserklärung gegen den, wegen Bruch des Ehrenwortes ausgeschlossenen, Burschenschafter Landeck in die Hände fiel, die am schwarzen Brett und auf dem Fechtboden angeschlagen war, und in die nun auch die Landsmannschaften mit verwickelt wurden.[1120] Die Lesegesellschaft musste nun komplett in einen formlosen Verein umgewandelt werden.[1121] Die Untersuchungen endeten am 3. April 1821 mit dem consilium abeundi[1122] für Hase und Herbst[1123]. Von nun an bestand die Burschenschaft, unter besonderer Vorsicht, als Fechtgesellschaft weiter.[1124] Das Abkommen zwischen der Burschenschaft und den Landsmannschaften bestand bis zum 14. März 1822 und wurde dann, begründet durch viele Streitereien, vor allem um die fünfte Stimme der Burschenschaft, aufgehoben. 1823 kam es wieder zu einer Annäherung zwischen Burschenschaft und Landsmannschaften, was jedoch zu keiner Erneuerung des Abkommens führte.[1125]

Aufgrund immer schärfer werdender Verfolgungen seit Mitte der zwanziger Jahre sah sich die Burschenschaft gezwungen, sich im Mai 1824 gänzlich aufzulösen und nur noch ein Dasein im Verborgenen zu führen.[1126] So kam es auch zur Selbstanzeige von 21 Studenten der Universität am 1. Juni 1824 wegen Zugehörigkeit

---

1118 *Bruchmüller,* Kleine Chronik der Universität Leipzig, S. 19. In Sachsen erhielt der Denunziant, welcher das Duell zur Anzeige brachte, eine Belohnung; vgl. dazu *Salza und Lichtenau,* Handbuch des Polizeirechts, Erster Thl., S. 234.

1119 *Leonhardt,* Die älteste Leipziger Burschenschaft (1818–1833), S. 38.

1120 *Bruchmüller,* Die Anfänge der Leipziger Burschenschaft, in: Quellen und Darstellungen zur Geschichte der Burschenschaft und der deutschen Einheitsbewegung, Bd. V, S. 61.

1121 *Leonhardt,* Die älteste Leipziger Burschenschaft (1818–1833), S. 40.

1122 Rat von der Universität fort zu gehen. Demnach die mildere Art der Wegweisung, weil der „Consilierte“ im Unterschied zum Relegierten an einer anderen Universität weiter studieren konnte; vgl. consilium abeundi, in: *Golücke,* Studentenwörterbuch, 4. Aufl., S. 98.

1123 Ferdinand Ignaz Herbst (1798–1863), Theologe, 1834 o. Professor der Philosophie am Lyzeum in Freising; vgl. über ihn *Reusch,* Herbst, Ferdinand Ignaz, in: ADB, Bd. XII, S. 48–50.

1124 *Heer,* Geschichte der Deutschen Burschenschaft – Die Demagogenzeit, in: Quellen und Darstellungen zur Geschichte der Burschenschaft und der deutschen Einheitsbewegung, Bd. X, S. 48.

1125 *Bruchmüller,* Der Leipziger Brauch vom Jahre 1820, in: Quellen und Darstellungen zur Geschichte der Burschenschaft und der deutschen Einheitsbewegung, Bd. VIII, S. 190.

1126 *Biedermann,* Karl Braun (1807–1868): Leben und Werk, S. 13.

zur Burschenschaft und Bitte um milde Strafen.[1127] Mit königlichem Mandat vom 21. März 1825, die Ausschließung der Theilnehmer an geheimen Studentenverbindungen von öffentlichen Anstellungen betreffend, wurde in Zukunft die Teilnahme an verbotenen Verbindungen als Kriminalfall eingestuft und somit der Gerichtsbarkeit der Universität entzogen.[1128]

Nachdem die Burschenschaft und die Corps[1129] zur Versöhnung am 31. Oktober 1825 einen großen Kommers im Hotel de Prusse veranstaltet hatten und nachdem bereits im September 1825 das Abkommen bezüglich des Ehrengerichts zwischen beiden erneuert worden war, welches dann bis 1828 bestand, kam es zu erneuten Untersuchungen, weil die Behörden Vermutungen von einem Aufkeimen der Burschenschaft hatten. Daraufhin wurden durch den Regierungsbevollmächtigten von Ende[1130] wieder Ermittlungen aufgenommen. Die Untersuchungen endeten erst im Dezember 1825. Am 1. Januar 1826 stellte der Regierungsbevollmächtigte fest, dass die Burschenschaft weiter bestand. Schließlich wurde am 10. März 1826 von König Friedrich August I.[1131] eine Untersuchungskommission eingesetzt, welche sich darauf konzentrierte, die verdächtige Burschenschaft zu verfolgen.[1132] Bereits am 15. März 1826 wurden 15 Mitglieder verhaftet, jedoch elf von ihnen wegen Leugnung der Zugehörigkeit wieder entlassen. Dennoch kam es zu weiteren Verhaftungen. Durch Erkenntnisse aus den Untersuchungen wurden am 24. Mai 1826 acht der am meisten belasteten Mitglieder relegiert und acht weitere mit dem consilium abeundi auf zwei Jahre belegt sowie weitere 30, welche sich freiwillig angezeigt hatten, mit einer Verwarnung bestraft.[1133] Eine Fortsetzung der Burschenschaft in Leipzig war somit unmöglich geworden.[1134]

Die burschenschaftliche Bewegung erlosch jedoch auch in den dreißiger und vierziger Jahren nie völlig. Dabei herrschte in Leipzig zunächst immer die gemäßigte Richtung (Arminen) innerhalb der Burschenschaft vor.[1135] Auch waren die

---

1127 UAL, Acta, die unter mehreren auf der hiesigen Universität Studierenden unter dem Namen Burschenschaft existierenden Verbindung betr., Bl. 200–203.

1128 *Leonhardt,* Die älteste Leipziger Burschenschaft (1818–1833), S. 59.

1129 Die alten Landsmannschaften hatten sich in Zwischenzeit fast ausschließlich in Corps umbenannt.

1130 Karl Heinrich Constantin von Ende (1784–1845), Königlicher Bevollmächtigter bei der Universität Leipzig, Oberhofrichter und Präsident des Vereinigten Kriminal- und Polizeiamtes der Stadt Leipzig; vgl. über ihn *Krug*, Leipziger Freuden und Leiden, S. 14.

1131 1750–1827, ab 1763 Kurfürst von Sachsen, ab 1806 König von Sachsen; vgl. über ihn *Flathe,* Friedrich August I. (König von Sachsen), in: ADB, Bd. VII, S. 786–789.

1132 *Bauer,* Geschichte des Corps Lusatia zu Leipzig 1807–1932, S. 112.

1133 *Bauer,* Geschichte des Corps Lusatia zu Leipzig 1807–1932, S. 112.

1134 *Heer,* Geschichte der Deutschen Burschenschaft – Die Demagogenzeit, in: Quellen und Darstellungen zur Geschichte der Burschenschaft und der deutschen Einheitsbewegung, Bd. X, S. 51; *Knaake/Thiele/Tornius/Leonhardt,* Geschichte der Leipziger Burschenschaft Germania 1818–1928, S. 17.

1135 *Bruchmüller,* Der Leipziger Student 1409–1909, S. 118 f.

Freiheiten der Verbindungen in Sachsen in den zwanziger Jahren im Allgemeinen viel größer als in anderen Staaten.

Zu einer Neugründung der Burschenschaft, mit geänderten Statuten, kam es erst wieder am 5. Mai 1829, nachdem bereits am 12. Januar 1827 eine Fechtbodengesellschaft gegründet worden war, welche jedoch äußerste Zurückhaltung nach außen walten lassen musste.[1136] Von diesem Zeitpunkt an nahm sie, jedoch im Geheimen, auch wieder an der Arbeit im allgemeinen Verband teil, brachte es aber nicht mehr zu nennenswerter Größe.[1137]

Strenger, jedoch erfolglos, wurde die Überwachung erst wieder in den dreißiger Jahren, mit Beginn der Septemberunruhen vom Jahre 1830. Anlass für die ersten Unruhen war die dreihundertjährige Jubelfeier der Augsburger Konfession im Jahre 1830. Nachdem der damalige Rektor der Universität, Professor Krug[1138] (Rektor 1813 u. 1830)[1139], den Studenten das Tragen von Uniformen auf dem Festumzug gestattet hatte,[1140] erteilte der Polizeipräsident von Ende den Studenten diesbezüglich ein Verbot.[1141] Viele hatten sich extra für diese Veranstaltung teure Uniformen schneidern lassen und Verwandte von nah und fern eingeladen. Durch das Verbot motiviert, blieben die Studenten dem Umzug fern. Jedoch kam es in den Abendstunden zu mehreren Zusammenstößen mit der Polizei. Im Schutze der Dunkelheit machten die verärgerten Studenten ihrer Wut Luft, indem sie Fensterscheiben einwarfen und Laternen zerschlugen, wobei es bei Handgemengen mit Polizei und Militär auch zu einem Todesopfer – dem Kaufmann Gottschalch – kam.[1142] Insgesamt gesehen stellten sich die Studenten, Burschenschaften wie Corps, während der Septemberunruhen aber auf die Seite der Staatsgewalt, nachdem sie von Rektor Krug am 5. September 1830 aufgefordert worden waren, sich zu bewaffnen,[1143]

1136 *Bauer,* Geschichte des Corps Lusatia zu Leipzig 1807–1932, S. 121; ein offizielles Auftreten als Burschenschaft war noch nicht möglich, anders aber *Ballerstedt,* Vom Bamberger zum Frankfurter Burschentag, in: Studentische Burschenschaften und bürgerliche Umwälzung, S. 170; *Biedermann,* Karl Braun (1807–1868): Leben und Werk, S. 14.

1137 *Heer,* Geschichte der Deutschen Burschenschaft – Die Demagogenzeit, in: Quellen und Darstellungen zur Geschichte der Burschenschaft und der deutschen Einheitsbewegung, Bd. X, S. 169.

1138 Wilhelm Traugott Krug (1770–1842), deutscher Philosoph, 1801 ao. Professor an der Universität Frankfurt (Oder), 1805 o. Professor an der Universität Königsberg, 1809 o. Professor an der Universität Leipzig; vgl. über ihn *Holz,* Krug, Wilhelm Traugott, in: NDB, Bd. XIII, S. 114 f.

1139 *Gersdorf,* Beitrag zur Geschichte der Universität Leipzig – Die Rectoren der Universität Leipzig nebst summarischer Übersicht der Inscriptionen vom Jahre der Gründung bis zur Gegenwart.

1140 *Krug,* Leipziger Freuden und Leiden, S. 12.

1141 *Hammer,* Volksbewegung und Obrigkeiten, S. 123; *Krug,* Leipziger Freuden und Leiden, S. 16.

1142 *Krug,* Leipziger Freuden und Leiden, S. 23.

1143 *Krug,* Leipziger Freuden und Leiden, S. 32.

in Kompanien zu organisieren, welche natürlich den Verbindungen entsprachen, und die aus der Bürgerschaft gebildete Kommunalgarde bei der Wiederherstellung der Ordnung zu unterstützen.[1144] Für die Studenten war der Dienst in der Kommunalgarde eine Chance, als äußeres Kennzeichen die Farben ihrer verbotenen Verbindungen zu tragen.[1145] Hierbei setzten die Leipziger Studenten aber auch die Grenzen ihrer Forderung nach Freiheit. Sie selbst sahen sich aufgrund ihrer Herkunft und Stellung gegenüber den restlichen Volksmassen als privilegiert an und scheuten sich nicht, die revolutionären Handlungen des Volkes zu bekämpfen.[1146] Das als Klassenkampf zu sehen wäre jedoch sicherlich verfehlt, weil die Studenten sich nicht für einen Kampf der Besitzbürger gegen die Arbeiterschaft instrumentalisieren ließen, sondern lediglich der Aufforderung des Rektors Folge leisteten, für Sicherheit und Ordnung zu sorgen.[1147] Nach der Wiederherstellung der Ordnung dankte die Stadt der Studentenschaft, indem sie ihr zum Reformationsfest am 31. Oktober 1830 öffentlich eine gestickte Fahne überreichte.[1148]

Anzumerken ist hier noch die innere Struktur der Leipziger Burschenschaft. Diese bestand bis 1831 aus einem engeren Verein auf der einen Seite und den sogenannten Renoncen[1149] auf der anderen. Geleitet wurde die Verbindung von einem Vorstand, bestehend aus dem Sprecher, dem Schreiber, dem Kassierer, dem Fecht- und dem Kneipwart sowie einem Ehrengericht. Diese Struktur änderte sich jedoch im Jahre 1831 dahingehend, dass der engere Verein aufgelöst wurde und alle Mitglieder in einer „Allgemeinheit" vereint wurden, welcher der „Ausschuss" vorstand.[1150] Diese Änderung der inneren Struktur bewirkte, dass die Leipziger Burschenschaft im Wintersemester 1831/32 nach dem Frankfurter Burschentag aus dem allgemeinen Verband ausschied, weil dieser sie aufforderte, ihre vormalige

---

1144 *Hammer,* Volksbewegung und Obrigkeiten, S. 138.

1145 *Hoyer,* Kleine Geschichte der Leipziger Studentenschaft 1409–1989, S. 113.

1146 *Ballerstedt,* Vom Bamberger zum Frankfurter Burschentag, in: Studentische Burschenschaften und bürgerliche Umwälzung, S. 180 begründet dies weiterhin mit den großbürgerlich-liberalen Interessen der Studenten, die für die Leipziger Burschenschaft aufgrund des schlichten Lebens doch eher zu verneinen sind, aber sicherlich auf die Corps zutreffen.

1147 A. A. *Ballerstedt,* Vom Bamberger zum Frankfurter Burschentag, in: Studentische Burschenschaften und bürgerliche Umwälzung, S. 180.

1148 *Bruchmüller,* Der Leipziger Student 1409–1909, S. 129 f.

1149 Laut *Golücke* war ein Renonce ein Student, der sich für die Aufnahme in einer Verbindung beworben hatte bzw. ein Student im ersten Semester; vgl. Renonce, in: *Golücke,* Studentenwörterbuch, 4. Aufl., S. 370. Bei der Leipziger Burschenschaft waren unter den Renoncen Mitglieder zu verstehen, die der Burschenschaft angehörten, jedoch nicht in den engeren Verein aufgenommen wurden und somit nicht Vollmitglieder waren.

1150 *Schaffrath,* Kritik des in erster Instanz gegen neunzehn Mitglieder der Leipziger Burschenschaft gesprochenen Urthels, S. 1 f.

innere Struktur wieder herzustellen.[1151] Sie bestand nur noch aus 60 Mitgliedern und war zerstritten. Mit den Corps befand sie sich weiterhin im gegenseitigen Verruf. Politisch gab es bei der Leipziger Burschenschaft keine Aktivität mehr, weil diese die letzte Phase der Radikalisierung, im Vergleich zu Bünden an anderen Hochschulorten, nicht mehr mitgemacht hatte.[1152] Ganz im Gegenteil zeigte sie wiederum im August 1831 ihre Treue zur Regierung, indem sie Anteil an der Unterdrückung der Unruhen nahm. Von dieser Zeit an wurde die Burschenschaft unbehelligt gelassen. Ihr wurde sogar zum Versöhnungsfest am 31. Oktober 1831 ein Auftreten in Farben durch den Regierungskommissar gestattet. Gleiches erfolgte durch den Rektor zum Rektoratswechsel am 31. Oktober 1832, was diesmal allein durch den Regierungskommissar untersagt wurde.[1153]

Die Entwicklung innerhalb der Leipziger Burschenschaft nahm jedoch keinen positiven Verlauf. Nach dem gescheiterten Frankfurter Wachensturm am 3. April 1833 und den daraufhin wieder einsetzenden Verfolgungen in ganz Deutschland, erkannten die Mitglieder der Leipziger Burschenschaft, dass eine positive Entwicklung in der Folgezeit nicht zu erwarten war, und lösten diese am 24. April 1833 unter Vernichtung all ihrer Papiere und mit großer Auffälligkeit, um allen zu zeigen, dass nunmehr keine Burschenschaft mehr in Leipzig bestand, selbst auf.[1154] Von einer ernstzunehmenden burschenschaftlichen Vereinigung konnte in den nächsten Jahren in Leipzig nicht mehr gesprochen werden.[1155]

1151 Der Frankfurter Burschentag hatte die Leipziger Burschenschaft gemaßregelt, weil diese die Aufgaben des engeren Vereines auf die Allgemeinheit, der alle Mitglieder der Burschenschaft angehörten, übertragen hatte. So näher *Knaake/Thiele/Tornius/Leonhardt,* Geschichte der Leipziger Burschenschaft Germania 1818–1928, S. 23 f.

1152 *Baumann,* Die Erneuerung der Leipziger Burschenschaft nach 1833 im Zusammenspiel von liberalem Bürgertum und Schülerschaft, in: Darstellungen und Quellen zur Geschichte der deutschen Einheitsbewegung im neunzehnten und zwanzigsten Jahrhundert, Bd. 10, hrsg. v. Christian Probst, S. 105.

1153 *Heer,* Geschichte der Deutschen Burschenschaft – Die Demagogenzeit, in: Quellen und Darstellungen zur Geschichte der Burschenschaft und der deutschen Einheitsbewegung, Bd. X, S. 257.

1154 *Fick,* Auf Deutschlands hohen Schulen, S. 271; *Hoyer,* Kleine Geschichte der Leipziger Studentenschaft 1409–1989, S. 116; *Zwahr,* Im Übergang zur bürgerlichen Gesellschaft, in: Geschichte der Universität Leipzig 1409–2009, S. 148; *Knaake/Thiele/Tornius/Leonhardt,* Geschichte der Leipziger Burschenschaft Germania 1818–1928, S. 25; *Reichel,* Robert Blum – Ein deutscher Revolutionär 1807–1848, S. 27.

1155 *Heer,* Geschichte der Deutschen Burschenschaft – Die Demagogenzeit, in: Quellen und Darstellungen zur Geschichte der Burschenschaft und der deutschen Einheitsbewegung, Bd. X, S. 313; *Leonhardt,* Die älteste Leipziger Burschenschaft (1818–1833), S. 75.

b) *Gesetzliche Grundlagen für eine Verurteilung*

Fraglich ist an dieser Stelle aber nun, ob es für die Mitgliedschaft in der Leipziger Burschenschaft im Zeitraum von 1818 bis 1833 überhaupt eine gesetzlich normierte Strafbarkeit gab. Demnach hätte zum Zeitpunkt der Untersuchungen ein Gesetz bestehen müssen, welches die Mitgliedschaft, Teilnahme oder Unterstützung in einer Burschenschaft sanktionierte. Denkbar wären an dieser Stelle die „Gesetze für die Studirenden auf der Universität Leipzig vom 29. März 1822" und das „Mandat, die Ausschließung der Theilnehmer an geheimen Studentenverbindungen von öffentlichen Anstellungen betreffend; vom 21sten März 1825".

1) Gesetze für die Studirenden auf der Universität Leipzig

Eine Strafbarkeit der Teilnahme an der Leipziger Burschenschaft konnte sich aus den „Gesetzen für die Studirenden auf der Universität Leipzig vom 29. März 1822" ergeben. Demnach waren gemäß § 98 „alle geheimen Verbindungen der Studirenden unter einander, sie [mochten] nun den Namen Orden, Burschenschaft, Kränzchen, Landsmannschaften, Klubbs, oder irgend eine andere Benennung haben, [...] welcher Zweck dabei auch vorgegeben, oder wirklich vorhanden [war], und man [mochte] sich dazu mit einem Eide, oder ohne denselben, [verpflichtet haben], unbedingt und schlechterdings verboten."[1156] Bereits bei der Inskription mussten die neuen Studenten dem Rektor per Handschlag versichern, dass sie kein Mitglied einer geheimen oder sonst verbotenen Verbindung waren oder noch in eine solche eintreten wollten. Hätten sie diese Versicherung gebrochen, wären sie wie ein „Ehrvergessener" betrachtet und gemäß den Studierendengesetzen bestraft worden. Wer bereits bei der Inskription einer solchen Verbindung angehörte, dem sollte gemäß § 99 der „Gesetze für die Studirenden auf der Universität Leipzig" die Immatrikulation versagt werden.[1157] Nachfolgend wurden in den „Gesetzen für die Studirenden auf der Universität Leipzig" die Strafen für die verschiedenen Verbindungsdelikte normiert. So wurde derjenige, der eine solche Verbindung stiftete oder deren Vorsitzender war, mit sechsmonatiger Karzerstrafe erster Gattung (Karzer bei Gefangenenkost und ohne Zulassung irgendeines Zuspruches)[1158]

1156 Gesetze für die Studirenden auf der Universität Leipzig vom 29. März 1822, in: Königreich Sachsen, Gesetzsammlung für das Königreich Sachsen vom Jahre 1822, S. 313.

1157 Gesetze für die Studirenden auf der Universität Leipzig vom 29. März 1822, in: Königreich Sachsen, Gesetzsammlung für das Königreich Sachsen vom Jahre 1822, S. 313.

1158 „§. 53. Die akademischen Disciplinarstrafen wegen vorerwähnter sämmtlicher Vergehungen sind: 1.) Relegation; 2.) Wegweisung von der Universität; 3.) Exmatrikulation; 4.) Oeffentliche Bekanntmachung; 5.) Carcerstrafe, a) Carcerstrafe bei Gefangenenkost und ohne Zulassung irgend eines Zuspruchs, b) Carcerstrafe mit willkührlicher Beköstigung aus eigenen Mitteln, aber ohne Zulassung anderer Personen, c) Carcerstrafe mit willkührlicher Beköstigung und Zulassung derer,

und immerwährender Relegation bestraft.[1159] Ähnlich verhielt es sich mit den Mitgliedern einer Verbindung, welche ein Amt bekleideten oder sich als Deputierte entsenden ließen (bspw. zu den Burschentagen der Allgemeinen Burschenschaft). Diese wurden mit immerwährender Relegation und der Hälfte der Strafe bedroht, mit welcher die Stifter und Vorsitzenden bestraft wurden.[1160] Wiederum ähnlich verhielt es sich mit denjenigen, welche andere zum Beitritt zu einer solchen Verbindung überredet hatten. Diese wurden mit der gleichen Strafe belegt, wie diejenigen, welche ein Amt innehatten. Sollten sie jedoch andere zum Beitritt bewegt haben, indem dies mit ausdrücklicher Androhung der Herausforderung oder mit Hindeutung auf dieselbe sowie unter Androhung einer Beschimpfung geschehen war, wurden sie gleich den Stiftern bestraft.[1161] Dieser Strafschärfung lag das Ehrverständnis des 19. Jahrhunderts zu Grunde. Unter diesem verstand man, auf Beleidigungen durch andere, welche die eigene Ehre verletzten, mit der Forderung nach Entschuldigung oder Genugtuung (Satisfaktion) zu reagieren. Nur auf diesem Wege konnte die Ehrverletzung gesühnt und die eigene Ehre wieder hergestellt werden. Die Genugtuung zog jedoch eine Mensur nach sich, weil es sich um einen Ehrenhändel handelte. Jedoch konnten sich das nicht alle Studenten leisten. Auf der einen Seite war es mit finanziellen Belastungen verbunden, auf der anderen Seite waren die Fechtqualitäten von Verbindungsmitgliedern meist besser, als die

---

welche vom akademischen Gerichte schriftliche Erlaubnis dazu erhalten haben; 6.) Entziehung akademischer Unterstützungen; 7.) Verweise."; vgl. Gesetze für die Studirenden auf der Universität Leipzig vom 29. März 1822, in: Königreich Sachsen, Gesetzsammlung für das Königreich Sachsen vom Jahre 1822, S. 304.

1159 „§. 100. Wer eine solche Gesellschaft stiftet, so wie Derjenige, der als Vorsteher oder Senior, oder unter irgend einem andern Namen an der Spitze dieser Gesellschaft stehet, soll mit sechsmonatigem Carcer der ersten Gattung, und mit immerwährender Relegation bestraft werden."; vgl. Gesetze für die Studirenden auf der Universität Leipzig vom 29. März 1822, in: Königreich Sachsen, Gesetzsammlung für das Königreich Sachsen vom Jahre 1822, S. 313.

1160 „§. 102. Die übrigen Beamteten einer solchen Gesellschaft, als die Cassirer, Secretaire und dergleichen, so wie die, welche, auch nur in einzelnen Fällen, sich zu Abgeordneten, Repräsentanten oder Correspondenten in Angelegenheiten der Gesellschaft brauchen lassen, werden mit immerwährender Relegation, und hiernächst mit der Hälfte der den Stiftern und Vorstehern angedrohten Carcerstrafe belegt."; vgl. Gesetze für die Studirenden auf der Universität Leipzig vom 29. März 1822, in: Königreich Sachsen, Gesetzsammlung für das Königreich Sachsen vom Jahre 1822, S. 313.

1161 „§. 103. Wer zur Theilnahme an einer solchen Gesellschaft Andere beredet, oder anwirbt, soll gleiche Strafe mit den Beamteten, wenn er aber solches, unter ausdrücklicher Androhung der Herausforderung, oder mit Hindeutung auf dieselbe, oder unter Androhung einer Beschimpfung gethan hat, gleiche Strafe mit den Stiftern der Gesellschaft leiden."; vgl. Gesetze für die Studirenden auf der Universität Leipzig vom 29. März 1822, in: Königreich Sachsen, Gesetzsammlung für das Königreich Sachsen vom Jahre 1822, S. 314.

von Nichtverbindungsstudenten. Aus diesem Grunde wurde die Beleidigung oder die Drohung mit einer Mensur, um andere zum Beitritt zu bewegen, besonders bestraft.

Die genannten Paragraphen stellten die Übernahme von leitenden Positionen in der Verbindung unter Strafe. Jedoch war auch die reine Mitgliedschaft strafbewährt. Wer einer Verbindung beigetreten war, wurde demnach mit zweimonatigem Karzer zweiter Gattung und mit der Relegation bestraft.[1162] Er konnte sich jedoch, entgegen den Vorsitzenden und Beamteten, welche nur eine Strafmilderung erfahren konnten, der Strafe entziehen, wenn er der Obrigkeit die Verbindung anzeigte.[1163]

Eine besondere Schärfung der Strafe erfolgte auch noch, wenn das Grundgesetz der Verbindung die Entbindung von Eiden und an Eides Statt geleisteten Versprechungen enthielt, von dem an den Rektor oder gerichtlich gegebenen Ehrenworte sowie von gerichtlichen Angelöbnissen entband, zur Aufmunterungen zum Ungehorsam gegen die Obrigkeit und zur Erfüllung der Regeln des sogenannten Studentenkomments aufrief oder zu anderen verbrecherischen Zwecken aufforderte. Sollte man einer solchen Verbindung angehören, wurden die Karzerstrafen verdoppelt und den Orts- und Landesbehörden mitgeteilt, dass es sich bei dem Verbrecher um ein für die Sicherheit und Ruhe des gemeinen Wesens gefährlichen und des öffentlichen Vertrauens unwürdigen Menschen handele.[1164]

1162 „§. 104. Wer einer Verbindung dieser Art zwar beigetreten ist, jedoch dabei kein Amt bekleidet, noch sonst für dieselbe auf die im 102. und 103. §. beschriebene Weise sich thätig bezeigt hat, der soll, er mag nun kurze oder lange Zeit Mitglied derselben gewesen seyn, mit zweimonatlichem Carcer der zweiten Gattung und mit Relegation bestraft werden."; vgl. Gesetze für die Studirenden auf der Universität Leipzig vom 29. März 1822, in: Königreich Sachsen, Gesetzsammlung für das Königreich Sachsen vom Jahre 1822, S. 314.

1163 „§. 111. Derjenige, welcher eine solche Gesellschaft der akademischen Obrigkeit anzeigt, soll, wenn er blos Mitglied derselben ist, mit aller Strafe verschont, wenn er aber Stifter, ein Beamteter oder diesem gleich zu achten ist, mit einer nach Verhältniß der Umstände zu mildernden Strafe belegt werden."; vgl. Gesetze für die Studirenden auf der Universität Leipzig vom 29. März 1822, in: Königreich Sachsen, Gesetzsammlung für das Königreich Sachsen vom Jahre 1822, S. 315.

1164 „§. 105. Sollten die Grundgesetze einer solchen Gesellschaft die Entbindung von Eiden und an Eides Statt geleisteten Versprechungen von dem an den Rector, oder gerichtlich gegebenen Ehrenworte, oder von gerichtlichem Angelöbnisse oder Aufmunterungen zum Ungehorsam gegen die Obrigkeit und zur Erfüllung der Regeln des sogenannten Studenten-Comments, oder zu andern verbrecherischen Zwecken enthalten; so sollen die angedrohten Carcerstrafen verdoppelt, auch der Landes- und Ortsobrigkeit eines solchen Verbrechers derselbe in den Relegationspatenten, als ein für die Sicherheit und Ruhe des gemeinen Wesens gefährlicher und des öffentlichen Vertrauens unwürdiger Mensch ausdrücklich bezeichnet werden."; vgl. Gesetze für die Studirenden auf der Universität Leipzig

Die Mitgliedschaft in einer geheimen oder verbotenen Verbindung war somit nicht nur für die akademische Karriere schädlich, indem man mit einer Karzerstrafe belegt und von der Universität relegiert wurde, vielmehr folgte auch daraus, keine Anstellung im öffentlichen Dienst des Königreiches Sachsen zu erhalten.[1165]

2) Mandat, die Ausschließung der Theilnehmer an geheimen Studentenverbindungen von öffentlichen Anstellungen betreffend

Ähnlichen Inhalts wie der § 109 der Gesetze für die Studirenden auf der Universität Leipzig vom 29. März 1822 war das „Mandat, die Ausschließung der Theilnehmer an geheimen Studentenverbindungen von öffentlichen Anstellungen betreffend vom 21sten März 1825". Es handelte sich inhaltlich dabei um eine Schärfung der Strafe für die Teilnahme an geheimen Studentenverbindungen. Demnach wurde auf der einen Seite die Teilnahme an „den auf den Universitäten bestehenden, staatsverbrecherische Zwecke verfolgenden, geheimen Verbindungen" als Kriminaldelikt eingestuft und somit die Untersuchungen vom Kriminalamt[1166] und nicht mehr vom Universitätsgericht geführt. Auf der anderen Seite sollten die Teilnehmer der Verbindungen für alle Ämter im Königreich Sachsen und allen solchen Anstellungen und Geschäftsbetrieben, zu welchen es der Bestätigung einer vorgesetzten öffentlichen Behörde bedurfte, insbesondere auch zur Errichtung von Erziehungs- und Unterrichtsanstalten, für unfähig erachtet werden.[1167]

---

vom 29. März 1822, in: Königreich Sachsen, Gesetzsammlung für das Königreich Sachsen vom Jahre 1822, S. 314.

1165 „§. 109. So wie überhaupt die Wegweisung von der Universität und die Relegation einer künftigen Anstellung in dem Königl. Sächsischen Dienste nachtheilig wird; so ist solches noch vielmehr dann der Fall, wenn diese Strafen wegen Theilnahme an Ordens- oder landsmannschaftlichen, oder anderen dergleichen verbotenen Verbindungen auferlegt worden."; vgl. Gesetze für die Studirenden auf der Universität Leipzig vom 29. März 1822, in: Königreich Sachsen, Gesetzsammlung für das Königreich Sachsen vom Jahre 1822, S. 315.

1166 Siehe Fn. 13.

1167 „Wir Friedrich August, von Gottes Gnaden, König von Sachsen thun hiermit kund und fügen zu wissen: Wir haben uns bewogen gefunden, diejenigen gesetzlichen Vorschriften, welche, in Folge des von der Deutschen Bundesversammlung zu Frankfurt am Main, Inhalts des über die 35ste Sitzung aufgenommenen Protocolls vom 20sten September 1819, wegen der in Ansehung der Universitäten zu ergreifenden Maßregeln gefaßten, durch ein aus Unserm Kirchenrathe unterm 8ten März 1820 an die Universität Leipzig erlassenes Rescript, und durch einen Anschlag derselben zur Kenntniß gebrachten Beschlusses, im 109ten, in Verbindung mit dem 104ten §phen, der mittelst Rescript vom 29ten März 1822 bekannt gemachten Gesetze für die Studirenden auf der Universität Leipzig ausgesprochen worden sind, in Folgendem zu erweitern und näher zu bestimmen.
Gegen alle diejenigen hiesigen Unterthanen, welche der Theilnahme an den auf den Universitäten bestehenden, staatsverbrecherische Zwecke verfolgenden, geheimen Verbindungen angeschuldigt werden, oder verdächtig sind, soll hinführo

Dieses Mandat bestätigte somit nochmals, dass die Teilnahme an einer geheimen oder verbotenen Studentenverbindung den Verlust der Fähigkeit zur Bekleidung öffentlicher Ämter nach sich zog. Besonders unangenehm wirkte sich dies vor allem bei Studenten der Rechtswissenschaft, der Medizin und der Theologie aus. Die Niederlassung als Advokat, Notar oder Arzt wurde ihnen unmöglich gemacht, da es einer staatlichen Anerkennung oder Zulassung bedurfte. Auch die Einstellung als Lehrer an staatlichen Schulen oder als Dozent an einer Hochschule wurde verwehrt.

3. Urteil des Appellationsgerichts zu Leipzig

a) Die Einleitung des Verfahrens

In den Jahren 1833 und 1834 kam es in mehreren deutschen Staaten zu Kriminaluntersuchungen gegen Mitglieder der Burschenschaften. Ausgelöst wurden diese durch den gescheiterten Frankfurter Wachensturm vom 3. April 1833 und eingeleitet durch die Frankfurter Bundeszentralkommission.[1168]

Der Verdacht bestand, dass maßgeblich Mitglieder von Burschenschaften von verschiedenen Hochschulorten am Frankfurter Wachensturm beteiligt gewesen waren. So erstreckten sich die Untersuchungen auch bis nach Leipzig. Im Jahre 1835 wurde vom Universitätsgericht zu Leipzig gegen die Mitglieder der Allgemeinheit, welche noch Studenten waren, ein Disziplinaruntersuchungsverfahren eingeleitet. Zu Ostern des Jahres 1835 begann parallel, auf Anordnung des Landesjustizkollegiums vom 9. März 1835, eine Kriminaluntersuchung vor dem Kriminalamt zu Leipzig gegen die Mitglieder, die keine Studenten mehr waren. Die gleiche Anordnung des Landesjustizkollegiums befahl auch die Verhaftung von Hermann Joseph. Letztlich wurden beide Untersuchungen zu einer, vom Kriminalamt zu Leipzig geführten, verbunden. Die Anzahl der Angeschuldigten belief sich zunächst auf 200 Personen.[1169]

Die Untersuchungen wurden bis Michaelis 1835 geführt und kamen dann für die Dauer von circa eineinhalb Jahren zum Stillstand. Zuvor war noch durch allerhöchsten Beschluss vom 11. Juli 1836 die Untersuchung lediglich auf die

---

mit der Criminaluntersuchung verfahren und die, so bei diesen Untersuchungen der gedachten Ämtern in den hiesigen Landen und allen solchen Anstellungen und Geschäftsbetreibungen, zu welchen es der Bestätigung einer vorgesetzten öffentlichen Behörde bedarf, insbesondere auch zu Errichtung von Erziehungs- und Unterrichts-Anstalten, für unfähig erachtet werden."; vgl. Mandat, die Ausschließung der Theilnehmer an geheimen Studentenverbindungen von öffentlichen Anstellungen betreffend; vom 21sten März 1825, in: Königreich Sachsen, Gesetzsammlung für das Königreich Sachsen vom Jahre 1825, S. 67 f.

1168 *Schaffrath*, Kritik des in erster Instanz gegen neunzehn Mitglieder der Leipziger Burschenschaft gesprochenen Urthels, S. 1.

1169 *Schaffrath*, Kritik des in erster Instanz gegen neunzehn Mitglieder der Leipziger Burschenschaft gesprochenen Urthels, S. 2.

Mitglieder der Burschenschaft beschränkt worden, die dieser ab 1827 angehört hatten.[1170] Nach mehreren Beschwerden und Vorstellungen der Angeschuldigten um Beschleunigung des Verfahrens, unter anderem bei der Ständeversammlung des Königreichs Sachsen, wurden gegen Michaelis 1836 die Akten an das Appellationsgericht zu Leipzig übergeben, welches ein Gutachten an das Justizministerium abfassen sollte. Letztlich wurden durch Verordnung vom 30. März 1837 auch die Mitglieder des engeren Vereins aus den Untersuchungen ausgegliedert, sodass sich diese nur noch auf 19 Mitglieder beschränkte.[1171] Diesen 19 Mitgliedern wurde vorgeworfen, maßgeblich an der Gründung und Leitung der Leipziger Burschenschaft beteiligt gewesen zu sein. Aus diesem Grund sahen die Behörden eine Verurteilung lediglich dieser 19 Angeschuldigten für möglich an. Die Untersuchungen wurden sodann nach Ostern 1837 wieder aufgenommen, nach einigen Monaten die Akten geschlossen und zur Verteidigung an Gerichtsstelle vorgelegt. Schließlich wurde das Appellationsgericht zu Leipzig Ende August 1837 mit der Abfassung des Urteils beauftragt, welches am 7. November 1837 bekannt gemacht wurde.[1172]

b) Das Urteil

Das Urteil in erster Instanz durch das Appellationsgericht zu Leipzig fiel für alle Beteiligten sowie für die in- und ausländische Presse sehr hart aus, weil in der Zwischenzeit andere Urteile gegen Mitglieder der Leipziger Burschenschaft ergangen waren, die weit milder ausgefallen waren.[1173] So erkannte das Appellationsgericht zu Leipzig, nach den Erkenntnissen aus den Untersuchungen des vereinigten Kriminalamtes der Stadt Leipzig, „daß wegen der bezeigten mehrern oder mindern Theilnahme an geheimen revolutionairen Verbindungen [...] Hermann Joseph [...] drei Jahre, endlich [...] Adolf Ernst Hensel [...] ein Jahr lang mit Gefängniß zu bestrafen, allerseits Inculpaten auch zu öffentlichen Aemtern und allen solchen Anstellungen und Geschäftsbetreibungen, zu welchen es der Bestätigung einer vorgesetzten öffentlichen Behörde bedarf, insbesondere zu Errichtung von Erziehungs- und Unterrichtsanstalten für unfähig zu erachten [waren].“[1174]

1170 *Schaffrath*, Kritik des in erster Instanz gegen neunzehn Mitglieder der Leipziger Burschenschaft gesprochenen Urthels, S. 2.

1171 *Schaffrath*, Kritik des in erster Instanz gegen neunzehn Mitglieder der Leipziger Burschenschaft gesprochenen Urthels, S. 3.

1172 *Schaffrath*, Kritik des in erster Instanz gegen neunzehn Mitglieder der Leipziger Burschenschaft gesprochenen Urthels, S. 3.

1173 *Baumann*, Die Erneuerung der Leipziger Burschenschaft nach 1833 im Zusammenspiel von liberalem Bürgertum und Schülerschaft, in: Darstellungen und Quellen zur Geschichte der deutschen Einheitsbewegung im neunzehnten und zwanzigsten Jahrhundert, Bd. 10, hrsg. v. Christian Probst, S. 125.

1174 SächsHStA Dresden, Acta, die wegen politischer Umtriebe in Untersuchung gekommenen akademischen Lehrer zu Leipzig betr., 1834–1839, Bl. 95 f.

1) Allgemeine Entscheidungsgründe

„Die Untersuchung, welche gegenwärtig zur Entscheidung vorliegt, ist insbesondere gegen die unter dem Namen der Burschenschaft auf einer Menge deutscher Universitäten vorgekommene Verbindung, deren Gestaltung, Zusammenhang und Wirksamkeit gerichtet worden."[1175]

Nach diesem einleitenden Satz in der Urteilsbegründung folgten längere Ausführungen über die, zur damaligen Zeit bekannte, Geschichte, Inhalte der Verfassung und Zielstellung der Burschenschaft im Allgemeinen.[1176]

Wichtig zu erwähnen sei hier die gerichtliche Erkenntnis über die Einteilung der Mitglieder der Burschenschaft in einzelne Grade. Auch das Gericht erkannte in seiner Urteilsbegründung die Einteilung in eine engere Verbindung und eine weitere. Die Mitglieder der engeren Verbindung waren mit der Konstitution bekannt und sind auf sie verpflichtet worden. Weiterhin wurde aus der engeren Verbindung der Vorstand gewählt. Die Mitglieder der weiteren Verbindung, welche aus den Renoncen bestand, waren mit der Konstitution nicht vertraut und nur auf den Brauch[1177] verpflichtet.[1178]

Auch tätigte das Gericht in seiner Urteilsbegründung Ausführungen zum Aufbau der allgemeinen Burschenschaft als Dachverband der Einzelburschenschaften. Demnach hielt die allgemeine Burschenschaft Burschentage ab, welche als Versammlungen von Abgeordneten der im Verband befindlichen Burschenschaften der einzelnen Universitäten bei Bedarf abgehalten wurden. Neben diesen Burschentagen oblag die Entscheidungsfindung einer geschäftsführenden Burschenschaft, welche von den Abgeordneten des Burschentages gewählt wurde und welche im Zeitraum zwischen den Versammlungen die gemeinsamen Angelegenheiten besorgte.[1179] Als wichtigeres Gremium von beiden wurde vom Gericht jedoch der Burschentag anerkannt,[1180] weil auf diesem allgemeine und besondere Angelegenheiten, vor allem die Verfassung und Konstitution betreffend, beraten und geordnet, einzelne Händel in höchster Instanz geschlichtet und Beschlüsse nach Stimmenmehrheit gefasst wurden, welche für die Einzelburschenschaften

---

1175 SächsHStA Dresden, Acta, die wegen politischer Umtriebe in Untersuchung gekommenen akademischen Lehrer zu Leipzig betr., 1834–1839, Bl. 96b f.

1176 SächsHStA Dresden, Acta, die wegen politischer Umtriebe in Untersuchung gekommenen akademischen Lehrer zu Leipzig betr., 1834–1839, Bl. 96 ff.

1177 Siehe hierzu den Brauch der Leipziger Burschenschaft, in: *Haupt*, Landsmannschaften und Burschenschaft, S. 353–364.

1178 SächsHStA Dresden, Acta, die wegen politischer Umtriebe in Untersuchung gekommenen akademischen Lehrer zu Leipzig betr., 1834–1839, Bl. 99b.

1179 SächsHStA Dresden, Acta, die wegen politischer Umtriebe in Untersuchung gekommenen akademischen Lehrer zu Leipzig betr., 1834–1839, Bl. 100.

1180 Wichtige Burschentage waren demnach der Bamberger Burschentag 1827, der Würzburger Burschentag 1829, der Nürnberger Burschentag 1830, der Dresdner Burschentag zu Ostern 1831, der Frankfurter Burschentrag zu Michaelis 1831 und der Stuttgarter Burschentag 1832.

verbindlich waren.[1181] Hierbei sah das Gericht die Wichtigkeit der Burschentage in ihren verbindlichen Beschlüssen. Demnach war die Burschenschaft nach ihrer Gründung und in den Folgejahren eine Verbindung gewesen, welche sich der Sittlichkeit, Wissenschaftlichkeit und der politischen Ausbildung gewidmet hatte. Vor oder auf dem Würzburger Burschentag 1829 soll der Anfang der Konstitution dahingehend geändert worden sein, dass die allgemeine Burschenschaft eine freie Vereinigung der deutschen Jugend war, welche sich die Vorbereitung zur Herbeiführung eines frei und gerecht geordneten und auf Volkseinheit gegründeten Volkslebens zum Zwecke gesetzt hatte.[1182] Auf dem Dresdner Burschentag zu Ostern 1831 wurde sodann der Antrag verhandelt, dass die Worte „Vorbereitung zur Herbeiführung" in „Herbeiführung" geändert werden sollten. Zustimmung fand dieser Antrag jedoch erst auf dem Frankfurter Burschentag zu Michaelis 1831. Dieser sollte ohnehin abgehalten werden, um statt des ewigen Redens von Wirken, Schaffen und Streben nach gemeinschaftlichen Zwecken, endlich zur Ausführung dieser zu gelangen. Dementsprechend beschloss die Majorität des Frankfurter Burschentages, sich Volksbewegungen und Aufständen anzuschließen, das illiberale Prinzip auch mit Waffen zu bekämpfen und den Zweck der Verfassung nicht nur auf das Universitätsleben, sondern auch auf das bürgerliche Leben auszuweiten. Ferner sollte auch die Teilnahme an Revolutionen, welche auf die Einheit Deutschlands drängten, nicht ausgeschlossen werden.[1183] Demnach wurde auch der Tendenzparagraph neu gefasst: „Die allgemeine Burschenschaft ist die freie Vereinigung der auf der Hochschule sich bildenden teutschen Jugend, welche sich zum Zwecke gesetzt hat Herbeiführung eines gemeinsamen, frei und gerecht geordneten, zeitgemäßen, durch Staatseinheit gesicherten Volkslebens im teutschen Volke."[1184]

Diese Losung wurde auf dem Stuttgarter Burschentag von 1832 nochmals verstärkt, indem dieser den Beschluss aufstellte, dass die Burschenschaft eine revolutionäre Verbindung werden sollte, welche ihren Zweck durch die Revolution erreichen wollte und lediglich die Waffengewalt als Mittel ausgeschlossen war. Jede Burschenschaft sollte mit den einzelnen Vaterlandsvereinen Kontakt aufnehmen, um bezüglich einer Umgestaltung Deutschlands zu wirken.[1185]

Nach den Ausführungen des Gerichts ergab sich für dieses bereits daraus, dass „die allgemeine Burschenschaft nach ihrem Sinne, Wesen und Wirken als eine

---

1181 SächsHStA Dresden, Acta, die wegen politischer Umtriebe in Untersuchung gekommenen akademischen Lehrer zu Leipzig betr., 1834–1839, Bl. 100b.

1182 SächsHStA Dresden, Acta, die wegen politischer Umtriebe in Untersuchung gekommenen akademischen Lehrer zu Leipzig betr., 1834–1839, Bl. 104.

1183 SächsHStA Dresden, Acta, die wegen politischer Umtriebe in Untersuchung gekommenen akademischen Lehrer zu Leipzig betr., 1834–1839, Bl. 104b f.

1184 SächsHStA Dresden, Acta, die wegen politischer Umtriebe in Untersuchung gekommenen akademischen Lehrer zu Leipzig betr., 1834–1839, Bl. 105b.

1185 SächsHStA Dresden, Acta, die wegen politischer Umtriebe in Untersuchung gekommenen akademischen Lehrer zu Leipzig betr., 1834–1839, Bl. 106 f.

staatsgefährliche und revolutionaire Verbindung angesehen werden [musste], und daß die auf den einzelnen Universitäten [bestandenen] Burschenschaften, so lange sie der allgemeinen angehörten und angehören wollten, nothwendig dieselbe Richtung haben, die aufgestellten Grundsätze und Zwecke anerkennen, billigen, verfolgen mussten."[1186]

Nach den Ausführungen über die allgemeine Burschenschaft schlossen sich die Erkenntnisse über die Leipziger Burschenschaft an. „Was nun die Burschenschaft zu Leipzig insbesondere betrifft, so constituirte sich dieselbe am 7. Juni 1818. Zu Folge dieser Constitution war der Zweck vaterländische Ausbildung nach gewissen Regeln, volksthümliche Ausbildung für den Dienst des Vaterlands; sie hatte einen Vorstand aus neun Mitgliedern und drei Anwarten, aus dem der Sprecher, Schreiber, Rechnungsführer, Geschäftsführer in auswärtigen Angelegenheiten, Vorsteher des Fechtbodens (Fechtwart), Vorsteher des Burschenhauses (Kneipwart) und Pfleger hervorgingen, desgleichen einen Ausschuß nebst Anwarten, jenen im Verhältnisse von 1 zu 10, diese von 1 zu 3, auch einen Vermittlungsausschuß (Ehrengericht) von drei Mitgliedern und zwei Anwarten."[1187]

Eine Änderung dieser Organisation trat im Sommer 1831 ein. „Der bei weitem größte Theil der Inculpaten [äußerte] sich darüber dahin, daß der engere und weitere Verein aufhörte, und die Mitglieder beider durch Wahl bestimmten, wer der neuen Verbindung, unter dem Namen der Allgemeinheit, künftig angehören solle, daß die Allgemeinheit ganz an die Stelle der frühern innern Verbindung trat, die Nichtgewählten als Commentburschen den Platz der Renoncen oder des weitern Vereins einnahmen. Aus der Allgemeinheit wurde, jedoch wie es scheint nur vorübergehend, ein Ausschuß und bleibend ein Vorstand gewählt."[1188]

Auch geriet die Leipziger Burschenschaft ins Visier der Behörden, weil an diese im Sommer 1831 eine Einladung der damals geschäftsführenden Burschenschaft zu Jena zu dem Frankfurter Burschentage erfolgte. Von Leipzig aus wurde die Annahme der Einladung erklärt und ein Abgeordneter gewählt. Dieser widersprach den Ergebnissen der Frankfurter Verhandlungen nicht, was das Gericht dazu bewegte, die Leipziger Burschenschaft als aktiven Teilnehmer am allgemeinen Verband zu betrachten.[1189]

Diesen allgemeinen Entscheidungsgründen über das Bestehen und Wirken der allgemeinen Burschenschaft und der Leipziger Burschenschaft im Speziellen, schlossen sich Spezialentscheidungsgründe für jeden Verurteilten im Einzelnen an, welche nun für Hermann Joseph und Adolf Ernst Hensel näher betrachtet werden sollen.

1186 SächsHStA Dresden, Acta, die wegen politischer Umtriebe in Untersuchung gekommenen akademischen Lehrer zu Leipzig betr., 1834–1839, Bl. 109 f.

1187 SächsHStA Dresden, Acta, die wegen politischer Umtriebe in Untersuchung gekommenen akademischen Lehrer zu Leipzig betr., 1834–1839, Bl. 110.

1188 SächsHStA Dresden, Acta, die wegen politischer Umtriebe in Untersuchung gekommenen akademischen Lehrer zu Leipzig betr., 1834–1839, Bl. 115b f.

1189 SächsHStA Dresden, Acta, die wegen politischer Umtriebe in Untersuchung gekommenen akademischen Lehrer zu Leipzig betr., 1834–1839, Bl. 117 f.

2) Spezialentscheidungsgründe Hermann Joseph

Die Spezialentscheidungsgründe dienten zur Begründung für den Schuldspruch eines jeden Inkulpaten. Dementsprechend fielen sie bei den verschiedenen Verurteilten auch unterschiedlich lang und detailliert aus.

Bei Hermann Joseph konnte seine Tätigkeit in der Burschenschaft besser und tiefgründiger nachvollzogen werden. Aufgrund seines weitreichenden Engagements für die Burschenschaft wurde dadurch die dreijährige Haftstrafe gerechtfertigt.

Nach den Erkenntnissen des Gerichts bezog Joseph Michaelis 1829 die Universität Leipzig und wurde 1832 examiniert. Danach arbeitete er bis Ostern 1833 als Akzessist bei dem Gerichtsdirektor Ludwig in Groitzsch.[1190] Zum Zeitpunkt der Untersuchung betrieb Joseph die Ökonomie auf dem Rittergut Teuritz bei Lucka im Altenburger Land, welches seinem Vater gehörte und lebte abwechselnd dort und in Pegau.[1191]

Die Ausführungen zu seiner Tätigkeit in der Burschenschaft sind jedoch weitreichender als die zu seinem Personenstand. So ergänzte und änderte er diese im Laufe der Untersuchungen mehrmals und gab meist erst Umstände zu, wenn diese schon bekannt oder nicht mehr zu leugnen waren. Nach seinen Ausführungen will er sich in Leipzig zu einer Verbindung gehalten haben, die ab Ostern 1831 den Namen Burschenschaft getragen habe. Diese soll ein Teil der im Jahre 1829 zerfallenen Burschenschaft gewesen sein. Seine Aufnahme als Verbindungsmitglied erfolgte durch den Vorstand, welcher aus drei Personen bestand, ungefähr vier Wochen vor Ostern 1831 durch Vorlesen des Komments. Sein Kneipname lautete „Elfenkönig". Zu Ostern 1831 soll ein neuer Komment ausgearbeitet worden sein. Seine Mitgliedschaft in der Verbindung soll, mit einer geringen Unterbrechung im November 1831 und im Winter darauf, bis zu Pfingsten 1832 gedauert haben. Zur ersten Ostermesswoche 1832 soll sich die Burschenschaft aufgelöst, aber formlos weiter bestanden haben. So wurde er als Sprecher in den Vorstand gewählt und soll dieses Amt sechs Wochen bis zu seinem Austritt bekleidet haben. Eine gänzliche Aufhebung soll dann unter seinem Vorsitz zu Ostern 1833 stattgefunden haben, wo er nach dem gescheiterten Frankfurter Attentate den Antrag auf Auflösung stellte, weil er eine vermehrt einsetzende Repression fürchtete.[1192] Weiterhin gestand er

1190 StA Leipzig, Untersuchungen des vereinigten Kriminalamts Leipzig wegen burschenschaftlicher und staatsfeindlicher Verbindungen und Entscheidungen des Appellationsgerichts Leipzig, 1835–1839, Bl. 88 f.

1191 StA Leipzig, Untersuchungen des vereinigten Kriminalamts Leipzig wegen burschenschaftlicher und staatsfeindlicher Verbindungen und Entscheidungen des Appellationsgerichts Leipzig, 1835–1839, Bl. 86; SächsHStA Dresden, Die staatsverrätherischen Verbindungen auf den Hochschulen Deutschlands betr., 1836–1838, Bl. 67b.

1192 SächsHStA Dresden, Acta, die wegen politischer Umtriebe in Untersuchung gekommenen akademischen Lehrer zu Leipzig betr., 1834–1839, Bl. 118.

ein, dass er einmal Kränzchenführer gewesen war und hielt es für wahrscheinlich, dass er sich in dem eingerichteten Ausschuss befunden habe.[1193]

Diese, in den ersten Verhören getätigten, Ausführungen waren jedoch nicht lange haltbar, weil sie inhaltlich fragwürdig und unschlüssig waren, aber auch den Aussagen anderer Angeschuldigter widersprachen. Joseph war somit gezwungen, diese sukzessive zu korrigieren. So gab er zu, dass die Burschenschaft auch schon vor dem Wintersemester 1830 diesen Namen trug und als organisierte Verbindung auftrat. Weiterhin will er von August bis November 1831 aus der Burschenschaft befristet ausgetreten gewesen sein, um dann vor oder nach Ostern 1832 gänzlich auszutreten. Im Zeitraum von Michaelis bis Weihnachten 1831 will er das Amt des Kassierers und danach bis Ostern 1832 das des Sprechers bekleidet haben. Unschlüssig erscheint jedoch, warum er an der Auflösung der Burschenschaft zu Ostern 1833 beteiligt gewesen sein soll, wenn er doch zu Ostern 1832 ausgetreten sei. Joseph erklärte dies damit, dass das Frankfurter Attentat als Anlass für die Auflösung genommen wurde, er als Ausgetretener daraufhin den Vorschlag gemacht habe, die Verbindung aufzulösen und ihm als ehemaligem Vorstandsmitglied, welches noch ein ziemliches Ansehen bei der Burschenschaft genoss, das Erscheinen und Sprechen gestattet wurde.[1194]

Das nächste Themengebiet, zu dem Joseph sich äußern musste, war das Bestehen einer Konstitution oder Verfassung. Wie bereits ausgeführt, war es von Bedeutung für den Grad an Beteiligung in der Verbindung, ob man den Inhalt der Verfassung kannte, auf diese vereidigt wurde oder nicht. Dass die Leipziger Burschenschaft eine Konstitution hatte, geht aus den Aussagen Josephs klar hervor. Auch sollte bei der Aufnahme in die Verbindung eine Verpflichtung auf die Verfassung erfolgen und Joseph führte diese in seiner Funktion als Sprecher auch mehrmals durch. Zu Ostern 1831 erhielt er sodann den Auftrag, eine neue Konstitution zu entwerfen. Dieser Entwurf wurde nach Michaelis 1831 vorgetragen, jedoch nicht angenommen. Insgesamt soll in seiner Zeit bei der Verbindung keine neue Konstitution eingeführt worden sein. Neben dem „ob“ des Bestehens einer Konstitution und deren Vereidigung darauf, kam es noch auf den Zweck an, den die Konstitution verfolgte. Wie bereits ausgeführt, entwickelte sich der Zweck der allgemeinen Burschenschaft vom rein wissenschaftlich-politischen hin zum revolutionären, welcher eine Neugestaltung Deutschlands anstrebte. In Bezug auf die Leipziger Burschenschaft wusste Joseph sich nicht mehr zu erinnern, ob der Zweck darin lag, die Einheit und Freiheit Deutschlands zu erstreben. Nach seinem Wissen

1193 StA Leipzig, Untersuchungen des vereinigten Kriminalamts Leipzig wegen burschenschaftlicher und staatsfeindlicher Verbindungen und Entscheidungen des Appellationsgerichts Leipzig, 1835–1839, Bl. 89.

1194 StA Leipzig, Untersuchungen des vereinigten Kriminalamts Leipzig wegen burschenschaftlicher und staatsfeindlicher Verbindungen und Entscheidungen des Appellationsgerichts Leipzig, 1835–1839, Bl. 89 f.

lag der Zweck in der bloßen sittlichen und wissenschaftlichen Ausbildung und insbesondere in der Verhütung der Unzucht.[1195]

Natürlich wurde Joseph auch zu dem Verhältnis der Leipziger Burschenschaft zu der allgemeinen Burschenschaft befragt. Nach Josephs Aussage soll Leipzig erst durch das Beschicken des Dresdner Burschentages 1831 faktisch, ohne nähere Kenntnis derselben, sich der allgemeinen Burschenschaft angeschlossen haben. Die Mitgliedschaft soll offiziell bis zur Auflösung zu Ostern 1833 bestanden haben. Nach dem Frankfurter Burschentag 1832 soll sie jedoch faktisch von der Mitgliedschaft im allgemeinen Verband abgegangen sein und keine vollständige Mitgliedschaft mehr vorgelegen haben. Dies begründete Joseph auch damit, weil in der Zeit der Mitgliedschaft ein politischer Zweck verfolgt werden sollte, doch dies in Leipzig nicht geschehen war und auch keine Empfänglichkeit dafür vorhanden gewesen sein soll.[1196]

Den Kontakt zum allgemeinen Verband nahm die Leipziger Burschenschaft wohl wirklich erst im Zuge des Dresdner Burschentages auf. Joseph erklärte im Zusammenhang mit diesem zunächst, dass er nur zufällig in Dresden geweilt und dort ein paar Studenten getroffen hatte, die ihm gegenüber geäußert hatten, dass sie als Deputierte zum Burschentag in Dresden waren. Nach dieser anfänglichen Behauptung gestand er jedoch, dass er nach der Bildung der neuen Burschenschaft 1831 eine Einladung aus Jena zum Dresdner Burschentag erhalten hatte und diese nach Diskussion angenommen sowie er selbst als Deputierter nach Dresden entsandt worden war. In Dresden war er vom Zweck der Burschenschaft und deren Richtungen (Arminen und Germanen) sowie einer geplanten Vereinigung derselben unterrichtet worden.[1197]

Auch die Teilnahme der Leipziger Burschenschaft am Frankfurter Burschentag räumte Joseph ein. Dieser fiel jedoch in die Zeit, in der Joseph ausgetreten war und nur als Renonce der Verbindung angehört hatte. Er gab auch zu, dass die Einladung zum Frankfurter Burschentag an seine Adresse gesandt wurde, der Deputierte zum Burschentag ihn wegen der Nachsendung von Geld angeschrieben und er diesen später angeklagt und dessen Ausschluss beabsichtigt hatte, weil er sich auf dem Burschentag eine unangemessene Äußerung in Betreff der Leipziger Burschenschaft hatte gefallen lassen. Dies alles soll jedoch in die Zeit seines Austritts gefallen sein.[1198] Dass Joseph jedoch keine unbedeutende Rolle in der

---

1195 StA Leipzig, Untersuchungen des vereinigten Kriminalamts Leipzig wegen burschenschaftlicher und staatsfeindlicher Verbindungen und Entscheidungen des Appellationsgerichts Leipzig, 1835–1839, Bl. 89.

1196 *Schaffrath*, Kritik des in erster Instanz gegen neunzehn Mitglieder der Leipziger Burschenschaft gesprochenen Urthels, S. 29, 40.

1197 StA Leipzig, Untersuchungen des vereinigten Kriminalamts Leipzig wegen burschenschaftlicher und staatsfeindlicher Verbindungen und Entscheidungen des Appellationsgerichts Leipzig, 1835–1839, Bl. 89 f.

1198 StA Leipzig, Untersuchungen des vereinigten Kriminalamts Leipzig wegen burschenschaftlicher und staatsfeindlicher Verbindungen und Entscheidungen des Appellationsgerichts Leipzig, 1835–1839, Bl. 90.

Leipziger Burschenschaft gespielt haben kann, zeigten seine Stellung innerhalb dieser und seine Korrespondenz mit anderen Verbindungsmitgliedern und Bünden an anderen Hochschulorten. Auch der Fakt, dass als Leipziger Korrespondenz bei dem Nürnberger Burschentag Hermann Joseph und als Adresse der Gastwirt, wo Joseph seinen Wohnsitz hatte, angegeben wurde, zeigen seine Bekanntschaft in der allgemeinen Burschenschaft. Weiterhin gelangten Briefe in Burschenschaftsangelegenheiten über seinen Onkel Kirschbaum an Joseph, weil diese an dessen Adresse gesandt wurden. Joseph behauptete jedoch, dass er diese ungelesen an den Sprecher weitergegeben habe.[1199]

Bei einer Hausdurchsuchung bei Joseph in Pegau im Zuge seiner Verhaftung, welche jedoch nicht durchgeführt werden konnte, weil Joseph sich auf einer Reise befand, fanden sich dann auch dementsprechend verdächtige Schriften, die seine Beteiligung an der Burschenschaft belegten.[1200] So fand sich unter seinen Sachen ein aus Zwickau vom 6. März 1835 mit der Überschrift „Deine schlechte Gesellschaft" datierter Brief, worin ein Justiziar Wächter in Zwenkau erwähnt wird, der den Schreiber von dem Auftrag, seine Arretierung zu bewirken, in Kenntnis gesetzt und dadurch seine Flucht aus Zwenkau veranlasst hatte. Weiterhin wird ein gewisser „Zwirbel (Rascher)" erwähnt, welcher sichere Nachricht von gewissen bekannten Personen hat, dass die Untersuchungen auch auf ehemalige Studenten ausgedehnt werden sollten. Als Verfasser wird von Joseph der Student Putziger genannt.[1201] Weiterhin wurde ein weiterer Brief des genannten „Zwirbel" mit der Überschrift „Dein Lebewohl" gefunden, worin über die durchgeführten Untersuchungen korrespondiert wurde und dass diese etwas schlimmer als erwartet ausgefallen waren und verschiedene Geständnisse abgelegt wurden.[1202] Drei andere Briefe ohne Datierung, einer ohne Unterschrift und zwei mit der Unterschrift „Wilhelm" deuteten auf eine Reise Josephs hin. In einem der Briefe bat der Verfasser, dass Joseph ihm von seiner Reise noch einmal schreiben möge und erläuterte: „Ich bitte dich, thue nicht, was Dich gereut, tritt nicht fest auf den Platz, den Du mir bezeichnet hast, Du

1199 StA Leipzig, Untersuchungen des vereinigten Kriminalamts Leipzig wegen burschenschaftlicher und staatsfeindlicher Verbindungen und Entscheidungen des Appellationsgerichts Leipzig, 1835–1839, Bl. 90.

1200 StA Leipzig, Untersuchungen des vereinigten Kriminalamts Leipzig wegen burschenschaftlicher und staatsfeindlicher Verbindungen und Entscheidungen des Appellationsgerichts Leipzig, 1835–1839, Bl. 86.

1201 StA Leipzig, Untersuchungen des vereinigten Kriminalamts Leipzig wegen burschenschaftlicher und staatsfeindlicher Verbindungen und Entscheidungen des Appellationsgerichts Leipzig, 1835–1839, Bl. 87. Denkbar wäre aber auch, dass es sich dabei um den mitangeschuldigten Burschenschafter Eduard Moritz Rascher handelte.

1202 StA Leipzig, Untersuchungen des vereinigten Kriminalamts Leipzig wegen burschenschaftlicher und staatsfeindlicher Verbindungen und Entscheidungen des Appellationsgerichts Leipzig, 1835–1839, Bl. 87.

machst Dich und Deine Aeltern unglücklich, ohne Andern zu nützen."[1203] Joseph tat dies aber als Hinweis auf eine Familienangelegenheit ab. Einer der anderen Briefe deutete auf eine Schweizreise Josephs hin, bei welcher er jedoch nur bis Heidelberg gekommen war.[1204]

Aufsehen erregend war der Fund eines Konvolutes prosaischer und poetischer Aufsätze sowie von Polenliedern und mehrerem anderen „in aufregendem Sinne". Auch wurde ein gedrucktes Heft mit Polenliedern nebst einem Anhang vaterländischer Lieder gefunden.[1205]

Auf das Bestehen von Verbindungen deutete auch der Fund von Stammbuchblättern hin. Ein großer Teil davon stammte von Verbindungsmitgliedern mit ihrem eigentlichen und ihrem Kneipnamen. Mehrere enthielten Anspielungen auf den Zweck der Verbindung und die Anfangsbuchstaben des Wahlspruchs der Burschenschaft. Einige Stammbuchblätter von 1829 waren mit „Arminia" überschrieben und rührten wahrscheinlich aus der Schulzeit Josephs. Ein anderes Stammbuchblatt vom 4. Dezember 1832 trug die Aufschrift „Vivat Germania".[1206] In diesem Zusammenhang fanden sich auch mehrere Zettel mit Namen von Verbindungsmitgliedern und Altenburger Schülern, welche eine Reiseanleitung und Empfehlungen für Besuche enthielten. Geschlussfolgert werden konnte aber, dass anscheinend schon auf dem Altenburger Gymnasium eine Verbindung mit dem Namen „Arminia" und dem Wahlspruch „Freiheit" bestanden hatte.[1207] Letztlich wurde als Erwähnenswertes noch ein Paket mit Opium und der Aufschrift „Die Hälfte ist genug, um einen in die Hände Satans zu spielen" gefunden. Joseph wollte es angeschafft haben, um seinen Hund zu töten. Die Aufschrift soll nur ein Scherz gewesen sein.[1208]

1203 StA Leipzig, Untersuchungen des vereinigten Kriminalamts Leipzig wegen burschenschaftlicher und staatsfeindlicher Verbindungen und Entscheidungen des Appellationsgerichts Leipzig, 1835–1839, Bl. 87.

1204 StA Leipzig, Untersuchungen des vereinigten Kriminalamts Leipzig wegen burschenschaftlicher und staatsfeindlicher Verbindungen und Entscheidungen des Appellationsgerichts Leipzig, 1835–1839, Bl. 87.

1205 StA Leipzig, Untersuchungen des vereinigten Kriminalamts Leipzig wegen burschenschaftlicher und staatsfeindlicher Verbindungen und Entscheidungen des Appellationsgerichts Leipzig, 1835–1839, Bl. 87 f.

1206 StA Leipzig, Untersuchungen des vereinigten Kriminalamts Leipzig wegen burschenschaftlicher und staatsfeindlicher Verbindungen und Entscheidungen des Appellationsgerichts Leipzig, 1835–1839, Bl. 88.

1207 StA Leipzig, Untersuchungen des vereinigten Kriminalamts Leipzig wegen burschenschaftlicher und staatsfeindlicher Verbindungen und Entscheidungen des Appellationsgerichts Leipzig, 1835–1839, Bl. 88; SächsHStA Dresden, Acta, die wegen politischer Umtriebe in Untersuchung gekommenen akademischen Lehrer zu Leipzig betr., 1834–1839, Bl. 109.

1208 StA Leipzig, Untersuchungen des vereinigten Kriminalamts Leipzig wegen burschenschaftlicher und staatsfeindlicher Verbindungen und Entscheidungen des Appellationsgerichts Leipzig, 1835–1839, Bl. 88.

Wenige Tage nach der Hausdurchsuchung meldete sich Joseph am 21. April 1835 freiwillig beim vereinigten Kriminalamt der Stadt Leipzig und wurde in Haft genommen. Im Laufe der Haft wurde er über die Teilnahme an der Burschenschaft umfänglich vernommen. Anschließend stellte er das Gesuch, aus der Haft entlassen zu werden, was jedoch erst erfolgen sollte, nachdem noch andere Angeschuldigte vernommen wurden, damit diese sich nicht abstimmen konnten.[1209] Am 20. Mai 1835 richtete Joseph sodann ein Entlassungsgesuch an das hohe Ministerium der Justiz. Dieses begründete er unter anderem damit, dass er seit seiner Kindheit gesundheitlich angeschlagen war und nun durch ärztliches Attest nachweisen konnte, dass die Haft schädlich für seine Gesundheit war.[1210]

Letztlich gestand Joseph, dass er noch während der Haft, für mehrere Personen bestimmte, Zettel geschrieben hatte. Diese enthielten Aussageinhalte und erdichtete Wahrheiten, die andere Personen auch tätigen sollten, um einheitliche und stimmige Aussagen zu erhalten. Diese Tatsache leugnete er zuerst, gab sie aber alsbald zu.[1211] Einige dieser Zettel fanden die Behörden bei dem Angeschuldigten Dürigen, welche Joseph ihm, trotz Inhaftierung, bei einer Unterredung in die Hand geschoben hatte. Sie enthielten eine sehr spezielle Instruktion, was und wie er über die burschenschaftlichen Angelegenheiten, die Tendenz, die Teilnahme Leipzigs an der allgemeinen Burschenschaft, die Beschickung des Frankfurter Burschentages und Weiteres aussagen sollte. Weiterhin fanden die Behörden einen Brief mit der Unterschrift „Elfenkönig", welcher aus Mannheim am 11. August 1834 datiert war und eine Menge geheimer und sich teilweise auf burschenschaftliche Verhältnisse beziehende Tatsachen enthielt.[1212]

Andere Angeschuldigte teilten mit, dass Joseph als Vorstand der Verbindung tätig war. So soll er nach mehreren Aussagen von Michaelis 1830 bis 1831 Kassierer, danach bis Weihnachten 1831 Sprecher und nachher bis Ostern 1832 Schreiber gewesen sein.[1213]

3) Spezialentscheidungsgründe Adolf Ernst Hensel

Adolf Ernst Hensels Beteiligung an der Leipziger Burschenschaft fiel, im Vergleich zu Hermann Joseph, viel geringer aus, was dementsprechend mit einer kürzeren

---

1209 SächsHStA Dresden, Die staatsverrätherischen Verbindungen auf den Hochschulen Deutschlands betr., 1834, Bl. 107 f.

1210 SächsHStA Dresden, Die staatsverrätherischen Verbindungen auf den Hochschulen Deutschlands betr., 1834, Bl. 109 f.

1211 StA Leipzig, Untersuchungen des vereinigten Kriminalamts Leipzig wegen burschenschaftlicher und staatsfeindlicher Verbindungen und Entscheidungen des Appellationsgerichts Leipzig, 1835–1839, Bl. 90.

1212 *Schaffrath*, Kritik des in erster Instanz gegen neunzehn Mitglieder der Leipziger Burschenschaft gesprochenen Urthels, S. 48.

1213 StA Leipzig, Untersuchungen des vereinigten Kriminalamts Leipzig wegen burschenschaftlicher und staatsfeindlicher Verbindungen und Entscheidungen des Appellationsgerichts Leipzig, 1835–1839, Bl. 90.

Haftstrafe bedacht wurde. Auch in den Spezialentscheidungsgründen konnte Hensel weniger nachgewiesen werden. Auch bei ihm wurden zunächst Ausführungen zu seiner Person und danach zu seiner Tätigkeit in der Leipziger Burschenschaft gemacht.

Demnach stammte Hensel aus Kamenz, studierte von Ostern 1829 bis 1832 in Leipzig und war dann bei seinem Bruder in Kamenz tätig. Ab Ostern 1834 arbeitete er dann bei dem Advokaten Lohmann in Bautzen als Akzessist.[1214]

Adolf Ernst Hensel sagte aus, dass er sich von Ostern 1829 bis 1831 zu den Lausitzern gehalten hatte, dann aber zur Burschenschaft übergetreten war, indem er deren Fechtboden und Kneipe besuchte und somit faktisch als Renonce aufgenommen wurde, wobei eine ausdrückliche Aufnahme nicht erfolgte. Seine Mitgliedschaft soll aber nur kurz gedauert haben. So soll er von Michaelis 1831 an vier Wochen in Kamenz zugebracht und seitdem nicht mehr regelmäßig an der Verbindung teilgenommen haben. Über ein Aufnahmeritual wusste er nichts zu berichten. So wusste er nicht, ob bei der Aufnahme der Komment verlesen wurde, wie die Aufnahmeformel gelautet hatte und ob man zum Handschlag aufgefordert wurde.[1215] Nach dem Vorhalt einiger Fakten und anderer Aussagen gestand er, dass er doch 14 Tage vor Ostern 1831 auf einer Privatstube durch Vorlesen des Komments in die Allgemeinheit aufgenommen wurde und auch schon vor Ostern 1831 die Kneipe besucht hatte.[1216] Einige Verbindungsmitglieder gaben bei ihren Aussagen auch an, dass Hensel Ausschuss- und Vorstandsmitglied gewesen sein soll.[1217] Insgesamt tat er sich, nach Angaben der Behörden, durch Lügen, Nichtwissen und ausweichende Antworten hervor. Ebenfalls zweifelte er an der Kompetenz des Gerichts und benahm sich an Gerichtsstelle in höchst ungeziemender Weise.[1218]

1214 StA Leipzig, Untersuchungen des vereinigten Kriminalamts Leipzig wegen burschenschaftlicher und staatsfeindlicher Verbindungen und Entscheidungen des Appellationsgerichts Leipzig, 1835–1839, Bl. 83; SächsHStA Dresden, Die staatsverrätherischen Verbindungen auf den Hochschulen Deutschlands betr., 1836–1838, Bl. 67.

1215 StA Leipzig, Untersuchungen des vereinigten Kriminalamts Leipzig wegen burschenschaftlicher und staatsfeindlicher Verbindungen und Entscheidungen des Appellationsgerichts Leipzig, 1835–1839, Bl. 83 f.

1216 StA Leipzig, Untersuchungen des vereinigten Kriminalamts Leipzig wegen burschenschaftlicher und staatsfeindlicher Verbindungen und Entscheidungen des Appellationsgerichts Leipzig, 1835–1839, Bl. 84; *Schaffrath*, Kritik des in erster Instanz gegen neunzehn Mitglieder der Leipziger Burschenschaft gesprochenen Urthels, S. 58.

1217 StA Leipzig, Untersuchungen des vereinigten Kriminalamts Leipzig wegen burschenschaftlicher und staatsfeindlicher Verbindungen und Entscheidungen des Appellationsgerichts Leipzig, 1835–1839, Bl. 84.

1218 StA Leipzig, Untersuchungen des vereinigten Kriminalamts Leipzig wegen burschenschaftlicher und staatsfeindlicher Verbindungen und Entscheidungen des Appellationsgerichts Leipzig, 1835–1839, Bl. 83.

Wie bei Joseph lag auch bei Hensel eine Hinneigung zur polnischen Bevölkerung vor. So gestand er der Verfasser des in Nr. 124 der Zeitschrift „Der Komet“ vom 2. August 1832 abgedruckten aufregenden Gedichts „Nordlicht“, welches die Lage der polnischen Bevölkerung beklagte und baldige Hilfe versprach, gewesen zu sein.[1219]

c) *Die weiteren Angeschuldigten*

Nachdem detailliert die Entscheidungsgründe für die zwei in dieser Arbeit behandelten Personen dargestellt wurden, sollen nun noch kurz die weiteren Verurteilten Erwähnung finden, insofern über diese Erkundigungen möglich waren.

Von den insgesamt 19 Angeschuldigten kam es zur Verurteilung von lediglich 18 Personen. Ein Angeschuldigter (Carl Wilhelm Maximilian Weber), welcher sich durch Geständnisse und bei ihm gefundenes belastendes Material verdächtig gemacht hatte, entkam aus der Haft und konnte nicht wieder gefangen genommen werden. Eine Verurteilung gegen ihn erfolgte demnach nicht.[1220]

Als erwähnenswertester Angeschuldigter wird wohl Franz August Julius Scharre zu betrachten sein. Dieser wurde am 31. Januar 1810 in Leipzig geboren, besuchte dort die Thomasschule und studierte von 1830 bis 1834 an der Leipziger Universität Rechtswissenschaft. Von 1834 bis 1836 arbeitete er als Akzessist am Stadtgericht in Leipzig. Ihm wurde im Prozess zur Last gelegt, dass er im Ausschuss und im Vorstand der Leipziger Burschenschaft gewesen sein soll.[1221] Es erfolgte eine Verurteilung zu zwei Jahren Gefängnis. Nach dem Freispruch wirkte er als Beamter bei den Freiherrlich von Friesenschen Gerichten in Rötha und wurde 1845 Bürgermeister in Strehla. Während dieser Tätigkeit ließ er sich in die Frankfurter Nationalversammlung wählen und gehörte dort dem „Deutschen Hof“ und später dem Rumpfparlament in Stuttgart an. Deswegen wurde er 1849 angeklagt und seines Amtes als Bürgermeister enthoben. Im Jahre 1850 erfolgte die Wiedereinsetzung in dieses Amt, welches er bis zur freiwilligen Niederlegung 1859 ausübte. Anschließend arbeitete er als Advokat in Riesa, wo er am 27. März 1868 verstarb.[1222]

Ludwig Große wurde am 2. Juli 1810 in Mühltroff im Vogtland geboren und studierte von 1830 bis 1833 Theologie in Leipzig. Ab 1833 arbeitete er als Hauslehrer bei der Witwe Winkler, welche Besitzerin des Rittergutes Hainichen bei Altenburg

---

1219 StA Leipzig, Untersuchungen des vereinigten Kriminalamts Leipzig wegen burschenschaftlicher und staatsfeindlicher Verbindungen und Entscheidungen des Appellationsgerichts Leipzig, 1835–1839, Bl. 84.

1220 *Schaffrath*, Kritik des in erster Instanz gegen neunzehn Mitglieder der Leipziger Burschenschaft gesprochenen Urthels, S. 63 f.

1221 *Schaffrath*, Kritik des in erster Instanz gegen neunzehn Mitglieder der Leipziger Burschenschaft gesprochenen Urthels, S. 56.

1222 *Dvorak*, Biographisches Lexikon der Deutschen Burschenschaft, Bd. I, Tlbd. 5, S. 203.

war. Ihm wurde im Rahmen des Untersuchungsverfahrens zur Last gelegt, in den Jahren 1831 und 1832 als Kneip- und Fechtwart im Vorstand der Leipziger Burschenschaft gewesen zu sein. Aus diesem Grund wurde er ebenfalls zu zwei Jahren Gefängnis verurteilt. Nach dem Freispruch arbeitete er ab 1839 als Ökonomieamtmann und war durch Heirat in den Besitz des Ritterguts Hainichen gekommen. Er starb in Köstritz am 18. Mai 1885.[1223]

Carl Ludwig Heinrich Holle wurde am 17. Februar 1811 in Langenbernsdorf bei Werdau in Sachsen geboren, besuchte das Gymnasium in Zwickau und beendete 1834 das Studium der Rechtswissenschaft in Leipzig. Von 1834 bis 1836 arbeitete er als Akzessist bei den Justizämtern Zwickau, Werdau und Plauen. Holle war angeschuldigt in den Jahren 1831 und 1832 Ausschussmitglied der Leipziger Burschenschaft gewesen zu sein.[1224] Demnach wurde er zu einem Jahr Gefängnis verurteilt. Nach dem Freispruch arbeitete er ab 1839 als Steueraufseher zu Fuß im Bezirk Bautzen, später in Dresden und Zittau. 1847 wurde er Obergrenzkontrolleur in Annaberg, 1849 Obersteuerkontrolleur in Rochlitz und 1857 Hauptzollamtskontrolleur in Annaberg. Er starb im Jahre 1861 in Annaberg.[1225]

Christian Friedrich Rudolph Rüder wurde am 25. Dezember 1810 in Dedesdorf bei Oldenburg geboren. Er besuchte in Leipzig die Thomasschule und studierte von 1830 bis 1833 Rechtswissenschaft in Leipzig und später in Jena, wo er sich 1837 zum Doktor der Rechte promovierte. Er soll 1830 und 1831 Mitglied des engeren Vereins der Leipziger Burschenschaft gewesen sein.[1226] Aus diesem Grund wurde er zu einem Jahr Gefängnis verurteilt. Nach dem Freispruch ließ er sich als Advokat in Leipzig nieder, wo er zusammen mit Robert Blum die Sächsischen Vaterlandsblätter heraus gab. Von 1846 bis 1849 wirkte er als Leipziger Stadtverordneter und ab 1849 als Stadtrat. Im Zeitraum von 1867 bis zur Pensionierung 1881 war er Polizeidirektor von Leipzig. Er starb dort am 16. Januar 1890.[1227]

Von den restlichen Angeschuldigten wurden Carl Eduard Burkhardt, Georg Friedrich Wehner und Franz Eduard Schilbach zu je drei Jahren, Friedrich Georg Dürigen, Eduard Moritz Rascher, Ludwig Immanuel Fabian, Christian Benjamin Tietz und Gottlob August Möbius zu je zwei Jahren, Franz Jähnig, Friedrich Eduard Große, Carl Friedrich Stimmel und Carl Gottlieb Werner zu je einem Jahr Gefängnis verurteilt.[1228]

1223 *Dvorak*, Biographisches Lexikon der Deutschen Burschenschaft, Bd. I, Tlbd. 2, S. 188.

1224 *Schaffrath*, Kritik des in erster Instanz gegen neunzehn Mitglieder der Leipziger Burschenschaft gesprochenen Urthels, S. 59 f.

1225 *Dvorak*, Biographisches Lexikon der Deutschen Burschenschaft, Bd. I, Tlbd. 2, S. 383 f.

1226 *Schaffrath*, Kritik des in erster Instanz gegen neunzehn Mitglieder der Leipziger Burschenschaft gesprochenen Urthels, S. 60 f.

1227 *Dvorak*, Biographisches Lexikon der Deutschen Burschenschaft, Bd. I, Tlbd. 5, S. 132.

1228 SächsHStA Dresden, Acta, die wegen politischer Umtriebe in Untersuchung gekommenen akademischen Lehrer zu Leipzig betr., 1834–1839, Bl. 95.

4. Kritik am Urteil des Appellationsgerichts zu Leipzig

Wie bereits erwähnt, rief das harte Urteil des Appellationsgerichts zu Leipzig einen Aufschrei in der deutschen und europäischen Presse hervor.[1229] Als umfassendster Kritiker des Urteils galt der Advokat und Privatdozent an der Juristenfakultät zu Leipzig Wilhelm Michael Schaffrath, welcher seine Kritik in Form der Verteidigungsschrift der Verurteilten vor dem Oberappellationsgericht zu Dresden geltend machte. An dieser Stelle will ich zunächst eine eigene kurze Kritik bezüglich der Subsumierung unter die Rechtsgrundlage – was Schaffrath vernachlässigt hatte – anbringen, um sodann auf die umfassenden Ausführungen Schaffraths einzugehen, welche dafür sorgten, dass die Verurteilen in zweiter Instanz vor dem Oberappellationsgericht zu Dresden umfänglich freigesprochen wurden.

a) Zusammenhang von Rechtsgrundlage und Urteil

An obiger Stelle wurde bereits ausgeführt, auf welche Rechtsgrundlage sich eine Verurteilung hätte stützen können. Das Gericht selbst hatte in seiner Urteilsbegründung an keiner Stelle Ausführungen zur angewandten Rechtsgrundlage oder anderen Vorschriften gemacht. Wie im Folgenden sichtbar wird, wäre dies für das Gericht auch schwer geworden.

Denkbar wäre gewesen, dass die Studenten nach den „Gesetzen für die Studirenden auf der Universität Leipzig vom 29. März 1822“ verurteilt worden wären. Ohne nochmals näher auf den Tatbestand einzugehen, wäre eine Verurteilung nach diesen Vorschriften denkbar gewesen. Exemplarisch soll hier in wenigen Punkten die Teilnahme von Hermann Joseph und Adolf Ernst Hensel unter die Rechtsgrundlage subsumiert werden.

1) Hermann Joseph

(a) § 100 Gesetz für die Studirenden auf der Universität Leipzig

Denkbar wäre eine Verurteilung gemäß § 100 der Gesetze für die Studirenden auf der Universität Leipzig gewesen. Demnach müsste Joseph eine Gesellschaft im Sinne des § 98 gestiftet oder als Vorsteher an deren Spitze gestanden haben.

Eine Gesellschaft im Sinne des § 98 lag vor, wenn es sich um eine geheime Verbindung von Studierenden handelte, egal welcher Zweck angegeben oder wirklich bestanden, welchen Namen diese getragen und ob man sich dazu mit einem Eide verpflichtet hatte oder nicht.

Vorliegend war von den Erkenntnissen des Gerichtes davon auszugehen, dass es sich bei der Leipziger Burschenschaft um eine geheime Verbindung gehandelt hatte. Dies zeigte vor allem die Tatsache, dass sie nicht offiziell von der Universität genehmigt wurde. Auch agierten die Mitglieder oftmals im Geheimen und traten

---

1229 *Schaffrath*, Kritik des in erster Instanz gegen neunzehn Mitglieder der Leipziger Burschenschaft gesprochenen Urthels, S. 3.

nach außen hin nicht offiziell auf, verwendeten Decknamen (Kneipnamen) und versuchten somit ihre Teilnahme zu verschleiern, zu verschweigen oder zu leugnen. Demnach ist davon auszugehen, dass es sich bei der Leipziger Burschenschaft um eine geheime Verbindung von Studierenden im Sinne des § 98 handelte.

Hermann Joseph hätte nun als Stifter oder Vorsteher einer solchen Verbindung wirken müssen. Vorsteher einer solchen Verbindung war der Senior oder Sprecher, also die Person, die die Verbindung nach innen hin führte und die Geschäfte besorgte.[1230]

Hermann Joseph trat circa vier Wochen vor Ostern 1831 in die Leipziger Burschenschaft ein, indem er auf den Komment verpflichtet wurde. Nach eigenen Aussagen übernahm er von Weihnachten 1831 bis Ostern 1832 das Amt des Sprechers.[1231] Demnach war er Vorsteher einer Verbindung im Sinne des § 98 und verwirklichte somit den Tatbestand des § 100 der Gesetze für die Studirenden auf der Universität Leipzig.

Die Verwirklichung des Tatbestandes war mit sechsmonatigem Karzer bei Gefangenenkost und ohne Zulassung von Zuspruch sowie immerwährender Relegation zu bestrafen.

(b) § 102 Gesetz für die Studirenden auf der Universität Leipzig

Weiterhin hätte Joseph den Tatbestand des § 102 der Gesetze für die Studirenden auf der Universität Leipzig verwirklichen können. Demnach wurde bestraft, wer als Beamteter einer solchen Gesellschaft (Kassierer, Sekretär und dergleichen) wirkte, oder sich als Abgeordneter, Repräsentant oder Korrespondent in Angelegenheiten der Gesellschaft gebrauchen ließ.

Dieser Tatbestand könnte in doppelter Weise einschlägig sein, weil Joseph auf der einen Seite von Michaelis bis Weihnachten 1831 das Amt des Kassierers bekleidet hatte und auf der anderen Seite als Deputierter zum Dresdner Burschentag 1831 entsandt wurde.[1232] Insgesamt wirkte er somit als Beamteter innerhalb der Burschenschaft und auch als Deputierter nach außen hin. Demnach verwirklichte er auch den Tatbestand des § 102 der Gesetze für die Studirenden auf der Universität Leipzig. Die Verwirklichung des Tatbestandes hatte die Hälfte der Karzerstrafe der Vorsteher, somit dreimonatigen Karzer sowie Relegation zur Folge.

1230 Siehe hierzu die §§ 29 bis 36 der Verfassungsurkunde der Leipziger Burschenschaft vom 7ten Juni 1818, in: *Haupt*, Landsmannschaften und Burschenschaft, S. 334 f.

1231 StA Leipzig, Untersuchungen des vereinigten Kriminalamts Leipzig wegen burschenschaftlicher und staatsfeindlicher Verbindungen und Entscheidungen des Appellationsgerichts Leipzig, 1835–1839, Bl. 90b.

1232 StA Leipzig, Untersuchungen des vereinigten Kriminalamts Leipzig wegen burschenschaftlicher und staatsfeindlicher Verbindungen und Entscheidungen des Appellationsgerichts Leipzig, 1835–1839, Bl. 90.

(c) § 103 Gesetz für die Studirenden auf der Universität Leipzig

Letztlich wäre denkbar, dass Joseph den Tatbestand des § 103 der Gesetze für die Studirenden auf der Universität Leipzig verwirklicht hatte. Demnach hätte er andere Studenten zur Teilnahme an einer solchen Gesellschaft bereden oder anwerben müssen. Dies wäre der Fall gewesen, wenn Joseph dafür gesorgt hätte, dass andere Studenten Mitglieder der Verbindung geworden wären. Auch wäre aber denkbar, dass die reine Aufnahme in Form der Aufnahmehandlung und das Erbitten der Ableistung des Eides unter diesen Tatbestand fiele, was naheliegend war.

Demzufolge würde Joseph der Strafbarkeit des § 103 unterfallen, weil er als Sprecher andere Studenten als Mitglieder in die Verbindung aufgenommen und diese auf den Komment verpflichtet hatte.[1233]

Das Strafmaß des § 103 war gleich dem der Beamteten nach § 102. Somit sollten die Anwerber mit der Hälfte der Strafe der Stifter und Vorsteher bestraft werden. Demnach wäre eine Strafe in Form von dreimonatigem Karzer sowie Relegation tatangemessen gewesen.

(d) Mandat, die Ausschließung der Theilnehmer an geheimen Studentenverbindungen von öffentlichen Anstellungen betreffend

Für die berufliche Laufbahn wäre weiterhin das Mandat, die Ausschließung der Theilnehmer an geheimen Studentenverbindungen von öffentlichen Anstellungen betreffend entscheidend gewesen. Wie bereits erwähnt, handelte es sich dabei um eine Schärfung der Strafe für die Teilnahme an geheimen Studentenverbindungen. Demnach wurde auf der einen Seite die Teilnahme an „den auf den Universitäten bestehenden, staatsverbrecherische Zwecke verfolgenden, geheimen Verbindungen" als Kriminaldelikt eingestuft und somit die Untersuchungen vom Kriminalamt und nicht mehr vom Universitätsgericht geführt. Auf der anderen Seite sollten die Teilnehmer der Verbindungen für alle Ämter im Königreich Sachsen und allen solchen Anstellungen und Geschäftsbetrieben, zu welchen es der Bestätigung einer vorgesetzten öffentlichen Behörde bedurfte, insbesondere auch zur Errichtung von Erziehungs- und Unterrichtsanstalten, für unfähig erachtet werden.

Zu folgern ist demnach, dass die Untersuchungen zur damaligen Zeit nicht mehr vom Universitätsgericht, sondern vom Kriminalamt der Stadt Leipzig und vom Appellationsgericht zu Leipzig geführt wurden und die Teilnahme an einer geheimen studentischen Verbindung als Kriminaldelikt eingestuft wurde. Interessant ist, dass zwar die Einstufung als Kriminaldelikt, aber keine Norm dafür eingeführt wurde, welche die Mitgliedschaft explizit sanktionierte.

Weiterhin führte aber die Teilnahme an einer solchen Verbindung zur Unfähigkeit der Bekleidung von öffentlichen Ämtern im Königreich Sachsen. Joseph erhielt somit keine Zulassung zur Advokatur und konnte zunächst nicht als Advokat oder Notar praktizieren.

1233 *Schaffrath*, Kritik des in erster Instanz gegen neunzehn Mitglieder der Leipziger Burschenschaft gesprochenen Urthels, S. 39.

(e) Zusammenfassung

Zusammenfassend kann festgestellt werden, dass Hermann Joseph, die Erkenntnisse des Gerichts als wahr unterstellt, die Tatbestände der §§ 100, 102 und 103 der Gesetze für die Studirenden auf der Universität Leipzig verwirklicht hatte und dem Mandat, die Ausschließung der Theilnehmer an geheimen Studentenverbindungen von öffentlichen Anstellungen betreffend unterfallen wäre.

Fraglich ist an dieser Stelle, welches Strafmaß für ihn in Betracht gekommen wäre. Wenn man alle Strafen zusammenfassen würde, würde sich eine Gesamtstrafe von einem Jahr Karzer und dauerhafter Relegation von der Universität ergeben. Wenn man jedoch nur das schwerste Delikt, die Funktion als Vorsteher einer Verbindung betrachtet, würde dies lediglich sechs Monate Karzerstrafe und dauerhafte Relegation bedeuten.

Letztlich kann es aber dahingestellt bleiben, ob eine Gesamtstrafe in Höhe von einem Jahr Karzerhaft und dem Verweis von der Universität gebildet oder lediglich das schwerste Delikt – hier die Beteiligung als Vorsitzender – betrachtet wird, was nur eine Strafe von sechs Monaten Karzerhaft und Relegation bedeutet hätte. Für Joseph war es zu diesem Zeitpunkt unerheblich, weil er sein Studium bereits abgeschlossen hatte. Jedoch soll dies als Vergleichsmaßstab in Anbetracht der dreijährigen Haftstrafe, welche das Gericht verhängt hatte, hinzugezogen werden.

2) Adolf Ernst Hensel

Auch bei Adolf Ernst Hensel kam eine Bestrafung gemäß den Gesetzen für die Studirenden auf der Universität Leipzig in Betracht. So regelte § 104, dass auch diejenigen bestraft wurden, welche lediglich Mitglied der Verbindung waren, ohne ein Amt wahrzunehmen oder im Sinne der § 102 und § 103 tätig gewesen zu sein.

Adolf Ernst Hensel gestand, dass er 14 Tage vor Ostern 1831 auf einer Privatstube durch Vorlesen des Komments in die Allgemeinheit aufgenommen wurde und auch schon vor Ostern 1831 die Kneipe besucht hatte.[1234] Somit ist er Mitglied der Leipziger Burschenschaft gewesen. Die Bekleidung eines Amtes konnte ihm, trotz Aussagen einiger anderer Angeschuldigter, nicht nachgewiesen werden. Jedoch unterfiel er somit dem Tatbestand des § 104, woraufhin er mit zweimonatiger Karzerhaft und Relegation zu bestrafen war.

Ebenfalls einschlägig für ihn war das Mandat, die Ausschließung der Theilnehmer an geheimen Studentenverbindungen von öffentlichen Anstellungen betreffend, was auch bei ihm zur Versagung der Advokatur führte.

3) Zusammenfassung

Wie soeben festgestellt, wäre eine Verurteilung der beiden Angeschuldigten gemäß den genannten Rechtsgrundlagen angemessen gewesen. Auch die genannten

---

1234 StA Leipzig, Untersuchungen des vereinigten Kriminalamts Leipzig wegen burschenschaftlicher und staatsfeindlicher Verbindungen und Entscheidungen des Appellationsgerichts Leipzig, 1835–1839, Bl. 84.

Strafen, die ihnen somit gedroht hatten, wären in Anbetracht der damaligen Rechtslage verständlich gewesen. Die Mitglieder der Burschenschaft wussten über die Straffälligkeit ihres Handelns Bescheid und nahmen eine Strafe bewusst in Kauf, indem sie sich in einer solchen Verbindung befanden.

Unverständlich sind jedoch die vollkommen aus der Luft gegriffenen Strafen des Appellationsgerichts zu Leipzig, welches fernab von jeder Rechtsgrundlage argumentierte und bestrafte. Das war dem Gericht auch selbst klar; in der Urteilsbegründung führte es aus: „Da es an directen Strafbestimmungen für die in Frage stehenden Vergehen mangelt, so mußte theils auf allgemeine criminalrechtliche Grundsätze, theils auf analoge Verhältnisse zurückgegangen werden, und dergleichen fanden sich zunächst in den Gesetzen für die Studirenden vom 29. März 1822, sofern sie die Stifter, Vorsteher, Beförderer geheimer Verbindungen mit Gefängniß belegen, und die sonstige Strafe verdoppelt wissen wollen, wenn die Grundgesetze derselben zugleich Aufmunterungen zum Ungehorsam gegen die Obrigkeit und zu Erfüllung der Regeln des Comments oder zu andern verbrecherischen Zwecken enthalten. Daneben verstand es sich jedoch von selbst, daß diese Strafen nur in qualitativer Hinsicht Anwendung finden konnten, in quantitativer dagegen, ungeachtet der oben erwähnten mildernden Ansichten, bei der Größe der Gefahr für die bestehende Ordnung der Dinge, die Regierungen und Verfassungen, ungleich härter ausfallen mußten. Aus welchen Gründen übrigens das Strafmaaß bei den einzelnen Inculpaten größer oder geringer ausgefallen ist, ergibt sich aus den bei jedem derselben mitgetheilten Andeutungen. Daneben mußte bei allerseits vorgenannten Inculpaten die Anwendbarkeit des Mandats vom 21. März 1825 ausgesprochen werden, da dasselbe unstreitig auf Alle zu beziehen ist, welche in Folge der Criminaluntersuchung sich als straffällig darstellen."[1235]

Demnach lehnte sich das Appellationsgericht zu Leipzig zwar inhaltlich an die genannten Rechtsgrundlagen an, ließ jedoch das normierte Strafmaß komplett außer Acht und legte für die jeweiligen Delikte eigene Strafmaßstäbe an.

b) Kritik Schaffraths an dem Urteil

Neben den genannten Punkten griff Wilhelm Michael Schaffrath in seiner Verteidigungsschrift noch mehrere andere auf, welche hier exemplarisch behandelt werden sollen. Er selbst unterteilte sie in seinem, nach dem Prozess herausgegebenen, Buch in eine allgemeine Kritik an dem Urteil, eine Kritik an dem Verfahren, eine inhaltliche Kritik an den Entscheidungsgründen und eine Kritik die Strafbarkeit betreffend.

1) Allgemeine Kritik an dem Urteil

Zu Beginn seiner kritischen Ausführungen über das Urteil, äußerte sich Schaffrath über die Form der Entscheidungsgründe, die Äußerungen des Gerichts zu

1235 *Schaffrath*, Kritik des in erster Instanz gegen neunzehn Mitglieder der Leipziger Burschenschaft gesprochenen Urthels, S. 66.

den Aussagen der Beteiligten und Unschlüssigkeiten in der Argumentation des Gerichts.

(a) Scheinbares Fehlen von Gründen

Beim ersten Blick auf das Urteil fiel Schaffrath auf, dass es zwar ein Muster des Stils und der Darstellung war, dass man jedoch die nicht unbegründete Vermutung gehabt haben konnte, „es seien gar keine dergleichen Gründe vorhanden und die hingestellten Erzählungen blos in die Form von Entscheidungsgründen, um den gesetzlichen Erfordernissen eines Urtheils scheinbare Genüge zu leisten, zusammengetragen worden, je zahlreicher, desto besser [...]“.[1236]

Ebenso mangelte es den Entscheidungsgründen an natürlicher rechtswissenschaftlicher Ordnung. Schaffrath ging sogar so weit, die lediglich chronologisch aufgezählten Tatsachen nimmermehr als wirkliche Gründe, sondern nur höchstens als Materialien für Gründe zu benennen und behauptete, dass das Urteil „ohne alle Entscheidungsgründe“ gefällt wurde.[1237]

Ebenso fiel Schaffrath „der durch das ganze Urthel wehende, den Angeschuldigten höchst widrige Geist und die Haltung der Entscheidungsgründe im Ganzen und die in scharfen, bisweilen wegen ihrer Zweideutigkeit auf Persönlichkeiten zu beziehenden, oder an diese entfernt grenzenden Ausdrücke objectiv offenbarte, wenn auch subjectiv nicht vorhanden gewesene, gereizte Stimmung, in welcher die Entscheidungsgründe abgefaßt zu sein scheinen könnten.“[1238]

(b) Unterstellung von Falschaussagen

Weiterhin fiel Schaffrath auf, dass die Aussagen der Angeschuldigten stets als unwahr und erfunden bezeichnet wurden. Hinzu kam, dass die Behörden den Angeschuldigten, wenn sie nicht alle Vorhaltungen und Behauptungen sofort zugestanden, obwohl es keine erwiesenen Wahrheiten waren, als Lügner bezeichneten und im Gegenzug Einreden, Entschuldigungsmomente und Gegenbeweise als erdichtet und beschönigt abwiesen. „Diese unglückselige Meinung, erstickt den Rechtsschutz der Angeschuldigten im Keime, verurtheilt dieselben vor dem Urtheile, macht die Anschuldigung zur Verurtheilung, ja, noch schlimmer als diese, und die Vertheidigung zu einer frevelhaften Komödie.“[1239]

Schaffrath fragte sich in diesem Zusammenhang auch, warum eine solche Feindseligkeit der ermittelnden Behörden gegenüber den Studenten und ehemaligen Studenten vorlag und machte drei Motive und Zwecke aus.

1236 *Schaffrath*, Kritik des in erster Instanz gegen neunzehn Mitglieder der Leipziger Burschenschaft gesprochenen Urthels, S. 69.

1237 *Schaffrath*, Kritik des in erster Instanz gegen neunzehn Mitglieder der Leipziger Burschenschaft gesprochenen Urthels, S. 70.

1238 *Schaffrath*, Kritik des in erster Instanz gegen neunzehn Mitglieder der Leipziger Burschenschaft gesprochenen Urthels, S. 75.

1239 *Schaffrath*, Kritik des in erster Instanz gegen neunzehn Mitglieder der Leipziger Burschenschaft gesprochenen Urthels, S. 76 f.

So sah Schaffrath als ein Motiv der Behörden, dass diese aus den erdichteten Aussagen der Angeschuldigten auf ein argumentum e contrario – auf die Gewissheit des Gegenteils – schließen wollten. Da das Gericht den Angeschuldigten unterstellte, grundsätzlich die Unwahrheit zu sagen, musste demzufolge das genaue Gegenteil der Aussagen der Wahrheit entsprechen. Dies versuchte Schaffrath auch an einer Aktenstelle festzumachen: „Man kann gerade deshalb, weil von vielen der Inculpaten unzweifelhafte Thatsachen entweder geflissentlich entstellt oder offenbar wider besseres Wissen verhehlt, abgeläugnet, als vergessen dargestellt worden sind, den sehr natürlichen Schluß ziehen, daß das Beginnen ungleich strafbarer gewesen sein müsse, als es außerdem und an sich selbst erschienen sein würde."[1240] Natürlich war diese Art der Tatsachenfindung durch das Gericht in höchstem Maße unrichtig und wurde auf der anderen Seite auch nicht konsequent durchgezogen, was die Fehlbarkeit der gerichtlichen Argumentation offenbarte.

Weiterhin bestand die Möglichkeit, den Angeschuldigten durch die Falschbehauptungen vorzuwerfen, dass sie keinen anderen – und sich somit gegenseitig – ausreichend genug beschuldigt hatten und somit sich durch die Denunziation der anderen hätten entlasten können.[1241]

Schlüssiger erscheint der Vorwurf, dass gerade diese Lügen, Falschaussagen und Erdichtungen zum Objekt der Strafe gemacht werden sollten. Dem Urteil zu Folge sind die Angeschuldigten wegen der Teilnahme an revolutionären Verbindungen schuldig erkannt worden. Diese beinhaltete die Errichtung, Leitung und Begründung der Leipziger Burschenschaft. Diese Teilnahme hätten die Angeschuldigten aber gestehen müssen, weil das Gericht nicht genügend Verdachtsgründe erhärtend darlegen konnte. Da das Nichtgestehen dazu hätte führen müssen, dass ein Bestehen der Leipziger Burschenschaft hätte verneint werden müssen, ist gerade in dem Lügen die Beförderung der Teilnahme an revolutionären Verbindungen zu sehen und zu bestrafen.[1242]

(c) Fehlvorstellungen über die Organisation der Burschenschaft

Schaffrath rügt weiterhin, dass den Behörden jegliche Kenntnis vom Aufbau und der Organisation der Leipziger Burschenschaft fehlte: „Unverantwortlich wäre endlich das Stillschweigen darüber, daß in den Entscheidungsgründen thatsächliche Irrthümer sogar über die Organisation der Burschenschaft, eben derselben, welche doch als strafbar verurtheilt worden ist, vorkommen."[1243] So sprachen die

1240 *Schaffrath*, Kritik des in erster Instanz gegen neunzehn Mitglieder der Leipziger Burschenschaft gesprochenen Urthels, S. 77 f.

1241 *Schaffrath*, Kritik des in erster Instanz gegen neunzehn Mitglieder der Leipziger Burschenschaft gesprochenen Urthels, S. 78.

1242 *Schaffrath*, Kritik des in erster Instanz gegen neunzehn Mitglieder der Leipziger Burschenschaft gesprochenen Urthels, S. 78.

1243 *Schaffrath*, Kritik des in erster Instanz gegen neunzehn Mitglieder der Leipziger Burschenschaft gesprochenen Urthels, S. 81.

Ausführungen in den Entscheidungsgründen vom Vorstande als von einem einzelnen Amte, und vom Ausschuss als von einer einzelnen Person. Dies konnte bei Hensels Spezialentscheidungsgründen bemerkt werden, wo das Gericht ausführt, dass mehrere Personen Hensel als Vorstand bezeichnet hatten.

Über den Aufbau und die innere Organisation hätte sich das Gericht zweifelsfrei klar werden können, wenn es eine genaue Untersuchung angestrebt hätte, was unterlassen wurde.

2) Kritik am Verfahren

Nach der einleitenden Generalkritik wandte sich Schaffrath speziell dem Verfahren zu und setzte sich mit diesem kritisch auseinander.

(a) Durchbrechung der Gewaltenteilung

Schaffrath kritisierte in diesem Zusammenhang die Tätigkeit des Landesjustizkollegiums und des Appellationsgerichts zu Leipzig. Diese hätten den absolut wesentlichsten Grundsatz des Kriminalverfahrens, dass dieses ausschließlich den ordentlichen Gerichten überlassen war, übertreten. Zwar hatten die genannten Behörden die Aufsicht über die ordentlichen Gerichte zu führen. Diese sollte jedoch nur negativ, kontrollierend und nicht durch positive und spezielle Tätigkeit, demnach als Korrektiv, ausgeführt werden. Ein präventives Handeln durfte nur stattfinden, wenn ein irreparabler Schaden oder unverbesserliche Fehltritte bevorstanden. Wenn dieser Grundsatz keine Beachtung fand, dann wäre kein freies ordentliches Gericht mehr vorhanden, sondern nur noch ein Maschine, die als bloße Vollstreckerin der Anordnungen der höheren Instanz wirkte. Die zweite Instanz wäre somit förmlich aufgehoben, weil über Appellationen und Beschwerden gegen das Verfahren die Instanz entschied, die die Anordnungen zuvor selbst getroffen hatte.[1244]

Demnach stand für Schaffrath fest, dass die Verordnungen, welche die Art und Weise der Einleitung der Untersuchungen sowohl überhaupt als auch im Allgemeinen und gegen Einzelne festgesetzt wurden, rechtswidrig sein mussten. Denn es war keine Instanz mehr da, die die Anordnungen hätte überprüfen können oder sollte etwa das Landesjustizkollegium seine eigenen Anordnungen kritisch überprüfen.[1245]

(b) Beschränkung der Verteidigungsmöglichkeiten

Auch machten die Angeschuldigten geltend, dass ihnen kein hinlängliches rechtliches Gehör gestattet wurde. So durften die Akten keinem auswärtigen sächsischen Advokaten an Gerichtsstelle vorgelegt werden, sondern vielmehr waren die

1244 *Schaffrath*, Kritik des in erster Instanz gegen neunzehn Mitglieder der Leipziger Burschenschaft gesprochenen Urthels, S. 89.

1245 *Schaffrath*, Kritik des in erster Instanz gegen neunzehn Mitglieder der Leipziger Burschenschaft gesprochenen Urthels, S. 90.

Angeschuldigten gezwungen, einen am Untersuchungsgerichtsort praktizierenden Verteidiger zu wählen.[1246]

Weiterhin wurden die Verteidigungsmöglichkeiten der Angeschuldigten beschränkt, indem Anträgen selbiger auf Vernehmung anderer oder Herbeischaffung von sie begünstigenden Akten nicht nachgekommen wurde. So wäre es sachdienlich gewesen, die Akten der Juristenfakultät zu Leipzig über den Prozess gegen den freigesprochenen Sprecher der Halleschen Burschenschaft vom Kriminalgericht zu Gera beschaffen zu lassen, welche viel Licht über die Teilnahme der Leipziger Burschenschaft an der allgemeinen Burschenschaft und deren Austritt aus derselben ins Dunkel der Ermittlungen gebracht hätte.[1247]

Auch wurden keine freigesprochenen oder begnadigten Angeschuldigten aus anderen oder früheren Prozessen zur Beteiligung einzelner an der Leipziger Burschenschaft oder dieser an der allgemeinen Burschenschaft vernommen. Vielmehr wurde dies sogar gezielt durch Einmischung des Appellationsgericht untersagt, welches somit wiederum in die Leitung und das Verfahren eingegriffen hatte.[1248]

(c) Keine Zuständigkeit des Kriminalgerichts zu Leipzig

Schaffrath rügte weiterhin die Kompetenz des Kriminalgerichts zu Leipzig. Denn es handelte sich seiner Meinung nach bei der vorliegenden Untersuchung um die Verfolgung von eigenen besonderen Vergehen der Studierenden, für welche lediglich das Universitätsgericht zu Leipzig für zuständig erachtet werden konnte. Zum Zeitpunkt der Tat sollen alle Angeschuldigten noch Studenten gewesen sein, was nach der Konstitution der Leipziger Burschenschaft Voraussetzung war. „Die Angeschuldigten sind also als Studenten wegen eines Vergehens, das nur von diesen als solches begangen werden kann, in Untersuchung, folglich war nur das Universitätsgericht competent."[1249]

Es ist nicht nur gravierend, dass die Angeschuldigten zu dem Zeitpunkt noch Studenten waren, sondern ebenso, dass die Vergehen, wie auch den Entscheidungsgründen zu entnehmen ist, fast ausschließlich nach den akademischen Gesetzen zu beurteilen und bestrafen gewesen waren. In dem „Regulativ wegen Verwaltung der Polizei und Criminalrechtspflege in Leipzig vom 12. März 1822" heißt es diesbezüglich, dass die Disziplinargerichtsbarkeit über die Studierenden bei der Universität Leipzig verblieb (§ 5)[1250] und diese Gerichtsbarkeit alle

1246 *Schaffrath*, Kritik des in erster Instanz gegen neunzehn Mitglieder der Leipziger Burschenschaft gesprochenen Urthels, S. 95.

1247 *Schaffrath*, Kritik des in erster Instanz gegen neunzehn Mitglieder der Leipziger Burschenschaft gesprochenen Urthels, S. 96.

1248 *Schaffrath*, Kritik des in erster Instanz gegen neunzehn Mitglieder der Leipziger Burschenschaft gesprochenen Urthels, S. 96.

1249 *Schaffrath*, Kritik des in erster Instanz gegen neunzehn Mitglieder der Leipziger Burschenschaft gesprochenen Urthels, S. 97.

1250 „§. V. Hiernächst verbleibt auch der Universität zu Leipzig die Disciplinargerichtsbarkeit über die dasigen Studirenden und das Recht, über Gegenstände

Untersuchungen und Bestrafungen der Studierenden, über welche in den akademischen Gesetzen besondere Bestimmungen enthalten waren, umfassten (§ 7)[1251]. Alle nach allgemeinen Strafgesetzen zu bestrafende Handlungen blieben im Gegenzug gemäß § 8[1252] der Bestrafung durch das vereinigte Kriminalamt vorbehalten.[1253] Somit lag in keiner Weise eine Kompetenz des Kriminalamtes zu Leipzig zur Leitung der Untersuchungen, Führung des Prozesses und Verurteilung der Angeschuldigten vor.

(d) Besetzung des Gerichts

Ebenso war das Gericht nicht ordentlich besetzt. Dies vor allem in Anbetracht dessen, dass es hier um die Verhängung von Todes- oder Leibesstrafen in Form von Zuchthausstrafen ging. Oftmals waren bei den Vernehmungen nur der Kriminalrichter und ein Aktuarius zugegen, während die Schöffen und die Öffentlichkeit fehlten. Erst bei der Verlesung der über die Vernehmung aufgenommenen Protokolle waren zwei Schöffen zugegen, wobei diese oftmals nur körperlich und nicht geistig anwesend waren, weil sie mit anderen Arbeiten oder Aktenheften beschäftigt waren. Dementsprechend waren die Erkenntnisse der Verhöre, bei denen keine Schöffen anwesend waren, nichtig, was dazu hätte führen müssen, dass alle Vernehmungen hätten wiederholt werden müssen.[1254]

(e) Erkenntnisse der Aussagen

Letztlich wurden die getätigten Aussagen der Vernommenen angegriffen. Im Strafprozess war bedeutend, dass die Aussagenden wussten, was sie aussagten

der Disciplin besondere Verordnungen zu erlassen, von deren Inhalte jedoch das vereinigte Polizeiamt jedesmal in Kenntniß zu setzen ist."; vgl. Regulativ, wegen Verwaltung der Polizei- und der Criminal-Rechtspflege in Leipzig, in: Königreich Sachsen, Gesetzsammlung für das Königreich Sachsen vom Jahre 1822, S. 188.

1251 „§. VII. Die Disciplinargerichtsbarkeit begreift in ihrem Umfange nicht nur die Untersuchung und Bestrafung aller Vergehungen der Studirenden, über welche in den akademischen Gesetzen besondere Bestimungen enthalten sind, sondern überhaupt aller blos polizeiwidriger Handlungen derselben;"; vgl. Regulativ, wegen Verwaltung der Polizei- und der Criminal-Rechtspflege in Leipzig, in: Königreich Sachsen, Gesetzsammlung für das Königreich Sachsen vom Jahre 1822, S. 189.

1252 „§. VIII. Dagegen bleiben alle, nach allgemeinen Strafgesetzen zu richtende, Handlungen der Studirenden, sie mögen für sich oder in Verbindung mit andern polizeilichen Vergehungen begangen worden seyn, der Cognition des vereinigten Criminalamts vorbehalten."; vgl. Regulativ, wegen Verwaltung der Polizei- und der Criminal-Rechtspflege in Leipzig, in: Königreich Sachsen, Gesetzsammlung für das Königreich Sachsen vom Jahre 1822, S. 190.

1253 *Schaffrath*, Kritik des in erster Instanz gegen neunzehn Mitglieder der Leipziger Burschenschaft gesprochenen Urthels, S. 97.

1254 *Schaffrath*, Kritik des in erster Instanz gegen neunzehn Mitglieder der Leipziger Burschenschaft gesprochenen Urthels, S. 102.

und nicht nur Behauptungen oder Halbwissen dem Gericht präsentierten. Bei den Verhören wurde jedoch teilweise so vorgegangen, dass den Angeschuldigten Behauptungen entgegengehalten wurden. Diese hatten sie nun zu bestätigen oder abzuändern, wenn ihnen die Möglichkeit dazu eingeräumt wurde. Auch gaben sie größtenteils nur Ansichten, Urteile, Schlüsse und Gesinnungen wieder, die auf keine eindeutigen Tatsachen schließen ließen. Ebenso wurde nicht gefragt, woher die Vernommenen ihre Erkenntnisse hatten.[1255] Ihre Geständnisse und Zeugnisse waren demnach auch nur sehr unbestimmt, allgemein und vage, sodass nicht nachvollzogen werden konnte, ob der Vernommene die Möglichkeit hatte, die Erkenntnisse wirklich wahrzunehmen oder dies nur auf Erzählungen oder Schlussfolgerungen beruhte. Oftmals äußerten die Angeschuldigten auch, dass ihre Aussagen auf „Hörensagen, fremder Wahrnehmung, usw." beruhten.[1256]

Die Angeschuldigten sagten auch einhellig aus, dass ihre Aussagen zu den Akten auf vorhergehenden Fragen beruhten und diese inhaltlich und zeitlich durcheinander gingen. Jedoch waren in den Untersuchungsakten keine Fragen mit darauffolgenden Antworten zu finden, sondern vielmehr flüssige Zusammenstellungen in zeitlicher Abfolge. Daraus konnte geschlossen werden, dass die niedergeschriebenen Ausführungen nicht von dem Angeschuldigten selbst stammten, sondern von einem Bearbeiter in Form gebracht wurden und somit subjektiv von dessen Formulierungen und Ansichten geprägt waren, was ihnen schon das Antlitz der Unglaubwürdigkeit verlieh.[1257]

3) Inhaltliche Kritik an den Entscheidungsgründen

Die vorgenannten Ausführungen bezogen sich größtenteils auf die Fehler, welche während des Verfahrens gemacht wurden sowie auf Mängel in den Aussagen der Vernommenen. Schaffrath ging nun dazu über, auch inhaltlich die Gründe des Gerichts – die kriminalrechtliche Gewissheit – für eine Verurteilung zu kritisieren. Seines Erachtens war es schon wegen des äußeren Umfangs und der Beschaffenheit der zu erweisenden Tatsachen, also des objektiven und subjektiven Tatbestandes, unmöglich, eine Verurteilung zu bewirken. Denn die Anschuldigung und die Verurteilung waren auf mehrere Faktoren gestützt, die nur schwer oder gar nicht nachzuweisen waren. Dazu gehörte einerseits die Teilnahme der Angeschuldigten an der Leipziger Burschenschaft in den Jahren 1829 und 1831, als Mitglieder des Vorstandes oder des Ausschusses seit 1827 und 1831 sowie als Besucher der Burschentage seit 1827. Andererseits wurde die Teilnahme an der

1255 *Schaffrath*, Kritik des in erster Instanz gegen neunzehn Mitglieder der Leipziger Burschenschaft gesprochenen Urthels, S. 103 f.

1256 *Schaffrath*, Kritik des in erster Instanz gegen neunzehn Mitglieder der Leipziger Burschenschaft gesprochenen Urthels, S. 105.

1257 *Schaffrath*, Kritik des in erster Instanz gegen neunzehn Mitglieder der Leipziger Burschenschaft gesprochenen Urthels, S. 103.

allgemeinen Burschenschaft oder die Teilnahme der Leipziger Burschenschaft an dieser strafbewährt.[1258]

(a) Voraussetzungen

(1) Die Teilnahme an der Leipziger Burschenschaft

Einen gewichtigen Grund für die Verurteilung der Angeschuldigten bildete deren Teilnahme an der Leipziger Burschenschaft. Schaffrath beleuchtete diese Teilnahme jedoch kritisch, weil diese für ihn nicht zweifelfrei vorlag.

Demnach musste zunächst der objektive Tatbestand, das heißt die Existenz der Leipziger Burschenschaft erwiesen werden. Da die Verbindung nicht als bloßes Objekt bestehen konnte, bedurfte es Subjekten (Studenten), welche die Burschenschaft gebildet und ausgemacht hatten. Da diese nicht beständige Mitglieder waren, sondern unaufhörlich, in der Regel aller drei Jahre, wechselten, musste namhaft gemacht werden, wer zu welcher Zeit Mitglied der Burschenschaft gewesen war. Dies konnte nur durch den Beitritt oder die Aufnahme und die Dauer der Mitgliedschaft erwiesen werden.[1259]

Neben den Subjekten, welche die Verbindung bildeten, bedurfte es eines Beschlusses, wonach die Verbindung entstanden war oder zumindest solche unmittelbaren Tatsachen, die darauf hindeuteten, dass die Leipziger Burschenschaft real existierte. Zu der Existenz der Leipziger Burschenschaft und den Mitgliedern musste dann noch ein objektiv bestimmter Zweck treten, der ein „absolut wesentliches, constitutives und ursprüngliches Merkmal einer jeden Verbindung" war.[1260] Dieser Zweck konnte sich im Laufe der Zeit ändern, obwohl die Subjekte gleich blieben, genauso wie sich die Subjekte ändern konnten, während der Zweck gleich blieb. Dieser Zweck, der von den Behörden als revolutionär und staatsverbrecherisch beschrieben wurde, musste für jedes Jahr des Bestehens der Leipziger Burschenschaft nachgewiesen werden, damit er auch in jeder Zeit der sich ändernden Subjekte bestand und diesen somit angelastet werden konnte. Denn obwohl der Zweck der Verbindung etwas Objektives war, blieb er Subjektives in dem Sinne, dass er auf dem Bewusstsein und dem Willen der jeweiligen Mitglieder beruhte und sich mit der Veränderung der geistigen Zusammensetzung der Mehrzahl ebenfalls änderte. Daraus ließ sich schließen, dass der Zweck der Jahre 1828, 1829 oder 1830 nicht der gleiche war, wie in den Jahren zuvor oder danach, weil die Verbindung in Zwischenzeit schon wieder aus anderen Subjekten bestand.[1261]

1258 *Schaffrath*, Kritik des in erster Instanz gegen neunzehn Mitglieder der Leipziger Burschenschaft gesprochenen Urthels, S. 115.

1259 *Schaffrath*, Kritik des in erster Instanz gegen neunzehn Mitglieder der Leipziger Burschenschaft gesprochenen Urthels, S. 115 f.

1260 *Schaffrath*, Kritik des in erster Instanz gegen neunzehn Mitglieder der Leipziger Burschenschaft gesprochenen Urthels, S. 116.

1261 *Schaffrath*, Kritik des in erster Instanz gegen neunzehn Mitglieder der Leipziger Burschenschaft gesprochenen Urthels, S. 116 f.

Nachdem nun festgestellt wurde, dass das Gericht hätte prüfen müssen, ob überhaupt eine Burschenschaft bestand, wer deren Mitglieder waren und welchen Zweck diese stets verfolgt hatten, musste nun jedem einzelnen Angeschuldigten nachgewiesen werden, dass er den Zweck der Verbindung gekannt, als Mitglied der Verbindung praktisch gewollt und diesen seit seiner Aufnahme verfolgt hatte.[1262]

Wenn davon auszugehen war, dass der Angeschuldigte den Zweck der Verbindung gar nicht erst gekannt hatte, konnte ihm auch nicht unterstellt werden, dass er diesen verfolgte. Demnach konnte er nicht „etwas Subjectives in sich in ein Objectives außer sich verwandeln oder zu verwirklichen (realisiren) suchen, weil eben der Zweck noch nicht einmal subjectiv, d. h. noch nicht theoretisch erkannt ist. Eine solche Person kann daher auch nicht Mitglied dieser Verbindung zu einem ihm unbekannten Zwecke, einem absolut wesentlichen Merkmale derselben, sein, weil er sowohl des letzern als eben deshalb auch der erstern selbst nicht bewußt ist, ohne Bewußtsein aber nicht handeln kann."[1263] Somit konnte ihm kriminalrechtlich und moralisch das Wirken der Verbindung nicht zugerechnet werden, auch wenn er objektiv Mitglied der Verbindung gewesen war. Denn es durfte niemandem eine fremde Handlung zugerechnet werden und es durfte erst recht niemand in Bezug auf seine Strafbarkeit durch Unkenntnis überführt werden, in diesem Fall, in Bezug auf die Strafbarkeit der Tendenz und des Zwecks der Leipziger Burschenschaft, die der Angeschuldigte gar nicht kannte.[1264]

Für Schaffrath gab es aber auch noch andere Willensmängel in Bezug auf die Kenntnis des Zweckes der Verbindung. „Kennt aber Jemand zwar den Zweck einer Verbindung als solchen theoretisch, ohne ihn zu wollen, ohne den Willen zu haben, praktisch für ihn thätig zu sein, d. h. denselben seiner eigenen Thätigkeit als Zweck zu setzen, so ist er auch nicht wirkliches juristisches Mitglied dieser Verbindung, wenn er auch äußerlich und formell in dieselbe aufgenommen, dafür gilt."[1265] Da für ein Handeln nur die praktische Tätigkeit eines Menschen in Betracht kam, so konnte rechtlich und vor allem kriminalrechtlich, nur derjenige als Mitglied einer Verbindung zu einem bestimmten Zweck angesehen werden, welcher den Zweck auch praktisch wollte und nicht nur der, welcher ihn theoretisch kannte und nur äußerlich und formell Mitglied der Verbindung war.[1266]

Letztlich musste diese Kenntnis des Zweckes aber auch bereits bei der formellen Aufnahme in die Verbindung bestanden haben und von dem Mitglied praktisch

---

1262 *Schaffrath*, Kritik des in erster Instanz gegen neunzehn Mitglieder der Leipziger Burschenschaft gesprochenen Urthels, S. 121.

1263 *Schaffrath*, Kritik des in erster Instanz gegen neunzehn Mitglieder der Leipziger Burschenschaft gesprochenen Urthels, S. 121 f.

1264 *Schaffrath*, Kritik des in erster Instanz gegen neunzehn Mitglieder der Leipziger Burschenschaft gesprochenen Urthels, S. 123.

1265 *Schaffrath*, Kritik des in erster Instanz gegen neunzehn Mitglieder der Leipziger Burschenschaft gesprochenen Urthels, S. 123.

1266 *Schaffrath*, Kritik des in erster Instanz gegen neunzehn Mitglieder der Leipziger Burschenschaft gesprochenen Urthels, S. 124.

gewollt worden sein. Ein späteres Hinzutreten des Zwecks oder eine spätere Kenntnis desselben stellten keine wirksame Mitgliedschaft dar, die kriminalrechtlich verfolgt werden konnte.[1267]

(2) Die Beweismittel

Was die Beweismittel betrifft, so gehörten der objektive und der subjektive Tatbestand zum Thema des Anschuldigungsbeweises, weil es rein positive, bejahende Tatsachen waren, dem Kläger der Beweis oblag und weil jene Erfordernisse sämtliche tatsächliche Voraussetzungen und Bedingungen der Strafbarkeit und Verurteilung eines jeden einzelnen Angeschuldigten waren. Der Anschuldigungsbeweis war geführt, wenn das Resultat der Prüfung der verschiedenen Gründe, die für oder gegen die Annahme einer gewissen Tatsache sprachen, die Gewissheit ergaben, dass die Summe der Gründe für eine Tatsache die Gründe für das Gegenteil ausschlossen. So lange aber diese Gründe für das Gegenteil nicht ausgeschlossen waren, bestand ein Zustand des Zweifels, der dem Richter nicht zur Strafanwendung genügen durfte.[1268] Diese Tatsachen durften auch nicht nur vermutet werden, weil es im Kriminalprozess gar keine Rechts- und gesetzlichen Vermutungen gab.

(3) Die Teilnahme an der allgemeinen Burschenschaft

So wie die Teilnahme der einzelnen Mitglieder an der Leipziger Burschenschaft nachgewiesen werden musste, so musste auch die Teilnahme der Leipziger Burschenschaft an der allgemeinen Burschenschaft nachgewiesen werden. Dazu bedurfte es des Nachweises der Existenz der allgemeinen Burschenschaft als objektiven Tatbestand. Weiterhin mussten die Subjekte, also die Existenz der einzelnen deutschen Burschenschaften, welche die Allgemeine bildeten, nachgewiesen werden. Endlich mussten für jede einzelne Burschenschaft auch die Kriterien wie bei der Leipziger Burschenschaft (Mitglieder, Dauer, Zweck, usw.) bewiesen werden.[1269]

Neben der Existenz der allgemeinen Burschenschaft musste aber auch der Beitritt oder zumindest die Mitgliedschaft sowie die Dauer der Mitgliedschaft einer jeden einzelnen Burschenschaft namhaft gemacht werden. Ebenso musste der Zweck der allgemeinen Burschenschaft zu jeder Zeit deklariert werden.[1270]

Neben dem objektiven Tatbestand bedurfte es selbstverständlich den Erfordernissen des subjektiven Tatbestandes. Diese bestanden hier darin, „daß die einzelnen namhaft gemachten Mitglieder aller einzelnen Burschenschaften, welche zur allgemeinen Burschenschaft gehört haben, da die Burschenschaft selbst als solche

---

1267 *Schaffrath*, Kritik des in erster Instanz gegen neunzehn Mitglieder der Leipziger Burschenschaft gesprochenen Urthels, S. 126.

1268 *Mittermaier*, Das Deutsche Strafverfahren, Zweiter Thl., § 188, S. 387.

1269 *Schaffrath*, Kritik des in erster Instanz gegen neunzehn Mitglieder der Leipziger Burschenschaft gesprochenen Urthels, S. 129.

1270 *Schaffrath*, Kritik des in erster Instanz gegen neunzehn Mitglieder der Leipziger Burschenschaft gesprochenen Urthels, S. 130.

kein Bewußtsein und keinen Willen haben kann, sondern nur ihre einzelnen Mitglieder, namentlich aber daß die Angeschuldigten gewußt und praktisch gewollt haben," Teil der allgemeinen Burschenschaft gewesen zu sein und als Mitglieder deren Zweck zu verwirklichen.[1271]

(b) Bewiesene Tatsachen

Nachdem zunächst die Voraussetzungen für eine Verurteilung in objektiver und subjektiver Hinsicht definiert wurden, sollen nun Schaffraths Ausführungen zu den bewiesenen Tatsachen in Bezug auf die Voraussetzungen erläutert werden.

(1) Die Teilnahme an der Leipziger Burschenschaft

„Was nun zuvörderst den Beweis [...] der Theilnahme der Angeschuldigten an der Leipziger Burschenschaft betrifft, so kann [...] nicht einmal der objective Thatbestand, d. h. die Existenz einer Leipziger Burschenschaft für erwiesen angenommen werden."[1272]

Dies begründete sich laut Schaffrath dadurch, dass für die Zeit von der angeblichen Gründung 1818 bis 1827 kein einziges Mitglied in den Untersuchungsakten namhaft gemacht werden konnte und für die Zeit von 1827 an zwar Mitglieder als solche benannt worden waren, jedoch deren Beitritt oder die Aufnahme nie bewiesen worden war. Zwar mochte damit nach ihrem Geständnis der einseitige Beitritt, also ihr Wille zum Beitritt, erwiesen worden sein, jedoch war davon nicht auf eine Zustimmung der anderen Mitglieder der Burschenschaft in Bezug auf die Aufnahme zu schließen. Dazu bedurfte es weiterhin eines Geständnisses der anderen Mitglieder, dass diese der Aufnahme zugestimmt hatten. Diese Geständnisse sind aber in keiner der Untersuchungsakten vorhanden gewesen.[1273]

Weiterhin lag kein Beweis dafür vor, wie die Leipziger Burschenschaft überhaupt entstanden war. Nach Inhalt der Akten und Entscheidungsgründe sollte sie sich 1825 und 1826 aufgelöst haben, 1827 neu entstanden sein und 1828 wiederum aufgelöst haben, danach 1829 wieder neu gegründet worden sein. Ohne genauen Beweis ist in den Entscheidungsgründen die Gründung auf den 7. Juni 1818 festgesetzt aber nicht erwiesen worden.[1274]

In diesem Zusammenhang prägte Schaffrath eine Formel, die auf den Großteil des Verfahrens Anwendung finden konnte: „Die ganze Untersuchung, die ganze Schlußfolgerung in derselben auf die Strafbarkeit der Angeschuldigten ist daher

---

1271 *Schaffrath*, Kritik des in erster Instanz gegen neunzehn Mitglieder der Leipziger Burschenschaft gesprochenen Urthels, S. 130.

1272 *Schaffrath*, Kritik des in erster Instanz gegen neunzehn Mitglieder der Leipziger Burschenschaft gesprochenen Urthels, S. 160.

1273 *Schaffrath*, Kritik des in erster Instanz gegen neunzehn Mitglieder der Leipziger Burschenschaft gesprochenen Urthels, S. 160 f.

1274 *Schaffrath*, Kritik des in erster Instanz gegen neunzehn Mitglieder der Leipziger Burschenschaft gesprochenen Urthels, S. 162.

eine ächte petitio principii, ein reales Ende ohne realen Anfang, eine Folge ohne Grund, eine Wirkung ohne Ursache, ja, eine Verurtheilung ohne ein entstandenes und bestandenes, nie geschehenes Verbrechen!! ein Fluß ohne Quelle."[1275] Subsumiert unter obige Ausführungen heißt dies, dass man die Mitgliedschaft eines Angeschuldigten ohne dessen Aufnahme und diese wiederum ohne die schon bestandene Mitgliedschaft und schon geschehene Aufnahme anderer Mitglieder als solche nicht beweisen konnte, da diese nur durch schon wirkliche und erwiesene Mitglieder erfolgen konnte. Diese Mitglieder waren aber nicht bekannt.[1276]

Neben der Existenz der Leipziger Burschenschaft musste auch deren verwerflicher Zweck nachgewiesen werden. Aus den Aussagen der Angeschuldigten ließ sich fast einhellig schließen, dass der Zweck eine sittliche und wissenschaftliche Ausbildung zum Dienste des Vaterlandes gewesen war. Nur wenige Angeschuldigte äußerten in ihren Vernehmungen, dass der Zweck in der Herbeiführung der Einheit und Freiheit Deutschlands gelegen hatte.[1277] Aber selbst diese konnten nicht nachweisen, woher sie diese These hatten. Vielmehr sagten sie aus, dass dieser Zweck nicht in der Konstitution gestanden und sich vielmehr aus privaten Gesprächen und Andeutungen ergeben hatte.[1278]

Neben den Aussagen der Angeschuldigten sollte der politische Zweck darin gesehen werden, dass die Leipziger Burschenschaft im Sommer 1831 zu einem Burschentage eingeladen wurde und dem Abgeordneten der Vorschlag mitgegeben werden sollte, dass die Burschenschaft mehr politisch wirke. Dies sollte durch die Teilnahme an Zeitschriften, Philistervereinen und durch politische Aufsätze verwirklicht werden. Die Leipziger Burschenschaft soll daraufhin die Annahme der Einladung erklärt und einen Abgeordneten gewählt haben. Dieser habe daraufhin den Burschentag in Frankfurt abgewartet und aus Furcht den dort gefassten Beschlüssen nicht widersprochen. Hierüber hatte das Appellationsgericht jedoch nicht genügend Beweise erhoben.[1279] Der politische Zweck konnte nicht dadurch nachgewiesen werden, dass der Vertreter auf der Versammlung in Frankfurt erschien und den gefassten Beschlüssen nicht widersprach. Denn nur weil er zu der Versammlung erschien und nicht ausdrücklich widersprach, billigte er im Gegenzug nicht die Beschlüsse der Versammlung und wollte sie auch nicht als eigene.[1280]

1275 *Schaffrath*, Kritik des in erster Instanz gegen neunzehn Mitglieder der Leipziger Burschenschaft gesprochenen Urthels, S. 163.

1276 *Schaffrath*, Kritik des in erster Instanz gegen neunzehn Mitglieder der Leipziger Burschenschaft gesprochenen Urthels, S. 163.

1277 *Schaffrath*, Kritik des in erster Instanz gegen neunzehn Mitglieder der Leipziger Burschenschaft gesprochenen Urthels, S. 165.

1278 *Schaffrath*, Kritik des in erster Instanz gegen neunzehn Mitglieder der Leipziger Burschenschaft gesprochenen Urthels, S. 169.

1279 *Schaffrath*, Kritik des in erster Instanz gegen neunzehn Mitglieder der Leipziger Burschenschaft gesprochenen Urthels, S. 170.

1280 *Schaffrath*, Kritik des in erster Instanz gegen neunzehn Mitglieder der Leipziger Burschenschaft gesprochenen Urthels, S. 171.

Dass gerade kein politischer Zweck bei der Leipziger Burschenschaft vorlag, ließ sich aus einigen Aussagen entnehmen. So wurde ausgesagt, dass die Leipziger Burschenschaft gerade wegen der Beschlüsse auf dem Frankfurter Burschentag aus der allgemeinen Burschenschaft ausgetreten sei. Auch verachteten alle übrigen Burschenschaften, deren Existenz laut Schaffrath noch zu beweisen war, die Leipziger wegen ihrer politischen Kälte, Teilnahmslosigkeit und Schwäche.[1281]

Nachdem die Existenz der Leipziger Burschenschaft und deren politischer Zweck nicht nachgewiesen werden konnten, war es schwer möglich anzunehmen, dass die Angeschuldigten entweder Gründer, Vorstands- oder Ausschussmitglieder oder Teilnehmer an Burschentagen gewesen waren. Lediglich die eigenen Geständnisse der Angeschuldigten konnten diese Behauptungen bestätigen.[1282]

Was den subjektiven Tatbestand betrifft, so ist dieser noch weniger nachgewiesen worden als der objektive. Denn dann müssten die Angeschuldigten das Wissen und Wollen des verwerflichen Zweckes zugestanden haben. Die Angeschuldigten gestanden zwar größtenteils, dass ihnen der Zweck bekannt war, jedoch sahen diese ihn in der sittlichen und wissenschaftlichen Ausbildung und somit nicht in einem revolutionären Sinne. Nur dieser konnte ihnen somit zugerechnet werden.[1283] Diesen Zweck mussten sie weiterhin bereits bei ihrer Aufnahme gekannt und praktisch als Mitglied gewollt haben. Dies hatte keiner der Angeschuldigten in seiner Aussage zugestanden und es konnte somit auch keinem Angeschuldigten untergeschoben werden.[1284]

(2) Die Teilnahme an der allgemeinen Burschenschaft

Nachdem nun bereits festgestellt wurde, dass eine Verurteilung der Angeschuldigten wegen Teilnahme an der Leipziger Burschenschaft hätte ausscheiden müssen, wäre eine Prüfung der Strafbarkeit wegen Teilnahme der Leipziger Burschenschaft an der allgemeinen eigentlich obsolet gewesen, da bereits festgestellt wurde, dass entweder gar keine Burschenschaft bestand oder diese sich nicht wirklich an der allgemeinen beteiligte. Dies wurde aber nun von Schaffrath nochmal näher beleuchtet, obwohl er sein Ergebnis schon voranstellte: „Die criminalrechtliche Gewißheit der zweiten Anschuldigung, nämlich der Theilnahme der Leipziger Burschenschaft an der allgemeinen, ist, um es kurz zu sagen, gar nicht, es ist nicht einmal ein nur geringer Grad von Wahrscheinlichkeit hergestellt worden."[1285]

1281 *Schaffrath*, Kritik des in erster Instanz gegen neunzehn Mitglieder der Leipziger Burschenschaft gesprochenen Urthels, S. 173.

1282 *Schaffrath*, Kritik des in erster Instanz gegen neunzehn Mitglieder der Leipziger Burschenschaft gesprochenen Urthels, S. 175.

1283 *Schaffrath*, Kritik des in erster Instanz gegen neunzehn Mitglieder der Leipziger Burschenschaft gesprochenen Urthels, S. 177.

1284 *Schaffrath*, Kritik des in erster Instanz gegen neunzehn Mitglieder der Leipziger Burschenschaft gesprochenen Urthels, S. 178.

1285 *Schaffrath*, Kritik des in erster Instanz gegen neunzehn Mitglieder der Leipziger Burschenschaft gesprochenen Urthels, S. 180.

Anzumerken ist zunächst, dass der Beitritt und die Teilnahme der einzelnen Burschenschaften an der allgemeinen in den Entscheidungsgründen zu beweisen gar nicht versucht wurde. Nur in Bezug auf den Beitritt und die Teilnahme der Leipziger Burschenschaft an der allgemeinen äußerte sich das Gericht ohne jeglichen Beweis und ohne Angaben irgendeiner Kenntnisquelle in den Entscheidungsgründen: „Nur soviel darf man als ausreichend gewiß ansehen, daß im September 1827, Ostern 1830 und 1831 und Michael 1831 auch Leipzig dem Verbande der allgemeinen Burschenschaft angehörte."[1286] Dies wurde jedoch von keinem der Angeschuldigten zugestanden und konnte vom Gericht somit nur durch Anzeigen erwiesen werden.[1287]

Als eine solche Anzeige führte das Gericht an, dass die Leipziger Burschenschaft Deputierte zu den Burschentagen in Bamberg, Nürnberg, Dresden und Frankfurt entsandte. Allein darin sah das Gericht schon eine Teilnahme an der allgemeinen Burschenschaft. Jedoch wurde ausgesagt, dass die Leipziger Burschenschaft den Bamberger Burschentag nur beschickt hatte, um eine Schlichtung der Differenzen der verschiedenen Burschenschaften zu bewirken. An den Verhandlungen an sich habe sie nicht teilgenommen. Demnach konnte aus der Beschickung dieses Burschentages auf eine Teilnahme der Leipziger Burschenschaft an der allgemeinen nicht geschlossen werden. In Bezug auf den Nürnberger Burschentag konnte eine Teilnahme der Leipziger Burschenschaft auch nicht bestätigt werden. So konnte keiner der Vernommenen mit Gewissheit die Leipziger Deputierten benennen, geschweige denn ihre Anwesenheit in Nürnberg bestätigen.[1288]

„Mithin ist die Beschickung des Bamberger und Nürnberger Burschentages durch die Leipziger Burschenschaft, da dieselbe kein einziges Mitglied der letztern zugestanden hat und, wie es scheint, zugestehen konnte, keineswegs criminalrechtlich gewiß, und könnte selbst durch noch so viele eben so beschaffene Aussagen erwiesen und die Beschickung von Burschentagen kann daher als Anzeige für die Teilnahme der Leipziger Burschenschaft an der allgemeinen von 1827–1830 nicht gebraucht werden".[1289]

Nun blieb noch die Bewertung einer eventuellen Teilnahme am Dresdner und Frankfurter Burschentag. Auch diese leugnete Schaffrath. Der Dresdner Burschentag war kein förmlicher Burschentag der allgemeinen Burschenschaft, also der im Verband befindlichen deutschen Burschenschaften, sondern ein Burschentag aller einzelnen deutschen Burschenschaften, egal ob sie zum Verband gehörten oder

1286 *Schaffrath*, Kritik des in erster Instanz gegen neunzehn Mitglieder der Leipziger Burschenschaft gesprochenen Urthels, S. 180 f.

1287 *Schaffrath*, Kritik des in erster Instanz gegen neunzehn Mitglieder der Leipziger Burschenschaft gesprochenen Urthels, S. 182 f.

1288 *Schaffrath*, Kritik des in erster Instanz gegen neunzehn Mitglieder der Leipziger Burschenschaft gesprochenen Urthels, S. 183.

1289 *Schaffrath*, Kritik des in erster Instanz gegen neunzehn Mitglieder der Leipziger Burschenschaft gesprochenen Urthels, S. 183 f.

nicht.[1290] Weiterhin ging die Einladung nach Dresden nicht von der geschäftsführenden Burschenschaft in Erlangen aus, wie dies zu den Burschentagen erforderlich gewesen war, sondern von der Jenaischen Burschenschaft. Außerdem bestand zur Zeit des Dresdner Burschentages gar keine allgemeine Burschenschaft mehr. Im September 1830 kam es zur förmlichen Spaltung der allgemeinen Burschenschaft in Arminen und Germanen, welche vorher zur selben Partei gehört hatten. Somit wurde die allgemeine Burschenschaft förmlich getrennt und aufgelöst. Da es keinen Nachweis einer Neukonstituierung gab, kann ein Bestehen zu dieser Zeit nicht angenommen werden und die Abhaltung von Burschentagen nicht erfolgt sein.[1291] Auch bei dem Frankfurter Burschentag handelte es sich nicht um einen Burschentag der allgemeinen Burschenschaft, weil zu diesem die Arminen und Germanen eingeladen wurden und es sich wiederum um einen Burschentag aller deutschen Burschenschaften und nicht nur der allgemeinen Burschenschaft handelte.[1292]

Nachdem nun nachgewiesen wurde, dass die Mitgliedschaft der Leipziger Burschenschaft an der allgemeinen nicht dadurch angezeigt werden konnte, weil jene an den Burschentagen derer teilnahm, kam noch in Betracht, dass eine Mitgliedschaft durch die Verfolgung des gemeinsamen Zweckes begründet werden konnte: „Nun ist aber eine wesentliche Bedingung des Eintritts sowohl als der Theilnahme an einer Verbindung absolute Identität des Zwecks."[1293] Denn bei verschieden vorliegenden Zwecken blieben immer noch zwei verschiedene Verbindungen, die Leipziger Burschenschaft auf der einen und die allgemeine Burschenschaft auf der anderen Seite, bestehen, „jede mit ihrem besondern Zwecke, ja, mit verschiedenen, jene mit mehr, diese mit weniger Subjecten."[1294] Denn nach der Konstitution der allgemeinen Burschenschaft und nach den Entscheidungsgründen des Gerichts, musste jede einzelne Burschenschaft den Zweck der allgemeinen Burschenschaft haben und durfte keinen anderen verfolgen, da sie sich sonst faktisch von der allgemeinen losgesagt und getrennt hätte. Da nicht eine Burschenschaft zweierlei ziemlich verschiedene Zwecke haben konnte, so war es unmöglich, dass die Leipziger Burschenschaft ein Teil der allgemeinen Burschenschaft gewesen ist.[1295]

Weiterhin konnte die Leipziger Burschenschaft ab spätestens Ostern 1831 nicht mehr Teil der allgemeinen Burschenschaft gewesen sein, weil die widersprechenden

1290 *Schaffrath*, Kritik des in erster Instanz gegen neunzehn Mitglieder der Leipziger Burschenschaft gesprochenen Urthels, S. 184.

1291 *Schaffrath*, Kritik des in erster Instanz gegen neunzehn Mitglieder der Leipziger Burschenschaft gesprochenen Urthels, S. 185.

1292 *Schaffrath*, Kritik des in erster Instanz gegen neunzehn Mitglieder der Leipziger Burschenschaft gesprochenen Urthels, S. 185.

1293 *Schaffrath*, Kritik des in erster Instanz gegen neunzehn Mitglieder der Leipziger Burschenschaft gesprochenen Urthels, S. 192.

1294 *Schaffrath*, Kritik des in erster Instanz gegen neunzehn Mitglieder der Leipziger Burschenschaft gesprochenen Urthels, S. 192.

1295 *Schaffrath*, Kritik des in erster Instanz gegen neunzehn Mitglieder der Leipziger Burschenschaft gesprochenen Urthels, S. 193.

Konstitutionen der Einzelburschenschaften, in Bezug auf die der allgemeinen, abzuändern gewesen wären. Es haben aber alle bei der Leipziger Burschenschaft zu verschiedenen Zeiten gültig gewesenen Konstitutionen und Komments wesentlich von der allgemeinen Konstitution abweichende und wichtige Bestimmungen enthalten. Trotz alledem hatte man von der Leipziger Burschenschaft nie eine Änderung ihrer Konstitution erwartet. Eben aus diesem unwiderlegbaren Grunde konnte die Leipziger Burschenschaft ab spätestens 1831 nicht mehr Mitglied der allgemeinen gewesen sein. Dies wird auch dadurch begründet, weil die Leipziger Burschenschaft im Jahre 1830 beschlossen hatte, die sogenannte Allgemeinheit einzuführen, was gegen die Konstitution der allgemeinen Burschenschaft verstieß. Dieser Vorschlag wurde auch auf dem Dresdner Burschentag vorgelegt und von diesem verworfen, vielmehr der Leipziger Burschenschaft die Abfassung einer ordentlichen Konstitution und die Wiedereinführung des bereits aufgelösten engeren Vereins, als für den Verbleib im Verband unerlässliches Prinzip, auferlegt. „Von diesem Augenblick an war die Leipziger Burschenschaft so lange, bis sie diesen Anordnungen des Dresdner Burschentages nachgekommen war, factisch getrennt. Da sie vielmehr jenen Beschluß nicht änderte, eine andere ordentliche Constitution nicht abfaßte, den engeren Verein nicht wieder einführte, vielmehr jene mißfällige Allgemeinheit fortbestehen ließ, ja, im Sommer 1831 eine neue, der allgemeinen entgegengesetzte Constitution einführte, kurz, auf ihren sie ipso jure und nach den Beschlüssen des Dresdner Burschentags ausdrücklich ausschließenden Beschlüssen beharrte, so war sie von deren Fassung an, nach dem Dresdner Burschentage, aber ganz gewiß schon vor dem Frankfurter Burschentage factisch von der allgemeinen, zumal von deren Zwecke, Verfassung und Organisation getrennt und blieb dies für immer."[1296] Die Einladung zum Frankfurter Burschentag war somit mehr ein Versuch zur Integration der Leipziger Burschenschaft in die allgemeine, welcher jedoch scheiterte, weil die Leipziger Burschenschaft ihre Konstitution nicht ändern wollte.[1297]

4) Kritik an der Strafbarkeit und dem Strafmaß

Schaffrath schloss seine Ausführungen mit einer kritischen Prüfung der Strafbarkeit und des Strafmaßes der Angeschuldigten. Dies folgte jedoch nur, wenn der schlimmste Fall anzunehmen gewesen wäre und die angeschuldigten Tatsachen vollständig kriminalrechtlich gewiss gewesen wären.

Bereits zu Beginn führte er zusammenfassend aus, dass die Teilnahme an der Leipziger Burschenschaft nicht strafbar war, sondern höchstens den Gesetzen für die Studirenden vom 29. März 1822 unterfallen wäre. Weiterhin war die Teilnahme der Leipziger Burschenschaft an der allgemeinen bis zum Frankfurter Burschentag nicht strafbar und hätte erst ab diesem oder auch erst ab dem Stuttgarter

1296 *Schaffrath*, Kritik des in erster Instanz gegen neunzehn Mitglieder der Leipziger Burschenschaft gesprochenen Urthels, S. 195.

1297 *Schaffrath*, Kritik des in erster Instanz gegen neunzehn Mitglieder der Leipziger Burschenschaft gesprochenen Urthels, S. 195.

Burschentag eine strafbare gewesen sein können.[1298] Dies begründete sich daraus, dass die allgemeine Burschenschaft, wie bereits ausgeführt, erst ab diesem Zeitpunkt den Zweck verfolgte, nicht nur über das Anstreben von Veränderungen zu reden, sondern diese direkt zu forcieren.[1299] Wie ebenfalls bereits erläutert, war die Leipziger Burschenschaft zu diesem Zeitpunkt nicht mehr Teil der allgemeinen. Allein aus diesem Grunde und dem bereits oben ausgeführten musste eine Strafbarkeit ausscheiden.

Aber auch das Strafmaß unterlag keinen zu rechtfertigenden Voraussetzungen. Denn „Strafen können nur nach Grundsätzen verhangen werden die in den Quellen des positiven Rechts entweder ausdrücklich ausgesprochen sind oder aus ihrer Analogie sich mit Bestimmtheit ergeben."[1300] Dem konnte hier ebenfalls nicht entsprochen werden, weil das Gericht selbst in den Entscheidungsgründen ausführte, dass es an direkten Strafbestimmungen fehlte und deshalb auf allgemeine kriminalrechtliche Grundsätze und Analogien zurückgegriffen werden musste. Dies war zur damaligen Zeit zwar umstritten, jedoch war die Mehrheit einem Verbot der analogen Anwendung, wie sich aus Feuerbachs[1301] „Lehrbuch des gemeinen in Deutschland gültigen peinlichen Rechts"[1302] ergibt, zugeneigt.[1303] Auch eine

1298 *Schaffrath*, Kritik des in erster Instanz gegen neunzehn Mitglieder der Leipziger Burschenschaft gesprochenen Urthels, S. 218.

1299 *Schaffrath*, Kritik des in erster Instanz gegen neunzehn Mitglieder der Leipziger Burschenschaft gesprochenen Urthels, S. 222.

1300 *Schaffrath*, Kritik des in erster Instanz gegen neunzehn Mitglieder der Leipziger Burschenschaft gesprochenen Urthels, S. 223.

1301 1775–1833, Begründer der modernen Strafrechtslehre und der Theorie des psychologischen Zwangs; vgl. über ihn *Marquardsen*, Feuerbach, Anselm von, in: ADB, Bd. VI, S. 731–745.

1302 „Bei der Frage, ob auch eine analogische Gesetzesanwendung erlaubt ist, d.h. der Richter das Gesetz ergänzen, das Gesetz auf die darin nicht enthaltenen Fälle ausdehnen darf, weil der Geist des Gesetzes dies fordert, hat man durch die Unterscheidung von Gesetzesanalogie, d.h. Anwendung einer Strafe, weil die nämlichen Gründe, aus welchen ein bestimmtes Gesetz eine Handlung straft, auch auf die Bestrafung der andern in Frage stehenden passen, und Rechtsanalogie, d.h. Anwendung der Strafe in einem, im Gesetze nicht bedrohten Falle, weil die allgemeinen Gründe der Strafwürdigkeit die Strafbarkeit fordern, sich zu helfen gesucht. Allein vergebens sucht man eine feste Grundlage zur Durchführung dieser Unterscheidung, und richtiger muß man annehmen, daß kein Richter befugt ist, in einem Falle, der nicht im Gesetz bedroht ist, Strafe anzuwenden, blos weil die Gründe der Strafwürdigkeit auch hier Strafe zu rechtfertigen scheinen, während er nie gehindert ist, auch auf die im Gesetze ausdrücklich nicht bedrohten Fälle Strafe anzuwenden, in so fern nach Grundsätzen logischer Auslegung der Richter das Mangelhafte im Ausdruck des Gesetzes eigentlich nur durch einen Schluß ergänzt."; vgl. *Mittermaier*, in: Feuerbachs Lehrbuch des gemeinen in Deutschland gültigen peinlichen Rechts, 13. Aufl., § 75a, S. 128.

1303 Siehe dazu *Wächter*, Lehrbuch des Römisch-Teutschen Strafrechts, Erster Thl., § 41.

analoge Anwendung der „Gesetze für die Studirenden“ auf Nichtstudierende würde hier entfallen, da es sich bei diesen um Sonder- bzw. Ausnahmegesetze für einen besonderen Stand – hier die Studenten – handelte.[1304] Sollte jedoch eine analoge Anwendung als möglich erachtet worden sein, so hätten die Gesetze auch in voller Hinsicht und nicht nur auf bestimmte Bereiche angewendet werden müssen. Demnach hätte man diese nicht nur, wie das Gericht ausführte, in qualitativer, sondern auch in quantitativer Hinsicht anwenden müssen und die Strafen hätten nicht so ungleich härter ausfallen dürfen wie im vorliegenden Fall. Ein Strafschärfungsrecht stand dem Richter, ohne erwiesene gesetzliche Gründe, jedenfalls nicht zu.[1305]

5. Urteil des Oberappellationsgerichts zu Dresden

Nachdem Wilhelm Michael Schaffrath seine Verteidigungsschrift vorgelegt hatte, entschied das Oberappellationsgericht zu Dresden am 15. März 1838 in einer für die Angeklagten günstigeren Weise. Demnach erkannte das Königliche Sächsische Oberappellationsgericht für Recht: „... es bei dem befindlichen Urthel, [...], nicht zu lassen, sondern es ist gegen mehrgedachte Angeschuldigte des ihnen Beigemessenen halber theils gestalten Sachen nach, theils in Ermangelung mehreren Verdachts, weiter Nichts vorzunehmen.“[1306]

a) Juristische Entscheidungsgründe

In seinen Entscheidungsgründen baute das Oberappellationsgericht seine Begründung juristisch dogmatischer auf. So führte es zunächst an, wegen welchen Verbrechens die Angeschuldigten in erster Instanz verurteilt wurden. Dies benannte das Oberappellationsgericht als „die bezeigte mehrere oder mindere Theilnahme an geheimen revolutionairen Verbindungen“. Als Ansatzpunkt dafür führte das Oberappellationsgericht die Vorkommnisse rund um den Frankfurter Wachensturm sowie die Gründung und Teilnahme an der Leipziger Burschenschaft und der allgemeinen Burschenschaft aus.[1307]

Zunächst stellte das Oberappellationsgericht fest, dass, wenn vom Sinn, Wesen und Wirken der allgemeinen Burschenschaft auf die Burschenschaften der Einzeluniversitäten geschlossen werden sollte, wie es in den Entscheidungsgründen des Appellationsgericht gemacht wurde, eine Unterscheidung der Zeit vor dem Frankfurter Burschentag und der späteren Periode gemacht werden musste.

1304 *Schaffrath*, Kritik des in erster Instanz gegen neunzehn Mitglieder der Leipziger Burschenschaft gesprochenen Urthels, S. 225.

1305 *Schaffrath*, Kritik des in erster Instanz gegen neunzehn Mitglieder der Leipziger Burschenschaft gesprochenen Urthels, S. 225.

1306 SächsHStA Dresden, Acta, die wegen politischer Umtriebe in Untersuchung gekommenen akademischen Lehrer zu Leipzig betr., 1834–1839, Bl. 126 f.

1307 SächsHStA Dresden, Acta, die wegen politischer Umtriebe in Untersuchung gekommenen akademischen Lehrer zu Leipzig betr., 1834–1839, Bl. 128 f.

Dieser Grundsatz war auch von der deutschen Bundeszentralbehörde, dem Königlich Sächsischen Kultusministerium, der Herzoglich Anhaltischen Regierung zu Dessau, dem Kriminalsenat des Königlich Württembergischen Gerichtshofes zu Tübingen, in der von dem Königlich Preußischen Oberlandesgerichtsassessor Luther unterzeichneten Darstellung über die Untersuchungen in Jena und letztlich von dem Leipziger Kriminalamt anerkannt worden.[1308] Die Tendenz der allgemeinen Burschenschaft war jedoch, aufgrund der Beschlüsse des Burschentages zu Frankfurt und noch mehr des Burschentages zu Stuttgart, eine staatsgefährliche und revolutionäre gewesen, was nicht zu bezweifeln war. Dies war jedoch, nach Ausführung des Oberappellationsgericht, unerheblich, weil diese Beschlüsse keinen Einfluss mehr auf die Leipziger Burschenschaft gehabt hatten.[1309]

In der Zeit von der Gründung der Leipziger Burschenschaft bis zum Frankfurter/Stuttgarter Burschentag, konnte ein staatsgefährdender oder revolutionärer Zweck nicht festgestellt werden. Vielmehr war der Zweck der Leipziger Burschenschaft, was bereits aus dem Entstehungsgrund in Verbindung mit der Konstitution von 1818 hervorgegangen war, nur das Streben nach möglichster geistiger und körperlicher Ausbildung und Aneignung an sich nicht zu missbilligender Ansichten und Grundsätze.[1310]

„Wollte man nun auch, was keineswegs der Fall ist, als genugsam constatirt annehmen, daß die Leipziger Burschenschaft bis zum Frankfurter Burschentage fortwährend der allgemeinen angehört habe, und, wie gesagt worden, als ein integrirender Theil derselben zu betrachten sei, so würde daraus allein, dem Obigen zufolge, da dem allgemeinen Vereine als solchem, und von einzelnen Parteien und Mitgliedern abgesehen, das gegenwärtig in Frage stehende Verbrechen nicht beizumessen, eine in dieser Hinsicht die Leipziger Burschenschaft beschwerende Folgerung nicht zu ziehen sein.“[1311]

In Anbetracht der Einladung der Leipziger Burschenschaft zum Frankfurter Burschentag, welche durch die geschäftsführende Jenaische Burschenschaft erfolgte, kann allein die Annahme der Einladung und Beschickung des Burschentages nicht als Einverständnis mit den Beschlüssen gesehen werden. Dass aber die später auf dem Frankfurter Burschentag gefassten Beschlüsse von der Leipziger Burschenschaft gebilligt und befolgt worden, war streitig und konnte mit großer Wahrscheinlichkeit abgelehnt werden. Denn auf dem Frankfurter Burschentag wurde die Leipziger Burschenschaft aufgefordert, ihre Konstitution dahingehend zu ändern, dass die Allgemeinheit aufgelöst und der engere Verein wieder

1308 SächsHStA Dresden, Acta, die wegen politischer Umtriebe in Untersuchung gekommenen akademischen Lehrer zu Leipzig betr., 1834–1839, Bl. 129, 136 f.

1309 SächsHStA Dresden, Acta, die wegen politischer Umtriebe in Untersuchung gekommenen akademischen Lehrer zu Leipzig betr., 1834–1839, Bl. 138.

1310 SächsHStA Dresden, Acta, die wegen politischer Umtriebe in Untersuchung gekommenen akademischen Lehrer zu Leipzig betr., 1834–1839, Bl. 142.

1311 SächsHStA Dresden, Acta, die wegen politischer Umtriebe in Untersuchung gekommenen akademischen Lehrer zu Leipzig betr., 1834–1839, Bl. 144 f.

eingeführt werden sollte, dem sie sich verweigerte und daraufhin ihren Austritt erklärte.[1312]

Letztlich schlussfolgerte das Oberappellationsgericht abschließend: „Aus dem zeither Gesagten geht von selbst hervor, daß der, von den Verfassern des vorigen Erkenntnisses hauptsächlich aus der Verbindung mit der allgemeinen Burschenschaft gegen die Leipziger hergeleitete, Anschuldigungsbeweis auf keine Weise als genügend betrachtet werden könne, um die Inculpaten als vormalige Mitglieder der Leipziger Burschenschaft eines so schweren und strafbaren Verbrechens, als das in Frage stehende ist, für schuldig zu erachten, und die erkannten Strafen, und sonst ausgesprochenen Nachtheile zu rechtfertigen."[1313]

b) Sonstige Erwägungen für das Urteil

Unabhängig von den vorgenannten Entscheidungsgründen des Oberappellationsgerichts zu Dresden, sollen an dieser Stelle noch Erwägungen angestellt werden, welche sich weniger auf juristische Aussagen als mehr auf familiäre Beziehungen der Richter zu Angeschuldigten und Sympathisanten der Burschenschaft beziehen sollen.

Das Oberappellationsgericht bestand im Jahre 1838 aus 14 Oberappellationsräten, zwei Vizepräsidenten und einem Präsidenten.[1314] Da das Urteil gegen die 19 Burschenschafter nicht unterzeichnet ist, kann nicht festgestellt werden, welcher Oberappellationsrat bei der Urteilsfindung mitgewirkt hat. Jedoch möchte ich versuchen, verwandtschaftliche Bezüge der Richter zu Verbindungsstudenten an der Universität Leipzig herzustellen.

Oberappellationsrat Carl Fürchtegott Meißner wurde am 11. Juni 1775 in Lauban geboren. Er studierte von 1795 bis 1798 an der Universität Leipzig.[1315] Obwohl der Name Meißner nicht unbedingt originell ist, lassen sich in der unvollständigen Mitgliederliste der Leipziger Burschenschaft für das Jahr der Gründung 1818 der Student der Rechte Moritz Ferdinand Meißner, der Student der Theologie Heinrich Wilhelm Meißner und der Student der Medizin Friedrich Ludwig Meißner ausmachen.[1316] Da über diese Personen wenig in Erfahrung zu bringen ist, kann eine verwandtschaftliche Beziehung nicht positiv festgestellt werden. Anders sieht dies jedoch bei einem gewissen späteren Stadtschreiber Meißner aus Lauban aus,

---

1312 SächsHStA Dresden, Acta, die wegen politischer Umtriebe in Untersuchung gekommenen akademischen Lehrer zu Leipzig betr., 1834–1839, Bl. 146 f.

1313 SächsHStA Dresden, Acta, die wegen politischer Umtriebe in Untersuchung gekommenen akademischen Lehrer zu Leipzig betr., 1834–1839, Bl. 148 f.

1314 Directorium des statistischen Vereins Sachsen, Staats-Handbuch für das Königreich Sachsen 1837, S. 137.

1315 *Beck*, Allgemeines Repertorium der neuesten in- und ausländischen Literatur für 1821, Erster Bd., 6. Stk., S. 478.

1316 *Knaake/Thiele/Tornius/Leonhardt*, Geschichte der Leipziger Burschenschaft Germania, S. 180.

welcher 1808 Mitglied des Corps Lusatia Leipzig wurde.[1317] Hierbei wird es sich wohl, aufgrund des gleichen Geburtsortes, um den Bruder oder einen sonstigen Verwandten von Carl Fürchtegott Meißner gehandelt haben. Obwohl die Burschenschaft und die Corps sich oftmals feindselig gegenüber standen, kann vermutet werden, dass trotz alledem ein Richter nicht allgemein gegen die Form des studentischen Verbindungswesens urteilte, wenn ein Familienmitglied in einer Verbindung, gleich welcher Form, Mitglied war.

Einer der Vize-Präsidenten des Oberappellationsgerichtes war Carl August Gottschalk. Dieser wurde am 14. Februar 1777 in Leisnig geboren, studierte in Leipzig und wurde 1835 Vize-Präsident des Oberappellationsgerichtes.[1318] Auch einen Gottschalk finden wir in der Mitgliederliste der Leipziger Burschenschaft. Im Jahre 1821 wurde der Student der Philosophie Gotthelf Friedrich Carl Gottschalk Mitglied der Burschenschaft.[1319] Dieser stammte jedoch aus Sondershausen, sodass hieraus keine familiäre Beziehung geschlossen werden kann.[1320]

Ebenso verhält es sich beim Operappellationsrat Gottfried Ludwig Winkler. Im Jahre 1820 wurde ein Student namens Winkler Mitglied der Leipziger Burschenschaft, ohne dass im Mitgliederverzeichnis genauere Angaben über ihn gemacht wurden.[1321] Aus der Matrikel ergibt sich, dass im Sommersemester 1820 der Student der Medizin Friedrich Moritz Winkler aus Jöhstadt und der Student der Theologie Friedrich August Winkler aus Schneeberg ihr Studium in Leipzig begannen.[1322] Bei beiden kann aber keine verwandtschaftliche Beziehung zu Gottfried Ludwig Winkler nachgewiesen werden.

Eine verwandtschaftliche Beziehung liegt wohl aber zwischen dem Oberappellationsrat August Siegmund Kori und den Studenten der Rechte H. August Kori und C. A. Ernst Kori nahe. August Siegmund Kori wurde am 27. Juni 1778 in Frauenstein im Erzgebirge geboren, promovierte 1805 zum Doktor der Rechte an der Universität Leipzig. Nachdem er 1818 Professor der Rechte an der Universität Jena wurde, wurde er 1827 Appellationsrat in Dresden und 1835 Oberappellationsrat. Er verstarb am 13. Januar 1850 und hinterließ sieben Kinder.[1323] Aus der Matrikel der Universität Leipzig ergibt sich lediglich, dass Karl August Eduard Kori aus Markkleeberg als Student der Rechte im Sommersemester 1829 immatrikuliert wurde.[1324] Aus der Mitgliederliste der Leipziger Burschenschaft ergibt sich, dass

---

1317 *Rügemer*, Kösener Korps-Listen von 1798 bis 1910, S. 640.

1318 Allgemeine Literatur-Zeitung, Nr. 30 vom Juli 1843, Sp. 243.

1319 *Knaake/Thiele/Tornius/Leonhardt*, Geschichte der Leipziger Burschenschaft Germania, S. 182.

1320 *Blecher/Wiemers*, Die Matrikel der Universität Leipzig, Teilbd. I, S. 179.

1321 *Knaake/Thiele/Tornius/Leonhardt*, Geschichte der Leipziger Burschenschaft Germania, S. 182.

1322 *Blecher/Wiemers*, Die Matrikel der Universität Leipzig, Teilbd. I, S. 219, 222.

1323 *Teichmann*, Kori, August Sigismund, in: ADB, Bd. XVI, S. 704.

1324 *Blecher/Wiemers*, Die Matrikel der Universität Leipzig, Teilbd. I, S. 372.

oben genannte Studenten 1829 Mitglieder der Leipziger Burschenschaft wurden.[1325] Näheres ist nicht in Erfahrung zu bringen, jedoch kann aufgrund des seltenen Nachnamens die Vermutung geäußert werden, dass die Studenten verwandtschaftliche Beziehungen zum Oberappellationsrat Kori hatten.

Ähnliche Überlegungen können beim Oberappellationsrat Gustav Samuel Baumgarten-Crusius angestellt werden. Dieser wurde 1782 in Dresden geboren, besuchte die Fürstenschule zu Grimma, studierte in Leipzig Rechtswissenschaft und promovierte dort 1804 zum Doktor der Rechte. Nachdem er 1811 Bürgermeister von Merseburg wurde, kehrte er 1814 nach Leipzig zurück und wurde Beisitzer am Schöppenstuhl. Im Jahre 1828 wurde er Appellationsrat in Dresden und 1835 Oberappellationsrat.[1326] Im Verzeichnis der Leipziger Burschenschaft findet sich im Jahr 1830 ein Student der Rechte F. A. Baumgarten.[1327] Aus der Matrikel ergibt sich, dass es sich dabei um den Studenten Friedrich August Baumgarten handelt, welcher aus dem Altenburgischen an die Universität Leipzig kam und sich im Sommersemester 1829 immatrikulierte.[1328] Es kann zwar nicht klar nachgewiesen werden, dass diese beiden Personen in einer Vater-Sohn-Beziehung standen, jedoch wird ein verwandtschaftliches Verhältnis vorgelegen haben, weil ein Großteil der Familie Baumgarten-Crusius in Merseburg ansässig war.[1329]

Weiterhin ergibt sich aus den Kösener Korps-Listen, dass 1836 ein Student und späterer Oberkriegsgerichtsrat Viktor Baumgarten-Crusius Mitglied des Corps Saxonia Leipzig wurde.[1330] In der Matrikel der Universität Leipzig wird angegeben, dass es sich dabei um einen Studenten der Rechte handelte, dessen Vater Oberappellationsrat in Dresden war.[1331] An dieser Stelle kann nun klar festgestellt werden, dass der Oberappellationsrat Gustav Samuel Baumgarten-Crusius der Vater des Corps-Studenten Viktor Baumgarten-Crusius war.

Genauso verhält es sich beim Oberappellationsrat Moritz Heinrich Nehrhoff von Holderberg. In den Kösener Korps-Listen wird als Mitglied des Corps Misnia Leipzig im Jahre 1841 ein Student namens Moritz Nehrhoff von Holderberg angegeben.[1332] Bei diesem handelte es sich, gemäß der Matrikel, um den Studenten der Rechte Moritz Adolph Nehrhoff von Holderberg, welcher sich 1840/41 immatrikuliert hatte

---

1325 *Knaake/Thiele/Tornius/Leonhardt*, Geschichte der Leipziger Burschenschaft Germania, S. 187.

1326 Baumgarten-Crusius, in: Conversations-Lexikon der Gegenwart, Erster Bd., S. 386.

1327 *Knaake/Thiele/Tornius/Leonhardt*, Geschichte der Leipziger Burschenschaft Germania, S. 188.

1328 *Blecher/Wiemers*, Die Matrikel der Universität Leipzig, Teilbd. I, S. 383.

1329 Baumgarten-Crusius, in: Conversations-Lexikon der Gegenwart, Erster Bd., S. 384–387.

1330 *Rügemer*, Kösener Korps-Listen von 1798 bis 1910, S. 662.

1331 *Blecher/Wiemers*, Die Matrikel der Universität Leipzig, Teilbd. II, S. 102.

1332 *Rügemer*, Kösener Korps-Listen von 1798 bis 1910, S. 653.

und dessen Vater Oberappellationsrat war.[1333] Diesbezüglich kann ebensfalls eindeutig nachgewiesen werden, dass ein Korps-Student Sohn eines Oberappellationsrates war.

Eine ähnliche Gesinnung wird man dem Oberappellationsrat Carl Philipp Heinrich Thierbach unterstellen können. In den Kösener Korps-Listen findet sich ein Student namens Max Thierbach, welcher 1854 Mitglied des Korps Guestphalia Leipzig wurde.[1334] Aus der Matrikel ergibt sich, dass es sich dabei um den Studenten der Rechte Max Alfred Thierbach handelte, der sich 1853 immatrikuliert hatte und dessen Vater Oberappellationsrat war.[1335] Demnach liegt hier zwar eine zeitliche Differenz vor, jedoch kann man unterstellen, dass ein gewisser Hang zum Verbindungsstudentischen in der Familie vorgelegen hat.

Unabhängig von der Zugehörigkeit zur Burschenschaft oder zu einem Corps soll hier noch eine Mitgliedschaft des Oberappellationsrates Maximilian Carl August Petschke Erwähnung finden. Dieser war Mitglied der 1802 gegründeten Freimaurerloge „Zur goldnen Mauer" in Bautzen, welche wiederum der National-Mutterloge „Zu den drei Weltkugeln" angehörte.[1336] Weiterhin war er Mitglied und von 1832 bis 1835 „Meister vom Stuhl" der Loge „Zum goldenen Apfel" in Dresden.[1337] Somit nahm er zwar nicht so eine fortschrittliche Haltung wie Sympathisanten der Burschenschaft ein, stand jedoch aufgeklärtem Gedankengut näher als konservative Richter.

c) *Zusammenfassung*

Somit konnte gezeigt werden, dass auf der einen Seite sicherlich juristische Argumente dazu geführt hatten, dass die Richter am Oberappellationsgericht zu Dresden ein für die Angeschuldigten milderes Urteil sprachen. Jedoch ist es verwunderlich gewesen, dass das Urteil bereits am 15. März 1838 und somit nur kurze Zeit nach der Kritik von Schaffrath erging. Weiterhin bildeten die Ausführungen von Schaffrath zwar eine detaillierte und scharfsinnige Kritik am erstinstanzlichen Urteil. Jedoch besteht diese auch zum großen Teil aus Rabulistik, Interpretationen und Entstellungen.

Aus diesem Grund war eine Betrachtung der persönlichen Verhältnisse der Richter zu den Verurteilten oder allgemein zur Studentenschaft angebracht. Hieraus ergab sich, dass zwar für den Großteil des Richterkollegiums eine direkte verwandtschaftliche Beziehung zu Burschenschaftern oder Corps-Studenten nicht nachgewiesen werden konnte. Jedoch besteht bei einigen Personen die Vermutung einer familiären Bindung. Zumindest bei den Oberappellationsräten

---

1333 *Blecher/Wiemers*, Die Matrikel der Universität Leipzig, Teilbd. II, S. 188.

1334 *Rügemer*, Kösener Korps-Listen von 1798 bis 1910, S. 636.

1335 *Blecher/Wiemers*, Die Matrikel der Universität Leipzig, Teilbd. II, S. 370.

1336 *Fiedler*, Lebensbilder aus der Oberlausitz, S. 63.

1337 SLUB Dresden, Zur Erinnerung an die Jubelfeier der Loge „Zum goldenen Apfel" am 7. Juni 1856.

Baumgarten-Crusius, Nehrhoff von Holderberg und Thierbach kann eine Vater-Sohn-Beziehung zu Corps-Studenten nachgewiesen und demnach eine Sympathie für verbindungsstudentische Ideen unterstellt werden. Diese persönlichen Bindungen werden ihren eigenen Beitrag dazu geleistet haben, dass das Urteil in zweiter Instanz so schnell und für die Angeschuldigten befriedigend gesprochen wurde.

II. Strafverfahren

1. Einleitung

Erste große Streitigkeiten zwischen Regierung und Landesvertretung erfolgten beim Landtag 1845/46 bei den Erörterungen über das öffentlich-mündliche Strafverfahren. Die Ausgangssituation gestaltete sich so, dass im Königreich Sachsen der Inquisitionsprozess ohne Öffentlichkeit, Mündlichkeit und Staatsanwaltschaft Anwendung fand.[1338]

Während der Sitzung des Landtages am 16. September 1845 brachte der Abgeordnete Schäffer[1339] einen Antrag auf Wiederaufnahme des Beschlusses der letzten Ständeversammlung ein: Die Staatsregierung solle ersucht werden, den Entwurf einer Strafprozessordnung, welche auf den Grundsätzen der Mündlichkeit, Öffentlichkeit und auf den Anklageprozess mit Staatsanwaltschaft gebaut war, vorzulegen.[1340] Wegen der Abwesenheit des Abgeordneten Schäffers wurde sein Antrag jedoch zunächst vertagt, damit dieser ihn persönlich begründen konnte.[1341] Der Antrag wurde schließlich im Rahmen einer Interpellation durch den Abgeordneten Klinger[1342] in der Sitzung vom 20. September 1845 aufgegriffen, indem der Parlamentarier, die Staatsregierung anklagend, Auskunft von dieser über die Entwicklung in der Frage der Öffentlichkeit und Mündlichkeit des Strafprozesses verlangte.[1343]

1338 Die Reform des Kgl. Sächs. Criminalprocesses unter Berücksichtigung der Fragen über Oeffentlichkeit und Mündlichkeit des Strafverfahrens, S. 9.

1339 Friedrich Wilhelm Schäffer, Stadtrat zu Dresden und Advokat, Abgeordneter der Rittergutsbesitzer vom Meißner Kreis zu den Sächsischen Landtagen 1833–1850/51; vgl. über ihn *Matzerath*, Aspekte sächsischer Landtagsgeschichte – Präsidenten und Abgeordnete von 1833 bis 1952, S. 124.

1340 Königreich Sachsen, Mittheilungen über die Verhandlungen des Landtags im Königreiche Sachsen 1845, II. Kammer, S. 9.

1341 Königreich Sachsen, Mittheilungen über die Verhandlungen des Landtags im Königreiche Sachsen 1845, II. Kammer, S. 10.

1342 Hermann Adolf Klinger (1806–1874), Rechtsanwalt und Notar, Mitglied der zweiten Kammer der Sächsischen Landtage 1845–47, Mitglied der ersten Kammer des Sächsischen Landtages 1848/49, Bürgermeister der Stadt Leipzig 1848/49; vgl. über ihn *Kühling/Mundus*, Leipzigs regierende Bürgermeister vom 13. Jahrhundert bis zur Gegenwart, S. 60.

1343 Königreich Sachsen, Mittheilungen über die Verhandlungen des Landtags im Königreiche Sachsen 1845, II. Kammer, S. 43 ff.

Die Regierung, vertreten durch den Justizminister von Könneritz, versuchte zwar Zugeständnisse im Bereich der Mündlichkeit des Strafverfahrens zu machen, verweigerte aber die völlige Öffentlichkeit des Strafprozesses. Lediglich die Teilnahme von Gemeindevertretern an den Gerichtsverhandlungen, welche zum Beispiel von dem Abgeordneten Zezschwitz[1344] als Modifikation gefordert wurde,[1345] hielt die Regierung für möglich.[1346] Bei der aktuellen Entwicklung des Volkes hätte dieses sich nur an der Qual und der Pein des Angeklagten geweidet und somit den Prozess mehr zu einem Spektakel gemacht, als dass es der Kontrolle der Justiz gedient hätte.[1347]

Die Opposition und mit ihr die Mehrheit der zweiten Kammer forderte die völlige Öffentlichkeit und Mündlichkeit des Strafverfahrens sowie die Einrichtung von Schwurgerichten. Ihr Ansinnen belegten die Abgeordneten durch positive Entwicklungen beispielhaft mit Ausführungen zum Prozessrecht in Frankreich, Baden und Holland.[1348] Hierbei hätte sich die Regierung den Forderungen der Mehrheit der Abgeordneten nicht verschließen können. Das öffentliche Verfahren sei ein „politisches Recht des Volkes“. Die zweite Kammer nutzte nun diesen Streitpunkt mehr und mehr dazu, politische Gesichtspunkte durchzusetzen und den Kampf gegen die konstitutionelle Regierung aufzunehmen.[1349]

Nach Beratungen über das Verfahren wurde dem Antrag des Abgeordneten Schäffer mit drei Gegenstimmen zugestimmt und der Antrag an die dritte Deputation verwiesen. Diese beschäftigte sich mit ständischen Anträgen und sollte sich materiell mit der Öffentlichkeit und Mündlichkeit des Strafverfahrens und der Anklage durch die Staatsanwaltschaft auseinandersetzen.[1350] Auch Adolf Ernst Hensel sprach sich für die Abgabe an die Deputation aus, weil § 116 der

---

1344 Joseph Woldemar von Zezschwitz, Abgeordneter der Rittergutsbesitzer der Oberlausitz zu den Sächsischen Landtagen 1842–1848; vgl. über ihn *Matzerath*, Aspekte sächsischer Landtagsgeschichte – Präsidenten und Abgeordnete von 1833 bis 1952, S. 136.

1345 Königreich Sachsen, Mittheilungen über die Verhandlungen des Landtags im Königreiche Sachsen 1845, II. Kammer, S. 48.

1346 *Schmidt*, Die Entwicklung der politischen Opposition im Königreich Sachsen zwischen 1830 und 1848, S. 105; Königreich Sachsen, Mittheilungen über die Verhandlungen des Landtags im Königreiche Sachsen 1845, II. Kammer, S. 1260.

1347 Ausführlicher dazu Staatsminister von Könneritz; vgl. dazu Königreich Sachsen, Mittheilungen über die Verhandlungen des Landtags im Königreiche Sachsen 1845, II. Kammer, S. 45. Dieser Meinung widersprach allerdings der Großteil der Abgeordneten.

1348 Königreich Sachsen, Mittheilungen über die Verhandlungen des Landtags im Königreiche Sachsen 1845, II. Kammer, S. 45 f.; *Biedermann*, Karl Braun (1807–1868): Leben und Werk, S. 93.

1349 *Schmidt*, Die Entwicklung der politischen Opposition im Königreich Sachsen zwischen 1830 und 1848, S. 105.

1350 Königreich Sachsen, Mittheilungen über die Verhandlungen des Landtags im Königreiche Sachsen 1845, II. Kammer, S. 53.

Landtagsordnung[1351] dies vorschrieb. Weiterhin wurde die Verweisung damit begründet, dass den neu in den Landtag eingetretenen Mitgliedern die Möglichkeit gegeben werden sollte, sich umfassend mit dem Thema auseinanderzusetzen.[1352]

Der Bericht der dritten Deputation, welcher am 8. Dezember 1845 der zweiten Kammer des Landtages vorgelegt wurde, unterteilte sich in zwei Hauptstücke. Im ersten Teil beschäftigte sich die Deputation mit der Frage, ob es überhaupt einer Strafprozessrechtsreform bedürfte. Nach knappen Ausführungen zum Wandel der Gesellschaft im Sinne von Humanität und Bildung, stellte die Deputation fest, dass „bei dieser Sachlage die oben aufgeworfene erste Frage für Sachsen als gelöst betrachtet werden kann."[1353]

Der zweite Teil des Gutachtens beschäftigte sich mit der Frage, wie die Reform zur Ausführung zu bringen und welche Grundsätze dabei zu befolgen wären. Zunächst wurde das Prinzip der Mündlichkeit des Strafprozesses erörtert. Bisher galt in Sachsen der Inquisitionsprozess mit einer Trennung von ermittelndem und entscheidendem Richter. Demnach sollte der „entscheidende Richter nicht untersuchen und der untersuchende Richter nicht entscheiden."[1354] Das Urteil des entscheidenden Richters gründete sich nur auf die Akten, die der ermittelnde Richter aus der Vernehmung des Angeklagten und der Zeugen angefertigt hatte. Dieser Grundsatz der Schriftlichkeit des Strafprozesses stand nun in Frage. Laut Gutachten sollte die Voruntersuchung weiterhin schriftlich durchgeführt werden. Insofern sich nun nicht schon aus der Voruntersuchung die Unschuld des Angeklagten oder die Unzulänglichkeit der Verdachtsgründe ergaben, sollte das mündliche Hauptverfahren eröffnet werden, zu dem der Angeklagte, die Zeugen und Sachverständigen zu hören waren und sich die Richter ein eigenes Bild von der Persönlichkeit des Angeklagten machen sollten.[1355]

Nächster zu erörternder Punkt war die Einführung des Anklageprozesses mit Staatsanwaltschaft. Es sollte demnach das bisherige Prinzip verlassen werden, nachdem der Richter von Amts wegen und ohne äußere Einflüsse den Verbrecher

---

1351 „§ 116. Behandlung der ständischen Petitionen. Wenn die Kammer auf den Grund des §. 109. der Verfassungsurkunde, beabsichtigt, daß dem Könige von den Ständen in Bezug auf einen zu deren Wirkungskreise gehörigen Gegenstand eine Petition vorgelegt werde, so ist die Sache zuvörderst an die dritte Deputation (§. 105.) zur speciellen Berathung und Bearbeitung zu weisen."; vgl. Provisorische Landtagsordnung für das Königreich Sachsen vom 27. Januar 1833, in: Königreich Sachsen, Landtags-Acten vom Jahre 1833, Erste Abthl., S. 260.

1352 Königreich Sachsen, Mittheilungen über die Verhandlungen des Landtags im Königreiche Sachsen 1845, II. Kammer, S. 51.

1353 Königreich Sachsen, Mittheilungen über die Verhandlungen des Landtags im Königreiche Sachsen 1845, II. Kammer, S. 1253.

1354 Königreich Sachsen, Mittheilungen über die Verhandlungen des Landtags im Königreiche Sachsen 1845, II. Kammer, S. 1254.

1355 Königreich Sachsen, Mittheilungen über die Verhandlungen des Landtags im Königreiche Sachsen 1845, II. Kammer, S. 1254.

und die Verbrechen entdeckte, die Untersuchungen leitete, Beweismittel beschaffte und Anschuldigungs- wie Entschuldigungsgründe gleichsam gewissenhaft und unparteilich zu den Akten nahm.[1356] Er war somit in einer Person Ankläger und Richter. Dem sollte nun eine eigenständige Behörde entgegen treten, welche berechtigt und verpflichtet werden sollte, begangene Verbrechen und ihre Täter dem Richter zur Untersuchung anzuzeigen, die Beweismittel beizubringen und als Organ der durch das Verbrechen verletzten Staatsgesellschaft die Bestrafung des Verbrechers zu beantragen.[1357]

Als dritte Frage beschäftigte sich die Deputation mit dem Grundsatz der Öffentlichkeit des Strafverfahrens. Dabei bedurfte es zunächst einer Begriffsklärung. Als Gerichtsöffentlichkeit definierte die Deputation die Zulassung des Publikums zur wirklichen Hauptverhandlung, im Gegensatz zur Voruntersuchung, und nicht nur der am Verfahren Beteiligten (Parteiöffentlichkeit).[1358] Die völlige Öffentlichkeit der Verhandlungen sollte als ungleich eindringlichere Mahnung an das Gericht und alle darin beschäftigten Personen gelten, Recht und Pflicht zu üben, als dies die Anwesenheit einer beschränkten Zahl von Personen vermochte (zum Beispiel durch Beisitzer). Der Gedanke war, dass jedermann seine Schuldigkeit eher dort tun würde, wo er von allen beobachtet und von vielen beachtet werden konnte, als da, wo er sich nur weniger und zudem bekannter Personen gegenüber sah. Die Deputation sprach sich damit direkt für die Einführung der völligen Gerichtsöffentlichkeit aus, die im Gegensatz zur Einführung eines „Beisitzertums“ stand.[1359]

In ihrem letzten Punkt beschäftigte sich die Deputation mit der Einführung von Geschworenengerichten („Jury“). Bei diesen urteilten mindestens zwölf aus dem Volk gewählte Männer, welche keine Rechtsgelehrten sein brauchten, in der Hauptuntersuchung über das Verbrechen. Hierbei erstreckte sich ihr Urteil entweder auf die Tatfrage oder die Frage, ob nach den beigebrachten Beweisen der Angeklagte für schuldig zu erachten sei, wobei ein Richterkollegium daraufhin zu entscheiden hatte, was in dem fraglichen Falle rechtens wäre (Rechtsfrage). Durch die Einführung einer Jury, sollte dem oftmals verschulten Denken der Rechtsgelehrten Einhalt geboten werden und mit „menschlichem Verstand“, welchen schließlich der Täter auch nur besaß, die Tat objektiver bewertet werden.[1360]

Diesem Gedanken trat die Deputation jedoch entgegen. Den einen, wohl eher pragmatischen Grund, sah die Deputation darin, dass die Regierungen von Staaten,

---

1356 Königreich Sachsen, Mittheilungen über die Verhandlungen des Landtags im Königreiche Sachsen 1845, II. Kammer, S. 1254.
1357 Königreich Sachsen, Mittheilungen über die Verhandlungen des Landtags im Königreiche Sachsen 1845, II. Kammer, S. 1254.
1358 Königreich Sachsen, Mittheilungen über die Verhandlungen des Landtags im Königreiche Sachsen 1845, II. Kammer, S. 1255.
1359 Königreich Sachsen, Mittheilungen über die Verhandlungen des Landtags im Königreiche Sachsen 1845, II. Kammer, S. 1256.
1360 Königreich Sachsen, Mittheilungen über die Verhandlungen des Landtags im Königreiche Sachsen 1845, II. Kammer, S. 1257.

in denen der Strafprozess mittels einer Jury geführt wurde, eine Abneigung gegen die Jury entwickelt hatten (so zum Beispiel in Frankreich), wo entsprechende Entscheidungen einen solchen Verdacht nahe legten. Die Durchsetzung dieser Forderung wäre auch bei der sächsischen Regierung nicht auf Wohlwollen gestoßen und hätte somit einer Reform des Strafprozesses im Wege gestanden. Den zweiten Grund sah die Deputation darin, dass die Einführung von Geschworenengerichten gegen die §§ 45 und 46 der sächsischen Verfassung[1361] verstoßen hätte. Nach diesen gliederte sich die Gerichtsbarkeit in eine gesetzlich bestimmte Instanzenordnung. Weiterhin sollten die Entscheidungen von Gerichtsstellen begründet werden. Beim Geschworenengericht wäre dieser Grundsatz verletzt worden, da nach dem Wesen der Jury ihre Aussprüche in erster und letzter Instanz ohne Entscheidungsgründe erfolgt wären.[1362]

Das Gutachten der Deputation endete mit zwei Anträgen. Demnach sollte die zweite Kammer im Verein mit der ersten Kammer die Staatsregierung ersuchen, „1. einen auf den Grundsatz nicht allein der Mündlichkeit und des Anklageprocesses mit Staatsanwaltschaft, sondern auch der Öffentlichkeit gebauten Entwurf einer Strafproceßordnung, und zwar wegen der Dringlichkeit der Reform unsers Strafverfahrens längstens am nächsten Landtage den Ständen vorzulegen, 2. mit dieser Vorlage aber zugleich die eines Gesetzesentwurfs über Zurücknahme und Aufhebung der in Händen von Privaten und Corporationen befindlichen Criminalgerichtsbarkeit zu verbinden."[1363] Nach diesen Anträgen erfolgten ausführliche Redebeiträge der Abgeordneten. Hierbei war keine klare Linie für oder gegen die genannten neuen Prinzipien erkennbar.

2. Rechtstheoretischer Hintergrund

Interessant erscheint an dieser Stelle, warum und wer gerade zu dieser Zeit die Prozessgrundsätze in die Kammer eingebracht hatte. Durch die Besetzung des Rheinlandes durch französische Truppen im Jahre 1798 und die Abtretung linksrheinischer Gebiete durch Preußen an Frankreich, wurde die französische Jury im Strafprozess auf ehemals deutschem Gebiet eingeführt. Somit standen sich zu Beginn des 19. Jahrhunderts Inquisitionsprozess deutscher Prägung und französisches

1361 „§ 45 Die Gerichtsbarkeit wird in einer gesetzlich bestimmten Instanzenordnung verwaltet.
§ 46 Alle Gerichtsstellen haben ihren Entscheidungen Gründe beizufügen."; vgl. Verfassungsurkunde für das Königreich Sachsen vom 4. September 1831, S. 12.

1362 Königreich Sachsen, Mittheilungen über die Verhandlungen des Landtags im Königreiche Sachsen 1845, II. Kammer, S. 1258.

1363 Königreich Sachsen, Mittheilungen über die Verhandlungen des Landtags im Königreiche Sachsen 1845, II. Kammer, S. 1258.

Strafverfahren mit den Prozessmaximen Mündlichkeit, Öffentlichkeit, Anklageverfahren und Beteiligung von Geschworenen gegenüber.[1364]

Dieses Verfahren griffen nun verschiedene Rechtslehrer auf und bevorzugten es gegenüber dem „veralteten" deutschen Strafverfahren. Ein bedeutender Verteidiger von Öffentlichkeit und Mündlichkeit im Strafverfahren war Anselm von Feuerbach. Bei ihm stieß jedoch der französische Typus des Verfahrens auf wenig Gegenliebe. Nach seiner Ansicht schützten die französischen Schwurgerichte den Angeklagten genauso wenig vor Richterwillkür und Kabinettsjustiz, wie dies beim deutschen Inquisitionsprozess der Fall war. Französischen Ursprungs war die Ansicht, dass die Geschworenen über die Tatfrage und der Richter über die Rechtsfrage zu entscheiden hatten: „...die Jury dürfe nur über das materielle Factum, oder, nach richtigerem Ausdruck, über den historischen Theil der Thatfrage urtheilen; alle, wenn gleich unmittelbar mit der That selbst verbundenen, Rechtsfragen, seyen davon abzulösen und in die Befugnisse des Gerichtshofes zu ziehen."[1365] Dieser Ansicht trat Feuerbach entgegen, indem er das englische Vorbild zu Hilfe nahm und betonte, dass „Schuldig oder Nichtschuldig" (Tatfrage) auch immer zugleich eine Rechtsfrage und somit anfällig für Fehlurteile durch die juristisch unkundigen Geschworenen war.[1366] In England stellte dies jedoch nicht das Problem dar, im Gegensatz zu Frankreich, wo die Tatfrage in ihre einzelnen Bestandteile aufgeteilt und somit fehleranfälliger wurde. Nach Feuerbach war dies dadurch begründet, dass die Geschworenen nicht in der Lage seien, über Rechtspunkte in der Tatfrage sachgemäß zu entscheiden.[1367]

Feuerbach zeigte eine Vorliebe für das englische System. So werde die „Jury" dort als das aufgefasst, was sie war: ein Beweismittel, welches dem Richter den subjektiven Schuldbeweis durch eine Anzahl von Personen vermittele, die eine große Bürgschaft für Richtigkeit und Wahrheit ihrer Entscheidung gäben.[1368]

Neben der Jury betrachtete Feuerbach auch die anderen Prozessgrundsätze. So stand er etwa für die Öffentlichkeit des Verfahrens ein. Er forderte Parteiöffentlichkeit im Vorverfahren und bei allen zu späteren Beweiszwecken dienenden Handlungen des Gerichts.[1369]

1364 *Geppert*, Der Grundsatz der Unmittelbarkeit im deutschen Strafverfahren, S. 69–73; *Glaser*, Die geschichtlichen Grundlagen des neuen Deutschen Strafprozeßrechts, in: Handbuch des deutschen Strafprozeßrechts, hrsg. v. Holtzendorff, Erster Bd., S. 16.

1365 *Feuerbach*, Betrachtungen über das Geschwornen-Gericht, S. 211.

1366 *Feuerbach*, Betrachtungen über das Geschwornen-Gericht, S. 169.

1367 *Schwinge*, Der Kampf um die Schwurgerichte bis zur Frankfurter Nationalversammlung, S. 14.

1368 *Feuerbach*, Betrachtungen über die Oeffentlichkeit und Mündlichkeit der Gerechtigkeitspflege, Bd. 2, S. 402–414.

1369 *Feuerbach*, Betrachtungen über die Oeffentlichkeit und Mündlichkeit der Gerechtigkeitspflege, Bd. 1, S. 96 ff.

Weiterhin kritisierte Feuerbach das schriftliche Verfahren und forderte die Mündlichkeit der Rechtsverwaltung. Das Mündlichkeitsprinzip sah er jedoch stets im Verhältnis der Parteien zum erkennenden Gericht.[1370]

Die im Sächsischen Landtag geforderten Prozessgrundsätze waren also keine Neuerung, sondern lediglich aus anderen Staaten übernommen. Die Vorliebe, die bei den Abgeordneten, vor allem juristischer Bildung, herrschte, begründete sich wahrscheinlich durch zwei Punkte. Auf der einen Seite wirkte es aufgeklärt und fortschrittlich, wohlwollende Prozessgrundsätze im Sinne der Bürger einzuführen. Dass die Prozessgrundsätze für den Bürger förderlich waren, war klar zu erkennen.

Auf der anderen Seite spielte jedoch noch ein anderer Faktor für die Meinung der Juristen im Landtag eine Rolle. Die drei in dieser Arbeit behandelten und auch andere Abgeordnete des Sächsischen Landtages hatten an der Universität Leipzig Rechtswissenschaft studiert. Ausweislich der Vorlesungsverzeichnisse der Universität Leipzig wurde der Kriminalprozess in Leipzig nach Feuerbach gelesen und somit die oben genannte Ansicht von ihm den Studenten im Studium vermittelt.[1371] Es liegt demnach nahe Hensel, Joseph und Schaffrath eine Vorliebe für die Feuerbach'schen Ansichten zu unterstellen und somit ihre Verteidigung der genannten Grundsätze zu untermauern.

3. Adolf Ernst Hensel

Nach den obigen Erörterungen lässt sich erkennen, dass der Streitpunkt zwischen Regierung und Landesvertretung lediglich im Grundsatz der Öffentlichkeit des Strafverfahrens und der Einführung von Geschworenengerichten lag. Letzteres sorgte aber auch für Meinungsverschiedenheiten innerhalb der Opposition. Im Namen der äußersten Linken forderte Hensel die Einführung von Schwurgerichten: „Ist das Geschworenengericht für das Volk und den Staat zweckmäßig, so sehe ich in der That keinen Grund, warum die Regierung dagegen sein könnte. Der Staat ist des Volkes wegen da, und was für die höchsten Interessen des Volkes spricht, hat die Regierung einzuführen."[1372] Um seine Haltung zu unterstreichen und auf die Einführung von Schwurgerichten zu drängen, stellte Hensel auch noch den Antrag, dass die zweite Kammer, „im Verein mit der I. Kammer die Staatsregierung ersuche, einzuschalten: 1) einen Gesetzentwurf über Einführung der Schwurgerichte, dafern aber hiergegen die Staatsregierung erhebliche Gründe beigehen sollten, 2) einen auf den Grundsatz nicht allein der Mündlichkeit und des Anklageprocesses mit Staatsanwaltschaft, sondern auch der Öffentlichkeit gebauten

1370 *Feuerbach*, Betrachtungen über die Oeffentlichkeit und Mündlichkeit der Gerechtigkeitspflege, Bd. 1, S. 199.

1371 Siehe hierzu exemplarisch Universitätsbibliothek Leipzig, Verzeichniß der im Sommerhalbjahre 1829 auf der Universität Leipzig zu haltenden Vorlesungen, S. 17.

1372 Königreich Sachsen, Mittheilungen über die Verhandlungen des Landtags im Königreiche Sachsen 1845, II. Kammer, S. 1263.

Entwurf einer Strafproceßordnung, und zwar wegen der Dringlichkeit der Reform unsers Strafverfahrens längstens am nächsten Landtage den Ständen vorzulegen."[1373] Dieser Antrag wurde von der Kammer auch hinreichend unterstützt.

Die dritte Deputation der zweiten Kammer, welche sich mit dem Thema zu beschäftigen hatte, lehnte, wie bereits erwähnt, diese Variante kategorisch ab. Sie vertrat die Ansicht, dass es für solche Gerichte eines verständlicheren und volkstümlicheren Rechtes bedurfte, damit auch der weniger gebildete Bürger an dieser Institution teilhaben könne. Im Gegenzug begründete die äußerste Linke die Einführung von Schwurgerichten damit, dass, wenn der Bürger selbst zu Gericht säße, er das Recht eher akzeptieren und achten würde. Dem wurde jedoch entgegen gehalten, dass der Sprung von einem geheimen und schriftlichen Verfahren zu einem Geschworenengericht zu groß gewesen wäre.[1374]

4. Hermann Joseph

Seinen ersten großen Redebeitrag hielt Hermann Joseph bei den Beratungen über Mündlichkeit und Öffentlichkeit des Strafverfahrens in der 51. Sitzung am 10. Dezember 1845.[1375]

Bereits zu Beginn seiner Rede erwähnte Joseph, dass es eigentlich keines Beitrages bedurfte, weil die Thematik in dem Deputationsbericht ausführlich und vortrefflich dargestellt und jedem verständlich sein musste. Jedoch war Joseph der Auffassung, „daß eine Wahrheit nicht oft genug ausgesprochen werden kann, so lange sie noch nicht erhört ist, so lange sie noch nicht gesiegt hat."[1376] So sah er sich bewogen, auch seine Meinung über das Gutachten zu äußern. Dabei ging er nicht auf die, durch diverse Vorredner genannten, rechtlichen Gesichtspunkte ein, sondern beschäftigte sich mit der, durch die Öffentlichkeit in den Volkscharakter eingeführten, Achtung vor dem Gesetze und den Vertretern des Gesetzes. „Es hat sich gezeigt, daß in Ländern, wo Oeffentlichkeit des Strafverfahrens besteht, das bloße Erscheinen eines öffentlichen Beamten mit seinem Amtszeichen, das Hervortreten eines Constablers mehr ausrichtet, als bei uns hundert Bajonette, und daß diese Achtung eine bessere Wirkung hervorbringt, als welche jemals durch den Gebrauch der tödtlichen Waffen, welche in gleichem Falle in einem andern Lande gebraucht werden, ersetzt werden könnte."[1377] Aktuell stellte sich

1373 Königreich Sachsen, Mittheilungen über die Verhandlungen des Landtags im Königreiche Sachsen 1845, II. Kammer, S. 1264 f.

1374 *Schmidt*, Die Entwicklung der politischen Opposition im Königreich Sachsen zwischen 1830 und 1848, S. 105 f.

1375 Königreich Sachsen, Mittheilungen über die Verhandlungen des Landtags im Königreiche Sachsen 1845, II. Kammer, S. 1304 ff.

1376 Königreich Sachsen, Mittheilungen über die Verhandlungen des Landtags im Königreiche Sachsen 1845, II. Kammer, S. 1304.

1377 Königreich Sachsen, Mittheilungen über die Verhandlungen des Landtags im Königreiche Sachsen 1845, II. Kammer, S. 1305.

die Situation so dar, dass es in den Gerichtssälen „menschliche Jammergestalten, Schöppen genannt" gab, welche „im quälerischen Kampfe mit dem Schlaf liegend, bis sie endlich durch lange Uebung die Kunst erlernt haben, mit offenen Augen zu schlafen, oder mit Einem Gehör vier Verhandlungen zuzuhören, welchen sie ihr stumpfes Zeugnis hinterher durch ihre Unterschrift hinzufügen."[1378] Auch war das Benehmen der Untersuchungsrichter nicht besser, weil diese, obwohl sie neben der Schuld auch die Unschuld des Angeklagten feststellen sollten, sich lediglich auf den ersten Teil beschränkten. „Nur die Pflicht, die Schuld darzuthun, glaubt er für seine erste oder alleinige Pflicht halten zu müssen. Er erblickt in dem Geständnisse, welches er erlangt, ein Document seiner Geschicklichkeit und setzt einen Ruhm darein, schnell einen Schuldbeweis zu erlangen und bestrafen zu können. Es ist ein Gesetz im März 1838 gegeben worden, welches das unglückselige Wort: ‚richterliche Ueberzeugung' ausgesprochen und in die Gerichte hineingeführt und losgegeben hat."[1379] Was diese richterliche Überzeugung sein sollte, wurde weit ausgelegt. In den Entscheidungsgründen eines Urteiles sollten die Beweggründe dargestellt werden. Oftmals wurde eine Entscheidung aber mit den Worten begründet, „weil der Richter überzeugt ist, also verurtheilt er."[1380] Dies hätte alles umgangen oder unterdrückt werden können, wenn die Verhandlungen durch die Öffentlichkeit kontrolliert worden wären. Allein durch die reine Anwesenheit außenstehender Personen, hätten genannte Gesichtspunkte die Justiz besser dargestellt und Unklarheiten im Verfahren und Urteil beseitigt.

Als weiteren Punkt, der durch die Öffentlichkeit und Mündlichkeit des Verfahrens beseitigt werden konnte, sah Joseph die Langsamkeit der Verfahren und vor allem der Entscheidungen. Die Langsamkeit des Verfahrens ließ sich durch die gegeben Umstände erklären, die Langsamkeit der Entscheidungen jedoch nicht. So kam es vor, „daß die Entscheidung selbst in wichtigen Untersuchungsfällen ein halbes, ja gegen ein Jahr ausbleiben, daß selbst in Fällen, wo Angeklagte gefangen gesetzt worden sind, und die Entscheidung in einigen Tagen erfolgen sollte, die Acten viele Wochen lang bei mittleren Behörden liegen bleiben."[1381] Für die Beschleunigung der Verfahren und Entscheidungen war aber die Öffentlichkeit und die Mündlichkeit genau der richtige Weg.

Aus den Aussagen Josephs erkennt man, dass auch er für die Einführung von Öffentlichkeit und Mündlichkeit im Strafverfahren einstand. In diesem ersten großen Schlag gegen die Regierung versuchte Joseph als Abgeordneter der Linken mit

1378 Königreich Sachsen, Mittheilungen über die Verhandlungen des Landtags im Königreiche Sachsen 1845, II. Kammer, S. 1305.

1379 Königreich Sachsen, Mittheilungen über die Verhandlungen des Landtags im Königreiche Sachsen 1845, II. Kammer, S. 1305.

1380 Königreich Sachsen, Mittheilungen über die Verhandlungen des Landtags im Königreiche Sachsen 1845, II. Kammer, S. 1306.

1381 Königreich Sachsen, Mittheilungen über die Verhandlungen des Landtags im Königreiche Sachsen 1845, II. Kammer, S. 1306.

seinem Beitrag dahin zu wirken, dass die Regierung von der Nützlichkeit dieser Verfahrensgrundsätze überzeugt werden konnte.

5. Wilhelm Michael Schaffrath

Auch Wilhelm Michael Schaffrath äußerte sich zu der Thematik, wobei er seine Rede hauptsächlich auf einen Punkt beschränkte. So beschäftigte er sich mit der Tatsache, „daß Mündlichkeit ohne Öffentlichkeit des Gerichtsverfahrens, zumal in Begleitung der Staatsanwälte, keine Verbesserung, sondern eine Verschlechterung des Strafprozesses sei“.[1382]

Schaffrath konstatierte zu Beginn seiner Ausführungen, dass der Grundsatz der Mündlichkeit und Öffentlichkeit mit Staatsanwaltschaft ein unteilbarer sei: „Das mündlich-öffentliche Verfahren ist eines, ein untheilbares, kein aus zwei besondern, für sich bestehenden Verfahrensarten zusammengesetztes, sondern ein durch die Einheit der Mündlichkeit und Oeffentlichkeit verbundenes.“[1383] Eine Trennung der Verfahrensgrundsätze bedeutete für Schaffrath einen Rückschritt. In der aktuellen Situation bildete die Schriftlichkeit des Verfahrens für den Angeklagten eine Garantie; die Akten bildeten eine Grenze der Macht. Käme es nun zur Einführung der Mündlichkeit des Verfahrens, ohne dass eine Öffentlichkeit dieses Verfahren kontrolliere, würde diese Grenze der Macht des Gerichtes wegfallen. Durch die Schaffung und Einbeziehung der Staatsanwaltschaft in das Verfahren, wäre eine neue Behörde eingeführt worden, deren einziger Lebenszweck darin bestand, möglichst viele Beweise für die Schuld des Angeklagten zu sammeln und vorzubringen. Bisher hatte es der Angeklagte lediglich mit dem Untersuchungsrichter zu tun, welcher auch Entlastungsgründe aufzuzeigen hatte. Nun wäre der Angeklagte dem Staatsanwalt und dem Untersuchungsrichter ausgesetzt. Ohne Öffentlichkeit und ohne Schriftlichkeit wäre der Angeklagte nahezu schutzlos.[1384] Denn die Öffentlichkeit wacht als öffentliches Gewissen über das Tun und Reden des Angeklagten, der Zeugen, des Richters, des Staatsanwaltes und des Verteidigers. Durch die Öffentlichkeit wird das Recht volkstümlicher, die Rechtskenntnis im Volk gemehrt und das Rechts- und Ehrgefühl sowie die Wahrheitsliebe des Volks verstärkt. Dies gilt vor allem für die Aussagen von Zeugen. Wenn diese die Unwahrheit sprachen und entlarvt wurden, hätte die Gerichtsöffentlichkeit dem Tribut gezollt.[1385]

Auch ging Schaffrath auf die bereits genannten §§ 45 und 46 der Verfassungsurkunde ein. Er äußerte, dass er sowieso kein Freund der Entscheidungsgründe und

---

1382 Königreich Sachsen, Mittheilungen über die Verhandlungen des Landtags im Königreiche Sachsen 1845, II. Kammer, S. 1270.

1383 Königreich Sachsen, Mittheilungen über die Verhandlungen des Landtags im Königreiche Sachsen 1845, II. Kammer, S. 1271.

1384 Königreich Sachsen, Mittheilungen über die Verhandlungen des Landtags im Königreiche Sachsen 1845, II. Kammer, S. 1271.

1385 Königreich Sachsen, Mittheilungen über die Verhandlungen des Landtags im Königreiche Sachsen 1845, II. Kammer, S. 1272.

des Instanzenzuges sei. So müsse es schon ein dummer Richter sein, der für ein ungerechtes Urteil keine geeigneten Gründe fände. Die Entscheidungsgründe bestanden oftmals nur aus der Formulierung: „Dieweil das Collegium aus den Acten die Ueberzeugung gewonnen hat, deshalb wird der Angeschuldigte verurtheilt." Die Entscheidungsgründe seien somit nur eine Farce, wenn der Richter nicht speziell auf alle angeführten Argumente für und gegen eine Verurteilung einginge.[1386]

Seine letzten Ausführungen galten der Einführung der Schwurgerichte. Diese seien ein uraltes deutsches Institut. Entweder wurde von den Vorfahren in einer Volksversammlung gerichtet oder aus dem Volke Schöffen gewählt, welche ein Schwurgericht bildeten. In Deutschland und Sachsen galt dieses Institut bis in die Zeit der Karolinger (10. Jahrhundert) hinein. Auch bestand bzw. wurde dieses Institut noch in vielen Ländern eingeführt, so in England und allen britischen Ländern, Frankreich, Schweden, Norwegen, Spanien, Portugel, den Rheinprovinzen, Griechenland und Amerika. Warum sollte nun in Sachsen einer Einführung etwas entgegenstehen. Nach Schaffraths Ansicht hatten die Juristen dem deutschen Volke den meisten Schaden gebracht. Dies erfolgte vor allem durch die Aufdrängung des römischen und die Vernachlässigung des volkstümlichen Rechts. Es gebe keinen Grund, Dinge, die mit gesundem Menschenverstand beurteilt werden konnten, dem Volke zu entziehen. „Ueber die Thatfrage, ob Jemand eine That begangen, darüber kann jeder einfache Bürger urtheilen, dazu gehört keine Rechts- und Gesetzkenntnis, sondern nur ein gesunder practischer Verstand. Lassen Sie uns also durch Einführung von Geschwornen diese Macht der Juristen verringern und an das Volk, dem sie gehört, zurückgeben."[1387]

6. Ergebnis

Die Abstimmung in der Sitzung am 10. Dezember 1845 ergab eine einstimmige Mehrheit für die Einführung von Mündlichkeit und Öffentlichkeit im Strafprozess sowie die Anklage durch die Staatsanwaltschaft. Weiterhin herrschte Einstimmigkeit im Bezug darauf, dass ein Gesetzesentwurf durch die Staatsregierung ausgearbeitet werden sollte, welcher die Zurücknahme und Aufhebung der in Händen von Privaten und Korporationen befindlichen Kriminalgerichtsbarkeit, regeln sollte. Beim Ergänzungsantrag Hensels bezüglich der Einführung von Geschworenengerichten stimmte die Kammer jedoch dagegen, wobei die 26 Abgeordneten der Linken dafür stimmten.[1388]

Allein durch die Entscheidung der zweiten Kammer konnte die Staatsregierung jedoch nicht aufgefordert werden, solch eine Gesetzesvorlage auszufertigen. Dazu

---

1386 Königreich Sachsen, Mittheilungen über die Verhandlungen des Landtags im Königreiche Sachsen 1845, II. Kammer, S. 1273.

1387 Königreich Sachsen, Mittheilungen über die Verhandlungen des Landtags im Königreiche Sachsen 1845, II. Kammer, S. 1273 f.

1388 Königreich Sachsen, Mittheilungen über die Verhandlungen des Landtags im Königreiche Sachsen 1845, II. Kammer, S. 1329.

bedurfte es der Zustimmung der ersten Kammer. In der Sitzung der zweiten Kammer vom 1. Mai 1846 wurde die Entscheidung der ersten Kammer vom 3. März 1846 verlesen und der Bericht der dritten Deputation, welche sich wiederum damit auseinanderzusetzen hatte, erörtert. Die erste Kammer wich in ihren Anträgen nur geringfügig von denen der zweiten Kammer ab, jedoch wollte sie den Öffentlichkeitsgrundsatz untergraben, indem die Staatsregierung lediglich aufgefordert werden sollte, „in Erwägung zu ziehen, welchen Grad von Gerichtsöffentlichkeit bei der Hauptuntersuchung einzuführen sei, zugleich darauf Rücksicht zu nehmen, daß bei dem künftig einzuführenden Untersuchungsverfahren den gerichtlichen Entscheidungen auch in Betreff der Thatfrage auf das Wesen der Sache eingehende Entscheidungsgründe beigefügt werden können und Beibehaltung des Instanzenzuges ausführbar erscheine".[1389] Den Beitritt zu den Beschlüssen der ersten Kammer sah die Deputation nicht für möglich an, da die Einführung der drei Komponenten (Mündlichkeit, Öffentlichkeit, Staatsanwaltschaft) ein organisches Ganzes bilde und nicht getrennt werden könne.[1390] So empfahl sie der zweiten Kammer die Beschlüsse der ersten Kammer abzulehnen, was diese daraufhin auch einstimmig tat.[1391] Somit blieb die Frage der Öffentlichkeit des Verfahrens auch weiterhin ungeklärt, weil die Meinungsverschiedenheiten zwischen erster und zweiter Kammer zu groß waren. In Bezug auf die anderen Punkte herrschte jedoch weitgehend Einigkeit, sodass einer Aufforderung der Regierung nichts mehr im Wege stand. Äußerlich lag das Trennende in dem Grundsatz der Öffentlichkeit. Die Sorge der Regierung bestand jedoch maßgeblich darin, dass weitere Forderungen des Volkes hätten folgen können, wie sich aus den unzähligen Petitionen verschiedener Interessengruppen an den Landtag ergab.[1392] Die Regierung erklärte sich am Ende des Landtages mit dem Antrag der Kammern einverstanden und setzte 1847 eine Kommission zur Erarbeitung eines solchen Gesetzesentwurfes ein. Die Ereignisse der Jahre 1848/49 sorgten jedoch für einen Stillstand in der Erarbeitung. Endgültig Eingang in den sächsischen Strafprozess fanden die genannten Grundsätze mit der Strafprozessordnung für das Königreich Sachsen vom 11. August 1855.[1393]

1389 Königreich Sachsen, Mittheilungen über die Verhandlungen des Landtags im Königreiche Sachsen 1845, II. Kammer, S. 3654.

1390 Ausführlicher dazu Königreich Sachsen, Mittheilungen über die Verhandlungen des Landtags im Königreiche Sachsen 1845, II. Kammer, S. 3655.

1391 Königreich Sachsen, Mittheilungen über die Verhandlungen des Landtags im Königreiche Sachsen 1845, II. Kammer, S. 3658.

1392 *Lieberwirth*, Zur Reform des Strafverfahrens im Königreich Sachsen, in: Gedächtnisschrift Herbert Hofmeister, S. 383.

1393 *Schwarze*, Commentar zur Strafproceßordnung des Königreichs Sachsen vom 11. August 1855, Erster Bd., S. 7.

III. Konzessionswiderruf von Zeitschriften

1. Einleitung

Ein weiterer wichtiger Punkt beim Landtag der Jahre 1845/46 war die Beratung über den Widerruf von Konzessionen verschiedener sächsischer Zeitungen. Dem ging voraus, dass die Maßnahmen der Regierung gegen die Presse im Jahr 1845 verschärft wurden. Unter dem Ministerium Könneritz wurden ohne weiteres hintereinander die Zeitschriften „Echo vom Hochwalde", „Die Sonne" und die „Sächsischen Vaterlandsblätter" aus Mißliebigkeit unterdrückt.[1394] Aufgrund mehrerer Petitionen sächsischer Bürger gegen den Entzug der Erlaubnis Druckerzeugnisse herauszugeben, veranlasste der Landtag, dass sich die vierte Deputation mit der Frage zu beschäftigen hatte, ob der Widerruf der Konzessionen durch das Ministerium rechtmäßig war.[1395] Die Deputationsmitglieder stellten in der 116. Sitzung am 6. April 1846 ihr Gutachten vor, welches sich mit den drei verbotenen Zeitungen beschäftigte.

So stellte die Deputation die jeweilige Zeitung und den Grund der Konzessionsentziehung einzeln dar. Hierbei begann sie mit der Darstellung der Gründe beim „Echo vom Hochwalde". Dieses Blatt wurde vom Buchdrucker Klinkicht in Neustadt in Sachsen herausgegeben und erschien einmal wöchentlich. Die Bedeutung der Zeitung kann aufgrund ihrer regionalen Begrenztheit und kurzen Erscheinungszeit als eher gering eingeschätzt werden.[1396] Nach Einschätzung der Herausgeber diente der Inhalt der Zeitung „Echo vom Hochwalde" der Bildung und Unterhaltung des Bürgers und Landsmanns. In der Zeitung sollten Fortschritte auf den Gebieten der Wissenschaft, Kunst und des Ackerbaus, Merkwürdiges aus der Natur und dem Menschenleben, Novellen und Erzählungen sowie Anekdoten abgedruckt werden.[1397] Die Konzession für die Herausgabe der Zeitung wurde am 23. September 1844 unter der Auflage erteilt, dass sich „der Concessionar [...] aller und jeder politischen Nachrichten und Artikel gänzlich zu enthalten [habe]."[1398] Da dies in den Augen des Ministeriums des Inneren nicht eingehalten wurde, wurde die Konzession am 26. August 1845 wegen politischer und religiöser Äußerungen zurückgezogen. Grundlegend stützte sich das Ministerium auf die §§ 22 und 26 der

1394 *Zimmermann*, Die Geschichte der deutschen Staaten, Dritter Bd., S. 904.

1395 *Franke*, Zensur und Preßaufsicht in Leipzig 1830–1848, S. 21.

1396 *Röthig*, Das Zeitungswesen der Kreishauptmannschaft Dresden ausschließlich der Stadt Dresden, S. 49.

1397 Königreich Sachsen, Mittheilungen über die Verhandlungen des Landtags im Königreiche Sachsen 1846, II. Kammer, S. 3149.

1398 Königreich Sachsen, Mittheilungen über die Verhandlungen des Landtags im Königreiche Sachsen 1846, II. Kammer, S. 3149.

Verordnung, die Angelegenheiten der Presse betreffend[1399], vom 5. Februar 1844.[1400] Diese Paragraphen bildeten auch in den anderen Fällen die Grundlage für den Widerruf der Konzessionen.

In ihrem Gutachten konnte die Deputation der Meinung des Ministeriums nicht folgen. So wurden zwar politische und religiöse Äußerungen getätigt, diese könnten aber als akzeptabel eingestuft werden: „So weit die Deputation nach den ihr vorliegenden Blättern Nr. 29–35, vom 16. Juli bis 27. August vorigen Jahres, zu schließen vermag, hat die Zeitschrift wenigstens in diesem Zeitraum nichts Auffallendes, nichts Verletzendes enthalten – was auch einem Censor, wie dem ‚Echo vom Hochwalde' beschieden war, gewiß nicht entgangen sein würde –, und in dem, was der Censor theilweise gestrichen, theilweise gemildert und geändert hat, findet die Deputation mit wenigen Ausnahmen nichts, dem nicht ein weniger ängstlicher Censor ohne alle Gefahr für Staat, Religion und Sitten hätte die Druckerlaubnis ertheilen können."[1401] Aus diesem Grund empfahl die Deputation der Kammer: „daß sie die Entziehung der Concession für die Zeitschrift: ‚Echo vom Hochwalde' für nicht hinreichend gerechtfertigt erachten könne, und sich bei der Staatsregierung im Vereine mit der ersten Kammer dahin zu verwenden [habe], daß dem Herausgeber die Concession zu seiner Zeitschrift wieder ertheilt werde."[1402]

Ähnlich verhielt es sich mit der Zeitung „Die Sonne". Die Konzession für die Herausgabe dieser Zeitschrift wurde im Jahre 1839 erteilt. Nach dem Wechsel des Redakteurs wurde am 26. Juni 1841 eine neue Konzession erteilt. In den letzten Monaten vor dem Widerruf der Konzession wurde vermehrt der Zensor der Zeitung gewechselt.[1403] Der zuletzt tätige Zensor sorgte dafür, dass durch das

---

1399 „§ 22. Zur Herausgabe einer jeden solchen Zeitschrift, die nicht blos für die Gelehrtenwelt, sondern für das größere Publicum bestimmt ist, oder Politik, Tagesgeschichte und Urtheile darüber in ihren Bereich zieht, sie mag heftweise oder in einzelnen Bogen, in regelmäßigen Zeitabschnitten, oder in zwanglosen Heften oder sogenannten fliegenden Blättern erscheinen, bedarf es der Concession.
§ 26. Uebertretung der in dieser Verordnung enthaltenen Vorschriften oder der bei der Concession gestellten besonderen Bedingungen, sowie wahrgenommene gemeinschädliche oder gegen den öffentlichen Anstand und die guten Sitten verstoßenden Tendenz hat, nach erfolglos gebliebener Verwarnung, oder nach Befinden sofort, die Unterdrückung der Zeitschrift zur Folge."; vgl. Verordnung, die Angelegenheit der Presse betreffend; vom 5ten Februar 1844, in: Königreich Sachsen, Gesetz- und Verordnungsblatt für das Königreich Sachsen vom Jahre 1844, S. 11 f.

1400 Königreich Sachsen, Mittheilungen über die Verhandlungen des Landtags im Königreiche Sachsen 1846, II. Kammer, S. 3150.

1401 Königreich Sachsen, Mittheilungen über die Verhandlungen des Landtags im Königreiche Sachsen 1846, II. Kammer, S. 3151.

1402 Königreich Sachsen, Mittheilungen über die Verhandlungen des Landtags im Königreiche Sachsen 1846, II. Kammer, S. 3152.

1403 Königreich Sachsen, Mittheilungen über die Verhandlungen des Landtags im Königreiche Sachsen 1846, II. Kammer, S. 3153.

Ministerium zwei Verwarnungen gegenüber dem Redakteur ausgesprochen wurden. Die Redaktion war nun bestrebt, jeden begründeten Anlass zum Widerruf der Konzession zu vermeiden und benahm sich von da an sehr vorsichtig. In der Ausgabe Nr. 31 des Blattes erschien sodann ein Artikel über die Ministerialerlasse eines Staatsministers vom 17. Juli 1845. Daraufhin erfolgte der Widerruf der Konzession am 9. August 1845.[1404] In ihrem Gutachten stellte die Deputation fest, dass sich in den beschuldigten Ausgaben 29.–31. nichts Verwerfliches finden ließe: „Ist nun auch die Deputation weit entfernt davon, Ton und Haltung dieser, so wie der übrigen Artikel der Zeitschrift überall zu billigen, so muß sie doch ihre Ansicht dahin aussprechen, daß der Inhalt dieser Nummern nicht von der Art war, um eine Zurückziehung der Concession zu rechtfertigen; denn wie man auch über diese Artikel urtheilen möge, es möchte schwer sein, eine ‚gemeinschädliche oder gegen den öffentlichen Anstand und die guten Sitten verstoßende Tendenz' darin nachzuweisen."[1405] Aus diesem Grunde empfahl die Deputation ebenfalls, der Redaktion der Zeitschrift „Die Sonne", die Konzession wieder zu erteilen.[1406]

Als dritte Zeitschrift hatte sich die Deputation mit den „Sächsischen Vaterlandsblättern" beschäftigt. Die Zeitschrift erschien ab Winter 1840/41 in Leipzig und wurde ab 1842 von Robert Blums Schwager Georg Günther übernommen. Zunächst erschienen die „Sächsischen Vaterlandsblätter" dreimal wöchentlich und galten als „Organ der linksbürgerlichen Opposition", welche sich um Robert Blum formiert hatte. Im Unterschied zu den anderen Blättern wollten die „Sächsischen Vaterlandsblätter" in die Breite wirken und eine Leserschaft auch außerhalb Sachsens erreichen. Lange Zeit wurde aber eine Abonnentenauflage von 500 Exemplaren nicht erreicht.[1407] Im Laufe der Jahre kam es aber vor, dass von einzelnen Ausgaben zehntausend Exemplare nachgedruckt werden mussten.[1408]

Den Zweck der Zeitschrift sahen die Herausgeber darin, „dem constitutionellen Fortschritte mit Ernst und Wahrheit zu dienen, die Ausbreitung constitutioneller Ideen im Volke, so wie die Ausbildung des constitutionellen Princips zu befördern, dabei Mißbräuche aller Art schonungslos aufzudecken, das Volk auf seine Rechte aufmerksam zu machen und die Maaßregeln der Regierung freimüthig zu beurtheilen."[1409] Jedoch ging es nicht nur um Meinungs- und Pressefreiheit.

1404 Königreich Sachsen, Mittheilungen über die Verhandlungen des Landtags im Königreiche Sachsen 1846, II. Kammer, S. 3154.

1405 Königreich Sachsen, Mittheilungen über die Verhandlungen des Landtags im Königreiche Sachsen 1846, II. Kammer, S. 3155.

1406 Königreich Sachsen, Mittheilungen über die Verhandlungen des Landtags im Königreiche Sachsen 1846, II. Kammer, S. 3155.

1407 *Reichel*, Robert Blum, S. 45.

1408 *Reichel*, Robert Blum, S. 50.

1409 Königreich Sachsen, Mittheilungen über die Verhandlungen des Landtags im Königreiche Sachsen 1846, II. Kammer, S. 3155.

Vielmehr galten die Aufsätze in der Zeitung auch der vaterländischen Frage und der Schaffung einer gesamtstaatlichen Einigung.[1410]

Der Widerruf der Konzession dieser Zeitschrift erfolgte am 22. Dezember 1845.[1411] Anstelle der regulären Ausgabe erhielten die Leser am 23. Dezember 1845 eine Weihnachtsgabe in Form einer in schwarz eingefassten Sondermeldung des Inhalts, dass das Erscheinen des Blattes eingestellt werden musste.[1412] Das Ministerium begründete dies damit, dass in den letzten Ausgaben unanständige Besprechungen innerer Angelegenheiten, böswillige Entstellungen in Berichten über sächsische Vorgänge und Verhandlungen in den Kammern sowie vermehrt negative Äußerungen über den Deutschen Bund und andere Bundesstaaten getätigt worden seien.[1413] Die Petenten machten geltend, dass Unanständigkeit kein Grund sei, eine Zeitung zu verbieten und böswillige Entstellungen nicht nachgewiesen werden konnten. „Der wahre Grund der Concessionsentziehung scheint den Petenten einzig und allein darin zu liegen, daß das Bestehen eines in allen Kreisen des Volks eingedrungenen Oppositionsblattes nicht in das System des Ministeriums des Innern passe, welches nun einmal eine öffentliche Meinung, einen gesinnungskräftigen Ausdruck der Volksansichten nicht kenne, und in dem Bestreben des Volkes, seine Wünsche und Beschwerden seinen Vertretern darzulegen, die unzulässige Absicht, an der Regierung Theil zu nehmen, erblicken läßt."[1414] Gerade dieses Verbot sorgte für herbe Kritik durch die Bevölkerung: „Es ist leider die Entziehung der Concession in Sachsen keine sehr seltene Erscheinung, aber noch durch keinen Fall ist man so schmerzlich berührt worden, wie durch das Verbot der ‚Sächsischen Vaterlandsblätter'."[1415] So empfahl die Deputation wiederum der Kammer, „daß sie die Entziehung der Concession für die Zeitschrift: ‚Sächsische Vaterlandsblätter' für nicht hinreichend gerechtfertigt ansehen könne, und sich im Vereine mit der ersten Kammer bei der Staatsregierung für Zurücknahme dieser Maaßregel zu verwenden [hätte]."[1416]

1410 *Reichel*, Robert Blum, S. 46.

1411 *Franke*, Zensur und Preßaufsicht in Leipzig 1830–1848, S. 21.

1412 *Reichel*, Robert Blum, S. 52.

1413 Königreich Sachsen, Mittheilungen über die Verhandlungen des Landtags im Königreiche Sachsen 1846, II. Kammer, S. 3156, 3158; *Reichel*, Robert Blum, S. 52.

1414 Königreich Sachsen, Mittheilungen über die Verhandlungen des Landtags im Königreiche Sachsen 1846, II. Kammer, S. 3156 f.

1415 Königreich Sachsen, Mittheilungen über die Verhandlungen des Landtags im Königreiche Sachsen 1846, II. Kammer, S. 3157.

1416 Königreich Sachsen, Mittheilungen über die Verhandlungen des Landtags im Königreiche Sachsen 1846, II. Kammer, S. 3159.

2. Adolf Ernst Hensel

Nachdem das Gutachten erstattet wurde, äußerten sich viele Abgeordnete zu diesem Thema, darunter auch Adolf Ernst Hensel.[1417] Dieser betonte, die Verfolgung der freisinnigen Presse sei als Werk der Reaktionspartei anzusehen, und äußerte sich kritisch gegenüber Regierung und Ministerium: „Ich sagte nur: die Reactionspartei macht es sich zum Geschäft, die liberale Presse zu verdächtigen und zu verfolgen."[1418] Sodann erörterte er kurz und prägnant – oftmals in offenen Fragen – seine Argumente für die Wiedererteilung der Konzessionen der einzelnen Zeitschriften. In Bezug auf das „Echo vom Hochwalde" fragte er, mit welchem Inhalt ein Volksblatt gefüllt werden sollte, wenn ihm jede politische Äußerung verboten wurde? „Wie soll der Handwerker, wie soll der Landmann, wie sollen die Volksclassen, welche nur die gewöhnliche Schulbildung erlangt haben, sich mit den staatlichen Einrichtungen vertraut machen, wenn sie es nicht durch die Tagespresse können?"[1419] In Bezug auf „Die Sonne" ließ Hensel die Frage offen im Raum stehen, warum die Zeitung so oft von verschiedenen Zensoren betreut wurde und endlich niemand den strengen Anforderungen des Ministeriums genügen konnte. Letztlich stellte er bei den „Sächsischen Vaterlandsblättern" fest, dass es bedenklich war, wenn das Ministerium erschienene Artikel monierte, die jedoch zuvor durch die Zensur nicht beanstandet wurden.[1420]

Wie Hensel schon in seinem Eingangsargument festgestellt hatte, sei in dem Widerruf der Konzessionen ein System der Reaktionspartei in Form der Regierung und des Ministeriums zu erkennen. Nach Hensels Meinung müsse die freisinnige Tagespresse als ein wohltätiges Institut im Staate angesehen werden, welches der Regierung nützen sollte. „Will freilich eine Regierung einen Andersdenkenden nicht hören, nicht dulden, dann befindet sie sich in vollem Anlaufe zum Absolutismus. Aus diesen Gründen kann ich nur im Interesse des sächsischen Volkes und im wahren Interesse der sächsischen Regierung wünschen, daß man von dem eingeschlagenen Verfahren ablasse und die Anträge der Deputation, für welche ich durchgängig stimmen werde, wohl aufnehme."[1421]

3. Hermann Joseph

Hermann Joseph äußerte sich ebenfalls zu den Entziehungen der Konzessionen der drei Zeitschriften „Echo vom Hochwalde", „Die Sonne" und die „Sächsischen

1417 *Franke*, Zensur und Preßaufsicht in Leipzig 1830–1848, S. 21 f.

1418 Königreich Sachsen, Mittheilungen über die Verhandlungen des Landtags im Königreiche Sachsen 1846, II. Kammer, S. 3169.

1419 Königreich Sachsen, Mittheilungen über die Verhandlungen des Landtags im Königreiche Sachsen 1846, II. Kammer, S. 3170.

1420 Königreich Sachsen, Mittheilungen über die Verhandlungen des Landtags im Königreiche Sachsen 1846, II. Kammer, S. 3171.

1421 Königreich Sachsen, Mittheilungen über die Verhandlungen des Landtags im Königreiche Sachsen 1846, II. Kammer, S. 3172.

Vaterlandsblätter". In der 117. Sitzung am 7. April 1846 stimmte er in den Tenor seiner Vorredner ein und plädierte gemäß dem Deputationsgutachten für die Wiedererteilung der Konzessionen für genannte Zeitschriften. So meinte er zwar, dass es keiner weiteren Äußerungen bedurfte, weil bereits alles gesagt wurde. Jedoch ließ er es sich nicht nehmen, seine Kritik an Behauptungen des Ministeriums anzubringen. Joseph führte an, dass abgesehen davon, dass das Recht zur Konzessionsentziehung aufgrund mangelnder Grundlage gar nicht bestand, es auch grundlos und ohne eigentliche Prüfung des Wesens der Zeitschriften angewandt wurde: „Ich finde nirgends Gründe, und was die Regierung in ihrem Exposé zur Rechtfertigung ihrer Maaßregeln angeführt hat, sind ebenfalls nichts als Behauptungen, und Behauptungen, von denen noch dazu eine der anderen widerspricht."[1422] Die Regierung war somit der Kammer schuldig, nachzuweisen, welchen negativen Einfluss beispielsweise die Artikel der verschiedenen Blätter auf die Bevölkerung und das Ausland gehabt hatten. Dieser Nachweis war ihr bisher nicht gelungen, vielmehr widerlegte die Deputation in ihrem Gutachten dies auf verschiedene Weise. Vor allem die Behauptung, dass die Regierung dem Drang auswärtiger Mächte und deren Beschwerden hatte nachgeben müssen, blieb inhaltslos und ohne nähere Erläuterungen.[1423]

Letztlich kritisierte Joseph die Einschätzung der Regierung, dass sie ihre Macht gegen den Radikalismus habe geltend machen müssen, welcher durch gewisse Zeitschriften verbreitet wurde. Nach Josephs Einschätzung war derjenige radikal, „welcher, was er ist, auch ganz und von ganzem Herzen ist, und was er will, ganz aus der Wurzel, aus der radix des Herzens will. In so fern muß Jeder, der wahrhaft liberal ist, auch radical-liberal sein."[1424] Es wurde beklagt, dass Abgeordnete in der Kammer saßen, die gleichzeitig für die liberale Presse schrieben und somit negativ auf das Volk einwirkten. Joseph sah aber gerade die Betätigung der Abgeordneten bei der Presse nicht als verachtenswert, sondern als fördernd an. Diese Beteiligung an der liberalen Presse sei keine Hinwendung zum Radikalismus, sondern zweckmäßige Ausfüllung der Zeit. „Denn wenn Abgeordnete nicht, wer soll sonst fähig und berufen sein, auf das Volk durch die Presse zu wirken?"[1425]

Die ausgesprochene Definition Josephs für den Radikalismus charakterisiert ihn als glühenden Verfechter des radikalen Liberalismus der damaligen Zeit und zeigte dem Rest der Kammer und der Regierung auf, dass sie mit ihm als Abgeordneten einen rücksichtslosen Kämpfer für den Liberalismus sich gegenüber stehen hatten.

1422 Königreich Sachsen, Mittheilungen über die Verhandlungen des Landtags im Königreiche Sachsen 1846, II. Kammer, S. 3200.

1423 Königreich Sachsen, Mittheilungen über die Verhandlungen des Landtags im Königreiche Sachsen 1846, II. Kammer, S. 3201.

1424 Königreich Sachsen, Mittheilungen über die Verhandlungen des Landtags im Königreiche Sachsen 1846, II. Kammer, S. 3202.

1425 Königreich Sachsen, Mittheilungen über die Verhandlungen des Landtags im Königreiche Sachsen 1846, II. Kammer, S. 3202.

4. Wilhelm Michael Schaffrath

Wie zuvor Adolf Ernst Hensel und Hermann Joseph äußerte sich auch Wilhelm Michael Schaffrath zum Entzug der Konzessionen der Zeitschriften. Schaffrath, als Mitglied der Deputation, welche in ihrem Gutachten für eine erneute Konzessionserteilung genannter Zeitschriften plädierte, sah in der Konzessionsentziehung keine Beschränkung der Pressefreiheit, wie viele andere Abgeordnete, sondern nur eine Einschränkung des Zeitungskonzessionswesens.[1426] So griff er auch die Meinungen anderer Landtagsmitglieder auf, welche behaupteten, dass sich Ständemitglieder an der liberalen Presse und somit an Ungesetzlichkeiten beteiligten. Schaffrath entgegnete dem, dass die Beteiligung an der Presse, welche eine oppositionelle Meinung vertrat, jedem offen stand und keinen Beschränkungen unterlag: „Daß die Presse oder eine Ständekammer Opposition macht, ist ganz gewiß nicht tadelnswerth, wenn man nur die Opposition gegen das Unrecht, gegen Vorurtheile und Aberglauben, gegen Druck und Finsterniß, wenn man nur die Opposition gegen Vorenthaltung versprochener Volksrechte richtet, wenn man so wenig systematisch opponirt, als man auf der anderen Seite systematisch, d. h. Alles loben und billigen sollte."[1427] Neben dem Argument, dass sich die Opposition an Ungesetzlichkeiten beteiligte, stellte sich Schaffrath weiterhin gegen die Behauptungen der Staatsregierung, dass diese eine liberale Zensur vertrat: „Sie würden, meine Herren, erstaunen, ja es würde Sie empören, wenn Sie daraus sähen und nur wüßten, nicht nur, wie Vieles, sondern auch, was die Censur streicht. Sehr oft ist es das Wahrste, Schönste und Unschuldigste; und gerade das, was vielleicht hätte gestrichen werden sollen – gerade das läßt die Censur oft stehen."[1428] In diesem Zusammenhang griff er auch die Behauptung eines Staatsministers auf, dass es in der Natur des Menschen lag, Tadel und Verleumdung mehr zuzusprechen, als Lob und Anerkennung. Wie bereits die zuvor ergangenen Behauptungen wehrte er aber auch diese ab: „Nun, meine Herren, ich schätze mich glücklich, daß ich eine bessere Meinung sowohl von meinen Mitbürgern in Sachsen und dem Volke, als von der ganzen Menschheit habe."[1429]

Nach seiner Verteidigung des Gutachtens gegen mehrere Behauptungen von Abgeordneten und Ministern, kam er zu einer juristischen Bewertung. Nach Schaffraths Meinung hatte die Regierung weder formell noch materiell das Recht, die Konzessionen für die Zeitschriften zu entziehen. Gemäß § 26 der Verordnung, die Angelegenheit der Presse betreffend, hatte die Regierung das Recht der

---

1426 Königreich Sachsen, Mittheilungen über die Verhandlungen des Landtags im Königreiche Sachsen 1846, II. Kammer, S. 3190.

1427 Königreich Sachsen, Mittheilungen über die Verhandlungen des Landtags im Königreiche Sachsen 1846, II. Kammer, S. 3191.

1428 Königreich Sachsen, Mittheilungen über die Verhandlungen des Landtags im Königreiche Sachsen 1846, II. Kammer, S. 3193.

1429 Königreich Sachsen, Mittheilungen über die Verhandlungen des Landtags im Königreiche Sachsen 1846, II. Kammer, S. 3193.

Konzessionsentziehung nur unter bestimmten Bedingungen. Beim „Echo vom Hochwalde“ wurde die Konzession nur entzogen, weil bei der Zensur festgestellt worden war, dass Artikel mit gemeinschädlichen Tendenzen vorhanden waren. Diese gelangten jedoch nie zum Druck. Da diese Artikel nicht gedruckt wurden, konnten die gemeinschädlichen Tendenzen nicht wahrgenommen werden, wie es § 26 verlangte. Die gemeinschädliche Tendenz könne von der Regierung bei keiner der drei Zeitungen nachgewiesen werden, sondern werde immer nur behauptet. Neben der Wahrnehmung bedurfte es auch noch der wirklichen Gemeinschädlichkeit, also dass der Druck der Allgemeinheit einen Schaden zufügte. Schaffrath sah dies bei keinem der drei Blätter verwirklicht.[1430]

Nachdem die Handlungen der Regierung schon materiell wenig untermauert waren, fehlte es auch an der rechtlichen Grundlage. So führte Schaffrath aus, dass die genannte Verordnung, die Angelegenheit der Presse betreffend, überhaupt keine Gültigkeit habe. Sie sei nicht auf verfassungsmäßigem Wege zustande gekommen, weil die zweite Kammer beim Landtag der Jahre 1842/43 dem Entwurf ihre Missbilligung ausgesprochen hatte. Somit sei das Gesetz gemäß § 86 der Verfassungsurkunde nicht wirksam zustande gekommen, weil die Beteiligung der Kammern fehlte. Die Regierung könne sich daher auf die Verordnung nicht berufen.[1431] Es sei kein Gesetz vorhanden, nachdem die Regierung die Konzession erteilen und widerrufen dürfe: „...vergleichen Sie §. 35 der Verfassungsurkunde, welcher, wie Artikel 18 der Bundesacte, Preßfreiheit verspricht, und – es ist und bleibt nach diesen Paragraphen der Verfassungsurkunde wahr, daß zu diesen Entziehungen von Zeitungsconcessionen ein Gesetz nothwendig gewesen wäre, und daß sie verfassungswidrig sind. Die Regierung hat so wenig vor, so wenig nach der Verfassungsurkunde das Recht, Zeitungsconcessionen zu ertheilen oder gar einzuziehen.“[1432]

5. Ergebnis

In der Schlussabstimmung wurde über alle Zeitschriften einzeln abgestimmt. Beim „Echo vom Hochwalde“ stimmten 36 von 65 Abgeordneten gegen eine Wiedererteilung der Konzession.[1433] Ähnlich verhielt es sich bei der Zeitschrift „Die Sonne“ und bei den „Sächsischen Vaterlandsblättern“.[1434] Somit setzten sich bei dieser Abstimmung der konservative Teil der Kammer zusammen mit den gemäßigten

1430 Königreich Sachsen, Mittheilungen über die Verhandlungen des Landtags im Königreiche Sachsen 1846, II. Kammer, S. 3195.

1431 Königreich Sachsen, Mittheilungen über die Verhandlungen des Landtags im Königreiche Sachsen 1846, II. Kammer, S. 3195.

1432 Königreich Sachsen, Mittheilungen über die Verhandlungen des Landtags im Königreiche Sachsen 1846, II. Kammer, S. 3195.

1433 Königreich Sachsen, Mittheilungen über die Verhandlungen des Landtags im Königreiche Sachsen 1846, II. Kammer, S. 3218.

1434 Königreich Sachsen, Mittheilungen über die Verhandlungen des Landtags im Königreiche Sachsen 1846, II. Kammer, S. 3218.

Liberalen durch und die Sprachrohre der radikal-liberalen Partei wurden weiterhin unterdrückt.

IV. Leipziger Augustereignisse

1. Einleitung

Während des Aufenthalts des sächsischen Prinzen Johann, der Leipzig am 12./13. August 1845 wegen einer Musterung der Leipziger Kommunalgarde besuchte, kam es am Abend des 12. Augusts zu tumultartigen Szenen auf den Straßen der Stadt. Während Prinz Johann mit Vertretern von Militär und Behörden im Hotel de Prusse am Roßplatz dinierte, demonstrierten Leipziger Bürger gegen die Politik des Prinzen. Dessen Beliebtheit war, im Gegensatz zu 1830, wo er durch sein geschicktes Auftreten während der Revolution viel Ansehen gewonnen hatte, stark gesunken. Er galt innerhalb der Bevölkerung als geistiger Kopf der konservativen Kreise Sachsens, konsequenter Ultramontanist und Gegner der liberalen Bewegung.[1435] Obwohl er als strenger Katholik einer ungekünstelten Frömmigkeit frönte, trat er dem evangelischen Bekenntnis der sächsischen Bürger als verantwortungsbewusster Christ in Loyalität und Toleranz gegenüber.[1436] Jedoch war er weniger geeignet für den politischen Alltag, als mehr für die geistig-kulturelle Betätigung. Die unterkühlte Haltung der Bevölkerung gegen den Prinzen hatte sich bereits bei der Parade der Kommunalgarde gezeigt. Bei den Demonstrationen am Abend kam es dann zur Kundgebung des Missfallens der Bevölkerung, welche unter anderem das Lied „Eine feste Burg ist unser Gott" sang und Steine gegen die Fenster des Lokals warf.[1437] Als das Militär anrückte und die Beteiligten nur unwillig zurückwichen, feuerte es zwei Salven auf die Demonstranten, was zu vielen Toten und Verletzten führte. Daraufhin wurde der Platz vor dem Hotel geräumt und die Ordnung durch das Militär wieder hergestellt. Dabei waren die Schüsse weder angekündigt worden, noch sachlich zu rechtfertigen.[1438]

Ergebnis dieses Ereignisses waren annähernd revolutionsartige Zustände in Leipzig, wobei der Prinz als Hauptverantwortlicher für die Taten angesehen wurde. Jedoch kam der Befehl zum Schießen nicht von dem Prinzen selbst, sondern von Subalternoffizieren, welche sich auf dem Platz befanden. Die Handlungen wurden vom Prinzen aber weder missbilligt noch verurteilt. Vielmehr verteidigte er sie, indem er die Handlungen als Notwehr gegen die aggressive Volksmasse deklarierte.[1439]

1435 *Biedermann,* Karl Braun (1807–1868): Leben und Werk, S. 85.

1436 *Blaschke,* Johann, in: NDB, Bd. X, S. 528.

1437 *Schmidt,* Die Entwicklung der politischen Opposition im Königreich Sachsen zwischen 1830 und 1848, S. 97.

1438 *Valentin,* Geschichte der deutschen Revolution von 1848–1849, Erster Bd., S. 223.

1439 *Schmidt,* Die Entwicklung der politischen Opposition im Königreich Sachsen zwischen 1830 und 1848, S. 97. Keine Erwähnung findet dieses Ereignis in

Daraufhin kam es zu einer Eingabe des Leipziger Professors Karl Biedermann an die zweite Kammer des Sächsischen Landtages, die von 1.800 Leipziger Bürgern unterzeichnet worden war. Diese Eingabe wurde am 17. Oktober 1845 im Landtag behandelt.[1440] Professor Biedermann führte in seiner Eingabe aus, dass die Untersuchungen gegen die betreffenden Militärbehörden einer gerechten und unparteiischen Gesetzesvollstreckung keineswegs entsprachen. Diese Einschätzung begründete Biedermann damit, dass einerseits gegen den Leutnant Vollborn, dessen Verschulden in einer vorab veröffentlichten ministeriellen Bekanntmachung nicht in Abrede gestellt worden war, lediglich ein disziplinarisches Verfahren und keine kriegsgerichtliche Untersuchung durchgeführt werden sollte. Andererseits wurden die Schüsse des siebten Pelotons durch das Ministerium als gerechtfertigt beurteilt und somit einer gerichtlichen Überprüfung nicht mehr zugänglich gemacht.[1441]

Letztlich stellten Professor Biedermann und die Unterzeichner an die zweite Kammer das Gesuch, sich beim König über das Verfahren des Ministeriums zu beschweren und die nötigen Schritte einzuleiten, damit Untersuchungen gegen alle beteiligten Offiziere durch eine kompetente Behörde durchgeführt werden konnten. Zu diesem Zweck möge man sich die Akten über die Ereignisse des 12. Augusts aushändigen lassen, die durch die entsprechende Kommission bereits angefertigt worden waren sowie die Dienstinstruktionen der Offiziere erbitten. Außerdem sollte der Beitritt der ersten Kammer bewirkt werden.[1442]

2. Adolf Ernst Hensel

Adolf Ernst Hensel erbat nun in der Sitzung der zweiten Kammer des Sächsischen Landtages die Einsetzung einer außerordentlichen Deputation, welche die Sache mit größter Gründlichkeit und Unbefangenheit nochmals erörtern und die vorliegenden Akten genau durchgehen sollte, denn „die traurigen Vorgänge haben nicht nur in meinem [Hensels] Wahlbezirk, sondern in ganz Sachsen und außer demselben einen schmerzlichen Ausdruck hervorgerufen. Wie könnte es anders sein? In der Nacht des 12. August floß Bürgerblut.“[1443]

der Biografie des Königs Johann von Sachsen, in: *Prinz von Sachsen Herzog zu Sachsen*, Die Wettiner in Lebensbildern, S. 157–162.

1440 Königreich Sachsen, Mittheilungen über die Verhandlungen des Landtags im Königreiche Sachsen 1845, II. Kammer, S. 436.

1441 Königreich Sachsen, Mittheilungen über die Verhandlungen des Landtags im Königreiche Sachsen 1845, II. Kammer, S. 436.

1442 Königreich Sachsen, Mittheilungen über die Verhandlungen des Landtags im Königreiche Sachsen 1845, II. Kammer, S. 437.

1443 Königreich Sachsen, Mittheilungen über die Verhandlungen des Landtags im Königreiche Sachsen 1845, II. Kammer, S. 437.

Nach Befragung der Kammer durch den Präsidenten Braun sprach sich diese einstimmig für die Einsetzung einer außerordentlichen Deputation aus.[1444]

In der Sitzung vom 21. Oktober 1845 wurde eine außerordentliche Deputation für die Untersuchung der Ereignisse des 12. Augusts 1845 gewählt. Die Abgeordneten Friedrich Wilhelm Schäffer, Hermann Adolf Klinger und Karl Todt wurden im ersten Wahlgang, Christian Friedrich Klien, Christian Gottlob Eisenstuck und Heinrich von Thielau im zweiten Wahlgang und Adolf Ernst Hensel im vierten Wahlgang bestimmt, nachdem im dritten Wahlgang kein Parlamentarier eine Mehrheit erreichen konnte.[1445] Diese außerordentliche Deputation konstituierte sich in der Sitzung vom 7. November 1845 und wählte den Vizepräsidenten Eisenstuck zu ihrem Vorsitzenden.[1446]

In der Sitzung am 14. Mai 1846 stellte die Deputation ihren Bericht vor. Dabei wurde auf eine Verlesung verzichtet und direkt in die Beurteilung der Ergebnisse eingestiegen. Die mündlichen Erläuterungen können hier jedoch nicht ohne Ausführungen zu dem schriftlichen Bericht erörtert werden.

Als unbestrittene Tatsache galt, dass am Abend des 12. August 1845 in Leipzig ein Auflauf von Demonstranten vor dem Hotel de Prusse stattfand. Um dem entgegen zu treten war ein Teil der in Leipzig stationierten leichten Infanterie eingeschritten und hatte von der Schusswaffe Gebrauch gemacht, wobei mehrere Personen verwundet und getötet wurden. Streitig war nun, ob die Garnison überhaupt befugt gewesen war, einzuschreiten und ob sie berechtigt war, von der Schusswaffe Gebrauch zu machen.[1447]

Nach einer längeren Erörterung in ihrem schriftlichen Bericht, stellte die Deputation fest, dass die an den Garnisonskommandanten erlassene Requisition, Militär zur Unterdrückung des Tumults zu verwenden, ihn nicht nur berechtigte, sondern auch verpflichtet hatte, dies zu tun.[1448]

Weiterhin musste geklärt werden, ob die Offiziere, in ihren Befehlen bzw. deren Ausführung, die gesetzlichen Vorschriften eingehalten hatten. „Oberstleutnant

1444 Königreich Sachsen, Mittheilungen über die Verhandlungen des Landtags im Königreiche Sachsen 1845, II. Kammer, S. 438.

1445 Königreich Sachsen, Mittheilungen über die Verhandlungen des Landtags im Königreiche Sachsen 1845, II. Kammer, S. 540.

1446 Königreich Sachsen, Mittheilungen über die Verhandlungen des Landtags im Königreiche Sachsen 1845, II. Kammer, S. 796.

1447 Königreich Sachsen, Mittheilungen über die Verhandlungen des Landtags im Königreiche Sachsen 1846, II. Kammer, S. 3971.

1448 Ausführlicher Königreich Sachsen, Mittheilungen über die Verhandlungen des Landtags im Königreiche Sachsen 1846, II. Kammer, S. 3972 f.

von Süßmilch[1449] wurde von dem Obersten von Buttlar[1450], dem Commandanten der Garnison, [befohlen], sein Bataillon herbeizuholen, und befolgte diesen Befehl, und, da nach obiger Bestimmung des Dienstreglements alles zum vollständigen Gebrauche der Waffen Erforderliche zu veranstalten war, kam er dieser Vorschrift nach, indem er das von ihm geführte Bataillon laden ließ."[1451] Demnach wurde von zwei Punkten aus auf die Menschenmenge geschossen. Das Kommando auf der einen Seite ging von Oberstleutnant von Süßmilch, das andere von Leutnant Vollborn, aus. Es konnte eindeutig bestätigt werden, dass durch die Salven des Pelotons, welches von Leutnant Vollborn befehligt wurde, Menschen getötet wurden. Demnach musste Leutnant Vollborn, als befehlshabender Offizier, dafür die Verantwortung tragen, da in seinem Bereich keine anderen Offiziere anwesend waren. Unklarheit bestand innerhalb der Deputation weiterhin darüber, ob der Schusswaffengebrauch durch Leutnant Vollborn angekündigt worden war. Der Offizier selbst und verschiedene Schützen machten unterschiedliche Aussagen darüber.[1452] Aus den der Deputation übergebenen Akten konnten keine klaren Ergebnisse gefiltert werden. Auch aus einer weiteren Befragung des Leutnants Vollborn im Rahmen einer disziplinarischen Untersuchung ging nicht eindeutig hervor, dass seine Handlungen rechtswidrig gewesen waren. Vielmehr handelte der Leutnant Vollborn in Notwehr, weil er und sein Peloton von der Menschenmenge mit Steinen beworfen wurden. Die Deputation kam nach breiteren Ausführungen zu der Erkenntnis, „daß ein ausreichender Grund nicht vorhanden ist, um eine Criminaluntersuchung gegen den Leutnant Vollborn wegen seines Verfahrens am Abende des 12. August 1845 zu Leipzig zu beantragen."[1453]

In Bezug auf Oberst von Buttlar wurde durch die Deputation festgestellt, dass dieser von dem Stellvertreter des Kreisdirektors aufgefordert wurde, ein Bataillon der ihm untergebenen leichten Infanterie auf den Platz, wo ein bedeutender Auflauf mit Gewalttätigkeiten gegen Personen und Eigentum stattfand, vorrücken zu lassen, um den Tumult zu unterdrücken. In dieser Handlung konnte nichts

1449 Moritz Bernhard von Süßmilch, 1845 Oberstleutnant und Kommandant des zweiten Schützen-Bataillons der Halb-Brigade leichter Infanterie; vgl. Directorium des statistischen Vereins Sachsen, Staats-Handbuch für das Königreich Sachsen 1845, S. 232.

1450 Karl Friedrich August Treusch von Buttlar-Brandenfels (1790–1856), 1845 Oberst und Brigadier der Halb-Brigade leichter Infanterie; vgl. Directorium des statistischen Vereins Sachsen, Staats-Handbuch für das Königreich Sachsen 1845, S. 232; Treusch von Buttlar-Brandenfels, in: Gothaisches Genealogisches Taschenbuch der Adeligen Häuser, Tl. A, S. 189.

1451 Königreich Sachsen, Mittheilungen über die Verhandlungen des Landtags im Königreiche Sachsen 1846, II. Kammer, S. 3973.

1452 Königreich Sachsen, Mittheilungen über die Verhandlungen des Landtags im Königreiche Sachsen 1846, II. Kammer, S. 3973.

1453 Königreich Sachsen, Mittheilungen über die Verhandlungen des Landtags im Königreiche Sachsen 1846, II. Kammer, S. 3975.

Rechtswidriges gesehen werden, sodass der Oberst von Buttlar rechtmäßig gehandelt hatte.[1454]

Strittig war jedoch, ob die Handlung des Oberstleutnants von Süßmilch gerechtfertigt war, weil sich dieser in der Vernehmung nicht auf Notwehr berufen hatte. Entsprechend musste er den Waffengebrauch vorher angekündigt haben. Aus der Aussage des Oberstleutnants ließ sich entnehmen, dass dieser mehrmals den Waffengebrauch mit Kugeln angekündigt habe. Auch bestätigen dies mehrere Personen, die sich in dessen Nähe aufgehalten hatten. Diese erklärten, dass die Menschenmenge auf die Anrufe von Süßmilchs erwidert habe, dass die Soldaten nur mit „Mondschein" geladen hätten. Demnach mussten sie davon ausgehen, dass auf sie geschossen werden würde. Da sich keine gegenteiligen Aussagen ergaben, musste die Deputation davon ausgehen, dass der Oberstleutnant ausreichend auf den Schusswaffengebrauch hingewiesen hatte und die ihm zugerechneten Handlungen somit gerechtfertigt, weil gesetzlich geboten, waren.[1455]

Der Bericht der Deputation schlussfolgerte, dass die Kammer beschließen möge, sich dahingehend auszusprechen, dass sie sich nicht bewogen sah, bei der hohen Staatsregierung die Einleitung einer Kriminaluntersuchung gegen den Oberst von Buttlar, den Oberstleutnant von Süßmilch und den Leutnant Vollborn zu beantragen.[1456]

Diesem Majoritätsgutachten der Deputation trat ein „Sondergutachten die Leipziger Ereignisse vom 12. August 1845 betreffend" entgegen.[1457] Dieses wurde von den Deputationsmitgliedern Klinger, Todt und Adolf Ernst Hensel angefertigt, welche in einigen Punkten nicht mit der Meinung der restlichen vier Deputationsmitglieder übereinstimmten.[1458] Die Genannten erklärten in ihrem Gutachten, dass es in keiner Weise geklärt sei, ob die Offiziere auf der Grundlage einer gesetzlichen Ermächtigung gehandelt hätten. Weiterhin gehe aus den verschiedenen Aussagen der beteiligten Personen nicht hervor, ob die Offiziere den Waffengebrauch vorher angekündigt hatten. Um in diesen Punkten Klarheit zu schaffen, bedürfe es einer Kriminaluntersuchung. Aus diesem Grunde schlugen die drei Deputationsmitglieder der Kammer vor, „die Regierung im Vereine mit der ersten Kammer zu ersuchen: sie wolle dahin Anordnungen treffen, daß wegen der am 12. August 1845 in Leipzig stattgefundenen Verwundungen und Tödtungen vom competenten

1454 Königreich Sachsen, Mittheilungen über die Verhandlungen des Landtags im Königreiche Sachsen 1846, II. Kammer, S. 3975.

1455 Königreich Sachsen, Mittheilungen über die Verhandlungen des Landtags im Königreiche Sachsen 1846, II. Kammer, S. 3977.

1456 Königreich Sachsen, Mittheilungen über die Verhandlungen des Landtags im Königreiche Sachsen 1846, II. Kammer, S. 3978.

1457 *Kretzschmar*, Lebenserinnerungen des Königs Johann von Sachsen, S. 181.

1458 *Blum*, Robert Blum, S. 223.

Untersuchungsgericht das diesfallsige Sach- und Rechtsverhältnis legal erörtert und der Gebühr Rechtens allenthalben nachgegangen werde."[1459]

In der darauffolgenden Diskussion verteidigte Hensel seine Ausführungen im Minoritätsgutachten und stellte Gemeinsamkeiten und Unterschiede heraus.[1460] „Majorität und Minorität sind darin einverstanden, daß das Militair requirirt worden ist."[1461] Jedoch gehen beide von unterschiedlichen Sichtweisen der Requirierung aus. Die Majorität nimmt an, dass das Militär eingeschritten ist, um seine Schuldigkeit zu tun. Diese Schuldigkeit bestimme sich aus dem Tumultmandat[1462], der Notwehr und der Ordonnanz[1463]. Vor allem bei der Notwehr meldete Hensel

---

1459 Königreich Sachsen, Mittheilungen über die Verhandlungen des Landtags im Königreiche Sachsen 1846, II. Kammer, S. 3992.

1460 *Brockhaus*, Aus den Tagebüchern von Heinrich Brockhaus, Zweiter Thl., S. 102.

1461 Königreich Sachsen, Mittheilungen über die Verhandlungen des Landtags im Königreiche Sachsen 1846, II. Kammer, S. 4028.

1462 „§ 9. Wenn mehrere Personen sich unterfangen, gemeinschaftlich widerrechtliche Gewalt gegen andere Personen, oder fremdes Eigenthum auszuüben, und insonderheit mit vereinter Gewalt der Ausführung obrigkeitlicher Verfügungen sich zu widersetzen, oder etwas von der Obrigkeit erzwingen zu wollen, und solchergestalt ein Tumult und Aufruhr entsteht, so muß die Obrigkeit sofort, mit Zuziehung der Gerichtsfolge, auch, da nöthig, mit Beihülfe des nächsten Beamten, welcher die Amtsfolge zum Bestand zu gebrauchen, und nach Erfordernis der Umstände, auch die Miliz zum Beistande zu requiriren hat, dem Unwesen mit Ernst und Nachdruck begegnen, die Tumultanten, unter Vorstellung der zu gewarten habenden Leibes- und Lebensstrafen, von ihrem strafbaren Beginnen abmahnen, und daß sie sich sofort auseinander und jeder nach Hause begeben sollen, bedeuten, und wenn sie den Vorstellungen nicht Gehör geben, dieselben mit Anwendung der erforderlichen Gewalt, sollte es auch mit Gefahr des Leibes und Lebens der Ungehorsamen und Widerspenstigen geschehen müssen, auseinander treiben..."; vgl. Mandat, wider Tumult und Aufruhr, vom 18. Januar 1791, in: *Weiske*, Handbuch der Strafgesetze des Königreiches Sachsen, S. 186.
„§ 10. Wenn eine Zusammenrottirung, Tumult und Aufruhr entsteht, soll niemand seine Wohnung, um zu dem aufrührischen und tumultirenden Haufen sich zu gesellen, verlassen, noch solches den Seinigen zu thun gestatten, vielmehr soll sich ein Jeder, der sich dabei befindet, wenn er auch blos aus Neugierde dazu gegangen, oder nur durch Zufall in solchen gekommen sein sollte, sich von selbigem sofort entfernen und nach Hause begeben, oder gewarten, daß er als ein Tumultuant und Aufrührer behandelt werde."; vgl. Mandat, wider Tumult und Aufruhr, vom 18. Januar 1791, in: *Weiske*, Handbuch der Strafgesetze des Königreiches Sachsen, S. 186.

1463 „§ 14. Alle Wachtposten, Patrouillen, so wie jede einzelne Schildwacht haben nicht allein das Recht, sondern sind auch dazu verpflichtet, Alles, was den Gesetzen und polizeilichen Anordnungen entgegen ist, worüber sie mit besonderer Instruction versehen sind, zu rügen. Ihre Gebote, wie Verbote, müssen von Jedermann unweigerlich befolgt werden. Wer sich ihnen widersetzt, soll sofort arretirt, unverzüglich an die competente Behörde abgeliefert und nach den

Kritik an, da sich die Notwehrhandlung immer gegen den Angreifer richten müsse. Hier stelle sich die Frage, ob sich die Notwehrhandlung der Vollbornschen Abteilung – das Niederschießen – gegen die Steinewerfer gerichtet habe. Hensel bezweifelte dies, weil auch entfernt stehende Personen erschossen worden waren, welche sich unzweifelhaft nicht an der Handlung des Steinewerfens beteiligt hatten.[1464] Da die Notwehr und die Bestimmungen der Ordonnanz (bei dem Militär handelte es sich nicht um einen der aufgezählten Personenkreise) also nicht zur Anwendung kommen konnten, müsse auf das Tumultmandat zurückgegriffen werden. Dieses schrieb vor, dass eine ernstliche Verwarnung an die Menge vorausgehen musste, bevor von der Schusswaffe Gebrauch gemacht werden durfte. Ob dieser Umstand vorlag, sollte durch die durchzuführende Kriminaluntersuchung geklärt werden.

Weiterhin kritisierte Hensel die Ansicht des Abgeordneten von Mayer[1465], welcher äußerte, dass die Kriminaluntersuchung nichts Neues zu Tage fördern würde: „Wollten wir uns durch diese Ansicht abhalten lassen, so dürften viele hundert Untersuchungen, die von den Gerichten angestellt werden, nicht geführt werden. Am wenigsten scheint diese Ansicht mit dem Worte Gerechtigkeit vereinbar."[1466]

Insgesamt lässt sich die Meinung Hensels zu den Ereignissen des 12. Augusts 1845 als linksliberal einordnen. Adolf Ernst Hensel verfolgte eine vollständige Aufklärung der Geschehnisse, um den Hinterbliebenen der Getöteten und den Verwundeten Genugtuung zu geben sowie die verantwortlichen Offiziere zur Rechenschaft zu ziehen. „Es ist von dem Abgeordneten Klien gesagt worden, die Minorität möge sich doch in die Lage Vollborn's setzen. Gewiß, in eine solche Lage haben wir uns versetzt, ich frage aber den Abgeordneten Klien, ob er sich in die Lage der Hinterlassenen derer, welche an jenem Abende geblieben, ob er sich in die Lage der Verwundeten, ob er sich in die Lage, in die Stimmung des Landes versetzt hat? Wir wünschen keine Härte, wir wünschen Vollziehung der Gesetze, wir wünschen aber keine unzulässigen Präsumtionen... Denn wenn das Militair ohne weiteres, ohne Admonition an die Menge, von dem äußersten Grad der Waffengewalt Gebrauch

---

Gesetzen bestraft werden. Wachtposten, Patrouillen und Schildwachen sollen keine Beleidigungen, noch weniger Thätlichkeiten gegen sich ungeahndet erdulden, und sind befugt, im letzteren Falle sich ihrer Waffen zu bedienen."; vgl. Mandat, wegen Publication einer neuen Ordonnanz, vom 19. Juli 1828, Zweiter Tl., in: *Funke*, Die Polizei-Gesetze und Verordnungen des Königreiches Sachsen, I. Bd., S. 530.

1464 Königreich Sachsen, Mittheilungen über die Verhandlungen des Landtags im Königreiche Sachsen 1846, II. Kammer, S. 4028.

1465 Karl Wilhelm Traugott von Mayer (1796–1864), Rechtsanwalt, Rittergutsbesitzer und Mitglied des Sächsischen Landtages; vgl. über ihn Mayer, Karl Wilhelm Traugott, in: *Espe*, Conversations-Lexikon der Gegenwart, Bd. 3, S. 573 f.

1466 Königreich Sachsen, Mittheilungen über die Verhandlungen des Landtags im Königreiche Sachsen 1846, II. Kammer, S. 4030.

machen kann, dann giebt es keine bürgerlichen Freiheiten mehr, dann leben wir in dem Zustande des Standrechts."[1467]

In der Beteiligung an der Deputation, welche die Leipziger Augustereignisse untersuchen sollte, lag die erste bedeutende Handlung Hensels im Sächsischen Landtag. Nachdem sich die Abgeordneten Schäffer, Klien, Eisenstuck und von Thielau gegen die Einleitung eines Disziplinarverfahrens ausgesprochen hatten, war es Hensels bewegendes Auftreten bei der Verteidigung des Minoritätsgutachtens, welches zumindest einen Teil der Abgeordneten dazu veranlasst hatte, gegen das Majoritätsgutachten zu stimmen. Quellen weisen darauf hin, dass nicht der Inhalt sondern die Einflussnahme durch den Abgeordneten Zische[1468] den Ausschlag für die Ablehnung des Minoritätsgutachtens gegeben hatte. Zische soll mehrere Parlamentarier während eines von ihm veranstalteten Imbisses entsprechend beeinflusst haben.[1469]

3. Hermann Joseph

Seine glänzendste Rede während des Landtages 1845/46 hielt Hermann Joseph in der 144. Sitzung am 15. Mai 1846 in Bezug auf die Würdigung der Leipziger Augustereignisse.[1470] In dieser fast zweistündigen Ansprache, welche die ungeteilte Aufmerksamkeit der Zuhörer fand, führte er aus, dass der Gebrauch der Schusswaffe gegenüber einer nahezu friedlichen Menschenmenge gleich dem Verlust bürgerlicher Freiheiten zu werten war und dem Standrecht nahe kam. Weiterhin kritisierte er die Untätigkeit der Behörden und das Unterlassen richterlicher Untersuchungen.[1471] Diese Rede war die bedeutendste, die in diesem Zusammenhang gehalten wurde.[1472]

Zu Beginn seiner Rede kritisierte Joseph die Zuständigkeit des Kriminalgerichts zu Leipzig, welches durch die Regierung bestimmt wurde, die Untersuchungen zu führen. Dies erfolgte auf der einen Seite gegen die beteiligten Bürger und auf der anderen Seite gegen die Offiziere. Gerade hier hielt Joseph das Gericht für unzuständig: „denn das Criminalgericht konnte von ihm [dem Justizministerium] nicht für competent zur Untersuchung gegen die Offiziere gehalten werden, sondern dies mußte ein militairisches Gericht sein, da ein gemeines Vergehen, für welches

1467 Königreich Sachsen, Mittheilungen über die Verhandlungen des Landtags im Königreiche Sachsen 1846, II. Kammer, S. 4031.

1468 Karl Gottlob Zische, Richter und Fabrikant aus Schönbach bei Neusalza; vgl. über ihn *Matzerath*, Aspekte sächsischer Landtagsgeschichte – Präsidenten und Abgeordnete von 1833 bis 1952, S. 136.

1469 *Kretzschmar*, Lebenserinnerungen des Königs Johann von Sachsen, S. 181.

1470 *Brockhaus*, Aus den Tagebüchern von Heinrich Brockhaus, Zweiter Thl., S. 102.

1471 *Tonndorf*, Die Freiheit – kein Zustand des Genusses, in: Landtagskurier Sachsen, Nr. 6, 1991, S. 7; *Frey*, Charaktere der Gegenwart, Erstes Heft, S. 312.

1472 *Frey*, Charaktere der Gegenwart, Erstes Heft, S. 312.

das Criminalgericht competent ist, nicht vorliegen soll."[1473] Da das Kriminalgericht aber in dem Handeln der Offiziere infolge inoffiziellen Drucks der Regierung kein Verbrechen sah, wies es die Klage ab: „Das Criminalgericht soll, wie erwähnt worden ist, eine Klage mit der Entscheidung abgewiesen haben, daß kein Verbrechen vorliege."[1474] Wie bereits erwähnt, hatte die Regierung in ihrem Gutachten über die Augustereignisse ausgeführt, dass das Handeln der Offiziere rechtmäßig war und diese durch ihr Handeln keine Gesetze verletzt hatten. „Durch jene beiden Erklärungen oder Vorausentscheidungen hat es die Gerichte moralisch zurückgeschreckt, eine Untersuchung einzuleiten. Wenn diese auch die Untersuchung eingeleitet hätten, nachdem die Regierung gesagt hatte, es haben die Offiziere ihre Pflicht geleistet, so würden die Gerichte hierdurch sich zugleich gegen die Regierung entschieden, zugleich gegen diese selbst mittelbar die Untersuchung geführt haben."[1475] Joseph erhob demnach, indem er die Regierung bezichtigte, durch ihre Gutachten die Unabhängigkeit der Richter konterkariert zu haben, schwere Vorwürfe gegen die handelnden Minister. „Sie würden einer Beschwerde gegen das Ministerium beistimmen müssen, einer Beschwerde deshalb, weil es der Unabhängigkeit des Richterstandes vorgegriffen, ein Vorerkenntniß selbst gefällt, dadurch die Gerichte von ihrer Pflicht abgehalten und Cabinetsjustiz geübt hat."[1476]

Nachdem Joseph zu Beginn grundlegend die Handlungen der Regierung verurteilte, untersuchte er in einem nächsten Teil seiner Rede das Verfahren an dem betreffenden Abend selbst. „Hier drängt sich als erste Frage auf, warum nicht die Communalgarde verwendet worden ist."[1477] Der Kriegsminister versicherte durch seine Aussage, dass die Kommunalgarde zur Stillung des Aufruhrs nicht ausreichend hatte beitragen können. Dies war jedoch durch keinerlei Ergebnisse und Untersuchungen gesichert. Vielmehr habe die Bevölkerung die Kommunalgarde bei ihrem Auftreten auf dem Platze mit Freude empfangen und mit Jubel begrüßt. „Dies läßt nicht auf Absicht der Widersetzlichkeit schließen und ist durchaus kein Anzeichen dafür, daß, hätte die Communalgarde ihre Thätigkeit entfaltet, dieselbe ohne Erfolg gewesen wäre und sie nicht mit friedlichern Mitteln das Ziel erreicht hätte, was das Militair nur durch Blut erreichen zu können glaubte."[1478] Das angerückte Militär hatte sich zum Zeitpunkt der Ankunft, als es mit Steinen beworfen

---

1473 Königreich Sachsen, Mittheilungen über die Verhandlungen des Landtags im Königreiche Sachsen 1846, II. Kammer, S. 4066.
1474 Königreich Sachsen, Mittheilungen über die Verhandlungen des Landtags im Königreiche Sachsen 1846, II. Kammer, S. 4066.
1475 Königreich Sachsen, Mittheilungen über die Verhandlungen des Landtags im Königreiche Sachsen 1846, II. Kammer, S. 4066.
1476 Königreich Sachsen, Mittheilungen über die Verhandlungen des Landtags im Königreiche Sachsen 1846, II. Kammer, S. 4067.
1477 Königreich Sachsen, Mittheilungen über die Verhandlungen des Landtags im Königreiche Sachsen 1846, II. Kammer, S. 4068.
1478 Königreich Sachsen, Mittheilungen über die Verhandlungen des Landtags im Königreiche Sachsen 1846, II. Kammer, S. 4068.

wurde, noch ruhig verhalten und erst, als der größte Aufruhr schon vorbei war, in die Menge geschossen. „Eben so war der Tumult nach dem Schießen viel heftiger und drohender, ohne daß die Soldaten schossen. Ich führe dies an, weil es zeigt, wie sehr die Rechtmäßigkeit und Nothwendigkeit des Schießens in dem Augenblicke, wo es erfolgt ist, zu bezweifeln ist."[1479] Fraglich erschien Joseph auch, ob das Militär überhaupt in die Menge geschossen hatte, die für den Tumult verantwortlich gemacht wurde oder vielmehr in die Menschenmenge, welche beim Erscheinen des Militärs vom Hotel de Prusse vertrieben wurde. Es waren ausreichend Zeugenaussagen gemacht worden, dass darüber Unklarheiten bestanden und es im Nachgang eindeutig geklärt werden musste.[1480]

Weiterhin kritisierte Joseph das Vorgehen der einzelnen involvierten Personen, deren Fehlverhalten bereits angesprochen wurde und hier nicht näher erläutert werden muss.[1481]

Als einen Punkt, der noch wenig Beachtung erfahren hatte, erinnerte Joseph an die Beschwerde der Stadtverordneten zu Leipzig. Denn nach den damaligen Gesetzen hatte in Leipzig das Polizeiamt die Polizeigewalt inne. „Das Ministerium hat diese Polizeigewalt in einem gewissen Falle durch eine Instruction, sei sie nun geheim oder öffentlich, auf den Kreisdirector übertragen und dem Polizeiamte entnommen. Das Ministerium hat hinterher erklärt, daß allerdings durch diese Uebertragung einer nur concurrirenden Thätigkeit des Kreisdirectors die Polizeigewalt der Leipziger Behörde nicht entzogen worden sei. Es ist auch hiernach eine Beschränkung der Polizeigewalt in Tumultfällen immer noch vorhanden; und wenn auch in minderem Grade, so ist auch dieses meiner Ansicht nach gesetzwidrig; denn eine solche Beraubung um einen Theil ihrer Polizeigewalt in Tumultfällen durfte nicht durch Instruction, nicht durch Verordnung ausgesprochen werden; dazu bedurfte es der Zustimmung der Stände."[1482] Durch diesen Eingriff in die Rechte des Polizeiamtes kam es zu Differenzen zwischen der Kreisdirektion und dem Polizeiamt bezüglich ihrer Kompetenzverteilung. „Ich halte vielmehr den betreffenden Theil der Instruction als eine Verletzung der in der Städteordnung den Städten gesicherten Rechte und deshalb sie für gesetzwidrig und nichtig."[1483] Unhaltbar war es nach Josephs Meinung, dass, obwohl die Polizeigewalt dem Polizeiamte bei Tumultfällen entzogen wurde, diese Behörde nach den Augustereignissen für den Gebrauch oder Nichtgebrauch der Waffen verantwortlich gemacht

1479 Königreich Sachsen, Mittheilungen über die Verhandlungen des Landtags im Königreiche Sachsen 1846, II. Kammer, S. 4068.
1480 Königreich Sachsen, Mittheilungen über die Verhandlungen des Landtags im Königreiche Sachsen 1846, II. Kammer, S. 4068.
1481 Königreich Sachsen, Mittheilungen über die Verhandlungen des Landtags im Königreiche Sachsen 1846, II. Kammer, S. 4069.
1482 Königreich Sachsen, Mittheilungen über die Verhandlungen des Landtags im Königreiche Sachsen 1846, II. Kammer, S. 4071.
1483 Königreich Sachsen, Mittheilungen über die Verhandlungen des Landtags im Königreiche Sachsen 1846, II. Kammer, S. 4072.

werden sollte und nicht diejenigen, welche zeitlich den Gebrauch der Gewalt innehatte.[1484]

4. Wilhelm Michael Schaffrath

Auch Wilhelm Michael Schaffrath äußerte sich zu den Leipziger Vorkommnissen. Von vornherein erkennbar war, dass Schaffrath, wie auch Hensel und Joseph für das Minoritätsgutachten sprach.[1485] Seine Rede zählte dabei zu den wenigen, welche er im Landtag „mit feierlich erhobener Stimme und mit imponirendem Ernste sprach".[1486]

In der 143. Sitzung am 15. Mai 1846 wurde die Diskussion um den obigen Verhandlungspunkt wieder aufgenommen und dem Abgeordneten Dr. Schaffrath das Wort erteilt. Dabei wich dieser von den Redebeiträgen in der Weise ab, dass er nicht politisch, sondern juristisch argumentierte: „Ich werde nun und nimmermehr die Justiz zur Magd der Politik herabwürdigen, hier in dieser, wie in aller Beschwerde-, d.h. in Rechts und Justizsachen, mich nicht von dem allein festen Boden des Rechts auf das weite Feld der Politik und Moral verirren, vielmehr meine politischen Grundsätze durch und durch verlassen und verleugnen, hier in einer Rechts- und Justizsache nur Richter und nichts als Richter, nur ein strenger Vollstrecker und Ausleger des Gesetzes nach meiner besten und gewissenhaften Ueberzeugung sein. Mein Rechtsgefühl sagt mir, wie es Niemandem zukommt, in Verhandlungen über Rechtssachen mit rhetorischem Flitterwerk und rednerischem Bombast auf die Gemüther zu wirken."[1487]

In seinen juristischen Ausführungen bezog er sich einen Großteil seiner Rede lang auf die Zuständigkeit der Ständeversammlung und Zivilbehörden. Diese seien überhaupt nicht kompetent dazu gewesen, dem Majoritätsgutachten folgend, über die Strafbarkeit der involvierten Personen zu urteilen: „Wenn Sie das Majoritätsgutachten annehmen, so macht Sie das und machen Sie sich zu einem Justizhofe. Nach diesem sollen Sie ein freisprechendes Urteil fällen, nicht ein vorbereitendes, sondern ein definitives. Das darf und kann aber die Kammer nicht, weil sie kein

---

1484 Königreich Sachsen, Mittheilungen über die Verhandlungen des Landtags im Königreiche Sachsen 1846, II. Kammer, S. 4072 f.

1485 Dies äußerte er auch noch einmal wörtlich am Schluss seiner Rede: „Allein das muß ich noch hinzufügen, daß ich, nach meiner gewissenhaftesten Ueberzeugung, für den Antrag der Minorität, wie ich ihn erklärt habe, stimmen werde,..."; vgl. dazu Königreich Sachsen, Mittheilungen über die Verhandlungen des Landtags im Königreiche Sachsen 1845, II. Kammer, S. 4053. Unverständlich sind in diesem Zusammenhang die Ausführungen von *Brockhaus*, welcher Schaffrath unterstellt, für die Majorität gesprochen zu haben; vgl. *Brockhaus*, Aus den Tagebüchern von Heinrich Brockhaus, Zweiter Thl., S. 102.

1486 *Hirschel*, Sachsens Regierung, Stände und Volk, S. 82.

1487 Königreich Sachsen, Mittheilungen über die Verhandlungen des Landtags im Königreiche Sachsen 1846, II. Kammer, S. 4045.

Justizhof ist."[1488] Im Gegenzug unterstützte er das Minoritätsgutachten, weil dieses seiner Meinung nach den richtigen Weg einschlage und den gesetzlichen Bestimmungen mehr folgte: „Das Minoritätsgutachten, um dies zu wiederholen, bezieht sich nur auf das Verfahren, auf das Formelle, nicht, wie das Majoritätsgutachten, auch auf das Materielle der Sache, jenes will nur eine Generaluntersuchung, um den objectiven Thatbestand herzustellen, es will nicht eine Untersuchung gegen den Urheber der Verwundungen und Tödtungen."[1489]

Letztlich wich Schaffrath jedoch von seiner juristischen Argumentation ab,[1490] indem er den Ministern unterstellte, dass diese sich mit dem Blut der Leipziger Opfer besudelt haben,[1491] indem er den 12. August 1845 mit den Ereignissen am 11. März 1832 in Grenoble verglich und den französischen Schriftsteller Louis Blance[1492] zitierte: „Das Blut des Bürgers, vergossen durch die Hand des Soldaten, eine großsinnige Stadt in Trauer versenkt; sodann bis zu den Grenzen der Empörung getrieben; die Behörde überwunden und genöthigt, sich für den Verlust ihrer moralischen Macht durch plumpe Zurschautragung ihrer materiellen Macht zu entschädigen; eine wohldenkende Armee gewaltsam von ihrem Berufe abgelenkt; Haß ausgesäet zwischen Bürgern und Kriegern, die geschaffen waren, sich zu lieben, und sämmtlich Kinder eines Vaterlandes, [...]."[1493]

5. Ergebnis

Die Schlussabstimmungen über das Gutachten der Majorität und der Minorität fanden in der Sitzung am 15. Mai 1846 statt. Für das Gutachten der Majorität stimmten 36 Abgeordnete, 36 Abgeordnete, darunter auch Hensel, Joseph und Schaffrath stimmten dagegen. Daraufhin musste die Abstimmung wiederholt werden, wobei diese und die darauffolgenden Abstimmungen auf die nächste Sitzung verschoben wurden.[1494] In der Sitzung vom 18. Mai 1846 wurde erneut über die Anträge abgestimmt. Diesmal stimmten für das Majoritätsgutachten 36 Abgeordnete

1488 Königreich Sachsen, Mittheilungen über die Verhandlungen des Landtags im Königreiche Sachsen 1846, II. Kammer, S. 4048.

1489 Königreich Sachsen, Mittheilungen über die Verhandlungen des Landtags im Königreiche Sachsen 1846, II. Kammer, S. 4048.

1490 Auf die Wiedergabe der Mehrheit der Argumente kann an dieser Stelle verzichtet werden, weil diese größtenteils juristische Begründungen enthielten, die die anderen in dieser Arbeit behandelten Personen bereits abstrakt geliefert hatten.

1491 *Valentin*, Geschichte der deutschen Revolution von 1848–1849, Erster Bd., S. 224.

1492 Louis Blanc (1811–1882), französischer Begründer der Sozialdemokratie; vgl. über ihn *Glasneck*, Blanc, Louis, in: Biographien zur Weltgeschichte, hrsg. v. Heinz Tillmann, S. 87.

1493 Königreich Sachsen, Mittheilungen über die Verhandlungen des Landtags im Königreiche Sachsen 1846, II. Kammer, S. 4054.

1494 Königreich Sachsen, Mittheilungen über die Verhandlungen des Landtags im Königreiche Sachsen 1846, II. Kammer, S. 4093; *Kretzschmar*, Lebenserinnerungen des Königs Johann von Sachsen, S. 181.

und 37 dagegen. Das Ergebnis wurde mit Beifallsrufen von der Tribüne bedacht. Dies änderte jedoch nichts daran, dass für das Minoritätsgutachten lediglich 32 Abgeordnete, darunter wiederum Hensel, Joseph und Schaffrath, und dagegen 41 Abgeordnete stimmten.[1495] Im Endeffekt hatten die Gutachten und die tagelangen Diskussion gar nichts bewirkt, weil beide abgelehnt wurden.

Auch in der ersten Kammer wurden die Gutachten heftig diskutiert, wobei das Deputationsgutachten mit nur einer Gegenstimme angenommen wurde.[1496] Demnach wurde gegen die beteiligten Offiziere nichts unternommen und dem Wunsch der Bevölkerung, die zu großen Teilen auf eine umfassende Untersuchung gehofft hatte, nicht entsprochen.

V. Abschaffung der Todesstrafe

1. Einleitung

Die Diskussion über die Abschaffung der Todesstrafe sorgte über weite Teile des 19. Jahrhunderts hinweg für wissenschaftliche und parlamentarische Auseinandersetzungen. Zu Beginn des 19. Jahrhunderts entwickelten sich in Deutschland Gegensätze zwischen den verschiedenen politischen Strömungen in Bezug auf die Frage über die Abschaffung der Todesstrafe. So lassen sich in großen Teilen als Träger linksliberaler Ideen das sogenannte jüngere deutsche Naturrecht der Aufklärung und die Rechtsphilosophie im Vormärz nennen. Ein zentrales Thema des Naturrechts waren insbesondere die Menschenrechte. So genügte es den meisten Naturrechtsautoren nicht mehr, die moralische Beschränkung einer absoluten Herrschaft zu fordern. Vielmehr postulierten sie eine Umgestaltung der politischen Verhältnisse unter Beachtung liberaler Menschenrechte.[1497]

An dieser Stelle soll nun dargestellt werden, welche Auswirkung die Verankerung des Rechts auf Leben in der Person des Menschen auf die Abschaffung der Todesstrafe hat. Weiterhin soll ausgehend davon die Argumentation Schaffraths in seinem „Handbuch des Sächsischen Strafrechts“ und seine Äußerung in der Frankfurter Nationalversammlung bezüglich der Abschaffung der Todesstrafe dargestellt werden.

1495 Königreich Sachsen, Mittheilungen über die Verhandlungen des Landtags im Königreiche Sachsen 1846, II. Kammer, S. 4116.

1496 *Kretzschmar*, Lebenserinnerungen des Königs Johann von Sachsen, S. 181.

1497 *Overath*, Naturrecht und Todesstrafe, in: ZNR, 22. Jg., S. 112; ebenso *Overath*, Tod und Gnade, S. 60 ff.

2. Wissenschaftliche Einordnung

a) *Das Recht auf Leben*

Besondere Bedeutung bei der Diskussion über die Abschaffung der Todesstrafe erhielt das Recht auf Leben als unveräußerliches Menschenrecht. So konstruierten die Naturrechtsautoren das Recht auf Leben in vier Schritten, zu denen als erster die Verankerung in der Persönlichkeit des Menschen gehörte. Aufgrund der Verankerung in der Person bzw. Persönlichkeit des Menschen, waren die Menschenrechte Teil des Wesens, schützten diesen gegen staatliche Eingriffe und konnten ihm nicht entzogen werden. Das Recht auf Leben – in der Person des Menschen verhaftet – war somit absolut und unaufhebbar.[1498]

In einem zweiten Schritt kam es durch die Umwertung der Idee des Naturzustandes zu einer Festigung der Menschenrechte und somit auch des Rechts auf Leben. Das ältere Naturrecht kannte den Naturzustand als Vorstufe des Staates. Das jüngere deutsche Naturrecht sah nun den Naturzustand als Gegenstück zum positiv-rechtlichen Staat. Mit dieser Neubewertung entfiel der Gedanke, dass die Menschen einmal im Naturzustand gelebt hatten und nur dort bestimmte Rechte genossen hätten. Somit musste ein Umdenken einsetzen: Wenn der Mensch nur noch im Staat leben konnte, mussten auch die Menschenrechte im Staat bestehen.[1499]

Ausgehend davon musste sich auf einer dritten Stufe der Charakter des Staatsvertrages ändern. Die naturrechtliche Staatstheorie forderte nun eine von den Menschenrechten ausgehende Begrenzung der freiheitsbeschränkenden Inhalte des Staatsvertrages. Dieser Vertrag solle nun nicht mehr die Freiheiten des Menschen gegenüber dem Staat, sondern die Rechte des Staates gegenüber den Menschen einschränken. Die natürlichen Menschenrechte waren somit gegen Eingriffe des Staates geschützt.[1500]

Durch den neuen Charakter des Staatsvertrages war es letztlich in einem vierten Schritt auch nötig, den Staatszweck neu zu definieren. Der Staat sollte nicht mehr nur als Inhaber der Herrschaftsgewalt, sondern auch als Beschützer der Menschenrechte gelten. Somit war es seine Aufgabe die Rechte des Bürgers zu garantieren und die Person und das Eigentum zu schützen. Die Staatszwecktheorie wurde somit von der Förderung der Glückseligkeit des Gemeinwesens der Untertanen dahingehend erweitert, dass das Individuum einen ausgeprägten Schutz gegen staatliches Handeln erhielt. Aufgrund dieser Erweiterung bekam auch das Recht auf Leben in der politischen Theorie des Liberalismus einen neuen Stellenwert. Dieser kennzeichnete sich durch einen stärkeren Durchsetzungsanspruch bei Eingriffen des Staates gegenüber dem Bürger. Durch die politische Wirkung dieses Freiheitsrechts kam es unmittelbar zu Änderungen in den Theorien der Todesstrafe.[1501]

1498 *Overath*, Naturrecht und Todesstrafe, in: ZNR, 22. Jg., S. 113.
1499 *Overath*, Naturrecht und Todesstrafe, in: ZNR, 22. Jg., S. 113 f.
1500 *Overath*, Naturrecht und Todesstrafe, in: ZNR, 22. Jg., S. 114.
1501 *Overath*, Naturrecht und Todesstrafe, in: ZNR, 22. Jg., S. 114.

b) Das Recht auf Leben als Argument für die Todesstrafe

Denkbar wäre nun, dass das Recht auf Leben lediglich als Argument gegen die Todesstrafe genutzt wurde. Jedoch nutzten auch viele Befürworter dieses Recht als Argument für die Todesstrafe. Die Befürworter nahmen das Recht auf Leben und kombinierten es mit Kants Forderung nach dem weltlichen Vergeltungsprinzip (ius talionis). Demnach vertraten sie den Grundsatz, dass ein Mörder getötet werden müsse. „Nur das Wiedervergeltungsrecht, aber wohl zu verstehen vor den Schranken des Gerichts [...], kann die Qualität und Quantität der Strafe bestimmt angeben; alle anderen sind hin und her schwankend und können, anderer sich einmischenden Rücksichten wegen, keine Angemessenheit mit dem Spruch der reinen und strengen Gerechtigkeit enthalten."[1502]

Damit die Unveräußerlichkeit des Lebens aber nicht mit der Todesstrafe kollidierte, entwickelten die Befürworter der Todesstrafe ein Modell, nach dem gerade wegen des Rechts auf Leben die Todesstrafe erforderlich war. Ausgangspunkt war hier, dass jede Übertretung eines Gesetzes mit der Verletzung des Rechts eines Individuums verbunden war. Sobald eine Übertretung vorlag, musste zur Wiederherstellung der Gerechtigkeit eine Strafe folgen. Dem Vergeltungsprinzip folgend, erging die Strafe als „rechtlicher Effekt" auf ein Verbrechen. Dieses war somit eine Störung der Freiheit eines Menschen durch einen anderen Menschen.[1503]

In Bezug auf die Todesstrafe bedeutete dies, dass der Täter gegen die Freiheit eines anderen Menschen und somit gegen ein natürliches Gesetz verstieß, welches er aus seiner Vernunft heraus hätte erkennen müssen. Dieser Verstoß zog nach dem Vergeltungsprinzip die Todesstrafe nach sich. Jedes Individuum hatte somit selbst zu entscheiden, ob es leben oder sterben müsse. Nicht der Staat hob die Integrität des Individuums auf, sondern dieses durch seine vorangegangene Handlung selbst. Das Individuum beraubte sich demnach eigenmächtig seines Rechts auf Leben. Somit wurde die Todesstrafe aus einer Verbindung des Rechts auf Leben mit der Eigenverantwortlichkeit des Menschen und der Vergeltungstheorie legitimiert.[1504]

c) Das Recht auf Leben als Argument gegen die Todesstrafe

Andere Autoren nutzten das Recht auf Leben gerade als Argument gegen die Todesstrafe. Sie argumentierten, dass das Recht auf Leben ein unveräußerliches Menschenrecht sei, welches angeboren ist und nicht vom Menschen getrennt werden könne. Demzufolge war das Leben eines Menschen unantastbar. Die Todesstrafe stand somit im Widerspruch zu naturrechtlich-philosophischen Grundsätzen.[1505] Die Begründung lag hierbei, ebenso wie bei den Befürwortern der Todesstrafe, im Recht auf Leben. Aufgrund der Verankerung und der Unauflösbarkeit des Rechts auf

---

1502 *Kant*, Die Metaphysik der Sitten, Erster Thl., S. 227 f.

1503 *Overath*, Naturrecht und Todesstrafe, in: ZNR, 22. Jg., S. 115.

1504 *Overath*, Naturrecht und Todesstrafe, in: ZNR, 22. Jg., S. 117.

1505 *Overath*, Naturrecht und Todesstrafe, in: ZNR, 22. Jg., S. 118.

Leben mit der Person des Menschen, durfte der Staat es ihm nicht entziehen. Johann Adam Bergk[1506] definierte hierzu Bereiche, in die ein Eingriff des Staates erlaubt sei. So unterschied er zwischen einem physischen Leben, in das der Staat nicht eingreifen dürfe und einem rechtlichen Leben, welches der Staat mit Strafe belegen dürfe. Das Menschsein wurde somit aus der Strafsphäre des Staates herausgenommen und nur die Existenz als Bürger des Staates der Strafgewalt der Staatsmacht unterstellt. Demzufolge war nur die Gefängnisstrafe als höchste Strafe möglich.[1507]

Schaffrath beschäftigte sich in seinem „Handbuch des Sächsischen Strafrechts“ in einem Abschnitt mit der Problematik der Todesstrafe. Im Vergleich zu anderen Abschnitten räumte er dieser Thematik viel Platz in seinem Handbuch ein und legte somit den wissenschaftlichen Hintergrund für seine späteren Ausführungen zur Abschaffung der Todesstrafe in der Frankfurter Nationalversammlung.

Zunächst soll an dieser Stelle aber der rechtswissenschaftliche Gedanke Schaffraths über die Zulässigkeit und Notwendigkeit der Todesstrafe erläutert werden. Einleitend zur Thematik der Todesstrafe führt Schaffrath die einzelnen gerechten und ungerechten Zwangsmittel an. Demnach unterfallen den ungerechten Zwangsmitteln alle Todesstrafen (Verbrennen, Rädern, Pfählen, Vierteilen, Verhungern lassen, Hängen, Ertränken, Enthaupten, Erschießen, Erstechen, usw.), alle verstümmelnden Leibesstrafen (Abhauen und Abschneiden von Händen, Zunge, Nase, Ohren, Ausstechen der Augen und Sterilisieren), alle die Geisteskräfte schädigenden Strafen und letztlich gänzliche Recht- und Ehrloserklärung.[1508]

Als gerechte Zwangsmittel erkennt er im Gegenzug alle bloß schmerzenden Leibesstrafen, alle Freiheitsstrafen, Schmählerung und Beschränkung der Rechts- und Handlungsfähigkeit und alle Vermögensstrafen an.[1509]

Nach der grundsätzlichen Eingruppierung in gerechte und ungerechte Zwangsmittel, bedurfte es nach Schaffrath einer Beschränkung des Zwangsrechts. Weil es auf der Erde nichts Absolutes und Unbeschränktes, vor allem keine unbeschränkten Rechte und Freiheiten gibt, muss auch das Zwangs- und Strafrecht, in Inhalt und Umfang, beschränkt werden. Gerade die Todesstrafe stellt aber ein unbeschränktes Recht des Staates auf körperliches und geistiges Sein als Mensch dar. Es handelt sich dabei um ein unbeschränktes Recht, „am Leben zu strafen.“[1510] Schaffrath begründet dies zunächst auch ganz pragmatisch: Wenn der Einzelne kein Recht hat, einen anderen zu töten, so hat dieses Recht genauso wenig der Staat. Lediglich eine Ausnahme sieht Schaffrath: „Der Staat aber begeht durch die Hinrichtung eines Mörders deßhalb und dann kein Unrecht, wenn und weil die Möglichkeit des Zusammenlebens des Mörders mit den anderen Staatsgenossen,

1506 1769–1834, Privatgelehrter in Leipzig; vgl. über ihn *Richter*, Bergk, Johann Adam, in: ADB, Bd. II, S. 389.
1507 *Bergk*, Die Philosophie des peinlichen Rechtes, S. 39 f.
1508 *Schaffrath*, Handbuch des Sächsischen Strafrechts, 1. Bd., S. 93.
1509 *Schaffrath*, Handbuch des Sächsischen Strafrechts, 1. Bd., S. 93.
1510 *Schaffrath*, Handbuch des Sächsischen Strafrechts, 1. Bd., S. 95.

folglich das Recht auf dasselbe selbst, aufgehoben war. Ist diese Möglichkeit noch vorhanden, ist die Hinrichtung des Mörders nicht nothwendig zur Erhaltung der übrigen Staatsgenossen, so besteht zwischen jenem und diesen also noch die Möglichkeit des Zusammenlebens, so besteht auch noch das Recht – d. h. die gegenseitige Möglichkeit, zu leben, und der Staat begeht dann Unrecht, einen Mord, wenn er dennoch tödtet, jene bestehende Möglichkeit, d. h. das Recht, zu leben, dennoch aufhebt."[1511]

Schaffrath ordnet nun die Frage über die Zulässigkeit der Todesstrafe nicht mehr als Rechtsfrage, sondern als Tatfrage ein. Grundbedingung des Rechts ist das Zusammenleben der Menschen. Wo diese Möglichkeit des Zusammenlebens nicht mehr besteht, besteht auch kein Recht und kein Rechtsverhältnis mehr, sondern nur noch ein tatsächliches Verhältnis. Diese Leere entsteht nun auch zwischen der Staatsgewalt und dem zum Tode Verurteilten. Die Tötung wird hier als notwendig erachtet, um das Bestehen des Staates und der Staatsgenossen zu schützen. Ein Zusammenleben der Gesamtheit der Staatsgenossen mit dem Einzelnen wird als unmöglich erachtet. Nun folgert Schaffrath, dass diese Unmöglichkeit dazu führt, dass der Einzelne von seinen Rechtspflichten und seinen Rechten gegenüber der Staatsgewalt und Gesamtheit der Staatgenossen entbunden wird. Das Rechtsverhältnis des Einzelnen zum Staat wird somit aufgelöst und wandelt sich in ein tatsächliches Verhältnis um. Genauso ist es umgekehrt: Kann die Staatsgewalt oder die Gesamtheit der Staatsgenossen nur durch Vernichtung des Einzelnen existieren, so erlischt auch von ihrer Seite her jede Rechtspflicht gegenüber dem Einzelnen. Demnach begeht der Einzelne kein Unrecht, wenn er Teile des Staates oder der Staatsgenossen umbringt. Im Gegenzug begeht die Staatsgewalt kein Unrecht, wenn sie den Einzelnen tötet. Denn beide haben an sich kein Recht, den anderen zu töten, weil dies nicht zum Rechtsgebiet gehört. Demnach kann man nicht von Recht oder Unrecht, Rechtmäßigkeit oder Unrechtmäßigkeit der Todesstrafe sprechen, weil es sich dabei nicht um eine Rechtsfrage sondern eine Tatfrage handelt.[1512]

Aus diesen Erörterungen schließt Schaffrath, dass ein jeder Mensch, so lange er existiert, auch ein Recht auf Leben hat und stimmte somit in den Kanon derjenigen Autoren ein, die noch zu Beginn des 19. Jahrhunderts die bereits erörterte naturrechtlich-philosophische Ansicht vertraten. Dieses Recht auf Leben verwirkt der Mensch nur dann, wenn er das gleiche Recht eines anderen nicht achtet. Jedoch verwirkt er dieses Recht nur gegenüber dem, den er verletzt hat und nicht gegenüber der Allgemeinheit. Daraus folgt, dass eine Verwirkung seines Rechts gegenüber dem Staat nicht möglich ist, weil der Staat durch die Verletzungshandlung nicht angegriffen wurde. Eine Aufhebung des Rechts auf Leben kann nur durch den Geschädigten erfolgen, dem es jedoch regelmäßig nicht möglich sein wird, dies zu verwirklichen. Die Staatsgewalt begeht demnach Unrecht, wenn sie

1511 *Schaffrath*, Handbuch des Sächsischen Strafrechts, 1. Bd., S. 95.
1512 *Schaffrath*, Handbuch des Sächsischen Strafrechts, 1. Bd., S. 96.

einen Menschen tötet, weil er einen Anderen getötet hat. Dies vor allem deshalb, weil der Mörder den Staat in seiner Existenz nicht beschneidet. Demnach hat er sein Recht auf Leben gegenüber der Staatsgewalt nicht verwirkt.[1513] „Also am Leben darf die Staatsgewalt dem Mörder nicht strafen, sondern nur an dem Rechte, welches er durch seinen Mord gegen die Staatsgewalt verletzte und welches daher zwischen jenem und dieser aufgehoben ist."[1514]

Die Verteidiger der Todesstrafe führen einen weiteren Punkt an, nachdem die Todesstrafe zulässig ist. Im Notstand der Staatsgewalt ist die Todesstrafe zulässig, wenn nach erwiesener Notwendigkeit, in einem auf anderer Weise nicht abwendbaren Notstand des Staates zur Rettung aus einer gegenwärtigen dringenden Gefahr für die Selbstständigkeit und Verfassung des Staates, des Daseins der Staatsgewalt und Leib und Leben der Angehörigen gefährdet sind (Art. 75 Criminalgesetzbuch des Königreiches Sachsen). Nur in diesem Falle wäre das Recht des Mörders suspendiert und die Hinrichtung weder Recht noch Unrecht. Denn in diesem Fall wäre das Recht und Rechtsverhältnis wiederum aufgehoben und in ein Tatsächliches umgewandelt.[1515] Im Gegenzug befindet sich aber auch der zum Tode Verurteilte im Notstand, weil seine Rechte durch die Verurteilung aufgehoben sind. Seine Rechtspflicht erlischt durch die Rechtloserklärung und Leugnung des Rechts auf Leben.[1516]

Nach der Klärung der Zulässigkeit der Todesstrafe beschäftigt sich Schaffrath mit der Notwendigkeit selbiger. Zunächst konstatiert er, dass diese Notwendigkeit nirgendwo beschrieben und erklärt sei. Aus diesem Grund versucht er eine Notwendigkeit zu gestalten. Als geeignete Subjekte, für welche die Todesstrafe notwendig sei, sieht Schaffrath nur den Staat, die Staatsgewalt und die Gesamtheit der Staatsgenossen an. Jedoch bleibt fraglich, zu welcher Notwendigkeit die Staatsgewalt die Todesstrafe anwendet. Als leichtestes und bequemstes Mittel sieht er, dass ein Hingerichteter jeder Sorgen und Mühen entbehrt und eine Überwachung oder Inhaftierung überflüssig macht. Dies sei auch für manche Regierungsmitglieder und Richter ein gewichtiger Grund, an der Todesstrafe festzuhalten.[1517]

Aufgrund moralischer Bedenken sieht Schaffrath jedoch eine höhere Notwendigkeit für die Todesstrafe, die sich aus der Erreichung des Staatszwecks ergeben muss. Die Notwendigkeit muss sich somit aus dem Erhalt des Daseins, der Selbstständigkeit und Verfassung der Staatsgewalt ergeben.[1518] Demzufolge müsste das Bestehen des Staates dadurch gefährdet sein, dass er nicht die Todesstrafe androhen und vollziehen könne bzw. ein Staat untergegangen sei, weil er die Todesstrafe nicht vollzogen habe. Weiterhin dürften die gerechten Zwangsmittel keinen

1513 *Schaffrath*, Handbuch des Sächsischen Strafrechts, 1. Bd., S. 98.
1514 *Schaffrath*, Handbuch des Sächsischen Strafrechts, 1. Bd., S. 99.
1515 *Schaffrath*, Handbuch des Sächsischen Strafrechts, 1. Bd., S. 105.
1516 *Schaffrath*, Handbuch des Sächsischen Strafrechts, 1. Bd., S. 105 f.
1517 *Schaffrath*, Handbuch des Sächsischen Strafrechts, 1. Bd., S. 108.
1518 *Schaffrath*, Handbuch des Sächsischen Strafrechts, 1. Bd., S. 108.

ausreichenden Schutz für den Staat bieten. Letztlich müssten sich die Straftaten in einem Staat vermehrt haben, weil die Todesstrafe nicht mehr angedroht oder vollzogen werden konnte. Die Beweise, dass die Verhältnisse sich auch ohne die Todesstrafe nicht ändern würden, wurden jedoch noch nie angetreten. „Die Unentbehrlichkeit der Todesstrafe, die Unersetzbarkeit derselben durch alle andern denkbaren Zwangsmittel und deren Unwirksamkeit kann nicht bewiesen werden. Denn wie will man beweisen, daß der Einzelne stärker und mächtiger sei als der ganze Staat, die ganze Staatsgewalt und die ganze Gesammtheit aller anderen Staatsgenossen, daß diese Alle von einem Einzelnen überwältigt und bezwungen worden sind oder bezwungen werden können?"[1519] Wäre dieser Beweis möglich oder bereits erbracht worden, wäre ein Fortbestehen des Staates auch nicht erforderlich gewesen, weil dann gar keine wirkliche Staatsgewalt bestanden habe. „Die Nothwendigkeit der Todesstrafe, Staatsgewalt und Staat sind daher sich direct widersprechende und sich gegenseitig aufhebende Begriffe."[1520] Wenn somit eine Notwendigkeit der Todesstrafe nicht nachgewiesen werden kann, so ist die Hinrichtung eines Verbrechers durch den Staat „Unrecht, Verbrechen und Mord und, nach der Ansicht selbst der Vertheidiger der Todesstrafe, unsittlich, schändlich und Sünde."[1521]

Abschließend stellt Schaffrath fest, dass es keine positiven Rechtsgründe für die Beibehaltung der Todesstrafe gibt. Die Rechtmäßigkeit, Zulässigkeit und Notwendigkeit sei nicht erwiesen worden. So werden von den Verteidigern der Todesstrafe lediglich Gegengründe gegen die Gründe der Unzulässigkeit angeführt. Diese Veränderung der Beweislast sei daran schuld, dass die Streitfrage sich so wenig vorwärts entwickle.[1522]

3. Parlamentarische Auseinandersetzung Josephs

Hermann Joseph setzte sich zwar nicht wissenschaftlich aber dafür parlamentarisch mit der Abschaffung der Todesstrafe auseinander. Dies geschah in der ersten Kammer des Sächsischen Landtags der Jahre 1849/50. Bereits der Abgeordnete von Watzdorf hatte in diese einen darauf gerichteten Antrag eingebracht. Er wurde jedoch vom Minister Zschinsky vertröstet, dass sich diese Angelegenheit mit der geplanten Revidierung des Kriminalgesetzbuches erledigen würde und dass bis dahin keine Todesurteile vollstreckt werden sollten. Dies genügte dem Abgeordneten von Watzdorf jedoch nicht, sodass Joseph seinen Antrag aufgriff und direkt den Erlass eines Gesetzes forderte, welches die Todesstrafe abschaffen sollte. Die Initiative zu solch einem Gesetz war der Kammer vorher zugestanden worden.[1523] So trug Hermann Joseph in der 11. Sitzung am 3. Januar 1850 ein Gesuch vor, die erste

1519 *Schaffrath*, Handbuch des Sächsischen Strafrechts, 1. Bd., S. 111.
1520 *Schaffrath*, Handbuch des Sächsischen Strafrechts, 1. Bd., S. 111.
1521 *Schaffrath*, Handbuch des Sächsischen Strafrechts, 1. Bd., S. 112.
1522 *Schaffrath*, Handbuch des Sächsischen Strafrechts, 1. Bd., S. 120.
1523 *Kretzschmar*, Lebenserinnerungen des Königs Johann von Sachsen, S. 234.

Kammer möge es ihm erlauben, einen Gesetzesentwurf einzubringen, durch den die mit den deutschen Grundrechten (der Frankfurter Nationalversammlung) herbeigeführte Abschaffung der Todessstrafe bekräftigt werden sollte.[1524] Über dieses Gesuch wurde im zweiten Ausschuss beraten. Berichterstatter Prinz Johann legte in der 16. Sitzung am 15. Januar 1850 ein Gutachten dazu vor.[1525] Grundlegend regte Joseph an, an Stelle der Todesstrafe lebenslängliche Zuchthausstrafen zu setzen und die schon bestehende lebenslängliche Zuchthausstrafe demgemäß auf Strafen von 20 bis 30 Jahren herabzusetzen.[1526] Der Ausschuss war in seinen Beratungen in eine Majorität und eine Minorität gespalten. Die Majorität riet der Kammer, dem Abgeordneten Joseph die verlangte Genehmigung zu erteilen, weil nicht bis zu einer Revision des Kriminalgesetzbuches gewartet werden könne.[1527] Die Minorität des Ausschusses erkannte die Zusicherung einer Revision des Kriminalgesetzbuches als ausreichend an und sah das Ansehen der Gesetzgebung gefährdet, wenn ein Gesetz nach wenigen Monaten bereits wieder durch ein anderes Gesetz abgeändert werden müsse.[1528] Sie trug daraufhin der Kammer an, „dem Abgeordneten D. Joseph die Genehmigung nicht zu erteilen, vielmehr diese Angelegenheit bis zur Berathung des revidirten Criminalgesetzbuchs auszusetzen".[1529] Nach eingehender Diskussion der Gutachten fand noch in der gleichen Sitzung die Abstimmung darüber statt, ob dem Abgeordneten Joseph die Genehmigung zu erteilen sei. Bei dieser Abstimmung wurde eine Stimmgleichheit von 21 zu 21 erreicht, sodass die Abstimmung auf der folgenden Sitzung wiederholt werden musste.[1530] In dieser Sitzung wurde der Antrag der Majorität mit 28 gegen 17 Stimmen angenommen und Joseph somit die Genehmigung erteilt.[1531] Daraufhin wurde der von Joseph ausgearbeitete Gesetzentwurf[1532] vom ersten Ausschuss in der 31. Sitzung

1524 Königreich Sachsen, Mittheilungen über die Verhandlungen des Landtags im Königreiche Sachsen 1849 und 1850, I. Kammer, S. 180.

1525 Königreich Sachsen, Mittheilungen über die Verhandlungen des Landtags im Königreiche Sachsen 1849 und 1850, I. Kammer, S. 287.

1526 Königreich Sachsen, Mittheilungen über die Verhandlungen des Landtags im Königreiche Sachsen 1849 und 1850, I. Kammer, S. 287.

1527 Königreich Sachsen, Mittheilungen über die Verhandlungen des Landtags im Königreiche Sachsen 1849 und 1850, I. Kammer, S. 288.

1528 *Kretzschmar*, Lebenserinnerungen des Königs Johann von Sachsen, S. 235.

1529 Königreich Sachsen, Mittheilungen über die Verhandlungen des Landtags im Königreiche Sachsen 1849 und 1850, I. Kammer, S. 288.

1530 Königreich Sachsen, Mittheilungen über die Verhandlungen des Landtags im Königreiche Sachsen 1849 und 1850, I. Kammer, S. 294.

1531 Königreich Sachsen, Mittheilungen über die Verhandlungen des Landtags im Königreiche Sachsen 1849 und 1850, I. Kammer, S. 300.

1532 „§. 1. In allen Fällen, wo gesetzlich die Todesstrafe angedroht, aber durch §. 9 der deutschen Grundrechte abgeschafft ist, soll anstatt derselben auf lebenslängliche Zuchthausstrafe ersten Grades erkannt werden.
§. 2. In allen Fällen, wo gesetzlich jetzt lebenslängliche Zuchthausstrafe angedroht ist, soll auf Zuchthausstrafe von 20 bis 30 Jahren erkannt werden."; vgl.

am 22. Februar 1850 diskutiert. Hierbei bildeten sich wiederum eine Majorität und eine Minorität innerhalb des Ausschusses. Die Majorität empfahl der Kammer, die Gesetzesvorlage anzunehmen, die Minorität wiederum, diese abzulehnen.[1533] Bei der folgenden Abstimmung wurde der Gesetzesentwurf mit geringen Änderungen[1534] mit 35 gegen 9 Stimmen angenommen.[1535] Dieser Beschluss wurde zum wichtigsten Schutzschild der Beteiligten am Dresdner Maiaufstand, da die Reaktionspartei deren standrechtliche Erschießung forderte.[1536]

4. Parlamentarische Auseinandersetzung Schaffraths

In der 55. Sitzung der Frankfurter Nationalversammlung am 4. August 1848 wurde im Rahmen der Beratung über die Grundrechte auch die Abschaffung der Todesstrafe behandelt, bei der es Wilhelm Michael Schaffrath geboten sah, sich zu äußern. Den Anstoßpunkt dazu gab bereits die Entscheidung der provisorischen französischen Regierung, welche am 25. Februar 1848 die Todesstrafe für politische Verbrechen abgeschafft hatte. Schaffrath sah die Aufnahme der Abschaffung der Todesstrafe in die Grundrechte als maßgeblich an, seitdem in der Mitte des 18. Jahrhunderts die Tendenz der Wissenschaft zu einem humaneren Strafvollzug übergegangen war.[1537] Jedoch galt das seiner Meinung nach auch für die Abschaffung des Prangers, der körperlichen Züchtigung und der Brandmarkung.[1538] Obwohl diese Themen vor allem andere Rechtsgebiete – hier das Straf- und Strafprozessrecht – betrafen, sah es Schaffrath, entgegen der Meinung anderer, als wichtig an, die Abschaffung der Todesstrafe, als Grenze der Strafgesetzgebung über die Strafarten, in die Volks- und Grundrechte aufzunehmen. Dies sollte auch dazu dienen, dass die Partikularstaaten bei ihrer speziellen Gesetzgebung an diese Grundsätze gebunden seien.[1539]

Königreich Sachsen, Mittheilungen über die Verhandlungen des Landtags im Königreiche Sachsen 1849 und 1850, I. Kammer, S. 686 ff.

1533 Königreich Sachsen, Mittheilungen über die Verhandlungen des Landtags im Königreiche Sachsen 1849 und 1850, I. Kammer, S. 672.

1534 Beispielsweise wurde die Mindestzuchthausstrafe in § 2 von 20 auf 15 Jahre gesenkt.

1535 Königreich Sachsen, Mittheilungen über die Verhandlungen des Landtags im Königreiche Sachsen 1849 und 1850, I. Kammer, S. 689 f.

1536 *Tonndorf*, Die sächsischen Abgeordneten der Frankfurter Vor- und Nationalversammlung 1848/49, S. 207.

1537 *Bahmann*, Die sächsischen Abgeordneten der Nationalversammlung zu Frankfurt 1848/49, S. 68; *Strauss*, Staat, Bürger, Mensch, S. 119.

1538 *Wigard*, Stenographischer Bericht über die Verhandlungen der deutschen constituirenden Nationalversammlung zu Frankfurt a.M., Nr. 56 vom 5. August 1848, S. 1384 f.

1539 *Wigard*, Stenographischer Bericht über die Verhandlungen der deutschen constituirenden Nationalversammlung zu Frankfurt a.M., Nr. 56 vom 5. August 1848, S. 1385.

Ebenso führte Schaffrath materielle Gründe für die Abschaffung der Todesstrafe an. So sah er die Sicherheit in den deutschen Staaten nicht dadurch gefährdet, dass Verbrecher nicht mehr zum Tode verurteilt wurden. Es gäbe bereits Staaten, die zum Zeitpunkt der Nationalversammlung die Todesstrafe abgeschafft hätten und trotzdem nicht zu Grunde gegangen seien. „Wir in Deutschland sind jedenfalls so stark, daß wir auch auf eine andere Weise uns gegen die gefährlichsten Verbrecher schützen können."[1540]

Rechtstheoretisch sei die Todesstrafe nur durch die Theorie der Wiedervergeltung oder der Abschreckung und Prävention zu rechtfertigen. Diese Theorien seien aber auch schon zum damaligen Zeitpunkt nicht mehr zeitgemäß und darüber der Stab gebrochen worden. Nach den relativen Strafzwecktheorien sei die Todesstrafe nicht mehr zu rechtfertigen. Diese Theorien sah Schaffrath jedoch auch nicht als maßgeblich an. Er hielt sich an die Gerechtigkeitstheorie, welche vor allem von Mittermaier[1541] verteidigt wurde.[1542] „Der Grund alles Rechts nämlich ist die Unmöglichkeit der Existenz der Menschen als sinnlich vernünftiger Wesen, ohne gegenseitige Beschränkung der Grenze der vernünftigen Freiheit, d. h. ohne Recht. Die Bedingung alles Rechts ist daher eben die Möglichkeit der Coexistenz der Menschen als sinnlich vernünftiger Wesen und Individuen. Fehlt diese Bedingung, so hört Grund und Zweck des Rechts, hört alles Recht selbst auf. Dies ist nun bei der Zulassung der Todesstrafe der Fall; die Todesstrafe ist daher ohne Recht, nur außerhalb des Rechts, außerhalb eines Rechtszustandes möglich und zulässig. Wenn der Verbrecher nicht mehr als vernünftiges Wesen existirt, nicht mehr als Mensch, als Individuum existiren kann; so fallen ihm gegenüber der Grund und die Bedingungen alles Rechts weg. Es gibt für ihn dann kein Recht und keine Rechtspflicht mehr; die Todesstrafe liegt daher außer den Begriffen des Rechts und des Rechtszustandes."[1543] Schaffrath sah so die Todesstrafe weniger als eine Strafart, sondern mehr als einen Justizmord, weil sie die Möglichkeit der Existenz und Integrität des Menschen aufhob.[1544]

1540 *Wigard*, Stenographischer Bericht über die Verhandlungen der deutschen constituirenden Nationalversammlung zu Frankfurt a.M., Nr. 56 vom 5. August 1848, S. 1385.

1541 Carl Joseph Anton Mittermaier (1787–1867), bedeutendster Strafrechtswissenschaftler des 19. Jahrhunderts; vgl. über ihn *Marquardsen*, Mittermaier, Karl Josef Anton, in: ADB, Bd. XXII, S. 25–33.

1542 *Strauss*, Staat, Bürger, Mensch, S. 120.

1543 *Wigard*, Stenographischer Bericht über die Verhandlungen der deutschen constituirenden Nationalversammlung zu Frankfurt a.M., Nr. 56 vom 5. August 1848, S. 1385; *Ribhegge*, Das Parlament als Nation, S. 61 f.; *Scholler*, Die Grundrechtsdiskussion in der Paulskirche, S. 128 f.

1544 *Wigard*, Stenographischer Bericht über die Verhandlungen der deutschen constituirenden Nationalversammlung zu Frankfurt a.M., Nr. 56 vom 5. August 1848, S. 1385.

Einen anderen Aspekt sah Schaffrath noch in der damals geltenden Staatszwecktheorie. Demnach sei das Individuum nicht als Mittel für den Staat, sondern der Staat, als vernunftgemäßer sozialer Zustand, als Mittel für das Individuum zu sehen. „Der Staat soll die Sicherheit des Individuum garantieren, nicht unterdrücken; der Staat soll eine Garantie, und nicht eine Schranke oder gar das Grab der individuellen Existenz und Freiheit, der Möglichkeit der Entwicklung der Menschheit, wie des Individuums sein."[1545] Der Staat könne dem Menschen, welcher durch einen Vertrag in ihn eingetreten war, nicht mehr entziehen, als er ihm zu geben vermöchte. Zweck des Staates war es, die Individualität des Menschen zu entwickeln und diese nicht zu vernichten. Weil der Staat dadurch seinen Zweck verfehle, müsse aus diesem Grund die Todesstrafe abgeschafft werden.[1546]

Am Ende der Sitzung der Frankfurter Nationalversammlung wurde über die Abschaffung der Todesstrafe abgestimmt. Da sich aber keine klare Meinung in der Diskussion herauskristallisierte, wie mit der Forderung verfahren werden sollte, wurde der Antrag gestellt, den Antrag über die Abschaffung der Todesstrafe an den Gesetzgebungsausschuss zu verweisen und dass nichts darüber in den Grundrechten bestimmt werden sollte. Bei der namentlichen Abstimmung stimmte Schaffrath gegen diesen Antrag.[1547] Dies geschah unter anderem, weil er eine Aufnahme in die Grundrechte forderte. Insgesamt wurde der Antrag mit 265 gegen 175 Stimmen abgelehnt.[1548] Demnach war eine Aufnahme in die Grundrechte zugelassen.

Da dies immer noch nicht die Lösung der Frage war, fuhr der Präsident in der Abstimmung fort. Nachdem sich auf einen klaren Antrag geeinigt wurde, welcher besagte, dass die Todesstrafe abgeschafft werde, vorbehaltlich des Amendements des Abgeordneten Teichert (1796–1853), wurde darüber abgestimmt. Diesem Antrag stimmte auch Schaffrath zu.[1549] So wurde der Antrag mit 288 gegen 146 Stimmen angenommen.[1550] Das Amendement des Abgeordneten Teichert, welcher

---

1545 *Wigard*, Stenographischer Bericht über die Verhandlungen der deutschen constituirenden Nationalversammlung zu Frankfurt a.M., Nr. 56 vom 5. August 1848, S. 1385 f.

1546 *Strauss*, Staat, Bürger, Mensch, S. 120.

1547 *Wigard*, Stenographischer Bericht über die Verhandlungen der deutschen constituirenden Nationalversammlung zu Frankfurt a.M., Nr. 56 vom 5. August 1848, S. 1401.

1548 *Wigard*, Stenographischer Bericht über die Verhandlungen der deutschen constituirenden Nationalversammlung zu Frankfurt a.M., Nr. 56 vom 5. August 1848, S. 1404.

1549 *Wigard*, Stenographischer Bericht über die Verhandlungen der deutschen constituirenden Nationalversammlung zu Frankfurt a.M., Nr. 56 vom 5. August 1848, S. 1406.

1550 *Wigard*, Stenographischer Bericht über die Verhandlungen der deutschen constituirenden Nationalversammlung zu Frankfurt a.M., Nr. 56 vom 5. August 1848, S. 1410; *Wichmann*, Denkwürdigkeiten aus der Paulskirche, S. 178.

verlangte, dass die Todesstrafe dort fortbestehe, wo das Kriegsrecht galt, wurde mit Mehrheit angenommen.[1551]

So wurde insgesamt dem Willen Schaffraths und den anderen Fürsprechern Genüge getan, die Todesstrafe auf der einen Seite abgeschafft und diese Abschaffung auch in die Grundrechte aufgenommen. Hierbei war es aber keine Entscheidung der Linken, sondern vielmehr eine Gewissensentscheidung eines jeden Abgeordneten selbst.

VI. Beibehaltung von Geschworenen

1. Einleitung

a) Ausgangssituation

In der Mitte des 19. Jahrhunderts kam es in den deutschen Partikularstaaten zur Ablösung des Inquisitionsprozesses durch den reformierten Strafprozess in verschiedenen Ausprägungen. Theoretisch gesehen handelte es sich dabei um entgegengesetzte Verfahrensarten. Beim Inquisitionsprozess herrschte ein geheimes schriftliches Verfahren ohne Laienbeteiligung vor, bei dem der Richter als Ankläger und Urteiler auftrat. Im Gegensatz dazu war der reformierte Strafprozess von Öffentlichkeit und Mündlichkeit geprägt, vertrat die Staatsanwaltschaft die Anklage und urteilten Berufs- und Laienrichter nach freier Überzeugung, welche sie aus der Verhandlung schöpften.[1552] Die verschiedenen Elemente des reformierten Strafprozesses wie die freie Beweiswürdigung oder Öffentlichkeit und Mündlichkeit gingen in der Mitte des 19. Jahrhunderts Kombinationen mit dem bestehenden Inquisitionsprozess ein. Auch die Beteiligung des Laienelementes in Form der Geschworenen entwickelte sich in unterschiedlicher Ausprägung.[1553] Großtenteils hatten die Geschworenen in der Hauptverhandlung durch freie Beweiswürdigung über die vom Richter vorgelegten Tatfragen zu entscheiden. Die Rechtsfragen sowie die Strafzumessung blieben den Berufsrichtern überlassen. Sachlich zuständig waren die Schwurgerichte vor allem bei der Aburteilung schwerer Delikte (in Preußen bspw. ab dreijähriger Freiheitsstrafe).[1554]

Im Laufe des 19. Jahrhunderts kam es dazu, dass das Institut des Schwurgerichts immer mehr aus den Strafprozesssystemen der Einzelstaaten verschwand. So kannte beispielsweise die Strafprozessordnung des Königreichs Sachsen von 1855 keine Schwurgerichte. Der Grund den die Kritiker anführten war die Trennung der

1551 *Wigard*, Stenographischer Bericht über die Verhandlungen der deutschen constituirenden Nationalversammlung zu Frankfurt a.M., Nr. 56 vom 5. August 1848, S. 1410.

1552 *Rüping/Jerouschek*, Grundriss der Strafrechtsgeschichte, 6. Aufl., S. 87.

1553 *Rüping/Jerouschek*, Grundriss der Strafrechtsgeschichte, 6. Aufl., S. 88.

1554 *Koch*, Die gescheiterte Reform des reformierten Strafprozesses, in: ZIS 10/2009, S. 546.

Richterbank in Laien- und Berufsrichter. Die Geschworenen seien oftmals mit den Situationen überfordert gewesen und verursachten ungesetzliche Freisprüche.[1555]

Außerdem kam mit den Schöffengerichten ein neues Institut auf, welches die Problematik der Trennung von Laien- und Berufsrichtern anders löste. Beim Schöffengericht erfolgte die Besetzung der Richterbank mit Laien- und Berufsrichtern, wodurch die Trennung in Laien- oder Berufsrichter unterblieb. Vor allem der sächsische Oberstaatsanwalt Friedrich Oskar von Schwarze[1556], welcher als „Vater des Schöffengerichts" galt, wirkte hier maßgeblich auf die Einführung des Laienelementes in Zusammenarbeit mit den Berufsrichtern. Denn beim Zusammenwirken von Schöffen und Richtern müsse keine künstliche Trennung in Tat- und Rechtsfrage mehr erfolgen, welche schon immer fehleranfällig war.[1557] Jedoch lag bei Autoren die Vermutung nahe, dass die Berufsrichter aufgrund ihrer Aktenkenntnis und Eloquenz versuchen könnten, die Laienrichter in die ihrer Meinung nach günstige Richtung zu lenken oder zu drängen.[1558]

b) Diskussion um eine Reichsstrafprozessordnung

Die Schaffung eines einheitlichen deutschen Verfahrensrechts, welches im 19. Jahrhundert schon lange diskutiert wurde, erfuhr durch die Einräumung der Kompetenz des Norddeutschen Bundes und des Deutschen Reiches für das Strafverfahren durch Art. 4 Nr. 13 der Verfassung[1559] die verfassungsrechtliche Grundlage. Am 18. April 1868 wurde der Bundeskanzler Bismarck[1560] durch den Reichstag des Norddeutschen Bundes aufgefordert, „Entwürfe eines gemeinsamen Strafrechts und eines gemeinsamen Strafprozesses, sowie die dadurch bedingten Vorschriften der Gerichtsorganisation baldthunlichst vorbereiten und dem Reichstage vorlegen zu lassen". Die Genehmigung des Bundesrates erfolgte am 5. Juni 1868,

---

1555 *Koch*, Die gescheiterte Reform des reformierten Strafprozesses, in: ZIS 10/2009, S. 547.

1556 1816–1886, Abgeordneter des Sächsischen Landtages und des Reichstages; vgl. über ihn *Schwarze*, Schwarze, Friedrich von, in: ADB, Bd. XXXIII, S. 253–256.

1557 *Koch*, Die gescheiterte Reform des reformierten Strafprozesses, in: ZIS 10/2009, S. 547.

1558 So *Mittermaier*, Erfahrungen über die Wirksamkeit der Schwurgerichte in Europa und Amerika über ihre Vorzüge, Mängel und Abhülfe, S. 776.

1559 „Art. 4 Der Beaufsichtigung Seitens des Reichs und der Gesetzgebung desselben unterliegen die nachstehenden Angelegenheiten: [...] 13) die gemeinsame Gesetzgebung über das Obligationenrecht, Strafrecht, Handels- und Wechselrecht und das gerichtliche Verfahren"; *Stockmann*, Verfassung des Deutschen Reiches mit der Verfassung des Norddeutschen Bundes, S. 710 f.

1560 Otto Eduard Leopold von Bismarck-Schönhausen (1815–1898), 1862–1890 Ministerpräsident von Preußen, 1867–1871 Bundeskanzler des Norddeutschen Bundes, 1871–1890 Reichskanzler des Deutschen Reiches; vgl. über ihn *Lenz*, Bismarck, Otto Fürst von, in: ADB, Bd. XLVIII, S. 571–775.

woraufhin Bismarck am 12. Juli 1869 den preußischen Justizminister Leonhardt[1561] ersuchte, den Entwurf einer Strafprozessordnung auszuarbeiten.[1562]

Im Jahre 1870 wurde dem preußischen Justizministerium von Heinrich von Friedberg[1563] der „Entwurf einer Strafprozess-Ordnung für den Norddeutschen Bund“ vorgelegt. Dieser sah vor als erstinstanzliche Strafgerichte Schwurgerichte sowie große und kleine Schöffengerichte einzusetzen. Das preußische Justizministerium beschloss daraufhin, die Schwurgerichte durch Schöffengerichte zu ersetzen. Leonhardt machte 1871 dem preußischen Staatsministerium den Vorschlag, unter Abschaffung der Schwurgerichte, bei erstinstanzlichen Strafsachen Laien zu beteiligen. Als Vorteile versprach er sich die „Abschaffung der Berufung über Tatfragen, Ermäßigung der Richterzahl, geringere Inanspruchnahme der Bevölkerung und die Einrichtung nur weniger Appellationshöfe.“ Gegenüber diesen Vorschlägen erklärte sich Bismarck einverstanden.[1564] Die Ersetzung der in fast allen deutschen Einzelstaaten bestehenden Schwurgerichte durch Schöffengerichte war eine beachtliche Neuerung.[1565] Lediglich in Sachsen und Württemberg gab es bereits seit 1868 Schöffengerichte für mittelschwere Strafsachen,[1566] in denen Schöffen und Richter zusammen und gleich urteilten: „Insoweit hiernach die Schöffen an der Berathung und Beschlußfassung Theil nehmen, ist dieselbe für die Richter und die Schöffen eine gemeinschaftliche; die Schöffen stehen hierbei den Richtern völlig gleich, insbesondere steht ihnen dasselbe Stimmrecht zu.“[1567] Für Kapitaldelikte waren in Sachsen weiterhin die Schwurgerichte zuständig.[1568]

Auf dem weiteren Weg des Zustandekommens der Reichsstrafprozessordnung wurde auf einer Ministerkonferenz im Dezember 1872 der preußische Vorschlag angenommen, nachdem anstelle der Schwurgerichte Große Schöffengerichte eingerichtet werden sollten. Diesem Vorschlag stimmten Sachsen und Baden zu,

---

1561 Gerhard Adolf Wilhelm Leonhardt (1815–1880), Jurist, Justizminister im Königreich Hannover und Preußen; vgl. über ihn *Wippermann*, Leonhardt, Gerhard Adolf Wilhelm, in: ADB, Bd. XVIII, S. 301–307.

1562 *Schubert*, Die deutsche Gerichtsverfassung (1869–1877), S. 15.

1563 1813–1895, Jurist und Politiker, ab 1870 Präsident der Justizprüfungskommission, ab 1873 Unterstaatssekretär im preußischen Justizministerium; vgl. über ihn *Döhring*, Friedberg, Heinrich von, in: NDB, Bd. V, S. 444 f.

1564 *Schubert*, Die deutsche Gerichtsverfassung (1869–1877), S. 205.

1565 *Schubert*, Die deutsche Gerichtsverfassung (1869–1877), S. 206.

1566 *Schubert*, Die deutsche Gerichtsverfassung (1869–1877), S. 205.

1567 Siehe § 28 des Gesetzes, die Wahl von Gerichtsschöffen und die Mitwirkung derselben bei der Verhandlung und Aburtheilung der bezirksgerichtlichen Strafsachen betreffend; vom 1. October 1868, in: Königreich Sachsen, Gesetz- und Verordnungsblatt für das Königreich Sachsen vom Jahre 1868, Zweite Abthl., S. 1243.

1568 Vgl. § 14 des Gesetzes, das Verfahren in den vor die Geschwornengerichte gewiesenen Untersuchungssachen betreffen; vom 1. Oktober 1868, in: Königreich Sachsen, Gesetz- und Verordnungsblatt für das Königreich Sachsen vom Jahre 1868, Zweite Abthl., S. 1208–1236.

Bayern und Württemberg lehnten ihn ab. Einstimmigkeit herrschte jedoch bei der Einführung von Schöffengerichten bei den Amtsgerichten. Über die Strafgerichte mittlerer Ordnung wurde noch nicht entschieden.[1569]

Anfang des Jahres 1873 erschien der StPO-Entwurf in Form der Bundesratsvorlage und wurde vom Bundesrat einer Kommission zur Revision vorgelegt. Der genannte preußische Vorschlag wurde in dieser Kommission mit acht gegen drei Stimmten angenommen. Ausschlaggebend für das Ergebnis war auch der Bericht einer Enquête-Kommission, welche vom sächsischen Justizministerium eingesetzt wurde. Dieses hatte ausgewählte Schöffen sowie alle Bezirksgerichte und Staatsanwaltschaften um Stellungnahmen über ihre Erfahrungen seit dem Bestehen der Schöffengerichte gebeten. Hieraus ergab sich, dass es zwar keine Garantie für eine gemeinschaftliche Beratung gab, das Laienelement gegenüber dem juristischen Element jedoch zureichend zur Geltung komme. Die Schöffen negierten, dass ihre Tätigkeit nur unzureichend berücksichtigt und sie in ihrer Selbstständigkeit eingeschränkt würden.[1570]

2. Parlamentarische Auseinandersetzung Schaffraths

Auch der Sächsische Landtag hatte sich mit der Thematik der Schaffung einer Reichsstrafprozessordnung zu beschäftigen. Nachdem Schaffrath über lange Zeit nur sein Amt als Kammerpräsident ausgeübt und sich zu inhaltlichen Sachen nur wenig geäußert hatte, stellte er in der 128. Sitzung am 18. Februar 1873 den Antrag, bei der künftigen Reichsgesetzgebung zum Strafrecht und zum Strafverfahrensrecht das Geschworenensystem beizubehalten.[1571] Der Antrag zielte darauf ab, die Staatsregierung zu ersuchen, bei der bevorstehenden Reichsgesetzgebung über das gerichtliche Strafverfahren auf Beibehaltung der Geschworenengerichte hinzuwirken und die erste Kammer zum Beitritt zu diesem Beschlusse einzuladen.[1572]

In der 130. Sitzung am 21. Februar 1873 äußerte der Referent Dr. Pfeiffer[1573] zu dem Antrag: „Dieser Antrag ist unzweifelhaft einer der bedeutendsten, welche auf diesem Landtag gestellt worden sind. Seine Tragweite reicht nicht nur auf unsere Kammer, sie reicht auch weit über die Grenzen unseres Vaterlandes hinaus; er ist geeignet, eine Art Präjudiz zu schaffen nicht nur für den Reichstag, sondern auch für den Bundesrath, und enthält gewissermaßen eine Art von Instruction für unsere Staatsregierung bezüglich der künftigen Bundesrathssitzungen."[1574] Weil dieser

---

1569 *Schubert*, Die deutsche Gerichtsverfassung (1869–1877), S. 218 f.

1570 *Schubert*, Die deutsche Gerichtsverfassung (1869–1877), S. 220.

1571 Königreich Sachsen, Mitteilungen über die Verhandlungen des Landtags im Königreiche Sachsen 1871–1873, II. Kammer, S. 4666.

1572 Königreich Sachsen, Mitteilungen über die Verhandlungen des Landtags im Königreiche Sachsen 1871–1873, II. Kammer, S. 4710 f.

1573 Julius Pfeiffer (1824–1910), Jurist, Rittergutsbesitzer und nationalliberaler Politiker; vgl. über ihn *Döscher/Schröder*, Sächsische Parlamentarier 1869–1918, S. 440.

1574 Königreich Sachsen, Mitteilungen über die Verhandlungen des Landtags im Königreiche Sachsen 1871–1873, II. Kammer, S. 4711.

Antrag sich eben nicht nur auf die sächsischen Gebiete erstreckte, hätten eventuell in anderen Gebieten die Schwurgerichte erst geschaffen werden müssen.[1575] In diesem Zusammenhang wurde auch gleich die Frage aufgeworfen, welche Art von Schwurgerichten eingeführt werden sollten und ob nicht in diesem Zuge eine Reform angedacht werden könne.[1576] So hätte die Begrenzung auf einzelne Verbrechen erweitert oder verkürzt oder auch der Wirkungskreis der Schwurgerichte verändert werden können.

Der Referent begründete die Beibehaltung der Schwurgerichte damit, dass er in ihnen den Schlusspunkt nicht nur für die Gerichtsorganisation mit Öffentlichkeit und Mündlichkeit, sondern auch gewissermaßen den Schlusspunkt des ganzen konstitutionellen Lebens, als Hort der Freiheit und Gerechtigkeit sah.[1577] Er betrachtete die Beibehaltung der geltenden Form von Schwurgerichten jedoch kritisch. So bestehe bereits der Entwurf einer Reichsstrafprozessordnung (der preußische Entwurf), welcher besage, dass Strafurteile in erster Instanz nicht mehr allein von rechtsgelehrten Richtern, sondern überall unter Mitwirkung von Laien gefällt werden sollten. Dabei sollten die erkennenden Gerichte in erster Instanz Schöffengerichte sein.[1578] Der Entwurf einer Reichsstrafprozessordnung sah demnach eine Beteiligung von Laien vor, jedoch nur als Schöffen und nicht als Geschworene.

„Mit dieser Reform unseres zur Zeit bestehenden Strafverfahrens bezweckt der Gesetzentwurf nichts Anderes, als eine Rückkehr unseres Rechtslebens von einer fremden, ihm von auswärts überkommenen Institution[1579] zu einer solchen, welche den deutschen Rechtsanschauungen entspricht und sich den Einrichtungen des älteren deutschen Rechts nähert."[1580] Nach Ansicht des Referenten werde dem Laienelement in dem Gesetzentwurf einer Reichsstrafprozessordnung ein höherer Stellenwert beigemessen, weil das Schöffengericht die Teilung der Arbeit zwischen

1575 In Sachsen wurden die Schwurgerichte im Jahre 1868 eingeführt; vgl. Königreich Sachsen, Mitteilungen über die Verhandlungen des Landtags im Königreiche Sachsen 1871–1873, II. Kammer, S. 4712.

1576 Königreich Sachsen, Mitteilungen über die Verhandlungen des Landtags im Königreiche Sachsen 1871–1873, II. Kammer, S. 4711.

1577 Königreich Sachsen, Mitteilungen über die Verhandlungen des Landtags im Königreiche Sachsen 1871–1873, II. Kammer, S. 4711.

1578 Königreich Sachsen, Mitteilungen über die Verhandlungen des Landtags im Königreiche Sachsen 1871–1873, II. Kammer, S. 4712.

1579 „Die dem französischen Gesetzbuche nachgebildete Institution der Schwurgerichte in Deutschland weist mit ihrer in sich unwahren und unnatürlichen Trennung von That- und Rechtsfrage dem mitrichtenden Laienelement eine Aufgabe zu, welche eine in sich unlösbare ist und auch für die Gesetzgebung eine immer unlösbare bleiben wird, weil sie eben einer Voraussetzung beruht, welche der inneren Wahrheit entbehrt."; vgl. Königreich Sachsen, Mitteilungen über die Verhandlungen des Landtags im Königreiche Sachsen 1871–1873, II. Kammer, S. 4713.

1580 Königreich Sachsen, Mitteilungen über die Verhandlungen des Landtags im Königreiche Sachsen 1871–1873, II. Kammer, S. 4713.

Schöffen und Richtern nicht kenne und vielmehr beide zu einem Körper vereinigen wolle, der das Recht fand und gemeinsam das Urteil über Tat und Recht zum Ausdruck brachte.[1581]

Jedoch sah der Referent Dr. Pfeiffer den Antrag Schaffraths nicht als unbegründet an, weil dieser auf eine gewisse Art und Weise die Berücksichtigung des Laienelements fordere und fördere. Wenn man dieses ganz negiere, führe dies zu einer Desavouierung der Verhandlungen und Ergebnisse derjenigen sächsischen Landtage, welche sich für die Einsetzung von Schwurgerichten ausgesprochen hatten. Aus diesem Grund empfahl der Referent der Kammer, die königliche Staatsregierung zu ersuchen, dass diese 1. dahin wirken sollte, dass bei der bevorstehenden Reichsgesetzgebung über das gerichtliche Strafverfahren dem Laienelement eine möglichst einflussreiche Mitwirkung in dem Strafprozess beigemessen werden sollte, 2. zu erwägen, ob, inwieweit und in welcher Form dabei das Geschworeneninstitut beizubehalten oder beziehentlich einzuführen war, 3. sollte die Kammer durch die vorstehenden Beschlüsse den Antrag des Abgeordneten Schaffrath als für erledigt erklären und 4. die erste Kammer zum Beitritt zu diesen Beschlüssen auffordern.[1582]

Nun wurde dem Antragsteller, dem Präsidenten Schaffrath, die Möglichkeit gegeben, seinen Antrag näher zu begründen und die Ausführungen des Referenten anzugreifen, wovon er auch in einer längeren Rede Gebrauch machte.[1583] Er warf dem Referenten vor, in der Form seinem Antrag zwar wohlwollend, in der Sache aber ablehnend gegenüber zu stehen. Da jedes der Mitglieder der Kammer bereits eine Meinung zu der Thematik habe, wolle er nicht tief in die Materie einsteigen, aber zumindest grob seine Beweggründe für diesen Antrag vorstellen. So wolle er „unserer [der sächsischen] Strafrechtspflege und unseren bestehenden Strafrechtszuständen, [...] unserem Strafverfahren in Sachsen im Ganzen unsere Zufriedenheit und Befriedigung aussprechen."[1584]

Der Sinn seines Antrages sei jedoch ein viel weitgehenderer. So sah Schaffrath in dem Entwurf der Reichsstrafprozessordnung die Abschaffung der Schwurgerichte zugunsten der Schöffengerichte. Dabei ging es ihm nicht darum, dass die Schöffengerichte, wie sie in Sachsen bestanden, beibehalten werden sollten. Dies war für ihn eine Selbstverständlichkeit. Die Reichsgesetzgebung wirkte jedoch auf die Abschaffung der Schwurgerichte, welche ihm als erhaltenswert erschienen. „Die Geschworenen sind aber durch jenen Entwurf in ihrer Fortgeltung bedroht

---

1581 Königreich Sachsen, Mitteilungen über die Verhandlungen des Landtags im Königreiche Sachsen 1871–1873, II. Kammer, S. 4713.

1582 Königreich Sachsen, Mitteilungen über die Verhandlungen des Landtags im Königreiche Sachsen 1871–1873, II. Kammer, S. 4714.

1583 Königreich Sachsen, Mitteilungen über die Verhandlungen des Landtags im Königreiche Sachsen 1871–1873, II. Kammer, S. 4714–4721.

1584 Königreich Sachsen, Mitteilungen über die Verhandlungen des Landtags im Königreiche Sachsen 1871–1873, II. Kammer, S. 4715.

und angegriffen, diese habe ich vertheidigen, derer habe ich mich annehmen müssen und derer mich anzunehmen habe ich Veranlassung gehabt."[1585]

Schaffrath plädierte auch für eine Kompetenzabgrenzung zwischen Schöffen- und Schwurgerichten. „...deshalb sind die Geschworenengerichte auf die allerwichtigsten und schwierigsten Straffälle zu beschränken und nur deshalb begnüge ich mich in den mittleren und unteren Instanzen mit dem Schöffengericht. Die Schöffengerichte sind mir alle mal immer noch etwas lieber, als wie die lediglich aus rechtsgelehrten Richtern zusammengesetzten Gerichte; die Schöffengerichte ziehe ich den rein aus rechtsgelehrten Richtern zusammengesetzten Gerichten immer noch vor."[1586]

Wenn es zu einer Abschaffung der Geschworenengerichte käme, so erlitte die Verfassungsmäßigkeit des Landes einen herben Rückschlag: „Die Geschworenen waren von jeher das Bollwerk der persönlichen Sicherheit und bürgerlichen Freiheit, an den Geschworenen brach sich die Macht der Reaction, an den Geschworenen zerschellten die Wogen der reactionären Mächte, die Geschworenen haben sich immer bewährt als das Palladium nicht nur der persönlichen Freiheit und Sicherheit, [...] sondern auch der Verfassungsmäßigkeit, der Verfassungs- und Rechtsherrschaft [...]. An den Geschworenen sind in der Regel Verfassungsbrüche zerschellt und wo Geschworene waren, da kamen eben Verfassungsbrüche nicht vor."[1587]

3. Ergebnis

Nach einer langen Diskussion über das Für und Wider des Antrages des Präsidenten Schaffrath und des Antrags des Referenten wurde zum Schluss der Sitzung über die Anträge abgestimmt. So wurde zuerst der Antrag des Referenten abgestimmt, die königliche Staatsregierung zu ersuchen, dass diese dahin wirken solle, dass bei der Reichsgesetzgebung über das gerichtliche Strafverfahren dem Laienelement eine möglichst einflussreiche Mitwirkung in dem Strafprozess beigemessen werden solle. Dieser Antrag wurde gegen eine Stimme angenommen. Anschließend wurde der Antrag von Schaffrath abgestimmt, welcher lautete, dass die königliche Staatsregierung ersucht werden solle, bei der Reichsgesetzgebung über das gerichtliche Strafverfahren auf Beibehaltung der Geschworenengerichte hinzuwirken. Auch dieser Antrag wurde mit 46 gegen 17 Stimmen angenommen. Dadurch erledigten sich die restlichen Anträge des Referenten. Zuletzt stimmte die Kammer

1585 Königreich Sachsen, Mitteilungen über die Verhandlungen des Landtags im Königreiche Sachsen 1871–1873, II. Kammer, S. 4716.

1586 Königreich Sachsen, Mitteilungen über die Verhandlungen des Landtags im Königreiche Sachsen 1871–1873, II. Kammer, S. 4718.

1587 Königreich Sachsen, Mitteilungen über die Verhandlungen des Landtags im Königreiche Sachsen 1871–1873, II. Kammer, S. 4720. Schaffrath bezog sich hier auf die verschiedenen Verfassungsbrüche und Strafurteile in Sachsen in den 1830er und 1840er Jahren.

dem Antrag zu, die erste Kammer zum Beitritt zu den gefassten Beschlüssen zu bewegen.[1588]

Im Oktober 1874 wurden dem Reichstag die Entwürfe der Justizgesetze vorgelegt. Die Justizkommission des Reichstags sprach sich daraufhin für die Einführung der Kleinen Schöffengerichte aus. Für die mittelschweren Strafsachen wurden Große Schöffengerichte in der Besetzung von zwei Richtern und drei Schöffen eingeführt.[1589] Anders sah dies die Mehrheit der Vertreter im Bundesrat. Lediglich die Vertreter Sachsens, Badens und Lübecks stimmten für die Schöffengerichte bei mittelschweren Strafsachen, sodass dieses Institut abgelehnt wurde.[1590] Aufgrund des Widerstandes des Bundesrates ließ die Justizkommission des Bundestages das Institut der Großen Schöffengerichte fallen und führte die Strafkammern mit fünf Berufsrichtern ein. Somit kam die Justizkommission des Bundestages dem Bundesrat entgegen, wodurch sich die Schöffengerichtsfrage bei den weiteren Verhandlungen der Reichsstrafprozessordnung erledigte.[1591]

Im Endeffekt kam es dazu, dass in der Reichsstrafprozessordnung von 1877/79 der reformierte Strafprozess eingeführt wurde. Dieser hatte als Grundmaximen die Öffentlichkeit, Mündlichkeit und Unmittelbarkeit, welche mit wenigen Einschränkungen eingeführt wurden. Die Geschworenengerichte wurden für schwere Delikte, jedoch gerade nicht für Pressedelikte und politische Hochkriminalität eingeführt.[1592]

Am Beispiel Schaffraths zeigt sich, dass in den siebziger Jahren des 19. Jahrhunderts die Mehrheit der Liberalen noch nicht bereit war, auf die Schwurgerichte zu verzichten. Obwohl mit den Schöffengerichten in Sachsen gute Erfahrungen gemacht wurden, war die Skepsis bezüglich der Einführung gemischt besetzter Gerichte für schwere Strafsachen noch vorhanden. Die Einführung der erstinstanzlichen Schöffengerichte war jedoch ein Zugeständnis an den fortschrittlichen Zeitgeist, was man mit der Aufgabe der Schwurgerichte zu kompensieren suchte. Leonhardt fasste dies bei den Beratungen im Plenum des Reichstages passend zusammen: „Meine Herren, täuschen wir uns darüber doch nicht, daß das Institut der Jury dem Abend seines Lebens entgegengeht und daß in der Morgendämmerung die Schöffengerichtsverfassung liegt."[1593]

1588 Zu den Abstimmungen vgl. Königreich Sachsen, Mitteilungen über die Verhandlungen des Landtags im Königreiche Sachsen 1871–1873, II. Kammer, S. 4740 f.

1589 *Schubert*, Die deutsche Gerichtsverfassung (1869–1877), S. 224.

1590 *Schubert*, Die deutsche Gerichtsverfassung (1869–1877), S. 225.

1591 *Schubert*, Die deutsche Gerichtsverfassung (1869–1877), S. 225 f.

1592 *Vormbaum*, Einführung in die moderne Strafrechtsgeschichte, S. 106.

1593 Deutsches Reich, Stenographische Berichte über die Verhandlungen des Deutschen Reichstags, 2. Legislatur-Periode, IV. Session 1876, Erster Bd., 13. Sitzung am 21. November 1876, S. 260.

G. Schlussbetrachtungen

Diese Untersuchung hatte zum einen die Aufgabe, die Biografien und das politische Wirken von drei Personen der sächsischen Geschichte des 19. Jahrhunderts näher zu beleuchten und zum anderen, wichtige Themen aus der Mitte des 19. Jahrhunderts und die Beteiligung der drei Protagonisten darzustellen.

Biografien und politisches Wirken: Die Ausführungen in diesen Teilabschnitten lassen ein detailliertes Bild dreier Persönlichkeiten erkennen, welche in einer schweren und wichtigen Zeit für die deutsche Geschichte und Demokratie, stets für die Rechte des Volkes kämpften. Adolf Ernst Hensel, Hermann Joseph und Wilhelm Michael Schaffrath waren drei Personen, welche sich trotz unterschiedlicher Charaktere, Herkunft und sozialem Stand politisch zusammen fanden und ein halbes Jahrzehnt oppositionelle Politik in Sachsen und im Deutschen Bund betrieben. So kann mit Recht behauptet werden, dass genannte Personen die Vorkämpfer des Liberalismus im Königreich Sachsen waren, von wo aus sich dieser auf Reichsebene ausbreitete. So engagierten sich die drei behandelten Personen nicht nur im Sächsischen Landtag, sondern auch maßgeblich im Vorparlament und in der Frankfurter Nationalversammlung 1848/49 und darüber hinaus in den Folgejahren und -jahrzehnten in privaten Vereinen und der Kommunalpolitik für die demokratischen Ziele der Gesellschaft. Der Freiheits- und Einheitsgedanke war das verbindende Element aller drei Personen, welche trotz ihrer Freundschaft und Leidensgeschichte nicht nur Gemeinsamkeiten verbanden, sondern auch Unterschiede trennten. So kam es, nach einer gemeinsamen und inhaltlich verbundenen Zeit von 1845 bis 1850, innerhalb der Opposition in den 1850er Jahren und tiefgreifender ab 1866 zu einer unproduktiven Spaltung in reine Pragmatiker einerseits und gesinnungsethische Fundamentalisten andererseits. Hermann Joseph kann hierbei zu den Pragmatikern gerechnet werden, welche nach den Siegen Preußens 1864 und 1866 sich an den machtpolitisch starken Norden anschließen wollten. Dabei verkannten sie aber, dass sie sich somit von ihren eigentlichen Zielen der großen Jahre 1848/49 entfernten. Wilhelm Michael Schaffrath kann hingegen zu den Gesinnungsethikern gezählt werden, welche zwar von Geradlinigkeit und persönlichem Mut zeugten, politisch sich jedoch den deutschlandweiten Entwicklungen und dem Realismus verweigerten und gesinnungsethisch an der oft propagierten Gültigkeit der nicht verwirklichten Reichsverfassung von 1849 festhielten.[1594] Jedoch war der gemeinsame Grundgedanke das verbindende Glied, welches sie über alle Widrigkeiten der Zeit hinwegsehen ließ und unter schwierigen Bedingungen vereinte, sodass sie zu Unrecht in der heutigen Geschichts-, Rechts- und Politikwissenschaft vernachlässigt werden.

1594 *Jansen*, Die Paulskirchenlinke in Sachsen nach der Niederlage der Revolution, in: Sachsen in Deutschland, hrsg. v. James Retallack, S. 81 f.

Einzeldarstellungen: Am Urteil des Appellationsgerichts zu Leipzig ließ sich erkennen, dass ein Gericht in der Lage war, für ein gesinnungstechnisch programmiertes Urteil die nötigen Mittel und Wege zu finden, um dieses in gewünschten Bahnen zu erlassen. An der Darstellung der Geschichte der Leipziger Burschenschaft konnte man erkennen, dass sich die zwei Beteiligten – Adolf Ernst Hensel und Hermann Joseph – tatbestandsmäßig zwar strafbar gemacht hatten. Jedoch rechtfertigte dies nicht den überzogenen Strafausspruch des Appellationsgerichts. Dessen ungeachtet wurde durch dieses und das Vereinigte Kriminalamt der Stadt Leipzig alles unternommen, um das gewünschte Ergebnis zu konstruieren. Nur durch die detaillierte und kleinliche Denkweise Wilhelm Michael Schaffraths in seiner Verteidigungsschrift war es möglich, dass Urteil des Appellationsgerichts zu desavouieren und dadurch einen Freispruch vor dem Oberappellationsgericht in Dresden zu bewirken.

Aus den Betrachtungen der anderen Einzelprobleme lässt sich folgern, dass die Protagonisten stets auf der Seite des Volkes zu finden waren. Dabei agierten sie nicht immer gemeinsam und geradlinig. Jedoch versuchten sie durch ihre Anträge, ihre Reden und ihr Abstimmungsverhalten zum Wohle der Bevölkerung zu wirken und das politische System ein Stück weit in Richtung einer liberalen Denkweise und Staatsauffassung zu rücken.

Letztlich konnte mit dieser Arbeit gezeigt werden, wie drei an sich verschiedene Persönlichkeiten gemeinsam für ein Ziel wirkten und dieses gemeinsame Ziel über Jahre und Jahrzehnte verfolgten, ohne damit endgültigen Erfolg gehabt zu haben. Ohne diese Vorkämpfer für eine gewisse Richtung, die sich auch nicht von Rückschlägen entmutigen ließen, wären unsere rechts- und staatspolitischen Ansichten und Maximen jedoch nicht die, die sie heute sind.

Anlage 1: Gedicht „Nordlicht“ von Adolf Ernst Hensel[1595]

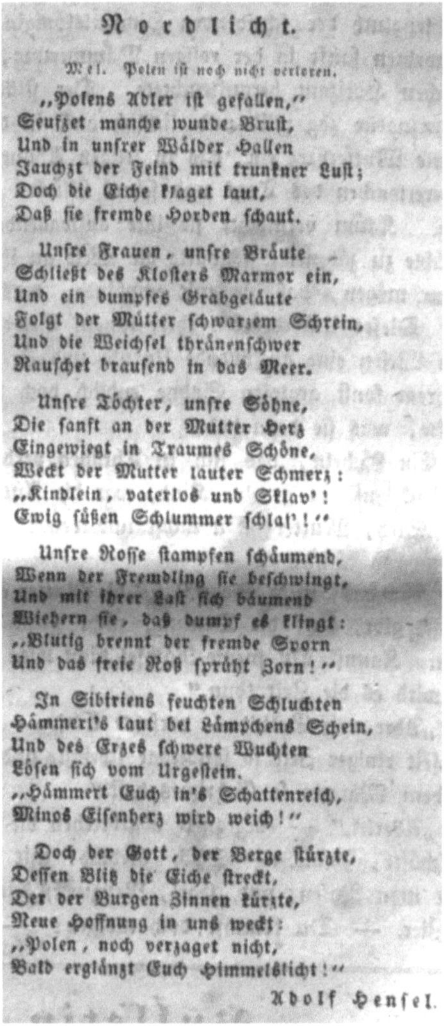

Nordlicht.

Mel. Polen ist noch nicht verloren.

„Polens Adler ist gefallen,“
Seufzet manche wunde Brust,
Und in unsrer Wälder Hallen
Jauchzt der Feind mit trunkner Lust;
Doch die Eiche klaget laut,
Daß sie fremde Horden schaut.

Unsre Frauen, unsre Bräute
Schließt des Klosters Marmor ein,
Und ein dumpfes Grabgeläute
Folgt der Mütter schwarzem Schrein,
Und die Weichsel thränenschwer
Rauschet brausend in das Meer.

Unsre Töchter, unsre Söhne,
Die sanft an der Mutter Herz
Eingewiegt in Traumes Schöne,
Weckt der Mutter lauter Schmerz:
„Kindlein, vaterlos und Sklav'!
Ewig süßen Schlummer schlaf'!“

Unsre Rosse stampfen schäumend,
Wenn der Fremdling sie beschwingt,
Und mit ihrer Last sich bäumend
Wiehern sie, daß dumpf es klingt:
„Blutig brennt der fremde Sporn
Und das freie Roß sprüht Zorn!“

In Sibiriens feuchten Schluchten
Hämmert's laut bei Lämpchens Schein,
Und des Erzes schwere Wuchten
Lösen sich vom Urgestein.
„Hämmert Euch in's Schattenreich,
Minos Eisenherz wird weich!“

Doch der Gott, der Berge stürzte,
Dessen Blitz die Eiche streckt,
Der der Burgen Zinnen kürzte,
Neue Hoffnung in uns weckt:
„Polen, noch verzaget nicht,
Bald erglänzt Euch Himmelslicht!“

Adolf Hensel.

1595 Der Komet, Nr. 124 vom 2. August 1832, Sp. 992.

Anlage 2: Vorlesungsübersicht Wilhelm Michael Schaffraths

Nr.	Semester	Veranstaltung
1.	SS 1838	philosophische Rechtslehre
2.	SS 1838	über die Grundprincipien, insbesondere über die Verhandlungsmaxime des gemeinen und sächs. Civilprocesses
3.	SS 1838	schriftliche Uebungen in der außergerichtlichen, advocatorischen Rechtspraxis
4.	SS 1838	über römisches, deutsches und sächsisches Recht und über Civil- und Criminalproceß
5.	SS 1838	über den gemeinen und sächsischen Civilproceß
6.	WS 1838	Natur- oder Vernunftrecht, mit einer Philosophie des römischen Rechts
7.	WS 1838	Theorie der gerichtlichen sowohl, als advocatorischen Civilproceßpraxis und schriftliche Uebungen in derselben (jedoch mit Ausschluß der Referir- und Decretirkunst)
8.	WS 1838	über die Grundprincipien des gemeinen und sächsischen Civilprocesses, verglichen mit denen des preußischen und französischen, insbesondere über die Verhandlungsmaxime
9.	WS 1838	über die gesammte Rechtswissenschaft und deren einzelne Theile
10.	SS 1839	Naturrecht mit einer Philosophie des römischen Rechts
11.	SS 1839	Grund- oder Fundamental-Wissenschaft des Civil- und Criminalprocesses
12.	SS 1839	schriftliche Uebungen in der gerichtlichen und advocatorischen Civilproceß-Praxis mit Vertheilung der Rollen des Richters, des Klägers u. des Beklagten und einem Repetitorium über die Theorie der Praxis und des Civilprocesses
13.	WS 1839	Naturrecht mit einer Philosophie des römischen Rechts
14.	WS 1839	Wechselrecht u. Proceß
15.	WS 1839	Grund- oder Fundamentalwissenschaft des Civil- und Criminalprocesses, nach seinem Buche (Lpz. b. Fest. 1839.)
16.	WS 1839	Concurs-Recht u. Proceß
17.	WS 1839	gerichtliches u. advokatorisches Civilproceß-Praktikum
18.	WS 1839	über Civil- und Criminalproceß
19.	WS 1839	über Institutionen, Pandekten u. Rechtsgeschichte

20.	WS 1839	über römisches, deutsches u. königl. sächsisches Privatrecht (in einem Systeme) u. über Geschichte desselben
21.	SS 1840	Naturrecht
22.	SS 1840	Civilproceß
23.	SS 1840	Grundwissenschaft des Processes
24.	SS 1841	Natur- oder Vernunftrecht
25.	SS 1841	Gemeines deutsches und sächsisches Strafrecht ... nach s. Lehrb. des sächsischen Strafrechts (Leipz. 1841. b. Fest)
26.	SS 1841	Gemeiner deutscher u. sächsischer Civilproceß, mit Berücksichtigung s. Grundwissenschaft des Processes u. s. Codex Saxonicus Theil II.
27.	WS 1841	Philosophie des Rechts, besonders des Staatsrechts
28.	WS 1841	Strafrecht, nach s. Lehrbuche des sächsischen Strafrechts
29.	WS 1841	Grundwissenschaft des Processes, nach s. Buche (Lpz. 1839.)
30.	WS 1841	Civilproceß
31.	SS 1842	Rechtsphilosophie
32.	SS 1842	Civilproceß

Anlage 3: Publikationsliste Wilhelm Michael Schaffraths

- Novum legum controversarum practicarum interpretationes, Meißen 1837.
- Doli descriptio, Meißen 1837.
- Kritik des in erster Instanz gegen 19 Mitglieder der Leipziger Burschenschaft gesprochenen Urthels, Altenburg 1839.
- Systematisch-kritische und geschichtliche Darstellung des Begriffes, Wesens und Grundes des gemeinen teutschen und sächsischen Civil- und Criminal-Processes, Leipzig 1839.
- Praktische Abhandlung aus dem heutigen Römischen Privat-Rechte und gemeinen Teutschen Civil-Processe mit Entscheidungen höherer Behörden, Bautzen 1841.
- Codex Saxonicus oder Handbuch der gesammten im Königreiche Sachsen praktisch-gültigen sächsischen Gesetze von den ältesten Zeiten bis zum Schlusse des Jahres 1841, Altenburg 1841.
- Handbuch des Sächsischen Strafrecht, 3 Bd., Leipzig 1841/42
  - Grundwissenschaft des Rechts und insbesondere des Strafrechts, Leipzig 1841.
  - Theorie des allgemeinen Thatbestandes der Verbrechen, Leipzig 1841.
  - Commentar zum ersten oder allgemeine Theile des Sächsischen Criminalgesetzbuches, Leipzig 1842.
- Codex Saxonicus. Chronologische Sammlung der gesammten praktisch-gültigen königlich sächsischen Gesetze von den ältesten Zeiten, vom Jahre 1255 an, bis zum Schlusse des Jahres 1840, 2 Bd., Leipzig 1841/42.
- Theorie der Auslegung constitutioneller Gesetze, Leipzig 1842.
- Das Wahlrecht der Stadt- und Landgemeinden gegen die Schreibstubenherrschaft in Sachsen, Leipzig 1847.
- Skizze eines Entwurfs einer Verfassung für den deutschen Bundesstaat, 1848.
- Das Recht der Steuerbewilligung im Königreich Sachsen, Leipzig 1849.
- Die Rechtsgültigkeit der Verfassung vom 28. März 1849, Leipzig 1850.
- Die politischen Rede- und Preßvergehen: in Commentaren zu Art. 81 des sächs. Criminalgesetzbuches, Leipzig 1850.
- Kritik der Entscheidungsgründe des Königlich Sächsischen Oberappellationsgerichts gegen die Kämpfer für die Reichsverfassung O. L. Heubner und Genossen. Mit einem Abdruck jener Entscheidungsgründe, Leipzig 1851.
- Gehört auch die Verfassungsmäßigkeit von Gesetzen zum Bereich der richterlichen Entscheidung?, Dresden 1863.

Anlage 4: Struves 15-Punkte-Programm im Vorparlament[1596]

1. Aufhebung des stehenden Soldatenheeres und Verschmelzung desselben mit der Bürgerwehr zum Behufe der Bildung einer wahren, alle waffenfähigen Männer umfassenden Volkswehr.
2. Aufhebung der bestehenden Heere von Beamten und Ersetzung derselben durch eine wohlfeile Regierung, welche aus freigewählten Volksmännern besteht.
3. Abschaffung der stehenden Heere von Abgaben, welche an dem Marke des Volkes zehren, insbesondere aller derjenigen Abgaben, welche den inneren Verkehr Deutschlands hemmen, Binnenzölle und Schiffahrtsabgaben, welche die Landwirtschrift drücken, Zehnten, Gülten, Fronden usw., welche die Gewerbe belasten, Gewerbesteuern, Akzise usw. und Ersetzung derselben a) durch eine progressive Einkommens- und Vermögenssteuer, bei welcher der notwendige Lebensunterhalt frei von allen Abgaben verbleibt, b) durch einen an den Grenzen Deutschlands zum Schutze seines Handels, seiner Industrie und seiner Landwirtschaft erhobenen Zoll.
4. Abschaffung aller Vorrechte, welchen Namen dieselben tragen mögen, insbesondere des Adels, der Privilegien des Reichtums, Zensus, der bevorzugten Gerichtsstände und Ersetzung derselben durch ein allgemeines deutsches Staatsbürgerrecht.
5. Abschaffung der Bevormundung der Gemeinden und Ersetzung derselben durch ein auf der Grundlage der Selbstverwaltung ruhendes Gemeindegesetz.
6. Aufhebung aller Klöster und klösterlichen Einrichtungen.
7. Auflösung des Bundes, welcher bisher bestand zwischen Kirche und Staat und Kirche und Schule und Ersetzung desselben durch: a) die Grundsätze der gleichen Berechtigung aller Glaubensbekenntnisse, der ungeschmälerten Glaubens- und Gewissensfreiheit, des freien Assoziationsrechts, der Selbstverwaltung der Gemeinden und namentlich des Rechts derselben, ihre Geistlichen, Lehrer und Bürgermeister frei zu wählen, b) Besserstellung des Lehrerstandes und gleichmäßigere Ordnung der Pfarrbesoldung, c) Abschaffung des Schulgeldes und der Stolgebühren.
8. Abschaffung der Zensur, Konzessionen und Kautionen und Ersetzung dieser Zwangsanstalten durch den Grundsatz der Preßfreiheit in seiner weitesten Ausdehnung.
9. Abschaffung der geheimen und schriftlichen Inquisitionsgerichte und Ersetzung derselben durch öffentlich und mündlich gepflogene Schwurgerichte.

1596 Zitiert nach *Fenske*, Vormärz und Revolution 1840–1849, 3. Aufl., S. 277 f.

10. Abschaffung der Hunderte von Beschränkungen der persönlichen Freiheit der Deutschen der verschiedenen Stände und Sicherstellung derselben durch ein besonderes Gesetz, welches insbesondere auch das Vereins- und Versammlungsrecht des Volkes feststellt.
11. Beseitigung des Notstandes der arbeitenden Klasse und des Mittelstandes, Hebung des Handels, des Gewerbestandes und der Landwirtschaft. Die bisherigen ungeheuren Zivillisten, Apanagen, die unverdienten und zu hohen Besoldungen und Pensionen, die mannigfaltigen Stiftungen und die jetzt brachliegenden Besitzungen vieler Körperschaften sowie die Domänen des Landes bieten hierzu reiche Mittel.
12. Ausgleichung des Mißverhältnisses zwischen Arbeit und Kapital vermittelst eines besonderen Arbeiter-Ministeriums, welches den Wucher steuert, die Arbeit schützt und derselben namentlich einen Anteil an dem Arbeitsgewinne sichert.
13. Abschaffung der tausendfältig untereinander abweichenden Gesetze des Privatrechts, Strafrechts, des Prozesses, des Kirchenrechts und des Staatsrechts, in Sachen der Münze, des Maßes, des Gewichts, der Post, der Eisenbahnen u.s.w., und Ersetzung derselben durch Gesetze, welche dem Geist unserer Zeit entspringend, die innere Einheit Deutschlands in geistiger und materieller Beziehung gleichmäßig wie seine Freiheit feststellen.
14. Aufhebung der Zerrissenheit Deutschlands und Wiederherstellung der Einteilung in Reichskreise mit billiger Berücksichtigung der Zeitverhältnisse.
15. Aufhebung der erblichen Monarchie und Ersetzung derselben durch frei gewählte Parlamente, an deren Spitze frei gewählte Präsidenten stehen, alle vereint in der föderativen Bundesverfassung nach dem Muster der Nordamerikanischen Freistaaten.

Anlage 5: Eisenacher Erklärung liberaler und demokratischer Politiker zur deutschen Nationaleinigung[1597]

Die augenblicklichen gefährlichen Zustände Europas und Deutschlands und das Bedürfnis, politische Parteiforderungen der großen gemeinsamen Aufgabe der deutschen Einigung unterzuordnen, haben eine Reihe Männer, welche teils der demokratischen, teils der konstitutionellen Partei angehören, aus verschiedenen deutschen Ländern zusammengeführt, um sich über die Herbeiführung einer einheitlichen deutschen Verfassung und die zur Erreichung eines solchen Zieles erforderliche Tätigkeit zu verständigen.

Dieselben haben im Anschluß an die Eisenacher Erklärung vom 17. und die Hannoversche Erklärung vom 19. Juli 1859 über folgende Punkte sich vereinigt:

1. Wir erblicken in der gegenwärtigen politischen Weltlage große Gefahren für die Unabhängigkeit unseres deutschen Vaterlandes, welche durch den zwischen Österreich und Frankreich abgeschlossenen Frieden eher vermehrt als vermindert worden sind.
2. Diese Gefahren haben ihren letzten Grund in der fehlerhaften Gesamtverfassung Deutschlands, und sie können nur durch eine schleunige Änderung dieser Verfassung beseitigt werden.
3. Zu diesem Zweck ist es notwendig, daß der deutsche Bundestag durch eine feste, starke und bleibende Zentralregierung Deutschlands ersetzt und daß eine deutsche Nationalversammlung einberufen werde.
4. Unter den gegenwärtigen Verhältnissen können die wirksamsten Schritte zur Erreichung dieses Zieles nur von Preußen ausgehen; es ist daher dahin zu wirken, daß Preußen die Initiative dazu übernehme.
5. Sollte Deutschland in der nächsten Zeit von außen wieder unmittelbar bedroht werden, so ist bis zur definitiven Konstituierung der deutschen Zentralregierung die Leitung der deutschen Militärkräfte und die diplomatische Vertretung Deutschlands nach außen auf Preußen zu übertragen.
6. Es ist Pflicht jedes deutschen Mannes, die preußische Regierung, insoweit ihre Bestrebungen davon ausgehen, daß die Aufgaben des preußischen Staates mit den Bedürfnissen und Aufgaben Deutschlands im wesentlichen zusammenfallen und soweit sie ihre Tätigkeit auf die Einführung einer starken und freien Gesamtverfassung Deutschlands richtet, nach Kräften zu unterstützen.

1597 Zitiert nach *Huber*, Dokumente zur deutschen Verfassungsgeschichte, Bd. 2, 3. Aufl., S. 104 f.

7. Von allen deutschen Vaterlandsfreunden, mögen sie der demokratischen oder der konstitutionellen Partei angehören, erwarten wir, daß sie die nationale Unabhängigkeit und Einheit höher stellen, als die Forderungen der Partei, und für die Erreichung einer kräftigen Verfassung Deutschlands in Eintracht und Ausdauer zusammenwirken.

Quellenverzeichnis

Kirchenarchiv Bernstadt auf dem Eigen	Sterbebuch der Stadt Bernstadt
Kirchenarchiv Bernstadt auf dem Eigen	Taufbuch der Stadt Bernstadt
Kirchenarchiv Bernstadt auf dem Eigen	Traubuch der Stadt Bernstadt
Kirchenarchiv Kamenz	Taufanzeigen vom Jahr 1811 Kamenz (Stadt) in: Von Stadt und Vorstädten, ingleichen Deutsch und Wendischen Dörfern, Taufanzeigen von den Jahren 1800–1820 zusammengetragen und angemerkt von Christian Haberkorn, Nr. 43
Kirchenarchiv Reinhardtsdorf-Schöna	Taufnachrichten zu Reinhardtsdorf, 1797–1848, Jahr 1814
Sächsische Landes- und Universitätsbibliohtek Dresden	Zur Erinnerung an die Jubelfeier der Loge „Zum goldenen Apfel“ am 7. Juni 1856 Signatur: Hist. Sax. G. 367,3
Sächsisches Hauptstaatsarchiv Dresden	Acta den außerordentlichen Landtag 1848, die Landtage 1849, den Landtag 1850, den Landtag 1851, die Einberufung von Zwischen-Deputationen 1853 und den außerordentlichen Landtag 1854 betreffend Signatur: K I 0832 Oberhofmarschallamt, Nr. 55
Sächsisches Hauptstaatsarchiv Dresden	Acta die gegen städtische Beamte und Gemeindevertreter ergriffenen Disciplinarmaasregeln betreffend Kreisdirection Budissin, 1849/50 Signatur: 10736 Ministerium des Innern, Nr. 968a
Sächsisches Hauptstaatsarchiv Dresden	Acta die gegen städtische Beamte und Gemeindevertreter ergriffenen Disciplinarmaasregeln betreffend Kreisdirection Dresden, 1849–53 Signatur: 10736 Ministerium des Innern, Nr. 968b
Sächsisches Hauptstaatsarchiv Dresden	Acta, die wegen politischer Umtriebe in Untersuchung gekommenen akademischen Lehrer zu Leipzig betr., 1834–1839 Signatur: 11125 Ministerium des Kultus und öffentlichen Unterrichts, Nr. 10265
Sächsisches Hauptstaatsarchiv Dresden	Den Dr. Schaffrath in Neustadt sowie den Stadtrath Ziesler aus Sebnitz und den Advokat Müller aus Neusalza betr. Signatur: 10736 Ministerium des Innern, Nr. 459/24

Sächsisches Hauptstaatsarchiv Dresden	Die Conferenz in München betreffend, 1858 Signatur: 10736 Ministerium des Innern, Nr. 23
Sächsisches Hauptstaatsarchiv Dresden	Die sogenannte Studenten-Burschenschaft an der Universität Leipzig, 1818–1820 Signatur: 11125 Ministerium des Kultus und öffentlichen Unterrichts, Nr. 7462
Sächsisches Hauptstaatsarchiv Dresden	Die staatsverrätherischen Verbindungen auf den Hochschulen Deutschlands betr., 1834 Signatur: 11018 Ministerium der Justiz, Nr. 530b
Sächsisches Hauptstaatsarchiv Dresden	Die staatsverrätherischen Verbindungen auf den Hochschulen Deutschlands betr., 1836–1838 Signatur: 11018 Ministerium der Justiz, Nr. 530c
Sächsisches Hauptstaatsarchiv Dresden	Die Wahlen der Abgeordneten für den ordentlichen Landtag 1849 Signatur: 10736 Ministerium des Innern, Nr. 847
Sächsisches Hauptstaatsarchiv Dresden	Mitteilungen über die in verschiedenen Staaten wegen der staatsverräterischen Verbindungen anhängigen Untersuchungen, 1834–1835 Signatur: 11018 Ministerium der Justiz, Nr. 530f
Staatsarchiv Leipzig	Untersuchungen des vereinigten Kriminalamts Leipzig wegen burschenschaftlicher und staatsfeindlicher Verbindungen und Entscheidungen des Appellationsgerichts Leipzig, 1833–1836 Signatur: 20057 Appellationsgericht Leipzig, Nr. 396
Staatsarchiv Leipzig	Untersuchungen des vereinigten Kriminalamts Leipzig wegen burschenschaftlicher und staatsfeindlicher Verbindungen und Entscheidungen des Appellationsgerichts Leipzig, 1835–1839 Signatur: 20057 Appellationsgericht Leipzig, Nr. 397
Staatsfilialarchiv Bautzen	Die Verwaltung der der Stadt Bernstadt zustehenden Gerichtsbarkeit, 1838–1854 Signatur: 50044-90
Staatsfilialarchiv Bautzen	Polizeiliches Vorgehen gegen die Zittauer Stadträte Meißner, Burghausen und Hensel wegen Teilnahme am Maiaufstand 1849 Signatur: 50012-4327
Staatsfilialarchiv Bautzen	Untersuchungssachen wegen Beteiligung am Maiaufstand 1849 Signatur: 50044-1046
Stadtarchiv Leipzig	Acta Trauerfälle, Condolenzen und dergl. betr., 1839–1899 Signatur: StvAkt T 3 Bd. 1

Stadtarchiv Leipzig	Bürgerakte Nr. 16295 (Dr. Hermann Joseph)
Stadtarchiv Leipzig	Die Klage der Gemeinde Lindenau gegen Dr. Hermann Joseph betr. Signatur: Gr Lin, Nr. 129; Lastu 4822
Stadtarchiv Leipzig	Grundstücksangelegenheiten des Dr. Hermann Joseph Signatur: Lastu 5490
Stadtarchiv Leipzig	Grundstücksangelegenheiten in Lindenau Signatur: Gr Lin, Nr. 72
Stadtarchiv Leipzig	Polizeiamt der Stadt Leipzig – Studentenverzeichnis Signatur: PoA 464
Stadtarchiv Leipzig	Polizeimeldebücher Leipzig Signatur: PoA Nr. 86
Stadtarchiv Leipzig	Straßenbau in Lindenau Signatur: Beifascikel XI Cap. 60 L Nr. 3
Stadtarchiv Leipzig	Straßenbau in Lindenau Signatur: Beifascikel XII Cap. 60 L Nr. 3
Stadtarchiv Leipzig	Straßenbau in Lindenau Signatur: Beifascikel XIII Cap. 60 L Nr. 3
Stadtarchiv Leipzig	Verkaufsurkunde Dr. Hermann Joseph Signatur: Lastu 5016
Stadtarchiv Leipzig	Verzeichnis der Stadtverordneten 1833–1918 Signatur: StVAkt S 133 Bd. 1
Stadtarchiv Zittau	Acta, die bei dem Collegio des Stadtrats zu Zittau erfolgten Ausscheidungen und Ergänzungen betr. Signatur: IIa, II, a Nr. 20, Bd. 3
Stadtarchiv Zittau	Bürgerrolle der Stadt Zittau von 1765–1848, Nr. 2257
Stadtarchiv Zittau	Die vom Advokaten Adolf Ernst Hensel allhier nachgesuchte Gewährung der während seiner Suspension zurückbehaltenen Hälfte seines Gehalts als Stadtrath betr. Signatur: IIa, II, a Nr. 29
Städtische Sammlungen Sebnitz	Bescheinigung evangelisch-lutherisches Pfarramt Neustadt 1954 (Kopie) Signatur: Na Sch 1/9–9
Städtische Sammlungen Sebnitz	Beschluss der Stadtverordnetenversammlung vom 17. November 1887 (Kopie) Signatur: Na Sch 2/6
Städtische Sammlungen Sebnitz	Beschluss des Stadtrates vom 3. November 1887 (Kopie) Signatur: Na Sch 2/4
Städtische Sammlungen Sebnitz	Stammtafel Familie Schaffrath Signatur: Na Sch 1/9–3

Städtische Sammlungen Sebnitz	Sterbeurkunde Thekla Schaffrath (Kopie) Signatur: Na Sch 1/9–10
Städtische Sammlungen Sebnitz	Sterbeurkunde Wilhelm Michael Schaffrath (Kopie) Signatur: Na Sch 1/9–11
Städtische Sammlungen Sebnitz	Vorfahren von Dr. Wilhelm Michael Schaffrath Signatur: Na Sch 1/9–4
Thüringisches Staatsarchiv Altenburg	Eheschließung Kirchenbuchduplikat Lucka Signatur: Amtsgericht Meuselwitz, C IV Nr. 28
Thüringisches Staatsarchiv Altenburg	Schülerverzeichnis vom Jahr 1826 Signatur: Friedrichsgymnasium Altenburg, Nr. 137
Thüringisches Staatsarchiv Altenburg	Taufeintrag Hermann Joseph Kirchenbuchduplikat Lucka Signatur: Amtsgericht Meuselwitz, C IV Nr. 21
Universitätsarchiv Leipzig	Abschrift, die Burschenschaft zu Leipzig betr. (1818/19) Signatur: Rektor (1409–1951), Rep. II/XVI/I Nr. 5
Universitätsarchiv Leipzig	Acta, die unter mehreren auf der hiesigen Universität Studierenden unter dem Namen Burschenschaft existierenden Verbindung betr. Signatur: Rektor (1409–1951), Rep. II/XVI/I Nr. 10
Universitätsarchiv Leipzig	Jaskolla, Horst: Der Charakter der Leipziger Burschenschaft 1818–1833, Leipzig 1954 Signatur: Dienstbibliothek, Bibl. 146
Universitätsbibliohtek Leipzig	Verzeichniß der im Sommerhalbjahre 1829 auf der Universität Leipzig zu haltenden Vorlesungen Signatur: Univ. 899
Universitätsbibliohtek Leipzig	Verzeichniß der im Sommerhalbjahre 1838 auf der Universität Leipzig zu haltenden Vorlesungen Signatur: Univ. 899
Universitätsbibliohtek Leipzig	Verzeichniß der im Sommerhalbjahre 1839 auf der Universität Leipzig zu haltenden Vorlesungen Signatur: Univ. 899
Universitätsbibliohtek Leipzig	Verzeichniß der im Sommerhalbjahre 1840 auf der Universität Leipzig zu haltenden Vorlesungen Signatur: Univ. 899
Universitätsbibliohtek Leipzig	Verzeichniß der im Sommerhalbjahre 1841 auf der Universität Leipzig zu haltenden Vorlesungen Signatur: Univ. 899
Universitätsbibliohtek Leipzig	Verzeichniß der im Sommerhalbjahre 1842 auf der Universität Leipzig zu haltenden Vorlesungen Signatur: Univ. 899

Universitätsbibliohtek Leipzig	Verzeichniß der im Winterhalbjahre 1838 auf der Universität Leipzig zu haltenden Vorlesungen Signatur: Univ. 899
Universitätsbibliohtek Leipzig	Verzeichniß der im Winterhalbjahre 1839 auf der Universität Leipzig zu haltenden Vorlesungen Signatur: Univ. 899
Universitätsbibliohtek Leipzig	Verzeichniß der im Winterhalbjahre 1841 auf der Universität Leipzig zu haltenden Vorlesungen Signatur: Univ. 899

Literaturverzeichnis

Abdecker, in: Meyers Großes Konversations-Lexikon, Band 1, S. 20, Leipzig 1905.

Akzeß, in: Meyers Großes Konversations-Lexikon, Band 1, S. 683, Leipzig 1905.

Allgemeine Literatur-Zeitung Nr. 30 vom Juli 1843, Sp. 243.

Aufruf des deutschen Vaterlandsvereins an alle Wahlmänner Sachsens vom 24. April 1848 in: Leipziger Tageblatt, Nr. 121 vom 30. April 1848, S. 1299.

Außerordentliche Beilage zu No. 332 der Leipziger Zeitung 27. November 1848, S. 7638.

Baumgarten-Crusius in: Conversations-Lexikon der Gegenwart. Erster Band – A bis E, Leipzig 1838.

Beobachter an der Mulde Nr. 3 vom 17. Januar 1849, S. 21.

Bundesindigenat in: Meyers Konversations-Lexikon, Band 3, 5. Auflage, S. 683, Leipzig/Wien 1893.

Der Fortschrittsverein in Sachsen in: Die Grenzboten – Zeitschrift für Politik und Literatur, 22. Jahrgang, I. Semester, II. Band, S. 193–199, Leipzig 1863.

Der Vaterlandsverein zu Zittau in: Freie Blätter, Nr. 4 vom 17. November 1848.

Der Zeitbote aus dem Erzgebirge Nr. 24 vom 10. Juni 1848.

Der Zeitbote aus dem Erzgebirge Nr. 25 vom 14. Juni 1848.

Der Zeitbote aus dem Erzgebirge Nr. 51 vom 13. September 1848.

Deutsche Allgemeine Zeitung (Leipzig) Nr. 71 vom 11. März 1848, S. 746 f.

Deutsche Allgemeine Zeitung (Leipzig) Nr. 115 vom 25. April 1849, S. 1278.

Die Gegenwart – Eine encyklopädische Darstellung der neuesten Zeitgeschichte für alle Stände, Sechster Band, Leipzig 1851.

Die Reform des Kgl. Sächs. Criminalprocesses unter Berücksichtigung der Fragen über Oeffentlichkeit und Mündlichkeit des Strafverfahrens, Graudenz 1842.

Die Stadtverordneten zu Dresden 1837–1887 Festschrift zur Fünfzigjährigen Jubelfeier des Kollegiums am 11. Mai 1887, Dresden 1887.

Dresdner Journal Nr. 86 vom 17. April 1866, S. 351.

Dresdner Journal Nr. 6 vom 8. Januar 1867, S. 23.

Dresdner Zeitung Nr. 17 vom Sonnabend, den 20. Januar 1849, S. 121.

Erzgebirgische Eisenbahn 6. Dezember 1848, S. 389.

Gothaisches Genealogisches Taschenbuch der Adeligen Häuser, Teil A, Gotha 1900.

Groschen in: Brockhaus' Conversations-Lexikon, 8. Band, S. 442, Leipzig 1884.

Illustrirte Zeitung Nr. 1035 vom 2. Mai 1863, S. 290.

Kamenzer Wochenschrift Nr. 88 vom 10. Dezember 1848, S. 519.

Königlich sächsisches concessionirtes Wochenblatt für die Städte Pegau, Zwenkau, Groitzsch, Rötha und Markranstädt nebst deren Umgebungen, oder gemeinnützige Nachrichten für Stadt und Land Nr. 6 vom 20. Januar 1849, S. 35.

Leipziger Adreß-Buch der Jahre 1855–1869.

Leipziger Tageblatt Nr. 70 vom 11. März 1869, S. 2111 f.

Männer der Revolution, Band 1, hrsg. v. Arbeitskreis Vorgeschichte und Geschichte der Revolution von 1848/49, 2. Auflage, Berlin 1988.

Neuer Nekrolog der Deutschen, Fünfter Jahrgang 1827, Zweither Theil, Ilmenau 1829.

Oberjustizrath Wilhelm Michael Schaffrath – Nachruf in: Burschenschaftliche Blätter, Band 7, hrsg. v. d. Deutschen Burschenschaft, S. 130, Berlin 1893.

Prevotalgerichte in: Brockhaus' Konversations-Lexikon, 13. Band, 14. Auflage, S. 435, Leipzig/Berlin/Wien 1895.

Sachsens freisinnige Volksvertreter in: Die Gartenlaube, hrsg. v. Ernst Keil, No. 36, S. 578–582, Leipzig 1873.

Sächsische Constitutionelle Zeitung Nr. 41 vom 19. Februar 1859.

Sächsischer Postillon Nr. 6 vom 19. Januar 1862.

Verhandlungen der Stadtverordneten am 5. September 1866 in: Leipziger Tageblatt, Nr. 274 vom 1. Oktober 1866.

Verzeichnis der bei der 50jährigen Feier der Völkerschlacht am 17.–19. Okt. 1863 in Leipzig anwesenden städtischen deputirten, Leipzig 1863.

Wahlaufruf des Vaterlandsvereins zu Lößnitz in: Wochenblatt für Stollberg vom 5. Dezember 1848, S. 583.

Weißeritz-Zeitung 12. Januar 1849, S. 19.

Weißeritz-Zeitung 2. November 1849, S. 508.

Wochenblatt des Nationalvereins Nr. 44 vom 1. Februar 1866, S. 351.

Wochenblatt für Pulsnitz, Radeberg, Königsbrück, Radeburg, Moritzburg und deren Umgegend 2. November 1849, S. 349 f.

Wochenschrift des Nationalvereins Nr. 235 vom 27. Oktober 1864, S. 1990 f.

Zeitung für das Meißner Hochland No. 97 vom 8. December 1849, S. 581.

Zeitung für das Meißner Hochland No. 99, S. 596.

Baatz, Gerhard: 125 Jahre Rechtsanwaltskammern – Wilhelm Michael Schaffrath – erster Vorsitzender des Vorstandes der Anwaltskammer Sachsen im Königreich Sachsen von 1879–1891; in: BRAK-Mitteilungen, Nr. 5, hrsg. v. d. Bundesrechtsanwaltskammer, S. 204–207, Berlin 2004.

Bahmann, Immanuel Kurt: Die sächsischen Abgeordneten der Nationalversammlung zu Frankfurt 1848/49; Dissertation, Leipzig 1922.

Bassermann, Friedrich Daniel: Denkwürdigkeiten, Frankfurt a. M. 1926.

Bauer, Erich: Geschichte des Corps Lusatia zu Leipzig 1807–1932, Zeulenroda 1932.

Baumann, Arnulf: Die Erneuerung der Leipziger Burschenschaft nach 1833 im Zusammenspiel von liberalem Bürgertum und Schülerschaft, in: Darstellungen und Quellen zur Geschichte der deutschen Einheitsbewegung im neunzehnten und zwanzigsten Jahrhundert, Band 10, hrsg. v. Christian Probst, S. 105–152, Heidelberg 1978.

Bebel, August: Aus meinem Leben, Erster und zweiter Teil, Berlin 1946.

Beck, Christian Daniel: Allgemeines Repertorium der neuesten in- und ausländischen Literatur für 1821, Erster Band, 6. Stück, Leipzig 1821.

Bergk, Johann Adam: Die Philosophie des peinlichen Rechtes, Meissen 1802.

Bergsträsser, Ludwig: Das Frankfurter Parlament in Briefen und Tagebüchern, Frankfurt a. M. 1929.

Bernardy, Gustav: Lehne, Adolf, in: Neue Deutsche Biographie, Band XIV, hrsg. v. d. Historischen Kommission bei der Bayerischen Akademie der Wissenschaften, S. 107 f., Berlin 1985.

Bernewitz, Alexander: Die revidirte Gesindeordnung für das Königreich Sachsen vom 2. Mai 1892, Leipzig 1893.

Beschorner, Hans: Falkenstein, Johann Paul Freiherr von, in: Allgemeine Deutsche Biographie, Band XLVIII, hrsg. v. d. Historischen Kommission bei der Bayerischen Akademie der Wissenschaften, S. 489–494, Leipzig 1904.

Beschorner, Hans: Friesen, Richard Freiherr von, in: Allgemeine Deutsche Biographie, Band XLIX, hrsg. v. d. Historischen Kommission bei der Bayerischen Akademie der Wissenschaften, S. 143–148, Leipzig 1904.

Best, Heinrich/Weege, Wilhelm: Biographisches Handbuch der Abgeordneten der Frankfurter Nationalversammlung 1848/ 49, Düsseldorf 1996.

Biedermann, Karl: Carlowitz, Albert von, in: Allgemeine Deutsche Biographie, Band III, hrsg. v. d. Historischen Kommission bei der Bayerischen Akademie der Wissenschaften, S. 783–788, Leipzig 1876.

Biedermann, Karl: Dreißig Jahre deutscher Geschichte: 1840–1870 – Vom Thronwechsel in Preußen 1840 bis zur Aufrichtung des neuen deutschen Kaiserthums, Erster Band, Breslau 1883.

Biedermann, Karl: Erinnerungen aus der Paulskirche, Leipzig 1849.

Biedermann, Karl: Mein Leben und ein Stück Zeitgeschichte, Zweiter Band – 1849–1886, Breslau 1886.

Biedermann, Yvonne: Karl Braun (1807–1868): Leben und Werk, Hamburg 2009.

Biefang, Andreas: Politisches Bürgertum in Deutschland 1857–1868, Düsseldorf 1994.

Binder, Wilhelm: Allgemeine Realencyclopädie oder Conversationslexicon für das katholische Deutschland, Band 10, Regensburg 1849.

Blaschke, Karlheinz: Johann, in: Neue Deutsche Biographie, Band X, hrsg. v. d. Historischen Kommission bei der Bayerischen Akademie der Wissenschaften, S. 528 f., Berlin 1974.

Blecher, Jens/Wiemers, Gerald: Die Matrikel der Universität Leipzig, Teilband I – Die Jahre 1809 bis 1832, Weimar 2006.

Blecher, Jens/Wiemers, Gerald: Die Matrikel der Universität Leipzig, Teilband II – Die Jahre 1832 bis 1863, Weimar 2007.

Blum, Hans: Die deutsche Revolution 1848–49, Florenz/Leipzig 1898.

Blum, Hans: Robert Blum – Ein Zeit- und Charakterbild für das deutsche Volk, Leipzig 1878.

Blum, Robert: Briefe und Dokumente, Leipzig 1981.

Blum, Robert: Vorwärts! Volks-Taschenbuch für das Jahr 1847, Leipzig 1847.

Böckstiegel, Elke: Volksrepräsentation in Sachsen – Zur Entwicklung der Repräsentation des sächsischen Volkes von 1789–1850, München 1998.

Boettcher, Friedrich: Eduard Stephani. Ein Beitrag zur Zeitgeschichte, insbesondere zur Geschichte der nationalliberalen Partei, Leipzig 1887.

Botzenhart, Manfred: Deutscher Parlamentarismus in der Revolutionszeit 1848–1850, Düsseldorf 1977.

Brecher, Adolf: Eck, Johannes, in: Allgemeine Deutsche Biographie, Band V, hrsg. v. d. Historischen Kommission bei der Bayerischen Akademie der Wissenschaften, S. 596–602, Leipzig 1877.

Brockhaus, Heinrich: Aus den Tagebüchern von Heinrich Brockhaus, Zweiter Theil, Leipzig 1884.

Bruchmüller, Wilhelm: Der Leipziger Brauch vom Jahre 1820, in: Quellen und Darstellungen zur Geschichte der Burschenschaft und der deutschen Einheitsbewegung, Band VIII, hrsg. v. Herman Haupt, Heidelberg 1925.

Bruchmüller, Wilhelm: Der Leipziger Student 1409–1909, Leipzig 1909.

Bruchmüller, Wilhelm: Die Anfänge der Leipziger Burschenschaft, in: Quellen und Darstellungen zur Geschichte der Burschenschaft und der deutschen Einheitsbewegung, Band V, hrsg. v. Herman Haupt, Heidelberg 1920.

Bruchmüller, Wilhelm: Kleine Chronik der Universität Leipzig, Leipzig 1914.

Brückner, Johann Friedrich: Das Königlich Sächsische Wahlgesetz vom 24. September 1831 Grimma 1837.

Cramer, Gerd: Nachlass von Rudolf Lavant, Berlin.

Demandt, Alexander: Mommsen, Theodor, in: Neue Deutsche Biographie, Band XVIII, hrsg. v. d. Historischen Kommission bei der Bayerischen Akademie der Wissenschaften, S. 25–27, Berlin 1997.

Deutsche Nationalversammlung: Verhandlungen des Deutschen Parlaments, Erste Lieferung, Frankfurt a. M. 1848.

Deutsche und Berliner Bischofskonferenz: Codex des kanonischen Rechtes, 4. Auflage, Kevelaer 1994.

Deutscher Anwaltsverein: Juristische Wochenschrift, Nr. 57 vom 30. November 1887.

Deutscher Bund: Biographische Umrisse der Mitglieder der deutschen konstituirenden Nationalversammlung zu Frankfurt a.M., Erstes Heft, Frankfurt a. M. 1848.

Deutscher Bund: Gemeinsame Maaßregeln in Betreff der Universitäten und anderer Lehr- und Erziehungs-Anstalten Deutschlands, durch Beschluß vom 13. November 1834, in: Archiv für die neueste Gesetzgebung aller deutschen Staaten, Sechster Band, Erstes Heft, hrsg. v. Alexander Müller, S. 167–175, Frankfurt a. M. 1834.

Deutscher Bund: Gesetz über die Einführung einer provisorischen Centralgewalt für Deutschland vom 28. Juni 1848, in: Reichs-Gesetz-Blatt, 1. Stück vom 29. September 1848, S. 3 f., Frankfurt a. M. 1848.

Deutscher Bund: Verfassung des Deutschen Reiches vom 28. März 1849, in: Reichs-Gesetz-Blatt, 16. Stück vom 28. April 1849, S. 101–147, Frankfurt a. M. 1849.

Deutsches Reich: Stenographische Berichte über die Verhandlungen des Deutschen Reichstags, 1. Legislatur-Periode, I. Session 1871 – IV. Session 1873, Berlin 1871–1873.

Deutsches Reich: Stenographische Berichte über die Verhandlungen des Deutschen Reichstags, 2. Legislatur-Periode, IV. Session 1876, Berlin 1876.

Deutsches Reich: Stenographische Berichte über die Verhandlungen des Deutschen Reichstags, 4. Legislatur-Periode, I. Session 1878, Berlin 1878.

Diestelkamp, Bernhard: Nationalversammlung, deutsche, 1848/49, in: Handwörterbuch zur deutschen Rechtsgeschichte, III. Band, hrsg. v. Adalbert Erler und Ekkehard Kaufmann, Sp. 896–913, Berlin 1984.

Diestelkamp, Bernhard: Vorparlament, in: Handwörterbuch zur deutschen Rechtsgeschichte, V. Band, hrsg. v. Adalbert Erler und Ekkehard Kaufmann, Sp. 1055–1058, Berlin 1998.

Directorium des statistischen Vereins Sachsen: Staats-Handbuch für das Königreich Sachen 1839–1867, Leipzig 1839–1867.

Döhring, Erich: Friedberg, Heinrich von, in: Neue Deutsche Biographie, Band V, hrsg. v. d. Historischen Kommission bei der Bayerischen Akademie der Wissenschaften, S. 444 f., Berlin 1961.

Döring, Detlef: Anfänge der modernen Wissenschaft – Die Universität Leipzig vom Zeitalter der Aufklärung bis zur Universitätsreform 1650–1830/31, in: Geschichte der Universität Leipzig 1409–2009, Band 1, hrsg. v. Enno Bünz, Manfred Rudersdorf, Detlef Döring, S. 521–771, Leipzig 2009.

Döscher, Elvira/Schröder, Wolfgang: Sächsische Parlamentarier 1869–1918 – Die Abgeordneten der II. Kammer des Königreichs Sachsen im Spiegel historischer Photographien, Düsseldorf 2001.

Dvorak, Helge: Biografisches Lexikon der Deutschen Burschenschaft, Band 1 – Politiker, Teilband 1 – A-E, Heidelberg 1996.

Dvorak, Helge: Biografisches Lexikon der Deutschen Burschenschaft, Band 1 – Politiker, Teilband 2 – F-H, Heidelberg 1999.

Dvorak, Helge: Biografisches Lexikon der Deutschen Burschenschaft, Band 1 – Politiker, Teilband 3 – I-L, Heidelberg 1999.

Dvorak, Helge: Biografisches Lexikon der Deutschen Burschenschaft, Band 1 – Politiker, Teilband 5 – R-S, Heidelberg 2002.

Dvorak, Helge: Biografisches Lexikon der Deutschen Burschenschaft, Band 1 – Politiker, Teilband 6 – T-Z, Heidelberg 2005.

Eberhardt, Friedrich: Allgemeiner Polizei-Anzeiger, Band 29, Coburg 1849.

Eisenhart, Johann August Ritter von: Schulz, Wilhelm, in: Allgemeine Deutsche Biographie, Band XXXII, hrsg. v. d. Historischen Kommission bei der Bayerischen Akademie der Wissenschaften, S. 753 f., Leipzig 1891.

Erdmannsdörffer, Bernhard: Beust, Friedrich Ferdinand von, in: Allgemeine Deutsche Biographie, Band XLVI, hrsg. v. d. Historischen Kommission bei der Bayerischen Akademie der Wissenschaften, S. 494–532, Leipzig 1902.

Espe, Carl August: Mayer, Karl Wilhelm Traugott von, in: Conversations-Lexikon der Gegenwart, Band 3, Leipzig 1840.

Falkenstein, Johann Paul von: Johann I, in: Allgemeine Deutsche Biographie, Band XIV, hrsg. v. d. Historischen Kommission bei der Bayerischen Akademie der Wissenschaften, S. 387–399, Leipzig 1881.

Fenske, Hans: Vormärz und Revolution 1840–1849, 3. Auflage, Darmstadt 2002.

Feuerbach, Anselm von: Betrachtungen über das Geschwornen-Gericht, Landshut 1813.

Feuerbach, Anselm von: Betrachtungen über die Oeffentlichkeit und Mündlichkeit der Gerechtigkeitspflege, Band 1, Gießen 1821.

Feuerbach, Anselm von: Betrachtungen über die Oeffentlichkeit und Mündlichkeit der Gerechtigkeitspflege, Band 2, Gießen 1825.

Fick, Richard: Auf Deutschlands hohen Schulen, Berlin/Leipzig 1900.

Fiedler, Frank/Fiedler, Uwe: Lebensbilder aus der Oberlausitz, Bischofswerda 2014.

Flathe, Heinrich Theodor: Einsiedel, Detlev Graf von, in: Allgemeine Deutsche Biographie, Band V, hrsg. v. d. Historischen Kommission bei der Bayerischen Akademie der Wissenschaften, S. 760 f., Leipzig 1877.

Flathe, Heinrich Theodor: Eisenstuck, Christian Gottlob, in: Allgemeine Deutsche Biographie, Band V, hrsg. v. d. Historischen Kommission bei der Bayerischen Akademie der Wissenschaften, S. 775, Leipzig 1877.

Flathe, Heinrich Theodor: Friedrich August I., König von Sachsen, in: Allgemeine Deutsche Biographie, Band VII, hrsg. v. d. Historischen Kommission bei der Bayerischen Akademie der Wissenschaften, S. 786–789, Leipzig 1877.

Flathe, Heinrich Theodor: Friedrich August II., König von Sachsen, in: Allgemeine Deutsche Biographie, Band VII, hrsg. v. d. Historischen Kommission bei der Bayerischen Akademie der Wissenschaften, S. 790 f., Leipzig 1877.

Flathe, Heinrich Theodor: Geschichte des Kurstaates und Königreiches Sachsen, Dritter Band – Neuere Geschichte Sachsens von 1806–1866, Gotha 1873.

Flathe, Heinrich Theodor: Held, Gustav Friedrich, in: Allgemeine Deutsche Biographie, Band XI, hrsg. v. d. Historischen Kommission bei der Bayerischen Akademie der Wissenschaften, S. 680, Leipzig 1880.

Flathe, Heinrich Theodor: Langenn, Friedrich Albert von, in: Allgemeine Deutsche Biographie, Band XVII, hrsg. v. d. Historischen Kommission bei der Bayerischen Akademie der Wissenschaften, Leipzig 1883.

Flöter, Jonas: Reform oder Revolution? Grundlinien sächsischer Politik zwischen Restauration und Dresdner Maiaufstand, in: Dresdner Maiaufstand und Reichsverfassung 1849, hrsg. v. Martina Schattkowsky, S. 33–66, Leipzig 2000.

Flügel, Gustav: Geschichte der dreihundertjährigen Jubelfeier der Königlich Sächsischen Landesschule St. Afra zu Meißen den 2. 3. und 4. Juli 1843, Meißen 1844.

Frank, Gustav: Hase, Karl von, in: Allgemeine Deutsche Biographie, Band L, hrsg. v. d. Historischen Kommission bei der Bayerischen Akademie der Wissenschaften, S. 36–47, Leipzig 1905.

Frank, Henning: Der Kampf um die freie Advokatur und die Gleichschaltung der Anwaltschaft im Dritten Reich – Zur Geschichte der Anwaltschaft Sachsens von 1831–1945, in: Justiz, Juristen und politische Polizei in Sachsen, hrsg. v. Sächsischen Staatsministerium der Justiz, S. 5–33, Dresden 1996.

Franke, Richard Walter: Zensur und Preßaufsicht in Leipzig 1830–1848, Leipzig 1930.

Frey, Arthur: Charaktere der Gegenwart, Erstes Heft, Mannheim 1848.

Freyer, Ulrich: Das Vorparlament zu Frankfurt a. M. im Jahre 1848, Greifswald 1913.

Friedrich, Oskar: Album des Gymnasiums zu Zittau, Zittau 1886.

Friesen, Richard Freiherr von: Erinnerungen aus meinem Leben, Erster und zweiter Band, 2. Auflage, Dresden 1882.

Fuchs, Ruth: Franz Jacob Wigard – ein Beitrag zur Geschichte der kleinbürgerlichen Demokratie im 19. Jahrhundert, Dissertation, Leipzig 1970.

Funke, Gottlob Leberecht: Die Polizei-Gesetze und Verordnungen des Königreiches Sachsen, I. Band, Leipzig 1846.

Gebauer, Johannes Heinrich: Herzog Friedrich VIII. von Schleswig-Holstein – Ein Lebensbild, Stuttgart 1912.

Geppert, Klaus: Der Grundsatz der Unmittelbarkeit im deutschen Strafverfahren, Berlin/New York 1979.

Gersdorf, Ernst Gotthelf: Beitrag zur Geschichte der Universität Leipzig – Die Rectoren der Universität Leipzig nebst summarischer Übersicht der Inscriptionen vom Jahre der Gründung bis zur Gegenwart, Leipzig 1869.

Gersdorf, Ernst Gotthelf: Repertorium der gesammten deutschen Literatur, 28. Band, Leipzig 1841.

Gersdorf, Ernst Gotthelf: Repertorium der gesammten deutschen Literatur, 31. Band, Leipzig 1842,

Geyer, Curt: Politische Parteien und öffentliche Meinung in Sachsen von der Märzrevolution bis zum Ausbruch des Maiaufstandes 1848–1849, Leipzig 1915.

Geyer, Curt: Politische Parteien und Verfassungskämpfe in Sachsen von der Märzrevolution bis zum Ausbruch des Maiaufstands 1848–1849, Leipzig 1914.

Glaser, Julius: Die geschichtlichen Grundlagen des neuen Deutschen Strafprozeßrechts, in: Handbuch des deutschen Strafprozeßrechts, hrsg. v. Holtzendorff, Erster Band, S. 3–76, Berlin 1879.

Glasneck, Johannes: Blanc, Louis, in: Biographien zur Weltgeschichte, hrsg. v. Heinz Tillmann, S. 87, Berlin 1989.

Göhler, R.: Zur Geschichte des Maiaufstandes 1849, in: Dresdner Geschichtsblätter, hrsg. v. Verein für Geschichte Dresdens, XV. Jahrgang, Nr. 4, S. 113–123, Dresden 1906.

Golücke, Friedhelm: Studentenwörterbuch, 4. Auflage, Würzburg 1987.

Groß, Reiner: Geschichte Sachsens, Edition Leipzig, 4. Auflage, Leipzig 2012.

Grün, Albert: Das Frankfurter Vorparlament und seine Wurzeln in Frankreich und Deutschland, Leipzig 1849.

Hammer, Michael: Volksbewegung und Obrigkeiten – Revolution in Sachsen 1830/31, Weimer/Köln/Wien 1997.

Hantzsch, Oswin: Bilder aus der 600jährigen Geschichte Neustadts und seiner Umgebung, Neustadt in Sachsen 1933.

Hantzsch, Viktor: Heubner, Otto, in: Allgemeine Deutsche Biographie, Band L, hrsg. v. d. Historischen Kommission bei der Bayerischen Akademie der Wissenschaften, S. 287–293, Leipzig 1905.

Hartitzsch, Adolph Karl Heinrich von: Das Criminalgesetzbuch für das Königreich Sachsen, Leipzig 1841.

Hase, Karl von: Ideale und Irrtümer – Jugenderinnerungen, 7. Auflage, Leipzig 1917.

Haunfelder, Bernd/Pollmann, Klaus Erich: Reichstag des Norddeutschen Bundes 1867–1870, Düsseldorf 1989.

Haupt, Joachim Leopold: Landsmannschaften und Burschenschaft – Ein freies Wort über die geselligen Verhältnisse der Studierenden auf den teutschen Hochschulen, Altenburg/Leipzig 1820.

Heer, Georg: Geschichte der Deutschen Burschenschaft – Die Demagogenzeit, in: Quellen und Darstellungen zur Geschichte der Burschenschaft und der deutschen Einheitsbewegung, Band X, hrsg. v. Herman Haupt, Heidelberg 1927.

Heidrich, Hermann: Bilder aus der südlichen Oberlausitz, 4. Auflage, Zittau 1925.

Heigel, Karl Theodor von: Closen, Karl Freiherr von, in: Allgemeine Deutsche Biographie, Band IV, hrsg. v. d. Historischen Kommission bei der Bayerischen Akademie der Wissenschaften, S. 339–341, Leipzig 1876.

Held, Gustav Friedrich/Siebdrat, Gustav Albert: Criminalgesetzbuch und forststrafrechtliche Bestimmungen für das Königreich Sachsen, das Grossherzogthum Sachsen-Weimar-Eisenach, die Herzogthümer Sachsen-Altenburg und Sachsen-Meinigen und das Fürstenthum Schwarzburg-Sondershausen, Leipzig 1848.

Hensel, Adolf Ernst: Die Abstimmung der sächsischen Nationalvertreter über die provisorische Centralgewalt und die Rechtfertigung der linken Seite, o. O. (Frankfurt a. M.) 1848.

Hensel, Adolf Ernst: Nordlicht, in: Der Komet – ein Unterhaltungsblatt für die gebildete Leserwelt, hrsg. v. Karl Herloßsohn, Sp. 992, Leipzig 1832.

Hettling, Manfred: Revolution als kognitive Struktur? Der Totenkult für Robert Blum und der Maiaufstand in Dresden, in: Dresdner Maiaufstand und Reichsverfassung 1849, hrsg. v. Martina Schattkowsky, S. 81–106, Leipzig 2000.

Heyderhoff, Julius: Deutscher Liberalismus im Zeitalter Bismarcks – Eine politische Briefsammlung, I. Band – Die Sturmjahre der preußisch-deutschen Einigung 1859–1870, Bonn/Leipzig 1925.

Hildebrandt, Gunther: Die Paulskirche – Parlament in der Revolution 1848/49, Berlin 1986.

Hildebrandt, Gunther: Fraktion Deutscher Hof, in: Die bürgerlichen Parteien in Deutschland, Band II, hrsg. v. Dieter Fricke, S. 11–19, Leipzig 1970.

Hildebrandt, Gunther: Opposition in der Paulskirche – Reden, Briefe und Berichte kleinbürgerlich-demokratischer Parlamentarier 1848/49, Berlin 1981.

Hildebrandt, Gunther: Parlamentsopposition auf Linkskurs – Die kleinbürgerlich-demokratische Fraktion Donnersberg in der Frankfurter Nationalversammlung 1848/49, Berlin 1975.

Hirschel, Bernhard: Sachsens Regierung, Stände und Volk, Mannheim 1846.

Hirth, Georg: Deutscher Parlaments-Almanach, 9. Ausgabe vom 9. Mai 1871, Berlin 1871.

Hirth, Georg: Deutscher Parlaments-Almanach, 13. Ausgabe vom September 1878, Leipzig 1878.

Hirth, Georg: Parlaments-Almanach, 1. Ausgabe vom 2. Februar 1867, Berlin 1867.

Hirth, Georg: Parlaments- Almanach, 5. Ausgabe vom 20. September 1867, Berlin 1867.

Hirth, Georg: Parlaments-Almanach, 7. Ausgabe vom 6. Mai 1868, Berlin 1868.

Höfler, Max: Deutsches Krankheitsnamen-Buch, München 1899.

Hoke, Rudolf/Reiter, Ilse: Quellensammlung zur österreichischen und deutschen Rechtsgeschichte, Wien/Köln/Weimar 1993.

Holldack, Heinz Georg: Untersuchungen zur Geschichte der Reaktion in Sachsen 1849–1855, Vaduz 1965.

Holz, Friedbert: Krug, Wilhelm Traugott, in: Neue Deutsche Biographie, Band XIII, hrsg. v. d. Historischen Kommission bei der Bayerischen Akademie der Wissenschaften, S. 114 f., Berlin 1982.

Hoyer, Siegfried: Kleine Geschichte der Leipziger Studentenschaft 1409–1989, Leipzig 2010.

Huber, Ernst Rudolf: Deutsche Verfassungsgeschichte seit 1789, Band II – Der Kampf um Einheit und Freiheit 1830 bis 1850, 3. Auflage.

Huber, Ernst Rudolf: Dokumente zur deutschen Verfassungsgeschichte, Band 2 – Deutsche Verfassungsdokumente 1851–1900, 3. Auflage, Stuttgart 1986.

Illing, Stephan: Kinderheilkunde für Hebammen, 5. Auflage, Stuttgart 2013.

Jaeger, Hans: Mammen, Franz August, in: Neue Deutsche Biographie, Band XVI, hrsg. v. d. Historischen Kommission bei der Bayerischen Akademie der Wissenschaften, S. 1 f., Berlin 1990.

Jansen, Christian: Die bürgerliche Linke in Sachsen vom Scheitern des Maiaufstandes bis zur Gründung des Norddeutschen Bundes (1849–1867), in: Dresdner Maiaufstand und Reichsverfassung 1849, hrsg. v. Martina Schattkowsky, S. 191–210, Leipzig 2000.

Jansen, Christian: Die Paulskirchenlinke in Sachsen nach der Niederlage der Revolution. Zwischen Preußenbegeisterung und föderalistischem Partikularismus, in: Sachsen in Deutschland – Politik, Kultur und Gesellschaft 1830–1918, hrsg. v. James Retallack, S. 65–82, Dresden 2000.

Jansen, Christian: Einheit, Macht und Freiheit – Die Paulskirchenlinke und die deutsche Politik in der nachrevolutionären Epoche 1849–1867, Düsseldorf 2000.

Jansen, Christian: Raveaux, Franz, in: Neue Deutsche Biographie, Band XXI, hrsg. v. d. Historischen Kommission bei der Bayerischen Akademie der Wissenschaften, S. 219 f., Berlin 2003.

Jarck, Horst-Rüdiger/Scheel, Günter: Braunschweigisches Biographisches Lexikon – 19. und 20. Jahrhundert, Hannover 1996.

Jessen, Hans: Die Deutsche Revolution 1848/49 in Augenzeugenberichten, Düsseldorf 1973.

Jordan, Herbert: Die öffentliche Meinung in Sachsen 1864–66, Kamenz 1918.

Kaltenborn, Carl von: Geschichte der Deutschen Bundesverhältnisse und Einheitsbestrebungen von 1806 bis 1856 unter Berücksichtigung der Entwickelung der Landesverfassungen, Zweiter Band, Berlin 1857.

Kant, Immanuel: Die Metaphysik der Sitten, Erster Theil – Metaphysische Anfangsgründe der Rechtslehre, Königberg 1803.

Katzenstein, Nanette G.: Das Vorparlament – Liberalismus und Demokratismus 1848, München 1922.

Kern, Bernd-Rüdiger: Alexander Karl Braun (1807–1868), in: Sächsische Lebensbilder, Band 5, hrsg. v. Gerald Wiemers, S. 75–86, Leipzig 2003.

Kern, Bernd-Rüdiger/Schmidt-Recla, Adrian: Sachsen auf dem Weg zum Rechtsstaat 1438–1952, in: Ein Jahrzehnt Sächsische Gesetze 1990–2000, hrsg. v. SV Saxonia Verlag für Recht, Wirtschaft und Kultur, S. 59–67, Dresden 2000.

Klank, Gina/Griebsch, Gernot: Lexikon Leipziger Straßennamen, Leipzig 1995.

Klemm, Heinrich Hermann: Codex Saxonicus. Neue Folge, die Jahre 1841 bis 1845 umfassend, Grimma 1847.

Klemm, Mathilde: Sachsen und das deutsche Problem 1848, Meißen 1914.

Klimpel, Volker: Ärzte als Mitglieder des Sächsischen Landtages 1832 bis 1952, in: Ärzteblatt Sachsen, Nr. 6 vom Juni 2008, S. 257–261, Dresden 2008.

Knaake, Emil/Thiele, Wolfgang/Tornius, Valerian/Leonhardt, Hans: Geschichte der Leipziger Burschenschaft Germania, Leipzig o. J. (1928).

Koch, Arnd: Die gescheiterte Reform des reformierten Strafprozesses, in: Zeitschrift für Internationale Strafrechtsdogmatik, 10/2009, S. 542–548.

Koch, Rainer: Die Frankfurter Nationalversammlung 1848/49 – Ein Handlexikon der Abgeordneten der deutschen verfassungsgebenden Reichs-Versammlung, Kelkheim 1989.

Königliches Gesammtministerium des Königreichs Sachsen: Staatshandbuch für das Königreich Sachsen auf die Jahre 1884 und 1885, Dresden 1884/85.

Königreich Sachsen: Allgemeine Städte-Ordnung für das Königreich Sachsen, mit dem dazu gehörigen Gesetze und der Verordnung; vom 2ten Februar 1832, Dresden o. J. (1832).

Königreich Sachsen: Das Königlich Sächsische Wahlgesetz vom 24. September 1831, Grimma 1837.

Königreich Sachsen: Geschäftsordnung für die zweite Kammer der Ständeversammlung des Königreichs Sachsen vom 13. Oktober 1874, Dresden 1874.

Königreich Sachsen: Gesetz, das Verfahren in den vor die Geschwornengerichte gewiesenen Untersuchungssachen betreffend; vom 1. Oktober 1868, in: Gesetz- und Verordnungsblatt für das Königreich Sachsen vom Jahre 1868, S. 1208–1236, Zweite Abthl., Dresden 1868.

Königreich Sachsen: Gesetz, die höheren Justizbehörden und den Instanzenzug in Justizsachen betreffend; vom 28sten Januar 1835, in: Gesetz- und Verordnungsblatt für das Königreich Sachsen vom Jahre 1835, S. 62–75, Dresden 1835.

Königreich Sachsen: Gesetz, die Wahl von Gerichtsschöffen und die Mitwirkung derselben bei der Verhandlung und Aburtheilung der bezirksgerichtlichen Strafsachen betreffend; vom 1. October 1868, in: Gesetz- und Verordnungsblatt für das Königreich Sachsen vom Jahre 1868, S. 1236–1243, Zweite Abtheilung, Dresden 1868.

Königreich Sachsen: Gesetz, einige provisorische Bestimmungen über die Angelegenheiten der Presse betreffend; vom 5ten Februar 1844, in: Gesetz- und Verordnungsblatt für das Königreich Sachsen vom Jahre 1844, S. 2–5, Dresden 1844.

Königreich Sachsen: Gesetze für die Studirenden auf der Universität Leipzig; vom 29sten März 1822, in: Gesetzsammlung für das Königreich Sachsen vom Jahre 1822, S. 291–329, Dresden 1822.

Königreich Sachsen: Mandat, die Ausschließung der Theilnehmer an geheimen Studentenverbindungen von öffentlichen Anstellungen betreffend; vom 21sten März 1825, in: Gesetzsammlung für das Königreich Sachsen vom Jahre 1825, S. 67 f., Dresden 1825

Königreich Sachsen: Mandat, die Niederlassung von Ausländern im Königreiche Sachsen, welche daselbst ein Gewerbe oder Handarbeit treiben wollen, und die von der Obrigkeit und Gemeinden bei deren Aufnahme in Obacht zu nehmenden Erfordernisse betreffend; vom 13. Mai 1831, in: Gesetzsammlung für das Königreich Sachsen vom Jahre 1831, S. 102 f., Dresden 1831.

Königreich Sachsen: Mittheilungen über die Verhandlungen des Landtags im Königreiche Sachsen 1837, Dresden 1837.

Königreich Sachsen: Mittheilungen über die Verhandlungen des Landtags im Königreiche Sachsen 1845, Zweite Kammer, Dresden 1845.

Königreich Sachsen: Mittheilungen über die Verhandlungen des Landtags im Königreiche Sachsen 1846, Erste Kammer, Dresden 1846

Königreich Sachsen: Mittheilungen über die Verhandlungen des Landtags im Königreiche Sachsen 1846, Zweite Kammer, Dresden 1846.

Königreich Sachsen: Mittheilungen über die Verhandlungen des Landtags im Königreiche Sachsen 1847, Zweite Kammer, Dresden/Leipzig 1847.

Königreich Sachsen: Mittheilungen über die Verhandlungen des Landtags im Königreiche Sachsen 1848, Zweite Kammer, Dresden 1848.

Königreich Sachsen: Mittheilungen über die Verhandlungen des Landtags im Königreiche Sachsen 1849, Erste Kammer, Dresden 1849.

Königreich Sachsen: Mittheilungen über die Verhandlungen des Landtags im Königreiche Sachsen 1849, Zweite Kammer, Dresden 1849.

Königreich Sachsen: Mittheilungen über die Verhandlungen des Landtags im Königreiche Sachsen 1849 und 1850, Erste Kammer, Dresden 1849/50.

Königreich Sachsen: Mittheilungen über die Verhandlungen des Landtags im Königreiche Sachsen 1850 und 1851, Zweite Kammer, Dresden 1850/51.

Königreich Sachsen: Mittheilungen über die Verhandlungen des Landtags im Königreiche Sachsen 1871–1873, Zweite Kammer, Dresden 1871–73.

Königreich Sachsen: Mittheilungen über die Verhandlungen des Landtags im Königreiche Sachsen 1873/74, Zweite Kammer, Dresden 1873/74.

Königreich Sachsen: Mittheilungen über die Verhandlungen des Landtags im Königreiche Sachsen 1875/76, Zweite Kammer, Dresden 1875/76.

Königreich Sachsen: Mittheilungen über die Verhandlungen des Landtags im Königreiche Sachsen 1877/78, Erste Kammer, Dresden 1877/78.

Königreich Sachsen: Mittheilungen über die Verhandlungen des Landtags im Königreiche Sachsen 1879/80, Erste Kammer, Dresden 1879/80.

Königreich Sachsen: Mittheilungen über die Verhandlungen des Landtags im Königreiche Sachsen 1881/82, Erste Kammer, Dresden 1881/82.

Königreich Sachsen: Provisorische Landtagsordnung für das Königreich Sachsen; vom 27. Januar 1833, in: Landtags-Acten vom Jahre 1833, Erste Abtheilung, Dresden 1833.

Königreich Sachsen: Provisorisches Gesetz, die Wahlen der Landtagsabgeordneten betreffend; vom 15ten November 1848, in: Gesetz- und Verordnungsblatt für das Königreich Sachsen vom Jahre 1848, S. 227–232, Dresden 1848.

Königreich Sachsen: Provisorisches Gesetz, wegen einiger Abänderungen der Verfassungsurkunde vom 4ten September 1831; vom 15ten November 1848, in: Gesetz- und Verordnungsblatt für das Königreich Sachsen vom Jahre 1848, S. 219–226, Dresden 1848.

Königreich Sachsen: Regulativ, wegen Verwaltung der Polizei- und der Criminal-Rechtspflege in Leipzig, in: Gesetzsammlung für das Königreich Sachsen vom Jahre 1822, S. 188–203, Dresden 1822.

Königreich Sachsen: Verfassungsurkunde des Königreichs Sachsen vom 4. September 1831, Dresden 1831.

Königreich Sachsen: Verordnung, die Angelegenheiten der Presse betreffend; vom 5ten Februar 1844, in: Gesetz- und Verordnungsblatt für das Königreich Sachsen vom Jahre 1844, S. 6–23, Dresden 1844.

Königreich Sachsen: Verordnung, die Wahl deutscher Nationalvertreter für das zwischen den Regierungen und dem Volke zu Stande zu bringende deutsche Verfassungswerk betreffend; vom 10ten April 1848, in: Gesetz- und Verordnungsblatt für das Königreich Sachsen vom Jahre 1848, S. 25–28, Dresden 1848.

Kötzschke, Rudolf/Kretzschmar, Hellmut: Sächsische Geschichte, Augsburg 1995.

Kramer, Helmut: Fraktionsbindungen in den deutschen Volksvertretungen 1819–1849, Berlin 1968.

Krause, Carl: Der Aufruhr in Dresden am 3. 4. 5. 6. 7. 8. und 9. Mai 1849, 4. Auflage, Dresden 1849.

Kretzschmar, Hellmut: Die Zeit König Johanns von Sachsen 1854–1873, Berlin 1960.

Kretzschmar, Hellmut/Schlechte, Horst: Französische und sächsische Gesandtschaftsberichte aus Dresden und Paris 1848–1849, Berlin 1956.

Kretzschmar, Hellmut: Lebenserinnerungen des Königs Johann von Sachsen – Eigene Aufzeichnungen des Königs über die Jahre 1801 bis 1854, Göttingen 1958.

Kreyssig, August Hermann: Afraner-Album – Verzeichnis sämmtlicher Schüler der Königlichen Landesschule zu Meissen von 1543 bis 1875, Meissen 1876.

Kroll, Frank-Lothar: Geschichte Sachsens, München 2014.

Krug, August Otto: Rezension von Schaffraths „Grundwissenschaft des Rechts und insbesondere des Strafrechts“, in: Neue kritische Jahrbücher für Deutsche Rechtswissenschaft, Zweiter Jahrgang, Dritter Band, hrsg. v. Robert Schneider, S. 193–202, Leipzig 1843.

Krug, August Otto: Rezension von Schaffraths „Praktischen Abhandlungen aus dem heutigen Römischen und Sächsischen Civilrechte und Processe“, in: Neue kritische Jahrbücher für Deutsche Rechtswissenschaft, Zweiter Jahrgang, Dritter Band, hrsg. v. Robert Schneider, S. 202–208 Leipzig 1843.

Krug, Wilhelm Traugott: Leipziger Freuden und Leiden im Jahre 1830, Leipzig 1831.

Kühling, Karin/Mundus, Doris: Leipzigs regierende Bürgermeister vom 13. Jahrhundert bis zur Gegenwart, Beucha 2000.

Kühne, Jörg-Detlef: Die Reichsverfassung der Paulskirche, 2. Auflage, Neuwied 1998.

Küntzel, Georg: Tagebuch von Frau Clotilde Koch-Gontard über die Konstituierende Deutsche Nationalversammlung zu Frankfurt am Main, Frankfurt a. M. 1924.

L. W.: Windisch Graetz, Alfred Candidus Ferdinand Fürst zu, in: Allgemeine Deutsche Biographie, Band XLIII, hrsg. v. d. Historischen Kommission bei der Bayerischen Akademie der Wissenschaften, S. 390–415, Leipzig 1898.

Lämmerhirt, Gustav: Wydenbrugk, Oskar Freiherr von, in: Allgemeine Deutsche Biographie, Band XLIV, hrsg. v. d. Historischen Kommission bei der Bayerischen Akademie der Wissenschaften, S. 383–392, Leipzig 1898.

Lasker, Julius Ignaz/Gerhard, Friedrich: Des deutschen Volkes Erhebung im Jahre 1848, sein Kampf um freie Institutionen und sein Siegesjubel, Danzig 1848.

Laube, Heinrich: Das erste deutsche Parlament, Leipzig 1849.

Le Mang, Richard: Der Deutsche Nationalverein, Berlin 1909.

Lehmann, Rudolf: Haupt, Joachim Leopold, in: Neue Deutsche Biographie, Band VIII, hrsg. v. d. Historischen Kommission bei der Bayerischen Akademie der Wissenschaften, S. 100, Berlin 1969.

Lemme, Hermann: Werte der deutschen Heimat, Band 17 – Um Stolpen und Neustadt, Berlin 1970.

Leonhardt, Hans: Die älteste Leipziger Burschenschaft (1818–1833), Dissertation, Münster 1913.

Lieberwirth, Rolf: Zur Reform des Strafverfahrens im Königreich Sachsen, in: Gedächtnisschrift Herbert Hofmeister, hrsg. v. Werner Ogris und Walter Rechberger, S. 369–389, Wien 1996.

Liebknecht, Wilhelm: Robert Blum und seine Zeit, 2. Auflage, Nürnberg 1889.

Lingelbach, Gerhard: Zollverein, in: Handwörterbuch zur deutschen Rechtsgeschichte, V. Band, hrsg. v. Adalbert Erler und Ekkehard Kaufmann, Sp. 1769–1772, Berlin 1998.

Loening, Richard: Osenbrüggen, Eduard, in: Allgemeine Deutsche Biographie, Band XXIV, hrsg. v. d. Historischen Kommission bei der Bayerischen Akademie der Wissenschaften, S. 463–468, Leipzig 1887.

Loewe, Philipp: Das deutsche Vorparlament, die siebzehn Vertrauensmänner, die Siebener Commission, der Fünfziger Ausschuß und der deutsche Bund, Berlin 1848.

Ludwig, Jörg/Neemann, Andreas: Revolution in Sachsen 1848/49. Darstellung und Dokumente, hrsg. v. der Sächsischen Landeszentrale für politische Bildung und dem Sächsischen Hauptstaatsarchiv Dresden, Dresden 1999.

Marquardsen, Heinrich: Feuerbach, Anselm von, in: Allgemeine Deutsche Biographie, Band XI, hrsg. v. d. Historischen Kommission bei der Bayerischen Akademie der Wissenschaften, S. 731–745, Leipzig 1877.

Marquardsen, Heinrich: Mittermaier, Karl Josef Anton, in: Allgemeine Deutsche Biographie, Band XXII, hrsg. v. d. Historischen Kommission bei der Bayerischen Akademie der Wissenschaften, S. 25–33, Leipzig 1885.

Marquardsen, Heinrich: Mohl, Robert von, in: Allgemeine Deutsche Biographie, Band XXII, hrsg. v. d. Historischen Kommission bei der Bayerischen Akademie der Wissenschaften, S. 745–758, Leipzig 1885.

Matzerath, Josef: Adelsprobe an der Moderne – Sächsischer Adel 1763 bis 1866, Stuttgart 2006.

Matzerath, Josef: Aspekte sächsischer Landtagsgeschichte – Die Mitglieder und Wahlbezirke der sächsischen Landtage (1833–1952), Teil I: 1833–1918, Dresden 2011.

Matzerath, Josef: Aspekte sächsischer Landtagsgeschichte – Die Mitglieder und Wahlbezirke der sächsischen Landtage (1833–1952), Teil III: Wahlbezirke und Raumbezüge, Dresden 2011.

Matzerath, Josef: Aspekte sächsischer Landtagsgeschichte – Formierung und Brüche des Zweikammerparlaments 1833 bis 1868, Dresden 2007.

Matzerath, Josef: Aspekte sächsischer Landtagsgeschichte – Präsidenten und Abgeordnete von 1833 bis 1952, Dresden 2001.

Mick, Günter: Die Paulskirche – Streiten für Einigkeit und Recht und Freiheit, 2. Auflage, Darmstadt 1997.

Mittermaier, Karl Josef Anton: Das Deutsche Strafverfahren in der Fortbildung durch Gerichts-Gebrauch und Particular-Gesetzbücher, Zweiter Theil, 3. Auflage, Heidelberg 1840.

Mittermaier, Karl Josef Anton: Erfahrungen über die Wirksamkeit der Schwurgerichte in Europa und Amerika über ihre Vorzüge, Mängel und Abhülfe, Erlangen 1865.

Mittermaier, Karl Josef Anton: Feuerbachs Lehrbuch des gemeinen in Deutschland gültigen peinlichen Rechts, 13. Auflage, Gießen 1840.

Mollat, Georg: Reden und Redner des ersten deutschen Parlaments, Osterwieck (Harz) 1895.

Mommsen, Theodor: Die Grundrechte des deutschen Volkes mit Belehrungen und Erläuterungen, Frankfurt a. M. 1969.

Mommsen, Wilhelm/Franz, Günther: Die deutschen Parteiprogramme, Heft 1 – Vom Erwachen des politischen Lebens in Deutschland bis zur Reichsgründung 1871, 4. Auflage, Leipzig/Berlin 1932.

Mühlbrecht, Otto: Brockhaus (Familienartikel), in: Allgemeine Deutsche Biographie, Band III, hrsg. v. d. Historischen Kommission bei der Bayerischen Akademie der Wissenschaften, S. 337–340, Leipzig 1876.

Müller, Frank Lorenz/Puschner, Uwe: Die Revolution von 1848/49, 4. Auflage, Darmstadt 2012.

Müller, Gerd: Hier Kripo Leipzig ... – Geschichte der Leipziger Kriminalpolizei, Birkach 2011.

Müller, Hermann: Anzeiger für die politische Polizei Deutschlands auf die Zeit vom 1. Januar 1848 bis zur Gegenwart, Dresden 1854.

Müller, Joachim: Karl Biedermann und die preußische Hegemonie in Deutschland. Vom Liberalismus zum Bonapartismus, Dissertation, Leipzig 1972.

Müller-Frauenstein, Georg: Wuttke, Johann Carl Heinrich, in: Allgemeine Deutsche Biographie, Band XLIV, hrsg. v. d. Historischen Kommission bei der Bayerischen Akademie der Wissenschaften, S. 569–572, Leipzig 1898.

Neemann, Andreas: Landtag und Politik in der Reaktionszeit – Sachsen 1849/50–1866, Düsseldorf 2000.

Norddeutscher Bund: Anlagen zu den Verhandlungen des Reichstages des Norddeutschen Bundes, I. Legislatur-Periode, Sitzungsperiode 1867, Berlin 1867.

Norddeutscher Bund: Reichsgesetz über die Freizügigkeit vom 1. November 1867, in: Bundes-Gesetzblatt des Norddeutschen Bundes 1867, S. 55–58, Berlin 1867.

Norddeutscher Bund: Stenographische Berichte über die Verhandlungen des durch die Allerhöchste Verordnung vom 13. April 1868 einberufenen Deutschen Zoll-Parlaments, Berlin 1868.

Norddeutscher Bund: Stenographische Berichte über die Verhandlungen des Reichstags des Norddeutschen Bundes im Jahre 1867, I. Legislatur-Periode, Session 1867, Erster Band, Berlin 1867.

Offermann, Toni: Arbeiterbewegung und liberales Bürgertum in Deutschland 1850–1863, Bonn 1979.

Oncken, Hermann: Rudolf von Bennigsen – Ein deutscher liberaler Politiker, Erster Band – Bis zum Jahre 1866, Stuttgart/Leipzig 1910.

Osenbrüggen, Eduard: Die Commentare zu den deutschen Strafgesetzbüchern, in: Kritische Zeitschrift für die gesammte Rechtswissenschaft, Zweiter Band, hrsg. v. Brinckmann, Dernburg, Marquardsen und Pagenstecher, S. 268–303, Heidelberg 1855.

Ostler, Fritz: Die deutschen Rechtsanwälte 1871–1971, Essen 1971.

Overath, Petra: Naturrecht und Todesstrafe, in: Zeitschrift für Neuere Rechtsgeschichte, 22. Jahrgang 2000, S. 111–123.

Overath, Petra: Tod und Gnade – Die Todesstrafe in Bayern im 19. Jahrhundert, Köln/Weimar/Wien 2001.

Pache, Alfred: Geschichte des sächsischen Landtagswahlrechts von 1831–1907, Dresden 1907.

Pagel, Julius: Rosenmüller, Johann Christian, in: Allgemeine Deutsche Biographie, Band XXIX, hrsg. v. d. Historischen Kommission bei der Bayerischen Akademie der Wissenschaften, S. 221 f., Leipzig 1889.

Pagel, Julius: Wigard, Franz Jacob, in: Allgemeine Deutsche Biographie, Band XLII, hrsg. v. d. Historischen Kommission bei der Bayerischen Akademie der Wissenschaften, S. 458 f., Leipzig 1897.

Palmen, Polo: 200 Jahre Zeitungsgeschichte in Meißen, Meißen 2002.

Pasch, E.: Lindenau, Bernhard August von, in: Allgemeine Deutsche Biographie, Band XVIII, hrsg. v. d. Historischen Kommission bei der Bayerischen Akademie der Wissenschaften, S. 681–686, Leipzig 1883.

Petraschk, Margarete: Ein Kämpfer für die Republik, in: Kulturspiegel Kreis Sebnitz, August 1960, S. 17–19.

Pierer, Heinrich August: Zschinsky, Ferdinand von, in: Universal-Lexikon der Vergangenheit und Gegenwart, Band 19 – Weck-Zz, 4. Auflage, Altenburg 1865.

Pollmann, Klaus Erich: Parlamentarismus im Norddeutschen Bund 1867–1870, Düsseldorf 1985.

Prinz von Sachsen Herzog zu Sachsen, Albert: Die Albertinischen Wettiner – Geschichte des sächsischen Königshauses 1763–1932, 2. Auflage, Bamberg 1991.

Prinz von Sachsen Herzog zu Sachsen, Albert: Die Wettiner in Lebensbildern, Graz/Wien/Köln 1995.

Pro Leipzig e. V.: Alt–Lindenau – Eine historische und städtebauliche Studie, Leipzig 2008.

Raberg, Frank: Biographisches Handbuch der württembergischen Landtagsabgeordneten 1815–1933, Stuttgart 2001.

Rathmann, Lothar: alma mater lipsiensis – Geschichte der Karl-Marx-Universität Leipzig, Leipzig 1984.

Real, Willy: Pfingstversammlung und Abgeordnetentag, in: Darstellungen und Quellen zur Geschichte der deutschen Einheitsbewegung im neunzehnten und zwanzigsten Jahrhundert, Band 8, hrsg. v. Kurt Stephenson und Alexander Scharff, S. 163–236, Heidelberg 1970.

Reichel, Peter: Robert Blum – Ein deutscher Revolutionär 1807–1848, Göttingen 2007.

Reusch, Franz Heinrich: Herbst, Ferdinand, in: Allgemeine Deutsche Biographie, Band XII, hrsg. v. d. Historischen Kommission bei der Bayerischen Akademie der Wissenschaften, S. 48–50, Leipzig 1880.

Ribhegge, Wilhelm: Das Parlament als Nation – Die Frankfurter Nationalversammlung 1848/49, Düsseldorf 1998.

Richter, Arthur: Bergk, Johann Adam, in: Allgemeine Deutsche Biographie, Band II, hrsg. v. d. Historischen Kommission bei der Bayerischen Akademie der Wissenschaften, S. 389, Leipzig 1875.

Richter, Otto: Geschichte der Stadt Dresden in den Jahren 1871 bis 1902, Dresden 1903.

Rieckenberg, Hans Jürgen: Könneritz (Familienartikel), in: Neue Deutsche Biographie, Band XII, hrsg. v. d. Historischen Kommission bei der Bayerischen Akademie der Wissenschaften, S. 363, Berlin 1979.

Rieckenberg, Hans Jürgen: Könneritz, Julius Traugott, in: Neue Deutsche Biographie, Band XII, hrsg. v. d. Historischen Kommission bei der Bayerischen Akademie der Wissenschaften, S. 364 f., Berlin 1979.

Riedel, Horst: Stadtlexikon Leipzig von A bis Z, 2. Auflage Leipzig 2012.

Roeder, Ernst: Wilhelm Michael Schaffrath, in: Leipziger Illustrierte Zeitung, No. 2603 vom 20. Mai 1893, S. 538.

Rösing, Johannes: Schleiden, Rudolf, in: Allgemeine Deutsche Biographie, Band VIL, hrsg. v. d. Historischen Kommission bei der Bayerischen Akademie der Wissenschaften, S. 33–41, Leipzig 1908.

Roßkopf, Josef: Itzstein, Johann Adam von, in: Neue Deutsche Biographie, Band X, hrsg. v. d. Historischen Kommission bei der Bayerischen Akademie der Wissenschaften, S. 206, Berlin 1974.

Röthig, Karl: Das Zeitungswesen der Kreishauptmannschaft Dresden ausschließlich der Stadt Dresden, Meuselwitz 1937.

Rügemer, Karl: Kösener Korps-Listen von 1798 bis 1910, München 1910.

Rüping, Hinrich/Jerouschek, Günter: Grundriss der Strafrechtsgeschichte, 6. Auflage, München 2011.

Ruppel, Hans Georg/Groß, Birgit: Glaubrech, Johann, in: MdL Hessen – 1808–1896, hrsg. v. Jochen Lengemann, S. 146, Marburg 1996.

Sächsischer Landtag: Landtagskurier, Nr. 6, Dresden 1991.

Salza und Lichtenau, Carl von: Handbuch des Polizeirechts, Erster Theil, Leipzig 1825.

Savigny, Friedrich Carl von: System des heutigen Römischen Rechts, Erster Band, Berlin 1840.

Schaffrath, Wilhelm Michael: Codex Saxonicus. Chronologische Sammlung der gesammten praktisch-gültigen Königlich Sächsischen Gesetze von den ältesten Zeiten, vom Jahre 1255 an bis zum Schlusse des Jahres 1840, Leipzig 1842.

Schaffrath, Wilhelm Michael: Codex Saxonicus oder Handbuch der gesammten, im Königreiche Sachsen praktisch-gültigen sächsischen Gesetze von den ältesten Zeiten bis zum Schlusse des Jahres 1841, Altenburg 1841.

Schaffrath, Wilhelm Michael: Das Wahlrecht der Stadt- und Landgemeinden gegen die Schreibstubenherrschaft in Sachsen, Leipzig 1847.

Schaffrath, Wilhelm Michael: Doli descriptio, Meißen 1837.

Schaffrath, Wilhelm Michael: Handbuch des Sächsischen Strafrechts, 3 Bände, Leipzig 1841/42.

Schaffrath, Wilhelm Michael: Kritik des in erster Instanz gegen neunzehn Mitglieder der Leipziger Burschenschaft gesprochenen Urthels, Altenburg 1839.

Schaffrath, Wilhelm Michael: Novae legum controversarum practicarum interpretationes, Meißen 1837.

Schaffrath, Wilhelm Michael: Praktische Abhandlungen aus dem heutigen Römischen und Sächsischen Civil-Rechte und Processe mit Entscheidungen höherer Behörden, Bautzen 1841.

Schaffrath, Wilhelm Michael: Theorie der Auslegung constitutioneller Gesetze, nach constitutionellem Staats- und gemeinem deutschen Rechte, Leipzig 1842.

Schermaul, Sebastian: Die Umsetzung der Karlsbader Beschlüsse an der Universität Leipzig 1819–1848, Berlin/Boston 2013.

Schimmel, Otto: Die Entwicklung des Wahlrechts zur sächsischen Zweiten Kammer und der Zusammensetzung derselben in parteipolitischer und sozialer Hinsicht, Nossen 1912.

Schinke, Walter: Der politische Charakter des Dresdner Maiaufstandes 1849, Dissertation, Halle (Saale) 1917.

Schinke, Walter: Die sächsischen Parteiverhältnisse zur Zeit des Dresdner Maiaufstandes, in: Deutsche Geschichtsblätter, 19. Band, 1. Heft, hrsg. v. Armin Tille, S. 57–85, Gotha 1918.

Schlitter, Hanns: Stephan (Erzherzog von Österreich), in: Allgemeine Deutsche Biographie, Band XXXVI, hrsg. v. d. Historischen Kommission bei der Bayerischen Akademie der Wissenschaften, S. 71–78, Leipzig 1893.

Schlumb, August Jäger von: Der deutsche Student – Ein Beitrag zur Sittengeschichte des neunzehnten Jahrhunderts, Stuttgart 1835.

Schmidt, Friedrich August: Johann Christian Gottlieb Müller, in: Neuer Nekrolog der Deutschen, Jahrgang 14, 1836, Erster Theil, Weimar 1838.

Schmidt, Siegfried: Die Entwicklung der politischen Opposition im Königreich Sachsen zwischen 1830 und 1848, Dresden 2005.

Schneider, Robert: Neue kritische Jahrbücher für Deutsche Rechtswissenschaft, Erster Jahrgang, Erster Band, Leipzig 1842.

Schnorr von Carolsfeld, Franz: Trützschler, Adolf von, in: Allgemeine Deutsche Biographie, Band XXXVIII, hrsg. v. d. Historischen Kommission bei der Bayerischen Akademie der Wissenschaften, S. 691 f., Leipzig 1894.

Schnorr von Carolsfeld, Franz: Tzschirner, Samuel Erdmann, in: Allgemeine Deutsche Biographie, Band XXXIX, hrsg. v. d. Historischen Kommission bei der Bayerischen Akademie der Wissenschaften, S. 66, Leipzig 1895.

Schober, Manfred: Dr. Wilhelm Michael Schaffrath – ein hervorragender Demokrat und Parlamentarier des 19. Jahrhunderts, in: Kurzbiographie von Dr. Wilhelm Michael Schaffrath, hrsg. v. Heimatmuseum „Prof. Alfred Meiche“ Sebnitz, Sebnitz o. J. (1993).

Schober, Manfred: Wilhelm Michael Schaffrath – Stationen seines Lebens, in: Sächsische Zeitung – Sebnitzer Zeitung, 8./9. Mai 1993, S. 11.

Scholler, Heinrich: Die Grundrechtsdiskussion in der Paulskirche – Eine Dokumentation, Darmstadt 1973.

Schröder, Wolfgang: Die Genese des „Conservativen Landesvereins für das Königreich Sachsen“, in: Sachsen im Kaiserreich, hrsg. v. Simone Lässig und Karl Heinrich Pohl, S. 149–176, Weimar/Köln/Wien 1997.

Schroers, Fritz D.: Lexikon der deutschsprachigen Homöopathen, Stuttgart 2006.

Schubert, Werner: Die deutsche Gerichtsverfassung (1869–1877), Frankfurt a.M. 1981.

Schüler, Sibylle/Möller, Frank: Als Demokrat in der Paulskirche – Die Briefe und Berichte des Jenaer Abgeordneten Gottlieb Christian Schüler 1848/49, Köln/Weimar/Wien 2007.

Schumann, Albert: Elster, Johann Daniel, in: Allgemeine Deutsche Biographie, Band VI, hrsg. v. d. Historischen Kommission bei der Bayerischen Akademie der Wissenschaften, S. 72 f., Leipzig 1877.

Schwab, Rudolf: Der deutsche Nationalverein, seine Entstehung und sein Wirken, Berlin 1902.

Schwarz, Max: MdR – Biographisches Handbuch der Reichstage, Hannover 1965.

Schwarze, Friedrich Oskar von: Commentar zur Strafproceßordnung des Königreichs Sachsen vom 11. August 1855, Erster Band, Leipzig 1855.

Schwarze, Johannes von: Schwarze, Friedrich von, in: Allgemeine Deutsche Biographie, Band XXXIII, hrsg. v. d. Historischen Kommission bei der Bayerischen Akademie der Wissenschaften, S. 253–256, Leipzig 1891.

Schwerdtfeger, Bernhard: Albert, König von Sachsen, in: Neue Deutsche Biographie, Band I, hrsg. v. d. Historischen Kommission bei der Bayerischen Akademie der Wissenschaften, S. 131 f., Berlin 1953.

Schwinge, Erich: Der Kampf um die Schwurgerichte bis zur Frankfurter Nationalversammlung, Breslau 1926.

Siemann, Wolfram: Deutschlands Ruhe, Sicherheit und Ordnung – Die Anfänge der politischen Polizei 1806–1866, Tübingen 1985.

Sohl, Klaus: ...die größte Ehre, welche dem Manne vom Volke verliehen werden kann... – Zum Wirken Leipziger Abgeordneter in der Paulskirche, in: Laß Recht und Freiheit nicht verderben – Zum 150. Jahrestag der Deutschen Revolution von 1848/49 in Sachsen, hrsg. v. Volker Rodekamp, S. 44–53, Leipzig 1998.

Ständeversammlung des Königreichs Sachsen: Verzeichniß sämmtlicher Mitglieder der außerordentlichen Ständeversammlung zu Dresden im Jahre 1847, Dresden 1847.

Stern, Alfred: Simon, Heinrich, in: Allgemeine Deutsche Biographie, Band XXXIV, hrsg. v. d. Historischen Kommission bei der Bayerischen Akademie der Wissenschaften, S. 371–376, Leipzig 1892.

Stockmann, Gustav: Verfassung des Deutschen Reiches mit der Verfassung des Norddeutschen Bundes, Leipzig 1871.

Strauss, Herbert Arthur: Staat, Bürger, Mensch – Die Debatte der deutschen Nationalversammlung 1848/49 über die Grundrechte, Aarau 1947.

Streckfuß, Adolf: Robert Blum, sein Leben, sein Wirken, 3. Auflage, Berlin 1850.

Sturmhoefel, Konrad: Illustrierte Geschichte der Sächsischen Lande und ihrer Herrscher, II. Band, 2. Abteilung – Das Albertinische Sachsen von 1815 bis 1904, Leipzig 1909.

Teichmann, Albert: Kori, August Sigismund, in: Allgemeine Deutsche Biographie, Band XVI, hrsg. v. d. Historischen Kommission bei der Bayerischen Akademie der Wissenschaften, S. 704, Leipzig 1882.

Toepke, Gustav: Die Matrikel der Universität Heidelberg, Fünfter Teil – Von 1807 bis 1846, Heidelberg 1904.

Tonndorf, Thorsten: Die sächsischen Abgeordneten der Frankfurter Vor- und Nationalversammlung 1848/49, Dissertation, Dresden 1993.

Tonndorf, Thorsten: Die wahl- und sozialpolitische Zusammensetzung der sächsischen Paulskirchenvertreter, in: Zeitschrift für Geschichtswissenschaft, Nr. 9, S. 773–794, Berlin 1994.

Treitschke, Heinrich von: Deutsche Geschichte im Neunzehnten Jahrhundert, Fünfter Teil – Bis zur Märzrevolution, Leipzig 1928.

Trox, Eckhard: Albert Grün (1822–1904) – Eine Biographie, Lüdenscheid 1997.

Valentin, Veit: Geschichte der deutschen Revolution von 1848–49, Erster Band – Bis zum Zusammentritt des Frankfurter Parlaments, Berlin 1930.

Valentin, Veit: Geschichte der deutschen Revolution von 1848–49, Zweiter Band – Bis zum Ende der Volksbewegung von 1849, Berlin 1931.

Vormbaum, Thomas: Einführung in die moderne Strafrechtsgeschichte, Berlin/ Heidelberg 2009.

Wächter, Carl Georg: Lehrbuch des Römisch-Teutschen Strafrechts, Erster Theil, Stuttgart 1825.

Wagner, Hans: Johann, in: Neue Deutsche Biographie, Band X, hrsg. v. d. Historischen Kommission bei der Bayerischen Akademie der Wissenschaften, S. 505–508, Berlin 1974.

Weber, Hermann: Liebknecht, Wilhelm, in: Neue Deutsche Biographie, Band XIV, hrsg. v. d. Historischen Kommission bei der Bayerischen Akademie der Wissenschaften, S. 503 f., Berlin 1985.

Weber, Johannes: Laube, Heinrich, in: Neue Deutsche Biographie, Band XIII, hrsg. v. d. Historischen Kommission bei der Bayerischen Akademie der Wissenschaften, S. 689–692, Berlin 1982.

Weber, Rolf: Die Revolution in Sachsen 1848/49, Berlin 1970.

Weber, Rolf: Kleinbürgerliche Demokraten in der deutschen Einheitsbewegung 1863–1866, Berlin 1962.

Weichlein, Siegfried: Sachsen zwischen Landesbewußtsein und Nationsbildung, in: Sachsen im Kaiserreich, hrsg. v. Simone Lässig und Karl Heinrich Pohl, S. 241–270, Weimar/Köln/Wien 1997.

Weiske, Julius: Handbuch der Strafgesetze des Königreiches Sachsen, Leipzig 1833.

Weiß, Barbara: Das Stuttgarter Rumpfparlament 1849 – Das Tagebuch von Emil Adolph Roßmäßler und das Selbstverständnis der Abgeordneten, Stuttgart 1999.

Weißler, Adolf: Geschichte der Rechtsanwaltschaft, Frankfurt a. M. 1967.

Wentzcke, Paul: Gagern, Heinrich Freiherr von, in: Neue Deutsche Biographie, Band VI, hrsg. v. d. Historischen Kommission bei der Bayerischen Akademie der Wissenschaften, S. 32–36, Berlin 1964.

Wentzcke, Paul: Geschichte der Deutschen Burschenschaft – Vor- und Frühzeit, in: Quellen und Darstellungen zur Geschichte der Burschenschaft und der deutschen Einheitsbewegung, Band VI, hrsg. v. Herman Haupt, Heidelberg 1919.

Wichmann, Wilhelm: Denkwürdigkeiten aus der Paulskirche, Hannover 1888.

Wieczoreck, Roswitha: Zur Trennung der proletarischen von der bürgerlichen Demokratie. Die sozialistische Parteibildung in Dresden, in: Demokratie und Emanzipation zwischen Saale und Elbe, hrsg. v. Helga Grebing, Hans Mommsen und Karsten Rudolph, S. 26–38, Essen 1993.

Wigard, Franz: Stenographischer Bericht über die Verhandlungen der deutschen constituirenden Nationalversammlung zu Frankfurt a. M., Frankfurt a. M. 1848/49.

Wippermann, Karl: Leonhardt, Gerhard Adolf Wilhelm, in: Allgemeine Deutsche Biographie, Band XVIII, hrsg. v. d. Historischen Kommission bei der Bayerischen Akademie der Wissenschaften, S. 301–307, Leipzig 1883.

Wippermann, Karl: Todt, Karl Gotthelf, in: Allgemeine Deutsche Biographie, Band XXXVIII, hrsg. v. d. Historischen Kommission bei der Bayerischen Akademie der Wissenschaften, S. 408–410, Leipzig 1894.

Wollstein, Günter: Das „Großdeutschland" der Paulskirche – Nationale Ziele in der bürgerlichen Revolution 1848/49, Düsseldorf 1977.

Wollstein, Günter: Deutsche Geschichte 1848/49 – Gescheiterte Revolution in Mitteleuropa, Stuttgart 1986.

Wustmann, Gustav: Stephani, Eduard, in: Allgemeine Deutsche Biographie, Band XXXVI, hrsg. v. d. Historischen Kommission bei der Bayerischen Akademie der Wissenschaften, S. 89 f., Leipzig 1893.

Zeise, Roland: Die antifeudale Bewegung der Volksmassen auf dem Lande in der Revolution von 1848/49 in Sachsen, Dissertation, Dresden 1965.

Zeißberg, Heinrich von: Schwarzenberg, Felix Fürst zu, in: Allgemeine Deutsche Biographie, Band XXXIII, hrsg. v. d. Historischen Kommission bei der Bayerischen Akademie der Wissenschaften, S. 266–290, Leipzig 1891.

Zerback, Ralf: Robert Blum – Eine Biografie, Leipzig 2007.

Zimmermann, Wilhelm: Die Geschichte der deutschen Staaten von der Auflösung des Reiches bis auf unsere Tage, Dritter Band, Karlsruhe 1850.

Zwahr, Hartmut: Im Übergang zur bürgerlichen Gesellschaft – Von der Universitätsreform bis zur Reichsgründung 1830/31–1871, in: Geschichte der Universität Leipzig, Band 2, hrsg. v. Hartmut Zwahr und Jens Blecher, S. 19–552, Leipzig 2010.

www.ingramcontent.com/pod-product-compliance
Ingram Content Group UK Ltd.
Pitfield, Milton Keynes, MK11 3LW, UK
UKHW041826290926
8980IPUK00002B/101

9 783631 662595